Table des matières
Prélude : 6
Introduction : 7
A-Une tradition ancienne. 8
1-La tradition du Yi-King Chinois qui prend en compte les nombres de 1 à 64. 8
B-Deux traditions modernes 12
2-Les Clef Génétiques qui prennent en compte les nombres de 1 à 64 14
Les coïncidences numériques - Les messages de l'univers 19
Chapitre 1 : Le nombre 25 21
Chapitre 2 : Le nombre 26 27
Chapitre 3 : Le nombre 27 34
Chapitre 4 : Le nombre 28 41
Chapitre 5 : Le nombre 29 48
Chapitre 6 : Le nombre 30 55
Chapitre 7 : Le nombre 31 62
Chapitre 8 : Le nombre 32 68
Chapitre 9 : Le nombre 33 75
Chapitre 10 : Le nombre 34 84
Chapitre 11 : Le nombre 35 91
Chapitre 12 : Le nombre 36 98
Chapitre 13 : Le nombre 37 105
Chapitre 14 : Le nombre 38 113
Chapitre 15 : Le nombre 39 121
Chapitre 16 : Le nombre 40 129
Chapitre 17 : Le nombre 41 137
Chapitre 18 : Le nombre 42 145
Chapitre 19 : Le nombre 43 152
Chapitre 20 : Le nombre 44 159
Chapitre 21 : Le nombre 45 167
Chapitre 22 : Le nombre 46 175

Chapitre 23 : Le nombre 47 183

Chapitre 24 : Le nombre 48 190

Chapitre 25 : Le nombre 49 199

Chapitre 26 : Le nombre 50 206

Chapitre 27 : Le nombre 51 214

Chapitre 28 : Le nombre 52 222

Chapitre 29 : Le nombre 53 228

Chapitre 30 : Le nombre 54 237

Chapitre 31 : Le nombre 55 244

Chapitre 32 : Le nombre 56 252

Chapitre 33 : Le nombre 57 261

Chapitre 34 : Le nombre 58 269

Chapitre 35 : Le nombre 59 275

Chapitre 36 : Le nombre 60 283

Chapitre 37 : Le nombre 61 290

Chapitre 38 : Le nombre 62 300

Chapitre 39 : Le nombre 63 306

Chapitre 40 : Le nombre 64 314

Chapitre 65 : Exemple de parcours de conscience en associant le thème astral et les portes/clefs génétiques. 323

Chapitre 66 : Vision globale de vos nombres 331

Eric Jackson Perrin

Les secrets Spirituels des Nombres de 25 à 64

selon **3** « Écoles des Mystères »
anciennes et modernes
(Yi-King, Design Humain et Clef Génétiques)

Pour comprendre puis intégrer
le symbolisme et la signification des fréquences

*

Pour thérapeutes, enseignant(e)s/étudiant(e)s
en Numérologie, Yi-King, Human Design et Clef Génétiques

****

© 2025 – Eric Jackson Perrin
www.ericjacksonperrin.com

Edité par Eric Jackson Perrin
6 Rue du Capitaine Ferber - 69300 Caluire et Cuire.
jacksoneric@neuf.fr

Impression : Libri Plureos GmbH, Friedensallee 273,
22763 Hamburg (Allemagne)

ISBN 9782487857018
Dépôt Légal : AVRIL 2025

Tous droits de reproduction et de traduction réservés pour tous pays
****

Livres du même auteur

Traité pratique d'Astrologie Maya et Le Yi King de voyage
Le Tarot Éternel, Le Tarot Éternel 2, Le tarot Éternel complet
L'histoire secrète du Tarot et du Diamant de Naissance
Les runes germaniques sacrées et magiques
Le Diamant de Naissance et Le cahier pratique du Diamant de Naissance
Cinq outils extraordinaires de connaissance de soi
Les outils et techniques de développement personnel pour thérapeutes et particuliers
Planches de radiesthésie pour thérapeutes et particuliers
Le Guide Pratique des soins énergétiques pour thérapeutes et particuliers
Le manuel professionnel du Diamant de Naissance 1 et 2
Ami-Enfant des Étoiles, Ami revient et Civilisations Internes
Physique Classique et Physique Quantiques pour thérapeutes et particuliers
Le Guide Pratique des appareils de Bien-être
Histoire officielle et Histoire alternative de la planète Terre des origines à maintenant
Préparer votre mort et votre vie future dans l'au-delà
Passion Numérologies
Le dossier extra-terrestre – Ami Enfant des Etoiles 4
Je découvre le Tantra d'un nouveau monde - 2024

Série apprendre l'astrologie, c'est possible...

1-Les bases pratiques de l'astrologie
2-Les planètes, les signes, les secteurs
3-Maitriser l'analyse et l'interprétation du thème astrologique
4-Les planètes en signes et 5-Les planètes en secteurs
6-Les aspects à la Lune et à Vénus
7-Les aspects au Soleil et à Mars
8-Les aspects Mercure, Jupiter, Saturne et Uranus
9-Les bases de l'astrologie karmique
10 - Le cahier astrologique : Comment interpréter un thème astral
11- L'Astrogéolocalisation
12- Estimer la longévité en Astrologie
13-Yi-King, Astrologue et Design Humain et Les variables astrologiques du DH

....

Série Sonothérapie

Passion bols avec Alain Métraux. Les diapasons thérapeutiques
Diapasons, Kinésiologie et Acupuncture traditionnelle chinoise
Le Guide Pratique des Mantras. Le Cahier Pratique des Bols Chantants
Le Cahier de 24 Pratiques Spirituelles
Diapasons 3, étincelles.

....

Logiciel professionnel Numérologie Diamant de Naissance Version de base (120€)
Version complète avec édition d'études (410€)

*Gratitude à Fu Hi, Nu Wa et Lao-Tsé pour le Yi-King
A Robert Allan (Râ) Kracower pour le Design Humain
Et à Richard Rudd pour les Clefs Génétiques*

**Un immense merci à Virginie, Manon, Oana et Sandrine
pour leur soutien dans l'écriture de ce livre**

Gratitude enfin à nos ami(e)s
d'Epsilon Eridani, des Pléiades, d'Arcturus et d'Andromède
pour leur aide et leur soutien…

Prélude :

Les 64 nombres sont traités en deux livres pour deux raisons principales. Le premier livre faisant 260 pages, cette taille le rend plus pratique à utiliser qu'un livre de 580 et quelques pages. Ensuite, le premier livre traite les 24 premiers nombres, qui constituent une unité, un segment de spirale.

Le nombre 25 démarre en quelque sorte un nouveau cycle, un nouveau printemps, une nouvelle aventure, un nouveau segment de spirale. On laisse derrière nous la tradition des Runes, même si une école runique anglaise a travaillé avec 33 runes et si j'ai proposé 64 symboles runiques dans le livre que j'ai écrit sur les Runes. On laisse derrière nous la tradition du Tarot. On continue avec le Yi-King et les enseignements du nouveau monde, de l'ère du Verseau qui arrive. On est à l'aube de l'ère du Verseau mais il fait encore sombre. L'humanité vit encore dans la nuit de l'ignorance mais cela est en train de changer.

La venue sur Terre de Bô Yin Râ a créé, ou a coïncidé avec la création, d'un espace, d'un passage, pour que l'on change de fréquence, entre 1876, sa naissance, et 1943, son encielement. Une étincelle s'est manifestée et à allumé la mèche du changement. D'autres ont suivit et des vagues de volontaires se sont ensuite incarnées sur Terre, apportant un vent de changements.

Vous ne le savez peut-être pas mais la Terre est en quarantaine, confinée. C'est cela la grande révélation du confinement de 2020, où le nombre 20 symbolise l'enfermement dans un tombeau, comme le montre la carte 20 du Tarot et les barreaux devant les lunettes de la rune 20. Elle est confinée, en quarantaine à cause d'événements qui se sont produit il y a des milliers d'années et qui engendrent encore des conséquences et comme vous pouvez le constater, c'est un peu le chaos sur Terre depuis quelques temps déjà.

L'humanité à oublié son histoire et ses traumatismes parce que c'était difficilement supportable et parce qu'elle n'était pas mûre. A présent, elle est prête à accepter de se souvenir et cela commence par quelques personnes avant-gardistes puis quelques pays. Les livres « Histoire officielle et alternative de la planète Terre » et « Le dossier Extra-terrestre » expliquent la situation, ce qu'il s'est passé, pourquoi il y a ce confinement, qui en est la cause et qui gère actuelement la situation.

Rien ne sert de vouloir aller trop vite. L'éveil se produit graduellement selon son rythme car c'est une succession d'états intérieurs. Et si vous lisez ce livre, c'est que vous faîtes parti des enfants du nouveau monde. Bienvenue ! Courage ! Gratitude !

Bonne lecture.
Bien à vous.
Nafaru Bennasra.
Eric

Introduction :

Un nombre est une information, une série d'informations. Un chiffre est la représentation graphique d'un nombre. Le mot nombre vient du latin numerus, une division, une quantité, qui est issu du mot indo-européen « nem » qui signifie diviser. Sans les nombres, il n'y aurait aucune vie dans cet univers ni dans les autres ! Les nombres sont les outils créés par la Source de toute Vie pour créer la Vie dans les différentes dimensions.

L'univers est régit par les nombres et les cycles disaient les anciens. La bible elle-même nous dit qu'au commencement était le Verbe, c'est-à-dire le son. On sait maintenant que le son créé la forme et que les formes matérielles sont des ondes scalaires en quelques sortes ralenties, immobilisées, congelées, figées pendant un temps. On sait que la matière est de l'énergie auquel on a retiré le mouvement de la lumière selon la célèbre formule $E=mC^2$. On sait concentrer des faisceaux lumineux en « lasers » (light amplification by stimulated emission of radiation) et des faisceaux sonores en « sasers ». Un son est pour rajouter en précision un signal, c'est-à-dire une vibration contenant de l'information. Une vibration est un mouvement qui vibre selon une certaine fréquence. Les sons sont des fréquences et les fréquences s'expriment selon les nombres. Les nombres sont ainsi la racine pratique de la vie, les éléments ordonnateur de la Vie qui révèlent, par leur présence même, l'existence de la Source de toute Vie et un ordre caché dans l'univers, ordre qui peut être conscientisé par les mathématiques, la géométrie, la méditation et la sagesse.

L'histoire de l'humanité sur la planète Terre est marquée par une importante rupture temporelle qui est appelée le Dryas Récent qui s'est produit entre -10900 et -9600, c'est-à-dire de 10900 ans avant Jésus-Christ à 9600 ans avant Jésus-Christ. Une civilisation technologiquement avancée existait avant cette période. Elle a été détruite par des cataclysmes suite à des guerres, dont un énorme déluge qui a tout balayé sur son passage. Après, la civilisation s'est reconstruite comme elle a pu et c'est vers 3200 ans avant Jésus-Christ, en Mésopotamie, en Egypte, en Inde et en Chine qu'elle est re-née de ses cendres.

Il fut un temps dans l'histoire de l'humanité « récente » post diluvienne où les nombres n'existaient pas. Puis il y a eu les nombre un, deux et beaucoup. L'humanité est passée une population de chasseurs-cueilleurs à une population vivant grâce à l'agriculture et l'élevage. Il y eu un énorme accroissement de population, la naissance des villes et des guerres. Il fallut alors apprendre à compter le temps pour savoir quand planter et quand récolter et à compter les ressources. Au départ, les personnes qui comptaient faisaient des encoches avec des silex ou des couteaux sur des os, des branches puis des tablettes en poteries, pour compter les récipients de grains, les animaux et les armes.

Puis les nombres apparurent. On utilisa les dix doigts de la main, parfois les vingt doigts des mains et des pieds et parfois les 13 articulations majeures du corps humain. La musique ancienne comportait 24 notes. Le concept de base numérique apparut. On utilise la base 10 dans la vie courante tandis qu'en informatique, on utilise une base 2 (0 et 1).

Plus de 3000 and avant Jésus-Christ, les Sumériens utilisaient une base 12 et une base 60, un nombre divisible par 2,3, 4, 5, 6, 10, 12, 15, 20 et 30.

Le système numérologique Chinois utilise une base 8 et une base 64. Le système de numérologie germanique utilise une base 24 et le Tarot utilise une base 22.

Ensuite, les mathématiques et la géométrie apparurent avec la compréhension des cycles astronomiques et avec l'architecture. Au-delà de leur valeur numérique permettant de compter, les nombres furent très tôt associés à des concepts symboliques chargés de sens. Les civilisations Mayas et Chinoises développèrent un système numérologiques plusieurs millénaires avant Jésus Christ. Au moyen Orient, les Phéniciens développèrent un système numérologique qui fut repris par les Hébreux. En Europe les Runes apparurent vers l'an zéro puis en 1430 environ, le Tarot Italien fut créé. Ce livre vous propose une interprétation symbolique des 64 premiers nombres.

Chaque nombre est abordé selon son nom, son graphisme, sa structure, son symbolisme et ses associations. Chaque nombre est ici abordé selon la tradition ancienne du Yi-King Chinois, puis selon deux outils numérologiques modernes, le Design Humain et les Clefs génétiques.

A-Une tradition ancienne.

1-La tradition du Yi-King Chinois qui prend en compte les nombres de 1 à 64.

Le Yi King est un système d'information Chinois vieux de 3000 ans basé sur les nombres. Il est composé de 64 nombres, où chaque nombre est associé à un symbole composé de 6 traits qui est appelé « Hexagramme », mot qui veut dire six caractères.

Ces 64 nombres sont les codes de la vie. Chaque Hexagramme ou groupe de six traits est lui-même une addition de deux trigrammes ou groupe de trois traits et chacun des 8 trigrammes est associé à un élément naturel, c'est-à-dire au Ciel contenant le Soleil et la à Terre, au feu et à l'eau, au tonerre et à la montagne et enfin au vent dans les arbres et au lac.

Le Yi-King présente toutes les situations typiques existant dans la vie d'une personne ou d'une organisation mais aussi comment ces situations évoluent en se transformant. Il est utilisé en Chine depuis très longtemps par les décideurs et par les particuliers, dans la vie politique, dans la vie des affaires et dans la vie privée. Il permet de comprendre « l'ordre de l'univers », de mieux vous connaitre et surtout de poser une question et d'obtenir une réponse quant au sens et à l'évolution d'une situation, afin de savoir « comment faire » au mieux et « que faire » dans l'ici-maintenant et d'agir en harmonie avec la nécessité, avec la volonté de l'univers.

Cela vous permet d'optimiser ce qui peut l'être. On peut comparer le Yi-King a un vieux sage sans âge qui sait avec humour, précision, justesse, et quand c'est nécessaire avec une certaine sévérité, ce qu'il en est et qui peut, à partir de là, donner le conseil approprié. Vous avez alors à vos côtés, quand vous le sollicitez, votre sage personnel qui vous donne les informations très pertinentes dont vous avez besoin quand vous le sollicitez.

Vous avez à la page suivante les noms des Hexagrammes et des nombres qui y sont associés. **Deux séries de nombres fournissent des informations sur la structure d'une personne et sur sa vie.**

1-Le premier lot de nombres va entre 1 et 64 et vous avez une description très détaillée sur chaque nombre dans ce livre et son prédécesseur. Ces nombres sont mis en avant par les planètes du thème astral quand on superpose un zodiaque avec une roue à 64 nombres. Il existe plusieurs façons de superposer les deux cercles. Les roues taoïstes et le Design Humain sont deux façons, les plus pertinentes ou les plus connues, parmi une dizaine existantes.

2-La deuxième série de nombre va de 1 à 6 et correspond aux 6 lignes d'un hexagramme. On part du bas et on va vers le haut. C'est la position très précise d'une planète qui met en avant telle ligne. Voici quelques indications : Si une ligne est manquante, il y a alors une difficulté à vivre ce qu'elle représente et s'il y a trop de fois une ligne elle s'exprime par son ombre.

Les lignes des hexagrammes utilisées avec le Yi-King, en Design Humain et avec les Clef Génétiques.

Ligne 6 : Place du fou ou du sage éveillé :
Besoin d'évolution, de gérer des chantiers, de vivre selon une vision globale profonde, inspirée et spirituelle, de clarté, de vivre dans la conscience multidimensionnelle de l'instant présent, d'avoir une vision à long terme, d'éveil et de contribuer à répandre l'amour inconditionnel et la paix sur Terre. **Ombre :** cynisme, misanthropie, manque de sens pratique, déconnexion de la vie. **Blessure :** Blessure sacrée (déconnexion à la Source). Blessure de séparation et d'abandon. **Lumière :** Amour. Eveil. Sagesse. Capacité à guider intérieurement. Intentions claires.

Ligne 5 : Place du Roi ou du maître :
Besoin de diriger, d'influencer, de maîtriser en fonction d'une vision pratique et organisationnelle et de résoudre les difficultés existantes en trouvant des solutions afin de générer un progrès, de transmettre, d'exprimer sa puissance et la réussite. **Ombre :** Happé par l'extérieur, abus ou excès de confiance, envahissant et perversité manipulatrice. **Blessure :** Blessure d'illégitimité, de trahison et de culpabilité. **Lumière :** Royauté. Conscience. Amour. Capacité à guider extérieurement. Exprimer sa voix.

Ligne 4 : Place du ministre :
Besoin d'une intense activité relationnelle basée sur le cœur et d'une intense activité sociale, de faire parti de réseaux, d'organiser des projets, d'affirmer une puissance, une envergure, des qualités de cœur (compassion, sincérité) et d'être utile socialement. **Ombre :** rigidité, happé par le monde, manque d'indépendance, froideur émotionnelle, abus de pouvoir. **Blessure :** Blessure de rejet. Difficulté avec le pouvoir.
Lumière : Amour. Autorité, envergure. Respiration du cœur. Puissance d'organisation.

Ligne 3 : Place du commercial(e) ou commerçant(e) :
Besoin de mouvement, d'exploration, de découvertes, de liberté, de tenter sa chance pour voir, d'innover, de stimulations mentale et d'adaptation intelligente à l'environnement.
Ombre : superficialité, peur de l'échec, instabilité, excès de mental, inadaptation.
Blessure : Blessure d'invisibilité. Blessure de la honte. **Lumière :** Bonne gestion des émotions. Intelligence divine en action, respiration et adaptation. Etre en mouvement. Faire circuler l'information, faire connaître, diffuser, aider à l'adaptation.

Ligne 2 : Place du fonctionnaire intuitif :
Besoin d'organiser et de gérer sa vie de façon stable et fluide en trouvant des ressources et en identifiant puis en exprimant des talents dans un cadre tranquille. Besoin de plaisir, d'abondance, de joie et de tranquillité mais aussi d'exprimer son corps. La bonne posture.
Ombre : Mauvaise gestion des ressources et des talents, non écoute du corps et de l'intuition, repli sur soi, isolement. **Blessure :** Blessure de nostalgie. Blessure de déni.
Lumière : Création/production aidée par la visualisation. Intuition. Harmonie, beauté, joie, créativité. Etre attentif à sa posture. Conscientiser ses sens.

Ligne 1 : Place de l'artisan ou chef d'entreprise.
Besoin de créer, de créer des fondations stable avec une organisation de vie quotidienne et des routines, de bases solides pour la survie et de sécurité dans la vie et dans les relations. Besoin de nouveauté, d'expériences concrètes sur le terrain, d'action et de vie. Besoin d'exprimer son enfant intérieur. Elle génère une pression instinctive pour agir. **Ombre :** Insécurité, action sans compréhension, impatience, précipitation, burnout et inertie.
Blessure : Refus d'incarnation. Blessure d'humiliation. Sentiment d'insécurité.
Lumière : Présence aimante. Maitrise de l'intention/l'attention. Sens des objectifs. Prendre soin de sa santé et de son corps. Exprimer son enfant intérieur. Créativité.

HEX.	NOM	HEX	NOM
	LES NOMS DES 64 NOMBRES OU HEXAGRAMMES DU YI-KING		
1	La puissance créatrice	33	Le retrait stratégique
2	L'Eternel Féminin	34	Gérer le pouvoir
3	Les débuts difficiles ou les difficultés du commencement	35	Le progrès
4	L'inexpérience de la jeunesse	36	L'obscurcissement de la lumière
5	L'attente stratégique	37	La famille
6	Le conflit	38	L'opposition
7	L'armée	39	L'obstacle
8	La civilisation	40	La libération
9	Gérer l'hiver	41	La diminution
10	La conduite juste	42	L'augmentation
11	La force du cœur	43	La percée
12	Le déclin, la souffrance	44	Résister à la tentation
13	Communauté avec les hommes	45	Rassembler
14	Le grand avoir Ou Grande réussite	46	La poussée vers le haut
15	L'humilité	47	Epreuve
16	L'enthousiasme	48	Le puit
17	Suivre	49	La révolution
18	Remédier le corrompu	50	Le chaudron sacré
19	L'avancée positive	51	L'orage
20	Elever sa vision	52	L'immobilisation
21	La loi et le châtiment	53	L'évolution graduelle
22	La forme	54	La concubine
23	L'éclatement	55	La plénitude matérielle
24	Le retour (de la lumière éternelle)	56	Le voyageur
25	L'intuition connectée	57	Adaptation sociale conforme
26	La puissance apprivoisée	58	Joie du partage
27	Nourrir	59	La dissolution
28	Le seuil critique	60	Les justes limites
29	L'eau du ravin	61	En totale synchronicité ou Lé vérité intérieure
30	Le feu	62	Le petit passage
31	L'attraction	63	Après l'accomplissement
32	La durée	64	Avant l'accomplissement

B-Deux traditions modernes

1-Le Design Humain qui prend en compte les nombres de 1 à 64 :

Le Design Humain est un outil de connaissance de soi et de gestion pratique de son existence. Il a été créé en Espagne, dans les Iles Baléares, à Ibiza, en 1987, par Robert Alan (RA) Kracower, né le 09/04/1948 à 00h05 à Montréal suite à une transmission par une « voix ». Il a été créé à en combinant différents systèmes d'informations, c'est-à-dire en associant le Yi-King et la Roue Taôiste décalée de 13 degrés puis inversée, l'astrologie, le cercle temporel, un système des chakras modifié et l'arbre de vie kabbalistique. Autour d'un thème astral de naissance nommé « thème de personnalité » et d'un thème astral où le Soleil est décalé de 88° nommé « thème astral de design » sont placés les hexagrammes du Yi-King de la Roue Taôiste décalée et inversée. La présence d'une planète fait ressortir un hexagramme qui est alors interprété et placé sur un schéma corporel comportant 9 chakras et **64 hexagrammes nommés portes**. Les portes activées par les planètes des deux thèmes pris en compte forment des canaux. Les portes sont également organisées en circuits. Il y a ainsi dans le Design Humain 10 planètes et deux nœuds linaires, 64 hexagrammes ou porte, chaque hexagramme ayant ses 6 lignes, 9 chakras ou centres, 5 types, 12 profils, 36 canaux et différents circuits.

Le Design Humain propose des interprétations de différents éléments, dont :

1-Le Soleil de personnalité (hexagramme et ligne associés).
Il révèle un repère et un besoin principal conscient pour rayonner.
2-Le Soleil de Design Humain (hexagramme et ligne associés)
Il révèle un repère et un besoin principal initialement inconscient pour rayonner.
3-La Lune de personnalité (hexagramme et ligne associés).
Elle révèle comment être bien et exprimer ses émotions.
4-La Lune de Design Humain (hexagramme et ligne associés)
Elle révèle comment transformer ses mémoires pour être bien.
5-Le Profil (lignes des 2 hexagrammes solaires). Il précise la bonne façon de vivre.
6-La Croix d'incarnation (hex. solaires conscients et inconscient +opposés). Elle révèle la mission de vie et la leçon de vie à expérimenter pour avancer.
7-Les centres définis et non définis. Ils révèlent notre fonctionnement par rapport à l'environnement.
8-Le Type et son aura (manifesteur, générateur, générateur-manifesteur, projecteur, réflecteur).
Il détermine la bonne stratégie de vie.
9-L'Autorité (liée au centre activé). Elle décrit la bonne façon de pendre des décisions
10-La stratégie : Elle révèle comment vivre sa vie de façon fluide et harmonieuse.
11-La signature : Elle décrit l'état émotionnel ressenti quand la stratégie est appliquée.
12-Le non-soi : C'est l'état émotionnel ressenti quand la stratégie est n'est pas respectée/ appliquée.
13-Les Canaux activés (centres reliés par 2 canaux). Ils décrivent la dominante psychologique et les archétypes et dons qui s'expriment à travers soi.
14-Les Canaux potentiels et activables (quand une seule porte du canal est activée).
15-La définition : Elle montre comment l'énergie circule en soi.

16-Les variables : Elle indique des détails concrets sur notre fonctionnement et la meilleure façon de s'adapter à l'environnement.

Ci-après un exemple de « *schéma corporel* » du Design Humain
Ce schéma montre à la fois le côté (sous-type) Personnalité et le coté Design

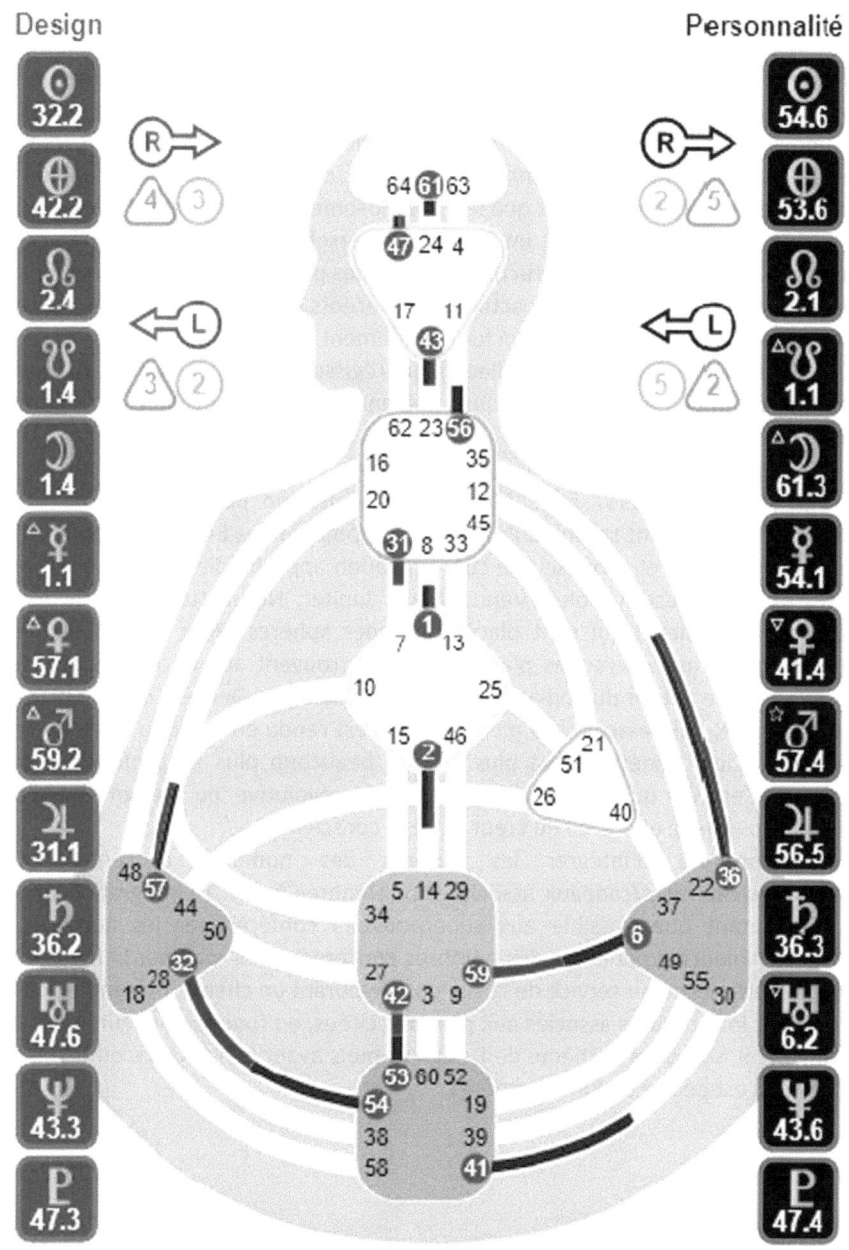

2-Les Clef Génétiques qui prennent en compte les nombres de 1 à 64.

Le système des clefs génétiques est un outil de découverte de soi basé sur la contemplation des 64 nombres (Hexagrammes) du Yi-King mis en valeur par le Design Humain. Elles aident à incarner le sens le plus élevé de votre existence. Les 64 hexagrammes sont présentés/interprétés sous une perspective originale, pertinente et très profonde et spirituelle, sous une forme un peu différente de l'interprétation classique du Yi-King.

Chaque hexagramme est présenté avec une ombre ou une expression inférieure, avec un chemin d'évolution liée à des qualités classifiées de dons et avec un superpouvoir nommé Siddhi, qui représente l'expression supérieure de l'hexagramme. Ensemble, elles forment un programme d'évolution de l'être humain. L'ensemble est présenté sous la forme d'un schéma appelé le profil hologénétique, comme ci-dessous. L'outil présente ensuite un lien avec le code génétique de l'être humain du fait que les chromosomes humains ont 64 « codons ».

Les Clef Génétiques sont un langage universel constitué de 64 archétypes, où chaque archétype est en lien avec les instructions génétiques présentes dans les 64 codons de l'ADN du corps humain ; instructions qui impactent les différents comportements d'un être humain. Elles sont un miroir permettant de voir son fonctionnement.

Elles sont des archétypes collectifs qui régissent le comportement humain et peuvent être définies comme des codes vibratoires présents dans chaque cellule, dans chaque molécule d'ADN.

Le système a été créé par Richard Ruud, un ancien élève anglais de Robert Alan Kracower, né le 7/09/1967 à 16h50 à Oxford, que l'on peut qualifier de philosophe, de mystique et d'enseignant spirituel. Il reprend les nombres des 64 hexagrammes mis en lumière par le Design Humain et propose une contemplation approfondie des nombres liés à certaines planètes du thème astral (Soleil, Vénus, Mars, Jupiter, Nœud Nord natal et Nœud Nord de Design essentiellement) qui sont placés dans des sphères. Pour rappel, le Design Humain associe le thème astral avec les planètes qui s'y trouvent aux 64 Hexagrammes du Yi-King, disposés en cercle autour du Zodiaque, derrière le Zodiaque. Derrière chaque planète se trouve un Hexagramme, qui s'associe à la planète et qui est rendu en quelque sorte vivant par elle. Le Système des Clefs Génétiques va plus loin ou beaucoup plus en profondeur que le Design Humain et c'est en quelque sorte une branche évolutive du Design Humain ayant une dominante spirituelle et d'éveil du cœur et de la conscience.

Il propose d'intégrer les ombres des nombres concernés, d'utiliser les qualités/dons/capacités/cadeaux associés aux nombres grâce à l'intégration de l'ombre puis d'accéder autant que possible aux superpouvoirs conférés par les nombres, c'est-à-dire d'utiliser les valeurs supérieures des nombres concernés pour incarner la meilleure version de soi-même et la mettre au service de la vie, en parcourant un chemin ou sentier, dit doré, qui est structuré par les nombres associés aux planètes citées, en fonction de leurs positions soit dans le thème natal, soit dans le thème de Design (3 mois avant la naissance ou précisément quand le Soleil natal est décalé de 88° en arrière).

Exemple de « *Profil Hologénétique* ».

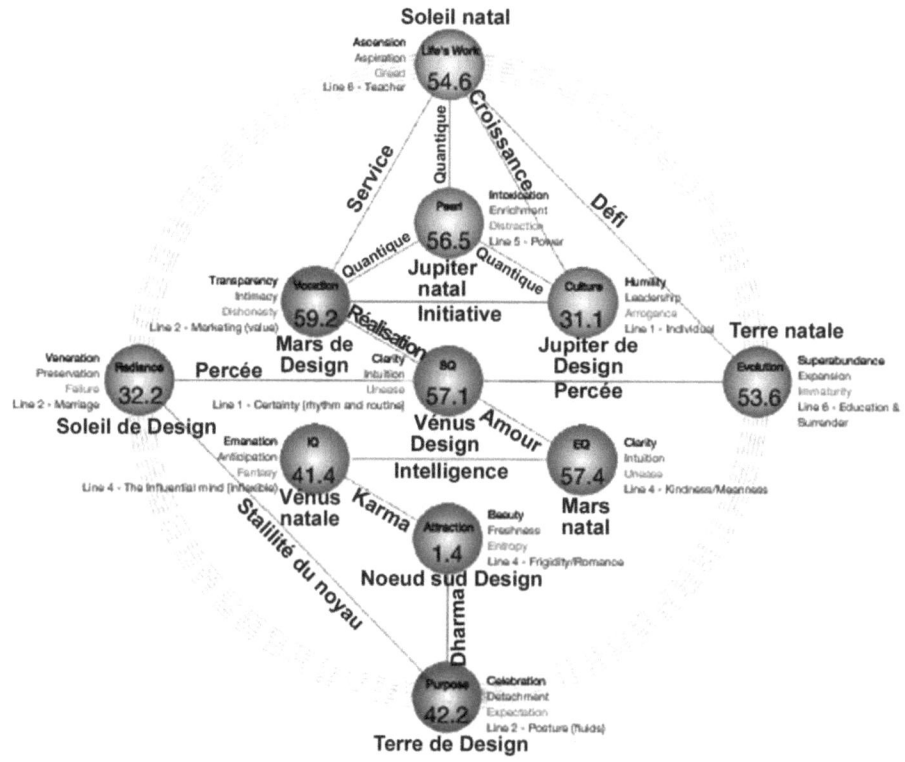

Les concepts qui structurent les Clefs Génétiques.

Les « Hexagrammes Miroirs » ou partenaires de programmation : Un hexagramme est un symbole constitué de six lignes continues ou discontinues empilées sur 6 étages. Chaque hexagramme à son miroir, c'est-à-dire que là où il y a une ligne continue à l'un des 6 étages de l'hexagramme A, il y a une ligne discontinue au même endroit chez l'hexagramme B. (voir le livre « Astrologie, Yi-King et Design Humain). Dans le système des Clefs génétiques, les hexagrammes miroirs sont appelés « partenaires de programmation ». Un nombre est le miroir ou l'opposé de l'autre et ils agissent toujours ensemble, se renforçant mutuellement et devenant complémentaires au fur et à mesure que la fréquence vibratoire d'une personne s'élève. Derrière chaque sphère vibre la sphère miroir.

Les 21 anneaux de codons : Ce sont les familles génétiques des Clefs génétiques qui associent entre eux plusieurs codons, sauf la 35 et la 41. Un codon est une section d'ADN constitué de trois paires de base. Il est structuré en une séquence de trois nucléotides greffés sur un acide ribonucléique messager. Il oriente vers la fabrication de l'un des vingt-deux acides aminés, constitué de protéines. La succession des acides aminés, sur l'ARN messager, détermine la structure primaire de la protéine à synthétiser.

Un codon permet de « coder » un acide aminé spécifique et intervient ainsi dans la fabrication des protéines du corps humain. Il y a en tout 64 codons dans l'ADN humain et 21 « anneaux ». Les 64 clefs génétiques permettent de communiquer directement avec les 64 codons de chaque cellule dans le corps et d'accroître la fréquence vibratoire des codons. Chaque clef fait partie d'un groupe de codons appelé « anneau de codons ». Les anneaux de codons sont des familles chimiques transgéniques qui opèrent sur des pools génétiques entiers, rassemblant naturellement certaines personnes par paires et par groupes, formant finalement des sociétés entières. Ils sont entrelacés pour former des cordes chimiques qui relaient de façon fractale les informations biologiques nécessaires à la vie, en réagissant aux stimuli et aux informations présentes dans l'environnement.

Les nombres importants parmi les 64 pour une personne : Ces nombres sont organisés en groupes nommés séquences.

La première séquence est appelée la séquence d'activation. Elle est révélatrice du génie grâce à des transformations intérieures et elle inclut les deux Soleil (natal et décalé de 88°) et les deux points opposés aux Soleils (qui correspondent à la Terre). Le nombre du Soleil natal parle de la mission de vie et de ce qu'on est censé exprimer dans cette vie. Le Nombre Natal de la Terre correspond à l'évolution et de ce qu'on est censé apprendre dans cette vie. Le nombre du Soleil décalé (de design) correspond à ce qui vous maintient en bonne santé. Le nombre de la Terre de Design (opposée au Soleil de Design ou décalé de 88°) correspond à ce qui génère un épanouissement et à ce qui donne du sens à cette vie.

La seconde séquence se somme la séquence de Vénus et elle correspond aux ressources à utiliser et aux défis à relever pour vivre des relations harmonieuses avec autrui. Les nombres concernés correspondent aux positions de Vénus et de Mars du thème natal et du thème décalé de 88° et également aux positions de la Lune. Elle révèle les schémas émotionnels traumatiques à transformer.

La troisième séquence est la séquence perle et révèle les possibilités d'épanouissement. Elle correspond aux positions du Soleil, Mars et Jupiter natal et Design.

Les trois familles de fréquences vibratoires d'un être humain

Le corps humain est un véhicule permettant à la conscience d'expérimenter le monde de la matière ; la troisième dimension de la réalité. Cette dimension de la réalité est soumise au temps linéaire où existent un passé, un présent et un futur. Le corps humain et la conscience qui va avec évoluent ainsi dans le temps, enfin en théorie. Cette évolution est structurée en trois grandes étapes que l'on peut associer à des états d'être archétypiques, à des états vibratoires qui constituent le spectre ou échelle globale de la conscience humaine. On peut qualifier ces trois étapes ou ces trois niveaux d'évolution avec les mots survie, service et soumission à la Source. Tout nombre, tout hexagramme et donc toute clef est capable d'exister dans ces trois états et chaque état correspond à des groupes de fréquences vibratoires ; chaque état vibre d'une certaine façon et à certaines fréquences. Pour rappel, une fréquence est une quantité de mouvement par unité de temps.

On peut aussi qualifier ces états comme « inférieur », « du milieu » ou moyen et « supérieur ». L'état inférieur est appelé l'ombre de la clef, l'état du milieu est appelé « les qualités » ou « le don » de la clef et l'état supérieur « le superpouvoir » ou « Siddhi », mot Sanskrit, Indien, dont l'une des significations est pouvoir divin. Le passage d'un état à un autre s'effectue suite à des transformations intérieures qui génèrent un changement d'état vibratoire.

L'ombre de la clef : Elle correspond à la vibration/tonalité basse de la clef qui se manifeste quand une personne n'est pas alignée avec l'énergie essentielle ou avec l'essence de la clef. Elle est caractérisée par un bruit de fond mental qui interfère avec l'évolution de la vie, par une prédominance de l'ego, de la souffrance et par une peur spécifique. Elle s'exprime en mode victime, bourreau ou sauveur. Chaque ombre est associée à l'ombre de son partenaire de programmation. Chaque paire d'ombres se nourrit mutuellement et génère un schéma obsessionnel déséquilibré. C'est en acceptant totalement l'ombre d'un nombre que le cadeau du nombre peut émerger. Quand une personne est branchée sur l'ombre d'une clef, elle est en mode survie et vibre à la fréquence de la peur. On peut l'associer à une entité ou à un implant. Quand on est dans l'ombre, la seule chose qu'on voit c'est qu'on n'est pas bien.

Les qualités de la Clef ou son don, son cadeau : Elle correspond à la vibration/tonalité haute de la clef, qui se manifeste quand une personne s'engage, pose des actes de foi, tend la main pour demander de l'aide et la reçoit pour aller dans sa lumière. Elle s'exprime quand une personne est correctement alignée avec l'énergie de la clef suite au travail sur soi effectué. Quand une personne est branchée sur les qualités et les dons d'une clef, elle est en mode service et vibre à la fréquence de l'amour. Une qualité spécifique est mise en valeur parmi un groupe de qualités. Le don est le superpouvoir de la clef en action. Quand on est dans les dons, on voit l'ombre et on exprime nos qualités.

Le superpouvoir ou Siddhi de la clef : C'est l'essence du don de la clef. Elle correspond à la vibration ou tonalité très haute de la clef qui est transcendée et qui se manifeste quand la personne a effectué un travail de développement personnel, s'est libérée de son passé et est super alignée en conscience à l'énergie de la clef. L'élévation vibratoire s'effectue grâce à l'abandon complet du passé inférieur (mémoires personnelles, familiales et karmiques) et à la retrouvaille du passé supérieur (âme rassemblée, rééquilibrée masculin féminin et reconnectée à la Source de toute Vie), à la contemplation, aux prises de conscience, aux attitudes et aux actions. Chaque superpouvoir est une forme d'expression de la Source de toute Vie, qui est conscience, amour, joie enchantée et créativité, dans l'être humain. Quand une personne est branchée sur les superpouvoirs d'une clef, elle est en mode soumission à la Source. Elle vibre à la fréquence galactique des miracles et de la magie, la magie étant de la technologie que nos mots peuvent difficilement voir pas du tout décrire ni expliquer.

Vous avez ci-après la liste des mots clefs choisis pour chaque Hexagramme du Yi-King, c'est-à-dire pour les ombres, les dons et superpouvoirs ou Siddhi faisant parti du système des Clefs Génétiques.

Les Clefs Génétiques avec leurs partenaires de programmation

Clé	Ombre	Don	Siddhi	Clé Partenaire	Ombre	Don	Siddhi
1	Entropie	Fraicheur	Beauté	2	Dislocation	Orientation	Unité
2	Dislocation	Orientation	Unité	1	Entropie	Fraicheur	Beauté
3	Chaos	Innovation	Innocence	50	Corruption	Equilibre	Harmonie
4	Intolérance	Compréhension	Pardon	49	Réaction	Révolution	Renaissance
5	Impatience	Patience	Intemporalité	35	Faim	Aventure	Infinitude
6	Conflit	Diplomatie	Paix	36	Tourmente	Humanité	Compassion
7	Division	Accompagnement	Vertu	13	Discordance	Discernement	Empathie
8	Médiocrité	Style	Spendeur	14	Compromis	Compétence	Prodigalité
9	Inertie	Détermination	Invincibilité	16	Indifférence	Polymathie	Maestria
10	Égocentrisme	Naturel	Êtreté	15	Monotonie	Magnétisme	Florescence
11	Obscurité	Idéalisme	Lumière	12	Vanité	Distinction	Pureté
12	Vanité	Distinction	Pureté	11	Obscurité	Idéalisme	Lumière
13	Discordance	Discernement	Empathie	7	Division	Accompagnement	Vertu
14	Compromis	Compétence	Prodigalité	8	Médiocrité	Style	Spendeur
15	Monotonie	Magnétisme	Florescence	10	Égocentrisme	Naturel	Êtreté
16	Indifférence	Polymathie	Maestria	9	Inertie	Détermination	Invincibilité
17	Opinions	Clairvoyance	Omniscience	18	Jugements	Intégrité	Perfection
18	Jugements	Intégrité	Perfection	17	Opinions	Clairvoyance	Omniscience
19	Co-dépendance	Sensibilité	Sacrifice	33	Oubli	Pleine Conscience	Révélation
20	Superficialité	Confiance en soi	Présence	34	Force	Puissance	Majesté
21	Contrôle	Autorité	Vaillance	48	Inadéquation	Ressource	Sagesse
22	Déshonneur	Bienveillance	Grâce	47	Oppression	Transmutation	Transfiguration
23	Complexité	Simplicité	Quintessence	43	Surdité	Aperception	Epiphanie
24	Addictions	Invention	Silence	44	Interférence	Coopération	Synarchie
25	Constriction	Acceptation	Amour Universel	46	Sérieux	Joie	Extase
26	Orgueil	Habileté	Invisibilité	45	Dominance	Synergie	Communion
27	Égoïsme	Altruisme	Abnégation	28	Errance	Totalité	Immortalité
28	Errance	Totalité	Immortalité	27	Égoïsme	Altruisme	Abnégation
29	Tiédeur	Engagement	Dévotion	30	Désir	Légèreté	Béatitude
30	Désir	Légèreté	Béatitude	29	Tiédeur	Engagement	Dévotion
31	Arrogance	Influence	Humilité	41	Fantasmes	Anticipation	Émanation
32	Échec	Préservation	Vénération	42	Attentes	Détachement	Célébration
33	Oubli	Pleine Conscience	Révélation	19	Co-dépendance	Sensibilité	Sacrifice
34	Force	Puissance	Majesté	20	Superficialité	Confiance en soi	Présence
35	Faim	Aventure	Infinitude	5	Impatience	Patience	Intemporalité
36	Tourmente	Humanité	Compassion	6	Conflit	Diplomatie	Paix
37	Faiblesse	Égalité	Tendresse	40	Épuisement	Solutionner	Volonté Divine
38	Lutte	Persévérance	Honneur	39	Provocation	Dynamisme	Libération
39	Provocation	Dynamisme	Libération	38	Lutte	Persévérance	Honneur
40	Épuisement	Solutionner	Volonté Divine	37	Faiblesse	Égalité	Tendresse
41	Fantasmes	Anticipation	Émanation	31	Arrogance	Influence	Humilité
42	Attentes	Détachement	Célébration	32	Échec	Préservation	Vénération
43	Surdité	Aperception	Epiphanie	23	Complexité	Simplicité	Quintessence
44	Interférence	Coopération	Synarchie	24	Addictions	Invention	Silence
45	Dominance	Synergie	Communion	26	Orgueil	Habileté	Invisibilité
46	Sérieux	Joie	Extase	25	Constriction	Acceptation	Amour Universel
47	Oppression	Transmutation	Transfiguration	22	Déshonneur	Bienveillance	Grâce
48	Inadéquation	Ressource	Sagesse	21	Contrôle	Autorité	Vaillance
49	Réaction	Révolution	Renaissance	4	Intolérance	Compréhension	Pardon
50	Corruption	Equilibre	Harmonie	3	Chaos	Innovation	Innocence
51	Agitation	Initiative	Éveil	57	Malaise	Intuition	Clarté
52	Stress	Retenue	Sérénité	58	Insatisfaction	Vitalité	Béatitude
53	Immaturité	Expansion	Surabondance	54	Avidité	Aspiration	Ascencion
54	Avidité	Aspiration	Ascencion	53	Immaturité	Expansion	Surabondance
55	Victimisation	Liberté	Liberté	59	Malhonnêteté	Intimité	Transparence
56	Distraction	Enrichissement	Ivresse	60	Limitation	Réalisme	Justice
57	Malaise	Intuition	Clarté	51	Agitation	Initiative	Éveil
58	Insatisfaction	Vitalité	Béatitude	52	Stress	Retenue	Sérénité
59	Malhonnêteté	Intimité	Transparence	55	Victimisation	Liberté	Liberté
60	Limitation	Réalisme	Justice	56	Distraction	Enrichissement	Ivresse
61	Psychose	Inspiration	Sainteté	62	Intellect	Précision	Impeccabilité
62	Intellect	Précision	Impeccabilité	61	Psychose	Inspiration	Sainteté
63	Doute	Recherche	Vérité	64	Confusion	Imagination	Illumination
64	Confusion	Imagination	Illumination	63	Doute	Recherche	Vérité

Les coïncidences numériques - Les messages de l'univers

Observez ce que vous êtes en train de penser et de faire quand vous voyez une série de 3 nombres identiques. Ces séries sont des messages de l'univers qui vous dit qu'il est judicieux de manifester ce que les nombres concernés représentent. Vous pouvez créer vos propres codes mais voici des propositions.

	MERCURE-URANUS-NEPTUNE-PLUTON
000	Il est temps de vous connectez à l'univers, de passer en mode quantique, de vous préparer à gérer un imprévu, de traiter vos mémoires karmiques et de vous libérer.
	SOLEIL-MARS
111	Il est temps d'accroître votre niveau d'énergie, de conscientiser/exprimer votre enfant intérieur, votre intention, ce que vous avez prévu de faire et ce que vous voulez, de passer à l'action, de manifester votre existence, de démarrer quelque chose de nouveau, (nouvelle activité/relation/lieu de vie etc.), de faire quelque chose que vous n'avez jamais fait et d'expérimenter. (Enfant)
	LUNE-SATURNE-NEPTUNE
222	Il est temps de vous préparer, de prendre soin de vous pour être bien, de trouver ou traiter des informations (stage), de lire un livre, de faire vos comptes, de voir votre dualité (2 programmes de votre ego, votre passé et votre futur, votre côté ombre et votre côté lumière) d'observer/d'exprimer une émotion/un ressenti, de visualiser ce que vous voulez créer, de voir que vous êtes en train de procrastiner et de choisir parmi deux options.(Femme/Grand-mère)
	MERCURE-VENUS-JUPITER
333	Il est temps de vous mettre en mouvement, d'utiliser votre intelligence, de communiquer et vous faire connaitre, de tout bien gérer, de relier le passé, le présent et le futur, de prêter attention aux personnes événements qui surviennent dans votre environnement en faisant le lien avec votre passé/futur et de vous adapter. Il est temps de guérir votre passé, d'être à 100% dans l'instant présent et de préparer votre futur. (Femme/Mère)
	JUPITER-MARS-LUNE
444	Il est temps de vous structurer, de vous exprimer dans le monde extérieur, d'aller de l'avant, d'affirmer/exprimer votre pouvoir et votre puissance, d'organiser votre vie et de prendre pleinement votre place afin de manifester l'abondance matérielle et spirituelle dans la matière. (Homme-Père)

	JUPITER-SOLEIL-NEPTUNE
555	Il est temps de faire des prises de conscience et voir les choses différemment, de saisir une opportunité, de mettre en place des changements, de laisser venir ce qui vient et partir ce qui s'en va, d'effectuer un voyage du corps ou de la conscience (formation), de vous aligner avec l'univers et d'avoir confiance. (Homme-Père)
	VENUS-MARS
666	Il est temps d'entrer en relation, d'unir le masculin et le féminin, de vous occuper d'une relation et de savoir à qui vous avez affaire, de gérer un conflit relationnel ou en vous, d'observer vos attentes, vos déceptions et vos fictions et de revenir à la réalité/voir la vérité, de coopérer, de faire en sorte que votre égo et votre âme coopèrent, de faire des liens, d'exprimer une activité artistique, d'écouter votre cœur et votre intuition pour faire des choix qui vous apportent de la joie, de voir que vous avez le choix entre plusieurs possibilités, de partager, de demander de l'aide, d'aimer, d'exprimer tendresse et gentillesse, de sourire et de faire de votre vie une œuvre d'art.(Un/une partenaire/associé(e), un/une membre de la famille).
	MARS-JUPITER-URANUS
777	Il est temps de conscientiser votre mission et vie et de l'accomplir, d'harmoniser vie matérielle et vie spirituelle, masculin et féminin, de vous fixer des objectifs, de mettre en place la bonne stratégie, de passer à l'action et d'obtenir des résultats. (Un Homme)
	VENUS-SATURNE
888	Il est temps de voir la vérité en face, de voir que l'univers vous aime, de transformer ce qui doit l'être, de prendre conscience de votre infinité et de votre éternité, de voir/explorer les possibilités, de sentir ce qui est juste pour vous et de le faire, de conscientiser et manifester l'amour divin inconditionnel, de manifester l'abondance, de faire le point sur votre relation à la civilisation (administration, structures) et de contribuer à la civilisation. (La société, des membres de la civilisation, l'univers)
	SATURNE-NEPTUNE
999	Il est temps de vous poser, de gérer l'hiver ou de le préparer, de voir qu'un cycle se termine, d'abandonner quelque chose (emploi, projet, relation, dispute, lieu de vie, activité, pratique), de vous poser des questions et d'y répondre, de chercher, de cheminer, de gérer un chantier ou le chantier de votre évolution, de poser des objectifs à long terme, de préparer le prochain cycle, de méditer, de conscientiser votre vérité profonde pour être dans un état de paix intérieure.

Chapitre 1 : Le nombre 25

A-Son symbolisme: Ce nombre est très particulier et joue un rôle central. Il existe par l'association de la Grande Prêtresse (2) et du Grand-Prêtre (5). Ces deux nombres, qui forment un couple divin, créent des ponts entre l'inconscient et le conscient, entre le ciel et la Terre. Ils apportent des savoirs, des savoirs-être et des savoirs-faire. On l'apelle parfois le nombre des Prophètes, des initiés voir des éveillés. Bô Yin Râ est né un 25, par exemple. Il permet de traduire l'invisible (2) en enseignements (5).

B-Selon le Yi-King Chinois : Hex 25 = L'intuition connectée. L'innocence. Les coïncidences.

Résumé du nombre : Agir avec spontanéité et innocence, en acceptant ce qui est, en écoutant votre enfant intérieur, votre intuition, les signes, les coïncidences et tout événement inattendu, en voyant les choses telles qu'elles sont, pour vous intégrer dans les flux de la vie.

Explication technique : Quand l'être humain revient sur le chemin du Tao et de sa vérité profonde et qu'il apprend à connaitre et à appliquer les lois qui régissent l'ordre des choses et son évolution, il s'aligne avec la Nécessité, avec le Tao. Il se connecte avec la volonté du ciel et bénéficie alors de l'intervention du « hasard ». C'est pourquoi après « Le retour » vient « L'intuition connectée ». La vision et la créativité spontanée de Kien, le ciel, sont accompagnées par l'impulsion, le mouvement et le pouvoir libérateur de Tchen, le tonnerre. Le mouvement suit alors la loi du ciel et les hommes reçoivent une étincelle d'énergie divine. Cela leur permet d'agir avec simplicité, avec harmonie et de prendre soin de la vie en partageant leurs richesses. Cela permet aux dirigeants de prendre soin de la civilisation en exprimant leurs compétences. Ainsi, toutes choses progressent. L'univers est régi par un ordre et par des lois en mouvement, où chaque cause engendre un effet, qui est prévisible lorsque que l'on connait la loi. Il est également régi par une force, une intelligence, une volonté s'exprimant sous la forme d'une impulsion venant des mondes invisibles. Ces impulsions viennent alors s'ajouter à la loi et en modifient les effets. Elles sont synonymes d'inattendu, d'imprévu et de surprises. Elles peuvent provenir de forces naturelles invisibles, d'être humains ou d'êtres spirituels supérieurs. L'observation du hasard et des signes permet alors de déterminer la nature des influences agissantes tandis que la réaction face à l'intervention d'un hasard permet de se situer.

Les personnes orientées vers des objectifs qui ne sont pas en harmonie avec l'ordre cosmique subissent l'influence d'intelligences inférieures qui offrent sans cesse de nouvelles tentations tandis que les personnes orientées vers des buts supérieurs bénéficient de l'amour, de l'aide et de la bénédiction des êtres supérieurs. Des accidents indépendants de la volonté surviennent parfois. Les personnes qui s'en sortent le mieux sont alors celles qui sont actives, intelligentes, dotés de bon sens, qui font toujours de leur mieux et qui sont alignées avec ce qui est juste. Celles qui s'en sortent moins bien sont celles qui préfèrent laisser les choses se faire « au hasard » et qui agissent comme bon leur semble. L'alignement avec la volonté du ciel par l'action intuitive dans un instant présent vigilant est alors le catalyseur de tout chemin.

L'idéogramme de cet hexagramme signifie quelque chose comme « faire des efforts pour ne pas faire disparaitre ce qui est légué par le féminin ». Il implique d'avoir une vision libre de tout désir ou de toute attente mais aussi des mémoires, de l'expérience et des influences du passé.

Interprétation classique : Il est ici nécessaire d'être de vous détendre, d'être naturel, de vous connecter au flux de la vie et de vous aligner avec la Nécessité, avec les mouvements de l'ordre cosmique. Il vous faut pour cela être centré dans votre cœur, dans l'instant présent et vous laisser guider par votre nature divine et par votre enfant intérieur, en accord avec vous-même, dans un état de simplicité, de vérité, de pureté, d'innocence et de spontanéité, tout en restant vigilant et lucide grâce à une vision claire.

En apprenant à découvrir puis à exprimer votre enfant intérieur, en lui accordant toute l'attention et les soins dont il a besoin, en jouant comme un enfant, votre état intérieur et les actions qui en découlent seront alors justes et naturellement efficaces. Elles seront en harmonie avec la Nécessité et synchronisées avec la volonté du ciel, avec l'ordre naturel des choses. Exprimez-vous intuitivement, avec efficacité, en suivant vos inspirations, votre bon sens et la force de l'évidence.

Aidez ceux que vous pouvez et acceptez l'aide qui pourrait survenir. Cela vous procurera une sublime réussite. Si par contre vous vous déconnectez de votre vérité profonde et vous centrez dans vos réflexions et votre mental, dans des calculs stratégiques, dans des arrière-pensées, des intentions, des actions préméditées, des intérêts personnels, une recherche de profit ou de reconnaissance, des préoccupations en lien avec le passé, l'avenir ou votre image, des désirs ou des craintes, vous perdrez votre justesse et risquez de vous égarer. De même, s'exprimer ici selon des pulsions instinctives irréfléchies ou compter sur le hasard pour arranger les choses engendrerait la confusion, le danger, le chaos et l'infortune. Ce temps de pureté, d'innocence et d'alignement peut être particulièrement rafraîchissant. Il peut être révélateur d'éléments, de potentiels, de motivations, de sentiments, d'intérêts ou d'états intérieurs jusqu'alors inconnus. Il peut être la source d'une grande créativité et de grandes joies dans tous les domaines. Quelque soit votre situation ou vos préoccupations, attendez-vous à l'imprévu, à l'inattendu, à l'inédit, à l'imprévisible, aux solutions originales et à l'émerveillement.

Plus vous êtes dans l'état intérieur d'innocence et d'alignement avec la volonté du ciel et plus ils peuvent se manifester dans votre vie, car soyez sur(e) que l'univers, l'intelligence cosmique, les anges, la vie et le Tao savent tout de vous et qu'ils ont le pouvoir d'engendrer une tournure des événements tout à fait surprenante. Donc soyez naturel et présent, à l'écoute des signes, des coïncidences et de tout ce qui pourrait être synonyme de progrès et de nouveauté, sans attente de récompenses ou de résultats particuliers.

Prenez soin de vous et des personnes qui vous entourent, exprimez le meilleur de vous-même et avancez vaillamment sur votre chemin comme un enfant des étoiles, en étant libre et heureux. Vous n'êtes pas seul(e) sur le chemin.

C-Selon les deux écoles modernes du Design Humain et des Clefs Génétiques :

1-Le Design Humain. 25 = La porte de l'innocence, la conscience ou de l'êtreté du Soi.

Explication technique : Circuit du centrage. Centre G. Cette porte est liée à la porte 51, l'éveilleur ou l'orage. Son thème principal est l'acceptation et sa maîtrise permet d'accéder à la certitude. Le niveau de centrage d'une personne dépend de la qualité de son innocence et cette innocence est mise à l'épreuve dans toute situation où il y a de la compétition. On peut cependant dire que la véritable compétition se situe dans la capacité du Soi à préserver son innocence, qu'elles que soient les circonstances extérieures ou intérieures.

Cette porte est ainsi celle du guerrier spirituel, du Grand-Prêtre ou de la Grande Prêtresse, du/de la Shaman(e) et des initiés. C'est la porte du Grand Combat pour faire triompher la lumière et l'expression équilibré du masculin sacré et du féminin sacré et tout combat peut impliquer des blessures et laisser des marques, des cicatrices. Cette porte apporte l'énergie pour aimer les gens et la vie sans conditions, avec innocence et pureté du cœur, sans discrimination, de façon universelle, transcendentale, inconditionnelle et mystique. Elle permet d'accepter et d'aimer sa propre forme, sa propre vie, et donc celles d'autrui. La conscience est connectée à l'intuition et les deux sont réceptifs aux courants d'amour qui naviguent en permanence dans l'espace, ce qui nourrit l'amour, l'innocence et l'enchantement. Cela permet de guider autrui vers l'individuation, vers l'ouverture du cœur, vers l'éveil et de générer une guérison spirituelle.

Proposition d'interprétation : On trouve chez vous une douce innocence, semblable à celle d'un enfant, ainsi qu'une profonde confiance que l'univers prendra soin de vous et que l'amour viendra à bout de tout. Même si vous avez une vie parfois compliquée et exigeante, vous gardez une sorte de sourire discret envers l'adversité. Cela vous rend capable d'embrasser l'inattendu, sachant que vous pourrez tout surmonter. Cette porte étant l'une des quatre « portes de l'amour », elle vous permet de vous synchroniser à une forme d'amour universel, inconditionnel, qui sait faire face aux drames et au chaos inattendus tout en continuant d'évoluer vers plus de sagesse. Elle vous permet de vivre des rapports honnêtes et sincères avec le monde. La façon dont vous vous exprimez est rarement préméditée et a souvent l'innocence d'un enfant, et ce, en dépit des répercussions qui rendent parfois votre nature aimante vulnérable à l'abus des autres. Votre bon cœur sait pardonner les transgressions, mais il ne les oublie pas. Vous êtes un être sensible, facilement blessé par les gens vulgaires et odieux, que vous évitez ainsi le plus possible. Votre innocence — qui pourrait être interprétée comme une dangereuse naïveté — ne peut pas vraiment comprendre pourquoi pour certaines personnes la vie est une telle complication, alors que vous avez la certitude que l'amour est partout autour de nous. Vous vous demandez souvent quel est leur problème. Pour ceux qui souhaitent offrir une réponse, ils doivent s'attendre à ce que vous ayez cette réponse toute faite : « Je vous comprends, mais ouvrez votre cœur et vos yeux et ayez simplement confiance dans la vie ! » Vous avez parfois envie guérir le monde par le biais de votre confiance et de votre amour inébranlables, mais ne sous-estimez jamais votre propre besoin de récupération lorsqu'un défi a été relevé.

3-Les Clef Génétiques. 25 = de la peur à l'amour, la guérison de la blessure sacrée.
Son dilemme où il doit faire des choix : L'anxiété. **Signe astral HD** : Bélier.
Son partenaire de programmation : Clef 46, la science de la chance. **Corps** : Le cœur.
Son anneau de codon : L'anneau de l'Humanité (10, 17, 21, 25, 38, 51). **Acide aminé** : Arginine.
Son chemin de transformation : Le chemin de l'acceptation.

L'ombre de cette clef : <u>La contraction, la constriction, la tension, les restrictions.</u>

L'ombre de cette clef nous parle des restrictions et du manque d'amour, qui sont les manifestations physique de la peur, un peu comme avec le nombre 15 et ses chaines. Elles génèrent de l'ignorance et cette ignorance engendre de la misère.

Dans les relations, il y a ici une incapacité (mode réprimé) ou un refus agressif (mode réactif) de voir sa propre ignorance et la douleur dans son cœur et d'assumer ses ressentis.

Il y a une tendance à s'agripper aux autres et à être dans le déni, ce qui génère une distorsion de l'amour cosmique universel, qui ne peut déployer ses ailes que dans un état de liberté. Il y a un confinement de l'amour qui ne circule plus de façon fluide. Ce confinement de la vie, ce rétrécissement de la vie existe dès que l'amour est absent et ce manque d'amour est la cause première de toutes les souffrances humaines. Il génère parfois la tendance à s'isoler émotionnellement. L'origine première de ces restrictions, du manque d'amour et de toutes les souffrances d'un être humain est la blessure sacrée, c'est-à-dire la déconnexion entre votre conscience et la Source de toute Vie, qui a son quartier général dans votre cœur. C'est l'inconfort, du à l'état de contraction/rétrécissement qu'elle engendre et votre façon d'y réagir qui déterminent le cours de votre vie. Si vous regardez un nouveau né de moins de 3 ans dans les yeux pendant longtemps, vous ne voyez pas cette blessure et vous ne percevez pas de restriction, de contraction, de tension, de stress ou d'anxiété, car même s'il ne peut pas parler et même s'il n'est pas conscient, le nouveau né vibre d'amour et il est encore relié à la Source de toute Vie.

L'anxiété, le dilemme de cette clef, est une vibration, une fréquence, qui vibre dans les cellules et si vous n'en avez pas conscience dans l'instant présent, il suffit de fermer vos yeux et de vous assoir pendant quelques temps, quelques heures peut-être, pour qu'elle apparaisse. C'est un dérivé de la fréquence de la peur, de l'information qu'un jour vous allez mourir, c'est-à-dire ne plus avoir de corps physique. Le temps presse et du coup le mental s'active sans arrêt pour masquer cette peur. Le nouveau né n'a pas encore acquis une conscience d'être un moi séparé, qu'on apelle l'ego et du coup il ne montre pas de stress ni d'anxiété, car elle est encore cachée, comme en train de dormir. L'anxiété surgit d'elle-même dès que l'on développe, avec le conditionnement de nos parents puis de la société, la croyance d'être un moi séparé, d'être quelqu'un et dès que le mental se met en route. Le dilemme de l'anxiété est qu'on ne peut jamais la faire complètent partir peu importe combien l'on se détend. Elle fait parti de notre état de stress, de tension, de contraction. Mais on peut l'atténuer grâce à une hygiène des pensées, à un détachement intérieur des pensées et grâce à la respiration, d'où le fait que toutes les traditions proposent des pratiques respiratoires.

La première étape pour sortir de l'ombre est de réaliser que vous êtes dans une prison comme disait Gurdjieff ou que la vie dans la matière est souffrance comme disait Bouddha. Les animaux ressentent de la peur mais pas d'anxiété car ils n'ont pas assez de conscience pour cela. La valeur de l'anxiété est qu'elle nous pousse à avancer vers un chemin de transformation, vers l'amour et vers l'éveil. Aucune conaissance mentale, aucune psychanalyse, aucune fuite et aucun déni ne peut éliminer l'anxiété.

Pour s'en libérer, la seule solution est de la ressentir, de la contempler et de voir la tension intérieure qu'elle génère, en étant dans l'instant présent dans une présence aimante, en étant conscient(e) de votre respiration et de comment cette conscience vous amène à ralentir notre rythme et à devenir conscient(e) et présent(e) à ce qui est. C'est là le début de votre chemin vers l'évolution, vers l'éveil, l'éveil à l'amour et à la réalité.

C'est cette conscience et cette présence qui vous amène à une ouverture du cœur, à une conscience de votre enfant intérieur et à la conscience que la matière, votre corps fait de matière, est en réalité de la lumière congelée. C'est ce que veut dire la formule $E=Mc^2$.

Un jour, votre conscience se détachera intérieurement de votre mental et de votre corps et vous vivrez une première expérience d'éveil à la réalité.

Vous verrez que la réalité est faite de conscience et d'amour et vous verrez alors comme une évidence comment fonctionne la vie dans le cosmos et le flux des âmes qui s'incarnent puis remontent dans la lumière. Vous comprendrez que la douleur que vous portez en vous et à laquelle vous êtes agrippée n'est rien d'autre que l'amour que vous retenez ou dit autrement, plus vous vous retenez d'aimer et plus vous permettez à votre douleur d'exister en vous. Vous comprendrez que c'est en ouvrant votre cœur à l'amour que vous faîtes partir l'ignorance et la douleur. Ce sont là les enseignements du Bouddhisme et de la méditation Vipassana.

Son cadeau : Les dons et capacités de cette porte : L'acceptation. (L'acceptance).

L'acceptation est le chemin, le processus, qui permet de retrouver l'amour et la complète conscience, en vous souvenant que c'est votre nature profonde véritable. On peut décomposer le chemin vers l'amour en 3 phases, nommées « permettre », « accepter » et « enlacer» ou acceuillir pleinement, qui se vivent avec le corps, les émotions puis la conscience.

Permettre signifie créer un espace pour que quelque chose se produise et ce quelque chose est une reconnaissance. Il s'agit ici de reconnaitre que ce qui est là est là, de vous permettre de ressentir, d'être d'une certaine façon et de ressentir la vie en vous. A ce stade, vous n'avez pas besoin d'être d'accord, d'accepter au d'aimer mais juste de permettre et de voir. C'est le premier pas où vous vous orientez votre conscience à l'intérieur de vous et où vous ressentez les sensations dans votre corps et l'inconfort voir les tensions et les peurs qui peuvent exister. C'est la première étape de la contemplation. Cela implique une ouverture et génère une ouverture, une possibilité. C'est reconnaitre que vous n'allez pas complètement bien et que vous êtes ouvert(e) à un changement, même si vous ne savez pas précisément ce qu'il va se passer. C'est faire revenir votre conscience dans votre corps et être conscient(e) de ce qu'il se passe dans votre corps. Permettre commence avec le corps et à ce stade, on ne s'occupe pas des pensées ni des émotions mais simplement des sensations corporelles. On est là avec notre corps et on ressent les sensations. On peut observer que le rythme respiratoire ralenti. On peut observer les sensations corporelles (voir le livre pratique des méditations) et voir qu'une sensation arrive, est là puis finit par s'en aller. On peut aussi s'exercer à ressentir les sensations corporelles en faisant une activité avec ses mains, une activité physique, de la marche ou même du sport, à condition d'être présent(e) et conscient(e), de bien focaliser la conscience sur les sensation corporelles et de la pas penser à autre chose que ce que l'on est en train de vivre ici et maintenant. C'est très simple.

Accepter implique de reconnaitre ce qui émerge dans votre champs de conscience, comme des pensées ou des émotions, en plus des sensations corporelles et de considérer que c'est okay et que rien n'est à changer. Il s'agit d'accepter ses émotions et la présence des pensées et de voir que quand on ne s'y agrippe pas, elles arrivent, sont là, puis s'en vont, tout comme la plupart du temps les sensations corporelles. Quand on accepte, on prend la responsabilité de son état de conscience. Quand on a pris le temps de se détendre, de respirer, de focaliser son attention sur le corps et d'acquérir une certaine stabilité, les émotions, qui sont engendrées ou sous-tendues par des réactions chimiques, deviennent supportables et il y a alors de l'espace autour d'elles. On ne se sent plus submergé(e) par elles.

On peut les ressentir mais elles sont comme enveloppées, enlacée par la conscience, comme un parent qui prend son enfant dans ses bras. L'acceptation brise les chaines de la peur, génère de la douceur, ouvre votre cœur, vous relie au cœur et à la conscience qu'en profondeur, tout va bien et que ça va aller. Grâce à l'acceptation et à cette présence du cœur, il y a de l'espoir, de l'optimisme, du fait que vous ressentez la vie en vous. Il y a l'impression nette que la vie trouve toujours son chemin. L'acceptation ouvre la porte à une possibilité de transformation, à la possibilité qu'un changement se produise. Elle vous sort du mode victime. Ce n'est pas du tout une résignation, qui elle cède sans conscience à l'ombre et à la croyance que rien ne peut changer, mais une reconnaissance consciente et courageuse de ce qui est.

<u>Enlacer</u> se produit quand vous respirez profondément à partir du ventre, quand en conséquence le mental se calme, abandonne son vouloir, cède, lâche et retourne à sa place comme le caniche qui retourne dans sa niche, quand vous acceptez votre souffrance et la responsabilité de votre souffrance avec courage et quand votre cœur s'ouvre. Quand il s'ouvre, il commence à percevoir la beauté, dans les yeux des femmes et des enfants et des hommes, la beauté de la nature et la beauté de la vie. Et derrière la beauté, vous percevez les courants d'amour qui inondent le cosmos, l'univers et la vie en permanence. Vous vous ouvrez à l'amour, à l'amour de la vie et à la vie. Vous avez changé votre façon de voir les choses, de voir la vie, de vous voir vous-même. Un exercice pratique que vous pouvez faire est de vivre toute une journée en acceptant ce qui est et ce que la vie vous propose, en vous observant à chaque fois que vous n'avez pas envie d'accepter quelque chose, si cela se produit et en vous disant que vous vous êtes engagé(e), mais juste pour aujourd'hui, à accepter ce qui est. Vous verrez que votre perception du temps change, que vous ralentissez, que votre conscience s'installe dans l'instant présent et écarte l'espace. La vie teste encore ici régulièrement notre capacité à accepter, notre foi en la vie et notre innocence. Plus vous acceptez et plus l'amour circule en vous. C'est une pratique spirituelle d'une grande puissance. Elle est par exemple enseignée partout dans le monde dans les stages « Art du bonheur » de la fondation « Art de Vivre » et dans les enseignements des Clefs Génétiques. Le cadeau de cette clef est comme le printemps et dans certaine écoles taôistes, ce nombre marque l'équinoxe du printemps. Vous êtes ici ancré, ouvert aux autres et disponible à la vie et à l'amour car vous avez conscience que l'acceptation conduit inévitablement à l'amour.

Le superpouvoir/puissance (Siddhi) de cette porte : <u>L'amour cosmique (universel).</u>
Le superpouvoir de cette clef est l'archétype de l'amour, la source de l'amour et il correspond au troisième des 7 sceaux qui est celui qui guérit la blessure de la honte et la croyance de ne pas être digne d'être aimé(e). Quand vous contemplez les Clefs Génétiques, vous contemplez les codes de la vie à l'intérieur de vos cellules et si vous allez suffisamment en profondeur, vous voyez que l'ADN est rempli de révélations et qu'il vous relie à vos superpouvoirs. Il peut vous révéler toute l'histoire de notre espèce, la réalité galactique et la personne que vous pouvez un jour être. Tous les chemins mènent au cœur, au fait de voir avec son cœur et à accepter la vie avec le cœur. Ce superpouvoir engendre le déplacement du personnel vers le cosmique ou l'universel. Initialement, quand on considère l'amour, on croit que c'est une connexion entre soi et une autre personne ou entre soi et quelque chose qui est en dehors de soi, L'amour cosmique nous ouvre à une autre dimension et à une nouvelle façon de voir les choses.

Il nous permet de voir que l'amour est en réalité un champ d'énergie qui nait dans l'arrière plan de notre conscience et de la la vie et qu'il est comme une toile, un tissu, qui maintient tout en état d'existence. C'est un pont qui nous relie à l'objet d'amour, nous rapproche de lui, nous fait vibrer à l'unisson avec lui et nous permet de faire un avec jusqu'à ce qu'il n'y ait plus de sujet ni d'objet mais juste l'amour.

L'amour unifie et unit, c'est sa nature. On se détache intérieurement du personnel pour laisser place à autre chose, à l'amour cosmique universel. Un état d'innocence émerge.

Ce déplacement de la conscience, cette transformation se déclenche et s'approfondit dès que l'on ouvre son cœur grâce à notre partie féminine, quand on accepte, qu'on s'ouvre, qu'on donne sa vie à la vie et qu'alors un chemin apparait. Si on tente de faire cela avec la partie masculine, avec la volonté, la force et la puissance, rien ne se passe. C'est quand on se soumet à la vie et à la Source de toute Vie que cela se produit. On prend conscience que c'est en réalité notre état naturel, vécu, contrairement au nouveau né, en conscience. On prend conscience que l'amour est notre véritable nature et qu'il apparait dès que l'on a dissout les blocages qui empêchaient sa manifestation. On ressent également une profonde paix intérieure et un état d'amour pour la vie qui émerge de cet amour cosmique. On a abandonné tout égoïsme et l'on consacre sa vie à servir la vie selon notre forme et selon la joie de notre enfant intérieur enlacé par l'amour. On a réalisé l'unité du 2 (La Grande Prêtresse) et du 5 (Le Grand Prêtre) en soi.

Chapitre 2 : Le nombre 26

A-Sa structure et ses associations : Le graphisme de ce nombre associe la Grande-Prêtresse (2), qui représente l'information présente ou dissimulée, la mémoire et le bien-être à l'amoureux (6), qui représente les choix du cœur, la beauté, l'art, l'intense activité relationnelle mais aussi les fictions et la séduction. Cela peut donner une tendance à utiliser ses ressentis ou ses peurs pour séduire, à séduire pour ne plus avoir peur, une grande subjectivité et des peurs dans l'inconscient (2) qui empêchent l'harmonie relationnelle (6), ou un art de rendre l'invisible beau, en créant de la beauté grâce aux contenus de l'inconscient, à l'information et à l'imaginaire. On sort de sa bulle (2) pour aller vers autrui et pour créer des liens (6). L'énergie du 8 (2+6) offre la possibilité de canaliser et d'orienter les choses vers une justesse afin de contribuer à la civilisation (8). On peut ici être un(e) artiste des émotions et de la vie.

A-Selon la tradition ancienne du Yi-King Chinois : Hex 26 = La puissance apprivoisée. Prendre sa place.

Résumé du nombre : Définissez un objectif central, exprimez votre lumière, trouvez les bons arguments et utilisez votre puissance créative apprivoisée avec discipline pour entreprendre, prendre votre place, réussir un grand projet, vous réaliser et vous enrichir.

Explication technique : Quand l'être humain acquiert l'innocence et se connecte à la volonté du ciel, il peut alors exprimer et gérer sa lumière, son pouvoir créateur et prendre sa place. C'est pourquoi après « l'intuition connectée » vient «La puissance apprivoisée». La puissante volonté et la créativité spontanée de **Kien**, le ciel, sont gérées et maîtrisées par le sens de l'observation, la discipline, l'organisation, la sagesse et le pouvoir de restriction de **Ken**, la montagne. La force de gravité concentre puis retient l'énergie pour ensuite la canaliser, un peu comme un barrage retient de l'eau sous pression, ou comme le dressage d'un puissant étalon.

Cela permet d'accumuler une force considérable, de développer ses qualités et ses compétences, de réaliser de grandes œuvres et de prendre en main sa destinée. Le nom de l'hexagramme signifie en Chinois ancien la grande domestication des animaux tandis que les caractères anciens de l'hexagramme évoquent un homme ayant acquis une maison, de la soie, des champs et la capacité à gérer des produits agricoles. Cet hexagramme est l'échelle supérieure de l'hexagramme 9, « Gérer l'hivers ». Là, un trait féminin devait gérer seul cinq traits masculins tandis qu'ici, deux traits féminins gèrent ensemble quatre traits masculins. Contrairement aux hexagrammes 12 et 38 où les restrictions sont imposées, ici, la restriction est volontaire, consentie et choisie, dans le but d'avancer vers de nouvelles possibilités.

Interprétation classique : Vous disposez d'une quantité très importante d'énergie potentielle, d'autorité et de puissance. Il s'agit ici de gérer cette pression avec soin à travers des restrictions justes et une organisation appropriée. Canalisez votre pouvoir en le mettant au service des autres, de la vie, ou d'un dirigeant de valeur, en prenant la situation en main avec audace et fermeté et en maîtrisant les événements. Il est temps de « traverser les grandes eaux » et « de ne pas manger chez soi », ce qui signifie ici être capable de maîtriser votre destinée, de dépasser vos limites, de franchir les barrières qui sont synonymes de restrictions et d'aller au-delà de vos frontières habituelles, vers de nouveaux horizons, pour agir dans le monde et pour réaliser de grands projets.

Cela n'est possible qu'en concentrant, qu'en contrôlant et qu'en canalisant votre énergie à travers une maîtrise de vos pulsions (sexuelles et autres), par une discipline de vos actions, par un développement continuel de votre caractère et par une adaptation intelligente en harmonie avec l'ordre cosmique. Cela nécessite de dépasser toute tendance à la paresse, au doute et au sentiment d'insécurité et de retenir votre nature sauvage et vos excès, vos émotions déstabilisantes de peur ou de colère, vos ambitions et tout désir de sensations fortes, afin de nourrir un état de calme et de présence intense. Cela passe par un exercice quotidien où chaque détail a son importance. Il est alors essentiel de vous régénérer efficacement à travers une gestion du sommeil, de la nourriture sur tous les plans et de la respiration, de guérir et réparer ce qui doit l'être et de réaffirmer constamment vos objectifs et vos valeurs morales afin de continuer à évoluer dans le droit chemin.

Pour nourrir cette discipline et votre force intérieure, pour développer votre sagesse et pour élever votre caractère, il est judicieux de trouver des trésors cachés, c'est-à-dire les sages enseignements du passé, les textes et les poésies, les procédures et les stratégies jadis utilisées, les mémoires et l'Histoire. Et il ne s'agit pas seulement de les étudier mentalement mais surtout d'en tirer des enseignements et de les mettre en pratique au quotidien. Prendre en compte le passé vous confère des bases qui vous aident à maîtriser le présent. Il peut également être judicieux de solliciter les conseils d'une personne sage.

Par cette discipline de votre puissance, par vos efforts et votre grande capacité de travail, vous pouvez alors définir des objectifs de valeur, élaborer des plans et une stratégie efficace, mettre en place des étapes et des critères d'évaluation, pratiquer une gestion efficace du temps et approvisionner les ressources nécessaires. Vous pouvez gagner la confiance des personnes qui vous entoure, développer un réseau relationnel utile, gérer les difficultés présentes sur le chantier et mettre en route des projets ambitieux. Vous pouvez ainsi exprimer votre grand potentiel et maîtriser votre territoire.

Dans le monde, les entreprises artistiques, commerciales ou industrielles utiles à la collectivité et le développement de réseaux sont particulièrement favorisées, que ce soit en lien avec des biens ou des services. Il est alors judicieux d'engager les démarches nécessaires pour les faire prospérer. Les relations peuvent également se construire, en leur accordant le soin et le temps nécessaire, en tenant compte du passé et en respectant les valeurs traditionnelles.

Vous avez une puissance considérable, les responsabilités qui vont avec, la sagesse nécessaire et une stature semblable à celle d'une montagne majestueuse, capable de canaliser la puissance divine dans de grandes réalisations. Vous pouvez donc passer officiellement et publiquement à l'action.

C-Selon les deux écoles modernes du Design Humain et des Clefs Génétiques :

1-Le Design Humain. 26 = La porte de l'égoïste ou de l'accumulation.

Explication technique : Circuit de l'ego. Centre Ego. Cette porte est liée à la porte 44, résister à la tentation ou venir à la rencontre. Son thème principal est l'accumulation et sa maîtrise permet l'intégrité. Cette porte apporte une énergie qui donne de la force à l'ego et qui lui permet d'affirmer des choses comme étant des vérités alors que ce sont des mensonges. La vérité se cache ici derrière le mensonge. Il y a un risque d'être tenter de manipuler la vérité pour obtenir des avantages personnels égoïstes. Dans le design humain, ce nombre est ainsi associé, dans son expression inférieure, à une personne qualifiée d'égoïste, de filou voir d'escroc car elle vit dans la fiction, tout comme l'ego. Elle est associée aux mémoires, à la puissance de la mémoire et aux mémoires qui peuvent être manipulées, c'est-à-dire soit effacées soit modifiées. Elle est associée au Thymus, la glande qui est responsable du développement immunitaire lors de la formation d'un être humain et donc au maintien en santé. La relation existante entre le centre rate et le centre de l'ego indique la possibilité de purifier et de transformer l'ego en intelligence divine et de transformer la façon dont la mémoire de l'ego est traitée. Sous sa forme positive, une réinterprétation des mémoires génère une réappropriation de son pouvoir personnel et une guérison.

Proposition d'interprétation : Vous cherchez sans cesse à optimiser les ressources et à extraire de la vie le maximum de résultats possibles. Vous ne tournez pas autour du pot ni ne perdez de temps à palabrer si quelque chose n'a pas de valeur pour vous. Mais dans le cas contraire, une récompense doit compenser vos efforts. L'accumulation de la richesse matérielle et du prestige devient possible quand vous vous lancez vigoureusement et adroitement à la poursuite de positions ayant un statut élevé ou représentant un grand pouvoir. Vous connaissez aussi la valeur de ce que vous apportez aux autres lorsque vous leur indiquez ce qu'ils désirent vraiment obtenir de leur vie. Sans interférer, vous essayez simplement d'optimiser ce que vous observez, en recommandant des perfectionnements, des améliorations ou un renouveau dans tous les aspects de la vie, que ce soit une nouvelle forme d'art, d'architecture, de diète, de mode, de vacances, de philosophie, de musique ou de voyage. Vous avez parfois tendance à exagérer vos talents, exsudant un air de supériorité, un « Je suis le meilleur » — que vous le disiez haut et fort ou que vous l'affirmiez en silence à votre réflexion dans un miroir. La grandeur est importante dans votre vie. Il vous est naturel de faire vanter vos qualités ou les qualités de quelque chose aux autres, d'être persuasif, mais ces compétences s'accompagnent de la responsabilité de savoir reconnaître si quelque chose est véritablement au service des autres, ou seulement pour votre propre gratification.

Le centre de l'ego est toujours anxieux d'établir un équilibre entre la satisfaction de souhaits bénéfiques et un besoin de pouvoir et il vous est souvent difficile de trouver cette harmonie entre les deux. Votre attitude est susceptible d'avoir quelque chose du représentant de commerce égocentrique avec sa soif de bénéfices.

Lorsque vous reconnaissez et surmontez votre peur de manquer, vous pouvez alors mettre vos qualités d'organisation de la vie et votre intelligence divine au service des autres.

3-Les Clef Génétiques. Clef 26 = l'artiste du sacré.
Son dilemme où il doit faire des choix : Le manque. **Signe astral HD** : Sagittaire.
Son partenaire de programmation : Clef 45, la communion cosmique. **Corps** : Thymus.
Son anneau de codon : L'anneau de la lumière (5, 9, 11, 26). **Acide aminé** : Thréonine.
Son chemin de transformation : Le chemin de l'habileté artistique

L'ombre de cette clef : l'orgueil, La petitesse, la ruse, l'autosatisfaction.

Quand une personne vit et vibre aux fréquences de l'ombre de cette clef, elle est prise dans un champ d'énergie qui vibre à basse fréquence et qui lui fait croire que si elle veut quelque chose dans la vie, elle doit s'en emparer par la force brute de la volonté et se l'approprier. Cela génère une utilisation abusive de la volonté et de la colère pour tenter de tout contrôler, en allant contre le courant naturel de la vie, afin de réduire sa peur de l'impuissance. La volonté personnelle dirigée par la peur de l'impuissance est mise en avant tandis que la volonté de la vie, qui ne peut être entendue que dans un état de détente, n'est ni écoutée ni entendue. Il en résulte une vie stressante et remplie de conflits avec plus ou moins tout le monde. Il y a ainsi la croyance illusoire que l'homme peut dominer la nature et faire ce qu'il veut. A l'échelle collective, il en résulte des dérèglements climatiques, des catastrophes naturelles et un monde chaotique. La volonté est un pouvoir magique qui canalise l'action de la lumière et la projette dans le corps, générant un certain état de conscience. La peur fait ici que l'état de conscience générée est embrumé et n'a pas une vision claire de la réalité. Une petitesse et une identification à l'ego empêche l'harmonie à tous les niveaux et génère de la misère. Il y a une inconscience des besoins réels et du sens de sa vie. Il y a la croyance qu'il faut faire d'énormes efforts pour atteindre ses objectifs.

Ce qui nourrit cette ombre est le dilemme du manque et le fait de ne pas croire en l'abondance d'une façon vraiment profonde. Cela peut-être liée à des mémoires karmiques de pauvreté ou à la mémoire du Dryas récent, où l'humanité s'est retrouvée en manque de tout, démunie, sans rien. Cette peur que cela se reproduise s'est installée dans les mémoires génétiques collectives. Des milliards de gens sur cette planète souscrivent à ce point de vue et vivent dans la misère. Et étrangement, parmi ces gens, beaucoup vivent dans des pays riches et ont de l'argent, parfois même beaucoup d'argent. Ils vivent en mode survie et croient qu'il n'y a pas assez de ressources pour nourrir tout le monde alors ils accumulent et ils s'agrippent.

Et pour continuer à nourrir cette croyance, cette clef dispose d'un côté malin et rusé, c'est-à-dire une intelligence sans conscience et sans la vision de l'altruisme et du service. Elle est particulièrement douée pour jouer le rôle de parfait consommateur car elle adore prendre. Sa ruse est ce qui lui confère son orgueil et son autosatisfaction. Elle trouve sa satisfaction dans le marchandage, quand elle marchande. Cela fait penser aux peuples de marchands, comme les « Ferengui », dans Star Trek.

S'il y a un moyen de grappiller quelques sous, de se soustraire aux responsabilités, de refiler le bébé à quelqu'un d'autre et de pas s'emmerder la vie, la clef 26 trouvera ce moyen. Savoir économiser de l'énergie et de l'argent est l'une des composantes d'une bonne gestion et de l'abondance. Le souci, c'est que la clef 26 prend des raccourcis alors qu'il n'y en a pas. Elle glisse les « chouinegommes », les chewing gums, sous le tapis. Elle fait comme si les problèmes ou les peurs d'autrui n'existaient pas et laisse l'autre gérer son problème. Elle ne s'occupe pas de ce dont il faudrait s'occuper, en émettant son point de vue avec une extrême rapidité.

Ce processus est souvent inconscient car elle ne voit pas qu'on ne peut pas déjouer la vie et qu'en prenant quelque chose d'un endroit, elle l'enlève du tout et quand elle prend quelque chose à une personne, cette personne ne peut pas utiliser cette chose pour contribuer à la civilisation. Le karma finit toujours par nous rattraper. Il y a rien de mal à marchander mais dans la vie, on obtient réellement ce pour quoi on a payé. C'est une loi universelle. Si on sous-paye un produit, cela signifie que quelqu'un quelque part à payé la part manquante. Ce à quoi la clef 26 répondra qu'elle n'y peut rien, que le système est comme ça. C'est ce champ de peur du manque qui génère ce genre d'attitudes et la croyance que c'est le problème de quelqu'un d'autre.

Dans les relations, la clef 26 est particulièrement douée pour retourner une situation et faire croire à l'autre que c'est de sa faute, comme pour conserver son orgueil et son sentiment d'avoir raison. Elle a beaucoup de difficultés à admettre qu'elle a tort. Cela donne une tendance à être constamment sur la défensive. Quand on parvient à se prouver que l'on a raison, on a toujours réussi à se convaincre que l'autre a tort. Il y a ici une forme de malhonnêteté. On ne se sent ainsi jamais dans un état de prospérité, d'épanouissement et d'abondance car il y a toujours ce vide et cette peur du manque. C'est là le grand problème de notre société actuelle où certains emplois sont sous-payés pour que certaines personnes s'enrichissent afin de combler leur peur de manquer et de mourir. La clef 26 adore renvoyer la faute sur le système mais utilise le système pour être devant les autres. Cette ombre pousse par exemple de nombreuses personne à rogner sur leurs dépenses alimentaires pour s'acheter un voyage ou un objet technologique cher et non indispensable et se plaignent ensuite de ne pas s'en sortir ! Cette ombre génère ainsi une distorsion de nos principes, de nos vrais besoins et de nos priorités.

<u>Quand cette ombre s'exprime en mode réprimée</u>, elle génère une tendance aux manipulations directes ou indirectes, en trouvant des moyens de pressions, en utilisant des émotions comme la honte et la culpabilité ou en appuyant là où ça fait mal. La ruse est utilisée, souvent inconsciemment, pour faire en sorte qu'autrui ressente du mal-être ou se sente inférieur, afin de se croire en sécurité suite à un contrôle de l'environnement émotionnel.

<u>Quand cette ombre de l'orgueil s'exprime en mode réactive</u>, il y a une tendance à attirer l'attention par des choses extérieures et à se hisser au-dessus des autres par la force de la volonté, en écrasant les autres, de part la croyance que c'est uniquement ainsi que l'on peut y arriver, s'en sortir et survivre. Une peur de l'impuissance et de ne pas exister génère un besoin exacerbé d'être visible, de reconnaissance et parfois de la vantardise qui ne fait qu'inspirer de la jalousie, du ressentiment et de l'avidité. A l'extrême, une grande colère intérieure rend ces personnes repoussantes et les isolent d'autrui et de la vie.

Quand cette clef est présente dans un profil, il est judicieux de faire un point avec honnêteté pour identifier les endroits (nourriture, relations, finances, emploi etc.) et comportements où on agit à partir de cette sensation de peur et de manque et de voir où est ce qu'on se leurre. Cela peut changer beaucoup de choses et amener à une vie heureuse et épanouie dans tous les domaines de la vie.

Son cadeau : Les dons et capacités de cette porte : L'habileté impactante. L'artiste.

Les fréquences du don génèrent une nouvelle vision des choses, une compréhension des lois de la vie et une capacité à synchroniser ses rythmes personnels avec les rythmes de la vie, du Cosmos. On développe une conscience d'être dans la matrice et une capacité à trouver des portes ou des raccourcis pour en sortir et pour court-circuiter certaines lois physiques du plan de la matière. Il y a une compréhension que l'ego et la capacité à manipuler ne peuvent pas être transcendées par la force et la conquête mais uniquement par une acceptation, une absorption et une expression dans la joie, à travers un objectif supérieur pour le bien de tous les êtres.

Au lieu de pomper et épuiser les ressources de la société, la clef 26 transforme ainsi sa ruse et son côté manipulatrice en intelligence et la met au service de la société pour y contribuer et la remplir. Elle apprend à utiliser sa capacité de persuasion d'une façon positive et pour le bien de tous les âtres. Elle fait comprendre que c'est en se soumettant à la vie que notre mission de vie émerge à travers la conscience d'une intention profonde et que plus on écoute cette intention et plus on avance. On comprend que c'est notre attitude envers cette intention profonde qui ouvre le champ des possibles. On comprend que tout cela n'est nullement quelque chose que l'on impose au monde. Le don 26 permet d'identifier les vrais besoins, les priorités et ce qui génère des résultats. Il y a ici une capacité à transformer les manques en opportunités et en avantages pas seulement pour soi mais pour tout le monde. Le don de la clef 26 génère une chaleur à l'intérieur du corps grâce à des transformations biochimiques orchestrées par le thymus et répercutées dans l'ADN. Il permet de réfléchir très rapidement, d'identifier les ressources potentielles, de voir ce qui va donner un résultat et de répartir les activités au sein d'un groupe. Il y a ici une façon de redistribuer les ressources de façon équitable de façon à générer le maximum d'impact. Il y a une conscience qu'en servant la communauté pour accroitre son niveau de bien-être, l'on accroit sa propre prospérité. Il y a une capacité à donner plutôt qu'à prendre, puis à trouver un équilibre entre ce qui est reçu avec gratitude et ce qui est donné avec joie.

On comprend que l'orgueil existe pour compenser un sentiment d'être sans valeur et petit(e), qu'il nous rend vulnérable, qu'il nous met sur la défensive en nous faisant constamment réagir. On le lâche et on le transforme en une reconnaissance de la valeur des choses et de notre propre valeur. On prend conscience que quand l'orgueil est utilisé de façon artistique et créative pour un but supérieur qui a de la valeur, au service de la civilisation, il devient beau et puissant et se transforme en amour et en créativité. On prend alors plaisir à créer des formes et des situations en conscience et avec amour, dans une présence aimante. Ce don permet d'attirer l'attention, de la fixer, de convaincre et de ventre un produit, un service ou une vérité qui engendre du bien-être et du progrès. Une maîtrise du langage permet de créer des discours, des livres ou des emballages inspirants. Il y a une capacité à créer avec sagacité un magnifique emballage donnant envie d'acheter ce qui est proposé.

On pourrait appeler cela l'amour du marketing, d'un marketing du cœur. Le don 26 vous fait savoir que vous êtes manipulé(e) et vous laisse le livre choix de céder et vous laisser emporté(e) dans l'histoire ou de refuser et vous en aller. Vous manipulez votre propre ego à manipuler l'ego de quelqu'un d'autre. Au niveau des fréquences de l'ombre, la personne est consumée par son égo et identifiée à lui à travers un besoin de réussite, de reconnaissance et de domination. Au niveau des fréquences du don, vous n'êtes pas identifié(e) à votre ego mais l'utilisez comme un costume que vous mettez en conscience et avec bienveillance, dans une présence aimante, comme pour entrer sur la scène de la vie. Quand ce dont est exprimé, vous êtes un(e) artiste de la vie riche en émotions et haut(e) en couleurs. Vous générez des augmentations des fréquences vibratoires. Les personnes ayant ce don peuvent générer de grands changements sur Terre grâce à leur capacité à combiner ensemble leur intelligence pertinente, leur cœur généreux et leur volonté persévérante et à les mettre au service de la vie.

Le superpouvoir de cette porte : L'invisibilité. La grandeur invisible. L'artiste de la vie

Un Siddhi amène les dons d'une clef à maturité. Ici, la fierté, l'orgueil et la petitesse de l'ego des basses fréquences sont transformées. La volonté personnelle est dissoute au profit de la volonté de la vie, ce qui rend l'ego individuel invisible, car fusionné avec la vie. Les capacités sont mises au service de la vie. Cela génère des compétences surprenantes, du fait que cette famille de codons est la famille des codons de la lumière. C'est un peu comme quand un(e) magicien(ne) ou illusionniste professionnel(le) utilise la lumière pour vous leurrer en vous faisant croire que vous voyez une chose alors qu'en réalité vous voyez autre chose mais qu'en fait vous ne voyez pas ; où quand un être de lumière vient vous voir pour vous guider mais disparait dès que vous cherchez à savoir qui il ou elle est au lieu de vous concentrer sur la mission à accomplir. Ici, le thymus active les fonctionnements supérieurs de la glande pinéale, ce qui ouvre la conscience et le cœur encore plus, au Cosmos, permet de créer des vagues d'accroissement de la conscience et d'influencer la vie pour qu'elle prospère sans que personne ou presque ne s'en rende compte. C'est cela la fierté divine ou la divine fierté. Le macrocosme et le microcosme se réunissent dans notre cœur et dans notre conscience. Seul nous-même, les seigneurs du karma, les dieux, les êtres de lumière et la Source de toute vie savent ce que nous avons fait. C'est le seul genre de fierté que l'on s'autorise à ressentir vis-à-vis de soi.

La plus petite action de gentillesse se répand par exemple dans tout l'univers en tissant des fils autour d'elle-même et elle a le pouvoir de changer les choses. Il y a ici le pouvoir de se fondre dans l'environnement jusqu'à paraître invisible et d'exercer un pouvoir invisible de transformation qui s'exprime par vagues artistiques. Au niveau de la matière, les dispositifs d'occultation sont parfaitement maîtrisés à travers la galaxie et commencent à l'être sur Terre. C'est pour cela que vous ne pouvez voir un vaisseau spatial que s'il veut être vu, quand il se désocculte, où s'il y a une panne dans son dispositif d'occultation.

On peut changer l'entièreté du Cosmos mais seulement par des pensées, des paroles et des actions désintéressées et exprimées avec le cœur. Les chinois ont donné plusieurs noms à cet hexagramme, dont « apprivoiser la puissance du grand », « la puissance de la grandeur », « le grand pouvoir d'apprivoisement » ou « le pouvoir d'apprivoisement de l'ego et ainsi de la grandeur ». Il nous parle de la possibilité de changer la vie et l'univers et le superpouvoir numéro 26 a la capacité de faire cela. Il dispose de tous les pouvoir du Cosmos pour générer du changement. Ces pouvoirs émergent de l'éternité et des vérités suprêmes.

Il y a la conscience, comme une évidence, que mettre en place des changements efficaces et impactants dans le Cosmos est de changer ce qui est juste devant nous, ce que la vie nous propose. Il existe dans le Cosmos des forces teintées d'amour, de bienveillance et de grâce qui n'attendent qu'une chose, c'est que l'on fasse appel à elles.

Tout changement est constitué de plein de petits sous-changements invisibles et ce Siddhi prend naissance dans l'invisible, en nous. L'invisible forme une unité où rien n'est séparé d'autre chose. C'est un tout et on ne peut voir ce tout que si on devient ce tout. Et cela se fait par une soumission, quand on rend les armes et que l'on donne son identité séparée et sa vie à la vie, comme une goutte d'eau qui se donne à l'océan.

Ce Siddhi s'exprime ainsi dans le monde sans que la plupart des gens ne s'en rendent compte. Il est bien au-delà de toute notion de récompense car sa récompense est la soumission dans la bienveillance du un, de la Source de toute Vie.

Chaque personne devrait prendre cela en considération et manifester une force invisible qui créé du bien-être et de la joie, comme dans le film « Le fabuleux destin d'Amélie Poulain ». Les maîtres spirituels ont très souvent ce genre de comportements. Ils utilisent tous les outils à leur disposition pour transmettre leur amour de la création. En agissant ainsi, vous devenez une partie du divin, de la Source de toute Vie, qui agit en coulisse à travers les champs quantiques pour prendre soin de la vie, tout en étant invisible. Vous pouvez alors faire de ce monde un monde différent et faire en sorte que votre vie compte dans l'univers au-delà de l'espace et du temps.

Vous devenez alors un(e) artiste espiègle du jeu la vie, un magicien ou une magicienne de la Vie. Vous savez que rien au fond ne peut altérez la conscience et que le jeu de la vie est juste à jeu créé par la Source de toute vie pour s'amuser.

Les personnes qui vivent ce Siddhis n'ont pas d'objectifs ni d'agenda autre que se laisser manifester par la vie en faisant ce qu'ils font simplement parce qu'ils peuvent le faire, en ne cherchant à influencer personne. Ils sont parfois incompris ou rejeter et s'en moque ou alors ils nous font beaucoup rire et éveillent la joie. Leur rire .résonne à travers tout l'univers comme des sons de cloches ou comme le chant des planètes.

Chapitre 3 : Le nombre 27

A-Sa structure et ses associations: Le graphisme de ce nombre associe la Grande-Prêtresse (2), qui représente l'information présente ou dissimulée, la mémoire, l'eau, la nourriture et le bien-être au Chariot (7) qui définit des objectifs, s'organise avec des stratégies, passe à l'action et obtient des résultats. Il aimerait bien aller vite et être rapide et efficace mais les nombres 2 et 9 ne le permettent pas. Le nombre 9 (2+7) apporte une énergie de lenteur, de chantier, une vision à long terme, une simplicité, un sens de l'organisation, une sensibilité à l'abandon et un besoin de vérités profondes pour trouver la paix intérieure.

B-Selon la tradition du Yi-King Chinois : Hex 27 = Nourrir. Administrer la nourriture.

Résumé du nombre : Vous nourrir correctement sur tous les plans (physique, émotionnel, intellectuel et spirituel), nourrir et prendre soin des autres, au quotidien, pour générer un bien-être et une fluidité, pour partager et pour perpétuer la vie.

Explication technique : Quand l'être humain a appris à gérer sa puissance créative et à cultiver sa personnalité, il peut alors manger de façon à se nourrir pour perpétuer l'évolution de la vie. C'est pourquoi après « Gérer la puissance » vient l'hexagramme « Nourrir ». L'hexagramme a la forme d'une bouche ouverte, où deux mâchoires nourrissent un espace creux et vide au centre. Grâce aux instructions nécessaires, elles permettent aussi d'apprendre aux autres à se nourrir. Le trigramme du bas correspond aux nourritures du corps, aux nourritures personnelles, aux nourritures reçues et à la mâchoire inférieure, qui est mobile. Le trigramme du haut correspond aux nourritures de l'âme et de l'esprit, aux nourritures collectives, aux nourritures données aux autres et à la mâchoire supérieure, qui est fixe.

L'idéogramme ancien de l'hexagramme évoque une personne en train d'ingérer de la nourriture puis en train d'exprimer des paroles.

Le trigramme **Ken**, la montagne, demande de distinguer entre désir et besoin, de tenir compte des lois éternelles et d'aller à l'essentiel, pour que les aliments entrants et les paroles sortantes soient appropriés et réellement nourrissants. Il permet de préparer ce qui doit l'être en plantant les graines de la vie, de développer cet état de calme, de paix et de tranquillité qui relie à sa vérité profonde, d'être creux et vide, pour que la lumière remplisse et de mettre en place l'organisation appropriée. **Tchen**, le tonnerre, fournit l'impulsion générant le mouvement. Il foudroie et fend la graine de l'ego pour que la plante puisse pousser. Il synchronise toute action avec la volonté divine, avec le Tao. Il demande progrès et renaissance. **Kouen**, la Terre, est la «Mère Nature» qui nourrit toutes les formes de vie. Elle symbolise le cycle interdépendant de la chaine alimentaire, où la qualité et la quantité des flux alimentaires engendrent une qualité de croissance correspondante, permettant à la vie de se perpétuer de façon autonome.

Le juste dosage des aliments, sur tous les plans, permet le développement du caractère par l'équilibre de l'action et du repos, des nourritures matérielles et des nourritures spirituelles. Il joue un rôle essentiel dans toutes les traditions spirituelles qui enseignent à avoir de la gratitude pour les nourritures reçues. Toute organisation est ainsi évaluée d'après la façon dont elle nourri ses membres. La nourriture symbolise la vie et le fait de prendre soin de la vie.

Les repas génèrent un partage naturel et des opportunités de rencontres. Le Tao est justement ce qui est naturel. En développant une simplicité juste et naturelle, vous trouvez ce qui vous nourrit et vous permettez au Tao de se révéler en vous. Intégrer l'intention de se nourrir avec sagesse permet fluidité, circulation naturelle de l'énergie et bien-être.

Interprétation classique : Il s'agit ici de focaliser votre attention sur la façon correcte de vous nourrir, de vous cultiver, de nourrir les autres ou vos relations, de digérer vos expériences et sur le choix des « aliments » que vous utilisez pour nourrir vos corps physiques, émotionnels, intellectuels, relationnels, animiques et spirituels. Cela passe par le discernement et par la conscience, sur tous les plans, de vos besoins réels, de vos vrais désirs, de votre vérité profonde, de la qualité de ce que vous donnez ou recevez et par l'aptitude satisfaire vos besoins. Vous êtes ce que vous mangez et vous évoluez en fonction de la façon dont vous vous nourrissez. Une histoire du temps où il y avait des loups presque partout illustre cela. Un vieil homme explique à son petit fils que chaque être porte en lui deux loups qui se livre bataille à l'intérieur de soi. Le premier engendre l'amour, la gentillesse, la sérénité et la joie. Le second engendre la peur, la haine, l'avidité, la jalousie et la misère. « Lequel des deux gagne » demande le petit fils ? « Celui que l'on nourrit » répond le grand père ».

Si vous voulez connaitre l'état d'esprit d'une personne, observez ses mâchoires. Si vous voulez connaitre la valeur d'une personne et ce qui la motive, observez ce à quoi elle accorde de l'importance, vers qui ou quoi elle dirige son attention, avec qui ou quoi elle se nourrit, à qui elle offre ses soins, comment elle nourrit les autres et quelles sont les parties d'elle-même qu'elle nourrit et cultive. Un être noble et supérieur accorde son soutien à des personnes de valeur capable de nourrir autrui. Il nourrit autrui avec une grande générosité de cœur. Il nourrit son corps sagement. Il exprime son énergie sexuelle qu'en unissant le corps physique avec le cœur, l'âme, l'amour et l'Esprit. Il purifie ses pensées et se nourrit avec vigilance de pensées positives. Ses paroles sont droites, justes et pertinentes.

Il cultive son âme et son cœur par des relations chaleureuses, harmonieuses et nourrissantes et par une vie active. Il cultive son Esprit par la connaissance et l'application des lois de l'univers, par la discipline et la méditation. Il se nourrit de vie, d'amour, de confiance, de joie et de bonheur. Il peut donner beaucoup. Tout comme la Terre Mère, il est capable de donner à tous les êtres de façon juste et équilibrée, en tenant compte des besoins spécifiques de chaque personne, des rythmes naturels et du bon moment.

Un être ignorant et inférieur se nourrit d'illusions, de mots, de fictions, de mensonges, de rumeurs, de pensées disharmonieuses, de jugements, de critiques, de mauvaises habitudes, de désirs malsains, de pulsions déséquilibrantes, de colère, de tristesse et de misère. Il dissocie le corps et le cœur, banalise la sexualité et entretien un mal-être. Il n'a rien à offrir. Focaliser son attention et ses élans vers des énergies négatives, des personnes superficielles, des aliments de mauvaise qualité ou vers ce qui est accessoire empêche d'accéder à ce qui est noble, important et essentiel.

En nourrissant et en soutenant, avec intégrité et qualité, les bonnes personnes ou parties de vous, en portant une attention particulière à ce qui entre et sort de votre bouche, vous vous ressourcez, grandissez, vous épanouissez, exprimez le meilleur de vous-même et parvenez à la réussite dans la création d'une vie harmonieuse.

C-Selon les deux écoles modernes du Design Humain et des Clefs Génétiques :

1-Le Design Humain. 27 = La porte de la bienveillance qui prend soi de ou la porte nourricière.

Explication technique : Circuit de la défense. Centre Sacré. Cette porte est liée à la porte 50, le chaudron. Son thème principal est l'action de nourrir et d'être nourri(e) et sa maîtrise permet l'altruisme. Cette porte apporte une énergie permettant à une personne d'être attentionnée, bienveillante, ressourçante et nourricière, c'est à dire de prendre soin d'autrui, à la fois à une échelle individuelle et à l'échelle de la famille, du groupe, de l'équipe, du clan, de la tribu, sans pour autant s'oublier ni négliger ses propres besoins. Il y a un besoin de se nourrir, d'être nourri et de nourrir sur tous les plans. Il y a un besoin qu'autrui prenne soin de nous et de prendre soin d'autrui. Il y a l'intention plus ou moins consciente de protéger la vie et de préserver la vie et notamment les personnes qui ne savent pas ou ne peuvent pas prendre soin d'elles-mêmes comme les enfants, les veuves et les orphelins, les jeunes, les personnes malades, les personnes âgées ou les personnes faibles. Il peut exister beaucoup d'altruisme, de dévouement et un côté « Mère Theresa ». Il est alors important d'équilibrer le fait de prendre soin d'autrui avec le fait de reconnaître ses propres besoins et de prendre soin de soi.

Proposition d'interprétation : Vous avez une conscience profonde des besoins de la vie et vous aimez œuvrer pour satisfaire ces besoins, pour prendre soin de la vie et pour faire avancer la vie. Vous savez que pour se développer, les plantes ont besoin de terre, d'eau et de lumière. Vous savez que les humains ont besoin de nourriture, d'un toit et d'attention. Vous procurez volontiers ces besoins à tout le monde comme une mère divine. Vous avez parfois tendance à prendre sur vous toute la misère du monde pour la soulager et à vous perdre dans l'attention que vous portez aux autres, en vous préoccupant de leur bien-être. Vous avez le cœur sur la main et n'hésitez pas à offrir votre soutien et votre dévouement aux autres, mais cela vous amène parfois à négliger vos propres besoins. Il est donc essentiel d'identifier vos besoins à vous et de prendre soin de vous.

Vous devez équilibrer votre dévouement envers autrui et votre capacité à vous assurer une alimentation saine et suffisante, à bénéficier du soutien de personnes bienveillantes et à générer une situation financière confortable. Lorsque vous trouvez cet équilibre, vous savez alors créer des situations de type « gagnant-gagnant » où quand vous prenez soin des autres, ils prennent également soin de vous. Et c'est quand vous faîtes le nécessaire pour subvenir aux besoins de votre corps et de votre esprit que vous êtes le plus efficace et que vous pouvez exprimer le meilleur de vous-même. Votre compassion pleine de ferveur montre aux que vous êtes ici sur Terre pour préserver, protéger et nourrir la vie.

3-Les Clef Génétiques. Clef 27 = la nourriture des Dieux.

Son dilemme où il doit faire des choix : La considération. **Signe astral HD :** Taureau
Son partenaire de programmation : Clef 28, acceuillir l'ombre. **Corps :** Plexus sacral
Son anneau de codon : L'anneau de la vie et de la mort (3, 20, 23, 24, 27, 42)
Acide aminé : Leucine. **Son chemin de transformation :** Le chemin de l'altruisme.

L'ombre de cette clef : L'égoïsme.

L'égoïsme, c'est être centré sur soi et sur la satisfaction de ces besoins personnels afin de survivre, mais sans considérer les besoins d'autrui ni ce que veut la vie, ce qu'exige la nécessité, ce qui est juste pour que la situation évolue vers l'harmonie. Quand on est en mode survie, il est très compliqué d'avoir de la considération pour autrui et c'est ce qu'il se passe au niveau des fréquences vibratoires de l'ombre. La souffrance intérieure, les blessures et la douleur que l'on ressent en soi ne laissent pas de place pour autrui. On a peur de ne pas avoir de quoi se nourrir alors on subsiste et l'on est égoïste. C'est alors comme si on était coincé et enfermé dans une petite chambre étroite, dans une petite vie et dans une petite façon de penser. On aimerait pouvoir donner aux autres et les prendre en considération mais on pense que l'on n'a pas assez pour soi et qu'on pourra considérer/aider les autres uniquement dans le futur quand on aura soi-même assez. On croit que la philanthropie, l'aide aux autres, c'est un luxe pour les très riches. Il y a pourtant plein de façon de donner, de nourrir, d'aider et c'est de ça que parle cette clef. L'égoïsme en soi n'est pas une mauvaise chose car prendre soin de soi est essentiel et on ne peut pas donner à l'autre et prendre soin des autres si on ne prend pas soin de soi. Ce qui est important ici c'est pourquoi on donne et prend soin d'autrui et comment. La bonne question, ce n'est pas comment je peux au mieux me servir moi mais c'est comment puis-je servir au mieux ce qui fait sens dans la situation, ce qui apporte de la joie et de l'harmonie.

L'égoïsme nait de l'ignorance, d'une absence de compréhension de la vie et de ses lois. Cela ne veut pas dire qu'on n'est pas égoïste quand on est éduqué(e). Cela veut dire que quand on nait dans une famille où les personnes prennent soin les une des autres et qu'il y a de l'amour on arrive beaucoup plus facilement à surmonter l'égoïsme.

Le sujet du sens supérieur est très important chez cette Clef car sa l'ombre de sa clef partenaire, la Clef 28 est justement le non-sens ou l'absence de sens. On tend vers l'égoïsme quand on grandît sans donner un sens à la vie et à sa vie. Avant la religion contribuait à donner un sens à la vie, de façon souvent malsaine car servant les intérêts de l'église qui profite, en vous disant ce que vous devez croire au lieu de vous permettre de choisir librement le sens de votre vie en devenant la meilleure version de vous-même selon votre spécificité.

Avec sa disparition progressive dans le monde moderne, les gens deviennent beaucoup plus centrés sur eux-mêmes. La maladie du monde moderne est la croyance que la vie n'a pas de sens. Du coup, les gens passent leur temps à s'occuper, à survivre ou à se distraire en faisant des choses qui ne nourrissent pas vraiment. Avant ils travaillaient dans les champs ou partaient à la guerre. Maintenant, ils vont faire du shopping ou s'amusent sur l'ordinateur. On peut pourtant éradiquer l'égoïsme présent dans la société quand on élève les enfants avec amour, en leur apprenant à ouvrir leur cœur et à prendre soin à la fois d'eux-mêmes, d'autrui et de la vie. L'un des thèmes centraux de cette clef est l'élevage/l'éducation des enfants et le fait de créer un environnement émotionnel, social et spirituel sain où ils puissent évoluer et donner le meilleur d'aux-même.

Le souci c'est que les enfants de cette époque ont trop de pression et sont stressés, une pression que l'on retrouve dans les familles, à la maison et partout dans la société. On apprend aux enfants à être de bon esclaves, de bon consommateurs et à prendre au lieu de leur apprendre à servir, à contribuer et à être la meilleure version d'eux-mêmes. On nait sur Terre avec une absence d'égoïsme mais la société apprend aux enfants à être égoïste parce qu'elle est organisée comme ça et tout les parents doivent batailler avec ça.

Pour changer les choses, on doit apprendre à voir que tout est interconnecté et relié sur cette magnifique planète. On doit apprendre la considération, à considérer les sentiments/émotions d'autrui et à prendre soin à la fois de soi, d'autrui et de la planète. On doit apprendre à créer des relations saines où chaque échange est bénéfique pour les eux parties. Un acte égoïste endommage l'ensemble et comme on en fait parti nous endommage nous, tandis que quand on donne, on reçoit. C'est là le message moral qui est au cœur de cette clef. Ce n'est pas à message à imposer mais un message qui vient du cœur et du cœur de notre ADN.

<u>Si cette ombre se manifeste en mode réprimée</u>, il y a une tendance à prendre soin d'autrui ou à nourrir les autres en s'appauvrissant, sans prendre soin de soi, parce que le don provient de la peur ou d'une culpabilité et non du cœur. Il y a une tendance à donner son pouvoir aux autres en se sacrifiant, sans être nourri en retour. Cela génère de l'amertume, conduit à épuiser ses ressources et parfois à endommager sa santé.

<u>Si cette ombre se manifeste en mode réactive</u>, il y a une tendance à donner que si l'autre donne quelque chose en échange donc avec le mental, selon une idée, ce qui génère de la méfiance et de la colère et de la tristesse dans les relations quand ce qui est reçu ne correspond pas à ce qui est attendu.

Son cadeau : Les dons et capacités de cette porte : L'altruisme. L'amour maternel.

Au niveau des fréquences intermédiaires du don, on apprend à faire la différence entre ce qui nourrit et ce qui ne nourrit pas et à se nourrir correctement sur tous les plans. On apprend à voir que son propre bien-être est lié au bien-être d'autrui. De nombreuses espèces animales expriment une forme d'altruisme car quand un membre du groupe est en danger, tout le groupe vient à son aide. L'altruisme fait également partie de la nature humaine et c'est l'une des qualités qui définit le plus ce qu'est un être humain. Il contribue à préserver l'existence d'une espèce. Plus on a conscience du sens supérieur de sa vie, de sa mission de vie et plus on manifeste de l'altruisme.

La raison d'être des clefs génétiques est justement de déverrouiller ce qui nous empêche de manifester le sens supérieur de notre vie. Quand on le fait, il y a systématiquement un éveil de l'altruisme.

Pour découvrir le sens supérieur de notre vie, il faut regarder en soit, observer ce qu'on ressent et observer pourquoi et comment on se sent malheureux/se et en manque de quelque chose. On doit aller dans son ombre et la voir. Dans notre société, beaucoup de gens cherchent et ressentent qu'il manque quelque chose. Il manque du bonheur par exemple. Mais s'ils ne regardent pas à l'intérieur d'eux-mêmes, les choses ne changent pas. Nous vivons une époque intéressante, entre l'ère des Poissons, l'ère des religions et du pétrole, qui s'en va et l'ère du Verseau, de la technologie, de l'énergie libre et de la conscience galactique, de la réintégration de l'humanité et de la planète à la Fédération Galactique Unifiée, qui arrive mais qui n'est pas encore là. Les structures religieuses sont en train de s'effondrer et pour la première fois depuis 2000 ans, nous avons l'opportunité d'apprendre à marcher et à vivre sans qu'on nous dise comment. La façon moderne de rechercher la vérité est une très bonne chose. C'est inconfortable d'admettre que l'on est égoïste mais c'est aussi libérateur. L'égoïsme génère un manque de sens et inversement, un manque de sens génère de l'égoïsme et quand on se réveille, que l'on donne un sens, un nouveau monde s'ouvre à nous et l'on dédie sa vie à servir un objectif supérieur qui contribue à l'entrée en existence d'un nouveau monde.

Cela sonne bien n'est-ce pas. Cela va dans le sens d'un épanouissement. On apprend ici à considérer les ressentis/sentiments/émotions d'autrui et l'impact de nos actions sur le monde, sur l'environnement et sur les créatures qui habitent sur cette planète avec nous.

Quand on apprend à conscientiser le sens de notre vie, à ouvrir notre cœur, on devient une personne de plus en plus rayonnante et notre état de santé s'améliore. On commence à briller avec l'aura de l'altruisme. On récupère son pouvoir, sa puissance de vie et on agit pour soutenir l'empuissancement et l'évolution d'autrui. On a conscience de ce qu'il est judicieux de donner et à qui. On soutient autrui et on prend soin d'autrui de façon juste. Donner sans conditions avec le cœur et faire preuve de générosité ont alors un impact considérable sur le monde. Il est possible de faire preuve de générosité, en partageant ses ressources, même si l'on n'a pas beaucoup de richesses matérielles car il y a plein de façons d'être une personne généreuse. L'une des ressources dont on dispose, que l'on possède en quantité, est notre temps. Comment on utilise le temps dont on dispose est une vraie question.

Quand on donne librement avec notre cœur, étrangement on créé du temps car la joie génère une expansion du temps. On remue des courants cosmiques qui agissent en notre faveur et nous soutienne. A l'inverse, l'égoïsme isole, génère une fermeture/une contraction du temps et ne donne jamais le sentiment d'œuvrer pour atteindre un objectif supérieur.

Une journée égoïste passe très rapidement car on ne respire pas. Son seul sens est de survivre mais la vie n'est pas conçue pour être survécue, elle est conçue pour être vécue dans la joie. Une journée altruiste se déroule de façon rythmique et fluide, comme une rivière qui coule dans la vallée, apportant de la nourriture à tout le monde. Cette clef a une dimension magique, féérique et guérissante. Quand on a cette clef dans son profil hologénétique, on est capable de faire preuve d'abnégation et de prendre soin de la vie, de soi, des autres et de la planète. On est un guérisseur/une guérisseuse planétaire. On guérit grâce au sens supérieur individuel et collectif que l'on incarne.

L'espèce humaine est vraiment particulière car elle a la capacité de détruire la surface de la planète et de la guérir en développant un mode de vie et une société durable. Même dans le monde impitoyablement égoïste des affaires, l'idée de responsabilité sociale fait son chemin.

L'humanité est en train de se transformer et la clef 27 est au cœur de cette transformation. On doit ainsi tous trouver le sens supérieur de notre vie, le ressentir vibratoirement, l'incarner et lui permettre de rayonner à travers nous, dans nos actions, notre travail et nos relations, en exprimant sa générosité et sa capacité de nourrir, de prendre soin de soi et de la vie. On commence alors à prospérer. L'expression de l'altruisme, de la générosité, de la capacité à prendre soin d'autrui, en donnant de soi à travers la joie dans notre cœur, ouvre les portes des courants cosmiques de guérison. Cela nous guérit et guérit tout le monde. C'est ça la vraie puissance de la vie.

Cette clef génétique va changer notre monde en créant de nouveaux comportements et de nouvelles structures de vie, dans l'éducation, où l'on n'éduque pas que le mental mais l'ensemble de l'être, les finances, des technologies propres et le mode de gouvernance, par exemple. Il est donc essentiel d'aider le plus de gens possible à conscientiser le sens supérieur de leur vie et à développer l'altruisme dans leurs cœur car cela fait descendre la confiance et la joie dans les relations.

Le superpouvoir/puissance (Siddhi) de cette porte : L'abnégation. Le dévouement.

Le Siddhi numéro 27 a une facette très ordinaire et une facette féérique qui semble sortir d'un livre de science fiction et qui confère des dons comme celui de se nourrir d'énergie, de faire jaillir ou rejaillir la vie là où elle semble éteinte et le don de la guérison, souvent appelée miraculeuse du fait qu'on ne comprend pas encore vraiment comment et pourquoi cela se produit. On applique simplement en réalité les lois de la vie et de la physique quantique, des champs quantiques et de la biologie quantique ou subatomique, en canalisant les énergies présentes dans le champ électromagnétique de la Terre.

D'autres espèces que nous, dans d'autres systèmes solaires et d'autres galaxie, maîtrise très bien cette technologie de la guérison. Sur Terre, on est encore à la maternelle mais on apprend vite car nous somme une espace intelligente. Si on considère l'évolution de notre espèce, nous avons été créés à partir d'une base de singe. Puis notre ADN a été transformé par des mutations et nous sommes devenus Homo Sapiens Sapiens. Or notre ADN va encore certainement muter et générer alors un nouveau système d'exploitation de l'information, de la lumière et de la conscience.

Le système actuel nous fait croire que nous sommes tous des êtres seuls au monde, séparés, séparés les uns des autres, de l'environnement, et des autres espèces galactiques, ce qui fait de nous une espèce égoïste. C'est comme ça qu'on se sent.

Mais on se sent à présent de plus en plus interconnecté à tout, humains, animaux et même la nature et les belles pierres. De plus en plus de gens savent que les extra-terrestres existent vraiment, sous terre et dans d'autres systèmes solaires et d'autres galaxies et que la vie existe partout. La force de vous serait capable de circuler d'une toute nouvelle façon avec ces évolutions génétiques. On pourrait être comme les « Jedi » dans la série « la guerre des étoiles », sentir la force en nous et faire toute sorte de choses qui défient les lois actuelement connues de la physique. Ce genre d'état de conscience éliminerait toute sensation d'être déconnecté et séparé de la vie.

Ce n'est pas facile à comprendre mais on peut deviner que c'est possible et accéder à sa vérité dans nos cœurs, notament quand on est dans l'amour, dans la joie et que l'on vibre d'amour et de joie. C'est une sensation délicieuse, presque orgasmique, que de lâcher son moi séparé et se fondre dans la vie. Les humains font souvent l'expérience de ça juste avant de mourir. On arrive sur Terre sans « moi » séparé et on repart également sans « moi ». Le moi séparé, qui existe entre la naissance et la mort est une illusion, un outil pour s'adapter au monde de la matière le temps de retrouver sa lumière. Avec ce Siddhi 27, on accède aux différentes dimensions de la réalité d'où tout devient alors possible. On entend le chant de la vie qui est un chant d'amour et on vibre à la même fréquence que lui. Ce n'est pas quelque chose que l'on peut imposer de l'extérieur mais qui émerge en soi quand on développe l'altruisme et la générosité et quand cela se produit, notre ADN change.

L'aspect plus ordinaire de ce superpouvoir est la gentillesse, la bienveillance envers toutes les formes de vie et la capacité de prendre soin de soi et d'autrui. C'est faire preuve d'abnégation. On donne à partir du cœur avec conscience et lucidité. Une personne faisant preuve d'abnégation n'est pas intéressée par elle-même mais par le fait de servir et de faire du bien à l'ensemble, en vivant pour la Vie qui par la loi de l'équilibre la nourrit en retour.

Chapitre 4 : Le nombre 28

A-Sa structure et ses associations: Le graphisme de ce nombre associe la Grande-Prêtresse (2), qui représente l'information présente ou dissimulée, la mémoire, l'eau, la nourriture et le bien-être à la Justice (8) qui regarde la vérité en face, remet en ordre ce qui doit être, veille à l'équilibre et agit pour créer, faire fleurir et préserver la civilisation. Il y a une certaine pesanteur, une certaine lenteur dans cette combinaison du 2 et du 8. Le nombre 10 (2+8) apporte une intelligence technique et une compréhension des cycles et de la vie. La sensibilité à l'invisible (2) et la capacité à voir la vérité en face permet d'accéder au sens profond de la vie.

B-Selon la tradition du Yi-King Chinois : Hex 28 = Le seuil critique. La grande traversée.

Résumé du nombre : Il est judicieux de gérer un projet ou un chantier lourd, de vous surpasser avec courage, de prendre un risque, de persévérer avec constance et d'effectuez un ajustement exceptionnel pour franchir un seuil, effectuer une grande traversée et transformer une situation sous tension. Vous pouvez ensuite vous exprimer par la parole d'une façon impeccable et céleste.

Explication technique : Quand l'être humain a appris à accumuler de l'énergie potentielle puis à se nourrir, il peut se surpasser pour atteindre le seuil vibratoire critique, où les illusions qui supportent la matière se rompent.

Il peut alors effectuer un passage, une grande traversée extraordinaire, comme par exemple transférer sa conscience dans le corps astral, afin d'explorer les mondes de l'au-delà et de nouvelles dimensions, puis dans le corps spirituel et ainsi accéder à son essence éternelle. Cela modifie totalement sa conscience qui s'éveille et lui permet de devenir conscient de la « Vraie réalité » et de « l'Eternité ». Il peut alors devenir un Maître capable de recevoir puis donner des messages synonymes de Vie. C'est pourquoi après « Nourrir » vient l'hexagramme « Le seuil critique ». Il survient lorsqu'une surcharge, une surtension et un déséquilibre s'accumule au point de devenir excessif et de menacer de faire s'écrouler tout le système. Seule une discipline extraordinaire, en harmonie avec l'ordre cosmique, permet alors de transformer cette situation hors normes. L'énergie accumulée permet de dépasser ses limites habituelles, de franchir un passage, de passer un cap et d'effectuer une grande traversée. L'hexagramme évoque une inondation passagère où les arbres émergent de l'eau. Il a la forme d'une poutre maîtresse qui est épaisse dans sa partie centrale et fine à ses extrémités.

Elle ne peut supporter longtemps le toit qui s'appui sur elle. Elle menace de se rompre et de faire s'effondrer la structure ou la maison, suite à une rupture d'équilibre. Mais l'effondrement ou la révolution n'ont pas lieu grâce à des actions exceptionnelles appropriées, au mouvement juste, à la compréhension du sens de la situation, à la capacité à défaire les nœuds et à tenir bon, tel un arbre solidement ancré (Souen), à une adaptation intelligente et à une joie sereine (Touai), à un centrage dans la volonté créatrice qui fait de son mieux (Kien) et surtout grâce au franchissement conscient d'un seuil de conscience. Franchir ce seuil permet d'effectuer une grande transformation, un grand ajustement et une traversée vers une dimension, un état d'être ou une situation nouvelle. On ne peut traverser une rivière sans se mouiller ni faire une omelette sans casser des œufs. Si le chemin est aussi important que la destination, une fois la destination atteinte, lorsqu'on a réussi à se surpasser et à effectuer la transition, on doit alors se préoccuper uniquement de sécuriser son arrivée et de regarder devant soi. Chaque franchissement d'un seuil et chaque expérience où l'on se surpasse apporte une compréhension profonde et rend l'âme plus sage et plus forte. Sonner du sens aux événements et à sa vie, lutter pour ce qui a du sens, se surpasser, voir au-delà des apparences et plonger dans l'inconnu nécessite du courage et de la grandeur et nul n'atteint sa grandeur sans s'être auparavant surpassé avec courage et foi.

Interprétation classique : Il s'agit ici d'une situation de transition difficile, tendue, hors-normes où de nombreux éléments, idées, sollicitations, impératifs et difficultés s'accumulent. Ils nécessitent de prendre des décisions. Votre âge, votre condition physique, votre état émotionnel, les circonstances extérieures ou les responsabilités que vous devez assumer constituent un poids difficile à porter. La situation accapare votre temps et votre énergie. Peut-être vous isole-t-elle de vos relations ? Il se peut que vous traversiez une crise personnelle ou relationnelle que vous ne pouvez éviter.

Il vous faut supporter la pression. Mais une surcharge de pression et de tension risque ici d'engendrer une rupture d'équilibre ou un effondrement. Sans doute avez-vous l'impression d'avoir atteint un seuil critique et que trop, c'est trop. Vous n'avez plus la force de continuer ainsi. Il est alors temps de prendre les mesures nécessaires pour passer le cap, pour alléger la pression et pour réussir à effectuer une transition vers une nouvelle situation. Il est dans un premier temps essentiel d'avoir un objectif juste, clair et pertinent et de donner un sens à la situation.

Puis il faut ensuite évaluer les différents éléments et paramètres qui affectent votre situation afin d'en saisir le sens et de pouvoir défaire les nœuds un par un. Il est ensuite judicieux de vous préparer, de vous organiser et d'avoir un plan d'action. Il est enfin indispensable de rassembler votre courage, votre fermeté, votre créativité et votre foi, tout en préservant votre joie et votre douceur. Il vous faut pour cela avoir clairement conscience des ressources que vous possédez puis les utiliser. Savoir vous ressourcer et pratiquer la méditation apporte de nombreux bienfaits en de telles circonstances.

En faisant preuve d'humilité, vous pouvez solliciter de l'aide, si c'est approprié. Si vous n'avez d'autre choix que de prendre de la distance vis-à-vis de votre environnement, faîtes-le. Dans tous les cas, vous allez devoir faire appel à vos capacités de résilience et vous surpasser en allant de l'avant, dans la direction la plus juste, que vous planifiez un repli stratégique vers une retraite plus sûr ou que vous décidiez de faire face à la situation.

Cet hexagramme est en lien avec les enterrements réels ou symboliques. Il peut également évoquer l'apprentissage de la pratique des sorties hors du corps conscientes ou voyages astraux et de l'état vibratoire qui les précède. Si vous sentez qu'il est temps pour vous de pratiquer cet apprentissage et que vous avez la possibilité de le faire en toute sécurité, faites-le. En effectuant cette grande traversée et en dépassant vos limites, vous franchirez un cap, en ressortirez beaucoup plus fort et renaitrez de vos cendres.

C-Selon les deux écoles modernes du Design Humain et des Clefs Génétiques :

1-Le Design Humain. 28 = La porte du joueur et du combat.

Explication technique :

Circuit de la connaissance. Centre Rate. Cette porte est liée à la porte 38, l'opposition. Son thème principal est la ténacité et sa maîtrise permet l'évolution. Ce nombre se nomme le seuil critique ou la prépondérance du grand dans le Yi-King d'origine. Il faut souvent surmonter des oppositions pour franchir un seuil et passer à une autre étape.

Cette porte correspond à la toute première étape du processus de conscientisation de l'intuition et elle permet de franchir un seuil au-delà duquel la conscience de l'intuition dans l'ici-maintenant existe. Ce développement du potentiel intuitif est souvent basé sur l'expérience, sur le fait de tester, de se tromper et de réajuster mais aussi prendre des risques et de relever les défis qui viennent avec. C'est un apprentissage très personnel dont la base est un état de rébellion et de remise en question de ce qui est proposé par la société. Il permet de trouver un sens à la vie, de lutter pour une cause ou un projet, d'explorer les mystères de la vie et de la mort et d'établir une connexion divine. A partir du moment où une prise de conscience a eu lieu, cette porte génère un processus d'évaluation et de filtrage binaire qui définit si l'on passe à l'action, si l'on engage un combat ou pas, si l'on maintient la direction en cours ou si l'on change de direction. Le changement se fait quand la décision de changer a été prise avec tout son être. Pour qu'un changement de direction rencontre le succès, il doit être validé par la société ou le groupe auquel on appartient. Le groupe doit être convaincu de la valeur du nouveau cap. La peur associée à cette porte est la peur de l'inutilité, de l'insignifiance et surtout la peur de la mort. Son défi est de vivre dans la joie, de se sentir en vie et de vivre une vie qui a du sens. Le combattant inconscient, qui agit mécaniquement, qui cherche des combats juste pour ressentir de l'intensité émotionnelle, en luttant pour survivre, en fonction d'idéologies et d'intuitions qui ne bénéficient à tous, ne rencontre qu'opposition, résistance et misère.

Il se rebelle pour se faire croire qu'il existe et s'engage dans des combats inutiles. Un joueur conscient est capable de mettre en place des changements et de franchir des seuils en conscience. Il sait pourquoi il combat et comment combattre. Il affronte les défis avec courage et transforme les épreuves en expériences d'évolution. Il combat avec sagesse et lucidité. Il accompagne la transformation intérieure.

Proposition d'interprétation :
Certaines cultures affirment que la vie est une pièce de théâtre, que l'humanité produit les personnages et que le destin finit toujours par s'accomplir. En ayant conscience de cela, vous êtes ici pour affronter vos peurs, pour maximiser votre rôle et pour explorer les questions existentielles. Vous allez ainsi de l'avant à tout prix, en vivant une vie animée et dynamique. Une conscience que vous allez de toute façon mourir un jour vous pousse parfois à prendre tous les risques, à vous autoriser tous les excès, à systématiquement tenter votre chance et parfois à jouer à la roulette russe. Cela peut mener à des moments extraordinaires de courage et à des expériences profondes génératrices de transformations intérieures ou à des imprudences qui ont de lourdes conséquences. Mais vous ne vous laissez pas abattre, car la spontanéité de la rate signifie que vous êtes toujours prêt à relever un défi et que votre nature est d'autant plus nourrie lorsque vous vivez sur le fil du rasoir. Certaines personnes ayant cette porte activée vivent avec la de la peur de la mort, ce qui peut devenir paralysant à cause des résistances que cela génère. Il y a aussi un risque que vous renonciez à la vie parce que vous avez conscience de l'au-delà et de ce qu'il s'y passe. Votre nature ne peut cependant s'épanouir que si elle est imprégnée de la sève de la vie. Vivre pleinement votre vie demande un grand courage et un engagement total. Ce n'est qu'en regardant la vie en face droit dans les yeux, en percevant la profondeur et la vérité présente dans toute expérience humaine, même lorsque vous êtes assailli par le chaos et les épreuves, en allant de l'avant, en élevant votre fréquence vibratoire et en donnant un sens aux choses que vous pouvez gagner la partie, celle qui vous permet d'évoluer et de vous libérer de la roue du karma. Vous êtes alors capable de vivre une vie particulièrement authentique.

3-Les Clef Génétiques. Clef 28 = Acceuillir ses peurs et le côté sombre.
Son dilemme où il doit faire des choix : L'évitement. **Signe astral HD :** Scorpion.
Son partenaire de programmation : Clef 27, la nourriture des dieux. **Corps :** reins.
Son anneau de codon : L'anneau des illusions (28,32). **Acide aminé :** Acide asparaginique
Son chemin de transformation : Le chemin de la totalité.

L'ombre de cette clef : L'errance. L'absence de sens. L'absence de sensation d'être en vie.

Le fait d'incarner le sens supérieur de votre vie et votre mission de vie permet à nos différents dons et capacités de s'exprimer.

Cependant, il existe dans le monde des forces qui nous freinent pour trouver ce sens et pour le manifester et c'est ce qu'il se passe avec cette ombre. Elle vous fait par exemple croire que vous trouverez le sens de votre vie dans le futur. Cela génère de l'errance.

La mission de cette ombre est de nous inviter à regarder, à ressentir, à explorer et à déraciner nos peurs et à voir que la peur est une fréquence vibratoire, une vibration qui émerge de la chimie du corps physique. Elle nous invite à comprendre que quand on change la biochimie de notre corps, on transforme alors la peur. La peur en question a ici trois racines ou trois formes d'expression, la peur de vivre, la peur de mourir et la peur de ne pas vivre.

Ces peurs sont parfois personnifiées sous la forme de monstres, d'entités ou de démons mais ça reste des peurs. La peur de la mort génère une pression inconsciente qui incite à chercher le sens de sa vie et à le vivre en vivant ses rêves. L'absence de sens, le nom de cette ombre, est une conséquence de l'évitement, le dilemme de cette clef. Elle peut prendre des formes multiples mais ce que tout le monde a tendance à éviter c'est la peur la plus profonde, la peur de la mort, de disparaitre dans le néant et le fait de regarder en face le fait que nous sommes dans un corps physique qui va un jour mourir. Initialement, cette ombre fait tout pour éviter qu'on le fasse. <u>Sous sa forme réprimée</u>, cette ombre se manifeste premièrement par un déni et un refoulement de son ombre, de son côté sombre, par un refus de faire face à ses propres démons et par une peur de vivre vraiment. Même si extérieurement, tout peut sembler harmonieux et normal, la vie semble alors comme vide, dépourvue de sens profond et de piquant, sans élément central générateur de valeurs clef. Il manque quelque chose et cela se voit. Ces personnes peuvent prétendre être heureuse, avoir réussi et même être évoluées, mais il leur manque ici, dans les fréquences de l'ombre, cette profondeur des personnes qui ont regardé à l'intérieur du miroir sombre et profond de leur âme et accueilli leur ombre.

Les religions et la société, le système, sont en grande parti responsables de cela car elles ont tout fait et continue encore de nos jours, pour inciter les gens à ne pas voir leurs peurs et leur côté sombre, qualifié de mal et pour maintenir les gens dans un état de survie, de pauvreté et de misère. La majorité des humain vivant à la surface de la planète sont soit victimes du système qui créé de l'homogénéité et survivent comme des bons esclaves, soit ils sont victime du chaos généré par la peur sous la forme de guerres, de famines, de trafics de drogue, de mafias ou de maladies. A l'échelle collective, le fait de donner un sens à sa vie ne survient quand on a dépassé le stade de survie.

Au niveau de l'ombre, l'unique sens de la vie est de survivre, ce qui se manifeste différemment en fonction du lieu de vie, de la culture, du statut social et de l'histoire personnelle. Cette ombre se manifeste ensuite par une peur de nourrir et par une sensation que notre vie n'est pas remplie, complète et épanouie. Cette prise de conscience survient souvent entre 40 et 55 ans quand il y a des transformations hormonales, une baisse de la libido et la prise de conscience que l'on a vieilli et qu'on se rapproche de la mort et peut générer la fameuse crise de la quarantaine qui se manifeste par une forme de panique.

Deuxièmement, <u>quand cette ombre se manifeste en mode réactif</u>, la personne est victime de sa peur, la combat et la transforme en suractivité agitée, en prenant des risques pour se faire croire qu'elle est vivante afin d'éviter et ne pas voir sa peur de mourir. Elle est terrifiée par l'immobilité et par le silence intérieur. Cela peut se manifester par un gout pour les paris « stupides » ou les embrouilles et aller jusqu'à risquer la vie de son corps physique ou celui d'autrui, ce qui aboutit suivant les cas à des soucis de santé, à la clinique psychiatrique, à une parution dans les faits divers des médias et parfois même à la morgue. Cette peur du vide et de la mort est inconsciente au niveau des fréquences de l'ombre. Elle est encodée et incrustée dans les bandes de fréquences de notre ADN et dans notre cerveau reptilien et vibre naturellement. Toutes les autres peurs proviennent de la peur de la mort et du vide.

Quand on accepte sa peur puis quand se positionne dans son cœur, qu'on pratique le toucher aimant, le toucher avec le cœur, quand on caresse son ventre ou qu'on fait l'expérience d'une accolade par exemple, on augmente la fréquence vibratoire de notre aura et la peur disparait car le corps reconnait l'amour comme l'antidote de la peur.

L'autre antidote à la peur est la respiration lente et profonde car quand on respire, on devient présent(e) et conscient(e), ce qui fait fondre et se dissoudre la peur. Quand on pratique cela, le corps n'a plus peur de mourir. La seule chose qui a peur de mourir est la peur elle-même. Avec le temps, on se rend compte de notre évitement, de notre déni et petit à petit, on apprend alors à vivre une vie qui a du sens, en vibrant à des fréquences plus élevées. Au niveau du corps physique, ce qui fait sens c'est d'être en bonne santé puis au niveau de la conscience, ce qui donne du sens c'est d'évoluer et donc d'exprimer sa créativité mais pour cela, il faut d'abord faire face à sa peur de la mort et l'accepter puis aller dans le cœur.

Son cadeau : Les dons et capacités de cette porte : <u>La totalité</u>

Le toucher aimant dans une présence aimante et la respiration profonde sont deux grandes capacités de cette clef. Elles contribuent à apporter une sensation d'être en vie. Mais le véritable don de cette clef est celui d'avoir pleinement confiance en la vie et de vivre de façon authentique, de vivre la vraie vie, sa vraie vie, au contact des sensations et des émotions, des passions, des projets et des actions, de la nature et des éléments, des gens et des relations, en fonction de la satisfaction d'un besoin qui donne un sens à sa vie. Cela implique d'être engagé dans sa vie tout en restant ouvert à l'imprévu et au changement en acceptant ses peurs.

Cela implique d'accueillir toute la vie et toute sa nature humaine, avec les plaisirs et les douleurs. Cela implique d'empêcher le mental de diriger votre vie et de vivre dans l'instant présent, en étant pleinement incarné(e). <u>*Le troisième mode d'expression de la peur de cette clef*</u> est la peur de ne pas vivre et elle se manifeste quand on a traversé les deux formes d'expression précédentes, la peur de vivre et la peur de mourir. Elle génère en nous une pression source d'évolution qui initie le processus d'éveil. On apprend ici à voir le sens généré par notre histoire de vie et à donner un sens à notre vie sous la forme que l'on choisit. On apprend à convertir l'énergie potentielle de l'ombre en énergie d'action en exprimant les dons de la clef. On exprime alors de la créativité. La question du sens de sa vie est une grande question existentielle et beaucoup de gens veulent connaitre le sens de leur vie. Toute personne qui approfondi les enseignements spirituels s'aperçoit que vouloir savoir le sens de la vie ne fait qu'entraver la capacité à vivre dans l'instant présent. Ce que l'on recherche vraiment, c'est l'expérience de la sensation d'être vivant, d'être en vie, de sentir la vie en soi et de voir que l'on est la vie en action qui se vit à travers nous. On apprend ainsi ici à passer du stade où l'on veut connaitre le sens de notre vie au stade où on le vit pleinement.

On se rend compte que cela comporte toujours une dimension de service proposé avec le cœur, avec altruisme, le don partenaire 27 du don 28. On se rend compte que l'on est réellement rempli de vie et épanouit quand on est dans le service et plus spécifiquement quand on sert notre but supérieur, qui est un but supérieur à la satisfaction de nos besoins personnels ; quand on sert le but supérieur du tout, de la vie, de la Source de toute Vie.

Cette clef nous fait souvent rencontrer le côté sombre de la nature humaine et les peurs et les dons de cette clef excellent dans toutes les activités permettant une transformation intérieure, soit en faisant ce qui passionne, soit à travers différentes thérapies psychocorporelles ou à travers différentes activités « initiatiques ». On devient ici un acteur ou une actrice au service de la vie en jouant le rôle qu'on se sent appelé à jouer. On se sert des expériences que la vie nous apporte pour se transformer, pour que l'obscurité de l'ombre révèle la lumière cachée derrière l'obscurité.

On découvre la vérité de la vie en la vivant, dans un état de présence aimante, en suivant les impulsions de vie en nous. On contribue alors à la civilisation (8) à partir des profondeurs de notre âme (2). On vit alors notre vie comme un acteur ou une actrice qui joue pleinement son rôle sur la scène de la vie, comme un roman qui s'écrit en une succession d'instants présents, où chaque instant vous offre la possibilité d'évoluer vers plus d'amour et plus de conscience. On se sent libre de vivre et on se rend compte que toute vie dans la matière est transitoire et que la seule chose qui demeure est la conscience. On se rend compte que le véritable sens de toute vie est de se donner à 100% dans chaque instant présent et on découvre alors en arrière plan une présence détachée, la présence éternelle et immortelle. On se rend compte que le vrai sens de la vie est de manifester l'existence de cette présence éternelle.

Le superpouvoir/puissance (Siddhi) de cette porte : L'immortalité

Ce mot a une dimension mythologique car de nombreuses histoires nous parlent de « dieux » immortels et même la bible nous dit que « Dieu » lui-même est immortel, comme si « Dieu » était quelqu'un d'extérieur. Le mot Dieu signifie en réalité l'état d'être où une personne est connectée à la Source de toute Vie et ne fait qu'un avec elle, vivant et agissant selon la volonté de la Source. Quand on est dans cet état, on est alors effectivement immortel.

La quête de l'immortalité existe depuis la nuit des temps, comme en témoigne la plus ancienne histoire que l'on connaît, « l'épopée de Gilgamesh », qui cherchait désespérément l'immortalité. Au fur et à mesure que la divulgation de l'existence des extra-terrestre avance, on apprend également que certaines espèces vivent des centaines d'années et que d'autres vivent des millions d'années en transférant leur conscience dans de nouveaux corps.

Comme nos corps physique sont mortels, on ne peut imaginer l'opposé de ça que comme une vie immortelle séparée et au-delà de la notre. C'est ça qui nous maintient dans un état de dualité, croire que Dieu et l'immortalité sont dans un là-bas ailleurs et dans un plus tard. Cette clef fait partie de l'anneau de l'illusion qui voile notre perception de la réalité. Quand on s'éveille, on rencontre puis on traverse ses voiles. Le mental n'a aucune idée d'à quoi ressemble l'immortalité et s'en fait une idée comme quoi c'est le temps qui s'étire indéfiniment. La vérité, c'est que l'immortalité est une cessation/disparition du temps et qu'elle existe juste là devant nos yeux mais qu'on ne la voit pas, jusqu'à ce qu'on la voit ! Elle n'existe que dans l'instant présent. C'est ça le grand mystère. L'immortalité signifie mourir à l'intérieur du moment présent éternel.

C'est le seul endroit où la mort n'existe pas. Pour que cela se produise, tout sentiment d'identité personnelle et de séparation doit mourir de façon à ce qu'il ne reste plus que la vie et la conscience. Quand il n'y a plus de centré séparé de conscience, il n'y a plus personne pour mourir. Quand il n'y a rien, il n'y a rien qui peut mourir. Il y a au plus profond de nous, en arrière plan, cette présence qui transcendance notre forme mentale, émotionnelle et physique ; cette présence qui ne peut pas mourir, cette présence éternelle. Quand vous faîtes un avec cette présence, vous vous rendez compte que cette présence, vous, ne meurt pas et qu'elle s'exprime de vie en vie dans différentes histoires de vie plus ou moins mélodramatiques.

Un exercice imaginaire pour identifier cet état est d'imaginez que vous allez au théâtre assister à comédie ou une tragédie. La pièce se déroule et à la fin tout le monde ou presque meurt. Il y a ce moment spécial où la pièce est finit et où le rideau va se refermer.

Puis le rideau se referme et tout le monde sen va, sur la scène et dans la salle. Mais vous vous restez là. Les lumières s'éteignent et les portes du théâtre se ferment. Vous êtes assis(e) là en silence, immobile, dans une obscurité presque totale. Ca ressemble un peu à ça l'immortalité. Elle a toujours été là, avant notre naissance sur Terre, tout au long de notre vie et après la destruction du corps physique qui nous sert actuellement de véhicule dans le monde de la matière. Et le but principal de toute vie et de révéler son existence et de ressentir sa présence en soi. L'immortalité est notre essence.

Elle est au-delà du temps et de l'espace, de la vie et de la mort, des mélodrames et de l'amour. Il faut cependant parfois vivre des mélodrames, ou pas, pour qu'elle manifeste son existence et s'éveille en nous. Elle exige néanmoins des êtres humains pleinement incarnés et jouant leurs rôles à 100%, comme sur la scène de théâtre, pour manifester son existence.

Il s'agit ainsi ici de jouer pleinement le rôle que vous seul(e) pouvez jouer. Il s'agit de regarder la peur en face et de voir qu'elle est une illusion. Il s'agit de voir et de vivre le fait que la vie sait ce qu'elle fait et où elle va et d'avoir confiance en la vie et un jour, notre immortalité sera révélée. Elle est de toute façon là à nous attendre et étant éternelle, elle a tout son temps. Elle est la respiration de la conscience éternelle qui respire. Elle est, tout simplement.

Chapitre 5 : Le nombre 29

A-Sa structure et ses associations: Le graphisme de ce nombre associe la Grande-Prêtresse (2), qui représente la Grand-mère, l'information présente ou dissimulée, la mémoire, l'eau, la nourriture et le bien-être à l'Hermite (9) qui représente les anciens, une énergie de lenteur, de profondeur, de chantier, une vision à long terme, une simplicité, un sens de l'organisation, une sensibilité à l'abandon et un besoin de gérer le chantier de son évolution pour expérimenter des vérités profondes afin d'accéder à son essence éternelle et trouver la paix intérieure. Le total des deux nombres, 11, permet d'ouvrir son cœur pour faire circuler la force de l'amour, de générer une vision et d'accéder à la lumière, d'être centré et aligné, de s'organiser efficacement et de réussir. Ce nombre évoque ainsi la profondeur et la sagesse, les structures des rythmes de la vie et la vie qui a tout son temps.

B-Selon la tradition ancienne du Yi-King Chinois : Hex 29 = L'eau du ravin. L'invisible.

Résumé du nombre : Plonger dans l'obscurité, franchissez le vide, allez au fond de l'inconscient, faites face aux dangers et gérez vos émotions pour trouver les trésors de votre âme et la force de vie en vous et identifier vos véritables besoins.

Explication technique :

Quand l'être humain atteint le seuil critique et effectue la grande traversée ou une sortie hors du corps, il fait appel aux forces de son âme (trigramme supérieur de l'eau). Il y a une part de mystère, de peur et de danger lorsqu'il traverse les mondes astraux (trigramme inférieurs de l'eau) parce qu'il s'enfonce dans l'inconnu. C'est pourquoi après « Le seuil critique » vient l'hexagramme de l'eau. Il est formé à partir des deux trigrammes du même nom. Cela évoque le dédoublement, la répétition, la capacité à se familiariser, à s'habituer, à s'accoutumer, l'enseignement qui ne peut être intégré que par la répétition et le besoin de symbiose. Le trigramme **Kan** est formé à partir du trigramme Kouen, lorsqu'un qu'un trait « yang » se glisse et s'enfonce entre deux traits « yin », comme un torrent qui s'enfonce dans une gorge étroite ou comme la lumière de l'âme qui pénètre dans les ténèbres du mental.

Dans son aspect inférieur, l'eau symbolise le danger, l'angoisse et les risques de s'y attarder, l'accoutumance aux mauvaises habitudes, la tendance à nourrir la peur et les illusions, la témérité, la perfidie et la tendance à être manipuler par son saboteur interne.

Dans son aspect positif, elle symbolise la capacité à être émerveillé, à se frayer un passage dans les courants de la vie avec justesse, en s'adaptant en fonction des nécessités du moment, quelque soient les circonstances, en restant toujours fidèle à sa nature et à son essence. Pour parvenir intacte jusqu'à l'océan et pour surmonter les obstacles les plus périlleux, l'eau continue de suivre son chemin avec souplesse et détermination.

Elle rempli chaque espace qu'elle occupe et n'est effrayée par aucune chute ni par aucun abîme ou lieu à priori dangereux. Elle symbolise la sincérité du cœur et les profondeurs insondables de l'éternité, la vertu et la souplesse, la force de vie et les forces de l'âme. Elle permet de rester calme, de sentir le sens de toute situation, de faire naturellement ce qui doit l'être pour réussir et de continuer à aller de l'avant, sans interruption, dans le flux de la vie.

La vie n'existe pas sans risques, sans danger ou sans gérer les parties sombres de soi-même. Les rois eux-mêmes l'utilisent comme mesure de protection pour sécuriser la vie, en se protégeant des attaques extérieures ou des révoltes intérieures.

On n'élimine pas le danger mais on apprend à utiliser des objets potentiellement dangereux et à faire face à des situations risquées de façon sécurisée, car il y a souvent une récompense au bout. Ainsi, une personne qui cherche sa vérité profonde prend des risques en plongeant dans l'obscurité, en allant au-delà de ses craintes et de ses doutes, mais elle peut découvrir des trésors cachées, des ressources insoupçonnées et sa vérité éternelle. Un investisseur prend des risques en affaires mais il peut réaliser d'importants bénéfices. Un couple prend des risques en enfantant mais il peut rencontrer un grand bonheur. Pour apaiser sa soif en accédant au torrent, il est nécessaire de pendre des risques. La valeur d'une vie dépend des risques qu'une personne est capable de prendre, de sa capacité à plonger au fond du trou noir et de sauter dans l'inconnu dans un sursaut de foi pour accéder à ses trésors.

Interprétation classique :

Vous allez faire face à une situation critique, risquée, menaçante et dangereuse. Pour transcender cette épreuve et sortir des difficultés, ne vous laissez pas intimider mais ne prenez que les risques nécessaires. Il faut renforcer votre caractère, gérer intelligemment vos ressources et votre énergie, donner le meilleur de vous-même, faire appel à tout votre talent et votre créativité, redoubler d'efforts, sécuriser la situation et vous surpasser, sans faire de compromis, en acceptant le temps nécessaire pour obtenir des résultats.

Vous faîtes peut-être partie des personnes qui aiment les émotions fortes, le danger, les crises et qui ne se sentent bien qu'à travers la confrontation et qui ne se sentent efficaces que quand elles sont sous pression voire quand elles défient la mort? Vous n'obtiendrez le succès que si vous donnez un sens profond à ce qui arrive, en vous positionnant par rapport à l'éternité et que si vous continuez à avancer, avec résolution, justesse, sagesse, sincérité, droiture et confiance en vous, en restant fidèle à votre essence, à votre nature, à vos valeurs, à votre éthique et à votre objectif. Plus vous développez votre clarté intérieure et plus vos actions seront pertinentes, justes et efficaces. Les choses se mettront alors en place d'une façon fluide.

Dans vos relations ou vos initiatives, ne laissez pas vos craintes, vos émotions, vos désirs, votre besoin de fusionner avec l'autre ou votre passion vous submerger et vous entrainer dans des situations risquées. Si une crise ne peut pas être désamorcée sans renier vos principes, il vaut mieux arrêter une relation et passer à autre chose. Suivez le chemin de la moindre résistance en ayant bien conscience des risques et des dangers. Considérez les choses en profondeur et montrez les effets de vos actions. Vous sortirez plus fort et grandi de cette épreuve. Votre foi, votre précision, votre perspicacité, votre aptitude à trouver les bonnes solutions, votre intégrité et votre conduite vertueuse peuvent inspirer autrui. Vous pouvez alors les guider sur le chemin de la vie à travers des enseignements.

Votre capacité à gérer, avec lucidité et vigilance, vos craintes et vos angoisses, les risques, les pièges et des dangers, visibles et invisibles, vous permet de maîtriser votre vie et d'élargir votre conscience afin d'accéder à vos trésors cachés, aux mystères de la vie et à la force de vie qui vous habite. Cela vous confère alors une grande puissance, une capacité à donner du sens, à aller vers une véritable autonomie et une richesse considérable.

C-Selon les deux écoles modernes du Design Humain et des Clefs Génétiques :

1-Le Design Humain. 29 = La porte qui dit oui ou la porte de l'engagement et de la persévérance.

Explication technique :

Circuit du ressenti. Centre Sacré. Cette porte est liée à la porte 46, la poussée vers le haut. Son thème principal est la capacité à dire oui à la vie et l'engagement qui s'en suit et sa maîtrise permet la dévotion. Cette porte apporte premièrement une impulsion qui pousse au mouvement et à l'engagement. Elle apporte ensuite une énergie qui pousse à répondre par l'affirmative, en disant oui, aux sollicitations et demandes de la vie et d'autrui. Le risque est de dire oui trop souvent, de façon mécanique, sans conscience et donc sans que ce soit juste et approprié. Elle apporte enfin une énergie de détermination et de continuité dans le temps qui permet de s'investir avec foi et émotion, de persévérer et d'aller jusqu'au bout, jusqu'à la réussite ou à l'atteinte de l'objectif fixé, quelles que soient les circonstances. Cela débouche sur des cycles de découverte et d'exploration de différents chemins. Il y a un besoin d'engagements nécessitant de la persévérance mais cette persévérance (9) peut être cyclique (2) et ce vers quoi une personne est engagé à un moment donné peut ne plus présenter d'intérêt à un autre moment et conduire à un abandon. Il est pourtant essentiel d'aller au bout des engagements pour pleinement apprendre ce qui doit être appris, pour découvrir ce qui doit être découvert.

Proposition d'interprétation :

Selon le Design Humain, cette porte donne une tendance à dire oui sans conditions à toute opportunité qui survient. Cela peut à la fois générer de belles ouvertures mais cela peut aussi vous surcharger, vous entrainer dans des histoires qui ne sont pas les vôtres, vous vider de votre énergie, vous mettre en difficulté et provoquer de profondes insatisfactions.

Certaines personnes en font ainsi toujours trop, se laissent attraper par chaque histoire folle qui se présente à elles et finissent complètement épuisées et frustrées. Et ce schéma plein de bonnes intentions risque de se perpétuer presque involontairement tant qu'un travail sur soi n'a pas été effectué.

L'engagement est précieux quand vous dites « oui » aux bonnes choses, mais cela peut se transformer en malédiction quand vous vous engagez aveuglément. Il est alors judicieux de vous souvenir que vous cherchez des « oui » qui sont en accord avec votre nature profonde.

3-Les Clef Génétiques. Clef 29 = sauter dans le vide

Son dilemme où il doit faire des choix : La procrastination. **Signe astral HD =** Lion
Son partenaire de programmation : Clef 30, le feu céleste. **Corps :** Plexus sacré.
Son anneau de codon : L'anneau de l'union (4, 7, 29, 59). **Acide aminé :** Valine.
Son chemin de transformation : Le chemin de l'engagement.

L'ombre de cette clef : La tiédeur. (L'irrésolution, le retrait intérieur, l'engagement à moitié).

La tiédeur implique une inertie, un manque de direction, d'intérêt, de motivation, de volonté, d'enthousiasme et de résolution, comme si on n'était pas concerné. C'est un engagement qu'avec la moitié de son cœur et une insuffisance dans l'engagement. On essaye de faire mais on ne fait pas vraiment. On peut qualifier cela de malhonnêteté voire de trahison envers la vie. Au niveau de l'ombre, il y a une identification au mental et une tendance à se positionner en fonction d'une idée et donc d'une attente de comment devraient être les choses, la situation et la vie et dans quelle direction elles devraient aller. Il y a un besoin permanent et une constante préoccupation de savoir où on va. Il y a ensuite une tendance à comparer son idée avec la situation réelle et à se retirer du moment présent, donc à ne pas engager son énergie parce qu'on décrète que les deux ne correspondent pas.

Quand cette ombre s'exprime en mode réprimée, il y a une peur de se jeter à l'eau et de s'engager, soit physiquement, soit émotionnellement. Il y a une tendance à la retenue et à remettre à plus tard sa présence dans chaque instant et ses propres rêves, par peur de ceci ou cela, parce qu'il y a des croyances, une addiction ou des schémas répétitifs qui tournent en boucle dans l'inconscient. On continue alors de faire quelque chose qui nous fait pas du bien parce qu'on ne voit que ce chemin là et parce qu'on ne sait pas comment s'arrêter. On est enfermé dans un schéma de fonctionnement, dans une relation, dans une activité professionnelle ou un choix de vie et on est victime de nos propres choix. Certaines personnes mettent de côté leur cœur ou leurs rêves pour prendre soin de quelqu'un d'autre.

On est en mode hamster dans la roue. *Quand cette ombre s'exprime en mode réactive*, on devient alors particulièrement doué soit pour abandonner et pour se désengager de ce qu'on avait commencé ou alors on évite simplement de commencer et de s'engager vraiment. Comme un cycle réapparait tant qu'il n'est pas terminé, cela génère des schémas répétitifs et une tendance à tourner en boucle dans les mêmes scénarios. Ou à l'inverse, on fait énormément de choses mais sans être en phase avec l'instant présent et avec la vie et du coup on brasse du vent et on se rend esclave d'autrui ou d'une organisation jusqu'à épuisement car on ne sait pas quand s'arrêter. Dans les deux cas, il y a une peur envers le moment présent et envers la vie et le chemin de la vie. Il y a un manque de confiance en soi et en la vie. On n'entend pas le oui de l'eau en soi, de la vie en soi donc on ne se laisse pas porter par le courant. On ne dit pas oui à ce que propose l'instant présent. On remet notre vie à plus tard.

On vit en courant après nos idées en essayant d'être devant et on loupe l'instant présent. Le véritable engagement implique ici de se tourner vers l'intérieur, vers nos ressentis et d'avoir confiance en l'instant présent, qui est la seule réalité vraie.

Cette ombre impacte beaucoup de monde. Elle empêche d'accéder au bien-être et à la paix intérieure, de ressentir la joie de vivre et d'aller au bout des cycles du temps. Elle nous empêche de vivre pleinement notre destinée qui est de se donner complètement à la vie, sans attentes. Il y a une peur des abysses, de tomber dans le ravin, ce qui fait passer à côté de la magie de la vie.

Son cadeau : Les dons et capacités de cette porte : <u>L'engagement (du cœur).</u>

Quand la vie est uniquement perçue à travers le mental, elle semble risquée et dangereuse mais quand elle est perçue à partir du cœur, elle est acceptée telle qu'elle est et l'on se donne alors à chaque expérience, on s'engage. Beaucoup de gens ne comprennent pas vraiment bien le mot engagement, car ils s'imaginent qu'on s'engage pour un futur alors que le véritable engagement, c'est l'engagement envers l'instant présent. Seul l'instant présent existe vraiment et c'est le seul endroit où l'on peut être une personne heureuse et accéder à la vérité des choses. L'engagement va bien souvent à l'encontre des attentes sociétales et de la moralité car il a sa propre moralité.

Quand notre énergie dit oui à quelqu'un ou à quelque chose, elle révèle sa disposition à l'engager dans un cycle d'apprentissage et d'évolution. Cela ne signifie pas qu'il faut sauter comme ça tout de suite dans le vide car il y a des cycles internes et externes où chaque chose à son temps. Cela signifie qu'il faut ressentir en profondeur ce qui est juste dans l'instant présent, ce qui est en accord avec la nécessité de la vie dans l'instant présent. Ici, il y a un désengagement des attentes d'autrui et des conditionnements de la société pour écouter la vie en soi, la force de vie en soi. Quand le don 29 incite à prendre une décision, cela ne se passe pas sous le coup d'une pression ou d'une émotion mais sous l'effet d'un ressenti tranquille et d'une profonde certitude intérieure qui est là comme une évidence. Ici, on n'essaye pas de faire, on fait vraiment, tranquillement, profondément. On a la clarté pour voir quand un cycle commence et quand il se termine. On a l'énergie pour surmonter les obstacles et l'adversité, comme l'eau qui descend de la montagne.

Il y a ici une compréhension de la loi universelle disant que tout ce qui est entrepris dans un état total d'engagement génère la bonne fortune. Ce don a ainsi un aspect particulier qui est celui de générer de la chance. En effet, quand il n'est pas embarqué dans des décisions basées sur le désir ou l'émotion, il crée les conditions pour que la chance, la bonne fortune, se manifeste. Il génère un indicateur, un baromètre, un détecteur de bonne fortune.

On n'a aucune idée de comment ça marche ni de quand cela va se manifester mais on sait juste que la vie est notre meilleure amie et notre meilleur alliée et que notre force vitale sait quand quelque chose ou quand une direction est juste. Cette capacité s'exprime dans les relations et permet d'avoir une compréhension innée des relations et de leur dynamique. Quand on a appris à prendre du recul, à lâcher toute attente et à voir la tendance à remettre à plus tard, on voit à quel point cette tendance à procrastiner ou à s'engager à moitié perturbe les relations.

Cela nous donne envie d'apporter aide et soutient à autrui à partir du cœur et d'une sagesse de la vie. Cela nous permet de se laisser porter par le mystère de la vie et de cheminer en paix. On accepte de penser qu'une décision va nous amener dans telle direction et qu'elle nous entraine dans une toute autre direction. Plus on est ancré dans le cœur et moins on a besoin de penser comment on entre et comment on sort des situations qui composent notre vie.

Ce don permet de voir qu'il n'y a pas de mauvaises décisions dans la vie et il génère ainsi un grand sentiment de liberté intérieure. Il permet de voir que les circonstances extérieures ont en réalité peu d'impact sur la capacité à se sentir épanoui(e). On cesse alors de remettre à plus tard, d'espérer ceci ou cela et on abandonne naturellement tout ce qui ne nous convient pas, tout ce qui n'est pas utile, générateur de bien-être et de sérénité.

On s'engage vraiment et on réalise qu'une relation ne s'épanouit que par un total engagement, pas à 99% mais à 100%, quand on ne retient rien par peur de ceci ou cela. Il est toujours judicieux de se poser la question « est ce que je suis en train de retenir quelque chose » ? Quand on s'engage à 100%, on saute dans le vide les yeux ouverts. Richard Ruud conseille de rester dans une relation jusqu'au bout, sauf en ca d'abus physique/psychologique bien sûr, pour apprendre à retourner tout non-amour par de l'amour, car cela amène au superpouvoir de la dévotion. On est ici engagé envers sa vie et envers la vie et on sait aussi inciter autrui à s'engager quand c'est nécessaire.

Le superpouvoir/puissance (Siddhi) de cette porte : <u>La dévotion. La présence divine.</u>

On ressent tous de la dévotion envers quelque chose ou quelqu'un. L'égoïste est dévoué à son égo, la mère à ses enfants, l'homme d'affaire à ses profits, la personne passionnée est dévouée à sa passion, le chercheur à la vérité et même la personne malheureuse est dévouée à sa misère. L'un des mystères des clefs génétiques et que le superpouvoir existe aussi dans les fréquences de l'ombre sous une forme intérieure en tant que graine. Le voyage proposé par les Clef génétiques et de permettre à cette graine de pousser, de fleurir et de donner des fruits. La tiédeur, le non engagement ou l'engagement à moitié génère de la souffrance et réaliser cela conduit à s'engager à 100%. Au bout d'un certain temps, l'engagement se fait complètement à partir de l'intérieur et sa véritable nature est révélée, comme quoi c'est vis-à-vis de l'instant présent que l'on est engagé. L'engagement se transforme alors en dévotion, en dévouement total et l'on se rend compte que c'est l'amour qui est à la racine du dévouement, de la dévotion mais aussi de toute la réalité. On s'aperçoit que l'amour imprègne tout et quand la conscience de cela pénètre jusqu'au cœur de nos cellules, il y a un moment donné comme une détonation, une prise de conscience fulgurante et un éveil du cœur et de la conscience.

Le voyage de ce superpouvoir numéro 29 prend souvent la forme du chemin du dévouement, de la dévotion, où le/la fervent(e) dévot(e) fixe sa dévotion sur une forme extérieur, une chose ou une personne, qui représente en réalité le principe universel de l'amour. On perd alors complètement son sens du moi dans l'autre. Notre moi en tant qu'être séparé n'existe plus. Ce qui fait avancer, c'est d'identifier cette chose ou cette personne puis de transposer sa dévotion envers toutes les choses et toutes les personnes. Le secret de la relation entre maître et disciple se cache dans la dévotion. On expérimente la dévotion quand on se rend au maître, quand on laisse le maître être le canal de notre engagement supérieur. Quand une personne est dévouée envers un maître ou envers la Source de toute vie, elle les voit partout et en toute chose. Au niveau relationnel, se superpouvoir est très lié à l'esprit du Tantra, où chaque partenaire se rend à l'autre. En Asie et au moyen orient, la dévotion fait partie de la culture mais la culture scientifique occidentale a quelque peu perdue les qualités de dévotion, qui existaient jusqu'à la fin du moyen-âge.

Cette qualité permettait alors à certaines personnes de faire l'expérience d'une extase mystique, que l'on retrouve par exemple dans les danses Soufis des derviches tourneurs.

Le problème en occident est qu'on qualifie la dévotion d'aveugle. On parle dailleurs de dévouement aveugle et comme on a historiquement connue la dévotion mal orientée, on tend à se méfier de toute dévotion. Une renaissance de la dévotion est donc nécessaire et cela est particulièrement vrai dans les relations. Il y a peu d'authentiques enseignants spirituels dans ce domaine, des enseignants qui ont su transformer leur souffrance/douleur grâce aux relations. La dévotion est aveugle et seule une personne aveugle et folle peut se jeter dans le noir de la blessure sacrée, de la blessure originelle de l'être humain, celle de la déconnexion à la Source de toute Vie.

Mais quand elle le fait, elle s'aperçoit qu'elle n'est pas vraiment aveugle mais qu'elle voit avec les yeux de la foi, de la confiance, qui font des sauts et continue de sauter d'une fréquence à une fréquence supérieure du fait que leur amour est rendu au centuple et qu'il est rendu magnifié. Quand on déverse son cœur et son amour sans conditions au service du plus haut, notre fréquence vibratoire augmente.

Notre être tout entier devient alors soumis à son évolution. On devient engagé avec tout notre cœur et quand on le fait, on créé une pression à l'intérieur des atomes qui sont au cœur de la création. Au bout d'un certain temps, tout cet amour génère une rupture des digues de l'espace temps et l'inexplicable se produit. Tout l'amour émis envers l'objet de la dévotion nous revient comme un boomerang et inonde notre cœur, le rempli et s'expanse. Le sujet qui aime et l'objet d'amour fusionne en un seul et l'amour est alors tout ce qui reste. La goutte d'eau et l'océan ne font plus qu'un. Il y a cependant un abysse entre le don de cette clef et son superpouvoir.

Pour passer de l'un à l'autre il faut se jeter à l'eau et plonger dans l'abysse ou franchir l'abysse. C'est pour cela que l'un des noms de l'hexagramme 29 se nomme l'eau des abysses ou l'eau du ravin. Quand le dévot traverse l'abysse, il disparait, son moi séparé disparait, car seul le divin arrive de l'autre côté. C'est ça le superpouvoir numéro 29. C'est un chemin tantrique. C'est l'un des chemins les plus directs pour faire l'expérience de la présence divine car comme dit Bô Yin Râ, Dieu est amour et seul(e) celui/celle qui vit dans l'amour vit en Dieu et Dieu en lui/elle. La seule chose importante est alors la soumission à l'amour, au cœur et à la Source de toute vie. Le reste n'est que plaisanterie éphémère. On baigne alors et on vit alors dans la présence divine. Enfin, en Inde, il existe un yoga spécifique centré sur la dévotion, le Bhakti Yoga.

Chapitre 6 : Le nombre 30

A-Sa structure et ses associations : Ce nombre porte l'énergie du 3 multipliée à l'infini. L'influence du zéro apporte une relation forte aux mémoires karmiques (0). Elles ont un impact sur la relation à la mère et aux femmes, sur l'expression de l'intelligence et la communication, sur les déplacements et sur l'adaptation à l'environnement à travers le service. L'union du 3 et du 0 permet d'exprimer le 3 de façon libre.

B-Selon la tradition ancienne du Yi-King Chinois : Le feu. Ce qui s'attache. La clarté.

Résumé du nombre : Prenez conscience de vos objectifs et de ce qui vous passionne, développez votre clarté, exprimez votre intuition, brillez dans la lumière, mobilisez votre force de motivation afin d'agir efficacement et d'expérimenter sur le terrain pour atteindre vos objectifs.

Explication technique :

Lorsque l'être humain a su plonger sans l'obscurité, devenir creux et vide, aller au fond de son inconscient, traverser les mondes astraux, faire face aux dangers pour trouver les trésors de l'âme et manifester sa dévotion, il parvient à la lumière du feu spirituel et s'illumine. Il devient un feu vivant. C'est pourquoi après « L'eau des ravins » vient l'hexagramme du Feu. L'hexagramme 30 est formé à partir des deux trigrammes du même nom. Cela évoque ici deux Soleils, les cycles du Soleil, la lumière intérieure, une intuition très efficace, les prises de conscience, les objectifs, la vision, la clarté pétillante, le travail en tandem, la coordination, la synergie, le combustible et la source d'énergie nécessaire à la lumière.

Le trigramme **Li** est formé à partir du trigramme Kien, la puissance créatrice, lorsqu'un trait « yin » s'attache aux deux traits « yang », comme un trou noir qui se glisse au centre d'une galaxie pour la mettre en mouvement et la faire briller, comme la reine des forces d'âme, l'mour, se glisse et s'éveille au cœur du corps spirituel.

Il représente la manifestation de la lumière et le pouvoir d'illumination et de rayonnement capable de façonner le changement perpétuel, de dissoudre l'obscurité et de tout transformer. Le trigramme supérieur représente la clarté de la conscience spirituelle, la motivation et l'intuition. Le trigramme inférieur représente les désirs, les émotions fortes, les passions et la petite clarté de l'intelligence qui sont, comme le feu, potentiellement dangereux et difficile à contrôler. Pour briller durablement, le feu doit persévérer. Il a besoin d'une source d'énergie renouvelable et d'un processus constant. Le feu s'attache à sa source d'énergie.

Il repose sur elle. Il est conditionné par elle. Il ne peut être séparé de la Source pour briller. Il jailli de la terre vers le haut, en des formes perpétuellement changeantes mais toujours fidèle à sa nature. Il est la force de vie et la passion qui font vibrer toute la nature et animent les civilisations. Cette force de vie ne peut se renouveler qu'à travers un équilibre entre force de gravité, ou attachement, et mouvement. Le trigramme Souen est la végétation qui s'attache à la terre. Le trigramme Touai évoque la civilisation et la culture qui s'attachent à une vision juste et les relations qui s'attachent à la clarté du cœur. La vache symbolise la capacité à être incarné, la dépendance aux lois de la nature et la capacité à se soumettre docilement à ce qui est. L'homme en chemin s'attache au monde, à la Nécessité, à la justesse, parce que l'âme, pour croitre en force et en clarté, a besoin de vie et d'action.

Il accède ainsi à la clarté, trouve sa place dans son environnement, exprime sa lumière dans le monde, fait évoluer les consciences et réussit.

Dans son aspect inférieur, le feu symbolise, les défis, les incendies ou les coups de soleil, les nécessaires séparations, la confrontation, l'impatience, l'éblouissement, la violence, la colère qui consume l'âme, la tendance à bruler la chandelle par les deux bouts et l'avertissement que celui qui dirige avec le feu périt par le feu.

Dans son aspect positif, il symbolise l'action, la courage, les résultats, la chaleur et l'amour du cœur, la capacité à utiliser activement les ressources et l'énergie, à avoir une vision claire et juste de la Nécessité, à respecter les lois spirituelles, à éclairer les consciences, à alimenter la motivation qui met en mouvement, à agir efficacement en synergie, de façon coordonnée, à briller dans l'instant présent, libre de toute préoccupation et à être la lumière qui guide des hommes avec confiance. La valeur d'une vie dépend ici des actions effectuées et du degré de conscience atteint sur le chemin.

Interprétation classique :
Il est nécessaire de développer votre lumière intérieure et une vision lucide, d'écouter votre instinct et votre intuition, de vous aligner avec les exigences du terrain, puis de passer à l'action, dans le monde, pour obtenir des résultats avec efficacité.

Cela passe d'abord par une clarification de vos objectifs, de vos motivations, mais aussi des nécessaires précautions et des contraintes présentes. Il est avisé d'avoir conscience de ce qui vous motive et vous passionne, de vos ressources, de votre combustible, de votre énergie, de ce qui nourrit votre lumière et votre force, de ce à quoi vous êtes attaché, de ce qui constitue vos bases et vos fondations.

Cette clarté acquise, vous pouvez alors vous exprimer avec réalisme et intelligence, vous engager concrètement, en étant pleinement présent et attentif aux petites choses du quotidien, en adaptant vos efforts à la Nécessité et en faisant preuve de bon sens. Lors de cette période d'intense activité, il est judicieux de tempérer votre enthousiasme, votre passion, votre ardeur, votre euphorie, toute impatience, tout gaspillage, tout excès ou tout désir de vous élever trop rapidement ou trop haut. Il s'agit ici d'agir avec profondeur et de briller dans la durée sans être ébloui par les apparences. Il faut pour cela vous discipliner et vous attacher à votre intégrité, à vos valeurs, à votre sens de la justesse et vous séparer de tout ce qui n'est pas lumineux. L'époque est propice aux activités faisant appel au corps et à l'énergie, aux partenariats et aux projets coordonnés. Tout comme le feu et le bois agissent ensemble pour produire chaleur et lumière, vous pouvez ici vous liez à une personne et travailler ensemble en binôme, en synergie et bénéficier ainsi d'un surcroit d'énergie et d'inspiration.

Les résultats de cette interaction dépasseront alors ceux que vous pourriez atteindre seul. En développant votre clarté, en exprimant pleinement votre intuition qui sent d'instinct ce qui est et ce qu'il est juste de faire et en coordonnant les différents éléments présents pour qu'ils se soutiennent et interagissent ensemble dans une même direction, vous pouvez alors générer chaleur, lumière et performance.

C-Selon les deux écoles modernes du Design Humain et des Clefs Génétiques :

1-Le Design Humain. 30 = La porte des désirs et de la reconnaissance des sentiments.

Explication technique :

Circuit du ressenti. Centre du Plexus Solaire. Cette porte est liée à la porte 41, la diminution. Son thème principal est l'intensité émotionnelle et sa maîtrise permet la passion créatrice génératrice d'un état d'exaltation. Son thème secondaire est la conscience des attachements et la libération de ces attachements. Dans le Yi-King d'origine, ce nombre se nomme le feu, ce qui s'attache ou le feu qui s'agrippe.

Cette porte est celle de l'épanouissement sentimental/émotionnel et de la création de la destinée. Les sentiments et les émotions sont ici associés à une soif d'expériences, de changements et de pouvoir vivre sa destinée. Les désirs, les sentiments et les émotions attirent des expériences qui provoquent des hauts et des bas émotionnels. Tout comme la pratique du jugement juste permet d'effectuer les corrections nécessaires, le fait de reconnaitre un sentiment et une émotion permet d'effectuer un changement. Mais alors qu'un jugement s'effectue à un instant précis, dans l'instant présent, le sentiment, l'émotion et la reconnaissance d'une possibilité de changement font partie d'une vague. Une vague émotionnelle se déplace de la douleur à l'espoir et au plaisir et la prise de conscience émotionnelle s'effectue quand la douleur, l'espoir et le plaisir sont là. La douleur déclenche un désir de changement et parfois la tendance à injurier la destinée. L'espoir déclenche également un désir de changement et parfois la tendance à prier. Mais c'est uniquement quand l'émotion traverse la vague en conscience qu'elle peut atteindre la gorge et se manifester en générant un changement. C'est dans cette porte que la conscience est capable de reconnaitre un sentiment ou une émotion de joie ou d'insatisfaction, de faire preuve d'équanimité ou au contraire de faire preuve d'attachement, d'agrippement ou d'aversion et de laisser ainsi la destinée produire un changement. La véritable vie n'est cependant pas ce à quoi nous nous attendons mais plutôt ce que nous lui permettons d'être en fonction de l'espace que nous lui laissons.

Proposition d'interprétation :

Cette porte du feu génère en vous des désirs brûlants, une profonde envie de vous engager dans la vie, le besoin de faire l'expérience de toutes ses gratifications et le désir de ressentir un état d'exaltation. Les leçons de cette porte consiste à accueillir pleinement l'expérience vécue dans l'instant présent, à accepter l'incertitude, à apprendre à ne pas vous attacher aux résultats, à vous faire lâcher toute attente avant même de vous engager dans une relation, une activité ou une expérience. L'attachement à un résultat conduit à la déception voir, à la déconvenue et à une quête permanente de nouvelles expériences tandis qu'être dans l'instant présent, réceptif(ve) et ouvert(e) à ce qui se présente, à ce que vous ressentez et à ce qu'une expérience vous enseigne conduit au contentement et à la joie.

Alors que vous avancez dans la vie, votre envie d'essayer de nouvelles choses vous expose aux plaisirs comme aux douleurs, aux compensations comme aux sanctions qui s'y rattachent. Finalement, vous apprendrez à restreindre ce penchant injustifié et incohérent que vous avez d'essayer tout et n'importe quoi et de vous attacher à tout ce qui se présente. Savoir bien prendre soin de son feu intérieur, c'est ce qui est important, tout en avançant et en s'imprégnant de sagesse.

Trop souvent, vous êtes persuadé(e) que la vie est une rude école d'apprentissage, dans laquelle vous vous rendez pour apprendre vos leçons avant de partir pour un monde meilleur. Vous oubliez que la terre peut aussi être un paradis et que vous venez aussi ici pour vous amuser et jouir d'expériences éclairantes. Vous découvrez avec cette porte que la vie peut se vivre de deux façons. La première est que quand vous avez le sentiment que quelque chose vaut la peine d'être fait, mais n'êtes pas sûr(e) que ce soit « permis », alors vous y allez sur la pointe des pieds et vous vous laissez piéger à ne jamais en faire vraiment l'expérience. La deuxième façon existe quand vous êtes clair(e) et suivez votre instinct, quand vous vous plongez à fond dans la totalité d'une expérience et sortez de l'autre côté avec un « Waouh! C'était passionnant! ». Cette porte génère une passion pour l'expérience et pour conscientiser les désirs qui brulent en vous. Votre défi consiste à identifier les désirs — s'il y en a — qui correspondent à votre nature profonde et ceux qui sont là juste pour le plaisir de désirer et d'observer comment fonctionne le désir. Votre objectif est alors de ressentir clairement lesquels adopter et lesquels rejeter. Sous sa forme inférieure, cette porte peut être celle du « sexe, drogue et rock'n'roll » et des désirs extravagants qui brûlent en vous et vous consument. En élevant vos passions, en choisissant vos oui et vos non, vous pouvez alors devenir un feu vivant qui accompli sa mission avec ferveur pour le bien de tous. Vous vivez alors une vie passionnante dans un état de haute intensité émotionelle.

3-Les Clef Génétiques. Clef 30 = le feu céleste.
Son dilemme où il doit faire des choix : La tentation. **Signe astral HD :** Verseau.
Son partenaire de programmation : Clef 29, sauter dans le vide.
Corps : Plexus solaire/digestion. **Son anneau de codon :** L'anneau de la purification (13, 30).
Acide aminé : Glutamine. **Son chemin de transformation :** Le chemin de la légèreté.

L'ombre de cette clef : Le désir.

Les enseignements de cette ombre sont l'un des éléments clefs du Bouddhisme, de la méditation Vipassana et de l'Hindouisme. L'Hindouisme explique que les désirs non satisfaits engendrent des frustrations et que les désirs satisfaits engendrent d'autres désirs dans des cycles sans fin et que les désirs, ou plutôt la réaction aux désirs, est l'une des racines de la souffrance. Cette ombre imprègne toutes les autres ombres car au fond, chaque ombre est enracinée dans le désir non satisfait de quelque chose. Chaque ombre est sous-tendue par la démarche de tenter de remédier à cette insatisfaction. Tout être humain ressent des désirs donc le désir prend des formes multiples et variées, parfois il est plutôt sexuel ou matériel, parfois il se manifeste par le désir de réussite extérieure et parfois il est orienté vers l'éveil spirituel. Cependant, à chaque fois qu'il y a un désir, il y a une projection de la conscience et de l'énergie du centre vers la périphérie et donc un décentrage. Le désir est une projection qui se meut du centre vers l'extérieur. C'est une recherche, une demande, un élan vers l'extérieur qui s'effectue avec le cœur, le mental, le corps ou les trois en même temps. C'est une envie ardente, une aspiration forte, une quête intense pour combler quelque chose qui est ressenti comme manquant. Quand on désir, on admet qu'il nous manque quelque chose. Le désir est portant une force de vie, cachée derrière nos sens, qui contribue à notre survie. Il génère une faim d'expériences. Ici, on croit que nos désirs ressentis sont les nôtres mais bien souvent, ils proviennent de l'inconscient collectif, de mémoires généalogiques ou de mémoires karmiques qui veulent se vivre à travers nous.

Si on prend conscience que le désir prend sa source dans une sensation de manque, on peut alors se poser la question de qu'est ce qui nous manque au fond le plus, quel est notre manque fondamental ? Ici, dans cette clef, il y a le désir d'expérimenter, de se sentir entier, d'être complet, de savoir qui l'on est ou ce que l'on est, de se relier, comme le feu au bois, d'évoluer, d'être libre, d'être libre de toute souffrance et de se sentir dans un état de paix.

Ces désirs sont encodés dans notre code génétique et livrés par la vie avec le corps physique, mais sans le manuel d'instructions pour les gérer harmonieusement. Un désir émerge de façon imprévisible dans notre champ de conscience. On est là tranquillement, sans chercher quoi que ce soit et tout d'un coup, pouf, le désir apparait. Si on observe attentivement, le/la responsable de ce désir, c'est nous et pas l'objet du désir. C'est en nous que ça se passe. C'est notre responsabilité de gérer ce désir ! On est comme accroché, à travers nos sens, par les tentations proposées par le monde extérieur. La tentation est le dilemme de cette clef et plus on tente de lui résister et plus elle devient puissante. Pour transcender la tentation, il faut lui faire confiance, la laisser nous traverser, l'observer sans s'y agripper, sans être dans la réaction et la laisser partir comme un nuage ou un bel oiseau qui passe. Si on lui donne de l'énergie en faisant preuve d'aversion ou en y pensant tout le temps, on ne fait que la renforcer ; c'est mécanique. Elle peut être de la matière première, du carburant, pour contempler comment fonctionne notre vie intérieure, pour apprendre et pour grandir.

Les désirs proviennent tous de la source, de la vie qui grouille partout dans l'univers et leur présence dans notre conscience ne signifie pas qu'il faille manifester chacun d'entre eux et se les approprier et en revendiquer la propriété. L'ego tend facilement à s'approprier les choses et à décréter que c'est mon désir à moi. Une attitude qui donne des résultats est de les considérer comme des invités qui vont, qui demeurent un temps puis qui rentrent chez eux là d'où ils sont venus. Les désirs sont parmi les meilleurs objets de la conscience pour s'exercer à l'art de la contemplation. En mode contemplation, on permet à ce qui veut émerger dans notre conscience d'émerger, on accueille, on écoute, on leur donne généreusement de l'espace pour que ça reste un temps, on observe puis on laisse partir et on apprend. Ce qui pose soucis dans la gestion des désirs, c'est le mental.

Quand cette ombre s'exprime en mode réprimée, une répression de la force de vie, parfois par des règles morales, génère de la raideur physique, émotionnelle et psychologique et un excès de sérieux dépourvu de joie. Il y a une peur d'être consumé(e) par les émotions et les désirs et une peur qu'ils dégénèrent en anarchie. Les désirs sont réprimés pour tenter de les faire disparaitre.

Quand cette ombre s'exprime en mode réactive, il y a un rejet des religions, de la morale et de toute forme de contrôle. Cela peut se manifester par une forme de paganisme et par une tendance à suivre ses désirs jusqu'au bout, de façon chaotique, pour tenter de les faire disparaitre.

Le mental est toujours le coupable quand un désir pose soucis. Le mental peut s'agripper à un désir, vous faire croire que c'est un besoin et souffler dessus pour transformer une petite flamme en incendie. Il nous pousse parfois à aller au bout d'un désir disharmonieux et peut causer de la douleur et de la souffrance chez autrui et parfois même une vague de crises dans sa vie. Il y a une différence entre un désir et un besoin. Un désir est une forte envie de quelque chose dont on n'a pas vraiment besoin.

Le mental peut aussi tenter d'éliminer les désirs, les occulter et tenter d'y échapper, ce qui génère une tension intérieure et des accès de désirs plus ou moins violents. La vigilance est alors ce qui permet de gérer l'intervention du mental et son impact sur les désirs. Le Bouddha suggérait ainsi d'honorer nos besoins et de réduire nos désirs en les laissant nous traverser sans s'y agripper.

Son cadeau : Les dons et capacités de cette porte : La légèreté. La passion.

Les désirs suivent les cycles des mouvements d'énergie. Il y a des moments où tout est calme et des moments où c'est comme quand on traverse une zone de turbulence avec des désirs qui émergent de partout de façon inattendue. Notre façon de gérer ces moments là est alors ce qui oriente le flux de notre destinée. Si on satisfait chaque désir, on finit par juger puis par ressentir de la culpabilité ou du mal-être. C'est la nature humaine. On ne peut pas leur échapper mais simplement les acceuillir. C'est l'énergie du feu qui circule dans notre corps. C'est la flamme du désir comme on dit, où le feu qui s'accroche et qui s'attache comme disent les chinois en nommant ainsi l'hexagramme 30. Nos désirs tentent de s'attacher à nous et nous avons tendance à nous attacher à eux. Si on nourrit et entretient le désir, il engloutit nos chakras inférieurs, notre corps physique, émotionnel et mental. Cela génère de la tension et fait baisser notre fréquence vibratoire.

Le désir nous enseigne alors qu'il y a des choses qui interfèrent dans notre processus d'accroissement de notre fréquence vibratoire et qui se mettent en travers de notre évolution. Il nous permet ainsi de nous exercer à nous purifier. Le don de cette clef est justement cette capacité à s'alléger. La légèreté, le don de cette clef, est la qualité principale permettant de transmuter le désir en évitant de le juger et l'étiqueter par exemple comme non sacré, anti-spirituel voir sale.

La légèreté, c'est regarder le désir avec équanimité, c'est-à-dire présence aimante qui observe sans attachement, sans agrippement et sans aversion, jugement ou agressivité. La légèreté est comme un état de conscience, un champ de conscience qui vibre derrière le désir. Si on réalise qu'on a manifesté un désir dans le monde extérieur et que cela ne nous a pas vraiment mis dans un état de peine satisfaction, cela nous fait une piqure de rappel. Cela faisait partie de votre voyage, des expériences qu'on avait à vivre. La légèreté est généreuse et elle accepte. Elle apprécie le gout du désir mais reconnait également sa futilité. Elle voit que sa véritable utilité est dans la satisfaction d'un réel besoin. Elle permet de se détendre, de lâcher prise, de se rendre à la vie et de lui faire confiance

Quand on vibre avec le don de cette clef, on cesse d'être attrapé par le jeu des désirs, on détend l'emprise du mental et on lâche toute culpabilité et tout jugement associés à la tentation. On accepte d'être démuni face aux désirs et on les accueille sans s'y agripper et sans aversion. On a compris que désirer farouchement quelque chose dans le futur empêche sa manifestation et nourrit une peur de ne pas satisfaire son désir et une image de manque et que quand on lâche nos désirs, ce que l'on a choisi se manifeste naturellement dans notre vie. On apprend à se fixer des objectifs puis à cesser de s'en préoccuper et à lâcher le fait de les désirer à tout prix. On fait confiance à la vie et à l'évolution. Les désirs continuent d'émerger et sont pleinement ressentis mais ils sont reconnus sans s'y identifier et sans réagir à eux. Ils deviennent alors un carburant qui est raffiné par notre conscience.

L'énergie du désir, raffinée et allégée par la compassion et le pardon, nourrit alors notre cœur et nos centres supérieurs. On utilise alors le désir pour servir un but supérieur, pour être dans le service à la vie. On se sent alors de plus en plus léger. La non-satisfaction de désirs ne génère alors plus de frustrations, de culpabilité ou de dépression. On se purifie. On devient responsable de nos comportements et de leurs conséquences.

On se rend compte que le désir de transcender le désir est ce qui empêche cette transcendance de se produire. On se rend compte que le désir de Dieu est ce qui empêche la présence divine de s'installer en nous. On lâche alors prise et on accède à la pureté de notre âme, à un état de légèreté. On devient léger comme une plume, comme la plume d'un phœnix.

On peut alors manifester la passion du service, en lien avec le don partenaire 29, l'engagement, pour contribuer pleinement à la vie et peut-être créer quelque chose qui a un réel impact sur le monde. Ce don ne change pas forcément beaucoup la forme extérieure de votre destinée mais il vous permet de considérer votre vie avec une vision, une clarté, un état de conscience plus élevé. Notre ego, nos peurs et notre sentiment d'être une personne séparée ont fondu. Nous ne sommes plus dans un état de victime car nous savons que les désirs n'apportent pas la paix de l'âme mais nous vivons dans un état d'intensité émotionnelle, dans une passion pour la vie. Nous laissons la vie se vivre à travers nous en devenant nos propres désirs, notre propre passion. Tout s'éclaire, tout notre être se rempli de lumière et cela se traduit dans nos actions. Cela se traduit également par une joie intense et par une certaine forme d'humour.

Le superpouvoir/puissance (Siddhi) de cette porte : L'extase.

Le superpouvoir de l'extase s'exprime et n'existe qu'en lien avec la clef partenaire 29, la dévotion. La purification du désir aboutit ici au désir ultime, le désir d'amour et de lumière libre de toute souffrance, le désir de se reconnecter à la Source de toute Vie dans l'état d'esprit nommé Dieu et de faire un avec elle. Cela s'accompagne par la production par la glande pinéale de certaines molécules comme la DMT et d'autres et par des changements au niveau de plexus solaire.

La tradition Soufi est particulièrement pertinente pour aider à accéder au superpouvoir de cette clef. Elle connait bien le feu intérieur qui s'agrippe et la dévotion. Elle invite à devenir cette ferveur ardente et à voir jusqu'à quel profondeur il va et à entendre l'appel vibrant en soi qui dit « Source de toute Vie mon amour, je veux à nouveau faire un avec toi ». Si on veut, on peut choisir un personnage extérieur, un maître spirituel, un amoureux/se ou une déité, qui devient le symbole de notre désir ardent de réunion avec la Source de toute Vie et en qui on déverse toute notre ferveur. La béatitude, c'est comme être possédé(e) par notre désir, notre aspiration, notre amour jusqu'à en être comme enivré(e), jusqu'à le laisser nous consumer et nous purifier. On offre alors tous nos désirs à ce personnage choisi et il agit alors comme un carburant qui élève notre conscience.

De nombreux maîtres spirituels en Ide vivent dans cet état, comme Yogananda ou Ramakrishna, par exemple. S'intéresser à la vie des Maîtres spirituels aide à se connecter à cette énergie. C'est une pratique spirituelle et tout ce qui nous élève et nous transporte est une préparation pour accéder à cet état qui est un mélange d'enfant intérieur et de sage supérieur. Cet état de béatitude apparait initialement à certains moments clefs dans la vie quand le cœur s'ouvre en grand. Puis on retourne dans le monde et parfois le cœur se ferme à nouveau.

Il faut alors s'interroger sur les raisons qui justifient cette fermeture du cœur. Avec la pratique, la volonté et la discipline cependant, on parvient à faire exister cet état en nous de plus en plus souvent et chez les Maîtres spirituels, il devient permanent.

On réalise alors que chaque personne dans notre Vie est la Source de toute Vie qui s'est déguisée sous la forme de cette personne et se trouve là pour nous rappeler que sous les couches de nos apparences, nous sommes un champ infini d'amour et de béatitude. Notre but suprême est d'intégrer cela. On a besoin de plus de gens qui vivent dans un état de béatitude sur cette planète. On a besoin d'inciter les matérialistes à s'éveiller à la réalité car c'est seulement ainsi que l'on peut réparer le monde et l'humanité, pour que l'on puisse tous vivre uni(e)s dans un état de béatitude. On réalise ici que Dieu est un feu vivant d'extase dans lequel on se dissout entièrement. On baigne dans cette énergie qui se diffuse dans notre aura. En Inde on la nomme la Shakti et elle danse avec Bhakti dans une danse enflammée. Les danses orientales et les danses tantriques modernes véhiculent également cette énergie.

Chapitre 7 : Le nombre 31

A-Sa structure et ses associations: Le nombre 3 est en lien avec la relation à la mère et aux femmes, avec l'expression de l'intelligence et avec la communication, avec les déplacements et avec l'adaptation à l'environnement à travers le service. Le nombre 1 est par exemple associé à l'enfant intérieur, à la créativité et au fait de démarrer un nouveau cycle. C'est la relation de la mère et du fils. On passe du 3 au 1, du multiple à l'unité.

B-Selon la tradition ancienne du Yi-King Chinois :
Hex 31 = La rencontre. L'interraction. L'état amoureux.

Résumé du nombre : Créer des formes, attirer pour séduire et influencer, dans de bonnes conditions de sécurité, afin d'engendrer plus d'harmonie et de développement dans le monde.

Explication technique : Lorsque l'être humain a trouvé en lui la clarté du feu spirituel et qu'il s'est illuminé, il cherche à s'unir à nouveau avec son pôle complémentaire en obéissant aux lois de l'attraction. C'est pourquoi après «Le feu» vient « L'attraction ».

La première partie du Yi King, composée des trente premiers hexagrammes, commence par l'Homme Spirituel Eternel (Le Ciel) et la Femme Spirituelle Eternelle (La Terre), qui s'attirent mutuellement et s'unissent harmonieusement pour créer toute vie. La seconde partie commence ici par l'attirance puis la rencontre, entre l'homme et la femme incarnés, en vue de créer une nouvelle unité sociale sous la forme du couple afin de perpétuer la vie sur Terre et de retrouver une partie de l'unité de conscience Masculin-Féminin perdue lors de l'incarnation dans la matière.

L'attraction magnétique entre deux énergies complémentaires de polarité opposée met la vie en mouvement, éveille le désir et provoque une exaltation émotionnelle. Elle obéi à des lois et exerce une influence par les vibrations qu'elle émet. L'attraction entre homme et femme obéi à des modèles relationnels et à des programmes inconscients qu'il est judicieux de connaitre. Chaque personne définit ainsi, depuis de son enfance, en se fondant le plus souvent sur les comportements du père et de la mère, un modèle d'adulte et un modèle de partenaire. Puis elle incarne l'un et attire l'autre. Les êtres sages utilisent les lois d'attraction pour engendrer harmonie et développement dans le monde.

L'action synchronisée des deux énergies complémentaires permet la réussite. Le trigramme **Ken**, la montagne, demande le calme intérieur, la profondeur, une organisation dans la durée, une maîtrise de soi et de la sagesse. **Touai**, le lac, demande de sourire, d'incarner la joie, de générer l'abondance, d'exprimer sa richesse et sa douceur, d'être romantique, d'utiliser l'intelligence relationnelle, de créer des formes, de gérer ses ressources, de coopérer, de partager, de promouvoir la civilisation, de faire des choix en accord avec ses vrais désirs et d'agir avec justesse et harmonie. Le désir et la joie sont ainsi encadrés et s'expriment dans de justes proportions. La montagne, touchée par la beauté du lac, devient creuse et vide en son sommet, afin de laisser un espace au lac. Elle attire puis condense alors les nuages. Ils s'unissent, vibrent, provoquent des étincelles, des éclairs et des grondements de tonnerre, se font désirer, puis retombent en pluie pour former le lac. La montagne se place avec humilité sous le lac dans une volonté de servir, pour le séduire et l'attirer. Le lac apporte son humidité qui nourrit la végétation et embelli la montagne. Sans cela, la montagne serait austère, aride et aigrie. Ensemble, ils communient puis créent un nouveau paysage émouvant et un merveilleux sentiment d'unité et de bonheur.

Interprétation classique :

De puissantes forces d'attraction exercent une influence subtile et spontanée, se manifestent de l'extérieur, vous stimulent, vous émeuvent, ou sont sur le point de le faire. Un vent parfumé souffle sur votre vie et vous touche. En observant avec vigilance ce que vous, une personne ou une situation attirent en terme de gens, d'idées, d'opportunités ou de difficultés, vous pouvez en saisir le sens et la nature, déterminer l'influence que cela a sur votre vie et votre bien-être, savoir à quoi vous attendre, puis entreprendre les actions nécessaires pour progresser. Qu'est ce qui chez autrui vous attire et qu'est ce qui chez vous attire autrui? Une rencontre naturelle, ou l'influence spontanée d'une énergie complémentaire à la vôtre, a lieu ici pour que vous puissiez progresser sur votre chemin. Une rencontre, dans votre cœur ou à l'extérieur, déclenche un voyage et un cheminement évolutif. En vous libérant de l'influence du mental et en évitant de vous replier sur vous-même, vous pouvez être attentif à tout mouvement d'énergie, sensation ou intuition qui se propagent dans votre corps, mais aussi à toute rencontre qui vous touche.

La flamme de l'amour qui brule dans votre cœur ne peut être éteinte car alors, vous vous éteindriez avec. Soyez libre de tout préjugé, de toute intention calculée, de toute résistance déplacée et de toute crainte! Il est judicieux d'ouvrir votre cœur avec sagesse et la nécessaire prudence, d'exprimer votre créativité, de nourrir un état de calme intérieur et une pureté du cœur, de soigner les apparences, d'être réceptif aux besoins d'autrui, de prendre des initiatives si vous êtes un homme et d'attendre qu'on vous sollicite si vous êtes une femme, de faire preuve d'humilité et de souplesse, d'avoir confiance en vous, d'être accueillant, ouvert et disponible à ce qui se présente, d'être naturel, spontané, sincère et respectueux, de savoir écouter, puis de vous mettre au service de l'autre, en prenant soin de l'autre et en étant attentionné(e). Laissez-vous toucher, émouvoir et influencer ! Cela vous permet d'attirer et de recevoir l'aide et les conseils adaptés, de créer une atmosphère rassurante favorisant l'échange, d'expérimenter la joie du partage. Vous pouvez ensuite faire évoluer la situation à son rythme vers plus de profondeur puis l'inscrire dans la durée par la force et la solidité de votre caractère. Créer une nouvelle relation ou vous mettre en couple met ou remet ici la vie en mouvement avec harmonie.

C-Selon les deux écoles modernes du Design Humain et des Clefs Génétiques :

1-Le Design Humain. 31 = La porte du leadership ou de l'influence.

Explication technique :
Circuit de la compréhension. Centre Gorge. Cette porte est liée à la porte 7, l'armée. Son thème principal est l'influence à travers l'expression des idées et sa maîtrise permet le service avec humilité. Cette porte apporte une énergie teintée de pouvoir personnel capable d'exercer une influence mais aussi de diriger de façon démocratique. C'est quand elle juste, mise au service d'autrui et reconnue par le groupe qu'elle peut s'exprimer harmonieusement. Le fait qu'elle soit dans le centre gorge lui permet de s'exprimer verbalement et d'affirmer son rôle de dirigeant mais il faut d'autres énergies pour qu'il y ait de l'action concrète. Elle est force de proposition.

Proposition d'interprétation :
Cette porte vous confère une autorité naturelle et beaucoup d'assurance. Il émane de vous une présence spéciale et un magnétisme particulier qui vous donne une capacité à influencer les gens et le cours des événements. Il est difficile de vous ignorer quand vous êtes là. Il émane de vous un sens du leadership sur lequel les autres peuvent s'appuyer et agir parce que ce que vous dites est à la fois clair, pertinent, logique, rempli de bon sens et orienté vers le futur. Vous savez ce qui doit êtes fait pour que les choses avancent et vous le dîtes. L'essentiel de ce que vous dites sert à diriger les autres vers ce qui vous semble être une excellente direction.

Vous savez mettre en évidence ce que l'avenir réserve. Vous vous exprimez comme quelqu'un comprenant exactement la suite des événements et tout le monde se rassemble ainsi naturellement autour de vous. Vous avez les qualités naturelles d'un(e) leader. Cela vous rend capable d'accompagnez des individus, des groupes, de diriger des projets, des activités organisées où simplement les personnes que vous impressionnez.

Par conséquent, vous pouvez influencer et encourager les autres à atteindre leurs objectifs personnels ou collectifs et les faire avancer vers leurs réussites. Vous êtes cependant plus efficace quand vous attendez votre tour de parler, quand vous suivez le fil de vos pensées, quand vous faîtes preuve d'authenticité et quand vous n'imposez aucune conclusion. N'oubliez pas que les autres sont libres d'agir ou non en se basant sur ce que vous venez d'affirmer.

Il est également important de vous exprimer en vous basant sur votre propre vision de la réalité et d'éviter de vous compliquer la vie en vous persuadant de devoir faire ce que vous venez de vous entendre dire. Cela ne vous empêche pas d'aller voir ce qui fonctionne ailleurs et de l'adapter à votre environnement présent. En écoutant vos ressentis et en développant des repères sur comment vous vous sentez quand une direction est juste, vous pouvez devenir un(e) guide visionnaire, responsable et fiable, capable d'accompagner les gens dans le chaos du monde extérieur actuel.

3-Les Clef Génétiques. Chef 31 = exprimer votre vérité.

Son dilemme où il doit faire des choix : Le choix. **Signe astral HD :** Lion
Son partenaire de programmation : Clef 41, l'émanation première. **Corps :** Gorge, thyroïde.
Son anneau de codon : L'anneau du non-retour (31, 62). **Acide aminé :** Tyrosine.
Son chemin de transformation : Le chemin de la guidance, du leadership.

L'ombre de cette clef : L'arrogance

Cette clef vous apporte le besoin de manifester votre existence et d'être reconnu, écouté et entendu par autrui. Mais ici, plus vous manquez de confiance en la vie, en vous et de certitudes, plus vous recherchez des marques de reconnaissance, avec votre mental et l'utilisation du langage, en provenance du monde extérieur et d'autrui. Il y a ici la peur de ce que pensent les autres de vous.

Beaucoup de jeunes et de moins jeunes se demandent comment être riches et célèbres mais derrière cela, il y a une insécurité, un besoin de se sentir en sécurité, d'être reconnu et cela ne fait que générer du mal-être. La bonne question, c'est comment est-ce que je peux servir l'ensemble et apporter ma contribution à la société, à la vie. Derrière l'ombre de l'arrogance de cette clef, il y a un sentiment d'insécurité qui vibre à différentes intensités selon les cas spécifiques. Il y a des paroles non reliées au cœur.

Les personnes manipulatrices sont celles qui se sentent le plus en insécurité et qui expriment l'arrogance à travers la colère et le dédain, de façon brute de fonderie, en tentant de faire croire qu'elles savent et que vous devez leur obéir. D'autres personnes manifestent leur arrogance en se cachant derrière une fausse humilité derrière laquelle il y a beaucoup de peurs. Il y a aussi une arrogance spirituelle enracinée dans un système de croyances. Elle se manifeste chez des personnes qui sont convaincues qu'elles ont trouvé la vérité et le bon chemin, qu'elles savent et que les autres sont des ignorant(e)s, des « moldu », des bourriques ! On peut observer cela chez les personnes qui ont perdue leur humanité, dans les milieux religieux, « new age » ou du développement personnel. Or, être humain c'est se planter, faire des erreurs, se casser la figure et tomber puis se relever, apprendre et s'améliorer.

Si on veut définir l'arrogance, on peut dire que c'est s'exprimer et agir sans réaliser que ce que l'ont dit ou fait a des conséquences. Et il y a des conséquences du fait que la vie est structurée par des lois, les lois du karma et la loi de l'équilibre. C'est se croire infaillible et parfait(e) et au-delà de tout reproche. C'est être aveugle. C'est ne pas voir honnêtement comment on se comporte. C'est se raconter des histoires avec son mental en étant déconnecté du cœur. C'est croire que l'on est plus fort que la nature et qu'on peut la dompter, croire qu'on est au-dessus les lois de la vie et croire qu'on est libre de faire ce que l'on veut.

Tout ce que l'on dit ou fait est vu et enregistré par l'univers puis gravé dans le livre de l'éternité. C'est dans ce sens que cette clef fait parti de l'anneau du non-retour en arrière. Personne n'y échappe. D'où le dilemme du choix. Initialement ici, on croit qu'on n'a pas le choix et l'on se place en victime.

Puis on décide qu'on a le choix et l'on créé sa vie en reprenant son pouvoir en se guidant soi-même. On réalise ensuite que l'on n'a pas de choix individuel et que c'est la vie qui décide ce qu'il se passe, que l'ensemble/le cosmos choisi à travers nous et que notre seul choix et de nous ouvrir à l'inconnu.

Le déroulement de notre vie extérieure et le service à la vie que l'on est censé apporter dans le monde, nommé dharma en Inde, se produit au fur et a mesure que l'on avance dans la vie. Croire que c'est vous qui maitrisez tout est une forme d'arrogance, car il y a des forces en dehors de vous qui fixent les règles et qui chorégraphient la tapisserie de votre vie.

Parfois, votre dharma, votre vie extérieure, est rempli de bonne fortune et parfois de gros défis. Les seuls choix que vous avez est de comment vous répondez aux événements ou aux propositions de la vie et comment vous réagissez à ce qu'il se passe. Si vous tentez de contrôler votre vie à cause d'un sentiment d'insécurité et si vous agissez sans intégrité, vous faîtes preuve d'arrogance. Si vous répondez à partir d'une posture de victime, en vous plaignant tout le temps ou en faisant preuve de méchanceté, vous attirez ce que vous exprimez. Si vous réagissez avec acceptation, avec amour et humilité, vous manifestez cette énergie dans votre environnement. Quel est votre degré de choix et de liberté ? Croire que vous êtes à 100% l'architecte de votre évolution est aussi une forme d'arrogance car si c'est partiellement vrai du fait que vous avez votre mot à dire, c'est la vie qui décide en réalité quels événements vous tombent dessus. Il est donc nécessaire de continuellement apprendre à accepter et à lâcher prise, à lâcher le besoin de contrôle et de le transformer en capacité à gérer au mieux et surtout à lâcher le « moi je », le moi qui cherche de l'attention. L'arrogance suprême est d'être fixé dans les fréquences supérieures, dans les superpouvoirs et de se croire au-dessus des autres, de vivre coupé du monde, des gens et de la vie, sans faire descendre tout cela dans la matière, sans intégrer les apprentissages dans la vie avec les gens. On ne peut accéder au don de la guidance et devenir véritablement humain que quand on identifie notre arrogance et ce n'est qu'ainsi que l'on peut accéder au superpouvoir de l'humilité et à la conscience que diriger et guider, c'est avant tout servir la vie et le cosmos.

En mode réprimée, cette ombre s'exprime par une tendance à donner son pouvoir aux autres qui cache une grande arrogance, par une fausse humilité et par une peur de l'avis négatif d'autrui. En mode répressive, elle s'exprime par un besoin d'être reconnu à tout prix, par un complexe de supériorité qui méprise autrui et par une tendance à manquer de respect, tout cela suite à un manque d'amour propre.

Son cadeau : Les dons et capacités de cette porte : La guidance, l'influence, le leadership.

Qu'est ce qui génère la capacité ou l'envie d'influencer, de faire de la guidance et de diriger autrui ? Certainement pas l'arrogance. C'est facile de voir l'arrogance des autres, mais voir sa propre arrogance ne se fait pas naturellement car l'ego fait tout pour la cacher. On ne peut la voir que quand l'on commet une erreur, quand on tombe, quand on se prend une gamelle. Pour influencer ou exercer un leadership, la première chose est de maitriser le langage. Ensuite, il faut une bonne dose de patience, de vulnérabilité conscience d'elle-même et d'humanité, de courage et de vérité aussi, du courage d'être centré dans sa vérité, dans la vérité du cœur, alors même qu'autrui ne comprennent pas, nous accusent de ceci ou cela, nous blâment et projettent toutes sortes de choses sur nous. Il faut ensuite s'exprimer avec éloquence et trouver les bons arguments.

La base est enfin de rester centré(e) dans l'amour, l'amour de soi et d'autrui vu comme une partie de soi. On fait ici le grand voyage de 30 cm qui consiste à passer de la tête au cœur. On comprend les masses, les gens et quand on voit les gens empêtrés dans leur mental, l'envie de les aider à sortir de leurs conditionnements, de les influencer, vient naturellement.

Pour influencer, il faut également accepter de faire des erreurs, de tomber avec grâce et de se relever, tout en restant dans le cœur. Cette clef génétique nous apprend l'humilité, d'accepter notre imperfection et de faire de notre mieux chaque jour. Un(e) véritable influenceur (ceuse)/dirigeant(e)/guide est une personne capable de tomber et de se remettre debout, de garder la tête au dessus de l'eau, même quand l'eau est agitée, en ayant confiance en sa vision, son pouvoir personnel, son intégrité et sa vertu et de gérer les résistances d'autrui en les transformant en opportunités. Cela nécessite une force intérieure particulière et c'est le chemin d'un authentique être humain. Plus la vie nous propose de grands défis et plus cela génère un important potentiel de transformation. Un(e) véritable dirigeant(e)/influenceur (ceuse) est capable de transformer les choses, de déconditionner et reconditionner en trouvant les mots efficaces et de générer de la nouveauté dans le monde.

Diriger implique aussi des responsabilités et tout le monde n'a pas la capacité de diriger même si de nos jours, beaucoup de gens veulent être des leaders et la société offrent plein de formations pour cela. Un véritable dirigeant est forgé par la vie, par leur destin, qui révèle où la vie veut aller et quelle est la nécessité et donc par les événements de leur vie dans lesquels ils sont étroitement impliqués. Ensuite, pour propager le nouveau avec un langage neuf, il faut avoir intégré l'ancien et l'ancienne façon de dire les choses.

Un vrai dirigeant respecte le passé et les traditions tout en ayant une vision du futur possible. Il ne cherche pas à tout casser et détruire ou juste virer les anciennes façons de faire ou de penser. Beaucoup ont essayé et se sont aperçu que ça ne marche pas. Il écoute la vie et les gens. Il construit par-dessus l'ancien d'une façon nouvelle, avec une vision nouvelle, en utilisant la matière première apportée par la vie quotidienne, en tirant les leçon des choses, en manifestant une forme de sagesse et de bon sens dans l'action et en étant accessible. Il peut alors être capable d'être une voix, un porte-parole et d'impacter, de transformer et d'orienter la société/le collectif par ses œuvres et ses idées et ce de façon désintéressée.

Il y a ici la capacité d'influencer sans peur et l'envie de contribuer à l'évolution des individus et de la société, du collectif.

Le superpouvoir/puissance (Siddhi) de cette porte : L'humilité.

Ce superpouvoir est l'un des plus mal compris et l'humilité n'est pas ce que beaucoup de gens croient. Ce n'est pas s'effacer ni cacher son ego. C'est une absence d'ego qui est remplacé par une conscience de la nécessité, de ce que veut la vie, le cosmos, la Source de toute Vie. Plus rien n'est fait indépendamment de la vie, de la volonté de la Source de toute vie. Il n'y a pas ici besoin de faire autre chose que ce que vous êtes en train de faire ou d'être ailleurs que là où vous êtes. Transcender l'ego est accessible à toute personne et consiste à céder, à baisser les armes, à vous rendre de façon profonde, à vous soumettre à la vie et à la Source de toute vie dont la nature est amour, créativité, joie et conscience.

Ce superpouvoir consiste à abandonner toutes les définitions que vous avez de vous-même, tout ce qui construit votre identité, tout ce à quoi vous êtes attaché et agrippé, vos objectifs, vos histoires, vos points de vues, vos croyances, ce que vous vous racontez, puis de laisser la vie faire de vous ce qu'elle a choisi pour vous, peu importe le rôle ou la forme.

L'humilité, c'est aussi laisser les autres penser ce qu'ils veulent de vous tout en ayant conscience de la vérité de votre cœur. C'est aussi accepter que les choses ne se passent pas comme vous l'espérez et que tout est juste et sans erreur. Cette foi, cette confiance inclut le regret car il fait parti du voyage mais elle le transforme, en l'acceptant pleinement, en abandonnant le passé et en lui donnant une autre interprétation, une autre forme, en ayant conscience que l'on a tenté sa chance et fait de notre mieux. Le regret devient une partie de la tristesse dans notre cœur, qui porte en lui autant de tristesse que de joie et les transcendent.

L'arrogance n'est finalement pas autre chose que de l'agrippement et de l'appropriation généré par l'ego et son état d'insécurité. L'humilité, c'est cesser de s'agripper au passé, de s'approprier les choses et c'est avoir une telle foi en la vie et en son cœur que les paroles justes et les actions justes émergent naturellement dans une présence aimante. Cela permet de voir qu'il n'y a pas de personnes éveillées ou pas éveillées mais juste des fréquences de conscience dont l'ensemble forment une totalité.

La beauté de ce superpouvoir est que si vous savez écouter, la vie vous offre l'opportunité de vivre tout cela. Vous pouvez alors déranger, ne pas être aimé(e) et être incompris(e), sauf par et seule une personne ayant cette même humilité mais cela n'a aucune importance. Quand vous vivez en conscience et que vous ouvrez votre cœur, vous apprenez à vous incliner devant la vie, pas dans une attitude de résignation mais dans une attitude de foi et de confiance. Vous prenez alors les décisions justes, avec une écoute attentive et avec confiance, avec foi en la vie et en vous-même car vous êtes la vie en mouvement, avec la certitude non seulement que la présence aimante est en premier plan mais qu'elle danse et s'épanouit au fur et à mesure que vous apprenez à vivre sans peurs et sans attentes, dans une succession d'instants présents.

Vous n'avez alors pas d'objectif personnel particulier à part vivre en étant dans le service à la vie. Vous avez conscience que ce n'est pas vous qui influencez ou libérez autrui, mais l'univers à travers vous, si et quand cela se produit et vous n'avez ici plus de désirs particuliers de le faire, du simple fait qu'il n'y a plus de « vous séparé(e) ». Ce qui doit se faire se fait. Ce qui doit être dit est dit. Vous devenez alors un oracle de l'univers, un miroir du cosmos, capable de révéler le chemin vers le cœur qui est au-delà des mots. Vous faîtes alors un bond dans la conscience et même votre nom est dissout car il y a juste une forme qui porte un nom et une conscience qui s'apelle selon les humains « la Source de toute Vie ». Vous vivez alors en permanence dans un état amoureux/se.

Chapitre 8 : Le nombre 32

A-Sa structure et ses associations: Le nombre 3 est en lien avec la relation à la mère et aux femmes, avec le mental, l'expression de l'intelligence et avec la communication, avec les déplacements et avec l'adaptation à l'environnement à travers le service. Le nombre 2 est en lien avec la Grand-mère, la capacité à ressentir, à imaginer, à trouver le bien-être à travers les bonnes clefs et à bien préparer les choses pour qu'elles « accouchent ». On passe du 3 au 2. L'intelligence est mise au service de la mémoire. Il y a un mouvement vers plus de bien-être.

B-Selon la tradition ancienne du Yi-King Chinois : Hex 32 = La durée. Le mariage.

Résumé du nombre : Au sein d'une relation ou d'un mariage entre deux personnes ou énergies complémentaires, introduisez de la durée, de la stabilité et de la solidité dans le mouvement en cours et dans ce que vous faîtes, en maintenant le cap sur votre vision à long terme.

Explication technique :
Quand l'homme et la femme s'attirent, éprouvent des sentiments l'un pour l'autre et s'unissent, ils créent ensuite une relation officielle dans la durée. C'est pourquoi après «L'attraction» vient «La durée». Comme «L'attraction», «La durée» est une énergie rythmique, contenue dans un cycle toujours en mouvement, capable de surmonter tous les obstacles. Elle se perpétue pour l'éternité. Elle existe grâce au mouvement et au changement.

Ainsi, une inspiration, un élan de concentration vers l'intérieur, tel un arbre qui concentre son code génétique dans ses graines, est suivi d'une expiration, tout comme la nature développe et répand ses fruits. Le vent et le tonnerre apparaissent et disparaissent. Les corps célestes et les saisons vont et viennent. Ainsi la vie expérimente la maturation puis se renouvelle en se transformant. Mais cette grande mobilité et ces changements continuels obéissent à des lois qui elles sont constantes, durables et éternelles. La durée, en particulier celle du couple, obéie aussi à des lois immuables, dont les ingrédients sont décrits dans les trigrammes composant l'hexagramme.

Le trigramme extérieur Tchen demande de générer du mouvement, de créer des projets et de s'émerveiller, de nourrir les étincelles de la motivation, de créer des surprises, de la nouveauté et d'entretenir de solides liens d'amitiés. Le trigramme nucléaire Touai demande l'intelligence relationnelle, la tolérance, la discrétion, la justesse, la gestion des ressources, la conscience et l'expression des désirs, la joie spontanée, le plaisir du partage et l'entente sur tous les plans. Le trigramme nucléaire Kien demande de diriger l'attention et l'intention, de faire appel à la volonté, à la puissance de l'amour et à la créativité. Il apporte la capacité de générer la confiance, de rester centré dans le cœur, de hiérarchiser les priorités, de développer et partager des valeurs communes, de focaliser son attention sur des objectifs lumineux, de s'organiser efficacement et de donner le meilleur de soi-même. Le trigramme intérieur Souen demande lui d'occuper et de gérer l'espace, de s'enraciner dans la vie et dans l'action à travers des activités communes, avec souplesse, adaptabilité, intelligence, douceur et détermination. Il apporte le dialogue, l'écoute, la communication et l'aptitude à la négociation.

Quand l'homme gère les élans extérieurs, apporte l'impulsion puis la direction et quand il soutient l'amour de la femme ; quand la femme gère les élans intérieurs, apporte ressourcement et régénération, bien-être, fluidité, douceur, équilibre et sagesse, puis soutient l'autorité de l'homme, ils créent ensemble une nouvelle unité dynamique, qui respire, se transforme perpétuellement et s'inscrit dans la durée. L'homme et la femme peuvent ainsi honorer leurs promesses d'engagement, de partage, d'intégrité et d'entraide, faire face à toutes les difficultés, cultiver leur bonheur, célébrer la vie dans la durée et reconstituer l'unité intérieure sacrée, Masculin-Féminin, perdue lors de l'incarnation.

Interprétation classique :
En développant la qualité de votre attention, en observant ce qui fait durer les choses, ce qui se perpétue en vous et la source dans laquelle la vie puise sa durée, vous pouvez acquérir une vision réaliste, claire et profonde, connaître l'essence de chaque être, identifier les valeurs et les éléments qui permettent un renouvellement permanent de votre motivation, puis accéder à votre vérité intérieure, trouver votre chemin jusqu'à votre éternité et construire des bases solides. Il est pour cela nécessaire d'écouter votre intérieur, d'entendre l'appel des profondeurs de votre âme et de respecter le temps nécessaire à toute évolution.

Vous pouvez alors élaborer des valeurs, des principes et une direction, qui, parce qu'ils sont pertinents, justes, fermes et en harmonie avec l'ordre cosmique, dictent vos comportements. Cela vous permet de développer votre bon sens, de gérer votre force efficacement, de donner une juste forme à toute chose, de trouver un sens durable à votre façon de vivre. Tout en étant actif, souple et mobile, vous êtes alors capable de vous adapter aux exigences de la situation, d'inscrire votre évolution dans la durée, de murir puis de vous renouveler chaque jour afin de grandir, grâce à votre résolution, votre détermination, votre constance et votre capacité à garder le cap. Dans la vie extérieure, vous avez la possibilité d'être soutenu et sécurisé par des éléments durables, que ce soit des personnes solides, des structures, des institutions, des lois, des politiques, des procédures, des traditions ou des habitudes. L'époque ne demande pas de changements radicaux ni une rigidité excessive, mais une capacité à vous inscrire dans la continuité de ce qui fonctionne efficacement, dans ce qui permet évolution et durée, à travers des objectifs à long terme, la discipline et l'endurance. En adhérant avec lucidité et souplesse à ces éléments durables, vous pouvez générez de l'ordre, de la sécurité, un plus grand sentiment d'unité dans votre vie puis progresser au juste rythme.

De même, les relations sentimentales s'exprimeront et s'épanouiront au mieux à l'intérieur des cadres officiels et familiaux, à travers les rites et les cérémonies traditionnels comme le mariage.

C-Selon les deux écoles modernes du Design Humain et des Clefs Génétiques :

1-Le Design Humain. 32 = La porte de la continuité ou de la durée.

Explication technique :

Circuit de l'ego. Centre Rate. Cette porte est liée à la porte 54, la porte de l'ambition, à l'hexagramme de la concubine ou du mariage de la jeune fille. Son thème principal est l'endurance c'est-à-dire la capacité à faire durer et sa maîtrise permet la conservation. Cette porte peut sembler paradoxale. Elle est à la fois très conservatrice, tout en étant consciente que la seule constante durable dans l'univers est le changement et tout en ayant besoin d'améliorer les choses en tenant compte des leçons du passé. Elle apporte une énergie permettant une adaptation permanente, une capacité à reconnaitre et évaluer le potentiel de durabilité à long terme d'un projet ou d'une personne, ce qui peut être changé ou amélioré et une capacité à améliorer les choses afin de générer du progrès, mais dans la continuité des valeurs essentielles. Il y a un certain attachement aux traditions qui font partie de la civilisation et parfois le désir de jouer un rôle de « gardien(ne) des traditions ». Il existe une intelligence sociale capable d'identifier les comportements sociaux générateurs d'adaptation mais aussi les directions que prennent les énergies collectives présentes et les évolutions des comportements qui fonctionnent socialement. Cela permet d'agir et de survivre dans la durée grâce à la prudence dans le monde de la matière et de générer du progrès tout en s'adaptant aux changements ; de s'adapter sans perdre le cap, sans perdre le Nord, en ayant conscience des cycles de la vie. Comme toutes les portes liées au centre Rate, cette porte est associée à une peur et ici, c'est la peur de l'échec. Il peut ainsi exister une certaine indécision due à une conscience aigue des risques et des pertes possibles liés à toute transformation et à tout échec éventuel. Une capacité à écouter un sentiment de justesse et à œuvrer pour le bien de la civilisation permet d'avancer et de progresser.

Proposition d'interprétation :

Vous avez une capacité spéciale à ressentir et discerner la direction du mouvement, le potentiel d'évolution des choses, les risques potentiels, le bon moment pour agir et l'arrivée du moindre changement. Vous pouvez par exemple sentir si le temps va changer, si une tendance va s'inverser, si quelque chose va manquer, si une menace va surgir ou si de l'instabilité va émerger. C'est comme si vous perceviez les flux invisibles d'informations en mouvement. Mais que ce soit dans une relation, une entreprise, l'économie ou les affaires de la communauté, vous n'aimez pas le changement et vous devenez nerveux/nerveuse au moindre changement parce qu'en réalité, vous êtes en quête d'un chemin sûr et stable. Cela peut parfois se traduire par une difficulté à accueillir les changements et à vous accrochez à des situations qui ne sont plus adaptées à votre évolution.

Votre idéal, que ce soit dans une relation ou une carrière, c'est un engagement dans la durée. Vos objectifs sont à long terme. Vous avez besoin d'aller jusqu'au bout. Vous vous sentez ainsi heureux/heureuse quand la vie se stabilise, quand il y a une promesse de continuité et de succès à long terme. La longévité, la cohérence et la durabilité des choses sont importantes pour vous et donc tout changement dans lequel vous vous engagez doit d'abord inclure la promesse d'une réussite qui dure. Les personnes, les lieux et les projets sont ainsi toujours soumis à un examen scrupuleux. Votre pire cauchemar est l'échec et vous faîtes tout pour l'éviter. La peur de l'échec est d'autant plus présente dans votre Design Humain si votre rate est indéfinie. Si la peur commence à miner votre force d'endurance, pensez alors à faire confiance à votre propre autorité. Vous avez le don se sentir ce qui est juste. Lorsque vous respectez votre autorité et ce don de la justesse, vous avez alors le sentiment inébranlable que, quoi que vous fassiez et quoi qu'il arrive, votre détermination vous permet de traverser n'importe quelle tempête ou défi. Cela vous permet ainsi d'organiser votre vie avec discernement et d'avancer sur un chemin d'évolution maîtrisé.

3-Les Clef Génétiques. Clef 32 = La révérence aux ancêtres.

Son dilemme où il doit faire des choix : La panique. **Son partenaire de programmation :** Clef 42, le lâcher de la vie et de la mort. **Corps :** La rate et la régulation des liquides dans le corps.
Son anneau de codon : L'anneau de l'illusion (28, 32). **Acide aminé :** Acide asparaginique.
Son chemin de transformation : Le chemin de la conservation.

L'ombre de cette clef : L'échec.

La peur de l'échec est l'une des plus grandes peur encodée dans l'être humain. Mais c'est quoi l'échec et qui échoue à être ou faire quoi ? On peut parler d'échecs individuels et d'échecs collectifs. Au niveau individuel, on échoue par exemple à atteindre un objectif, à satisfaire un désir matériel, psychologique ou spirituel, à faire prospérer une affaire ou une relation, à créer des relations harmonieuses, à réussir un examen, à être en bonne santé, à surmonter un obstacle ou une peur, à pardonner, à s'aimer et à aimer, à vivre une vie qui a du sens, à vivre une belle vie en étant une personne libre et heureuse, à vivre dans l'abondance et à s'éveiller. L'échec de pouvoir être parfait génère de la culpabilité. Au niveau collectif, on peut par exemple parler d'échec à prendre soin de l'environnement, à éradiquer la maladie, la guerre et la pauvreté ou plus profondément la peur d'échouer à survivre en tant qu'espèce.

Cette peur de ne pas pouvoir survivre est encodée dans notre ADN et dans le monde moderne occidental, où les structures familiales ont souvent éclatées, elle s'est transposée dans la peur de ne pas avoir assez d'argent pour survivre et pour vivre et dans la croyance collective que plus vous avez d'argent sur votre compte bancaire et moins vous risquez d'échouer. Le système financier est le mirage créé par l'ombre de la clef 32. Certaines personnes ont ainsi tendance à s'isoler et à vivre dans la peur du monde extérieur. D'autres vivent dans un état de colère avec la croyance que personne ne les aide, s'isolent, résiste à toute sollicitation et se coupent du flux de la vie. Au fond, l'échec, c'est une croyance, une interprétation, une comparaison avec une idée ou une vision idéale, où la nécessité et le véritable sens de la situation voir de la vie n'est tout simplement pas perçu. Il y a ici une absence de conscience du sens, de la Nécessité, de la volonté de la Source de toute Vie en soi. Il s'agit ici d'apprendre à voir que ce que vous percevez comme un échec est dans la majorité des cas une illusion. Il n'y a pas d'échec mais juste des expériences.

Et tout échec est une étape vers la réussite disent les optimistes éclairés. Tout échec contient un cadeau à déballer et parfois, ce cadeau peut être une révélation qui nous fait faire un bond en avant vers notre liberté et nous ouvre à plein de possibilités. Il s'agit de se poser la question du sens des choses, de qu'est ce que c'est d'avoir une belle vie et bien vivre et de conscientiser ses besoins réels, son vouloir le plus profond, le sens supérieur de son existence.

La racine de l'échec, son dilemme, est la panique qui est une fréquence spécifique émanant de la peur. Elle va avec l'inconscience du sens des choses et elle est causée par l'oubli de notre véritable identité. La panique influence la façon dont on prend des décisions et dont on agit. Elle nous pousse à s'accrocher, à s'agripper et à tout garder, au cas où. C'est un genre d'anxiété qui se demande comment on va s'en sortir, comment on va faire pour boucler le planning de la journée et pouvoir enfin être en paix et se détendre. Et en arrière plan il y a la peur de la mort. De nombreuses personnes vivent constamment dans un état de panique, courent dans tous les sens et oublient de vivre comme des personnes libres, heureuses et en paix. Pouvez-vous observer cela ?

Le remède à cela est d'apprendre à ralentir, à contempler, à être passionné(e) sans paniquer et à écouter la vie et la nécessité. Si on considère nos relations, on peut voir qu'une relation est précieuse et on peut aussi dire qu'il n'y a pas d'échec relationnel car nos relations sont simplement des expériences de vie, des miroirs de nos blessures ou de notre tendresse, de nos insatisfactions ou de nos joies et de nos besoins profonds. Ce sont des opportunités d'apprendre et de grandir, de nous rapprocher du sens supérieur de notre vie. Il est facile de dire qu'une relation a échoué si elle s'est terminée mais cela dépend comment elle se termine. Si elle se termine de votre côté avec grâce alors elle n'a pas échouée. Si l'autre ne sait pas gérer cette grâce alors ce n'est pas votre affaire mais la sienne. Le seul véritable échec est de passer à côté du sens supérieur de notre vie, c'est-à-dire d'aimer et de s'éveiller, de laisser la vie entrer en soi et de juste danser avec elle, en faisant un avec la Source de toute Vie. Mais l'être humain est ainsi fait qu'il aime voir les choses en termes de réussite et d'échec et ici c'est ce qu'il fait. La véritable réussite a lieu quand nous ne sommes plus dirigés par le concept même d'échec ou de réussite.

<u>En mode réprimée</u>, cette ombre génère une tendance extrême au repli sur soi et à l'isolement, seul(e) ou en communauté. Elle génère soit un refus de se stabiliser soit un refus du changement. <u>En mode réactive</u>, cette ombre génère une tendance à rejeter autrui, à ne compter que sur soi-même et à se couper de la vie et de la société.

Son cadeau : Les dons et capacités de cette porte : <u>La conservation. Créer de la durée.</u>

Le cadeau de la conservation consiste premièrement à voir au-delà de votre monde personnel puis à assurer une continuité vivante des choses utiles à la civilisation de façon à ce qu'elles durent dans le temps. Il consiste ensuite à avoir une vision à long terme puis à équilibrer le besoin de conserver et le besoin d'investir afin de prendre soin de la civilisation. Il consiste enfin à identifier les relations qu'il est judicieux de cultiver pour faire prospérer la civilisation.

On prend ainsi soin de ce qu'on aime. Au niveau des fréquences de l'ombre, on s'y accroche, on cherche à les protéger. On cherche surtout, inconsciemment, à conserver sa sécurité, son identité et tout ce que le mental associe au « moi » comme ma vie, mon style de vie, mon niveau de vie, mon lieu de vie, mon activité, mes affaires, les relations, ma famille, mon corps, mes idées, mes croyances etc. Mais cette identité est juste un rêve que vous vivez entre le moment où vous réveiller le matin et le moment où vous vous endormez le soir et un jour le rêve s'arrête quand vous mourrez et vous passez à autre chose. Vous réalisez cela au niveau des fréquences du cadeau. Même si cette peur a ses racines dans le système immunitaire, c'est le mental qui réagit à elle et qui s'en nourrit pour se raconter des histoires.

Vous prenez ici conscience que si vous ne gérez pas votre mental du fait que vous n'avez pas conscience de la puissance alors il dirige votre vie et donc la peur dirige votre vie. Vous prenez conscience que quand vous vous détachez votre conscience du mental, alors vous échappez aux tentacules de la peur du fait que vous n'y réagissez plus. Vous voyez que le bon côté de cette peur est de permettre à notre espèce de continuer à exister. Vous prenez conscience de vos peurs, du temporaire et comme quoi vos désirs personnels et vos attachements ne font que générer de la souffrance. Vous vous intéressez peut-être aux enseignements de Bouddha.

Le destin d'une illusion est d'être éclatée en mille morceaux et dissoute dans la lumière de la conscience. Quand le noyau de vos illusions se fissure, vous faîtes alors un bond en avant, vous franchissez un cap. Mais pour qu'un changement ait lieu, il est nécessaire de le décider. C'est comme dans le film Matrix quand Morphéus offre à Néo le choix de prendre la pilule bleue qui vous permet de tout oublier et retourner à vos illusion ou la pilule rouge qui vous permet de vous réveiller de votre rêve. Quand vous prenez la pilule rouge et que vous dites oui au changement, vous faîtes alors suffisamment confiance à la vie, à l'univers. Vous permettez à la vie de vous faire voler en éclats et de générer des prises de conscience puis un changement de vision. Vous voyez ce qu'il est essentiel de préserver, à la fois dans ce qui vient du passé et dans les qualités d'être comme l'amour, la compassion, la joie, la vérité, la capacité à pardonner et tous les superpouvoirs. Vous avez envie de préserver des choses pour les générations futures, peut-être de planter des arbres, d'écrire un livre, de construire quelque chose ou de préserver un lieu et peu importe si personne ne sait qui vous êtes car vous vous le savez. Pour accéder à ce cadeau, il est donc essentiel de trouver ce qui pour vous est essentiel, d'identifier ce qui fonctionne pour vous puis de le développer et de conscientiser l'héritage vous voulez transmettre aux générations futures.

Vous vous rendez compte que la vie n'échoue jamais et qu'elle avance à son rythme, que l'argent arrive toujours au bon moment et vous vous intégrez à la fluidité de la vie en jouant votre rôle. L'argent vous apprend ainsi à lâcher vos peurs et à être en paix.

Le superpouvoir/puissance (Siddhi) de cette porte : La vénération.

L'étymologie du mot vénération vient du mot Vénus, la déesse de la nature, de la vie, de la joie et de l'amour. Le mot Vénus vient lui-même des mots « vanes » ou dieux de la nature et « ases », les dieux du ciel. Il s'agit alors de vénérer la beauté et l'amour, le féminin mais aussi la civilisation. On vénère aussi les sages et les éveillé(s)s et parfois nos ancêtres et ce qu'ils nous ont transmis. Et la clef partenaire de la Clef 32 qui est la clef 42, évoque la célébration mais aussi le détachement. Ces deux clef évoquent ainsi beaucoup les sujet de la vie et de la mort, de laisser partir ce qui s'en va et de laisser venir ce qui vient. Elles évoquent l'au-delà, les âmes qui s'incarnent et celles qui y retournent, l'incarnation et l'excarnation, l'involution et l'évolution, la vision des destinées des hommes et des femmes entre les deux et l'enchaînement des événements. Il y a comme une échelle où les âmes montent et descendent et l'ADN est un reflet de cette échelle car il ressemble à une échelle mise en torsion ou à un arbre de vie. Notre ADN est comme un arbre dans lequel la conscience voyage. Il nous relie à vos ancêtres, à l'arbre généalogique, à travers l'ADN des mitochondries, l'une des composantes du noyau cellulaire. C'est de cette façon que les chamanes se connectent à l'esprit des ancêtres, qu'ils vénèrent à qui ils demandent la permission avant d'entrer dans cet espace sacré. Ils ont conscience que chaque chose est une partie du grand tout qui engendre la vie.

Vous vous sentez alors à la fois minuscule et gigantesque et dans un état de vénération avec un wow dans votre cœur. Cette clef génère une énorme sensibilité aux liens entre toutes choses, à la sagesse qui est transmise et elle comprend la puissance et les mystères des transmissions ancestrales. En ressentant cette transmission, en plongeant sa conscience dans les cellules puis dans l'ADN, on entre en résonnance avec et l'on devient le vénérable gardien de cet héritage, de cette sagesse vivante, de l'héritage qui vibre le plus à l'intérieur de nous.

Quand on nettoie l'ADN de toutes ses mémoires, alors la lumière peut le pénétrer et éveiller ses secrets. On perçoit la vie comme une échelle de conscience, où vivent différentes personnes, avec chacun sa fréquence vibratoire, l'interdépendance des différentes formes de vie et derrière cela, une force unique qui anime toute la vie et bâtit des civilisations. On accède alors à l'histoire de notre planète, de notre système solaire et de toute la galaxie.

En acceptant d'être l'hôte de notre héritage, on permet à cette sagesse de s'exprimer à travers nous et de vivre à nos côtés. Elle ne peut cependant s'installer que si l'on fait preuve d'humilité, que si l'on apprend à vénérer la vie, l'amour, la beauté et la sagesse et que si l'on se met au service de la civilisation, de la société, de la vie. Cela demande de la discipline, c'est-à-dire d'être à l'écoute de notre vérité intérieure, de faire des pauses, d'écouter la vie et son sens supérieur caché dans l'ADN, puis de la transmettre. La vénération est ainsi enracinée dans le respect et la gratitude envers toutes les formes de vie et tous les aspects de la conscience unique qui génère la création de la vie ; la Source de toute Vie, que vous voyez à l'œuvre partout.

L'atome d'hydrogène sait transférer de la conscience sous forme de mémoire et c'est ainsi que l'eau est capable de contenir de la mémoire et de la faire circuler au sein du cycle de l'eau. C'est à travers l'eau que les mémoires sont transmises à travers les générations grâce aux liquides de l'appareil reproducteur. C'est à travers l'eau et la vapeur d'eau que l'on respire que la conscience collective évolue du fait que les transformations individuelles et collectives sont transmises à toute la planète par l'eau. L'eau porte ainsi l'un des grands secrets de ce superpouvoir et elle nourrit votre vénération pour la vie.

Chapitre 9 : Le nombre 33

A-Sa structure et ses associations: Le nombre 3 est en lien avec la relation à la mère et aux femmes, avec le mental, l'expression de l'intelligence et avec la communication, avec les déplacements et avec l'adaptation à l'environnement à travers le service. Le doublement du 3 renforce le besoin de mouvement et le besoin d'adaptation. Il génère une tension qui peut-être une dualité ou une complémentarité.

B-Selon la tradition ancienne du Yi-King Chinois : Hex 33 = se retirer, la retraite, le retrait stratégique.

Résumé du nombre : Retirez-vous avec naturel et intelligence, mettez vous à l'abri, repliez-vous, faîtes une pause pour ne pas être atteint par un courant négatif et préparez secrètement votre retour pour le prochain cycle.

Explication technique : Afin de développer et consolider la durée de leur nouvelle unité, l'homme et la femme doivent se retirer, nourrir leur propre univers et apprendre à synchroniser leurs élans. C'est pourquoi après «La durée» vient «Le retrait». Quand une situation atteint son point culminant, elle finit ensuite par décliner. Ainsi, au mois d'Août, le Soleil atteint son apogée. Puis les forces obscures hostiles s'avancent à nouveau parce que l'époque le veut ainsi. Cela fait parti des cycles et des processus naturels de la vie, où la lumière et l'obscurité tantôt avancent et tantôt reculent. La lumière, plutôt que de chercher à combattre l'obscurité, se retire alors, naturellement, intelligemment et au bon moment, en lieu sûr, afin de préserver son essence et sa force, pour ne pas être affectée par l'obscurité et pour préparer son retour au prochain cycle. Le trigramme intérieur **Ken**, la montagne, demande d'observer en profondeur, d'accéder aux vérités profondes, d'expérimenter la solitude afin d'intégrer la sagesse accumulée. Elle demande une élévation, une intériorisation, l'immobilité, le calme intérieur, l'organisation dans la durée et la maîtrise de soi. Le trigramme **Souen** demande une adaptation intelligente et une communication appropriée. Le trigramme extérieur **Kien**, le ciel, demande d'avoir un objectif juste, d'exprimer son pouvoir créateur, son idéal, sa volonté et sa lumière. Mais ici, la montagne, la sagesse, s'élève et atteint les frontières du Ciel, qui se retire, afin de demeurer hors d'atteinte, plutôt que de faire usage de sa puissance. L'idéogramme ancien de l'hexagramme décrit un cochon en déplacement, qui peut soit servir de festin s'il reste là où il est, soit s'enfuir pour sauver sa vie. Ainsi, l'homme noble, par son centrage dans son cœur et dans ses objectifs d'évolution, par sa conscience des nécessités de la situation, par sa droiture, sa fermeté, sa réserve et sa solidité, contraint l'obscurité montante à l'immobilité et la maintien à distance.

Interprétation classique : Dans la vie, on ne peut progresser perpétuellement. L'époque n'est pas immédiatement propice à nouveaux projets, à de nouveaux investissements ou à de nouvelles relations.

Vous faîtes ici face à des circonstances où des forces contraires, internes ou externes, qui sont puissantes, tenaces et inflexibles. Elles exercent une pression, vont dans un sens contraire à votre idéal et à vos objectifs, empêchent toute progression et rendent la situation stérile. Vous ne pouvez pas gagner le combat contre les forces en présence mais vous pouvez arrêter leur avancée en vous détachant de la situation, en rompant les liens avec certaines personnes, en abandonnant les attitudes qui nourrissent le conflit, en quittant une activité qui n'est plus satisfaisante, en vous retirant intellectuellement, émotionnellement et physiquement, en reprenant votre liberté et en devenant autonome.

Il ne s'agit pas d'abandonner vos objectifs, de fuir impulsivement ou de capituler mais d'éviter une confrontation ou une lutte de pouvoir, en créant une juste distance et en vous abstenant d'utiliser votre puissance créatrice pour vous imposer à tout prix par la force ou pour répondre à des comportements mesquins ou hostiles, afin d'éviter toute répercussion négative.

Toute tendance à nourrir la haine ou la vengeance est totalement inappropriée, car elle vous décentre, obscurci votre vision, fait baisser votre niveau d'énergie et vous lie puis vous attache à l'objet de la haine. Tout attachement à un bénéfice, à un résultat ou à une position est également inapproprié. Il est nécessaire de faire preuve de lucidité et de bon sens, de reconnaître ce décalage entre votre idéal et la réalité, de l'accepter, de comprendre les nécessités de la situation et de vous organiser intelligemment pour effectuer une retraite stratégique préventive. Il s'agit de partir volontairement, de vous extraire, calmement mais fermement, de la situation, afin d'esquiver les coups, de mettre fin à un stress malsain et de vous mettre à l'abri.

Il faut pour cela maîtriser vos paroles et vos actes, pratiquer le silence intérieur, trouver le juste rythme et choisir, rapidement et avec soin, le bon moment, afin de pouvoir recréer plus tard une nouvelle situation favorable et constructive. Le temps de la contre-offensive et de nouveaux horizons arriveront en temps voulu, et il sera alors judicieux de saisir toute opportunité ou de la créé. Mais en attendant, seule de petites choses peuvent être accomplies avec succès. Il est avisé de ne pas participer aux échanges, de couper les flux d'information et de communication, de méditer sur les événements, de maintenir votre détermination puis de préserver et consolider votre dignité, votre énergie et vos ressources.

Il ne s'agit ni d'élitisme, ni d'orgueil, mais d'une constatation des limites actuelle et d'une sage et souple adaptation vous permettant de perpétuer le meilleur de vous-même. Vous pouvez prendre le minimum de mesures pour sécuriser la situation et pour préparer la prochaine étape de votre chemin en vue d'un progrès ultérieur. Cet hexagramme évoque parfois un déménagement, un départ ou une rupture avec le passé.

C-Selon les deux écoles modernes du Design Humain et des Clefs Génétiques :

1-Le Design Humain. 33 = La porte de l'intimité.

Explication technique : Circuit du ressenti. Centre Gorge. Cette porte est liée à la porte 13, la communauté avec les Humains. Son thème principal est la capacité à raconter des histoires (3) et sa maîtrise permet la révélation.

Dans le Yi-King d'origine, ce nombre se nomme la retraite ou se retirer. La gorge peut s'exprimer de pleins de façons différentes et ici elle affirme qu'elle se souvient. Elle peut évoquer une situation où une personne de retire de son lieu de vie pour vivre de nouvelles expériences puis revient un certain temps plus tard pour partager ce qu'elle a vécu et les leçons qu'elle en a tiré, apportant un enrichissement à la collectivité. Elle évoque surtout un besoin de se retirer, pour se ressourcer, se retrouver, réfléchir pour tirer les leçons profondes du passé et faire le point, dans l'intimité. Avant qu'un nouveau cycle puisse démarrer, il y a le besoin de faire un bilan du cycle précédent. Mais tandis qu'à la porte 13, il y a une tendance à enfermer les secrets dans un placard, il y a ici le besoin de les partager, après les avoir structuré de façon cohérente. Il peut ainsi parfois y avoir des découvertes impactantes, de véritables révélations, de riches enseignements et de grandes possibilités de progrès grâce aux histoires racontées.

À une échelle collective, la capacité à préserver la mémoire culturelle/agricole/technique a permis une énorme évolution des capacités de l'espèce humaine. S'il n'y avait pas eu des personnes pour préserver puis transmettre les savoirs à travers des histoires ou différents enseignements, chaque nouvelle génération aurait du repartir à zéro.

Proposition d'interprétation : Tout comme les personnes ayant la porte 56 activée, vous aimez raconter des histoires. Les vôtres sont liées à la vie quotidienne. Elles sont réfléchies, sobres, non fantastiquement embellies et teintées de vérités et de sagesse. Vos brèves anecdotes sont frappées d'une authentique expérience de la vie et peuvent parfois s'accorder à la morale d'une ancienne fable. Les vérités de vos récits proviennent des histoires que l'univers vous donne à tester. D'ailleurs, les expériences et les défis s'enchaînent si vite que vous devez vous retirer de temps en temps et vous couper de tout. Le repli vous donne alors de la clarté et vous permet d'intégrer la sagesse recueillie pendant vos expériences. Durant votre retraite, vous cogitez et réfléchissez et vous méditez sur vos expériences, puis vous présentez vos conclusions. La porte 33 vous propulse au cœur de l'action pour ensuite pouvoir guider les autres, en utilisant votre réserve d'expériences accumulées. Et vous avez une très bonne mémoire. Il se passe davantage en une seule de vos journées qu'il ne s'en passe pour les autres en une semaine. Votre problème principal consiste à savoir quand vous retirer de la ligne de front. Si vous n'y réussissez pas, vous faites face à une fatigue chronique et un possible effondrement. N'oubliez pas qu'il est sage de savoir se retirer, pour préserver votre santé ou pour comprendre en profondeur le sens de votre vie et de votre chemin d'évolution afin d'en tirer les leçons. Cherchez du réconfort dans les centres de remise en forme, partez faire des retraites en silence, allez dans la nature, pratiquez la méditation ou participez à des loisirs paisibles. Il est essentiel de vous reposer et de vous recharger afin de poursuivre le rythme accéléré de votre vie. La porte 33 peut enfin aimer avoir un jardin secret et garder secret certaines informations. Le risque de cette porte est de se retirer de la vie, du monde et de s'isoler de façon excessive.

3-Les Clef Génétiques. Clef 33 = la révélation ultime

Son dilemme où il doit faire des choix : L'attention. **Acide aminé :** Aucun, codon de fin.
Signe astral HD : Lion. **Son chemin de transformation :** Chemin de la conscience.
Son partenaire de programmation : Clef 19, Le murmureur. **Corps :** Gorge/thyroïde. **Son anneau de codon :** L'anneau des épreuves/expériences clefs/tests/essais (12-33-56).

L'ombre de cette clef : L'oubli.

L'ADN est un langage comportant des phrases et il y a des repères qui montrent les débuts et les fins de phrases. La Clef 41 marque le début d'une phase tandis que les clef 12, 33 et 56 correspondent à des fins de phrases, à des codons de fin.

Richard Ruud utilise ici l'image d'une clairière, dans une grande forêt que l'on traverse, comme un endroit où l'on peut s'arrêter et y voir plus clair pour continuer son chemin et parvenir à sortir de la forêt. L'ombre de cette clef, l'oubli, est nourrit par la tendance à ne pas faire attention, à ne pas être consciemment présent(e). Quand on ne fait pas attention parce qu'on est captivé par ses pensées du fait que la conscience est uniquement dans la tête, on passe à côté des indices, des clairières, des opportunités et on ne tire pas les enseignements de la vie. L'ombre de cette clef unit tous les humains en une humanité. On est tous là dans la même forêt de l'existence sur Terre mais chaque personne suit une trajectoire solitaire.

Parfois, dans l'une de ces clairières, on rencontre une autre âme égarée et il y a alors une opportunité d'expérimenter une connexion, de créer un lien, de grandir et de changer de direction. La vie est faîtes de ces expériences et de ces propositions, que ce soit dans la vie quotidienne, dans les domaines des relations, de la santé, de la vie professionnelle ou de l'évolution spirituelle. Comment on s'en sort dépend de notre attitude, de notre degré de présence consciente et de justesse et de notre relation à notre joie (6). Les propositions de la vie nous submergent uniquement si on ne fait pas attention à elles.

Si on trace maladroitement à travers la clairière sans s'arrêter pour prendre le temps d'observer ce qui est là, sans prendre le temps de communiquer avec un animal, une personne étrangère ou avec le lever su Soleil, nos vies nous semblent alors très difficiles. Cette clef nous apprend que notre vie est comme une tapisserie ou une pièce de théâtre, une fiction, un mythe, avec un arrière plan, une scène et des personnages qui apparaissent puis qui restent ou disparaissent. Il y a aussi des changements, des tournants, des carrefours et des ronds points sur notre chemin. Mais on s'en rend compte que si on observe avec attention ce qu'il se passe dans notre environnement, c'est ça la clef. L'hexagramme, 33, se retirer ou la retraite, indique qu'il est nécessaire de faire une pause, de s'arrêter et de faire un point pour voir ce qu'il est en train de se passer dans notre vie, sur notre chemin. Si on n'offre pas à notre conscience ce temps de repos comment va-t-on se rendre compte de ce que la vie nous propose. La société moderne nous a rendu obsédé(e) par le mouvement, le changement évolutif et le faire. Elle nous fait courir dans tous les sens puis oublier ce qu'on a vécu l'instant d'avant. On avance tellement sans rien voir, comme absorbé par l'écran, par ce qui vient vers nous qu'on ne fait pas attention à ce que l'on croise.

Quand on se rend compte de cela, on apprend alors à s'arrêter, à se retirer, à observer et à réfléchir, à faire le point sur les événements et à voir que notre passé, nos erreurs, nos réussites, notre histoire et l'histoire sont des ressources remplies d'enseignements. On prend le temps. Toutes les cultures et les civilisations ont intégré ces temps de pause dans leur rythme de vie, à travers par exemple des rituels et des réunions, dans différentes échelles de temps. Ces temps demandent de l'attention et d'orienter notre conscience. Si on ne s'accorde pas ces moments dans la journée, la semaine, le mois et l'année, notre vie devient épuisante. On ne récolte alors pas les fruits de nos expériences. On n'affine pas notre vision des choses. On ne devient pas une personne plus sage.

Cette Clef est remplie de sagesse, de secrets et de révélations mais on ne peut y accéder que si on lui consacre le temps nécessaire et que si on accorde la juste priorité à notre vie intérieure. Sans cela, on pense qu'on vit mais on ne vit pas vraiment et on n'aime pas vraiment notre vie. Toute personne incarnée sur Terre est concernée par l'ombre de cette porte. L'identité éternelle, les mémoires transgénérationelles et les mémoires de vies passées sont les trois éléments principaux qui sont oubliés. A un moment donné, dans l'au-delà, la majorité des gens boivent la tisane ou la soupe de l'oubli et quand ils s'incarnent sur Terre, ils ont oubliés leurs vies d'avant, la conscience de leurs vies passées et de leurs ancêtres. La série télé « Le Chemin de l'Olivier » et des films comme « I-Origins » et « Cloud Atlas » parlent très bien de ce sujet.

L'information, elle, reste cependant stockée dans l'ADN sous formes d'archétypes collectifs ayant une forme individuelle. Elle manifeste son existence tout au long de la vie sous forme de nœuds karmiques, de résidus karmiques traumatiques, nommés « sanskaras » dans la tradition védique de l'Inde.

Ces nœud karmiques ont une charge énergétique et émotionnelle, sont transportés de vie en vie et génèrent des désirs spécifiques et des peurs spécifiques tant qu'ils n'ont pas été conscientisés et traités. Tant qu'on n'en a pas conscience, ils génèrent des schémas répétitifs qui nous font tourner comme des hamsters dans une roue dans un hall à miroirs.

La première étape pour mettre fin à la roue du karma est de nourrir le désir de se souvenir qui l'on est vraiment ainsi que le désir de sortir de l'illusion et de découvrir la réalité, de s'éveiller à la réalité. Cela permet de détendre les nœuds karmiques et de les rendre mieux visibles. Comme la clef partenaire de la clef 33 est la clef 19, qui est axée sur les relations privilégiées, la vision et la réussite, les relations où il y a de la dépendance affective, une charge émotionnelle ou d'autres difficultés sont un excellent moyen d'identifier et de guérir les blessures karmiques enroulées autour du code génétique. La seule façon de révéler les secrets de nos nœuds karmiques, c'est de faire complètement face à sa propre vie, de bien examiner ces relations et de ressentir la douleur, déclenchée par nos relations, présente dans les différentes couches de notre être. Il y a certaines personnes vers lesquelles vous êtes fortement attirées et qui vous donnent l'impression de les connaitre de quelque part. Cette sensation qu'il y a une mémoire cellulaire qui s'active est un signe qu'il y a un nœud karmique et les relations concernées peuvent parfois être de véritables défis, où s'entremêle l'amour et la haine. Les Clefs 12, 33 et 56, mais aussi 13, 20 et 22 sont capables de débrancher la conscience du monde illusoire des sens et de faire émerger le contenu des mémoires, des nœuds karmiques, dans le champ de conscience. Pour gérer ces contenus, il est nécessaire de faire appel au héros ou à l'héroïne en nous et de faire face aux épreuves relationnelles mises sur la table par la vie.

Seule l'intensité de notre insatisfaction a la capacité de transformer l'énergie de dépendance affective présente dans la relation en une fréquence supérieure et d'élever notre conscience hors des champs d'énergies de l'illusion qui vous maintiennent dans un état de sommeil. Cela demande de l'amour authentique, de l'acceptation, du pardon et du lâcher prise et cela permet d'ouvrir le cœur à notre divinité intérieure. Ce processus d'éveil commence avec l'ombre 33, qui gouverne les cycles d'incarnation et d'existence sur la planète et qui maintient la conscience de la majorité des gens dans la matrice ou dans la prison des sens, en retrait de la réalité. Cette ombre vous maintient dans un état de sommeil, de rêve, dans un état endormi, en vous cachant votre passé et votre véritable identité.

Ce voile de l'oubli est un anneau ou une barrière électromagnétique/éthérique artificielle qui entoure toute la planète. Elle a été mise en place il y a des milliers d'années suite aux guerres qu'il y a eu dans le système solaire entre différentes factions extra-terrestres (voir Le dossier extra-terrestre et Histoire Officielle et Histoire alternative de la planète Terre). Tant que la fréquence vibratoire qui traverse notre ADN, notre fréquence vibratoire, ne s'élève pas au-dessus de la fréquence de cette bulle, qui relie les plans de conscience inférieurs aux plans de conscience supérieurs, notre nature et notre identité éternelle ne peut pas être révélée, notre conscience ne peut pas s'éveiller et l'on continue à croire que nous sommes des êtres séparées, seuls au monde et souffrants. Mais quand vous parvenez à élever votre fréquence vibratoire et que vous réalisez que l'histoire douloureuse que vous vivez, vous l'avez vécue des centaines de fois sous des formes différentes et qu'elle continue de vous faire souffrir, vous sortez alors du schéma répétitif et transcendez votre souffrance.

<u>Quand l'ombre de cette clef est exprimée en mode réprimée</u>, elle génère une tendance à s'isoler, à se retirer du monde et à s'enfermer dans son silence et sa souffrance. Ces personnes se cachent, sont comme oubliées par le monde extérieur et font tout pour qu'on les oublie. Elles ressentent une profonde insécurité en présence des autres qui les maintient comme dans un état d'anesthésie et les empêchent de sortir de leur bulle, d'établir des relations avec autrui et de construire des liens durables. Quand elles parviennent à élever leurs fréquences vibratoires et à créer des liens, elles génèrent alors beaucoup de surprises car elles sont remplies de trésors.

<u>Quand l'ombre de cette clef est exprimée en mode réactive</u>, cela se manifeste, comme dans tous les cas où une ombre est exprimée en mode réactive, par de la critique permanente, de la colère voir de la rage qui est projetée sur autrui. Ici, cela génère des comportements critiques, provocateurs et envahissants, pour ne plus avoir un sentiment de solitude. Elle génère une capacité à identifier les blocages émotionnels qui maintiennent autrui dans un état d'oubli et tentent d'obtenir de l'attention en mettant en lumière des les schémas négatifs d'autrui, parfois sous le déguisement d'une tentative d'aider autrui. Cette façon d'obtenir de l'attention étant très contre-productive, elle génère du ressentiment et de la colère qui finit par exploser et créer des ruptures relationnelles. Quand ces personnes parviennent à élever leurs fréquences vibratoires elles commencent à sortir de l'oubli de l'amour et à se souvenir, dans leurs ressentis et leurs cellules, de comment ça fait d'aimer et de se sentir aimé(e). Elles prennent alors conscience et ressentent que la vie et la Source de toute Vie les aiment inconditionnellement.

Son cadeau : Les dons et capacités de cette porte : <u>La pleine conscience</u>

Quand on augmente la fréquence vibratoire de l'ombre 33 vers les fréquences des dons de cette clef, cela génère une qualité d'être nommée la pleine conscience. Le mot « pleine conscience » est issu de la tradition Bouddhiste et c'est en quelque sorte le cœur du message spirituel et des enseignements.

Cela consiste à être complètement présent et attentif/attentive, avec douceur, à écouter ce qui est là et à observer tranquillement et sans attentes ni jugements notre environnement intérieur (notre état physique, affectif, émotionnel et mental ; nos sensations, nos émotions et nos pensées) et notre environnement extérieur.

L'emprise de l'ombre étant fortement réduite, on n'est plus victime comme avant des désirs inconscients, des peurs et de la tendance à réagir. Il y a encore ici parfois la tendance à vouloir se retirer et se cacher ou à réagir plus ou moins fortement mais à la grande différence des fréquences de l'ombre, on s'en rend ici immédiatement compte et on se corrige.

On prend conscience des schémas répétitifs qui nous font souffrir, de la dépendance affective dont on faisait preuve, de la souffrance que l'on ressent et de la futilité de nos agrippements. On commence à voir les choses différemment. On apprend à faire la différence entre ce qui nous piège dans un état de souffrance et ce qui nous rend libre. On cesse de créer du karma négatif en modérant nos pensées, nos ressentis, nos paroles et nos actions et en choisissant des expériences qui enrichissent notre conscience plutôt que de surstimuler nos sens. On transforme alors le karma présent dans notre ADN en essence de lumière, d'amour et de conscience. Cette essence est si délicieuse qu'on en désir alors plus ; on veut l'expérimenter plus souvent.

On prends alors conscience que quand les désirs sont purifiés, ils se transforment en désir de lumière, d'amour et de reconnexion avec la Source de toute Vie et que ce désir là est le carburant qui nous fait revenir au centre de nous-même, au centre de notre cœur. Cela génère petit à petit une détente qui permet alors de profiter pleinement de la clairière dans la forêt. Dans les fréquences du don, on peut cependant aller plus loin, en faisant preuve de créativité, en utilisant son imagination.

Cette clef aime les histoires, les mythes et les archétypes. Elle aime les actes conscients et réfléchis, les actions coordonnées, cohérentes et organisés, l'usage de l'imagination et de la créativité artistique et la capacité à ritualiser ce que l'on fait car tout cela amène de la présence et de la conscience. Ce don numéro 33 peut transformer notre vie en un oasis de présence et de sérénité. La prise de recul et le retrait ne sont pas forcément des choses que l'on doit faire après une phase d'activité. Elles peuvent être expérimentées pendant l'action, comme si une part de vous se regarde en train d'agir depuis un espace plus profond. Ce don devient alors un cadeau des dieux.

Un autre aspect de cette clef est de contempler le chemin parcouru et le passé, à toutes les échelles de temps afin de mettre de la conscience sur le passé. Elle invite à voir les temps perdus, les moments où on était égaré, en mode automatique, en mode oubli, mais aussi les réussites et les moments où l'on était présent à ce que l'on faisait, où l'on était dans un état de joie voir de transcendance. Il est déconseillé de focaliser son attention sur les mémoires difficiles ou douloureuses. Il est conseillé de laisser ces mémoires-là se dissoudre dans le flux du passé et être consumées par l'océan de la vie et par le pardon que vous accordez. Elle invite à se souvenir des meilleurs moments de chaque journée, semaine, mois, années et vie, à ramener ces meilleurs moments-là dans l'instant présent et à les ressentir dans le corps afin de leur redonner vie et permettre à notre ADN d'être inondé par les délices et la sérénité de ces mémoires-là. Ce qui fait avancer ici est de récolter l'énergie des bons moments, de récolter le meilleur de vous-même et d'autrui et de savourer ces moments là régulièrement. Cette pratique vous permet d'accroitre votre joie intérieure, votre lumière et si elle est partagée avec autrui, en évoquant les bons souvenirs, elle génère un torrent de bien-être déversé tout droit du paradis. Contrairement à ce que l'on pourrait penser, on ne quitte pas l'instant présent quand on fait apparaitre consciemment le passé dans le présent. On expérimente simplement un rituel, un dialogue cosmique avec nous-même.

Effectuée avec une autre personne, cette pratique peut être précieuse car elle créé des ouvertures, nous élève vibratoirement, arrondit les angles et génère de l'intimité. C'est comme si on créé une clairière dans laquelle on se retrouve, où l'on prend du recul vis-à-vis des mélodrames de la vie. Cela permet de se souvenir des belles expériences qu'on a oubliées et cela générer une grande détente intérieure.

Cette pratique de se souvenir peut être très simple et effectuée naturellement, sans formalités. Depuis la nuit des temps, les personnes qui ont entre elles des relations chaleureuses se rassemblent autour du feu ou d'un repas et partagent leurs histoires et leurs souvenirs. Dans le Yi-King, l'hexagramme 33 évoque les époux qui se retirent après le mariage afin de se retrouver dans l'intimité du couple et célébrer leur union en pleine conscience.

La pleine conscience est la floraison de la conscience qui prend conscience d'elle-même, de sa véritable nature et qui s'en souvient. Tandis qu'on s'éveille de nos illusions, ce don de la conscience se manifeste naturellement de plus en plus.

Il nous permet d'être témoin des schémas karmiques qui opèrent à travers nous et de faire émerger les nœuds karmiques et comment on se place en position de victime. Plus on les voit et plus ils s'affaiblissent même si pendant un temps ils semblent se renforcer. On devient petit à petit le/la témoin de nos illusions qui se fracturent et avec elles l'existence d'un moi séparé qui disparait. La pleine conscience est un prérequis à l'émergence de notre génie. C'est seulement quand on est capable de voir nos désirs, nos passions, nos ressentis, nos pensées et notre subjectivité que l'on peut exprimer une créativité artistique à partir d'elle en voyant que le génie émerge de lui-même et qu'on en est simplement le/la témoin. Cela explique pourquoi de nombreuses personnes dotées de génie ne cherchent absolument pas la reconnaissance car elles savent qu'elles n'ont pas créé leur génie mais qu'il a émergé en elle. Elles s'aperçoivent qu'il émerge quand elles ne sont pas là, quand le moi séparé n'est pas là. Elles s'aperçoivent que quelque chose créé à travers elles. La véritable pleine conscience se produit quand nous prenons conscience que quelque chose d'autre commence à regarder à travers nos yeux, à penser à travers notre conscience et à s'exprimer à travers nos actions. Ce quelque chose d'autre, quoi qu'on l'apelle, est la réalité plus vaste ou la Source de toute Vie qui se souvient d'elle-même à travers nous.

Le superpouvoir/puissance (Siddhi) de cette porte : La révélation

La conscience dans la forme d'un corps humain suit toujours une histoire selon les caractéristiques de cette forme, et toute histoire finit un jour par se terminer, car cela fait parti du scénario. Comme dans une pièce de théâtre, il arrive un temps où les acteurs tirent leur révérence, où le rideau tombe, où les spectateurs s'en vont et où la scène vibre alors d'un silence vide et doux. L'astuce ici est d'être en amour avec notre propre histoire et de la suivre sans rien retenir. Les histoires d'autres personnes ne vous sont d'aucune utilisé car ce n'est qu'à partir de votre propre histoire que la révélation peut émerger en vous. Il est donc essentiel d'avoir la foi en votre propre histoire. La révélation survient toujours à partir du silence et elle génère du silence. Elle se traduit par la fin de quelque chose. Toutes les mauvaises choses se terminent alors et toutes les bonnes choses durent pour toujours. Un jour, nos épreuves seront terminées et on récoltera les fruits de toutes nos bonnes pensées, actions et aspirations. On doit tous traverser l'épreuve de la souffrance car la souffrance est le moyen utilisé par la vie pour nous perfectionner vers ce que l'on pourra être un jour.

Et un jour, on passera l'épreuve finale et on obtiendra notre diplôme, après beaucoup de temps passé à chercher, après beaucoup de chagrin et de tribulations. La révélation est une forme de conscience et c'est de la lumière qui inonde notre conscience depuis un espace de silence. Elle est comme une inondation de conscience qui balaie tout sur son passage, permettant de révéler ce qui existait une fois que tout le passé a été balayé, c'est-à-dire le mystère de l'éternel maintenant. Elle existe à l'intérieur de nous uniquement dans l'ici et maintenant, dans un plan supérieur nommé le plan causal, sous la forme d'une graine qui se développe lentement. Le corps causal survit à la mort du corps physique. Quand la révélation a lieu, la partie de nous qui ne se souvient plus de notre nature éternelle cesse d'exister et tire sa révérence. La conscience s'éveille complètement de telle sorte qu'il n'y a plus l'ombre d'un doute. L'univers mettra sur notre chemin un test final pour valider que le souvenir de notre éternité s'est installé de façon inébranlable et la réalisation évidente que qui nous sommes éternellement ne peut pas mourir.

La réalisation de la vérité de cette phrase, que de nombreux Maître spirituels et enseignants viennent régulièrement nous rappeler, transformera un jour le monde. Notre karma nous suit partout, même au-delà de la mort du corps physique, d'où l'importance de cultiver les bons moments, tels de belles fleurs dans un jardin intérieur et de laisser les moments moins bons se dissoudre dans la rivière du passé. En créant un jardin intérieur et en prenant soin de lui avec amour, ces magnifiques fleurs, arbres et fruits deviennent alors un oasis pour autrui. On devient un oasis pour autrui.

Cette clef aime évoquer le passé et permet de se souvenir du tout début du voyage et d'un âge d'or où tout était harmonie et beauté. Ces mémoires vibrent encore dans notre ADN. Les maîtres les ravivent, reposent en elles et les ramènent dans le présent.

La révélation déclenche également ces mémoires cellulaires. Le passé et le futur sont les deux bouts d'une même histoire, comme formant une boucle. La révélation, en reliant ces deux bouts, révèle l'éternité qu'il y a entre les deux.

C'est ainsi que dans l'une de nos incarnations, la révélation survient, l'éveil survient et la mémoire de tout ce qu'on a été émerge des profondeurs du temps. On se souvient alors de toutes nos vies passées, de toute notre histoire et on s'émerveille de sa perfection. C'est le genre de cadeaux apportés par ce superpouvoir. Quand on réalise que notre histoire approche de sa fin tandis qu'on rassemble les morceaux de notre commencement, on peut alors se préparer à fusionner à nouveau avec l'éternité et à accéder à une dimension supérieure. On peut rassembler nos affaires et faire un inventaire ou une autobiographie et se vider de tout ce qui n'est plus nécessaire.

On se détache alors des sons et des visions familières du monde des formes de cette planète Terre. La révélation nous prépare à tout cela. C'est un grand lâcher prise qui s'effectue parfois dans un mélange de plaisir et de souffrance. Une partie de nous ne veut pas que ça s'arrête puis on réalise que les cimetières sont plein de gens soit disant irremplaçables et qu'une partie de nous est prête à tout lâcher, à lâcher toute cette souffrance. On réalise que le monde est tout à fait capable de prendre soin de lui-même et qu'il n'y a aucune inquiétude à avoir. Un état d'acceptation paisible s'installe alors en nous.

Cette clef a un gout d'automne. Les feuilles de notre vie commencent à tomber. La lumière se tourne vers l'intérieur et se prépare au voyage dans l'obscurité, dans le vide d'où toutes les choses naissent et renaissent.

La beauté du lâcher prise créé un paysage remplie de couleurs intenses. Notre cœur s'ouvre face à toute cette beauté et nous permettons alors à la mort de nous bercer dans sa compassion infinie. C'est aussi cela la révélation. Tous les superpouvoirs parlent de cette mort et de la résurrection qui la suit. Ils invitent au sacrifice ultime tandis qu'on s'incline et que l'on confie notre âme à la lumière et à l'amour, à la Source de toute Vie. Au bout d'un certain temps, on rend également notre corps causal, qui contenait toute les mémoires humaines qui nous accompagnées à travers les éons.

Tandis que l'on rend notre âme au divin, on se transforme en une autre forme de vie que les mots sont inaptes à décrire, à part qu'elle est constituée de lumière, d'amour, de joie intense et de créativité. On devient un avec la Source de toute Vie et on disparait. On traverse l'épreuve finale sans qu'il n'y ait plus de « moi » ni de « on » et l'on prend sa place autour du feu des anciens, dans la hiérarchie des êtres de lumière. On accède à d'autres réalités. Notre âme peut enfin prendre sa retraite des dimensions d'en bas, de sa forme d'être humain et se reposer dans l'âme de Dieu, au sein de la Source de toute Vie.

Chapitre 10 : Le nombre 34

A-Sa structure et ses associations : Le nombre 3 est en lien avec la relation à la mère et aux femmes, avec le mental, l'expression de l'intelligence et avec la communication, avec les déplacements et avec l'adaptation à l'environnement à travers le service. Le nombre 4 est en lien avec le père, l'expression de son pouvoir pour prendre sa place et avec la gestion d'un territoire. On passe du féminin au masculin. Le féminin et le masculin, l'Impératrice et l'Empereur, expriment ensemble leur pouvoir pour gérer le territoire.

B-Selon la tradition ancienne du Yi-King Chinois : Hex 34 = Gérer le pouvoir.

Résumé du nombre : Exprimez votre grandeur, votre autorité et votre puissance, engagez-vous, utilisez vos compétences et votre pouvoir pour gérer un projet d'envergure, accomplir de grandes réalisations et générer un important progrès, en gardant la ligne d'arrivée en ligne de mire comme objectif de réussite.

Explication technique :

Après s'être retiré pour former une nouvelle unité et après avoir appris à synchroniser leurs élans, le couple peut à présent apprendre à maîtriser son énergie puis exprimer toute sa puissance et sa grandeur, en harmonie avec la volonté du Ciel. C'est pourquoi après «La retraite» vient «La gestion du pouvoir».

Quatre lignes yang jaillissent dans l'hexagramme. Le trigramme intérieur Kien, le Ciel, est la volonté, la conscience, la puissance créatrice, l'organisation efficace mise au service d'objectifs, la maîtrise de soi et la force du cœur. Le trigramme supérieur, Tchen, le tonnerre, fournit l'impulsion générant un mouvement et une renaissance. Il foudroie, éveille, excite, synchronise toute action avec la volonté divine et permet d'exprimer sa spécificité. Ici, ils s'accordent, s'unissent dans un élan harmonieux, et vont ensemble, dans la même direction, vers le haut, générant une très grande puissance et un impact important sur les événements. La puissance masculine et la force vitale se déploient ici dans toute leur grandeur. Une telle puissance peut, lorsqu'elle est mal canalisée, se transformer en une violence destructrice qui engendre des blessures, le chaos et la misère.

C'est pourquoi le trigramme nucléaire Touai, le lac, apporte un sens de l'équilibre, une attention particulière au le bon moment pour agir, une intelligence relationnelle, une volonté de promouvoir la civilisation, de la finesse et parfois une nécessaire tendance au secret et un côté particulièrement subtil.

Mais quand le pouvoir est capable de se dissimuler jusqu'au moment opportun pour se révéler, quand il est associé à la force de l'amour, à la pureté du cœur, au sens du sacré, à la sagesse, à la discipline, à la volonté, à la conscience de ce qui est juste, au respect du droit, à l'intégrité morale et à la vertu, à une inflexibilité dans la volonté de faire le bien et d'être en harmonie avec l'ordre cosmique ; quand il œuvre non par intérêt personnel mais pour le bien-être et le progrès commun et quand il agit avec souplesse et pertinence au bon moment, il permet alors d'exprimer le meilleur de soi-même, de réussir avec une grande efficacité et d'incarner la puissance divine sur la Terre.

Cet hexagramme est associé au mois d'avril (signe du Bélier). Les quatre lignes yang sont le corps du Bélier et les deux dernières ces cornes. La force exprimée ici est associée aux cycles du mouvement dans un rythme circulaire.

Interprétation classique :

Le moment est venu de passer à l'action, d'utiliser votre pouvoir sur les devants de la scène, de prendre les rennes de la situation en main, de donner le meilleur de vous-même, de faire appel à votre grandeur et de faire le nécessaire pour obtenir des résultats et pour faire progresser la situation. La vie vous apporte ici une grande puissance afin que vous l'utilisiez pour accomplir votre mission dans la société, pour vous développer, pour réaliser de grandes choses et pour contribuer au progrès de tous.

L'âme grandit par l'utilisation juste de la force dans la vie et d'action. Gardez toujours à l'esprit que le pouvoir est un moyen mis à votre disposition par l'univers et non une fin en soi pour nourrir votre ego et vos illusions, ou pour obtenir des avantages personnels. Que tout ce que vous vous permettez vous soit permis par l'ordre cosmique. Une puissante autorité implique une grande responsabilité et une grande maîtrise de soi. Pour utiliser votre pouvoir en conformité avec le Tao, il est ici nécessaire d'intégrer un certain nombre de paramètres.

Il s'agit de nourrir votre motivation et votre créativité, votre envergure d'esprit et votre conscience multidimensionnelle, votre discipline, votre pureté du cœur et votre joie intérieure, votre capacité à susciter la confiance et à rassurer, votre capacité à vous ressourcer et votre intelligence relationnelle, des objectifs honorables et une direction claire. Il vous faut ensuite doser tension et détente, souplesse et fermeté, sévérité et compassion, puis synchroniser vos actions avec les exigences de la situation, en agissant au bon moment, avec patience, pour être le plus possible dans la justesse et l'intégrité morale.

Votre vigilance et votre discernement, votre réalisme et votre bon sens vous permettent de bien gérer votre temps, votre énergie et vos ressources, de planifier efficacement, de tenir compte du long terme, de définir clairement les priorités, de vous organiser pour optimiser, de coordonner intelligemment les ressources humaines, d'éviter les erreurs, les abus, les excès et les risques inutiles, de surmonter le stress, de ne pas vous laisser influencer des personnes inopportunes, de trouver des solutions pertinentes et de persévérer avec détermination dans la rectitude. L'époque ne demande pas forcément de sortir des sentiers battus mais plutôt d'agir dans la continuité évidente des événements en cours.

Le pouvoir dont vous disposez vous permet d'avoir un impact énorme sur les personnes qui vous font confiance et sur les événements. Il vous permet de gérer des projets conséquents, avec le soutien des personnes qui vous entourent, d'accomplir de grandes réalisations, d'importants progrès et des bienfaits inestimables. Vous en retirerez la satisfaction d'exprimer votre grandeur et un sentiment profond de réalisation, d'épanouissement et d'ennoblissement.

C-Selon les deux écoles modernes du Design Humain et des Clefs Génétiques :
1-Le Design Humain. 34 = La porte (de la gestion) de la puissance.

Explication technique :

Circuit du centrage. Centre Sacré. Cette porte est liée aux portes 10, 20 et 57. Son thème principal est l'expression de la fortitude, de la puissance et sa maîtrise permet la majesté. Ce nombre se nomme « La puissance du Grand » dans le Yi-King originel. Cette porte apporte une puissante énergie d'affirmation de soi non conditionnée et disponible pour être utilisée afin d'exprimer son pouvoir personnel. Elle pousse vers l'individuation, l'autonomie, l'indépendance et vers l'expression de sa spécificité. Elle a la capacité de fournir de l'énergie à trois autres portes. Elle permet d'être indépendant et d'avoir l'énergie pour affirmer ses convictions. Elle fournit de la puissance dans l'instant présent mais sans qu'il n'y ait forcément beaucoup de conscience donc elle peut être assujettie à une utilisation déséquilibrée du pouvoir si elle n'est pas correctement guidée, si elle n'est pas orientée dans une direction juste ou si elle est manipulée par des personnes malveillantes. Cela arrive malheureusement souvent sur cette planète. Son défi est de savoir se mettre au repos, de ne pas vouloir contrôler voir dominer tout ce qui se présente et d'accepter une autorité autre qu'elle-même. Bien orienter elle apporte une puissance d'organisation dans le monde de la matière.

Proposition d'interprétation :

La vie met à votre disposition de la puissance et votre chemin consiste à apprendre à l'utiliser pour le bien de tous. Vous avez besoin d'atteindre vos objectifs par vous-même, sans l'aide de quiconque. Vous n'avez aucune compulsion naturelle à vous engager directement dans la vie des autres. Cette porte, dite asexuelle, se consacre purement à la valorisation et la réalisation de l'individu et confère une impressionnante puissance de réalisation. Vous êtes naturellement détaché, individualiste et indépendant(e). La plupart du temps, vous êtes heureux (se) dans votre expression de votre puissance personnelle et dans la manifestation de grandes réalisations. On dirait presque que vous êtes né(e) avec des œillères et que votre regard se fixe uniquement sur vos buts et sur vos réalisations personnelles. Lorsque vous entrez quelque part ou lorsque vous contribuez à un projet, le niveau d'énergie monte d'un cran ou plus. Vous apportez naturellement comme un coup de fouet énergétique. Vous prenez conscience que vous avez besoin de diriger en équilibrant l'usage de votre puissance, c'est-à-dire en l'adaptant aux gens et aux situations qui se présentent à vous. Vous pouvez être une force immense capable de propulser une personne ou un projet jusqu'à la ligne d'arrivée. Il est cependant vain d'appliquer cette ressource à des distractions, à des poursuites sans valeur ou vouées à l'échec. C'est pourtant parfois votre talon d'Achille. C'est en faisant preuve de discernement et de vigilance que vous pouvez tirer le meilleur parti de vos talents et accomplir de grandes choses.

3-Les Clef Génétiques. Clef 34 = La beauté de la bête

Son dilemme où il doit faire des choix : Essayer. **Signe astral HD :** Sagittaire.
Son partenaire de programmation : Clef 20, le « Om » sacré. **Corps :** Plexus sacré.
Son anneau de codon : L'anneau de la destinée. **Acide aminé :** Asparagine.
Son chemin de transformation : Le chemin de la puissance.

L'ombre de cette clef : Le forcer.

Cette clef est en lien avec la puissance de vie nécessaire à la survie et avec la puissance de la conscience sur la matière. Elle dispose d'une puissance de vie brute de fonderie qui est inconsciente d'elle-même.

Dans les fréquences de l'ombre, qui confère la tendance à être complètement absorbé(e) par ce que l'on fait au point d'être sourd(e) à toute influence extérieure et le besoin de forcer de façon mécanique pour que les choses se manifestent. Elle génère une puissance sans conscience, qui agit sans réfléchir aux conséquences de ses actions et sans prendre soin de soi ni d'autrui. Toutes les ombres des différentes clefs ont cette tendance à forcer et à être dans un état de tension.

Cette puissance de vie est cependant nécessaire à certains stades de notre évolution. Dans le règne végétal par exemple, c'est cette force qui fournit à la graine l'élan lui permettant de fracturer sa paroi puis de traverser le sol et d'émerger à l'air libre.

Une référence cinématographique qui traite ce sujet d'une façon pertinente est le film « la guerre des étoiles », où un maître spirituel, Maître Yoda, enseigne à son disciple Luke Skywalker, comment utiliser « la force » de la conscience pour impacter la matière. Dans une scène mythique, le disciple essaye de faire sortir son petit vaisseau spatial du marécage dans lequel celui-ci était enlisé mais n'y arrive pas et s'en plaint à son maître, en affirmant avec conviction avoir essayé. Le maître lui répond alors quelque chose comme « essayer n'existe pas alors n'essaie pas, fais où ne fais pas mais n'essaie pas car si tu ne fait qu'essayer, tu es certain d'échouer. Tu peux apprendre et faire de ton mieux et alors tu réussiras ». Sous-entendu dans cette phrase était le fait que le disciple forçait, était dans un état de tension et que juste essayer signifie forcer, ne pas faire, ne pas vraiment vouloir faire et juste faire semblant de faire.

Quand on prononce cette phrase, « je vais essayer », cela implique qu'on a perdu la foi, la confiance en soi et notre assurance, qui est le don partenaire, le 20, du don 34. On essaye de faire aller quelque chose dans une direction alors que cette chose ne veut pas naturellement aller par là. On agit contre la fluidité des choses.

Cette ombre s'exprime dès que l'on oublie d'ouvrir notre cœur et dès que l'on perd la confiance en la vie et en soi, dès que l'on croit qu'on doit manifester sa propre destinée. Le mental génère des idées et l'on croit alors que l'on droit créer des événements selon ses idées. Les difficultés surviennent alors quand la vie ne veut pas que les choses se passent d'une certaine façon mais que l'on force les événements pour que cela se produise quand même. On génère alors un stress énorme dans le corps et notre ADN nous hurle d'arrêter. L'ombre 34 du forcer n'est pas très douée pour entendre. L'être humain peut ainsi être particulièrement têtu comme une bourrique, avoir tendance à continuellement essayer et finir soit épuisé, soit mort, sauf s'il se dit qu'il y a peut-être un autre moyen, et on verra plus loin qu'il y en a un.

Beaucoup de gens passent ainsi leur vie à forcer les choses. En attendant, cette ombre peut être particulièrement douloureuse.

Cette clef est en lien avec la colonne vertébrale qui maintient la tension dans notre corps, avec la respiration et avec notre posture et la façon dont on se met en mouvement. Dès que l'on sort de l'harmonie, notre colonne vertébrale génère une compression, une tension quelque part. On finit alors par avoir mal au dos ou par ressentir des douleurs dans le corps. La majorité des colonnes vertébrales des gens sont pleines de tensions et comme chaque partie de la colonne est en lien avec une partie du corps et un secteur spécifique de la vie, les tensions dans la colonne se traduisent par des tensions dans le corps et dans notre vie. Le Hatha yoga permet par exemple de prendre conscience de ces tensions et de les alléger voir de les faire disparaitre, sans toutefois régler la cause du problème.

On a tellement pris l'habitude de forcer qu'on a oublié ce que c'est l'emprunter la voie de la fluidité naturelle, le chemin facile. Quand on est identifié à cette ombre, on fait alors des choses qu'on n'aime pas faire, on vit avec des gens sans leur dire la vérité, on a peur du changement et on se force à rester dans des schémas répétitifs ou des boucles qui nous donnent l'impression d'être en sécurité. Nos corps enregistrent et traduisent alors ces schémas congelés sous la forme de douleurs et parfois de maladies. Cette clef est également en lien avec le ventre. Tandis que la tendance à forcer est enracinée dans le mental, la véritable puissance vient du ventre. Elle est ancrée, naturelle et reliée à la force de vie et à la vie. La conscience qui existe dans le ventre est au-delà de toute conscience de soi parce qu'elle vibre à une fréquence au-delà du moi séparé(e).

Quand cette ombre s'exprime sous sa forme répressive, donc quand l'énergie de la clef est refoulée, il y a une tendance à donner sa puissance à autrui, à avoir peur de sa propre puissance et à être plus ou moins esclave d'autrui ou de la société, souvent à cause d'une enfance difficile. L'énergie refoulée peut générer de la fatigue et un travail sur soi est alors nécessaire pour la libérer.

Quand cette ombre s'exprime sous sa forme réactive, donc dans la colère, elle confère la tendance à se comporter en bourreau, en manipulant brutalement les autres et en forçant autrui à faire des choses qu'ils ne veulent pas forcément faire. Ces personnes ne se rendent pas compte de ce qu'elles font et de commet elles ont été conditionnées, ne savent pas communiquer et se comportent de façon contre productive et inappropriée. Elles deviennent furieuses si l'autre refuse d'obéir et insiste même si elles sont prévenues des conséquences. Cela peut alors très mal se terminer pour elles. Elles ont alors besoin de trouver une activité saine dans laquelle leur puissance peut être mise au service de la vie.

Pour comprendre et se libérer de cette ombre, il faut aller dans le corps, dans la tension ou la douleur qui est là et la regarder en face en la ressentant, en l'écoutant, en cessant de l'éviter, en cessant de la fixer extérieurement. Il s'agit de voir qu'elle existe parce qu'on fait quelque chose qu'on ne devrait pas faire ou on ne fait pas quelque chose qu'on devrait faire. Plus on apprend à écouter cette ombre et plus on apprend à voir où la vie veut nous amener. Quand on élève sa fréquence vibratoire, on finit par entendre la vie. On cesse d'essayer. On fait ce qui est juste en harmonie avec la nécessité, en harmonie avec ce que veut la vie pour nous.

Son cadeau : Les dons et capacités de cette porte : La puissance, la fortitude

Quand la vibration de l'ombre s'élève et vibre à la fréquence des dons de la clef, elle génère la force intérieure qui est raffinée par l'action du cœur et par le fait que la force est mise au service d'autrui et de la vie. Elle s'exprime de façon juste et alignée, en harmonie avec ce qu'exige la nécessité, dans un état d'efficacité naturelle. Ce don peut être résumé par un proverbe proféré par l'un des grands sages Chinois, Chuang Tzu. Il a dit « Le facile est juste ». Mettre en pratique ces quelques mots peut radicalement changer notre vie. C'est manifester la fortitude, la puissance, sans forcer quoi que ce soit, en l'exprimant de façon fluide et naturelle. Ce concept est très bien intégré en Asie et dans les arts martiaux par exemple, où la véritable force est la force sans efforts. Les asiatiques ont beaucoup observé les animaux, la façon dont ils respirent et se déplacent et leurs rythmes de vie dans leurs corps. Ils ont découvert que quand un animal se déplace, ce n'est pas lui qui se déplace. Il est déplacé par la vie. Ce concept est un peu compliqué à comprendre pour un cerveau d'occidental.

La vraie force se trouve dans la flexibilité, la fluidité et la réceptivité à la nécessité plus que dans l'agressivité, le besoin de forcer et les gros muscles. Tout comme dans l'Aïkido et le Tai-chi, la véritable force se trouve quand on ne bouge pas intentionnellement mais qu'on attend et qu'on se laisse guider la fluidité de la vie en soi.

Cela change beaucoup de chose quand on transpose cela à sa vie, quand on intègre l'énergie féminine. Le combat le plus facile est celui qu'on évite en ne le provoquant pas par un désir de forcer. Si on doit être amené(e) à juste se défendre ou prendre position, notre colonne devient inondée d'énergie de vie et notre force intérieure rayonne depuis notre centre.

C'est la toute la différence entre la force extérieure et la force intérieure. L'ombre focalise sur l'extérieur, sur le contrôle et la domination mais la véritable force nait de l'intérieur, du centre, du cœur de notre être et elle se déplace vers la périphérie. Elle émerge et rayonne. Le rayonnement personnel est une émanation de notre force intérieure enracinée dans notre stabilité, dans notre ancrage dans le sens de notre vie. Quand on est aligné avec le sens de notre vie, on peut accéder à une force intérieure illimitée. On toute la force du cosmos derrière nous pour nous soutenir et nous aider.

C'est quand on prend conscience de notre ombre qu'on peut se transformer. C'est quand on repère et identifie les endroits où l'on essaye, où l'on force, on peut alors apprendre à cesser de le faire et à lâcher prise, à se détendre, à se déconditionner du collectif. Cela se traduit par élévation de notre fréquence vibratoire, par une percée, qui a lieu dès que l'on se souvient de notre cœur et qu'on l'écoute. Le cœur n'aime que la détente, la confiance en la vie, la fluidité et la facilité. Il est capable de reconnaitre qu'initialement, le fait de forcer était souvent nécessaire à la survie mais que la vie est autre chose. C'est ressentir intuitivement dans son corps ce qui est juste à chaque instant. Quand on est aligné à travers notre colonne et notre respiration, on est ancré dans son ventre. On sent et on sait. On expérimente le savoir kinesthésique du corps qui sent la vérité dans chaque cellule. C'est ça la fortitude, la force intérieure. Elle n'a pas besoin d'être montrée même si elle ne peut pas être cachée car une personne centrée a comme un champ de force autour d'elle.

La puissance, la fortitude, réside dans l'auto-assurance, dans la confiance en sa force de vie. Quand on sait avec son corps, la réponse est toujours simple car elle ne vient pas du mental. Elle émerge de notre centre comme une évidence, comme un savoir sans effort ou comme un mouvement fluide.

La compréhension de cela peut changer tous les domaines de notre vie. Elle permet de se rendre compte que quand on est centré dans son corps et dans son cœur, on sait. La confiance est là. La puissance de vie est là et on fait ce que l'on a à faire, sans efforts et avec fluidité, en étant complètement identifié(e) à l'instant présent.

Un des aspects de ce don est la capacité à manifester et révéler son existence à travers des actions, d'une façon positive, en exprimant ses talents et la meilleure version de soi, en étant le héros ou l'héroïne de son histoire, à travers le sport et la danse par exemple. On fait ce que l'on a à faire de façon naturelle, avec toute sa puissance mais cette puissance est inconsciente d'elle-même et s'exprime sans intentions ni arrières pensées autres que d'exister. Les actions entreprises sont parfois perçues comme héroïques par autrui alors que du point de vue du don 34, on a juste fait ou exprimé ce qui paraissait naturel à ce moment-là.

Cela génère une qualité de présence et des talents qui peuvent s'exprimer dans tous les domaines activités et qui peuvent conduire être sur les devants de la scène.

Le superpouvoir/puissance (Siddhi) de cette porte : La majesté. La royauté.

Richard Ruud raconte, dans son livre sur les 64 chemins (voir bibliographie), une merveilleuse histoire où un vieil homme exprime ce superpouvoir dans un train. Cette histoire nous parle de l'art de la réconciliation et de permettre à la majesté royale de s'exprimer à travers nous. La majesté est au-delà de la force et de la faiblesse et au-delà de toute forme. Elle est la puissance du cœur, de l'amour, en action. Tout comme les autres superpouvoirs, elle répare les cœurs et le monde. Elle restaure la vie et l'harmonie partout où elle va.

La majesté royale est cachée à l'intérieur de soi. Elle est humble, mystérieuse et subtile et ne cherche jamais à se montrer. Elle aboutit toujours à une réconciliation car elle trouve le chemin juste et simple, comme l'eau qui trouve toujours le chemin vers l'océan. Elle est l'expression de notre royauté intérieure, du Roi et de la Reine, qui existe quand l'impératrice en nous (3) est unie à l'empereur en nous (4) pour s'exprimer en tant que 34, en tant qu'unité masculine et féminine dansant aux rythmes de la vie. Elle est l'expression de notre divinité intérieure. Elle est la conscience divine de la Source de toute Vie qui s'exprime à travers nous dans la joie, sans objectif particulier, sans ajouter quoi que ce soit. Elle est la joie divine exprimée à travers un corps humain.

Le superpouvoir de la majesté survient quand on est complètement centré dans son cœur, dans la force de l'amour, dans sa force de vie et quand cette force s'exprime en toutes circonstances de façon naturellement juste et harmonieuse. Tout comme au niveau des fréquences de l'ombre, où la force brute s'exprimait de façon disharmonieuse et sans conscience, ou aux fréquences du don, où la force s'exprime de façon héroïque et naturelle, la puissance de cette clef s'exprime également ici naturellement sous la forme de la royauté et de la majesté. Cette royauté, cette majesté émane de nous en tant que résultat et expression de la pure conscience, sans qu'on ait l'intention de l'exprimer et sans se rendre compte qu'on l'exprime. On devient conscience s'exprimant dans la forme, dans la matière, de façon royale et majestueuse. Il n'y a plus d'identité séparée car toute identité séparée a été dissoute dans la présence. Il y a juste la vie, l'univers qui s'exprime à travers nous, de façon royale et majestueuse. Cela peut alors générer des créations admirables et majestueuses.

Chapitre 11 : Le nombre 35

A-Sa structure et ses associations: Le nombre 3 est en lien avec la relation à la mère et aux femmes, avec le mental, l'expression de l'intelligence et avec la communication, avec les déplacements et avec l'adaptation à l'environnement à travers le service. Le nombre 5 est en relation avec la légitimité, la conscience, l'expression du cœur, le sens, le voyage du corps et de la conscience et les enseignements qui permettent une intégration sociale ou une élévation de la conscience. Passer du 3 au 5 c'est par exemple utiliser sa curiosité et son intelligence pour transmettre, s'intégrer et enseigner. L'adaptation est mise au service de l'intégration sociale. La curiosité du 3 s'associe au besoin d'exploration du 5, ce qui génère une soif de nouveauté et de progrès et de nombreuses opportunités d'apprentissages.

B-Selon la tradition ancienne du Yi-King Chinois : Hex 35 = La lumière progresse.

Résumé du nombre : Brillez comme un Soleil levant, exprimez vos talents, soyez visible et saisissez une opportunité afin de générer un progrès rapide, un changement, une nouvelle situation, une nouvelle étape.

Explication technique :

La puissance maîtrisée avec justesse permet une évolution rapide. C'est pourquoi après «La gestion du pouvoir» vient «La lumière progresse». Quand le Soleil se lève au dessus de la terre, il est à sa place. Il est l'élément favori, celui que l'on préfère, celui que l'on choisi. Sa lumière, incarnée par un homme sage et lumineux, sort de l'obscurité. Elle brille et illumine de plus en plus un environnement toujours plus vaste.

La lumière en expansion, une combinaison de circonstances favorables et l'expression juste du pouvoir personnel permet ici un progrès rapide et naturel. L'obscurité, la matière, la réceptivité à l'esprit du Tao, la nourriture, l'écoute, la disponibilité, l'humilité, la pureté du cœur, le sens du service et le dévouement, la capacité à faire le vide en soi et à être naturel (Kouen, la terre) s'associe au dynamisme, au courage, à l'efficacité, à la clarté, à la capacité à exprimer le meilleur de soi-même et à briller (Li, le feu). Le trigramme nucléaire Kan, l'eau, demande la fluidité, de gérer toute angoisse, d'aller au-delà des illusions, d'avoir conscience des risque et des dangers, de s'adapter en fonction des nécessités du terrain en suivant le chemin de moindre résistance et de rester toujours fidèle à son essence divine.

Le trigramme Ken, la montagne, demande la qualité, la sagesse, la simplicité, le calme intérieur, la profondeur, la discipline, l'organisation dans la durée, la prudence et la maîtrise de soi. Pour continuer à briller dans l'amour et la bonté, dans toute sa clarté originelle, la lumière doit sans cesse être purifiée par l'intégrité morale afin de ne pas être ternie par le mental, par l'égoïsme, par la peur ou par les pulsions animales en soi. Pour que le progrès se réalise, un ensemble de conditions doivent être réunies. Il est premièrement nécessaire de respecter sa vraie nature et son juste rythme. Les objectifs, les attitudes, les comportements, les actions, les compétences mises en avant, les talents et les ressources disponibles doivent également être en accord avec les demandes de la situation. L'époque doit elle-même être poussée par un élan de progrès. Toute opportunité qui se présente doit être saisie en étant au bon endroit, au bon moment, avec les ressources adaptées.

Et comme toute situation est transitoire parce que les temps changent en permanence, tout comme le Soleil poursuit sa course dans le ciel, l'évolution ne peut se perpétuer que par une adaptation permanente aux flux changeants de la vie.

Le prince mentionné dans le commentaire serait Kang, fils du roi Wen, prince lumineux, talentueux, réceptif et prudent. Il fut suivi par ses semblables qui reconnurent en lui l'un des leurs. Il rassembla les princes environnants dans un esprit d'obéissance au roi pour apporter la paix et le progrès à la civilisation. Parce que son talent et son influence furent mis, avec sincérité et sans abus, au service du roi, il fut mis en avant, promu, reconnu, honoré et récompensé. La combinaison d'un serviteur talentueux, mais humble, avec la présence d'un roi lucide et sage permit alors des progrès significatifs. L'idéogramme ancien représente deux oiseaux qui vont vers le bas et un soleil qui va vers le haut.

Interprétation classique : L'époque est porteuse d'opportunités qu'il est avisé de saisir pendant qu'elles sont là. Vous êtes une personne éclairée, brillante, talentueuse, compétente, tout en sachant rester simple, humble et réceptive. Vous avez tout ce qui est nécessaire pour réussir.

Le moment est venu de sortir de l'ombre, de mettre de côté vos résistances et de surmonter vos craintes, d'oser, de vous mettre en valeur et d'exprimer votre potentiel et vos talents, en les mettant au service du progrès, d'une personne détenant l'autorité et de la société ; en dosant force et humilité, opportunisme et intégrité, affirmation de soi et diplomatie, dynamisme et prudence, centrage et partage, vigilance dans les détails et adaptation aux besoins de votre environnement.

Il est ici judicieux d'écouter vos inspirations et votre intuition, d'être attentif aux liens de loyauté que vous avez avec vos supérieurs et vos pairs, de faire preuve de clarté intérieure, d'avoir clairement conscience des risques et des dangers liés à votre visibilité, de préserver votre pureté et d'agir dans les limites de votre position hiérarchique, d'effectuer des démarches, de tisser des alliances, de communiquer avec votre entourage, de répondre à toute proposition nécessitant d'assumer des responsabilités et de participer activement aux affaires du monde.

Grâce à des bases solides, à l'expression de votre générosité et à votre capacité à donner à tous le meilleur de vous-même, vous pouvez progresser à tous les niveaux dans la vie et l'action. Votre capacité à nourrir la clarté, la qualité de vos compétences, votre loyauté et votre intelligence, votre naturel et vos valeurs humaines peuvent être reconnues, mises en avant, promues et considérées comme un réel atout, à la fois par vos subordonnés et vos supérieurs. Vous pouvez alors être propulsé sur les devants de la scène et exercer une influence significative.

Si vous êtes un dirigeant, il est temps de reconnaitre et de mettre en avant une personne talentueuse qui fera progresser l'entreprise. Toute suggestion pertinente ou toute initiative constructive sera soutenue loyalement et sera couronnée de succès. Dans les relations personnelles, l'union fait la force, débouche sur des projets concrets et permet un progrès important. Il est ici très bénéfique de faire quelque chose à deux et de savoir déléguer.

Vous pouvez vous intégrer dans un courant de progrès, exprimer votre grandeur avec vertu, briller comme un Soleil, acquérir une certaine notoriété et franchir un cap dans votre évolution.

C-Selon les deux écoles modernes du Design Humain et des Clefs Génétiques :

1-Le Design Humain. 35 = La porte du changement et du progrès.

Explication technique : Circuit du ressenti. Centre Gorge. Cette porte est liée à la porte 36, l'obscurcissement de la lumière. Son thème principal est le progrès et sa maîtrise permet d'aller au-delà des limites. Le circuit du ressenti dont cette porte fait parti fonctionne avec une énergie cyclique, où il y a un commencement, un milieu et une fin. La porte 35 est indispensable pour que cette énergie cyclique fonctionne correctement. Elle génère du changement motivé par une grande curiosité et une envie d'explorer mais elle est conditionnée par le cycle. Elle apporte une énergie qui donne une soif de progrès, de nouveauté et de changement, une intelligence capable de détecter les possibilités de changement puis de les mettre en place et un ensemble de compétences et de talents qui rendent le changement possible. Comme toute porte dans le centre Gorge, elle dispose d'une voix et sa voix à elle dit qu'elle ressent qu'il est temps d'avancer, de progresser et de changer. Elle génère des attentes mais n'a pas la conscience du résultat qui va se manifester. Elle a juste l'impression que si elle fait telle chose, il se passera telle chose et que ça sera un changement en mieux. Elle court après des expériences afin d'apprendre quelque chose. Son but n'est pas de répéter une expérience pour la maîtriser mais plutôt de vivre des expériences variées afin d'apprendre et de progresser. Ses espoirs aboutissent parfois à de la douleur car les choses en fin de compte se répètent comme une roue qui tourne tant qu'un changement plus profond et une réorientation n'ont pas lieues. Le monde extérieur ne donne en effet que des satisfactions limitées.

Proposition d'interprétation : Vous avez conscience que pour progresser dans la vie, il est nécessaire de saisir chaque occasion qui se présente. Par conséquent, vous êtes d'une nature très intense, orageuse et parfois explosive, alimentée par l'impatience d'avancer, de progresser et de vous lancer dans l'inconnu. Votre voix aime dire : « Un changement s'impose ! » ou « il est temps d'essayer de nouvelles choses! ». Vous pouvez devenir irritable si vous sentez que la vie n'est pas en accord avec votre désir d'expansion et d'horizons nouveaux. Et vous supportez mal l'ennui. Vous cherchez à tout prix à vivre des expériences. Vous êtes désireux/se d'apprendre et craignez de regretter les choses que vous n'avez pas faites dans votre vie.

Ce qui vous fait progresser vous nourrit et vous avez faim de cette nourriture. Cela vous rend agité. Avec le temps, vous devenez un(e) expert(e) pour faire la différence entre les expériences naturelles qui ravissent votre âme et les projets nourris d'ego qui vous laissent matériellement satisfait, mais qui au fond n'ont pas vraiment de sens. L'important pour vous, c'est ce que l'expérience vous enseigne. Beaucoup de gens ayant cette porte 35 activée atteignent leur retraite complètement épuisés et exténués, mais ils ont tout vu et tout fait. Ils sont conscients d'avoir conduit les autres à faire des expériences gratifiantes et génératrices d'évolution.

3-Les Clef Génétiques. Clef 35 = les portails/vortex et les miracles.

Son dilemme où il doit faire des choix : L'autosatisfaction/l'auto-indulgence. **Signe astral HD :** Gémeaux. **Son partenaire de programmation :** Clef 5, la fin du temps.
Corps : Thyroïde/parathyroïde. **Son anneau de codon :** L'anneau des miracles (35).
Acide aminé : Tryptophane et sécrétion de sérotonine.
Son chemin de transformation : Le chemin de l'aventure.

L'ombre de cette clef : La faim, (la curiosité).

Cette ombre est l'un des moteurs de la vie et l'un des programmes clef de toute vie animale. Elle est engendrée par un déséquilibre chimique de la sérotonine dans le cerveau. Elle génère de la faim, de la peur et de l'avidité du fait que la production de sérotonine est inhibée. Cette faim se manifeste à l'extérieur car l'ombre masque et dévie vers l'extérieur la faim intérieure. Il y a une faim de nourriture et d'informations, une soif de liquides, d'émotions et d'expériences, une faim de pouvoir mais aussi de fuir et d'oublier ce qu'on a fait, une faim d'amour, de chaleur humaine et de liens avec autrui. Il y a aussi une faim de culture, de beauté, de vérité, d'unité et de présence divine. La faim et l'impatience, l'ombre partenaire, s'alimentent mutuellement. Cette faim est propre à notre espèce et nous pousse sans arrêt dans ses fréquences matérielles à explorer et conquérir des espaces toujours plus vastes sans conscience des conséquences de nos actions et sans jamais être vraiment rempli ni satisfait, du fait que rien d'extérieur n'apporte de réelles satisfactions. Cela génère de la déception et de la frustration, une tendance à accuser autrui et empêche de se sentir en paix, du fait qu'il y a identification avec ce qui promet de nous remplir, de combler notre faim.

Toute ombre contient un cadeau quand on sait la tisser à notre avantage. Cette ombre n'est pas liée à la souffrance et cette faim instinctive peut être appréciée et même savourée car elle génère du mouvement, de l'exploration et des apprentissages. Elle nous rend humain et nous rassemble. Elle est générée par les fréquences de cette ombre quand elles entrent en contact avec l'ADN des cellules. Elle nous pousse à vivre des expériences, à tenter des choses et à se tromper. Chez certaines personnes cette ombre conduit à l'ascétisme et aux addictions.

Il s'agit ici de trouver un équilibre entre le fait d'apprécier notre condition de mammifère qui va mourir un jour et notre tendance aux excès. Un peu d'ombre est bon pour nous alors qu'un excès d'ombre ne fait que générer des excès, des addictions, du stress et de la douleur et dès qu'on commet un excès, on paye le prix. Il s'agit ici d'apprendre l'art du bon dosage, de l'homéopathie, ou comment prendre la plus petite dose possible d'ombre de façon à n'être piégé(e) ni par la faim ni par les excès. Le cœur du sujet de cette clef est de se remplir de vie et d'expériences de vie, ce que la vie peut fournir en quantité illimitée. C'est aussi d'éviter d'être piégé par des schémas répétitifs qui nous épuisent, par des façons répétitives de satisfaire notre faim, par une même façon de voir les choses, une même mentalité, une même façon d'agir et de réagir, de manger et de parler. La répétition a un aspect positif car elle permet d'ancrer des choses. La répétition de la conscience n'est cependant pas source d'évolution et la conscience devrait toujours être ouverte, fraîche, libre et piquante.

La vie peut devenir viciée à cause de notre attitude s'il y a des répétitions sans présence, sans conscience et sans amour. Il est important de voir que chaque instant est différent même si on fait quelque chose qu'on a déjà fait. Un peu de satiété et une quantité mesurée d'autosatisfaction/d'auto-indulgence fait du bien tant que cela ne cause pas de dommages à autrui mais dès qu'on a dépassé une certaine limite, on se sent mal et conduit même à la maladie. Le secret de cette clef est de savoir quand s'arrêter. C'est d'identifier le bord de la falaise. C'est de faire preuve de compréhension envers ceux qui font des choses horribles parce qu'ils sont affamés, affamés de nourriture, de pouvoir, d'argent ou de revanche et qui cherchent juste à survivre. Dans un premier temps, il n'y a pas besoin de leur pardonner car cela demande une réelle conscience et une réelle maîtrise mais juste de comprendre les gens et le monde à travers cette ombre et comment les gens sont poussés par cette faim.

On tente des choses, on se casse la figure, on fait des erreurs, on oublie puis on se relève car la vie continue. On finit par apprendre une fois qu'on a gouté à cette ombre. Le but de la vie est d'augmenter notre niveau de conscience en intégrant notre ombre et en la transformant, ce que l'on peut uniquement faire quand on conscientise le déséquilibre chimique et qu'on y fait face en plongeant dedans et en identifiant que qui comble vraiment la sensation de faim et en orientant votre conscience et votre énergie vers l'intérieur. C'est alors que le vrai voyage commence. On peut ainsi accéder aux secrets, aux dons puis aux superpouvoirs de la clef. La curiosité permet alors de faire de nombreuses découvertes et d'apprendre. Quand cette ombre est exprimée en mode réprimée et que la faim est refoulée, cela génère de la fatigue, une peur de voir cette faim, un manque de vie et un manque d'aventure dans la vie. Il y a une tendance à combler une sensation d'ennui par toutes sortes d'activités vides de sens. Quand cette ombre est exprimée en mode réactive, il y a une telle peur de s'ennuyer que la vie est remplie d'activités extérieures, d'explorations, de papillonnages et d'attentes déçues parce que les choses ne sont pas connectée avec la vie intérieure profonde et parce que il n'y a pas véritablement d'engagement ni de construction. Il y a ainsi une tendance à croire que tout est la faute des autres ou de l'extérieur, une difficulté à tirer les enseignements de ce qui est vécu et à devenir une personne plus sage.

Son cadeau : Les dons et capacités de cette porte : L'aventure

Traverser la barrière de la faim ne peut se faire qu'en allant vers l'intérieur, dans le cœur global, ce qui inclus le cœur et le plexus solaire et quand ces parties du corps deviennent pleinement opérationnelles. L'amour sans objet est la seule chose qui peut vraiment combler la faim générée par l'ombre de cette clef car seul l'amour en tant qu'état d'être engendre une production croissante, suffisante, stable et continue de sérotonine, ce qui ouvre de plus en plus la conscience et le cœur. L'amour présent fait que l'énergie est transmise au corps et non dispersée dans le monde extérieur.

Cette clef permet de développer une capacité merveilleuse que Richard Ruud apelle défoncer les silos, c'est-à-dire exploser les enfermements. Un silo est un espace confiné, un entrepôt fermé qui n'est pas connecté avec l'extérieur et qui ne sert qu'à lui-même. Nos schémas de pensées, nos comportements, nos chez-nous, nos relations, nos croyances et parfois nos vies sont comme des entrepôts fermés, des silos à grains. Regarder notre vie à partir de la lentille du don 35, l'aventure, peut être très excitant. Il s'agit d'écouter la vie au fur et à mesure qu'elle se manifeste et de voir qu'elle présente constamment des opportunités de sortir de vos enfermements. Il s'agit d'apprendre autant que possible à dire oui à ce que la vie propose. Il y a un film comme ça, nommé « yes Man », qui montre très bien de quoi il s'agit, ou l'acteur principal doit dire oui à tout selon le conseil de son maître. Cela transforme radicalement sa vie. Il est déconseillé d'être aussi extrême que dans le film mais quand on s'ouvre à la vie, les différents secteurs de notre vie commencent à se connecter et à se relier entre eux parce que des passerelles sont créées. On apprend à faire les choses de façon différente. Le don de l'aventure n'est pas forcément vivre dans un van sur les routes ou partir loin même si c'est une possibilité. C'est surtout gouter à un échantillon de la diversité de la vie, de sa vie, se mettre dans les chaussures de quelqu'un d'autre, aller visiter le silo de quelqu'un d'autre, se mouvoir dans les silos que l'on a tendance à éviter.

C'est tenter des choses précédemment inconnues, créer des ponts, des passerelles, découvrir la grande diversité des expériences de vie sur cette planète et même développer une nouvelle façon de pensée. La véritable aventure est fondée sur l'amour et elle existe quand la conscience se libère du mental. Elle apporte un avant gout de ce que c'est de vivre dans un état d'unité avec la Source de toute vie car elle se traduit par des modifications chimiques complexes à l'intérieur du corps et dans l'ADN. L'essence intérieure est raffinée par le système endocrinien et fur et à mesure que le niveau de conscience s'accroit grâce à la force de l'amour.

Quand on vit avec le cœur ouvert, on est capable de surmonter ses peurs, de prendre des risques justes au nom de l'amour et d'effectuer des sauts quantiques qui accélèrent notre évolution. On a ici le choix de prendre le chemin de l'amour et l'une des façons les plus rapides d'améliorer sa vie est de donner son amour de façon inconditionnelle dans autant de domaines de la vie où l'on ose. On entre alors dans un nouveau monde rempli d'aventure et on vit dans un perpétuel état d'aventure. Il n'y a pas besoin d'éviter cette ombre mais juste d'en prendre de toute petites doses. Il n'y a pas forcément besoin de faire plein de choses nouvelles mais juste de faire ce que l'on fait différemment, dans un état de conscience différent, sans faire uniquement parce qu'on est affamé(e). Il s'agit de voir où la vie veut vous emmener et d'y aller. Cela transforme alors chaque jour de votre vie en une aventure.

La clef partenaire de la patience nous invite ici à faire régulièrement des pauses conscience, à s'arrêter et à observer, à attendre et à laisser faire la vie, à s'arrêter de faire ce qu'on était en train de faire et à répondre avec toute notre attention à une sollicitation. Il peut alors se produire des choses étonnantes. Ce don de l'aventure nous relie à la vie, à la vie extérieure et à la vie en soi, dans une présence aimante. Ce don permet d'y gouter.

Le superpouvoir/puissance (Siddhi) de cette porte : L'infinitude

Ce superpouvoir est atypique et surprenant car dans les suites d'anneaux de codons qui sont regroupés en famille à part le codon de démarrage (41), lui est tout seul comme une île au milieu de l'océan. Comme il se sent parfois seul au monde, il a une soif de liens avec autrui et nous pousse à nous connecter aux autres. Il agit également comme un portail, un trou de verre ou une passerelle, en étant capable de connecter différents univers, différentes dimensions.

Des choses étranges peuvent survenir avec ce Siddhi. Le temps et l'espace peuvent être tordus et courbés. Le futur peut rencontrer le passé. Les lois qui gouvernent un univers peuvent rencontrer celles qui gouvernent un autre univers. Les êtres de lumière peuvent utiliser ce superpouvoir pour apparaitre dans notre monde, pour y entrer et en sortir. On ne peut comprendre ce superpouvoir et le concept de l'infini qu'à partir du cœur et de l'enfant intérieur, le mental ne pouvant que décrire quelques unes de ses manifestations. Il nous enseigne en tout cas que l'amour inconditionnel pur est capable de transgresser et transcender toutes les lois du cosmos et que quand on a réintégré un cœur pur d'enfant dans sa conscience, tout est possible, même ce que le mental qualifie de miracles. Mais pour accéder à ce flux de miracles, il est nécessaire d'être complètement libéré des croyances et des limitations imposées au mental par les gens autour de vous et par le monde extérieur. Les chinois appelle cet hexagramme le progrès et l'associent au mouvement du Soleil rayonnant car ils ont conscience que des éléments d'une dimension supérieures, par exemple les Anges ou les « Rayonnants du Jour éternel », comme les nomment Bô Yin Râ, peuvent émerger dans la troisième dimension de la matière et générer un progrès rapide et que le Soleil est un portail.

Au niveau des basses fréquences matérielles de l'ombre, le progrès se manifeste à travers des progrès technologiques et il se voit dévié vers l'extérieur au lieu de se manifester à l'intérieur alors qu'ici, il se manifeste par un progrès au sein de la conscience sous forme d'éveil. Ce superpouvoir est un portail vers l'éveil de la conscience aux réalités éternelles. Il est comme un raccourci qui permet de prendre en charge son évolution. Il permet une telle expansion du cœur et de la conscience qu'il emmène au-delà de l'évolution.

Toute peur a ici disparue du fait qu'il n'y a plus d'individu séparé qui puisse avoir peur. L'aventure est terminée car il n'y a plus rien à chercher. Il est une manifestation naturelle de l'état de libération intérieure et de communion avec la Source de toute Vie. L'un des aspects de ce superpouvoir concerne la capacité de se déplacer à travers l'espace et le temps, soit en se téléportant, soit en volant. Quand on rêve de voler où que l'on fait une sortie hors du corps, on vole dans d'autres dimensions, mais un jour, ces dimensions seront reliées à la troisième dimension de la matière et on pourra véritablement voler comme dans le film « le dernier Mimzy » ou avant cela de façon plus technologique comme dans le film « Jupiter (se levant à l'ascendant)». Cela se fera peut-être dans 1000 ans mais on a ce potentiel dans notre ADN et quelques « grand sages » dans l'Himalaya ont réussi à l'activer, comme en témoigne le livre de Baird Spalding nommé « La vie des Maitres », où des cas de téléportation ont été vus et documentés.

C'est notre cœur qui fait pousser les ailes qui ouvrent ce chemin vers l'illimité et vers tous les possibles dans cette ultime aventure. Cette Clef 35 est une relique d'une évolution antérieure, d'une époque antérieure où il était un codon de démarrage, quand la Terre était un point de transit sur le chemin galactique partant du centre de la galaxie et allant à sa périphérie. Des vestiges de cette époque ont été découvertes et tenues secrète jusqu'à il y a peu, en Antarctique.

Depuis que le cinéma chinois s'est développé, Il y a de nombreux films chinois où les personnages volent dans les airs comme si c'était normal. On était comme ça avant, bien avant le Dryas récent et ses deux catastrophes (-10900 et -6900 AJC). Notre ADN était alors différent. Depuis on a changé et grâce à la clef 35, on progresse car elle génère aussi un faim de progrès et notre plus grande faim est de pouvoir voler à nouveau, de s'envoler dans les airs pour redevenir un avec le divin, avec Dieu, avec la Source de toute Vie, en étant un oiseau humain de la vie. On peut voir cette clef à l'œuvre depuis le siècle 17. Quand on se souvient de la grande aventure dans laquelle on est embarqué(e), on devient plus détaché et notre vie devient plus intéressante et plus facile.

Les vies individuelles semblent moins importantes car on entre dans l'éternité qui est composée de toutes nos vies et de toutes les dimensions. En sachant que l'on est en train de progresser, on peut se détendre, sourire, lâcher notre air grave et sérieux, lâcher nos peurs, nos désirs et nos agrippements, suivre le courant de la rivière de la vie en jouant notre rôle temporaire et observer, à travers la fenêtre ou dehors, les oiseaux qui volent. On sait que la rivière finira par rejoindre l'océan et on peut ainsi se relaxer et profiter des progrès rapides en cours. Ce Siddhi 35 a un lien fort avec le Siddhi 22, la grâce car il est un témoignage de la puissance de la grâce divine. Il a la capacité d'ouvrir votre cœur à travers une expérience bouleversante, qui met le mental sans dessus dessous et transforme radicalement la vision des choses. Sa présence au sein de notre ADN nous rappelle les possibilités infinies d'une vie vécue au nom de l'amour.

Chapitre 12 : Le nombre 36

A-Sa structure et ses associations : Le nombre 3 est en lien avec la relation à la mère et aux femmes, avec le mental, l'expression de l'intelligence et avec la communication, avec les déplacements et avec l'adaptation à l'environnement à travers le service. Le nombre 6 est en lien avec l'écoute du cœur, l'intelligence relationnelle, l'intense activité relationnelle, la beauté, l'art, le couple, la famille et les relations sociales. Il y a une multiplicité de possibilités. L'intelligence est mise au service du cœur. L'intelligence non guidée par la clarté associée au besoin d'embellir peut conduire à une tendance à vivre dans la fiction, à déformer la réalité et à la confusion, d'où l'obscurcissement de la lumière et une certaine instabilité.

B-Selon la tradition du Yi-King Chinois : Hex 36 = L'obscurcissement de la lumière.

Résumé du nombre : Restez à l'écart, discret, caché dans l'ombre, pour vous protéger d'une situation conflictuelle indépendante de votre volonté ou faîtes un travail sur vous pour gérer une crise émotionnelle/des mémoires traumatiques et pour maîtriser en vous votre ombre et votre lumière, en plongeant dans l'obscurité afin d'y trouver la lumière.

Explication technique : Après s'être élevé dans le ciel, le Soleil retourne sous la Terre pendant un cycle. L'obscurité, représentée ici par un être puissant, mais ténébreux et ignorant, prend temporairement le pouvoir, blessant et censurant la lumière. C'est pourquoi après «La lumière progresse» vient «L'obscurcissement de la lumière».

Parce que les circonstances sont défavorables, le feu s'enfonce sous la Terre, amenant une période d'obscurantisme. Lors de l'incarnation dans la matière, l'être humain met en place des « écrans » pour survivre dans l'inconscience de la matière. On ne peut plus voir la lumière, ou on refuse de regarder la situation en face. Seule la capacité à cacher sa lumière avec justesse permet alors de se préserver et de la retrouver un jour.

Kouen, la terre, l'obscurité de la matière, est à l'extérieur. Elle permet de faire preuve de réceptivité à l'esprit du Tao, d'écoute, de disponibilité, d'humilité, de naturel, de discrétion, de souplesse, de silence, de s'abandonner extérieurement à ce qui est et de veiller à ce que la vie continue. **Li**, le feu, qui reste ici à l'intérieur, demande de faire preuve de dynamisme, de courage, de clarté, de préserver sa lumière, de rester lumineux à l'intérieur et d'être vigilent dans ses paroles. Le trigramme nucléaire **Kan**, l'eau, demande d'avoir conscience des dangers, de laisser caché, dissimulé et endormi, de s'adapter en fonction des nécessités du terrain en suivant le chemin de moindre résistance et de rester toujours fidèle à sa nature. Le trigramme nucléaire **Tchen**, demande de rester ferme et alerte, résolu et persévérant dans l'adversité, de garder espoir et de rester toujours en mouvement.

Ces attitudes permettent de transcender toute adversité. Les caractères anciens de cet hexagramme représentent la lune qui éclaire à travers une fenêtre et un chasseur étranger portant un arc. Cela évoque la gestion de l'inconscient, à la fois dans ces zones d'ombres et de lumière. L'hexagramme était parfois associé à un oiseau lumineux (Li) blessé (Kan) par un projectile (Tchen) qui crie et se refugie sous la Terre (Kouen). Il est aussi associé au contexte historique, où un roi Chinois tyrannique, Tchou Hsin, persécuta les nobles des royaumes voisins. Les différentes lignes décrivent ainsi l'oiseau blessé, qui représente notre part blessée/souffrante et les stratégies adoptées par les différents princes pour s'adapter, survivre et retrouver la liberté intérieure.

Interprétation classique : Les forces obscures du destin, dont vous n'êtes pas responsable, sont à l'œuvre dans la situation présente. L'époque est dominée par des énergies hostiles, par un état critique, des contraintes insurmontables ou par une personne puissante, mais obscure, négative, ignorante, incompétente ou avec une vision des choses radicalement opposée à la vôtre. Cela contrôle la situation, génère de la confusion, menace tout ce en quoi vous croyez, vous attaque, vous blesse, vous renie, vous maintien en captivité, vous empêche d'atteindre vos objectifs et risque à tout moment de provoquer une tragédie. Vous traversez une épreuve, une période de crise, une époque sombre. Vous êtes isolé comme une lumière dans la nuit dans une situation oppressante.

Vos idées et votre valeur non seulement ne peuvent être reconnues mais elles seraient perçues comme une menace. Vous n'êtes pas ici en mesure de renverser la situation, ni d'en reprendre le contrôle. Vous devez donc différer vos projets à des temps plus propices, opérer un mouvement de repli et vous mettre à l'abri. Vos objectifs sont pourtant en harmonie avec l'ordre cosmique. Il est alors judicieux de laisser évoluer les événements, d'avoir clairement conscience de ce qui se passe, de vous protéger et d'adopter la juste stratégie, celle qui vous permet de traverser avec un minimum de dommages ce temps d'adversité.

Cela passe par la plus grande prudence et par une gestion stricte de vos paroles, de vos zones d'ombres et de votre lumière.

Même si vous voyez clairement ce qui se passe, il n'est pas judicieux d'en parler et encore moins de vous confronter à autrui. Le moment est ici venu d'accepter, en apparence, les gens et les situations comme elles sont, mais sans agir pour aller dans leur sens, d'aller vous positionner à l'arrière plan, de cacher votre valeur et vos opinions et de rester dans l'ombre. Evitez tout débat, toute question indiscrète, toute critique, toute tentative de raisonner l'adversaire et toute démarche suggérant que vous souhaitez entrer en compétition avec l'autre. Soyez vigilent et attentif aux risques et aux dangers.

Gardez toujours en mémoire vos objectifs, en préservant votre pureté et votre intégrité, en étant toujours en mouvement, en faisant les efforts nécessaires pour vous adapter et en continuant à nourrir votre lumière intérieure. Si vous n'avez pas d'autre choix que de rester là où vous êtes, restez, mais sinon, partez rapidement et discrètement. Si vous devez rester, vous pouvez influencer la situation d'une façon indirecte, en vous inventant un personnage qui n'est pas perçu comme une menace pour les forces en présence et qui vous permet de dissimuler votre vraie lumière.

Vous pouvez ainsi minimiser l'impact du danger, renforcer votre caractère, vous adapter, préserver votre intégrité et traverser cette période troublée en attendant un renversement de situation et des temps plus lumineux. Vous aurez alors pleinement conscience que le pouvoir, dans la matière, doit prendre sa source dans la lumière intérieure et dans la droiture, en accord avec les lois cosmiques, mais aussi que l'obscurité, qui fait partie de la vie, doit être reconnue, acceptée, puis gérée et non refoulée. Vous ressortirez grandi par cette épreuve et retrouverez votre lumière.

C-Selon les deux écoles modernes du Design Humain et des Clefs Génétiques :

1-Le Design Humain. 36 = La porte de la crise ou du dénouement des crises.

Explication technique :

Circuit du ressenti. Centre du Plexus Solaire. Cette porte est liée à la porte 35, le progrès. Son thème principal est l'aventure, la période de transition et la traversée de crises et sa maîtrise permet l'exploration sans peur et la transformation intérieure. Cette porte génère une pression émotionnelle surfant sur la vague espoir/douleur permettant de transformer des peurs en défis et en capacités de changement, en passant par des crises ou des manifestations émotionnelles intenses.

Elle permet ainsi d'identifier des peurs, des sentiments et des émotions, notamment la peur de l'inexpérience par exemple, émotionnellement parlant ou sexuellement parlant et de les résoudre, de les transformer, de s'en libérer en posant des actions, en les exprimant, afin de générer un progrès. Cela peut parfois être inconfortable voir déstabilisant tant pour soi-même que pour autrui. Le circuit du ressenti est un circuit d'expériences intérieures. Son rôle est de plonger l'individu au cœur de l'expérience humaine afin de lui permettre de reconnaitre ses émotions, de s'en souvenir et d'en témoigner. Un changement émotionnel révèle la fin d'un cycle mais cette fin ne peut être reconnue qu'à travers une prise de conscience. Le cycle se répète si la prise de conscience n'a pas lieu. Le désir de changement génère une vie remplies d'attentes et d'inévitables crises qui sont soient redoutées, soit volontairement accueillies et expérimentées. La traversée de crises permet une évolution grâce à une compréhension et cycles de crises, de souffrances, de transformations et de guérison émotionnelle.

Proposition d'interprétation :

Cette porte facilite l'émergence des contenus inconscients et des émotions qui n'ont pas été acceptées et transformées et rend capable de faire émerger ces contenus chez autrui. Cela peut être très utile dans le cadre d'une activité thérapeutique mais dans les relations personnelles privées, cela peut provoquer beaucoup d'anxiété et une succession de crises émotionnelles qui peuvent être prodigieusement déstabilisantes.

Pourtant, vos crises cherchent à se résoudre, à la façon dont l'obscurité a besoin de lumière pour éclairer un lieu. Quand vous n'êtes pas en crise, certaines personnes disent que vous allez jusqu'à en imaginer une ou que vous avez une grande facilité à dramatiser. A quoi vous répondez que vous n'avez pas besoin d'inventer des crises car elles vous trouvent d'elles-mêmes. Il est alors important de voir que les crises que vous vivez à l'extérieur sont un reflet d'une crise que vous vivez à l'intérieur. La source de votre anxiété vient du sentiment que chaque nouvelle expérience vous plonge dans l'inconnu et que cela revient à avancer dans une obscurité totale. Vous verrez que si vous faîtes le premier pas avec lucidité, votre anxiété disparaîtra immédiatement.

Si vous apprenez à vous défaire de vos angoisses et à vous ouvrir à toute émotion humaine tumultueuse, vous rencontrez le succès dans tout ce que vous entreprenez. De même, vous vous sentez mieux, plus harmonieux/se et plus équilibré(e) quand vous acceptez que la vie vous présente inévitablement toutes sortes de situations qui mettent votre détermination à l'épreuve.

Quand vous cessez d'être dans le déni, que reconnaissez votre propre lumière intérieure et votre goût du raffinement, vous améliorez votre pouvoir d'anticipation et de gestion des problèmes et des périodes de transition. Vous générez davantage d'objectivité dans vos vagues émotionnelles et développez une capacité d'adaptation et une résilience efficace. Quand vous faîtes en sorte d'être toujours prêt et que vous respirez profondément, vous pouvez mettre en pratique une grande intelligence relationnelle et émotionnelle. Les expériences fortement émotionnelles que vous vivez peuvent alors beaucoup vous apprendre, vous permettre de transformer vos crises émotionnelles en opportunités de croissance, déboucher sur une grande sagesse et vous permettre d'aider autrui à naviguer dans leurs zones de turbulences ou de transition.

3-Les Clef Génétiques. Clef 36 = devenir humain (grâce au travail sur soi).
Son dilemme où il doit faire des choix : Être Submergé, la submergence.
Son partenaire de programmation : Clef 6, le chemin vers la paix. Corps :
Son anneau de codon : L'anneau de la divinité (22, 36, 37, 63). **Acide aminé :** Proline.
Son chemin de transformation : Le chemin de l'humanité.

L'ombre de cette clef : La turbulence, le tsunami, les souffrances et les misères du monde.

L'ombre de la clef 36 a une affinité particulière avec le domaine de l'émotionnel et avec le plan astral. Elle génère une bataille émotionnelle avec laquelle on doit tous se confronter à un moment donné dans sa vie. Elle est particulièrement révélatrice du fait que les clefs génétiques, les portes ou les Hexagrammes sont des archétypes collectifs qui régissent l'humanité, les gens, c'est-à-dire nous les humains. Elle se manifeste comme une turbulence émotionnelle collective et parfois comme un tsunami émotionnel qui est toujours présent en arrière plan. Cette turbulence existe du fait que l'incertitude existe et plus précisément d'un désastre global peut survenir à n'importe quel moment parce que c'est déjà arrivé. Elle génère une vision pessimiste du monde qui ne sait que souffrir, qui lutte pour survivre, qui est en mode victime et qui est submergé par la vie. Elle apporte la conscience de ce qui est dangereux, de ce qui pourrait menacer la survie et génère du désir sexuel.

Derrière cette vision, il y a une peur ancestrale d'être collectivement submergé et balayé de la surface de la terre et de ne pas s'en sortir, comme cela a failli arriver en -9600 et en -10900, quand des pluies de débris célestes ont percuté la planète et causé des cataclysmes qui ont presque tout balayés sur leur passage, ne laissant qu'une dizaine de milliers de survivants. La communauté scientifique apelle cela le Dryas récent. Les Chinois, eux, il y a plus de 1500 ans, avaient compris que ce nombre pouvait signifier des temps difficiles voir un temps de crise et l'ont ainsi appelé « l'obscurcissement de la lumière », peut-être parce que qu'un grand nuage de poussière a obscurci la lumière quand les météorites sont tombées. Les média modernes, eux, alimentent en permanence cette turbulence de fond par de mauvaises nouvelles, générant une nervosité collective, un stress émotionnel collectif. C'est ce qui se passe quand on se sent submergé(e).

Personne n'y échappe. Les 21 anneaux, qui constituent la structure des 64 codons, sont reliés entre eux par cette structure sous-jacente, par cette grille et ils orientent les humains vers des groupes spécifiques correspondant aux clefs qui font partie de l'anneau. Les clefs de l'anneau de la divinité, dont fait partie la Clefs 36, sont des énergies de connexion au collectif et elles se manifestent d'autant plus quand il y a une activité relationnelle.

La Clef 36 a ainsi tendance à se manifester dès qu'il y a une activité relationnelle, quand on est en relation avec soi-même et avec autrui, même si on ne l'a pas dans son profil hologénétique. Quand on pense zone de turbulence, cela évoque l'expérience d'être dans un avion et d'être secoué dans tous les sens quand l'avion traverse une zone de turbulence.

L'hôtesse de l'air vous invite alors, avec une voix calme, à bien attacher votre ceinture et à vérifier où se trouve votre gilet de sauvetage. C'est aussi ce que vous invite à faire l'ombre de la clef 36. La turbulence humaine individuelle et collective peut être physique, mentale, émotionnelle ou spirituelle et souvent il y a un peu de chaque. On peut facilement la voir si on écoute ou regarde les médias qui passent leurs temps à la montrer, à montrer le champ d'énergie turbulent de nos fréquences d'ombre (conflits, guerres, famines, épidémies, violence, accusations, culpabilité, bourreaux, victimes et sauveurs) qui s'exprime à une échelle planétaire.

Quand on regarde cette belle planète ronde et bleue depuis l'espace, elle a l'air si paisible mais quand l'avion atterrit ou quand on s'incarne dans un corps humain pour l'expérimenter, qu'est ce qu'on trouve ? De la souffrance partout ! Le Bouddha explique ainsi que la vie (dans la matière) est souffrance. Les personnes qui vibrent à la fréquence de l'ombre, dans la peur, et d'autant plus si cette clef est présente, se sentent envahies, submergées et débordées par la vie à tous les niveaux, physiquement, mentalement et émotionnellement, parce que l'ombre a cette effet de submergence. Personne n'y échappe. L'ombre de cette clef nous fait rencontrer la souffrance humaine, à l'intérieur de soi et dans les relations ; les relations amoureuses, familiales et sociales. L'ombre de la clef 36 invoque la peur de souffrir et c'est cette peur qui peut nous submerger. Pour traverser et intégrer cette clef, la solution est de ne pas en avoir peur. La solution est de regarder dans l'obscurité, de mettre ses peurs de côté ou de les laisser nous traverser et de plonger dans l'obscurité, dans le noir. Si on avait su cela quand on était jeune, au lieu d'être une victime de la souffrance et d'être submergé par la turbulence émotionnelle et les histoires mélodramatiques présentes dans les relations, on aurait compris et accepté que tout ça fasse parti du voyage dans le monde de la matière, comme quand on prend l'avion et nos attitudes auraient alors été bien différents.

On est tous amené, à un moment donné sans sa vie, à soutenir une personne qui traverse une zone obscure, une zone de souffrances et la clef 36 est spécifiquement conçue pour émettre sa lumière dans ces situations. Quand la lumière interne d'une personne baisse, la notre est censée s'allumer mais au niveau des fréquences de l'ombre, il y a plutôt une tendance à fermer son cœur et quand on reste en basse vibration, plus l'ombre grandit et plus le cœur se ferme.

<u>En mode réprimée, cette ombre s'exprime</u> par une tendance à résister aux flux d'énergie dans le corps, aux désirs sexuels et à les refouler, ce qui les piège dans le système nerveux et génère une profonde nervosité qui est déstabilisante pour autrui. Il y a une tendance se figer comme dans un état de choc ou de stase au moindre changement, à s'emmurer, à rester dans sa grotte et à fermer les portes à double tour, dans cet état de nervosité, à cause d'une terreur que tout changement potentiel soit désastreux et générateur de souffrances. Sur le long terme, cela peut générer des problèmes de santé.

<u>En mode réactif</u>, il y a une tendance, par peur, à réagir aux désirs sexuels avec la croyance qu'ils sont immoraux, par des accusations, par de la colère voir de rage, par une auto-condamnation et par une tendance à condamner l'humanité.

Tous les macaques dégénérés copulateurs et manipulés par leur stupidité ou tous des bourriques, dit l'ombre de la clef 36 enragée ! Une incapacité à gérer proprement, clairement et avec honnêteté les émotions et la sexualité créé des situations émotionnelles stressantes et destructrices. La vie de ces personnes ressemble alors à une série télé mélodramatique ponctuées de relations sexuelles non avouées, par honte de le faire. Dans les deux cas, la non-reconnaissance et la non-acceptation de la véritable nature humaine vient hanter la personne concernée et génère des crises émotionnelles dans tous les domaines de sa vie. Cette clef offre ainsi l'opportunité de transcender les souffrances personnelles, mais aussi collectives et ancestrales, celles de la condition humaine. Elle attire des crises jusqu'à ce qu'on tire les enseignements nécessaires, jusqu'à la rédemption. Quand elle est présente dans un profil, elle indique qu'il est nécessaire d'effectuer un travail sur soi pour avancer sur le chemin de la guérison émotionnelle et sortir d'un état de victime.

Son cadeau : Les dons et capacités de cette porte : L'humanité

Qu'est ce que le don de l'humanité ? Cette clef fait partie de l'anneau de la divinité, dont les superpouvoirs sont la grâce, la vérité et la tendresse et cela nous donne des indices sur ce que c'est d'être humain. La souffrance a un sens. Elle existe pour nous fracturer, pour nous ouvrir, pour nous permettre d'accéder à ce qu'il y a de plus profond en nous, la blessure de séparation avec la Source de toute vie et pour dissoudre les schémas disharmonieux et tout ce qui nous sépare de notre être véritable. Au niveau du don, on ne se fige pas, on ne ferme pas les portes et on ne condamne pas. On comprend, on accepte et on accueille. On respecte.

Les désirs sexuels ont un sens et ici, ils sont accueillis et gérés avec honnêteté et sincérité, grâce à une communication qui part du cœur et qui est dénué de toute honte ou culpabilité. Aucun ressenti intérieur n'est labellisé comme étant mauvais ou non juste. On reste ouvert et on ouvre petit à petit son cœur aux courants d'amour qui inondent l'univers en permanence. Le cœur peut occasionnellement avoir tendance à se recroqueviller mais alors on respire profondément, on s'ancre dans notre ventre et on observe ce qu'il se passe droit dans les yeux.

On va à la rencontre de l'expérience le cœur ouvert et on laisse complètement rentrer la turbulence. Cela nous secoue, nous ballote émotionnellement, physiquement et mentalement mais on s'accroche pas à la souffrance et on ne se ferme pas. On s'aperçoit que quand le cœur reste ouvert et qu'on se branche sur la fréquence de l'amour, on ne peut pas être submergé. On s'aperçoit que le cœur peut s'ouvrir jusqu'à l'infini, tout accepter et s'adapter à tout. On s'aperçoit que ce sont uniquement les émotions et le mental qui peuvent être submergés. Notre être supérieur, notre âme, la partie de nous qui vibre à des fréquences plus élevées, ne peut pas être submergé par la vie.

Quand on s'installe dans des fréquences vibratoires plus élevées, on s'aperçoit qu'agir à partir du cœur constitue un antidote à la peur et que d'autres choses commencent à se manifester, comme la grâce, la vision de la vérité et la tendresse compatissante. On comprend les émotions, comment elles fonctionnent et comment les gérer. On comprend les gens. Notre ouverture à un effet soulageant et guérisseur envers autrui et à notre contact, autrui commencent à s'ouvrir, à partager leurs peurs, à lâcher prise et à guérir.

Le fait de mourir, de savoir qu'on va tous mourir un jour et que l'on va tout perdre est l'une des choses qui peut le plus nous submerger. C'est notre plus grand défi. Mais cela nous rend humain et nous permet de réaliser ce qui est vraiment important dans la vie.

Cela nous fait voir les choses différemment et nous ouvre à la possibilité et aux merveilles de la transcendance, à la possibilité d'être transformé par les feux de la souffrance, de rester le cœur ouvert et de se laisser imprégner par notre humanité, en accueillant notre mortalité et surtout en faisant confiance à la vie, à l'univers, au cosmos et à la Source de toute Vie. Se mouvoir à travers la tempête de la vie, à travers les turbulences et rester le cœur ouvert est le chemin le plus rapide pour se transformer et pour accéder aux fréquences supérieures. Cette clef nous relie à la fréquence du repentir et permet ainsi de grandes transformations intérieures. On entend parfois des histoires de personnes corrompues et méchantes se repentir de leurs péchés et accéder ainsi aux fréquences supérieures. Etre humain, c'est surtout être capable de se pardonner. Cette clef vous invite ainsi à expérimenter votre humanité, à apprendre à gérer vos émotions et vos désirs sexuels avec maturité, responsabilité et diplomatie et à accéder à la consolation.

Elle vous invite à rester ouvert autant que possible et à accepter les moments ou le cœur se ferme, puis à vous pardonner, à pardonner et à ouvrir votre cœur à nouveau et à répéter le processus encore et encore. C'est cela le don 36 de l'humanité, c'est avoir le courage d'être vulnérable, de s'exposer, d'accepter la douleur et la souffrance et de se prendre en charge, émotionnellement et sexuellement. On finit alors par découvrir que quand on cesse de voir la souffrance comme quelque chose de négatif, elle cesse de le devenir. La souffrance et la compassion se fondent en une seule énergie. Les frontières du moi séparée se dissolvent dans le cœur. On découvre que rien ne peut nous blesser, car rien ne peut blesser un cœur guérit et reconnecté à la puissance d'amour infinie de la Source de toute Vie. On découvre la paix véritable et que vivre dans une forme mortelle rend humble et simple. C'est ça le voyage dans le pays du don numéro 36. Tout comme au niveau de l'ombre et du superpouvoir, cela requiert d'effectuer un travail sur soi, un apprentissage.

Le superpouvoir/puissance (Siddhi) de cette porte : La compassion

La compassion est un peu comme un parfum qui se diffuse et rayonne naturellement à travers l'aura humaine quand celle-ci vibre dans ses fréquences élevée, dans la fréquence du cœur. C'est une fréquence qui est générée par notre ADN quand il active ses composantes les plus élevées. Si l'on rencontre une personne qui vibre à cette fréquence, on ne peut jamais l'oublier car elle fait fondre le cœur par la puissance de son amour. La compassion est la présence de la Source de toute Vie incarnée dans l'humanité. Elle la gaine présente à l'intérieur de la turbulence, de la souffrance. Tout le chemin de transformation entrepris avec cette clef culmine avec la diffusion de ce parfum à partir de notre essence. L'humanité et la divinité devienne une. C'est la forme d'expression la plus élevée de l'humanité.

La compassion est plus qu'une douceur toute maternelle. Elle est un courant de vérité qui se précipite hors de notre être dès qu'on rencontre de la souffrance chez autrui. Quand on regarde avec les yeux de la compassion, on voit la seule force dans l'univers qui n'a pas d'intention cachées. Elle peut être d'une intensité féroce ou elle peut caresser notre cœur en étant aussi légère qu'une plume. Le Bouddha était l'incarnation de la compassion.

Il savait comment briser puis dissoudre chez chaque personne les obstacles qui l'entravait et ses enseignements permettent de développer cette précieuse qualité d'âme issue de l'amour. La compassion. La compassion est comme un portail ou un miroir énergétique reflétant nos souffrances. Quelque soit l'état dans lequel on se trouve, la compassion fournit la force équilibrante, une image de soi souriante dans le miroir. Elle crée un passage donnant envie de passer à travers afin d'entrer dans notre essence éternelle. Elle est le grand parfum mystérieux, présente même au niveau de l'ombre, profondément enlacée dans notre ADN, attendant un signal du destin, le bon moment, la bonne géométrie, que l'on lâche prise et que l'on redécouvre ce rayon de lumière caché dans le recoin le plus profond de ce vide dont on a tous si peur. Quand on saute dans le vide, qu'on traverse le portail, qu'on lâche prise et qu'on se laisse guider par la foi, on trouve non pas le vide mais une compassion vibrante d'amour, un parfum de grâce, de vérité et de tendresse et cela dans tout ce que l'on fait et partout où on va.

La vie de Jésus est également étroitement en lien avec le chemin de croix représenté par cette Clef 36, qui part de la souffrance, intègre son humanité avec ses souffrances puis accède à la compassion, à l'amour inconditionnel, au pardon, à l'union avec la Source de toute Vie puis à la résurrection. Elle est étroitement en lien avec la puissance de l'amour qui triomphe de tout.

Chapitre 13 : Le nombre 37

A-Sa structure et ses associations : Le nombre 3 est en lien avec la relation à la mère et aux femmes, avec le mental, l'expression de l'intelligence et avec la communication, avec les déplacements et avec l'adaptation à l'environnement à travers le service. Le nombre 7 est en lien avec une capacité à combiner conscience matérielle et conscience spirituelle, à prendre en compte tous les paramètres d'une situation, à diriger, à fixer des objectifs, à mettre en place les bonnes stratégies, à passer à l'action et à obtenir des résultats. L'intelligence est mise au service de l'action et du collectif.

B-Selon la tradition ancienne du Yi-King Chinois : Hex 37 = la famille.

Résumé du nombre : Se ressourcer et se régénérer, en créant la bonne organisation et du bien-être, en nourrissant des liens émotionnels, pour perpétuer une vie au sein d'une famille.

Explication technique : Quand survient une crise, les liens familiaux, l'appartenance à un clan et l'unité intérieure permettent de se ressourcer et se régénérer. C'est pourquoi après «L'obscurcissement de la lumière» vient « La famille » et ses lois, selon une vision ancestrale traditionnelle parfois décalée par rapport aux sociétés occidentales actuelles. Selon cette vision, une nation est composée non de citoyens mais de familles, qui sont un échantillon représentatif de la civilisation et la fondation de toute vie en société. Des comportements exprimés dans le cercle familial découlent ceux qui se manifestent en société.

Une famille ou une âme ordonnée, prospère et heureuse se met au service d'autrui et du progrès national, permet d'apprendre et de communiquer, crée des relations sociales harmonieuses, de structurer la personnalité en intégrant des règles et des lois, de développer l'intelligence et l'adaptabilité, de faire du commerce et des affaires, de remplir un rôle social, d'acquérir un sentiment d'unité dans la diversité et de nourrir la croissance de l'âme par la vie et l'action. Elle contribue à bâtir une nation où règne cohésion et prospérité.

Cela se produit quand les valeurs masculines du père (autorité, discipline) et les vertus féminines de la mère (amour, dévouement, persévérance, fluidité) s'expriment avec justesse, quand les enfants témoignent affection et respect envers leurs parents et quand tous honorent la mémoire des ancêtres. Li, le feu, demande d'exprimer sa chaleur, son énergie, sa force, son autorité, ses compétences, son dynamisme, le courage, la clarté et la vigilance. Souen, qui est le vent, mais aussi les arbres et la végétation, demande de remplir de vie l'espace et s'incarner en profondeur dans la vie sur terre. La chaleur du feu de bois s'élance de l'intérieur vers l'extérieur grâce au vent. Elle se propage pour animer la société et apporte des messages clairs. Kan, l'eau, incarne la puissance essentielle du féminin, qui porte la cohésion familiale et perpétue la vie. Elle demande de tisser et de nourrir les liens émotionnels, d'agir en synergie, d'avoir conscience des risques et dangers, de s'adapter aux nécessités du terrain en suivant le chemin de moindre résistance, d'adhérer à l'ordre naturel des choses, de rester toujours fidèle à sa nature et de cheminer avec ténacité vers le retour à l'Océan de la divinité.

Interprétation classique : Vous n'êtes pas une personne isolée ou structurée à partir d'un seul élément. Vous êtes un être spirituel, entouré d'une âme, elle-même constituée d'une multitude de forces, incarné temporairement dans un corps matériel, animé lui aussi par de multiples facettes. Vous faîtes partie d'une famille, d'un clan, d'un groupe et d'une nation ayant des valeurs communes, qui vous porte et vous nourrit, vous offre ou vous impose un rôle et que vous-même influencez.

Vous avez une place bien spécifique à occuper au sein du groupe et un rôle unique à remplir. Et vous disposez pour cela d'un ensemble de compétences et de qualités qu'il est avisé de reconnaitre et de mettre en valeur. Il est ici judicieux d'avoir clairement conscience de la présence du groupe auquel vous appartenez, de votre famille réelle ou symbolique, à l'intérieur de vous comme à l'extérieur, de ce qui s'y passe et des relations entre les différents membres du groupe.

Puis il est nécessaire de trouver votre juste place, de l'occuper, de jouer le rôle qui vous correspond et qui a du sens, et non un rôle étouffant auquel vous êtes inadapté, puis d'accomplir vos devoirs, en participant activement aux affaires du groupe ou en associant le groupe à vos affaires. Si vous devez assumer une position de dirigeant, veillez à développer votre lucidité, votre force, votre autorité, votre intégrité et votre sagesse.

Ayez des objectifs clairs. Agissez dans la durée en vous appuyant sur votre intérieur, depuis votre cœur, votre lumière, vos valeurs, votre force d'amour et votre vérité profonde.

Montrez l'exemple et consolidez votre image. Sachez doser discipline et douceur. Générez un courant d'ordre et de confiance. Assurez la promotion d'une œuvre constructive et veillez au bien-être, à la sécurité et au développement du groupe. Entretenez des relations chaleureuses avec les différents membres du groupe en agissant comme s'il s'agissait d'une famille. Assumez pleinement vos responsabilités, en mettant en place la structure, les règles et les limites appropriées. Donnez le meilleur de vous-même. Soyez sobre, précis, réaliste et pertinent dans vos paroles. Associez-les toujours à des exemples concrets. Maintenez une cohérence évidente entre vos principes, vos paroles vos comportements et vos actions. Seulement ainsi pouvez-vous exercer une influence et produire des effets sur le long terme. L'individualisme et les grands discours sont ici inappropriés. Si vous suivez l'autorité en place, soyez respectueux et apportez-lui votre soutien.

La compassion, fidélité, la loyauté, le dévouement, le respect de l'ordre naturel, des coutumes existantes, des règles et de la hiérarchie sont ici porteurs de progrès.

C-Selon les deux écoles modernes du Design Humain et des Clefs Génétiques :

1-Le Design Humain. 37 = La porte de l'amitié, de la fraternité et de la famille.

Explication technique : Circuit de l'ego. Centre du Plexus Solaire. Cette porte est liée à la porte 40, la libération. Son thème principal est l'harmonie au sein d'une communauté et sa maîtrise permet la tendresse juste. Cette porte est l'une des portes les plus sociales et communautaires. Elle est particulièrement sensible au toucher et elle est liée à la bouche. Elle apporte du naturel, une nature chaleureuse, un sens de l'amitié, de la gentillesse et une intelligence relationnelle. Elle génère un besoin de liens, de reconnaissance et de loyauté. Elle permet l'échange équilibré entre le donner et le recevoir, de tisser des liens basés sur la confiance et la réciprocité, de mettre en place un équilibre des rôles et de favoriser l'entraide, la coopération et le soutien à autrui, en échange d'une loyauté. La sensibilité est mise au service de la communauté afin de générer une stabilité matérielle et émotionnelle. Lorsque la personne est reconnue, lorsque ses capacités et son pouvoir sont reconnus, elle peut alors tisser des liens au sein de sa famille, d'une famille ou d'une communauté, soutenir la communauté et faire en sorte qu'elle dispose ce dont elle a besoin, comme de la nourriture par exemple. La vague de conscience émotionnelle amène ici vers le cycle espoir-douleur sous la forme loyauté/absence de loyauté, promesse/promesse non tenue et amical/inamical. La prise de conscience émotionnelle se fait ici sous la forme d'être (émotionnellement) touché. Le risque est ici de prendre soin de tout le monde sauf de vous, de ne pas savoir dire non aux sollicitations des membres de votre clan et de trop dépendre émotionnellement des autres pour prendre vos décisions. Bien vécue, cette porte permet de créer des relations harmonieuses, solides et chaleureuses et des environnements soutenants et solidaires qui favorisent l'expression personnelle.

Proposition d'interprétation :
La famille et les liens de confiance sont pour vous une fondation solide dans votre vie. Vous avez besoin d'appartenir à une communauté, à une famille ou de créer la votre. Vous êtes quelqu'un ayant un sens inné de la responsabilité envers la famille et la communauté que vous servez. Vous aimez être en famille, vous sentez bien lors de réunions de famille et aimez partager des repas ensemble. Cela explique votre penchant pour la nourriture. Vous êtes sans doute un fier chef de famille ou un élément clef dans la famille, enseignant le respect mutuel, l'équité, la conscience des besoins des uns et des autres, la confiance réciproque, la coopération et l'entraide, prodiguant des conseils et favorisant une bonne communication. Les affaires domestiques sont importantes dans votre monde et votre vision de la vie à quelque chose de traditionnel en ce qui concerne les différents rôles à l'intérieur d'un foyer. On remarque en vous une facilité à faire preuve de familiarité. On a vite l'impression que vous connaissez tout le monde. Vous êtes sensible au toucher, parfois même trop. Vous avez une inclination naturelle à ce que les gens se sentent les bienvenus et fassent partie de votre cercle et c'est sans doute grâce au sens du toucher que vous avez, que ce soit par vos chaleureuses poignées de main, en les prenant dans vos bras ou par un toucher réconfortant sur leur épaule. C'est votre façon de créer des liens affectifs et des rapports de confiance. Et donc, malheur à qui refuse une poignée de main ou qui vous trahit.

Quand cela arrive, ils perdent leur place à votre table et votre porte leur est fermée. Dans le cas contraire, quand le contact est établi, vous êtes florissant dans des communautés étroitement soudées.

3-Les Clef Génétiques. Clef 37 = l'alchimie familiale.

Son dilemme où il doit faire des choix : La soumission. **Signe astral HD :** Poissons.
Son partenaire de programmation : Clef 40, la volonté de se rendre.
Corps : Plexus solaire (ganglions dorsaux). **Son chemin de transformation :** Le chemin de l'égalité.
Son anneau de codon : L'anneau de la divinité (22, 36, 37, 63). **Acide aminé :** Proline.

Introduction : En astrologie, il existe un point dans le ciel, une porte, qu'on apelle le point vernal ou Ayanamsa en Inde. Il indique l'endroit où se croisent la projection de l'équateur terrestre et la projection de l'équateur du Soleil. Il impacte et décrit les énergies collectives que traverse l'humanité. Ce point, cette porte, reste environs 72 ans sur chaque degré du zodiaque et elle se déplace dans le sens inverse des signes astrologiques et dans le sens des aiguilles d'une montre. Dans le Rave I-Ching de Ra, il est indiqué que la porte 37 va de 5°45'00'' du signe des Poissons à 11°22'30'' du même signe. Elle est précédée de l'hexagramme 55 qui va de 1°03'45'' Poissons à 5°45'00'' Poissons. D'après les éphémérides astrologique, le point vernal à franchi l'endroit situé à 5°45'00'' en avril 1965. Pendant environs 450 ans, l'humanité à donc reçu les vibrations de l'hexagramme 37. Elle reçoit, depuis avril 1965, les vibrations de l'hexagramme 55, la plénitude matérielle dans le Yi-King. C'est le dernier hexagramme avant que l'on entre dans l'ère du Verseau et donc en quelque sorte l'aube de l'ère du Verseau.

L'ombre de cette clef : La faiblesse. L'étouffement.

Cette clef génétique créé de l'espace pour faire entrer en existence les valeurs féminines, la douceur toute maternelle du féminin et pour exprimer de façon harmonieuse les énergies masculines et les énergies féminines.

L'ombre de cette clef, la faiblesse, est une création du mental. Elle se manifeste quand il y a un déséquilibre entre les énergies masculines et les énergies féminines. Elle est parfois déclenchée par le masculin qui considère à tort le féminin comme étant faible et parfois par l'inverse. Elle résulte d'une croyance en l'impuissance, ce qui génère de la soumission, le dilemme de cette clef. Pendant longtemps, on considérait la force physique comme la seule force importante mais depuis quelques siècles l'intelligence et le cœur sont en train de reprendre leur place. Cette ombre est alimentée par la peur de ne pas être soutenu par le groupe, le collectif, la société et la vie. Elle incite à ne donner que s'il y a l'assurance de recevoir quelque chose en retour. Elle est enracinée dans la peur.

Quand on observe le fond et la forme de l'humanité, on constate qu'au fond, tous les êtres humains sont égaux car un être humain est un être humain, mais que dans la forme manifestée dans la matière, ils ne le sont pas.

Certaines personnes naissent dans des familles ou des environnements privilégiés, où elles disposent de ressources et d'une liberté de choisir leurs vies tandis que de nombreuses personnes ont des handicaps, des maladies où naissent dans des endroits où il y a un manque de ressources, d'éducation et différentes formes de violence et d'oppression, infligées par la nature et surtout par d'autres êtres humains.

Au niveau des fréquences de l'ombre, il y a une tendance à baisser la tête, à nourrir la croyance en son impuissance, à se soumettre à la fatalité et à vivre en posture de victime. Il y a de très nombreuses personnes partout dans le monde qui sont adict à leur situation de victime et même qui la défend farouchement. La cause de cela se trouve dans notre ADN où il y a des programmes qui vibrent comme quoi il faut avoir peur de l'indépendance et de l'autonomie. Cela fait partie de nombreuses cultures. Quand on se soumet à notre propre faiblesse, on finit par s'effondrer dans un état d'épuisement, qui est l'ombre partenaire de la clef 37, la clef 40. Il y a une fatigue saine qui survient quand on a fait de notre mieux chaque jour pour accomplir ce que la vie nous proposait d'accomplir. Il y a une fatigue épuisante qui survient quand on a gaspillé notre force vitale à cause d'une perte d'enthousiasme et un manque de sens dans ce que l'on fait.

Les Clef génétiques nous invitent à éveiller notre conscience, à exprimer notre génie et à manifester la meilleure version de soi-même. C'est là où tous les êtres humains sont égaux. Chaque personne peut accomplir la mission qui lui est confiée par la vie si elle prend le taureau par les cornes, si elle ne cède pas au fantôme de la faiblesse, si elle surmonte la croissance erronée qu'elle est une victime et une personne faible. Chaque personne peut apprendre à exprimer son génie et à devenir fière de sa vie et de qui elle est, peu importe ce qu'elle fait. Elle doit pour cela voir que le génie est ancré dans l'amour de soi et dans la capacité à donner sa vie à la vie sans se soumettre à des éléments autre que l'amour dans son cœur. Ou est ce que l'on se croit faible et quelles sont les faiblesses que l'on identifie en soi ? On est seulement faible parce qu'on croit l'être. Ce que l'on considère comment étant une faiblesse est en réalité une opportunité pour grandir, murir et prospérer. Comme il n'y a de l'ombre que parce qu'il y a de la lumière, l'endroit où l'on se croit faible est l'endroit où l'on peut le plus grandir, prospérer et s'épanouir, l'endroit où l'on peut être le plus fort.

Quand on pense à la famille, on peut dire qu'elle forme comme une chaine et l'on dit souvent que la force d'une chaine, d'un groupe, se mesure à son maillon le plus faible. On peut tout à fait inverser cette croyance et voir que l'élément le plus faible d'un groupe est ce qui soude le groupe ensemble.

On peut appliquer cela à notre propre vie et identifier le domaine de notre vie (santé, argent, études, relations, vie professionnelle, projets, éveil spirituel etc.) où l'on bataille le plus. Il se trouve que c'est dans ce domaine que l'on peut amener toute notre vie dans un état d'harmonie supérieur. Cela demande cependant du travail. Pour surmonter cette ombre, le seule solution est de se battre pour exprimer notre génie et pour ne pas céder à l'auto-saboteur, à nos démons intérieurs, en faisant face à nos points faibles, en les acceptant, en voyant qu'ils cachent une grande puissance, un grand potentiel et en avançant sur le chemin de l'amour, de l'amour de soi et de l'amour de la vie où chaque personne a son rôle à jouer. Cela s'effectue quand l'intelligence est mise au service du cœur.

Si cette ombre se manifeste en mode réprimée, elle génère la tendance à confondre les émotions et le cœur, à survaloriser l'expression des émotions, à dévaloriser les qualités du cœur et à ne donner que quand il y a l'assurance de recevoir quelque chose en retour, que quand il y a une loyauté affichée. Inversement la loyauté est donnée que s'il y a un bénéfice évident. Les émotions sont utilisées comme moyens pour ne pas faire face et gérer les peurs profondes. *Si cette ombre se manifeste en mode répressive*, les peurs sont projetées à l'extérieur, sur autrui et le monde, ce qui génère une tendance à ne voir que les endroits où il y a des inégalités. Il y a ici un durcissement du cœur, un oubli ou un rejet de toute forme de douceur et de tendresse et une tendance à utiliser à son avantage la gentillesse des gens dans un schéma de bourreau envers une victime. Ces modes d'expression s'effondrent dès qu'une personne revient dans le cœur et reprend son pouvoir.

Son cadeau : Les dons et capacités de cette porte : L'égalité. Le soutien. L'émancipation.

Quand on fonctionne avec les fréquences de l'ombre, on n'est pas connecté à son cœur et on vit conditionné et sans amour véritable ou dans un amour qui attend quelque chose en retour. On ne voit alors que de l'inégalité et on crée des inégalités. Les fréquences du don sont l'endroit où l'on peut faire émerger notre puissance cachée, notre plus grande puissance. Ici on observe que les énergies masculines et les énergies féminines tendent vers une expression équilibrée et on prend conscience de comment elles dansent ensemble à l'intérieur de nous et dans notre vie. Elles initient ici comme une parade nuptiale et tendent vers un mariage intérieur. On apprend ici à se considérer comme une relation, comme un couple intérieur et à voir qu'il y a, en nous, une partie masculine et une partie féminine. On est dans notre masculin quand un intellect vif et pertinent s'exprime, quand il y a de la détermination, de la résolution, de l'organisation efficace et de la ferveur enthousiaste et rebelle comme le feu qui pétille de joie. On est dans notre féminin quand on est calme et posé, quand on exprime un cœur intuitif et rempli d'amour pour la vie, quand on vibre dans notre profondeur et dans un puit de silence, quand on est réceptif, qu'on écoute, qu'on entend, qu'on est ouvert, flexible, magique et enchanté, comme l'eau.

On observe que si l'un des deux pôles a trop de puissance et qu'il est oppressant, que si un pôle est blessé, réprimé et soumis, que si un pôle porte tout parce que l'autre ne s'exprime pas, il y a un déséquilibre en nous et dans notre vie, un état de faiblesse. Quand on restaure l'égalité en nous, on amène alors cette égalité dans le monde extérieur.

Le couple intérieur est en lien avec le nombre 2 et cette clef nous amène à une étape plus loin, au nombre 3, c'est-à-dire à se considérer comme une famille intérieure et comme une partie de l'humanité et de la vie.

On apprend ici à se donner à soi-même en faisant confiance à la sagesse présente dans son cœur, à s'aimer soi-même, à ainsi donner à autrui, à aimer autrui et à recevoir d'autrui.

On développe des relations patents-enfant fondées sur l'amour inconditionnel et des relations amicales également fondées sur l'amour inconditionnel. On apprend que plus on donne avec le cœur de façon inconditionnelle, sans espoir ou attentes de recevoir quelque chose en retour et plus on reçoit en retour de la vie. On développe une confiance profonde dans l'énergie de la famille, du groupe, du collectif, de la société, de la civilisation et de la vie et on se sent soutenus et porté(e).

Les personnes ayant cette clef s'expriment ainsi souvent au sein de familles, de communauté, où elles identifient les endroits où il y a de la faiblesse puis apportent de la coordination, de la cohérence et de la cohésion (valeurs du 3, l'impératrice). Ce don aide à surmonter les déséquilibres et les faiblesses, en apportant un soutien qui permet d'aller vers plus d'autonomie, d'indépendance et de liberté. Il y a un paradoxe dans cette démarche. On observe que réussir sa vie de parent consiste à aider l'enfant à développer ses dons, à devenir autonome dans la vie, à se rebeller contre le nid familial pour prendre son indépendance en s'éloignant et quelque part à se retirer pour que l'enfant trouve sa place. D'un autre côté, cette liberté engendre de la loyauté, une gratitude plus ou moins consciente et elle créé de la cohésion sociale.

Une des valeurs essentielle de cette clef est le soutien du foyer, de la famille, de la famille d'âmes, le fait de prendre soin de pour soutenir en apportant une certaine structure et en aidant chaque personne à exceller dans ce qu'elle aime faire. Une personne ou un groupe qui nous soutient devient un modèle, une référence qui nous aide à développer des repères. Ces repères nous guident alors pour développer une vision, des objectifs, une organisation et une réussite. On rend alors à la vie avec joie ce que la vie nous a donné, en faisant preuve de bonne volonté. Tout être humain a en lui/elle cette énergie de bonne volonté.

Au niveau des fréquences du don, grâce au soutien, on fait voler en éclat l'impuissance et la croyance que l'on est pas assez ceci ou cela, pas assez bien, pas assez digne, pas assez compétent(e) ou légitime. On est capable de mettre de côté toute fierté mal placée et de demander de l'aide, sans tomber dans une relation de dépendance. On sait de quelle aide on a besoin et où on en a besoin. La personne qui aide est comme ces bons thérapeutes qui encouragent à ne pas revenir les voir, à être en mode rebel(le) créatif(ve) et à mettre en pratique dans le monde ce qui a été résolu.

Ce don nous apprend à surmonter la croyance que l'on est pas capable, à transformer nos faiblesses en forces, à être une personne audacieuse, à surmonter nos peurs et à tenter notre chance (3+7=10) pour faire tourner la roue du destin et à vivre une vie qui vaut la peine d'être vécue, en mettant ses dons au service de la communauté, de la société pour le bien de tous les êtres. La vie est une course, une course pour accéder à un état de conscience supérieure et une course contre le temps. On ne peut pas forcément gagner la course mais on peut jouer son rôle, aider la vie là où c'est possible et ressentir le bien-être qui émerge quand on vit une vie qui a du sens, où nos énergies masculines et féminines s'expriment de façon harmonieuse, dans un état d'égalité intérieure. A travers la famille ou un groupe, on peut alors œuvrer dans le service nous nourrir, soutenir et empuissancer l'humanité en tant que grande famille habitant cette planète.

Le superpouvoir/puissance (Siddhi) de cette porte : La tendresse. La portance.

L'objectif de toute forme de vie est de manifester son existence en exprimant sa spécificité, son unicité. La vie est ainsi une célébration de la différence et des vagues de conscience qui s'expriment en une infinité de formes. Il y aura toujours une planète pour accueillir la vie quelque part dans l'univers. Quand notre corps physique meurt, il est accueilli par la Terre et dans la majorité des cas, une nouvelle version de notre être éternel émerge dans la matière dans un autre corps afin de poursuivre le script de l'histoire de notre être éternel dans la dimension de la matière et du mystère de la vie.

Ce superpouvoir oriente notre attention sur notre essence éternelle d'où on émerge et où un jour on retournera. L'une des caractéristiques de la Source de toute vie, de l'archétype de la mère universelle, est une tendresse et une douceur toute maternelle.

L'Hexagramme 37 du Yi-King représente l'archétype de la famille où chaque personne a sa place. Une égalité naturelle maintient la cohésion familiale et il y a au sein de la famille une intelligence qui encadre l'ensemble bien au-delà des membres individuels de la famille.

La mère est au cœur de la famille. Elle est le sol et la planète Terre qui porte la vie. Elle permet au père expanser son influence vers l'extérieur à travers des services proposés au monde. Elle incarne également une énergie d'infinie tendresse où tous les membres de la famille peuvent venir se ressourcer et se reposer, où ils peuvent se souvenir de leur essence et de leur mission de vie Elle apporte un sentiment de confiance et de sécurité qui permet à tout le monde d'exprimer le meilleur de soi. Ce superpouvoir 37 incarne cette énergie de la mère, l'essence de la mère universelle. Il incarne également l'essence de la famille. Une famille unie dispose d'une force énorme et d'un grand potentiel capable de transformer le monde en étant l'environnement soutenant pour permettre l'éveil des consciences. L'archétype de la famille existe dès qu'un groupe se forme, même si les membres de ce groupe n'ont pas exactement le même patrimoine génétique. Toute l'humanité descend d'un petit groupe estimé à entre 2000 et 10 000 personnes par différentes études sur la génétiques. On est donc tous génétiquement des frères et sœur appartenant à la même espèce.

Depuis peu et dans les temps qui sont amenés à exister, des groupes de personnes se forment partout sur la Terre. Ils sont composés de personnes mystérieusement attirées les unes vers les autres pour accomplir un but supérieur. Ils sont maintenus en cohésion par le superpouvoir de la tendresse et ce superpouvoir ne peut être ressenti qu'à travers une appartenance à une famille, à un groupe. Il ne peut pas émerger dans un état d'isolation car il est comme une colle qui amènent les gens ensemble pour s'exprimer comme un groupe.

Quand une personne exprime son génie, elle fait intervenir l'univers, qui créé des synchronicités et l'attirent vers d'autres personnes comme elle qui complètent leurs génies, un peu comme Michel Faraday, James Maxwell et d'autres qui permirent à l'électricité de nommer un élan nouveau à la civilisation (voir le livre Physique Classique et Physique quantiques pour thérapeutes et particuliers). Il est ici judicieux de prendre conscience de son propre génie, de voir comment il peut être mis au service de la collectivité, de la société, de la civilisation et de l'humanité et d'identifier les génies complémentaires qui sont nécessaires pour le compléter. Au sein du chemin doré proposé dans les clefs génétiques, le passage de la séquence de Vénus à la séquence de la perle traite précisément ce sujet-là.

La perle est l'objectif de notre conscience et notre récolte. C'est là où l'on réunit nos superpouvoirs dans une explosion de conscience supérieure.

Pour que cela se produise, il faut aller dans notre cœur tendre, déclencher puis incarner l'essence de notre mère divine intérieure et sa tendresse toute maternelle puis accéder à notre blessure sacrée, la déconnexion originelle avec la Source de toute Vie. Cela nous permet d'accéder à une unité intérieure et de mettre ce nouvel état d'être au service de la vie. Beaucoup de gens considère la tendresse comme une faiblesse. Cela est du au fait qu'elle est destinée à s'exprimer en tant que force collective, en tant que feu collectif, de façon douce et imperceptible, avec les autres superpouvoir formant l'anneau de la divinité qui sont la compassion, la vérité et la grâce.

Elle n'est pas conçue à la base pour se manifester uniquement à l'échelle individuelle. On peut voir ce superpouvoir en action dans toutes les relations chaleureuses qui existent entre inconnu(e)s dès que l'environnement approprié est là pour leur permettre de se manifester, un environnement basée sur la beauté, la détente, la confiance et la possibilité de servir en exprimant la meilleure version de soi-même. Mais il ne peut pas se manifester dans un environnement fondé sur les ombres des clefs ; sur la peur, le stress, la domination, la peur du manque, la faim, la méfiance, les compromis, l'avidité et la répartition déséquilibrée des ressources par exemple. Ces qualités des dons et des superpouvoirs sont présentes en nous et il est de notre responsabilité collective de comprendre comment fonctionne notre ADN, de conscientiser nos ombres et leur impact sur la situation actuelle de l'humanité de créer le terrain pour que les dons et les superpouvoirs présents dans notre ADN puissent se manifester et exister. Ce mouvement est en cours car on est à l'aube de l'ère du Verseau. On a juste à se détendre, à faire de notre mieux, à exprimer la tendresse dans notre cœur en tant que présence aimante et à profiter du voyage.

Chapitre 14 : Le nombre 38

A-Sa structure et ses associations : Le nombre 3 est en lien avec la relation à la mère et aux femmes, avec le mental, l'expression de l'intelligence et avec la communication, avec les déplacements et avec l'adaptation à l'environnement à travers le service. Le nombre 8 est en lien avec la capacité à voir la vérité en face et à être juste, à transformer ce qui doit l'être, à conscientiser son éternité, à manifester l'amour et l'abondance, à contribuer à la civilisation et à rechercher une certaine paix. L'intelligence est mise au service de la civilisation et de la compréhension des lois de l'univers mais le mental/l'égo peut parfois se rebiffer face à la vérité/l'éternité et se retrouver en opposition.

B-Selon la tradition ancienne du Yi-King Chinois : Hex 38 = l'opposition.

Résumé du nombre : Générer ou gérer une opposition, une dualité, un défi, une séparation, une tension équilibrée entre deux opposés pour accroitre votre conscience de l'unité qui transcende puis affirmez et exprimez votre spécificité.

Explication technique :

Quand une âme écoute ses vrais désirs, exprime son individualité et affirme sa différence, pour suivre sa propre voie, elle se sépare de sa famille, se met en décalage, en opposition, en dualité, en contradiction et en rupture. C'est pourquoi après «La famille» vient «L'opposition». Cela est un temps atypique, insolite, étrange, un peu tendu mais pourtant juste car conforme à l'ordre naturel des choses.

En effet, le monde de la matière, l'attraction et l'union existent uniquement par la tension entre deux éléments différents, opposés, séparés et distincts. Le mouvement provoque ici l'opposition. Il y a alors inévitablement des risques de malentendus. Différentier permet cependant de d'identifier les différences, de reconnaitre les spécificités et d'ordonnancer la vie. Même si de grandes entreprises ne sont guère possible en ces temps d'opposition, l'opposition, gérée avec justesse devient bénéfique car la tension et la concurrence qu'elle engendre permet d'accroitre la qualité, la conscience et de générer le choix le plus performant.

Le trigramme extérieur, **Li,** évoque le feu, la luminosité, le Soleil, ce qui s'attache, la passion, l'homme, mais aussi la fille cadette. Il poursuit son chemin vers le ciel, vers l'action et le combat. **Touai** symbolise le lac, la civilisation, le plaisir, le désir, la femme, la plus jeune fille. Il s'infiltre dans la terre puis développe son réseau relationnel, sa joie de vivre et la paix. Ici, ces deux éléments vont dans des chemins séparés, conformes à leurs natures respectives.

Deux femmes appartenant à une même famille suivent des hommes différents et s'éloignent l'une de l'autre. Deux yeux regardent dans des directions divergentes. Deux rivières émergent des côtés opposés du lac.

Seuls l'acceptation, le repos et la clarté engendrent alors un rapprochement au-delà des différences. **Kan**, l'eau, incarne la puissance éternelle du féminin, qui génère et perpétue la vie, tisse et nourrit les liens émotionnels, agit subtilement en synergie, a conscience des risques et dangers, s'adapte aux nécessités du terrain en suivant le chemin de moindre résistance, adhère à l'ordre naturel des choses, reste toujours fidèle à sa nature et chemine avec ténacité vers le retour à l'Océan unifié de la divinité.

Ainsi, malgré l'éloignement et les différences dans la forme, ce qui est de même nature finit par s'assembler, se rencontrer et s'unir, tout en préservant sa spécificité.

Interprétation classique : La situation est caractérisée par une différence, un décalage, un éloignement, une divergence, une dualité ou une opposition entre deux éléments qui ne vibrent pas sur la même longueur d'onde, qui sont étrangers l'un à l'autre et qui cherchent chacun à affirmer leur spécificité. Ce peut-être deux besoins à l'intérieur de vous (le plaisir et la passion), deux personnes, deux points de vue, deux visions des choses, deux cultures, deux langages, deux objectifs ou deux élans directionnels. Chacun suit sa nature, ce qui induit des risques de malentendus, d'incompréhension et de tensions, qu'il est néanmoins possible de transcender. Il y a ici une réelle opportunité de créer, petit à petit, une nouvelle situation. Une resynchronisation, un ajustement, la création d'un pont et un réalignement sont cependant nécessaires pour percevoir l'unité dans la différence, dans la diversité, puis pour aller dans le sens d'un rapprochement et d'une plus grande harmonie. Cela implique des efforts de communication dans la limite des possibles. Nourrir l'opposition et la distance, mettre de l'huile sur le feu, s'enfermer dans sa position, agir d'une façon directe, brusque et impulsive, être dans la réaction, l'hostilité ou l'égocentrisme, vouloir obtenir des résultats immédiats par la force sont ici totalement inadaptés et ne feraient que renforcer la disharmonie.

Même s'il est parfois nécessaire de rapprocher deux éléments en opposition grâce à un objectif partagé, se laisser influencer par un environnement hostile, renier son individualité, occulter sa différence et sa spécificité sont également ici inadapté. La situation nécessite ici un élargissement de votre vision, une clarté profonde, une ouverture d'esprit, une générosité de cœur, une reconnaissance, une acceptation et une compréhension des différences et des spécificités de chacun, la perception de l'unité qui transcende ces différences, puis une avancée graduelle, en douceur, par étapes, vers un objectif clair, juste et qui a du sens, où les besoins de chaque élément sont respectés.

Cela demande un engagement intérieur ferme mais un minimum d'intervention, une volonté de coopération et de convergence, de la diplomatie et de la finesse, des attitudes constructives, une organisation appropriée et la conscience que dans un tel contexte, seul des petites choses et des améliorations progressives sont possibles. La capacité à limiter votre ardeur, à laisser faire la nature et à lâcher prise tout en avançant vers votre vérité profonde est celle qui donnera ici d'excellents résultats. Vous pouvez ainsi acquérir une vision claire des contradictions, des oppositions, des différents éléments qui composent votre être, la situation et la vie, puis accéder à l'unité qui les transcende.

Cela peut déboucher sur des révélations, sur un puissant sentiment de complétude, sur un dynamisme accru, sur une plus grande authenticité, sur une profondeur de vision et sur un état de paix intérieure.

C-Selon les deux écoles modernes du Design Humain et des Clefs Génétiques :

1-Le Design Humain. 38 = La porte du combattant ou de l'opposition.

Explication technique :

Circuit de la connaissance. Centre Racine. Cette porte est liée à la porte 28, le seuil critique ou la Prépondérance du grand. Son thème principal le combat juste et sa maîtrise permet l'honneur grâce au courage. Cette porte génère une pression pour trouver un sens, pour identifier des valeurs, pour choisir une cause puis pour lutter, combattre, engager son énergie et pour manifester son existence par rapport à ces valeurs, ce sens, cette cause, en préservant son intégrité et en défendant ce qui est juste. Cela donne ainsi une direction à la vie.

Cette direction est souvent en opposition à quelque chose qui révèle ce qui ne convient pas, ce que l'on ne veut pas. Il y a une énergie « de combat qui a du sens » pour incarner ses valeurs et sa cause, pour défendre ses convictions, pour résister aux tentatives de manipulations, pour refuser toute complaisance et pour avancer avec acharnement jusqu'à l'obtention de la victoire. On consacre alors sa vie à lutter pour quelque chose que l'on considère comme valable. Le défi est alors de lutter avec discernement, de ne pas s'épuiser dans des combats anecdotiques, de ne pas être systématiquement en résistance, en opposition voir en confrontation avec tout ce qui se présente et d'apprendre à se détendre et à lâcher-prise quand il n'y a rien à combattre. Comme cette porte est dans le centre racine de la survie et qu'elle est reliée au centre rate qui révèle les peurs sous-jacente, il y a une énergie individuelle de combat pour survivre, pour être en bonne santé, en résistant aux influences extérieures et en surmontant des peurs ; notamment ici la peur de la mort, avec comme finalité une conscience de la valeur de la vie. Cette porte génère beaucoup de courage, de persévérance et donne une vision à long terme. Le combat très personnel qu'elle génère n'est pas toujours compris par autrui mais peu importe, il est juste et sain pour la personne qui est en mode « Guerrier de lumière ».

Proposition d'interprétation :

Vous aimez vous mettre en opposition, défier le monde en grinçant des dents et avec une volonté de fer — non sans un peu d'agressivité! Vous avez un penchant particulier pour provoquer les autorités et pour dire non à tout ce qui se présente. La pression du centre racine vous conduit parfois à défier l'intérêt public, ce qui peut vous rendre insolent dans votre façon de relever tous les défis et de contester tous les systèmes de lois. Pour vous, toute forme d'organisation vous menace et cherche à vous transformer en esclave au lieu de vous relier. Vous pouvez avoir un esprit de contradiction, être antagoniste et avoir des facilités pour ergoter. Cela vous conduit quelquefois à devenir excessivement querelleur et « toujours prêt » à vous battre ou à débattre, ce que certaines personnes peuvent trouver déconcertant. Tandis que la plupart des gens cherchent à éviter la confrontation, vous traquez au contraire tout ce qui a besoin d'être un peu bousculé et vous y allez. Vous n'êtes pas sourd(e), mais vous entendez parfois que ce que vous voulez entendre. Cela vaudrait vraiment la peine d'écouter pour guetter ceux qui sont sensibles aux mêmes défis que vous. Votre plus grand challenge est de voir si vos combats contribuent à améliorer le monde car sinon vous défiez la vie sans aucune raison. Si vos combats sont personnels, vous trouvez des causes valant la peine d'être défendues. Vos efforts permettent alors d'accroître la conscience de la vérité dans ce monde. C'est comme cela qu'elle accède à la connaissance en préservant son intégrité.

Votre force est de vous engager avec courage dans les défis qui méritent d'être relevés, de surmonter les épreuves sur le chemin et d'accéder à une profonde intégrité et à la connaissance.

3-Les Clef Génétiques. Clef 38 = le guerrier de lumière.

Son dilemme où il doit faire des choix : Les habitudes. **Signe astral HD :** Capricorne.
Son partenaire de programmation : Clef 39, la tension de la transcendance.
Corps : Les surrénales. **Son anneau de codon :** L'anneau de l'humanité (10, 17, 21, 25, 38, 51)
Acide aminé : Arginine. **Son chemin de transformation :** Le chemin de la persévérance.

L'ombre de cette clef : La lutte. L'agressivité.

Cette clef, qui existe également chez tous les animaux, est engrammé dans notre code génétique pour nous aider à survivre dans le monde de la matière. Elle agit sans réfléchir. Elle nourrit l'illusion d'une identité séparée et engendre la peur que s'il n'y a plus rien ou personne contre qui lutter, on cesse d'exister. Actuelement, presque toute la planète est ainsi dans un état de survie et lutte, soit pour survivre, soit pour vivre une vie qui a du sens.

Chez l'homme, elle est un levier car quand on la comprend et qu'on l'intègre en conscience, des changements surviennent immédiatement dans notre vie. Il y a ici un schéma de lutte et la nécessité de batailler. On n'aime pas trop l'idée de lutter mais on doit tous batailler et fournir des efforts conséquents à un moment donné dans notre vie, que ce soit un effort physique pour survivre ou déménager par exemple, un effort émotionnel lors d'une séparation amoureuse par exemple ou un effort mental pour comprendre, accepter, pardonner et tourner la page. Si on observe attentivement notre situation, on est en réalité né(e) pour lutter et batailler afin de pouvoir s'élever, afin d'augmenter sa vibration et d'éveiller sa conscience, se libérer, apprendre à voler avec les ailes de la foi qui permettent de voler plus haut que celles de l'aigle, tout ça dans le but de ne plus avoir à lutter et de pouvoir voler sans efforts comme les oiseaux ou de pouvoir nager sans efforts comme les dauphins. Pourtant, même ces créatures bataillent. Toute la nature bataille. C'est dans la nature de la vie et de l'évolution de continuer à s'expanser et de se dépasser en luttant.

Chez les humains, la lutte peut soit nous libérer, soit nous piéger et nous plomber. Elle nous piège si elle devient une habitude et si elle est manifestée sans conscience et sans cœur. Dans les fréquences de l'ombre, on est tellement habitué à batailler qu'on est tout le temps en train de lutter. C'est devenu une habitude du quotidien. On démarre notre journée avec une liste de choses à faire et on bataille pour les faire et avant même qu'on s'en rende compte la journée est finie. On a pu, ou pas, faire tout ce qu'on voulait faire mais ce qui est important de voir ici, c'est que c'est comme si cette journée était manquante et non mémorable du fait qu'on était piégé par notre habitude. Cette ombre génère beaucoup de tristesse car elle ne lutte pas pour le vrai combat, c'est-à-dire pour organiser sa vie afin de faire ce qu'on aime vraiment faire et afin de s'éveiller à l'amour. La majorité des gens sont enfermés dans un style de vie et ils pensent qu'ils ne peuvent pas en sortir. Toute relation a un sens et si les deux personnes n'ont pas une vie dont le sens est aligné l'une avec l'autre, la vraie nature, le vrai sens d'une relation ne peut pas se révéler. Quand une personne vit une vie qui n'a pas de sens, son énergie s'exprime alors souvent par des comportements agressifs qui détruisent les relations.

Les habitudes donnent l'illusion d'une sécurité alors qu'on ne peut pas être en sécurité si on ne se sent pas heureux/heureuse. La véritable sécurité est une sensation dans les cellules qui survient quand notre vie a un sens supérieur.

On n'a pas besoin de savoir comment accéder à vivre une vie qui a du sens mais on doit démarrer pour aller dans cette direction et pour cela, on doit rompre avec nos habitudes. La première étape est de regarder avec honnêteté ou est-ce que l'on se sent malheureux/se et ou est-ce qu'on bataille. Il s'agit ensuite de transposer cette tendance à batailler pour servir une cause supérieure qui a du sens, en faisant quelque chose qu'on a toujours rêver de faire, en faisant quelque chose qui contribue et en mettant toute notre capacité à lutter dans cela. C'est ça qui va changer notre vie, casser nos habitudes et nous élever vers un plan supérieur, vers un but supérieur. Le simple fait de faire une pause et de prendre le temps de respirer permet de créer un espace ou d'autres choses deviennent possibles. Cela permet aussi de voir qu'on s'était oublié, qu'on était absent et embarqué dans son élan de survie, qu'on se tapait la tête contre le mur ou qu'on tapait la tête de quelqu'un d'autre et qu'on était hermétique à tout conseil venant de l'extérieur, dans un état de misère.

Beaucoup de gens croient ou espèrent que quand ils se seront suffisamment élevés, ils n'auront plus besoin de batailler. On doit alors faire la différence entre la fin de la lutte et la fin de la souffrance. On transcende la souffrance, pas la lutte.

On a besoin de la lutte. Elle définit qui on est. Elle nous permet de nous affûter, de nous améliorer et de nous perfectionner. Elle est en réalité un don des dimensions supérieures. Même les êtres les plus éveillés bataillent mais la différence, c'est qu'ils ne souffrent pas quand ils le font. Ils bataillent au contraire avec conscience, amour et avec joie, car leur lutte a du sens et ils savent que cette lutte les teste, les polisse, les éduque et raffinent leur conscience.

Il s'agit ici d'accepter que le monde de la matière, notre vie sur Terre, est une école et un laboratoire, un lieu d'éducation et qu'on est là pour apprendre. On pourra se reposer plus tard quand on l'aura mérité. En attendant, on peut utiliser notre capacité à lutter pour accroitre notre niveau de conscience et pour élever notre fréquence vibratoire afin de nous rapprocher des fréquences des dons puis des superpouvoirs de la clef.

Si cette ombre se manifeste en mode réprimée, elle génère une énorme tension intérieure du au fait que ces personnes ne savent pas orienter leur énergie pour servir un but supérieur, au-delà d'elles-mêmes. Elles ont laissé tomber et abandonné la lutte qui du coup s'exprime à l'intérieur. Cela génère de la dépression et un état de misère intériorisé qui est nourrit par une tendance à se culpabiliser et se dévaloriser. Elles se sont enfermé dans une prison et malheureusement, aucune influence extérieure ne peut les en sortir. Seule la personne peut comprendre et trouver la motivation pour s'extraire de ces propres démons. C'est quand elle trouve une cause, un objectif qui aide les autres que toute cette tension peut alors se dissiper et elles peuvent alors accomplir des choses extraordinaires.

Si cette ombre se manifeste en mode répressive, elle se comporte comme si sa survie était sans arrêt menacée et manifeste de l'agressivité. Elle projette sa tension intérieure vers l'extérieur. Elle se trompe de combat, ne lutte pas contre les bons adversaires, se bagarre pour tout et n'importe quoi et s'enferme en mode survie en luttant sans conscience et sans sens. Elle mord et ne lâche que si l'autre en face lâche. Il y a parfois comme une addiction à l'adrénaline. Les comportements sont alors particulièrement destructeurs, notament dans le domaine des relations et vivre une relation harmonieuse et épanouissante est ici impossible.

C'est quand elles canalisent leur agressivité vers un but supérieur bénéfique à autrui qu'elles basculent alors dans les fréquences du don de la clef et témoignent d'une persévérance très organisée permettant de mener des projets significatifs à leur aboutissement.

Son cadeau : Les dons et capacités de cette porte : <u>La persévérance. La combativité.</u>

On apprend ici à transcender son individualité que l'on croit séparée pour servir un but au-delà de soi. On apprend à lutter pour donner un sens à sa vie, pour ouvrir son cœur, pour faire ce qu'on aime et aimer ce qu'on fait, de façon à ce que cela apporte quelque chose aux autres. On entreprend un combat utile qui a du sens. On s'aperçoit qu'on est une force de la nature et on met cette force au service de la vie.

Dans le livre jaune du Yi-King, la première traduction significative effectuée par Richard Wilhelm, il y a très souvent cette phrase : « La persévérance est avantageuse ». On questionne parfois le Yi-King sur des choses très profondes et on obtient comme conseil ou réponse impénétrable que la persévérance est avantageuse. Richard Ruud a un éclairage profond sur le sens de cette phrase. Elle nous invite à nous poser, à respirer et à juste être en faisant un avec l'instant présent. Nos habitudes dirigent nos vie et parfois elles nous plombent et nous font courir en permanence donc on a besoin d'avoir des moments de pause. Si vous observez les animaux, ils font très souvent des pauses sans raisons particulières, même si c'est pour des temps très courts. Pendant la nuit on est en pause et durant l'hiver la nature est en pause. Si on ne fait pas régulièrement des pauses parce qu'on est happé par nos devoir et nos habitudes, on passe à côté de la magie de la vie. Les pauses sont les endroits où l'on fait des prises de conscience et où l'on a conscience de ce qui est et un jour avec des prises de conscience sort toujours de l'ordinaire. Grace aux poses, nos journées deviennent extraordinaires parce qu'on est à l'écoute de soi, de la vie et de l'instant présent et c'est là où l'on peut faire les choses différemment et changer nos habitudes. Ce don nous invite à trouver un combat qui en vaut la peine, qui a du sens et à mettre toute son énergie dedans La conscience humaine est indomptable. Elle aime avancer, atteindre de nouveaux états d'être, s'étirer et accéder à de nouveaux territoires. On ne peut être heureux (se) dans la vie que si on avance, peu importe qui nous sommes. On est conçu pour persévérer, pour trouver notre génie et suivre vers là où il nous emmène. L'amour contient en lui-même la persévérance. La vie aime les défis et elle ne serait pas drôle, pas intéressante sans défis. Quand on découvre et qu'on commence à vivre ce qui donne à notre vie un sens, ce qui émerge comme une mission de vie, on continue à rencontrer des défis et à devoir batailler mais on arrive à traverser ou à contourner ces défis et on le fait avec le cœur. Notre persévérance nous guide. Parfois, il est nécessaire de faire face frontalement aux défis et parfois il est nécessaire de se mettre de côté et d'atteindre qu'une solution naturelle apparaisse d'elle-même. Ce qui est certain, c'est que chaque défi est une opportunité d'apprendre à s'aimer, à aimer et à s'honorer plus profondément. On devient ici particulièrement doué(e) pour surmonter les obstacles.

Il est dans la nature de l'être humain d'être combatif et de persévérer pour que la vie continue. La vie apelle le soldat/la soldate, le guerrier/la guerrière en nous à se manifester et quand cela arrive et qu'on répond à l'appel, un cri de joie émerge en nous. Quand on rencontre une personne qui vit selon ce qui donne un sens à sa vie, selon son but supérieur, cela change quelque chose en nous.

On observe que cette personne est passionnée, qu'elle brille, qu'elle est simple et qu'elle n'a pas les peurs et les inquiétudes que la plupart des gens ont. Ces personnes restent des êtres humains et ont leurs ombres, mais elles ont tendance à sourire et à avoir le cœur ouvert. Elles ont conscience de ce qu'il en est, de la vie et comprennent la souffrance que nous ressentons tous.

Elles ont effectué le grand saut, le saut dans leurs cœurs. Tout ce qu'elles font est fait au service de l'amour et de la joie et sert les courants d'amour et de joie qui émergent de leurs cœurs et génère la fluidité de leurs vies. Comme ce sont des forces de la nature, elles sont sur le terrain, au cœur de l'action et des événements. Comme elles agissent à partir du cœur et de leur vérité et non à partir de la colère, elles savent écouter la nécessité, savent ce qui doit être fait et faire la différence entre les moments qui requiert de l'action et ceux qui requièrent d'attendre. Elles agissent en surmontant leurs peurs et les obstacles extérieurs, comme des guerriers ou guerrières, au nom de l'amour et au service de la vie. Elles montrent à la société que rien n'est impossible quand une personne se bat pour accomplir ce en quoi elle croit et que l'on peut se battre sans corruption et sans violence. Elles sont habitées par un frémissement de vie et par la passion. Souvent elles deviennent des héros/héroïnes et apportent une contribution significative à la société.

Le superpouvoir/puissance (Siddhi) de cette porte : L'honneur. La victoire.

Ici, l'archétype du guerrier/guerrière de lumière, capable de surmonter, désamorcer et dissiper les peurs individuelles et collectives, manifeste son plein potentiel. C'est un champ d'énergie auquel tout être humain peut accéder quand il vit sa vérité, en étant identifié à son Moi Supérieur. Pour accéder à ce superpouvoir, il est nécessaire d'honorer son combat et de se mettre en mouvement (3) de façon juste (8) en contribuant à la civilisation (8). Une marche plus haute, il y a le combat pour s'éveiller, le combat de notre forme manifestée pour accéder à l'esprit, à l'éveil de la conscience. On a là l'archétype du guerrier de lumière qui lutte pour faire disparaitre les ombres, les forces obscures de notre nature inférieure afin de faire émerger la lumière. C'est le véritable combat et tout combat extérieur est un reflet plus ou moins déformé de ce grand combat intérieur. Grâce à la persévérance, la foi et l'amour, on finit ici un jour par obtenir la victoire.

Notre voyage commence toujours par une lutte et par la réalisation qu'on est dans un état de mal-être, de douleur et que cette dimension de la réalité, le monde de la matière à un côté infernal où l'on doit sans arrêt batailler pour avancer. A force d'avancer on finit par arriver quelque part, dans une zone de transition entre un passé et un futur et par avoir un aperçu d'une situation meilleure, d'un monde meilleur, d'un paradis. Puis on retombe dans nos luttes et notre enfer mais quelque chose a alors changé. Les fréquences du don de cette clef peuvent être comparées à un purgatoire car on sait alors que nos luttes recèlent un secret du fait qu'elles ont un sens supérieur. On se rend compte qu'on était précédemment une personne ignorante, endormie, identifiée à nos peurs et à notre mental, aux conditionnements de notre famille et de la société et on sent qu'autre chose est possible. On sent qu'une partie de nous désire avancer plus loin encore et accéder à un état de transcendance.

On se rend compte que chaque erreur que l'on fait, qu'à chaque fois qu'on se déshonore ou qu'on déshonore quelqu'un d'autre, on peut potentiellement apprendre quelque chose qui peut nous transformer.

L'honneur, la capacité à honorer, est présente dans la lutte en tant que graine. Le conseil donné ici est d'honorer l'instant présent à chaque fois que l'on se trouve dans un moment où l'on lutte, où l'on bataille avec un défi, surtout si c'est un défi intérieur. C'est de faire confiance à l'inconfort dont on a conscience, en voyant que le fait d'en avoir conscience peut nous faire avancer vers un état vibratoire supérieur et nourrir notre persévérance.

La clef pour intégrer les clefs génétiques, c'est de garder en conscience que l'ombre, les dons et les superpouvoirs existent tous dans l'instant présent en même temps en tant que fréquences. Si on branche notre conscience uniquement sur l'ombre sans se souvenir que les dons et des superpouvoirs existent aussi, on passe vraiment sa vie à lutter et on est plombé par notre vie.

Quand on apprend à ressentir l'honneur, à se brancher sur le champ de conscience qui se trouve derrière nos luttes et à les honorer, on peut voir qu'elles nous poussent à avancer, à nous élever et à évoluer. Toute notre vie est alors portée vers une évolution. L'honneur transforme les difficultés en opportunités. C'est un repère dans toutes les vies réussies. Elle transforme le fait de se rendre en victoire et au cœur de l'honneur, il y a cette démarche de se rendre, de baisser les armes, de se soumettre à la vie, à son but supérieur, aux services que l'on apporte au monde et à son besoin d'éveil et d'évolution. On se rend à ce que la destinée, la vie fait émerger dans notre vie. On fait face aux revirements de situations, aux échecs et aux défis. Cela fait parti de notre entrainement de soldat(e) pour incarner la version supérieure de nous-même.

Entrer dans le superpouvoir de l'honneur c'est entrer dans un certain champ de conscience et d'énergie, dans un champ de claire conaissance où l'on sait. L'honneur avale la souffrance. Avec l'honneur, on peut dire non avec autant de puissance que l'on peut dire oui, en étant libre de toute culpabilité et sans être préoccupé par ce qu'on perçoit, sans compromettre l'amour que l'on ressent en soi. L'honneur est une réponse spontanée de la vie en soi et il est enraciné dans l'amour inconditionnel. Il existe dans les moments et les endroits les plus simples et les plus ordinaires car il est humble, silencieux et pourtant, il nous transporte et nous transforme comme un feu intérieur.

Les gens font beaucoup de chichi avec le mot honneur et ils font parfois des choses horribles au nom de l'honneur parce qu'ils passent à côté de la vérité et ne la voit pas. Le véritable honneur est une certitude intérieure, une gratitude envers la vie et une force unifiante qui relie notre cœur à celui d'autrui. Il nous rapproche d'autrui, de la sensation de vie en soi et de la vie qui coule à travers nous. Il nous permet de prendre conscience que dans la fréquence de l'honneur, tous les êtres humains sont comme une seule et même personne. Il permet de sacrifier sa vie par amour, pour une cause supérieure.

Il permet d'honorer les personnes décédées, d'honorer leurs vies et en particulier la vie des personnes qui ont données leurs vies pour une cause supérieure. Leurs actions honorables sont inscrites sur le livre de l'éternité. Pourtant, s'il est puissant de mourir avec honneur, il est tout aussi puissant de vivre avec honneur. Chaque personne peut développer sa vision des choses de façon à vivre sa vie avec honneur, peut importe ce que la destinée amène dans notre vie. Elle danse alors sa vie en ayant abandonné toute identité séparée car la vie danse ici à travers elle.

Chapitre 15 : Le nombre 39

A-Sa structure et ses associations: Le nombre 3 est en lien avec la relation à la mère et aux femmes, avec le mental et les émotions, avec l'expression de l'intelligence et avec la communication, avec les déplacements et avec l'adaptation à l'environnement à travers le service. Le nombre 9 est en lien avec un besoin d'aller à l'essentiel, de gérer l'hiver, de s'immobiliser, de questionner, de chercher sa vérité profonde pour trouver la paix intérieure, d'avancer, de grandir et de gérer le chantier de l'évolution, ce qui implique de prendre en compte son histoire. Le mental, son agitation et sa curiosité ainsi que le besoin de mouvement peuvent alors initialement constituer des obstacles à l'éveil de la conscience vers la paix intérieure. L'intelligence divine est exprimée pour avancer sur le chemin de la paix intérieure.

B-Selon la tradition ancienne du Yi-King Chinois : Hex 39 = L'obstacle. L'obstruction.

Résumé du nombre : Faire le nécessaire pour surmonter et franchir un obstacle, un mur, un manque, une obstination, pour faire avancer la vie avec fluidité vers un nouveau chemin.

Explication technique :

Quand une personne se sépare de sa famille ou quand une âme se met en opposition, pour suivre sa propre voie, elle rencontre inévitablement des difficultés et des obstacles. C'est pourquoi après «L'opposition» vient «L'obstacle». Il y a devant vous un torrent dangereux et derrière vous une chaine de montagne infranchissable. Le mouvement est arrêté.

Le trigramme extérieur, **Kan**, l'eau, évoque la vie qui chemine avec ténacité vers le retour à l'Océan unifié de la divinité, mais aussi le danger, un ravin qu'il faut franchir, l'ignorance et l'obscurité nourries par le mental. Il incarne également la puissance éternelle du féminin. Le trigramme intérieur **Ken**, la montagne, évoque ici un barrage, une barrière, une frustration, un mur, une résistance, un obstacle qui entrave et empêche la progression de l'eau.

Ken demande l'immobilité, l'arrêt, la retraite, l'introspection, la recherche de sa vérité profonde, la sagesse issue de l'expérience, la simplicité, le calme intérieur, la profondeur, la discipline, l'organisation dans la durée, la prudence et la maîtrise de soi. Le trigramme nucléaire **Li** demande la clarté de conscience et des actions efficaces. La direction du sud-ouest est celle de la Terre qui symbolise le foyer, le refuge, la gestion des ressources naturelles et les relations intimes.

L'idéogramme ancien de l'hexagramme, composé d'un pied, d'une fenêtre et d'un toit, décrit un homme construisant un abri pour se protéger des intempéries ou soignant une blessure qu'il a au pied. La direction du nord-est est la montagne, qui symbolise aussi la solitude, l'obstination, l'inaccessible, la dureté et l'abandon. Les obstacles font ici parti du chemin de l'évolution. Ils sont logiques, temporaires et (supprimer) surmontables. Cela dépend de vous. Les trigrammes composant l'hexagramme décrivent les solutions pour les surmonter.

Interprétation classique : La situation est analogue à celle d'une rivière qui rencontre un barrage ou à celle d'un voyageur qui se trouve face au mauvais temps où à un danger. Un obstacle, une difficulté, ou une personne, se dresse sur votre chemin et génère une obstruction. La situation est bloquée. Mais cette difficulté est logique et n'est pas due à la malchance. Elle peut être due à une relation particulièrement forte avec l'un des parents ou à une mémoire personnelle, généalogique ou karmique qu'il est nécessaire de conscientiser et transformer. Elle est également temporaire.

C'est vous qui l'avez créé de part les choix, conscients ou inconscients, que vous avez fait mais peut-être aussi de part un manque de discernement. Elle fait partie de votre plan d'évolution, du chemin que vous avez choisi. Elle est une opportunité pour vous de faire des prises de conscience et de progresser. Elle doit être surmontée pour que vous puissiez continuer à avancer. Mais seuls certaines options et certains choix apportent ici la réussite. Vous ne pouvez pas la fuir. Vous lamenter, culpabiliser ou rejeter la faute sur autrui ne vous aidera pas. Foncer tête baissée, vouloir forcer le passage, vous obstiner à aller seul de l'avant ou vous enfermer dans la solitude et le pessimisme ne donnera aucun résultat.

Pour surmonter l'obstacle et transformer la situation, il est judicieux d'imiter la montagne, le feu et l'eau. Il est ici nécessaire de reculer afin de voir les choses depuis une certaine distance et de vous préparer, alors même que cela parait vous éloigner de votre objectif initial, pour mieux sauter quand le moment viendra. La montagne vous invite donc à vous arrêter, à faire marche arrière, à méditer sur la situation, à faire preuve d'introspection, de profondeur et de persévérance, à faire appel à votre sagesse et à chercher votre vérité profonde, en nourrissant un état de calme intérieur.

Quelle est l'origine de vos difficultés actuelles ? Quels sont les obstacles que vous créez dans votre vie et pourquoi ? Quel enseignement avez-vous choisi de vous apporter en vous mettant dans cette situation ? Quelle est la solution à l'intérieur de vous ce qui signifie que devez-vous voir et modifier en vous? Le feu vous invite à solliciter le meilleur de vous-même, à faire preuve de clarté et de réalisme, à regarder la situation en face, à cultiver un état de confiance libre de tout désir et de toute crainte. Il vous demande de trouver une personne sage, compétente et lumineuse, qui peut vous éclairer et vous guider, puis de vous aligner sur ces directives et ses conseils. L'eau vous invite d'abord à accepter la situation et les personnes qui la composent comme elles se présentent, à prendre conscience des risques et dangers, à faire une pause, à accumuler les ressources, l'énergie, la force et les informations nécessaires, en écoutant votre intuition et vos inspirations.

Elle vous suggère de tisser et nourrir des liens émotionnels, de trouver des personnes qui peuvent vous soutenir et vous aider, des amis qui sont sur la même longueur d'onde que vous, par exemple. Il est peut-être alors judicieux de vous joindre à d'autres afin d'agir en synergie. Elle vous invite enfin à vous adapter aux nécessités du terrain en suivant le chemin de moindre résistance, en restant toujours fidèle à votre nature, puis à trouver le chemin vers une nouvelle situation. Il s'agit ici de rassembler les compétences et les qualités nécessaires, puis de mettre en place l'organisation appropriée pour franchir l'obstacle présent ou les obstacles à venir. En persévérant dans des attitudes constructives, en franchissant ce cap, vous gagnerez en maturité, en force intérieure et en fluidité. Vous pouvez ainsi attirer un peu de chance. Le temps de l'obstacle et de la difficulté nourrit alors la croissance de votre âme et débouche sur une réelle évolution de votre caractère.

C-Selon les deux écoles modernes du Design Humain et des Clefs Génétiques :

1-Le Design Humain. 39 = La porte du provocateur ou de la provocation.

Explication technique :
Circuit de la connaissance. Centre Racine. Cette porte est liée à la porte 55, l'abondance. Son thème principal est l'activisme et sa maîtrise permet la libération. Cette porte génère une pression sous la forme d'une vague pour provoquer et cette pression est comme un carburant pour la combativité. Elle permet d'associer conscience émotionnelle et besoin d'évolution.

Elle permet une prise de conscience des émotions ressenties, des blocages émotionnels, des schémas limitants puis de déclencher un engagement pour générer une libération intérieure et une évolution. Le déclenchement de cet engagement est synonyme de combat et de provocation pour éveiller sa conscience, pour que la conscience s'exprime et pour faire disparaître tout ce qui fait obstacle à son éveil, à l'éveil à sa véritable nature. Cette porte étant constamment en train de chercher à vouloir être consciente, cette volonté est un carburant générateur de persévérance permettant de gérer des états émotionnels généré par le processus. Ces états émotionnels vont initialement de l'espoir à la douleur jusqu'à ce que des prises de conscience et des transformations soient effectuées. La patience et la persévérance sont alors les clefs pour passer d'un cycle émotionnel traumatique à un cycle émotionnel transformé (voir le livre les outils et technique de développement personnel outil 10 la méditation des cycles). Si le cycle émotionnel n'est pas reconnu pour ce qu'il est en tant que vague existante dans le plexus solaire, il peut provoquer des perturbations psychologiques et des déséquilibres alimentaires. Quand il est reconnu et pris en compte, il en résulte une libération émotionnelle. La porte 40, la suivante, se nomme la libération.

Proposition d'interprétation :
Vous êtes porteur/porteuse d'une énergie provocatrice. Une pression contenue dans le centre Racine vous incite à détecter les obstacles, à défier la situation existante et à tourmenter la vie, à la harceler afin de provoquer toutes sortes de réactions. Ces réactions sont tantôt ennuyeuses, malicieuses, amusantes, tantôt agaçantes et parfois sexuelles. Ce gout ou cette tendance à la provocation est visible de deux façons : soit vous attisez le feu autour de vous en chalengeant les croyances et les émotions d'autrui, soit vous vous énervez très facilement.

Vous avez une tendance naturelle à réveiller et exciter le fauve qui dort en chaque personne. Vous avez le don de pousser les gens hors de leur zone de confort. Socialement, cette porte est pleine de séduction. Elle sait être attirante et tentante. Elle aime comme jeter des appâts dans l'eau puis attendre de voir quel poisson viendra mordre à l'hameçon. Vous avez besoin d'attirer l'attention à vous, de chercher à être reconnu(e) et apprécié(e) est c'est bien ancré en vous.

Les autres provoquent aussi en vous un certain état amoureux. Vous tombez amoureux à tout bout de champ, dans toutes sortes de situations et quand votre hardiesse ne reçoit pas l'attention que vous recherchez ou qu'on vous envoie balader, vous ne tardez pas à vous tourner vers quelqu'un d'autre, vers une nouvelle situation. Vous devez comprendre que toute cette provocation ayant pour seul but d'obtenir de l'attention peut mettre les gens mal à l'aise voir en colère, surtout si vous les poussez et les bousculez trop.

Quand c'est le cas, vous pouvez observer ce qui se passe aussi objectivement que possible, prendre une respiration profonde et vous éloigner.

Vous déclenchez des bouleversements émotionnels chez les autres mais ce n'est peut-être pas à vous de les calmer. Certaines personnes sont attachées à leurs peurs et à leurs problèmes affectifs et si vous essayez de les résoudre, vous les rendez encore plus perturbé(e)s. Beaucoup de personnes ont oublié qu'elles aussi peuvent être fougueuses et en entrant en contact avec vous, leurs émotions spectaculaires sont ravivées. De cette façon, vous êtes capable de réanimer tout ce qui est endormi, de libérer les peurs et les émotions bloquées et vous pouvez contribuer à éveiller autrui vers plus de conscience et d'authenticité, pour qu'ils dépassent leurs limitations et qu'ils s'expriment librement, pour qu'ils incarnent leur véritable nature et leur plein potentiel. Votre défi est de discerner quand il y a réellement un obstacle, d'utiliser la provocation de façon constructive et d'éviter de saboter vos relations.

3-Les Clef Génétiques. Clef 39 = la tension de la transcendance.
Son dilemme où il doit faire des choix : Les blocages. **Signe astral HD :** Crabe (cancer)
Son partenaire de programmation : Clef 38, le guerrier de lumière. **Corps :** Surrénales.
Son anneau de codon : L'anneau de la recherche (15, 39, 52, 53, 54, 58)
Acide aminé : Serine. **Son chemin de transformation :** Chemin du dynamisme.

Cette clef est un passage obligé pour accéder à des fréquences supérieures car son thème principal est la libération des blocages émotionnels, synonymes d'obstacles et d'obstruction, issus de mémoires traumatiques. Notre façon de gérer les obstacles qui surviennent définit notre fréquence vibratoire et notre quantité d'évolution. Cette clef génère une importante pression intérieure source d'agressivité et une grande quantité d'énergie qui déclenche des changements. Elle a un côté parfois explosif dans toute ses zones de fréquences car elle est une explosion de vie qui pénètre au cœur de la matière et de la conscience.

L'ombre de cette clef : La provocation.

Dans ces pires aspects, l'ombre de cette clef est en grande partie responsable de toute la violence qui existe sur Terre. Ici, les élans de joie (3) sont bloqués par des frustrations (9) ce qui engendre des comportements chaotiques (12). Il y a ici un besoin primaire de manifester son existence sans réfléchir, mais avec de nombreux blocages émotionnels, souvent nés durant l'enfance, qui empêchent la force de vie de circuler librement. Cela engendre une fermeture du cœur et empêchent nos qualités supérieures de se manifester. Il y a ici une peur d'être piégée et de perdre sa liberté d'action et sa liberté. Cette ombre se comporte souvent comme un serpent prêt à mordre dès qu'on tente de l'attraper. Elle est doué pour appuyer sur les boutons, là où ça fait mal, physiquement ou émotionnellement, pour pénétrer à travers les masques et les couches jusqu'au fond de notre cœur et pour provoquer une réaction, souvent de la colère ou du rejet. Elle sait utiliser l'intonation de la voix pour faire passer son message et identifier le point faible de notre armure. Elle est là pour nous provoquer d'une façon plus ou moins violente. On est piégé par elle dès qu'en entre en réaction en réagissant mécaniquement selon des schémas préprogrammés, car il y a alors un bourreau et une victime. Elle réussit uniquement si on prend les choses personnellement, si on en fait une affaire personnelle parce qu'on croit qu'on existe en tant que personne séparée. Dès qu'on provoque ou qu'on réagit, on nourrit l'égrégore de violence qui gangrène l'humanité.

Cela se traduit par une respiration, des inspirs et des expirs, qui sont courts en durée et par de la fatigue. Les personnes qui manquent de dynamisme sont des gens qui se sont laissés piéger d'une façon ou d'une autre. Beaucoup de personnes sont tellement bloquées qu'elles demeurent inconscientes des réalités spirituelles. La vie nous provoque ainsi régulièrement en nous offrant des opportunités de nous libérer de nos blocages afin de grandir, d'évoluer et de nous éveiller mais si on n'y répond pas, on flétrit. C'est en plongeant dans notre souffrance que l'on prend conscience de nos blocages et ce n'est pas confortable. On peut identifier des blocages, qui sont stockés dans notre ADN, issus de mémoires familiales ou karmiques qui viennent nous provoquer à différents moments dans notre vie et des blocages issus de mémoires personnelles et des croyances que l'on a mis en place en fonction des choix que l'on a fait. Les blocages extérieurs, les difficultés, les événements stressants que l'on rencontre dans notre vie sont un reflet de nos blocages intérieurs.

Ils sont une interpellation des forces d'évolution de la vie qui nous invitent à grandir afin de se libérer et devenir libre. Ils ont un but supérieur et quand on les accueille et qu'on les gère au mieux, ils génèrent une percée, un bon en avant et une victoire.

Ces blocages se manifestent dans notre corps éthérique et sont visibles dans les méridiens d'acupuncture, ce qui impacte la santé du corps physique, mais leurs racine se trouvent dans le corps astral/émotionnel, dans le corps mental et dans le corps des mémoires. Comme toutes les clefs faisant partie de l'anneau de la recherche, la clef 39 nous invite à chercher la cause profonde de nos blocages et de voir qu'un blocage n'est pas forcément une mauvaise chose mais plutôt une opportunité de faire des prises de conscience afin de se transformer et d'avancer. Cela demande du courage et de la foi. Pour commencer, on peut questionner puis observer et contempler, à l'intérieur de nous et dans notre vie, ce qui est présent, avec honnêteté. Quel est le paysage de notre vie ? A quoi ressemble notre vie extérieure? Quelles sont les circonstances et les événements qui surviennent dans notre vie ? Quel sont les blocages que l'on rencontre dans notre corps, notre travail, nos relations ou notre évolution ?

On s'enferme tous à certains moments dans des schémas, des croyances ou des habitudes qui sont néfastes pour notre santé, notre amour, nos relations ou pour accéder à notre but supérieur et le manifester. Quelles expériences notre vie nous fait t'elle vivre et pourquoi ? C'est en lien avec quelle croyance, quel schéma ou quelle habitude ? Qu'est ce qu'on a loupé et pas compris ? On n'a pas été honnête avec soi même à propos de quoi dans notre intérieur ? On peut voir que de nombreux événements et états d'êtres surviennent à cause de blocages intérieurs, souvent parce qu'on est dans le déni, parce qu'on réprime ou supprime les émotions qui émergent, parce que l'on fuit ou parce que l'on ne veut pas changer parce qu'on a peur.

Une partie de nous veut cependant évoluer et se libérer. Cela se manifeste par des provocations de la vie qui nous mettent dans un état d'inconfort voir de mal-être pour que l'on regarde en soi de façon profonde. On ne peut pas échapper à cette ombre même si l'on n'a pas cette clef dans notre profil. Elle sera toujours là pour nous poursuivre peut importe qui nous sommes et où nous sommes et elle finit toujours par nous trouver à travers les champs de conscience du monde où via le champ de conscience d'une personne qui croise notre route. Dès que quelqu'un ou quelque chose nous dérange, nous énerve, nous provoque, appuis là où ça fait mal et induit une réaction émotionnelle, c'est l'ombre 39 qui nous fait un coucou.

Quand cette ombre s'exprime en mode réprimée, il y a comme dans toutes les versions réprimées des ombres des peurs profondes non exprimée qui donne la sensation d'être piégé(e). Ici c'est la force de vie et la créativité qui sont piégées et comme congelées. Le potentiel ne parvient pas à s'exprimer. Plus on s'éveille et plus on élève notre fréquence vibratoire et plus notre force de vie coula à flot et plus cette force de vie se traduit en créativité. Quand cette ombre s'exprime en mode réactive, il y a comme dans toutes les versions réactives des ombres de la colère et un état de misère intérieure qui est projetée sur autrui et sur le monde à travers des comportements provocateurs et une intention plus ou moins avoué de faire mal et de pointer sur le négatif. Il y a derrière cela un besoin profond d'amour qui est exprimé de façon abusive, en recherchant de l'attention de façon négative.

Son cadeau : Les dons et capacités de cette porte : Le dynamisme

Dans certains cas, au niveau des fréquences du don, si cette clef est présente dans notre profil, on peut initialement se sentir souvent fatigué(e) voir épuisé(e), ressentir la nécessité de faire preuve de dynamisme et avoir envie de forcer pour libérer les blocages.

On a alors tendance à le faire par des moyens artificiels, à travers une activité physique, des substances chimiques ou une pratique intense, mais cela ne peut pas marcher car cela ne fait qu'augmenter la tension intérieure et peut amplifier la fatigue et l'épuisement jusqu'à engendrer de la dépression ou un burnout. Le véritable don émerge de façon naturelle, quand on vit une vie qui a du sens parce qu'elle apporte quelque chose aux autres, quand on suit son cœur, sa joie et son énergie de vie.

Et le don de cette clef, exprimé naturellement est particulièrement joyeux, rempli de vie et s'exprime librement, de façon détendue. Quand il n'y a pas de joie c'est que le don n'est pas exprimé. C'est parfois un long chemin et un travail qui requiert de la persévérance, le don partenaire 38 de la clef 39 pour accéder aux fréquences du don. Mais cette clef fournit des impulsions pour changer et des coïncidences pour nous interroger et nous faire avancer. On peut voir à quoi ressemble cette énergie de vie, ce dynamisme, si on observe des enfants. Un enfant déborde d'énergie et permet à cette énergie de circuler jusqu'à ce qu'il soit épuisé. Alors, ils dorment ou mangent et c'est reparti.

Mais dans le cas d'un enfant, cette énergie n'est pas orientée en conscience pour servir un but supérieur pour le bien de tous les êtres. Elle s'exprime à l'état brut. Quand beaucoup de personnes deviennent adultes, elles deviennent conditionnées par leurs familles, par leurs mémoires et par la société, qui incite à exprimer le dynamisme par le mental et non par le corps du fait qu'elle confond intelligence et génie.

Le vrai génie est le résultat d'une intelligence naturelle qui n'a pas subie d'interférences et de conditionnements. L'acquisition de conaissance est actuelement forcée par la société tandis que le génie s'exprime de lui-même quand on lui laisse l'espace et le temps. Les adultes conditionnés voient alors leur dynamisme naturel diminuer plus ou moins fortement. On entreprend alors ici un voyage consistant à élever sa fréquence vibratoire en se déconditionnant, afin de s'éveiller à l'amour véritable, afin de retrouver son état originel et son énergie de vie dynamique. L'énergie de jeu enfantine devient ici créativité et expression de son génie et on s'en donne les moyens. L'une des meilleures façons d'avancer sur ce chemin est de simplement faire ce que vous aimez vraiment, ce qui vous fait vibrer, car cela libère votre créativité.

Ce don numéro 39 permet d'apprendre à voir le verre à moitié plein, les aspects positifs de toute situation et par ce moyen d'élever sa fréquence vibratoire. Elle permet d'agir comme un transformateur et de modifier nos attitudes de façon à entrer en résonance avec des fréquences supérieures et de ne plus être dans la réaction ou en position de victime. Elle agit alors comme une force de vie catalysante, comme une succession d'impulsions qui déclenchent, allument notre feu intérieur et poussent à l'action. Une étape importante dans la libération est la conscience corporelle. Les blocages dans les corps subtils engendrent des blocages dans la respiration (nombre 3), notamment le long du diaphragme, où des tensions se développent. Si on vibre aux fréquences de l'ombre, il y a alors des tensions dans le corps physique et on respire mal. Toute activité corporelle et tout travail sur le corps et avec le corps (marche, exercice physique, yoga, danse, chant, massages) peut amener nos blocages à refaire surface, à s'exprimer sous la forme de tensions corporelles et à nous faire travailler sur notre respiration. On apprend ici à travailler sur sa respiration, à l'étirer et à l'adoucir, à l'aimer et à lui faire confiance en lui laissant prendre sa place.

On apprend à provoquer une respiration lente et profonde et à pratiquer la conscience corporelle, en identifiant ce que l'on ressent et comment on se sent dans notre corps, dans notre cœur et dans notre tête.

Le don de cette clef permet de créer de l'espace sans blocages pour que la libération se manifeste à tous les niveaux et pour que la pression intérieure trouve un moyen d'expression. L'énergie dynamique résulte à la fois d'un corps physique sans blocages, d'une respiration ample et d'un état de motivation, d'enthousiasme et d'optimisme. Elle nous fait faire des prises de conscience, nous élève, tend à nous faire respirer selon le même rythme respiratoire que nous avions enfant, contribue à libérer les blocages physiques, émotionnels ou mentaux qui peuvent encore exister et génère une attitude ouverte, capable d'accueillir, joyeuse, dynamique, vivante et parfois exubérante.

On apprend ici à identifier tout blocage, à remonter jusqu'à son origine et à travailler avec pour le libérer et en extraire les trésors. On apprend à voir que notre corps et notre intuition savent et nous donnent les réponses à nos questions quand on est prêt(e) à écouter et à entendre, qu'on n'utilise pas le doute ou la peur pour se défiler et qu'on accueille pleinement ce que la vie nous propose. Quand on voit les obstacles et les blocages comme des ponts ou des panneaux indicateurs vers notre intérieur profond, comme des cadeaux et des opportunités d'évolution, on découvre alors des trésors cachés au bout du chemin et alors notre vie commence à changer. On observe qu'une énergie de guérison se met à se répandre dans notre corps, que notre cœur s'ouvre à l'amour et s'en rempli et qu'il y a ainsi plus d'amour dans nos relations et que notre activité dans le monde gagne en fluidité. Toute notre vie devient plus claire. En apprenant l'art de dénouer les tensions, de libérer les blocages et l'énergie bloquée et de refaire circuler l'énergie stagnante, on peut développer une expertise pour aider les autres et ce dans n'importe quel domaine de la vie. On devient alors une personne précieuse pour autrui et l'on ressent une énorme satisfaction voir un shoot d'adrénaline à chaque fois qu'on aide autrui de façon impactante. Le mouvement de vie (3) est structuré et canalisé (9) de façon inspirée (12). L'énergie de provocation raffinée permet ici de s'engager en conscience dans un combat pour un but supérieur et de provoquer chez autrui l'expression de leurs dons, de provoquer leur créativité et leur libération.

Au bout d'un certain temps, on a envie d'aller plus loin et de chercher la cause racine de tous ces obstacles, de tous les blocages d'énergie et d'accéder à la conscience qu'il y a derrière. Cela ne peut survenir qu'après un long travail intérieur. La libération du don du dynamisme est une libération de l'énergie de la nature et de la vie.

Le superpouvoir/puissance (Siddhi) de cette porte : La libération. Le lâcher-prise.

Il y a qu'un seul état d'être, qu'un seul état de conscience, associé aux fréquences des superpouvoirs, mais cet état de manifeste via notre ADN sous des formes différentes, selon la structure profonde et l'alchimie interne particulière d'une personne, en fonction de son thème astral, de son Diamant de Naissance et de ces Clefs Génétiques. Si on fait le lien entre l'ombre de cette clef, la provocation et le superpouvoir de cette clef, la libération, on devient libre quand plus rien ne peut plus nous provoquer, quand plus rien ne peut plus provoquer de changement de notre état de pleine conscience vers un autre état. On demeure quoi qu'il arrive dans un état de paix profonde.

On a compris que les tensions intérieures provenaient de ressentis, d'émotions (peurs, colère, tristesse), de sentiments (culpabilité, honte, dégout etc.), de mémoires non conscientisées ou de croyances refoulées et réprimées. On a compris que c'est la pression accumulée par des ressentis, émotions, sentiments et mémoires, qu'on s'appropriait et refoulait, qui générait des flots de pensées accaparant notre conscience. On a cédé à la pression de nous transcender nous-même et de mettre notre vie au service de la vie jusqu'à ce qu'il n'y ait plus de nous même mais juste la vie qui s'exprime à travers nous. On a rendu notre liberté personnelle à la vie et à la Source de toute Vie. On a compris que nous ne somme pas nos ressentis mais la conscience qui existe derrière et on a rendu notre moi séparé à cette conscience. On a appris à ne plus réagir au fait de ressentir des choses, à conscientiser nos ressentis, à ne plus s'agripper et s'attacher à eux.

On a aussi appris à ne pas non plus avoir de l'aversion envers eux et à les laisser nous traverser sans y résister et sans vouloir les fuir ni les modifier, jusqu'à ce qu'ils finissent par se dissiper et disparaitre de notre champ de conscience.

On a compris que quand on lâche prise de nos ressentis, l'énergie qu'il y avait derrière devient disponible pour vivre et créer. On a compris que le véritable lâcher prise permet de ne plus ressentir d'émotions violentes à propos de quoi que ce soit et l'on est okay si quelque chose se passe et okay si cette chose ne se passe pas. On sait ressentir beaucoup de joie à chaque instant à propos d'une expérience ou d'une situation sans en avoir besoin pour notre bonheur. On n'est plus dépendant de quoi que ce soit d'extérieur à notre être profond.

Cette clef est particulièrement sensible aux sons et aux mots. Quand on les entend, notre cerveau les traduits en activité neurologique qui dans les fréquences inférieures génère une réaction. Ici, on entendre les sons et les mots sans que notre conscience en soit affectée parce qu'elle a appris à déconnecter les processus neurologiques générateurs de la tendance à réagir mécaniquement. On a lâché-prise et rendu notre moi séparé à la vie et à la Source de toute Vie et on est intérieurement libre pour servir la vie avec amour en fonction de ce que la nécessité nous propose et provoque. Ce superpouvoir agit alors comme un stimulateur, comme un élévateur de fréquences, comme un catalyseur de notre évolution et il se sert des autres superpouvoirs pour provoquer des situations et des changements en lien avec le superpouvoir concerné.

Il nous propulse vers la libération. Les personnes sachant utiliser ce superpouvoir font alors des thérapeutes et des maître spirituels hors pairs car elles savent identifier le point faible de l'autre, aider l'autre à le conscientiser et à le transformer pour générer une libération.

Mais pour pouvoir l'exprimer pleinement et pour exprimer les autres superpouvoirs, il faut avoir transformé et purifié toutes nos mémoires, tout notre karma, toutes nos histoires et notre bazar, en honorant notre vie (superpouvoir partenaire 38) et tant qu'on l'aura pas fait, ce superpouvoir amènera des obstacles dans nos vies et grâce à notre superpouvoir de libération, on sera capable de les surmonter et de se transformer. La véritable libération, la libération complète est très difficile à décrire avec des mots. On peut la qualifier d'expérience sauf qu'il n'y a plus de moi séparé pour vivre cette expérience. Elle semble se produire à un certain moment mais quand elle se produit, elle a lieu hors du temps. C'est une transformation où le moi inférieur meurt pour une cause supérieure, pour se libérer totalement. On meurt à un état d'être, tel un guerrier/une guerrière sur le champ de bataille et on se transforme en une autre forme de vie, avec un nouvel état d'être, uni à la Source de toute vie et agissant selon sa volonté, en étant libre selon la véritable définition de la liberté.

Chapitre 16 : Le nombre 40

A-Sa structure et ses associations : Le nombre 4 est en lien avec le père, avec l'expression de son pouvoir pour prendre sa place et avec la gestion d'un territoire grâce à l'autorité et un sens de l'organisation. Il y a une importance des règles, des cadres et un désir de se rendre utile. Il y a une puissance d'organisation. Le nombre 0 vous permet de vous connecter à l'univers et d'accéder aux champs quantiques, de vous préparer à gérer un imprévu, de prendre en compte vos mémoires karmiques, de sortir des cadres, des normes des systèmes et des sentiers battus et d'exprimer votre spécificité et votre génie afin d'être une personne libre et heureuse. La puissance (4) est utilisée ici pour être une personne libre et heureuse (22) et pour s'exprimer sans limites (22), mais ces deux nombres étant opposés en énergie, un travail d'harmonisation est à effectuer pour trouver une juste expression et générer une véritable délivrance. L'association du 4 et du 0 permet d'accéder à la liberté grâce à sa force de travail et favorise l'activité de travailleur/euse indépendant(e). Elle permet d'être libre consciemment et de façon responsable.

B-Selon la tradition ancienne du Yi-King Chinois : Hex 40 = La libération. La délivrance.

Résumé du nombre : Travailler dur pour atteindre vos objectifs et vous libérer du passé, des liens, des influences familiales et culturelles, de nœuds émotionnels, d'un système de pensée rigide, de croyances et répétitions inadaptées et des tensions, en pardonnant, pour faire réapparaitre la lumière et créer un nouveau cycle de croissance.

Explication technique :
Face aux obstacles et aux difficultés, il est nécessaire de se libérer à travers les solutions appropriées. C'est pourquoi après «L'obstacle» vient « La libération ». **Tchen**, le tonnerre et **Kan**, l'eau, évoquent ici un orage et une averse libératrice qui purifient l'atmosphère, dissipent les tensions, permettent au Soleil de réapparaitre progressivement et favorisent le bourgeonnement des plantes. Cela apporte soulagement, délivrance et détente. Le trigramme **Tchen** fournit l'impulsion permettant d'aller de l'avant et de s'extraire du danger grâce au mouvement. Il éveille, excite et synchronise toute action avec la volonté divine.

Il demande de rester résolu et persévérant, de garder espoir, d'apprendre à rire, d'utiliser son intelligence psychologique, de faire appel au sens de l'organisation et aux capacités de gestion de projet, d'exprimer sa spécificité, de faire de son mieux et d'engendrer une renaissance. Le trigramme **Kan**, l'eau, la puissance éternelle du féminin, de la vie, demande d'avancer, avec fluidité, ténacité et compassion, en suivant le chemin de moindre résistance, vers le retour à l'Océan unifié de la divinité. Elle pardonne l'ignorance et l'obscurité générées par le mental. Elle écoute son intuition et rétablit une circulation fluide de l'énergie.

Le trigramme **Li** demande des objectifs, une clarté de conscience, des actions efficaces et des résultats. L'idéogramme de l'hexagramme évoque un homme détachant une corde ou dénouant des nœuds, avec un outil fait avec une corne de bœuf. Une libération extérieure peut-être obtenue en sollicitant l'aide appropriée auprès de personnes compétentes.

Toute libération extérieure est la conséquence d'une libération intérieure. Il est alors judicieux de faire preuve de clarté et de rigueur. Pour faire éclore une libération intérieure, il est dans un premier temps nécessaire de reconnaitre, d'accepter, de définir et de nommer, avec clarté et précision, l'obstacle ou la difficulté, en ressentant à la foi l'émotion présente et la sensation corporelle associée. Puis il est utile d'identifier sa cause, son responsable, l'élément fautif. Il est ensuite nécessaire de faire preuve d'empathie et de compassion afin d'observer, du point de vue de l'élément fautif, qu'étant donnée l'état des choses, la situation, aussi difficile fusse t'elle, était logique et ne pouvait pas être autrement. Parce que l'âme opère selon le rythme et le cycle, il est judicieux de se poser la question d'un lien éventuel entre la difficulté rencontrée et le passé, récent ou lointain. Posez-vous la question et écoutez attentivement votre intuition qui fera alors émerger un souvenir que vous pourrez identifier. Vous pouvez alors prendre conscience que la situation fait partie d'un cycle d'évolution de votre âme.

Observez les sensations corporelles sans chercher à contrôler et laissez-les évoluer puis se transformer jusqu'à ce qu'elles s'apaisent. Seul un pardon éclairé et sincère permet ensuite d'aller de l'avant. Vous pouvez alors faire une liste de solutions possibles, choisir celle qui semble la mieux adaptée, celle qui vous enthousiasme, puis vous engager avec détermination à l'appliquer dans votre vie. Vous pouvez au moment opportun faire le point pour constater votre progrès et votre libération.

Interprétation classique :

Chaque situation change. Ici, vous avez l'opportunité, la capacité et le devoir de solutionner et transformer, sans tarder, des tensions, des difficultés, des ennuis, des obstacles, des nœuds, des complications relationnelles, des blocages, des attachements, des croyances ou des mauvaises habitudes à présent inopportuns. Vous êtes au tout début d'un processus de libération. De nouvelles possibilités, de réajuster ce qui n'était pas en harmonie avec l'ordre cosmique, vous invitent à tourner radicalement la page.

Cela permet alors une libération du passé, de circonstances pesantes, d'une charge qui était lourde à porter, puis entraine un apaisement des tensions et de l'angoisse, un profond soulagement et une vive stimulation de votre énergie, de votre clarté, de votre motivation, de votre force et de votre esprit d'entreprise. De qui ou quoi devez-vous vous libérer ?

Reconnaissez avec lucidité les éventuelles erreurs commises, formulez-les de façon précise, signalez-les avec l'attitude juste, tirez-en les leçons et opérez les réajustements nécessaires. Reconnaissez les contraintes et les limites qui ont impactées la situation, puis transcendez-les, en desserrant tout excès de discipline et en favorisant la liberté d'action.

Repérez toute mémoire, tout détail où tout élément qui resterait non encore réglé puis traitez-les. Fuyez tout sentiment de vengeance, toute idée de rétribution ou toute impulsion à glorifier votre libération. Dénouez et purifiez ce qui doit l'être et pardonnez, avec compassion et magnanimité, les erreurs ou péchés commis. C'est la clef de votre libération.

Sachez aussi faire appel à l'humour et au pouvoir libérateur du rire car seul celui qui sait rire franchement de ses bêtises humaines saura s'en libérer. Si vous êtes impliqué dans des arrangements pas clairs, il est temps d'en sortir. S'il n'y a rien que vous puissiez faire, ne faîtes rien et attendez que la situation s'éclaircisse. Si un problème se présente et que vous pouvez vous en occupez, faîtes-le dès que possible. Il est ensuite nécessaire de regarder devant vous et d'agir énergiquement et rapidement, avec ce qu'il faut de fluidité et de douceur, en suivant quand c'est possible le chemin de moindre résistance, pour créer une situation nouvelle, normale, sereine et harmonieuse. Cette libération ouvre alors la porte à une étape nouvelle, synonyme de croissance fluide et d'un nouveau cycle plein de promesses.

C-Selon les deux écoles modernes du Design Humain et des Clefs Génétiques :

1-Le Design Humain. 40 = La porte de ce qui se fait seul, de la délivrance.

Explication technique :
Circuit de l'ego. Centre Ego. Cette porte est liée à la porte 37, la famille. Son thème principal est la délivrance et sa maîtrise permet de manifester une volonté supérieure. Cette porte apporte une énergie teintée d'une puissante volonté qui pousse à l'individuation, à l'indépendance et à l'expression de sa spécificité, ce qui implique une séparation de la famille d'origine. Il y a une conscience aigue d'avoir connaissance du territoire, des personnes qui s'y trouvent et du niveau d'indépendance, de complétude et d'interdépendance vécues par les personnes. Les possibilités de conscience sont ici liées à la conscience de comment l'ego est conditionné et s'exprime. Initialement, l'ego dans cette porte tend à dire : « Mon estomac est plein donc pourquoi est ce que je m'embêterais à te nourrir » ! Il tend à fonctionner comme s'il était seul au monde, même s'il y a du monde autour. La porte 37 impacte la porte 40 au seul endroit où il y a une possibilité d'entrer, c'est-à-dire avec l'énergie de la loyauté. Le soutien émotionnel de la communauté, de la famille, nourrit la volonté de la porte 40. Lors d'une compétition sportive effectuée à domicile, il est bien connu que le soutien de son public booste la volonté et la performance et favorise la victoire ; victoire qui est alors perçue par le public comme étant la sienne. La loyauté inconsciente à la communauté pousse l'individu à se libérer et à manifester la meilleure version de lui-même afin de donner aux autres la possibilité de le faire.

Proposition d'interprétation :
Vous avez besoin d'engager votre volonté, de travailler dur, d'être efficace, d'être exigeant(e) et de toujours livrer à temps les services que l'on attend de vous pour le bien de tous. Vous aimez réussir à tout faire tout seul(e) et ne pas avoir besoin d'autrui tout en ayant besoin d'être reconnu(e) pour le travail que vous effectuez. Vous courrez parfois le risque de vous isoler inutilement. Une fois atteints les objectifs que vous vous êtes fixés, vous êtes satisfait d'avoir réalisé un travail bien fait, mais vous avez aussi besoin de paix et de tranquillité. Vous brûlez d'envie d'avoir du temps seul(e) où vous pouvez faire tout ce que vous avez envie sans être sollicité(e) par des obligations ou des responsabilités extérieures. Les gens ne se rendent pas forcément compte que vous avez ce besoin donc vous devez leur expliquer.

Vous aimez soutenir toutes sortes de gens et vous ne prenez pas l'amitié à la légère. Vous devez cependant être ferme dans le respect de vos moments de solitude. Cette porte pose aussi la question de savoir si vous pouvez pardonner aux autres et à vous-même le mal qui a été commis. En effet, certains attributs de la porte de la délivrance impliquent de savoir identifier ce qui dans le passé est encore perturbé puis de démêler et résoudre les complications de la vie et celles qui sont dans votre cœur. Quand votre cœur apprend à comprendre, à accepter, à pardonner et à véritablement lâcher prise avec le passé, vous éprouvez un sentiment de grande libération et vous éveillez une grande puissance d'amour dans votre cœur. Le pardon fait partie de votre nature que vous en soyez conscient ou non. Vous dégagez alors les complexités qui entravent le progrès et la coopération et vous êtes capable de bâtir un véritable empire. Les questions liées à l'ego peuvent occasionnellement remettre en question ce penchant naturel et vous devez trouver un équilibre entre votre besoin d'indépendance et d'autonomie, de vous ressourcer et de préserver votre espace personnel et votre besoin d'engagement et d'exprimer l'amour dans votre cœur. Une fois que vous avez découvert le pouvoir de l'alignement dans le cœur, de la justesse, du vrai pardon et la puissance de l'amour dans votre cœur, celui-ci vous apporte un énorme soulagement, une grande puissance réalisatrice et une véritable liberté intérieure.

3-Les Clef Génétiques. Clef 40 = la volonté de se rendre, de lâcher-prise.
Son dilemme où il doit faire des choix : L'excès. **Signe astral HD :** Vierge.
Son partenaire de programmation : Clef 37, l'alchimie familiale. **Corps :** L'estomac.
Son anneau de codon : L'anneau de l'alchimie (6, 40, 47, 64). **Acide aminé :** Glycine.
Son chemin de transformation : Le chemin du solutionnement.

L'ombre de cette clef : L'épuisement.

Cette Clef et ici son ombre nous parlent de l'usage correct ou incorrect de la puissance de la volonté humaine et de l'énergie, c'est-à-dire de la vitalité naturelle, qui l'alimente. L'épuisement est généré par un déséquilibre, par des excès, le dilemme de cette Clef et par une présence excessive des extrêmes. Cela se produit quand la volonté, l'énergie et les actions ne sont pas alignées avec l'univers, avec la vie. Il y a alors une soit tendance à forcer les choses à aller dans une direction où elles ne veulent pas aller et à abuser du pouvoir dont on dispose pour transformer les gens en esclaves où soit à se laisser entrainer dans des activités et des situations épuisantes à cause des compromis qui ont été faits. Dans les deux cas, il y a une tendance à être dans un état de tension permanente, à devenir enfermé et isolé dans des ambitions et dans une addiction au travail, à demeurer dans une fréquence vibratoire basse et à fermer son cœur. L'être profond fournit l'énergie nécessaire quand les actions sont accomplies dans un état de détente et alignées car dans le cas contraire, l'énergie s'épuise.

La solitude et l'isolement sont l'une des caractéristiques de cette ombre. Quand on utilise notre énergie harmonieusement en faisant ce qu'on aime, on active naturellement le soutien d'autrui grâce à des relations basées sur le cœur et on ne se sent pas seul. Quand on pousse contre le courant ou qu'on se laisse embarquer par la volonté de quelqu'un d'autre à qui on donne notre pouvoir, la solitude pointe toujours le bout de son nez car on se coupe de la vie. Au niveau individuel, on consacre par exemple souvent trop de temps et d'énergie à certains secteurs de notre vie et pas assez à d'autres.

On fait trop ceci et pas assez cela. Au niveau collectif, l'histoire est jalonnée de périodes extrêmes et épuisantes, qui se manifestent à intervalles régulières, quand il y a une guerre, une révolution ou une crise parce que des individus peu évolué et à la morale douteuse parviennent au pouvoir et utilise le pouvoir sans justesse. Cela survient quand les personnes qui se sont approprié le pouvoir et qui disposent le plus des ressources ne prennent pas en compte l'autre extrémité, les personnes sans ressources qui elles n'expriment pas leur pouvoir personnel. Notre époque moderne est également pleine d'excès car un petit groupe de gens s'est accaparé et approprié les ressources qui appartiennent à toute l'humanité. L'excès génère le manque, l'insuffisance de ressources et la famine, pas seulement au niveau alimentaire mais également au niveau des valeurs. Cela abouti à un épuisement des individus et du collectif.

Individuellement, on est en train d'épuiser nos âmes par toutes sortes d'excès, excès de travail, de sollicitations, de mouvement, d'informations, de pensées, de recherches et d'expériences. Nos âmes ont soifs de sens et sont comme desséchées. Notre être profond crie pour faire entrer en existence quelque chose de plus noble, de plus profond.

Collectivement, on est en train d'épuiser les ressources de la planète dans une frénésie de consommation. Il est par exemple judicieux de se demander comment feront les gens, nos petits-enfants, dans 100 ans ou 200 ans, quand certains métaux n'existeront plus, s'il n'y a plus de bois ou de poissons dans les océans !

Cette ombre 40 imprègne nos âmes, nos vies quotidiennes et nos communautés et la plupart du temps, on ne se rend pas compte qu'on a soif ; mais soif de quoi ? On est en réalité épuisé quand on est déconnecté et coupé de notre source, de notre divinité car alors, on meurt à petit feu. Pour remédier à cela, il est nécessaire de choisir un enseignement comme les Clef Génétiques et de l'approfondir, de l'ancrer dans la vie quotidienne et de l'enraciner.

L'ombre partenaire de celle-ci, la 37, est la faiblesse. On se sent faible quand on disperse nos énergies tandis qu'on se renforce quand on focalise notre énergie à un endroit spécifique et cette clef nous apprend à ne pas gaspiller notre temps et notre énergie.

Elle nous invite à observer comment on utilise notre temps et notre énergie en fonction de nos priorités et de nos choix. Pour bien gérer cette ombre, il est nécessaire de ralentir, de prendre son temps, d'éviter de se précipiter, d'élaguer et d'abandonner certains engagements. On doit permettre à notre divinité intérieure de décider ce qui est vraiment important pour nous, pour notre âme. Quand on réduit les excès dans notre vie, un équilibre sain se met en place. C'est comme par exemple quand on mange moins et qu'on permet ainsi au corps de se rééquilibrer en se réajustant de façon à être dans un état d'harmonie.

L'excès est étroitement lié aux sens que l'on a tendance à surstimuler. On a bien souvent oublié comment ne rien faire ou juste d'aller se promener, comment être tranquille et simple, simplement là à être avec la vie, à écouter et ressentir, en silence. Quand on fait cela, de grands changements voir une renaissance peut survenir.

<u>Quand cette ombre s'exprime en mode réprimée</u>, un déni des ressentis génère une difficulté à dire non, à établir des frontières et des limites claires et à se positionner, ce qui génère une tendance à se faire manipuler par autrui. Cela est causé par un déni de ses propres besoins souvent suite à une tendance à reproduire des schémas vécus dans l'enfance. Il y a alors une tendance à donner son temps, son énergie et son pouvoir, en mode victime ou esclave, parfois jusqu'à épuisement, à des personnes ou des organisations qui ne leur accordent aucune importance et qui sont uniquement préoccupées par leurs bénéfices.

Cette ombre épuise les personnes qui n'ont pas assez conscience de leur valeur et de la valeur de leur énergie. Elle peut générer du surmenage et conduire au burnout. Quand ces personne se rendent compte de leur déni, identifient leurs vrais besoins et reprennent leurs responsabilités, leur vie change alors énormément.

<u>Quand cette ombre s'exprime en mode réactive</u>, le déni des ressentis et des besoins d'autrui ainsi qu'une grande colère intérieure génère un complexe de supériorité tenté d'arrogance, de dédain, de manque de respect et de déni des responsabilités. Il y a une tendance à refuser de s'engager et d'accepter le soutien d'autrui par peur de perdre son autonomie et parfois même à mordre les personnes qui demandent des choses ou qui tendent la main. Il y a une tendance à utiliser la gentillesse et les faiblesses d'autrui pour satisfaire des besoins personnels, pour obtenir des bénéfices personnels, en abusant de son pouvoir et en forçant les gens à faire ce qu'ils ne veulent pas faire. Cela provient souvent d'une enfance difficile et d'une rage intérieure qui est réprimée et projetée sur autrui. Le manque de respect envers autrui éloigne les soutiens potentiels et isole. Elles se semblent pas initialement épuisées car leur volonté puissante est alimentée par leur rage mais il finit par arriver un temps où une grosse crise se produit. Dans l'ombre de cette Clef, le pouvoir de l'empereur (4) est négativement impacté par une forme de folie et par des mémoires karmiques (0).

Son cadeau : Les dons/capacités de cette porte : <u>Le solutionnement. Affirmer son oui/son non.</u>

Grace à une capacité à être centré dans son cœur, à être seul avec soi-même et à un certain amour de la solitude extérieure, ce don permet de se relier profondément à son intérieur et à son pouvoir personnel, à sa force de vie. Il permet d'identifier des repères et à les faire entrer en existence, en allant jusqu'au bout. Il permet d'avoir clairement conscience de ces frontières et de ce qui est juste pour soi, de ne pas donner à autrui accès à son énergie, à son temps et à sa volonté et de savoir dire non résolument et avec intégrité. Cela permet de savoir économiser son énergie afin de l'utiliser quand elle est vraiment nécessaire, de pouvoir disposer librement de son énergie et de son temps, de gérer son énergie de façon productive et optimisée et de savoir prendre du temps pour soi afin de se ressourcer.

L'énergie alignée avec la mission de vie est ici alimentée par une force intérieure et disponible pour œuvrer. Le don du solutionnement nous amène à réduire les excès à tous les niveaux et à tendre vers plus d'équilibre, d'harmonie et de subtilité. Cela n'empêche pas qu'à certain moment, on peut avoir plus que ce dont on a réellement besoin et la vie encourage cela mais au bon moment, dans les circonstances appropriées. Solutionner les choses, c'est propulser notre vie dans la direction où elle veut aller, pour laquelle elle est conçue pour aller.

On existe pour faire quelque chose de bien spécifique qu'on est les seuls à pouvoir faire et notre mission est de trouver ce que c'est. C'est probablement juste là devant nos yeux et quelque part on sait ce que c'est. Quand on décide de le faire on devient rempli par le don du solutionnement. On trouve l'énergie qui nous soutient pour accomplir notre mission et au lieu de nous épuiser, elle nous rempli de l'intérieur. Accomplir sa mission d'âme, c'est être rempli de vie et d'enthousiasme de façon à se positionner pour recevoir toute l'aide nécessaire.

Si on savait seulement à quel point le divin nous cherche car même si om rompt la connexion où qu'on en a pas conscience, les impulsions supérieures nous poursuivent sans relâche. Elles font tout pour attirer notre attention afin que l'on corrige notre trajectoire.

Si on souffre, c'est parce qu'on n'écoute pas, parce qu'on ne canalise pas son énergie dans la bonne direction et parce qu'on ne nourrit pas l'intérieur et l'amour autant que l'extérieur. L'important est de solutionner mais toujours sans excès, de façon fluide et équilibrée. La vie nous apporte parfois des distractions et des pauses naturelles. On peut faire ce qu'on avait prévu de faire mais quand la vie nous éloigne temporairement de notre activité en cours pour un temps et nous apelle vers l'autre chose, il est judicieux d'accepter ce temps de pause. Ce don consiste en partie à savoir faire des pauses pour se ressourcer car sinon, notre vie passe et on n'a pas de temps pour en profiter vraiment, pour profiter des belles choses.

Grâce à une capacité à se détendre et à se ressourcer, les fréquences de ce don permettent de créer une vie équilibrée entre ne rien faire ou faire ce qui nous ressource, se laisser porter par la vie, partir en week-end en amoureux, s'occuper des enfants, être avec un animal de compagnie, faire du jardinage, bricoler, voyager, regarder des films, lire des livres, se consacrer à une passion et accomplir sa mission en étant concentré dessus. Cela dépend aussi de l'âge qu'on a car normalement, on travaille beaucoup entre 20 ans et 50 ou 60 ans et moins avant et après, mais quand on effectue une activité en harmonie avec sa nature profonde, on n'a pas l'impression de travailler et la volonté s'exprime naturellement, presque sans efforts.
La vie est faîte de cycles de travail, de cycles d'exploration et de cycles de loisirs et de repos. Il s'agit alors de se synchroniser avec ces cycles et surveiller notre tendance aux excès. La capacité à solutionner permet de faire preuve de justesse en toutes circonstances et de suivre notre trajectoire naturelle. On sait alors se ressourcer partout quand il n'y a pas d'excès. Quand on accède à cette façon d'être et à ce mode de vie, on peut alors être une personne particulièrement inspirante pour autrui et on reçoit toujours le soutien nécessaire.

Le superpouvoir/puissance (Siddhi) de cette porte : La volonté divine.

Toutes les Clef de l'anneau de l'alchimie, dont fait partie la Clef 40, sont comme les gardiennes de la divinité. Elles décrivent trois chemins directs vers l'expérience divine, où l'on transforme les fréquences de l'ombre en lumière. La Clef 40 offre ainsi de réelles possibilités de transcendance et d'accès à la perception de l'expérience divine. C'est un chemin d'alchimie divine, où nous somme la matière première tandis que la Source de toute Vie et Dieu, l'état d'être quand on est pleinement relié à la Source de toute en ne faisant plus qu'un avec elle, est l'or. Il permet d'incarner l'énergie de la pure conscience.

Un des éléments clef de l'alchimie est de ne pas gaspiller de l'énergie dans des comportements excessifs. Si notre destinée à créé l'espace dans notre intérieur et dans notre vie pour se rapprocher de la Source de toute Vie, on peut alors se donner au chemin qui mène à ce superpouvoir. La qualité principale à mettre en œuvre est alors le lâcher-prise, c'est-à-dire la capacité à céder, à se rendre et à se soumettre paisiblement et naturellement à la Volonté Divine, en rendant notre ego, notre moi séparé, à la Source de toute Vie.

Ce superpouvoir permet de se rendre pleinement compte que le fait de chercher Dieu ou la Source de toute Vie est ce qui empêche de la trouver et d'être trouvé. Il enlève tout espoir de trouver un état proche du divin dans le futur afin de revenir complètement à l'instant présent et d'être suffisamment vide pour acceuillir la Source en Soi. Il utilise le déni pour amener autrui à être complètement authentique. Il montre la réalité paradoxale que « Dieu » ou la Source de toute vie peut uniquement vous rendre visite quand vous n'êtes pas là, quand il n'y a plus de moi séparé qui prétend exister.

Il permet de prendre conscience que chaque être humain est un petit bout de la Source de toute Vie qui a plus ou moins pris conscience d'elle-même.

Si c'est notre destin dans cette vie, alors la Grâce Divine fera tous les arrangements nécessaires en créant notamment un espace dans lequel nous pourrons entrer. On recevra le soutien nécessaire pour entreprendre le voyage sans distractions. Il n'y a ici aucune nécessité de forcer quoi que ce soit. Les choses apparaitront d'elles-mêmes. Peut-être qu'un enseignant apparaitra. Si cela n'apparait pas sur notre chemin, il n'est pas judicieux de forcer les choses pour qu'elles apparaissent. Le plus grand lâcher-prise auquel on peut accéder dans la vie est de prendre conscience qu'on ne peut pas choisir. On doit abandonner notre volonté individuelle et faire confiance à la volonté de l'Univers, du Cosmos, de la vie, de Dieu, de la Source de toute Vie. On est entre les mains d'une volonté supérieure et ce n'est pas nous qui choisissons. C'est une posture, un positionnement intérieur subtil et délicat. On ne peut pas prétendre lâcher prise, se rendre et forcer ou vouloir ceci ou cela. Il s'agit de créer les conditions pour que la Volonté Divine nous trouve, en accomplissant nos devoirs terrestres, en élevant notre vibration et vos joies et en cultivant l'amour envers toutes les formes de vie. Il est important de ne pas être dupe car il n'y a pas de raccourcis et on sait quand on est trouvé.

Cette Clef est l'un des 7 Seaux Sacrés sur le Chemin Doré décrit dans les Clefs Génétiques. Elle représente la guérison de la peur, c'est-à-dire l'une des racines principales de la souffrance humaine. Le courage et la détermination sont nécessaires pour aller au fond de nos peurs les plus profondes. La puissance que ce superpouvoir confère permet de ne pas abandonner car il est programmé pour aller jusqu'au bout. Il est capable de nous plonger dans les profondeurs de l'enfer et de transmuter nos peurs ancestrales les plus profondes qui sont logées dans notre ADN. Ce superpouvoir est en lien avec l'archange Michael (8) dont on dit qu'il est l'Archange de notre époque de transmutation des ombres, symbolisées par le dragon et les reptiliens.

Si on a cette Clef dans notre profil hologénétique, on porte alors l'archétype du tueur ou de la tueuse de dragons mais on n'est pas là pour le détruire ou le tuer mais pour le transformer, le guérir et élever sa conscience. Le déni ici exprimé est un déni de la séparation entre la conscience humaine et la conscience divine mais aussi un déni du libre arbitre, du fait qu'il n'y a plus d'individu séparé pour faire des choix individuels. Tout ce qui est accompli l'est « au nom du Père », au nom de la Source de toute Vie.

Pour que l'humanité guérisse et entre dans le nouveau monde, elle doit transmuter sa plus grande peur, la mort. Un âge nouveau peut iniquement survenir si on parvient à voir à travers l'illusion de la mort. Ce superpouvoir nous mettra face à de très grands défis et on devra prouver notre courage encore et encore. Ce superpouvoir est un chemin solitaire. C'est un chemin intérieur. Un maître vivant peut être nécessaire pour nous accompagner mais on doit parcourir ce chemin seul. Il n'y a pourtant pas de craintes à avoir car tout ce qui nous arrive et qui se passe autour de nous est généré par la Volonté Divine. Elle est là pour nous aider à nous relaxer si profondément, dans tous nos corps, dans toutes nos cellules et dans notre ADN qu'on devient capable d'optimiser la fréquence vibratoire de chaque molécule d'ADN, de manifester nos corps subtils supérieurs dans notre corps physique et de rayonner. Cet état de relaxation très profonde est une manifestation directe de la volonté divine. Cette volonté divine est présente dans chacun des superpouvoirs car ils ne sont que ça mais ici, elle s'exprime avec une puissance particulière.

Chapitre 17 : Le nombre 41

A-Sa structure et ses associations: Le nombre 4 est en lien avec le père, avec l'expression de son pouvoir pour prendre sa place, construire sa vie et avec la gestion d'un territoire grâce à l'autorité et un sens de l'organisation. Il y a une importance des règles, des cadres et un désir de se rendre utile. Il y a une puissance d'organisation. Le nombre 1 est par exemple associé à l'enfant intérieur, à la créativité et au fait de démarrer une nouvelle expérience et un nouveau cycle. Il s'agit ici de la relation du père au fils ou à la fille. L'adulte retrouve son enfant intérieur et se met à son niveau. La nouveauté (1) s'appuie sur un plan structuré (4).

B-Selon la tradition ancienne du Yi-King Chinois : Hex 41 = La diminution.

Résumé du nombre : Diminuer à l'extérieur, puis intériorisez et conscientiser les formes, les ressources, l'énergie et le plaisir pour en extraire l'essence afin de générer un enrichissement spirituel.

Explication technique :

La libération engendre une perte d'éléments disharmonieux, une détente, mais aussi un surplus d'énergie et une grande joie. Elle nécessite alors d'effectuer un retour à l'essentiel, à la simplicité et de donner une forme à son intérieur. C'est pourquoi après « La libération» vient «La Diminution» de l'extérieur au profit de l'intérieur. La combinaison de **Ken**, la montagne (l'obstination et l'entêtement), de **Tchen**, le tonnerre (la colère et l'impulsivité) et de **Touai**, le lac (la joie, le désir et le plaisir) pourrait dégénérer en pulsions passionnelles qui consument les forces vitales. Mais on diminue ici les excès, les formes inférieures, les instincts indomptés, au profit des formes supérieures, de la vie intérieure spirituelle. La montagne et le lac s'enfoncent dans la terre. Le lac diminue son volume en s'évaporant, permettant d'une part une augmentation de la hauteur de la montagne et d'autre part un enrichissement fécond de celle-ci grâce à la vapeur d'eau.

Le trigramme intérieur, **Touai**, demande de créer des formes justes et d'établir des liens harmonieux, de s'enrichir ou d'exprimer sa richesse, de gérer ses ressources, d'exprimer son intelligence relationnelle et d'être dans la joie du partage. Il permet l'enchantement grâce à l'écoute de ses vrais désirs. **Ken**, la montagne, demande de s'intérioriser, de structurer, de fournir les efforts nécessaires, d'apporter des limites et des restrictions, de cultiver le calme intérieur et la sagesse, de mettre en place une organisation dans la durée et la maîtrise de soi puis d'accéder à sa vérité profonde.

Le trigramme **Tchen** fournit l'impulsion permettant d'aller de l'avant. Il demande de rester ferme, résolu et persévérant, de synchroniser toute action avec la volonté divine, de garder espoir, d'exprimer sa spécificité et d'engendrer une renaissance. Kouen symbolise le peuple, la réceptivité et l'humilité. L'idéogramme de l'hexagramme évoque une main ôtant le couvercle d'un récipient sacrificiel pour accéder à son contenu ou une main s'apprêtant à saisir un coquillage symbole de richesse. Cela évoque la nécessité d'accéder à sa richesse intérieure en ayant pleinement conscience de sa valeur.

Dans le monde extérieur, le peuple offre, avec sincérité et ouverture du cœur, des offrandes au roi, transférant et diminuant une partie de sa prospérité. La diminution est alors synonyme d'investissement. Le roi élève alors le peuple, organise la vie et lui permet d'accéder à toute la richesse nécessaire à son épanouissement.

Interprétation classique :

Le temps de la diminution s'inscrit dans un cycle logique et naturel. Bien géré, il est suivi d'un grand bénéfice. Vous devez ici faire face à une diminution, à une réduction, à des restrictions, à des pertes, à une élimination de tout ce qui est inutile, superflu ou qui n'est pas en harmonie avec l'ordre cosmique.

Cela peut concerner votre situation extérieure, votre train de vie, vos finances, vos relations, vos ressources, vos activités, votre énergie, une pratique religieuse, votre état intérieur ou votre ego. Il est alors nécessaire de reconnaitre et d'accepter la situation telle qu'elle est, de prendre conscience des sacrifices nécessaires, d'en saisir le sens et de vous adapter, à travers les attitudes et les actions justes. On vous demande ici de faire preuve d'humilité, de souplesse, de droiture, de maîtrise de soi et de pureté du cœur, de garder confiance quoi qu'il arrive, mais surtout de restructurer et d'économiser, de vous recentrer sur l'essentiel, de simplifier, de vivre dans la simplicité, d'être à l'écoute de votre intérieur afin de vivre vos vrais besoins et de sacrifier les tendances inférieures de votre personnalité pour faire éclore ses aspects supérieurs.

Cela nécessite un réajustement de votre vision, de vos élans instinctifs et affectifs, de vos pulsions et de vos passions, de vos réactions émotionnelles et de tout schéma ou croyance disharmonieux, afin que la partie la plus belle de votre âme puisse s'exprimer. Il est possible que vos relations soient plus sereines et moins excitantes qu'avant. Il est temps de leur donner une forme plus simple et de mettre en avant une confiance plus profonde, sans chercher à ranimer les passions. L'époque n'est pas propice aux grandes actions dans le monde extérieur mais elle est propice pour mener une vie plus équilibrée, orientée vers la qualité voir le minimalisme.

Si vous avez l'habitude de vivre intensément dans un état de stress permanent, de laisser vos désirs dicter votre conduite, d'entretenir une apparence extérieure flamboyante et opulente, il est temps de changer de rythme et de revenir à une simplicité des formes. Si vous avez une apparence modeste, acceptez votre simplicité, soyez digne et développez la sincérité, l'humilité et l'amour dans votre cœur. Si vous êtes souvent en colère, il est temps de l'évacuer : La colère est un mouvement désordonnée de l'âme offensée parce qu'elle n'a pas accepté quelque chose ! Si vous nourrissez des croyances qui ne sont pas justes, il est temps de les abandonner.

Si vous sentez qu'il est temps d'investir, que c'est juste pour vous de faire une offrande ou d'adopter une pratique nouvelle en lien avec le développement personnel, faîtes-le. Gérez la forme, vos relations et vos ressources pour que votre force intérieure, votre dévouement, votre valeur personnelle, votre joie intérieure et votre beauté du cœur puissent ressortir. Cela nécessite de nourrir un objectif lumineux et beaucoup de persévérance.

Par une diminution associée à la justesse, vous diminuez vos excès, corrigez vos lacunes et pouvez ainsi augmenter vos qualités, votre valeur et ce qui manque. Vous construisez alors les bases d'un avenir meilleur grâce à la mise en place d'une nouvelle organisation. Vous renouvelez alors votre foi, vous rapprochez de votre vérité profonde et vous préparez pour l'étape suivante du cycle.

C-Selon les deux écoles modernes du Design Humain et des Clefs Génétiques :

1-Le Design Humain. 41 = La porte de la contraction, des fantasmes et de l'imagination.

Explication technique :

Circuit du ressenti. Centre Racine. Cette porte est liée à la porte 30, le feu qui s'attache. Son thème principal est l'expression de l'imagination et sa maîtrise permet l'inventivité. Cette porte génère une énergie d'intériorisation, de diminution, de limitation, d'élagage, d'optimisation, de faire marche arrière si nécessaire et de réduction à un seul élément l'essentiel. On se recentre et on se regroupe afin de préparer une prochaine expansion, une prochaine phase d'augmentation ou de croissance et afin d'optimiser les ressources et les résultats. Cela s'applique notament à l'énergie, aux désirs et aux passions. Il y a une démarche d'optimisation/un élagage du désir, des attachements et des passions. Cette porte permet ensuite d'effectuer des prises de conscience à travers les émotions et à travers l'état de son enfant intérieur. Cela, cette prise de conscience, est le résultat et la conséquence d'un processus, d'une vague. Cette porte permet de conscientiser, à un instant « t », à travers un jugement, quel est l'état émotionnel présent dans l'instant présent et d'avoir la patience de voir où cet état émotionnel va conduire en fonction de la vague où il se trouve. Ce besoin de savoir où la vague va conduire, en fonction des expériences vécues, peut générer une soif d'émotions et un besoin de les provoquer à travers des fantasmes.

Proposition d'interprétation :

La porte 41 se trouve au point de départ de toutes les expériences de la vie, de toutes les expériences qui ont été imaginées. Elle fournit l'impulsion pour déclencher et commencer un nouveau cycle de transformations et pour expérimenter du nouveau à partir d'une structure existante. S'appuyant sur une grande curiosité et une puissante imagination, elle confère le besoin et la capacité d'explorer la vie sur tous les plans, en initiant de nouvelles expériences. Une riche imagination peut amener à vivre toutes sortes d'expériences incroyables. Vos rêves sont si fertiles et votre enthousiasme est si touchant que les autres y croient et vous suivent.

La pression du centre Racine crée le besoin de réaliser vos fantaisies, vos fantasmes, qu'ils soient raisonnables ou non. Vous créez des films au sein de votre propre vie, écrivant de fantastiques scripts dans lesquels vous ou l'autre êtes la vedette. Votre imagination agit un peu comme le regard du mental, observant toutes les possibilités envisageables, sous chaque angle possible, pour trouver l'expérience manquante qui garantit un sens de complétude et de totalité. Vous vous imaginez ainsi parfois mener des campagnes pour sauver le monde, des chevaliers aux armures brillantes, d'utopiques conversations avec des personnes extraordinaires et une merveilleuse histoire d'amour s'apparentant à un conte de fées. Vous êtes celle ou celui qui voyez et sentez les fleurs d'un rosier élagué. Il est alors judicieux de focaliser votre imagination sur des buts qui sont accessibles, réalistes et alignés avec votre vérité profonde. Le danger avec cette porte, c'est que votre imagination associée à vos désirs vous conduit dans les royaumes du monde imaginaire dans lesquels vous vous perdez parfois. Il y a un risque suivre chaque impulsion sans discernement, de chercher à multiplier les expériences nouvelles sans terminer/intégrer celles qui sont en cours et de créer un grand décalage entre votre réalité concrète et l'image que vous cherchez à donner de vous. Il y a un risque d'être une personne éternellement insatisfaite et frustrée du fait que vos désirs et vos fantasmes n'aboutissent pas à des expériences concrètes source de satisfaction.

Le tout est de comprendre la différence entre réalisme/opportunité de croissance et fantaisie et d'apprendre à suivre les impulsions ressenties avec discernement, en distinguant ce qui est réaliste/aligné et ce qui n'est qu'un rêve, un caprice, un fantasme de l'enfant intérieur ou une impulsion de votre âme qui veut vous montrer une mémoire ou une croyance à transformer. Même si vous pouvez concevoir tout ce qu'il est possible d'imaginer quant à vos désirs, il peut être également judicieux de vous souvenir que l'herbe n'est pas plus verte ailleurs mais là où on l'arrose. Cette porte vous demande de trouver un équilibre intérieur entre donner et recevoir, entre l'adulte et l'enfant, entre le rêve et la réalité. Vous devez également apprendre à gérer la frustration quand un fantasme n'aboutit pas à une expérience concrète. En appréciant avec gratitude ce que vous avez et ce que la vie vous propose, en identifiant clairement les impulsions, les fantasmes et les expériences qui ont un potentiel d'évolution et en menant une vie simple, vous êtes alors capable de vivre dans un extraordinaire sentiment de liberté, où votre vie extérieure est pleinement alignée à votre vie intérieure.

3-Les Clef Génétiques. Clef 41 = l'émanation originelle.

Son dilemme où il doit faire des choix : La planification, la prévision. **Signe astral HD :** Lion.
Son partenaire de programmation : Clef 31, exprimer votre vérité. **Corps :** Surrénales.
Son anneau de codon : L'anneau des origines (41). **Acide aminé :** Méthionine (déclencheur)
Son chemin de transformation : Le chemin de l'anticipation.

Introduction : Cette clef correspond dans le code génétique au codon de démarrage et au « code Source » qui est au cœur de la matrice. Il est un peu comme la majuscule au début de chaque phrase ou comme la clef qui ouvrent la porte d'entrée. Il y en a partout dans les séquences d'ADN car chaque séquence commence par la Clef 41. Et elles sont toutes reliées électromagnétiquement entre elles. La Clef 41 est comme un signal que quelque chose démarre. Elle n'est pas liée à un acide aminé particulier mais à une instruction de démarrage d'un processus. Elle encadre toutes autres clefs, tous les autres codons et leurs transmet des instructions de vie. Par son intermédiaire, toute impulsion ou intention générée en vous est ainsi communiquée à l'ensemble de vos cellules et tout ce qu'il se passe dans vos cellules est répercuté dans votre ADN et dans cette Clef. Ainsi, quand vous avez découvert comment influencer votre ADN, vous pouvez reprogrammer chacune des cellules de votre corps. Cela passe par la capacité à surmonter l'inertie présente à l'échelle de l'humanité, par l'élévation de votre conscience et de votre état vibratoire et par l'activation de certaines formules chimiques.

L'ombre de cette clef : les fantasmes, la fantaisie.

L'ombre de cette clef est paradoxale car elle génère à la fois un démarrage de quelque chose et la fin de quelque chose. Quelque chose démarre puis se termine. Ce quelque chose est un fantasme, une rêverie, une fantaisie, un rêve. Mais comme ces séquences imaginaires ne sont pas ancrées dans la réalité ou qu'il n'y a pas de passage à l'action, elles ne donnent jamais de fruits. Il y a alors une incapacité à manifester ses rêves. Ils naissent puis disparaissent dans le néant. Il y a une tendance à adorer regarder les histoires des autres, des films au lieu de vivre sa propre histoire dans le monde réel. Chacune des ombres génèrent une souffrance et ici, la racine de la souffrance est un attachement à notre façon de regarder le futur et à imaginer un futur possible. Il y a ici une faim, une soif, d'évoluer, qui est distortionée/perturbée par les mémoires du passé.

Cette clef peut ainsi être en lien avec la faim, le besoin de manger ou de ne pas manger, le rêve de se remplir dès qu'il y a une sensation de vide et le besoin d'urgent de faire le vide dès qu'il y a une sensation de trop plein. Son ombre peut générer des difficultés à se nourrir correctement et des problèmes de poids ou de fatigue chronique à cause d'une capacité ou d'une incapacité à imaginer le futur ou un futur aligné. Elle se manifeste par un besoin de se sentir heureux et par la croyance que l'on sera heureux si l'on satisfait ses désirs. Cela déclenche alors un flux incessant de désirs, de frustrations et le fantasme est l'étincelle qui allume le flux de désirs. Le dilemme de cette clef est la planification dans le sens où l'on planifie les choses d'une certaine façon dans notre tête, avec notre mental, parce qu'on veut être heureux (se) dans le futur. On rêve par exemple qu'une rencontre va se passer de telle ou telle façon, qu'une relation va aller dans telle ou telle direction et nous faire ressentir telle ou telle chose, qu'elle va nous rendre heureux et nous permettre de réaliser un rêve et au final, tout s'effondre et nous emmène dans une toute autre direction. On oscille alors entre les regrets du passé et les espoirs du futur et on n'est pas dans l'instant présent.

Cette clef nous enseigne la nécessite de lâcher nos plans afin de laisser faire la vie. On peut planifier certaines choses et c'est important d'avoir un minimum d'organisation dans sa vie mais en ce qui concerne les grandes prévisions, les choses ne se passent jamais comme on l'a prévu. L'exemple typique est la relation amoureuse. On tombe amoureux, on se marie et on devient victime du rêve d'une vie parfaite avec la personne parfaite. Puis tout change, on se rend compte que la personne n'est pas celle que l'on croyait et la situation devient douloureuse. Le déclin survient souvent quand on ne s'y attend pas et il survient à intervalle régulières pour nous tester, afin que l'on relâche nos attachements et notre agrippement au monde de la matière et à nos désirs.

Cette ombre 41 peut ainsi générer beaucoup de déceptions, de chagrin, de ressentiment, d'amertume et parfois de dépression et tous les sentiments et émotions qui nous éloignent de notre joie. Elle est la spécialiste des faux départs qui ont lieu quand on se base sur une représentation mentale des choses, sur les rêves, des illusions et non sur le réel dans l'instant présent. Nos vies sont souvent impactées voir régies par des rêves inconscients comme le rêve du mariage idéal avec le/la partenaire idéale, de rêve d'abondance financière, le rêve de pouvoir ou le rêve d'accéder à éveil et l'illumination. Ils hantent tous notre vie intérieure et génèrent une fuite de la vie dans le mental. Ils seront pourtant tous, un par un, broyés par la vie et comme on va le voir plus loin quand on ira plus en profondeur, c'est en réalité une bonne chose. Tous nos rêves seront un jour balayés et l'on se retrouvera complètement nu(e) et vide.

<u>En mode réprimée</u>, cette ombre se manifeste par une tendance à vivre de façon répétitive dans un rêve, dans un monde mental et pas dans la vie, à cause d'une peur profonde de vivre. Leurs peurs les empêchent de créer des relations harmonieuses avec autrui. La seule solution pour sortir de ce schéma est de manifester ses rêves dans la matière. <u>En mode réactive,</u> il y a une intense pression nerveuse et une obsession de manifester ses rêves à n'importe quel prix, souvent au détriment de la santé, en étant emporté par la tornade de ses fantasmes, de ses rêves et de ses plans. C'est pour cela que les plans peuvent être dangereux.

On peut planifier mais sans s'y attacher, en ne les tenant que délicatement, car le changement est partout à l'œuvre et si on veut aller plus loin, la mort, le grand changement, peut également survenir à n'importe quel moment.

La cause du problème vient du mental qui adore espérer et rêver et tellement de gens rêvent d'une vie meilleure et par exemple d'avoir plus d'argent et de gagner au loto, en se disant que « ce serait génial si » ou que « ce serait tellement mieux si ». Et c'est lui le tueur, le si, le carburant de nos fantasmes.

Dès qu'il y a un si, c'est là où on va souffrir. Au fur et à mesure que notre vie avance, tous nos « si » s'en iront, peut importe que l'on lutte avec acharnement ou que l'on lâche prise gracieusement, car à la fin, on repart exactement comme on est arrivé, c'est-à-dire vide et sans rien. Ce vide ne peut jamais être rempli par des choses extérieures, par des formes ou par des achèvements dans le monde extérieur. On n'emporte que l'amour dans notre cœur et notre état de conscience. Le vide ne peut être rempli que par l'amour, la joie et notre état de connexion à la vie et ce qu'on recherche ici n'est pas un résultat mais un état de soumission à la vie, à la Source de toute Vie, une sensation de confiance profonde, de foi en la vie du fait que l'on a conscience de faire parti d'un tout en étant un petit bout de la vie et de la Source de toute Vie. Si on regarde ces « si » et ses fantasmes à propos de futurs possibles de plus prêt, on peut observer que chacun d'entre eux est destiné à décliner et à s'évaporer dans le vide. Le mieux est alors juste de les laisser partir d'eux-mêmes sans s'y agripper.

Il est ici nécessaire d'élaguer sa vie intérieure de façon à ce que tous les plans que nous avons sont tenus de façon beaucoup plus légère, en les considérant simplement comme des repères, comme des indicateurs de direction le long de notre chemin. Et s'ils ne se passent pas comme prévu, c'est okay car on n'y était pas attaché. Ils étaient juste des petites lumières qu'on a lancé sur notre chemin pour voir où on va. Richard Ruud recommande d'effectuer un inventaire de nos rêves et de voir comment ils préparent le terrain pour l'arrivée de la déception. Même si on réalise notre désir, notre fantaisie, on n'est pas satisfait ni rempli pour autant car alors, un nouveau désir et un nouveau fantasme prend ça place et ça ne s'arrête jamais. Les fantasmes ne sont pas mauvais en soi et on peut les utiliser à notre avantage. Il s'agit simplement de voir à travers le jeu et les tours que nous joue notre mental.

Son cadeau : Les dons et capacités de cette porte : L'anticipation, la gestion de projet

La Clef 41 représente une pression à évoluer à travers de nouvelles expériences. L'imagination et sa capacité à produire des fantaisies et à planifier peuvent ici être utilisées pour évoluer, vivre de nouvelles expériences et anticiper. Tandis que la fréquence vibratoire augmente, la conscience prend conscience des champs d'énergie et d'informations qui structurent la réalité, des champs quantiques ou morphogénétiques. Elle devient capable de télécharger, de ces champs, des informations provenant du passé, du présent ou du futur. Elles accèdent ainsi à l'inconscient collectif. Ce don est en lien avec le don 31, l'influence, le leadership et l'on peut comprendre qu'elles ont comme racine la capacité à faire imaginer un futur idéal et à susciter l'espoir d'un monde meilleur. Les politiciens utilisent sans arrêt cela pour accéder au pouvoir et ils tirent leur puissance d'une connexion le plus souvent inconsciente aux dirigeants politiques du passé. Mais on voit vite qu'ensuite toutes leurs promesses s'effondrent. Le don 41, lui, se connecte aux champs quantiques des choses en devenir et prêtes à s'incarner dans le monde des formes, dans le monde de la matière, dans l'air du temps, en fonction de sa culture, de ses conditionnement et de son niveau vibratoire. Ce qui est téléchargé dépend alors du niveau de discernement et des centres d'intérêt.

Les ouvres artistiques et les inventions ont toutes été manifestées grâce à cette aptitude à se connecter aux champs d'énergie, à télécharger des informations et à les mettre en forme dans la matière. C'est là toute la différence entre le génie et l'absence de génie, l'un manifeste dans la matière alors que l'autre ne fait que rêver.

Pour apprendre à utiliser la capacité à rêver, la fantaisie, l'imagination, on peut prendre l'exemple de la sexualité car c'est un parfait exemple pour illustrer le chemin vers lequel nous emmène cette clef. Le fantasme sexuel est un rêve de vivre une certaine expérience dans une dimension autre que la dimension du monde extérieur. En regardant les choses avec plus de profondeur on peut dire qu'il y a une recherche de communion, de transcendance, de bien-être, d'orgasme et d'extase. Au cœur de ce désir il y a le besoin de s'échapper de sa souffrance. Quelles que soient les forment que prennent nos fantasmes, il y a derrière un besoin d'amour, une aspiration à être vidé ou rempli, de se connecter et de fusionner. Quand on prend conscience de cela, nos fantasmes sexuels peuvent s'élever au dessus des trois premiers chakras et peuvent fertiliser nos cœurs, nos centres supérieurs. C'est la définition même du Tantra (voir le livre Je découvre le Tantra).

On peut observer chacun de nos fantasmes et de nos rêves, reconnaitre puis déverrouiller le besoin profond qu'il y a derrière et voir où l'énergie veut aller. On peut utiliser leur énergie pour élever notre conscience, augmenter notre taux vibratoire et se relier à notre cœur. Ce don est alchimique et le fantasme peut être soit une échappatoire soit un outil alchimique. En identifiant cette racine des fantasmes en nous, on peut aussi la voir chez autrui et on peut les aider à s'élever au-dessus de leurs souffrances. Au niveau de l'ombre, initialement, les fréquences tournent en rond dans une roue qui nous maintient dans un état de souffrance. On est englué dans des schémas répétitifs, dans une certaine façon de faire les choses et cela génère puis nourrit toujours les mêmes comportements. La capacité permet d'observer et de détecter le bon moment et le bon endroit pour sortir de la roue et peut ainsi fournir des expériences totalement nouvelles et de nouveaux cycles. Richard s'est posé la question d'identifier quelles sont les seules choses qui durent dans le temps, dans le long terme et ce qui a émergé c'est les enfants et les histoires.

Etrangement, les histoires traversent le temps, parfois à travers des poèmes ou des mythes. Il y a des histoires qui sont presque aussi anciennes que l'humanité et qui existe depuis que l'être humain ait été capable de parler. La grande question que pose cette clef est de conscientiser c'est quoi notre histoire à nous. Elle permet de raconter des histoires, connait l'importance des histoires et sait d'où elles viennent. Les histoires court-circuitent la partie logique du cerveau. Elles sont la première chose que l'on apprend en tant qu'enfant et quand on est au seuil de la mort, l'histoire de notre vie est la dernière chose que l'on considère avant de partir. Les histoires sont holistiques, transcendent le langage et démolissent les murs, les frontières et les divisions.

Il est ici judicieux de prendre en considération la puissance des histoires dans nos vies et de trouver un moyen de leur trouver une place dans ce que l'on fait. Elles enrichiront considérablement notre monde intérieur et le monde intérieur d'autrui. Le sujet central des histoires est l'anticipation. C'est leur raison d'être. On adore les écouter et s'imaginer comment elles vont se terminer. Il n'a a en vérité qu'une seule histoire derrière toutes les histoires et c'est celle de l'évolution humaine. Il y a des personnes capable de voir à travers l'histoire et d'anticiper ce qu'il va arriver.

Ces personnes deviennent nos sages et nos maîtres. Ils vivent simplement en étant beaucoup moins attaché aux résultats de leurs vies individuelles que la plupart d'entre nous. Et s'ils ne partagent pas toujours leurs histoires, ils partagent l'amour de l'instant présent et leur joie de faire parti du script. Ils sont les incarnations de ce don numéro 41. Le don 41, grâce à sa vision des flux d'informations, rend enfin capable de gérer des projets.

Le superpouvoir/puissance (Siddhi) de cette porte : Suivre l'émanation

Cette Clef nous montre que le corps humain est un miroir holographique du cosmos, de l'univers et qu'elle est le point d'entrée des fréquences émises par le Cosmos, par la Source de toute Vie dans le corps. Plus on va en profondeur dans cette clef et plus on plonge dans les mystères de la vie et de l'existence. Elle nous emmène jusqu'à l'origine de la vie, jusqu'à la Source de toute Vie, jusqu'aux processus d'incarnation dans le monde de la matière puis jusqu'aux processus de chemin du retour vers la lumière, vers la réunion dans le cœur et au cœur de chaque cellule, avec la Source de toute Vie.

L'astrologie et l'arbre de vie Kabbalistique sont des tentatives pour schématiser ces processus, pour les rendre compréhensibles, autant que faite ce peut, par la conscience humaine. Les codons 41 sont donc les codons des commencements et ils commencent comme toute histoire par « il était une fois ». L'émanation fait allusion à ce qui émane de la Source de toute Vie. Il s'agit ici de suivre ces émanations vers là d'où elles sont émises. Nos vies sont en réalité un voyage dans le temps pour retourner là d'où on vient, à l'endroit qui est au-delà du temps et qui était là avant le temps.

C'est là la seule véritable histoire, l'histoire suprême. Au sein du mystère des codons, chacune des 22 familles génétiques est en lien avec une carte du Tarot et ses symboles sont parmi les plus anciens qui existent. La Clef 41 peut être associé à l'arcane 22, le Mat qui symbolise le commencement et la fin de l'histoire. Le commencement porte en lui la graine de la fin et inversement. Le Mat, le Fou ou l'idiot démarre l'existence en tant que mortel qui ne sait rien et au fur et à mesure de ses péripéties, il devient petit à petit plus sage. La fin de l'histoire, révélée dans l'arcane 21 du Monde, de l'Univers, est que le Mat a compris les secrets de l'univers et atteint l'éveil et l'immortalité. Il accède à sa réalisation parce qu'il ne sait rien mais ce rien est différent au début de son voyage que le rien de la fin. Il gagne en perdant, en rendant tout à la Source de toute Vie. On doit ainsi tout abandonner et rendre à l'histoire ; notre identité, notre pouvoir et nos attachement, de façon à permettre à l'histoire de trouver la fin qu'elle souhaite, la fin qu'elle estime parfaite. Tout diminue jusqu'à ce qu'il ne reste plus rien, d'où le nom la diminution pour l'Hexagramme 41 du Yi-King. On fait tous parti de l'histoire et on est tous ensemble dans nos histoires à vivre nos contes personnels.

Les clefs génétiques sont ainsi les codes de l'histoire de la création et ils commencent tous avec cette clef 41. Un jour, nous retournerons tous à la Source et cela ne se produira pas à cause de quelque chose que l'on fait mais parce que notre histoire aura retrouvé son chemin jusqu'à sa maison. On peut juste suivre l'émanation. On croit qu'on voyage en direction du futur mais en fait on voyage vraiment vers un retour dans le passé, jusqu'au commencement. La clef 41 nous parle de la réalisation de nos rêves et de nos souhaits. Tous nos rêves deviennent une réalité comme dans les contes de fées et les puissances supérieures font en sorte que nos rêves se réalisent, mais seulement quand on a découvert nos rêves les plus élevés.

Tous les fantasmes initiaux, comme le fait d'avoir plus de quelque chose ou de s'échapper de nos souffrances, sont tous en réalités des impulsions qui recherchent la Source, son émanation et notre immortalité.

L'une des histoires les plus anciennes est l'épopée de Gilgamesh, qui raconte l'histoire d'un déluge qui a presque totalement éradiqué l'humanité et l'existence d'êtres qui vivaient tellement longtemps qu'ils semblaient immortels. Cette histoire, elle, a survécu jusqu'à nous. Un jour, nous retrouverons notre nature immortelle et on parviendra à la fin de l'évolution humaine. Ce jour-là notre histoire prendra fin car hors du temps il n'y a pas d'histoires. On peut juste se souvenir que tout ça finit bien et si ça n'en a pas l'air, c'est juste parce qu'on est encore dans une partie de l'histoire qui tente de trouver une issue à ses aspects mélodramatiques. Les gens arrivent sur scène puis s'en vont car la vie et la mort font parties de l'histoire. Un jour pourtant, vos rêves deviendront réalité et toutes les personnes que l'on a aimées s'uniront dans notre cœur. On réalisera que ni nous ni personne n'est jamais mort et paradoxalement, si l'on n'avait jamais été endormi, on n'aurait jamais pris conscience du rêve que l'on a vécu.

Ce Siddhi, ce superpouvoir, la connexion aux émanations de la Source, sous-tend tous les autres et permet de les ancrer dans le corps. Il est capable de générer des expériences d'illumination, par la Grâce de la Source de toute Vie et à travers un ensemble de réactions chimiques qui sont déclenchées par la Clef 41, elle-même activée par la Source de toute Vie. Quand le Siddhi de cette Clef a été activé, tous les autres Siddhis mais aussi tous les efforts que vous faîtes pour vous éveiller, semblent dépourvus de sens ou d'importance. Il n'y a plus aucune pression pour évoluer. On devient creux et vide et la Source de toute Vie s'exprime simplement à travers nous, sans qu'il n'y ait plus de nous mais juste elle.

Chapitre 18 : Le nombre 42

A-Sa structure et ses associations : Le nombre 4 est en lien avec le père, avec l'expression de son pouvoir pour prendre sa place et avec la gestion d'un territoire grâce à l'autorité et un sens de l'organisation. Il y a une importance des règles, des cadres et un désir de se rendre utile. Il y a une puissance d'organisation. Il est également en lien avec l'expression de la puissance divine de la Source de toute Vie. Souvenez-vous que la rune 4 « ase », qui a donné le mot « Asie », signifie la descente dans la matière de la puissance divine. Le nombre 2 est en lien avec la Grand-mère, la capacité à ressentir notament des émotions, à imaginer, à trouver le bien-être à travers les bonnes clefs, à vivre selon des rythmes et des cycles et à bien préparer les choses pour qu'elles « accouchent ». Il s'agit ici de la relation entre un père et sa propre mère, qui soutient son autorité. Il en résulte une augmentation. L'imagination et les émotions soutiennent la puissance qui est utilisée à son tour pour générer du bien-être à travers les ressentis et une maîtrise de l'information, du rythme et du cycle. Le 2 est aussi en lien avec les secrets et avec les informations présentes dans l'invisible.

B-Selon la tradition ancienne du Yi-King Chinois : Hex 42 = L'augmentation.

Résumé du nombre : Saisir toute opportunité nouvelle en aidant pour générer une augmentation de l'énergie et de la joie.

Explication technique : Quand une diminution est exercée avec justesse, il s'ensuit une augmentation. C'est pourquoi après « la Diminution » vient « L'augmentation ».

Le trigramme intérieur, **Tchen**, engendre une impulsion libératrice permettant d'aller de l'avant. Il stimule, excite, apporte des éclairs de conscience et synchronise toute action avec la volonté cosmique. Il demande de trouver les solutions adaptées, de gérer des projets, d'exprimer sa spécificité et d'engendrer une renaissance. Le trigramme extérieur **Souen**, le vent, l'arbre, demande d'occuper l'espace du monde, de guider et d'être guidé, de s'adapter intelligemment, d'être en mouvement, de respirer, de communiquer, de créer et saisir les opportunités, de gérer les affaires, d'exprimer la générosité et d'élargir les horizons intérieurs et extérieurs. Tchen et Souen s'augmentent et se renforcent mutuellement. Le trigramme nucléaire Ken demande de s'intérioriser pour se relier à sa vérité profonde, de structurer, d'organiser, de fournir la puissance de travail nécessaire, de rester concentré sur l'objectif, d'aller jusqu'au bout avec ténacité mais aussi de cultiver le calme intérieur et la sagesse, en faisant preuve de maîtrise de soi. Le trigramme **Kouen**, la terre, demande la réceptivité, la fécondité, le naturel, le dévouement, l'humilité, la malléabilité, la compassion, la capacité à se ressourcer et à nourrir la vie en respectant le juste rythme.

L'idéogramme ancien de l'hexagramme décrit un récipient sacré dans lequel on verse de l'eau, symbole de vie, de don et de générosité. La véritable augmentation survient quand chaque personne cherche à s'améliorer, quand les valeurs spirituelles sont exprimées dans le monde, quand les dirigeants responsables se mettent au service des autres pour faire avancer la vie. Elle survient quand les êtres sages et libérateurs sacrifient leur temps et leur énergie avec générosité, puis offrent leur guidance, pour apporter évolution et augmentation aux êtres qui en ont besoin, afin qu'ils se libèrent de toute négativité et expriment leurs talents.

La négativité et l'obscurité diminuent quand on augmente la positivité, la vertu et sa luminosité. L'âme grandit par la vie et l'action puis s'épanouit par l'amour, le silence et la méditation. Régner avec justesse, c'est servir le Tao, l'univers, la vie et les Hommes.

Interprétation classique : Le temps de l'augmentation est là dans les domaines matériels, émotionnels, psychologiques et spirituels, à condition d'avoir des objectifs justes qui apportent à tous une augmentation, un bénéfice, un progrès et un épanouissement. Vous traversez une période pleine d'énergie et exceptionnellement riche en opportunités synonymes de progrès, d'élargissement de vos horizons et de changements, où pendant un temps, de nombreuses portes sont ouvertes vers un enrichissement, un épanouissement et un accroissement. Une aide puissante et généreuse s'incarne afin d'améliorer la situation.

Il devient à présent possible, pour une période de temps définie, d'accomplir même des missions difficiles et d'entreprendre des projets importants, car la chance est au rendez-vous. Vous pouvez et devez alors redéfinir vos priorités, bouleverser vos habitudes et passer à l'action dès maintenant, en adaptant votre rythme et en vous réorganisant en fonction des exigences de la « Nécessité ». Cela risque fort de se traduire par une importante charge de travail mais peut aboutir au démarrage d'un nouveau cycle. Pour les êtres doués, il est judicieux d'apporter une aide là où elle est nécessaire et de guider ceux qui sollicitent des conseils. Vous pouvez être généreux dans la justesse et sacrifier une partie de votre temps et de vos ressources pour vous mettre au service d'autrui.

L'aide reçue éveillera la gratitude, une joie nourrissante, un sentiment de loyauté et une plus grande cohésion. Cela se traduit par de belles expériences relationnelles. Pour les êtres en chemin, il est avisé de chercher de l'aide, un guide et des conseils qui permettront de faire progresser la situation.

Cette progression, cette augmentation peut avoir lieue en ayant un objectif clairement défini, en posant les bonnes question, en écoutant attentivement les conseils reçus, puis en les appliquant avec rigueur et persévérance dans un engagement au quotidien. L'époque est particulièrement propice pour effectuer des prises de conscience de ce qu'il y a de positif en vous et chez autrui, puis pour consolider votre vertu, en renforçant vos qualités et votre énergie spirituelle, au quotidien, à travers une discipline ferme. Il est également temps de voir clairement tout blocage d'énergie, toute limitation, toute habitude néfaste, toute croyance dépassée, puis de mettre en place l'organisation pour les transformer et les déraciner, avec détermination, afin d'en être libéré une fois pour toutes. Cela permet d'opérer une union dynamique entre énergies masculines et féminines et de faire un grand pas en avant.

Cela permet à un nouvel état intérieur et à une nouvelle situation extérieure de prendre forme. Vous pouvez alors accroitre votre taux vibratoire, votre conscience, votre énergie, votre joie, votre bien-être et votre sentiment d'épanouissement.

Grâce à une action persévérante et courageuse, en harmonie avec l'ordre cosmique, vous pouvez ici bénéficier pleinement de cette période d'expansion et franchir un pallier pour atteindre un niveau supérieur. Vous pouvez alors prendre conscience que l'augmentation suprême est la mise en pratique dans le quotidien de la vertu et de valeurs spirituelles, comme le service à la vie en donnant le meilleur de vous-même et faire en sorte que ces éléments deviennent les fondations de votre personnalité et de votre vie.

C-Selon les deux écoles modernes du Design Humain et des Clefs Génétiques :

1-Le Design Humain. 42 = La porte de la croissance ou de l'expansion.

Explication technique :

Circuit du ressenti. Centre Sacré. Cette porte est liée à la porte 53, le développement graduel. Son thème principal est l'achèvement et sa maîtrise permet la célébration. Cette porte a tendance à consacrer son attention à une chose à la fois. Elle apporte premièrement une énergie qui maximise les potentiels présents dans les commencements. Elle pousse ensuite à faire avancer un cycle puis à l'expanser en le faisant croitre. Elle cherche enfin à terminer le cycle en cours, à reconnaitre quand le cycle est terminé, à en tirer les leçons et à l'intégrer afin de pouvoir plus tard en commencer un nouveau. Le pouvoir de mener un cycle à son terme est au cœur du processus d'augmentation, d'expansion et d'évolution qui a lieu ici.

Comme cette porte et ce circuit ne sont pas liés à la rate, il n'y a pas de conscience des peurs, de l'état de bien-être et de l'importance d'être dans l'instant présent, en lien avec le cycle et cela peut pousser certaines personnes à s'engager dans des cycles d'activités ou dans des relations qui ne sont pas bénéfiques pour elles car déclenchés par des peurs. Il y a un fort besoin d'expérimenter des choses à 100% et d'être absorbé par l'expérience vécue afin de pouvoir y réfléchir plus tard ; afin de murir grâce aux acquis de l'expérience. Le potentiel de croissance est lié à la maturité pouvant être acquise grâce au fait d'aller au bout du cycle. Les risques de cette porte sont de vouloir terminer un cycle trop rapidement par impatience, de rester agrippé(e) à des cycles déjà terminés, de s'énerver voir se mettre en colère quand le cycle ne se termine pas aussi vite que prévu et d'empêcher ainsi l'arrivée d'un nouveau cycle de croissance. Au niveau collectif, des expériences collectives de l'humanité servent à établir les fondements d'un futur progrès et à cheminer à travers différents cycles.

Proposition d'interprétation :
Vous avez besoin de réaliser tous les potentiels qui se présentent à vous et de recevoir à la mesure de ce que vous donnez, d'être dans une dynamique « donnant-donnant » et de récolter ce que vous avez semé », en alignement avec votre nature et votre joie. Quand vous agissez pour aider les autres et que vous faites tout votre possible pour le bien de tous, les compensations affluent. Quand vous êtes égocentrique, cela bloque l'énergie de cette porte et vous ne trouvez aucune satisfaction à être le seul bénéficiaire de vos actions. Cette porte augmente les riches expériences que vous partagez généreusement avec les autres et ne se limite pas à votre bénéfice personnel. Elle permet de reconnaître la grande générosité de l'univers, le fait qu'il y en a plus qu'il n'en faut pour tout le monde et le moment où un cycle est terminé. Elle vous permet de puiser dans ces trop-pleins naturels, d'exploiter vos talents pour faire avancer les autres dans leurs efforts de réussite et d'amener les processus à leur conclusion. Vous pourriez bien vous demander pourquoi vous faites tout le travail pour eux avec ce flair pertinent qui vous caractérise et cette énergie inépuisable ! En observant attentivement, vous vous apercevez que cela fait avancer les choses pour vous aussi. C'est une loi naturelle. La porte de l'expansion vous transforme en jardinier s'occupant de son jardin en observant toutes les variétés de plantes et en les accompagnants pour prospérer. Elle fait fleurir tous les potentiels. Il y a cependant un point important. Quand vous avez le sentiment que vos efforts vous permettent d'acquérir davantage de prospérité, faites attention à ne faire qu'une chose à la fois, en accord avec votre autorité, en évitant de vous disperser, d'abandonner prématurément un cycle en cours ou de vous agripper à un cycle qui est déjà terminé. Cette porte vous permet alors de comprendre qu'il est plus important de donner et d'agir pour le bien d'autrui que de recevoir, car c'est le meilleur chemin vers l'expansion, la récompense, la satisfaction et l'épanouissement. Elle vous permet d'identifier les cycles de croissance, d'accompagner autrui dans leurs projets et leurs processus de transformation jusqu'à la fin du cycle et d'accroître le niveau de bonheur sur cette terre.

3-Les Clef Génétiques. Clef 42 = Lâcher le vivre et le mourir.
Son dilemme où il doit faire des choix : La déception. **Signe astral HD :** Verseau.
Son partenaire de programmation : Clef 32, la révérence aux ancêtres.
Corps : Plexus sacré. **Son anneau de codon :** L'anneau de la vie et de la mort (3, 20, 23, 24, 27, 42). **Acide aminé :** Leucine. **Son chemin de transformation :** Le chemin du détachement.

L'ombre de cette clef : L'expectative, les attentes
Cette clef est l'un des fondements des enseignements du Bouddhisme et de l'Hindouisme. Elle décrit aussi les mélodrames des êtres humains dans leurs vies et leurs relations. Une attente est un espoir d'un futur meilleur et la croyance comme quoi on sera une personne plus heureuse dans le futur. Le problème n'est pas d'avoir des attentes mais d'être attaché(e) aux résultats car cela limite notre champ de vision, nous ferme aux possibilités inconnues de l'instant présent, nous fait croire que nous sommes dans l'échec et nous empêche d'être dans le présent et de vivre pleinement l'instant présent. Au niveau de l'ombre, on se raconte ainsi une histoire où demain est mieux qu'hier parce qu'on réussira. On s'invente une fiction et on s'y attache, on s'y agrippe. On s'identifie à l'histoire de sa vie, à sa famille, à ses amis, à son activité, à une relation, à des possessions, à des connaissances, à ses réussites ou ses échecs.

On joue notre personnage. Il y a plein de situations où l'on a été déçu(e), où l'on a des regrets, où les choses ne se sont pas passées comme on l'espérait. On a aussi causé de la déception, voire de la souffrance chez autrui. On a aussi des rêves, des aspirations, de l'espoir que certaines choses arrivent dans notre vie. Tout cela fait partie du mélodrame d'être un humain sur Terre.

Et l'acteur principal de ce mélodrame est en réalité le même que celui de ces pièces de théâtre qui ont été jouées pendant 300 ans en Europe quand il y a eu la grande épidémie de peste noire en 1447 ; c'est la mort. Cette clef vous parle au fond de votre relation à la mort. Il vous faut à tout prix vivre votre vie avant de la perdre. C'est ce que vous raconte votre mental au niveau des fréquences de l'ombre. En Asie, où la culture de la réincarnation est intégrée, ils ont un avantage sur nous occidentaux car le fait de savoir que vous reviendrez ultérieurement en jouant un autre rôle dans une autre pièce de théâtre favorise un certain détachement et une certaine détente. Si on est accroché au matérialisme et qu'on croit que la mort du corps physique est la fin de tout, il y a alors en général deux scénarios. Le premier, plutôt rare, est de profiter de chaque instant et de faire de notre vie une œuvre d'art, en vivant une vie dédiée à la beauté ou à une passion. Le second, très répandu, est d'être égoïste et d'obtenir ce qu'on veut parce qu'on croit qu'il n'y a rien d'autre.

L'espoir est une très belle chose jusqu'à ce que le mental s'en empare. Sans le mental, l'espoir nous porte vers l'évolution, l'amélioration de notre vie et l'aide aux autres. Avec le mental il génère des attentes spécifiques, une idée de comment les choses doivent être puis des déceptions. Le monde est plein de personnes déçues qui ont cessé de faire confiance à la vie, à leur cœur et au cœur d'autrui. Cela se voit particulièrement dans les relations. On rêve de la relation romantique et parfaite mais la relation n'est jamais parfaite. On finit soit par abandonner nos rêves et à ne s'engager nulle part ou on met fin à la relation avant que le cycle naturel soit terminé, du fait de la croyance que rien ne se passe comme on l'espère. Ou on fait des compromis et on vit une vie misérable, en se positionnant en victime du destin et de la fatalité, en réalité de ses attentes.

Si on décide qu'on a le contrôle de sa vie, alors on cherche à forcer les événements par sa volonté. On s'agrippe à ce qui est là, on résiste au changement et on refuse le changement, ce qui nous coupe du flux de la vie qui se renouvelle en permanence. Dans les deux cas, on finit par être déçu(e). Puis la mort finit par arriver et on estime qu'elle n'a pas répondu à nos attentes. Cela peut paraître un peu mélodramatique mais ce qu'il faut comprendre ici, c'est que le rôle des attentes déçues est de nous enseigner l'art précieux de se détacher intérieurement du mental, de l'ego et de lâcher-prise. Il n'est jamais trop tard pour apprendre à être dans l'instant présent, pour voir la futilité d'être attaché à ses l'attente, pour voir que nos déceptions sont le plus souvent des bénédictions et pour comprendre que vous ne pouvez seulement être une personne heureuse ici et maintenant.

Sous sa forme répressive, cette ombre génère de l'agrippement, au passé, à des croyances, à des relations, à un lieu de vie ou à sa vie, un refus que les choses se terminent et une incapacité à lâcher prise. Il y a une peur du changement. Cela empêche la vie de se renouveler. *Sous sa forme réactive*, cette ombre génère une difficulté à s'engager afin de ne pas être déçu(e)/blessé(e) ou une incapacité à aller au bout de quelque chose par peur que ça se termine. Ils sautent d'une expérience à l'autre juste le temps d'y gouter sans permettre aux cycles naturels de la vie de s'achever et vivent ainsi des cycles répétitifs.

Les schémas négatifs que ces personnes fuient réapparaissent alors continuellement dans leurs vies, ce qui peut transformer les relations en de vrais désastres, tout ça à cause des attentes.

Son cadeau : Les dons et capacités de cette porte : <u>Le détachement</u>

Si on définit le génie comme une explosion créative qui provient d'un cœur ouvert, alors personne n'accède à son génie sans le cadeau/don du détachement, qui nous porte et nous élève. Etre détaché(e) signifie ne pas se préoccuper ou s'inquiéter des résultats. Et toute tentative de forcer le détachement ne fait que renforcer l'attachement. Il survient quand l'on commence à faire confiance à la vie. Au niveau de l'ombre, on ne fait pas confiance à la vie et on espère que les choses vont se passer selon la façon dont le mental voit les choses et selon ce que l'on veut. Ici, on apprend à se rendre à la vie, à comprendre ce que la vie veut faire de nous et à répondre à ces propositions. On travaille avec ses attentes et non contre elles. On fait de notre mieux et on lâche tout attachement aux résultats. Le détachement est un processus où quand on fait confiance à la vie on lâche le contrôle de notre vie, physiquement, mentalement et émotionnellement.

Cette clef concerne également le libre arbitre, qui est tellement valorisé en occident. On croit qu'on est libre de faire de notre vie ce que l'on veut et que la vie est un livre ouvert où l'on peut écrire notre propre histoire. On est tout excité d'avoir ce niveau de choix et l'on s'active à créer notre vie. Mais les choses ne se passent rarement comme prévues. Des événements imprévus surviennent et des gens nous lâchent. Il y a de la déception.

On apprend ici à écouter la vie, à lâcher nos attentes mais on le lâche pas l'espoir. C'est cela le détachement. Le détachement est une acceptation qui commence à ouvrir nos cœurs. Cela ne signifie pas du tout que l'on devient distant ou complètement objectif. Cela signifie que l'on commence à accepter la vie parce que l'on prend conscience que la vie sait ce qu'il y a de mieux pour nous. Si on rencontre un obstacle, au lieu de le voir comme un obstacle, on le voit comme une opportunité de croissance. On fait preuve de courage. Le détachement transforme ainsi les ombres en cadeaux

On commence ici à réaliser que dans les mélodrames de la vie il y aune chorégraphie qui est au-delà de notre contrôle. Si on baisse les armes et qu'on se rend à cette prise de conscience, notre vie devient alors beaucoup plus fluide, facile, mystérieuse et excitante. C'est comme regarder un film sans savoir à l'avance comment l'histoire va se terminer. Vivre sa vie avec détachement permet de se mouvoir de façon fluide et harmonieuse avec l'univers et de danser sa vie, en s'adaptant instantanément aux changements imprévus. Cela permet de gouter pleinement à la vie. On devient de plus en plus dépourvu de peurs et on apprend à faire pleinement confiance à la vie. On laisse la vie nous traverser, dans un état de présence aimante et courageuse.

L'on devient le témoin de notre propre histoire, comme si on était assis(e) au bord d'une rivière en regardant le courant suivre son chemin. On devient doux(ce) et flexible à l'intérieur mais actif(ve) à l'extérieur. On développe notre féminin intérieur et notre sens de la justesse extérieure. On ne réagit plus aux mélodrames et on cesse de se battre avec les autres. On accepte de vivre le cœur ouvert. Le détachement concerne aussi les désirs. Nous avons des couches et des couches de désir qu'il faut traverser afin de lâcher chacun d'entre eux afin de s'en libérer. La vie nous offre ici de nombreuses opportunités pour cela.

On utilise ce que nous propose la vie et ce don nous emmène dans un voyage vers le raffinement, vers l'ouverture du cœur, vers un accroissement de l'amour dans notre cœur. Cela nous donne envie de jouer avec les mélodrames de vie et de danser la vie. On s'engage de plus en plus dans la vie et l'on goute à ses richesses sans s'y attacher, en aimant tout ce que la vie nous propose car l'on sait qu'elle le fait pour nous aider à atteindre notre objectif le plus élevé. On découvre que c'est magique de savoir que tout ce qui nous arrive est là pour contribuer à notre évolution, pour nous permettre de nous raffiner. On cesse ainsi de s'agripper à nos émotions. On devient un(e) maître du lâcher prise et rien ni personne ne s'accroche à nous. On devient libre. On devient humain(e), aimant(e), joyeux (se) et rempli(e) de compassion.

Le superpouvoir/puissance (Siddhi) de cette porte : La célébration

Le superpouvoir de la célébration concerne la transcendance de la mort. Il va au-delà du détachement où il y a encore de la dualité, du fait qu'il y a encore un observateur qui regarde ce qu'il observe. Ici, l'observateur devient ce qu'il observe. La conscience personnelle se fond dans la conscience pure et retourne à sa Source. Ce superpouvoir porte en lui le plus grand secret de l'univers. Pour accéder à ce superpouvoir, il doit survenir un lâcher prise complet et total. C'est cela le véritable rôle de l'initiation, de couper tous les attachements, d'y mettre fin, de tout rendre à la Source de toute Vie parce que vous avez compris que nous êtes propriétaire de rien du tout. Et le dernier épisode c'est quand on lâche notre attachement à la mort et au fait de mourir. L'anneau du vivre et du mourir contient les codes qui révèlent le mystère de quand l'âme, l'essence spirituelle, descend dans le corps puis un jour remonte dans l'au-delà.

Dans notre culture, on célèbre surtout une naissance et l'achèvement d'un projet mais on ne célèbre que très rarement ce qu'il y a eu milieu, dans l'espace entre les deux extrémités. Du fait que la mort est en chemin pour nous rencontrer, on a deux possibilités, soit vivre une vie égoïste, soit vivre une belle vie en faisant de votre vie une œuvre d'art.

Ce superpouvoir nous invite justement à faire précisément cela, à célébrer ce qu'il y a au milieu, à célébrer notre personnage et notre histoire avec ses ombres, ses dons et ses superpouvoirs en devenir et à faire en sorte que chaque instant soit une célébration.

Il nous invite à vraiment profiter de la vie. Pour cela, respirer correctement est essentiel car on ne peut être présent(e) et détendu(e) que si notre respiration émerge de notre ventre sans résistance. Cela signifie qu'il nous faut lâcher toutes nos peurs présentes dans le corps, une par une, jusqu'à ce qu'il n'y en ait plus. Imaginez comment vous vous sentiriez et comment serait votre vie si votre mental était au repos et si vous aviez zéro peur ! Ne seriez-vous pas dans un état d'enchantement, comme un(e) enfant mais en conscience ? L'une des composantes de ce superpouvoir est de transpercer le voile des possibles et d'accéder à ce qui peut sembler impossible, de rendre l'impossible possible. Quand la grande illusion de la vie dans le monde de la matière vole en éclat, l'éternité s'ouvre à nous et on accède aux dimensions supérieures de la réalité. On se rend compte que nous sommes à la fois mort et vivant et que nous sommes une simple expérience temporaire d'énergie condensée en matière et de matière convertie en énergie. On cesse d'identifier notre conscience à l'agitation de la vie et l'on parvient au repos tout en étant éveillé et uni à la vie. La grande célébration est alors que la mort a pris fin et que notre conscience s'est enfin libérée de la prison qu'elle s'était créée et des histoires qu'elle se racontait. Cela génère une nouvelle naissance, une seconde naissance et de grands éclats de rire, des rires de soulagement et de pure joie.

L'entièreté de votre structure atomique est réarrangée. Un petit clin d'œil nous a été offert par le monde du cinéma. Dans le film « le guide du voyageur galactique », quand l'acteur principal demande au superordinateur quel est le secret ultime de l'univers, sous-entendu de la Source de toute Vie, celui-ci répond « 42 ». Il y a l'union du 4 et du 2, de la puissance de la Source de toute Vie manifestée et de la Source de toute Vie en elle-même. Il y a ici la fin de la souffrance et la fin du temps. On est à l'instant où l'on entend le « et il/elle vécu(e) heureux(se) pour toujours », non pas jusqu'à la fin des temps mais grâce à la fin du temps. La célébration est alors une manifestation de l'éveil enracinée dans la conscience de vivre et de mourir dans un corps humain. Bonne célébration !

Chapitre 19 : Le nombre 43

A-Sa structure et ses associations: Le nombre 4 est en lien avec les structures, avec le père, avec l'expression de l'homme en soi, avec l'expression de son pouvoir pour prendre sa place et avec la gestion d'un territoire grâce à l'autorité et à un sens de l'organisation. Il y a une importance des règles, des cadres et un désir de se rendre utile. Il y a une puissance d'organisation. Le nombre 3 est en lien avec la relation à la mère et aux femmes, avec l'expression de la femme en soi, avec le mental, l'expression de l'intelligence et la communication, avec les déplacements et l'adaptation à l'environnement à travers le service. Il y a l'union de la puissance (4) et du mouvement(3). L'union du père et de la mère, du masculin et du féminin génère une percée. Il y a un accès aux structures qui sous-tendent la circulation de l'information.

B-Selon la tradition ancienne du Yi-King Chinois : Hex 43 = La résolution, la percée.

Résumé du nombre : Une volonté déterminée perce à travers un obstacle, canalise un mouvement et créé des formes avec résolution, en expulsant tout élément disharmonieux, afin de préserver l'équilibre et la cohésion et effectuer une percée.

Explication technique :

Gérer les temps de diminution et d'augmentation nécessite une implacable résolution et une intense présence. C'est pourquoi après «L'augmentation» vient «La résolution». **Kien**, le Ciel, demande d'exprimer sa puissance créatrice, sa volonté, sa vision, ses valeurs, sa confiance en soi, son autorité, une organisation efficace mise au service d'objectifs, une maîtrise de soi et la force du cœur. **Touai** demande une gestion juste des ressources, la joie, l'intelligence relationnelle, une coopération harmonieuse qui nourrit la civilisation et l'enchantement grâce à l'écoute de ses vrais désirs afin de faire les bons choix. En accumulant force et énergie jusqu'à parvenir à une certaine tension, en expulsant toute impureté puis en libérant, dans un puissant élan de volonté et dans une percée d'énergie, la puissance accumulée, la puissance créatrice génère une libre circulation du bonheur et de l'abondance qui se matérialisent dans la forme. Si trop de tensions ou de richesses s'accumulent, avec égoïsme, sans sagesse, sans être redistribuées, cela provoque une surcharge de tension, puis une explosion ou un effondrement.

Cela est évoqué par l'image de l'accumulation puis de la libération de l'eau d'un fleuve en crue, grâce à des digues ou à un barrage ayant un dispositif d'écoulement ; mais aussi par l'image de l'évaporation de l'eau du lac dans le ciel, qui risque, si elle s'accumule excessivement dans les nuages, d'engendrer une averse torrentielle dévastant les habitations.

De plus, s'il reste une seule impureté ou élément négatif, cela risque de générer au mieux de fortes interférences ou une difficulté à fonctionner autrement que dans un état d stress permanent qui fait tout à la dernière minute et au pire un conflit destructeur et un sabotage de la réussite. Il est donc nécessaire d'anticiper les risques inhérents à l'expression de la puissance, de surveiller et de gérer, avec une intense vigilance et une souplesse lucide, tous les paramètres de la situation, en soi comme à l'extérieur, puis de veiller à la juste expression des flux d'énergie, des actions et des paroles, afin de préserver l'assemblage, la structure et la stabilité de ce qui est. Ce qui engendre plus de lucidité et de sérénité est alors source de progrès.

Interprétation classique :

Il est temps d'accumuler suffisamment d'énergie pour, au bon moment et d'une manière équilibrée, entreprendre une percée en avant énergique, pour progresser, atteindre un objectif clair et opérer une transformation visant à créer plus d'harmonie, de bonheur et d'abondance. Une tension s'est accumulée en vous ou au sein de la situation. Il y a une difficulté où un élément négatif à identifier puis à recadrer, à surmonter et à expulser. Cela passe ici par un combat ayant des règles à respecter, par l'évacuation de tout excès de tension et par l'éradication de toute impureté, par une préparation optimale du terrain et de leurs occupants, en suscitant la coopération des personnes essentielles, par une souplesse qui s'adapte en permanence aux exigences de la situation, par une lucidité toujours en alerte et par une puissante et sincère résolution qui prend les bonnes décisions. Pour combattre en harmonie avec l'ordre cosmique, vous devez être centré dans votre cœur, exprimer votre force avec générosité et bienveillance.

Vous devez refuser catégoriquement tout compromis avec l'élément négatif, que ce soit une personne, une passion, un désir, des intérêts égoïstes, de l'orgueil, de l'arrogance, un excès de confiance, des intentions cachées, des motivations douteuses, une peur de réussir, une tendance au sabotage ou une tendance à accumuler sans redistribuer.

Avoir recours à la violence et à l'agressivité, faire preuve de véhémence, vous laisser envahir par la colère et la haine, ou agir dans la précipitation ne ferait que vous enchaîner à la négativité et provoquerait des réactions aux conséquences désastreuses.

Cela implique de ne pas accorder de la valeur et de l'attention aux éléments négatifs, mais au contraire de les discréditer en conscience et de cesser de les nourrir, puis de focaliser toute votre énergie et votre attention sur ce qui est positif, sur la vérité, sur votre énergie vitale, avec une implacable détermination à générer un progrès. De même que l'on éclaire sa maison en apportant de la lumière et non en cherchant à lutter directement contre l'obscurité, la négativité disparait toute seule devant une énergie positive, quand elle ne trouve pas d'adversaire pour mettre de l'huile sur le feu. Cela nécessite que vous soyez clair par rapport à toute blessure ou élément qui n'est pas réglé ou purifié en vous-même. Une défaite ou un retour en arrière est exclu car il s'agit ici de s'adapter. Il est ensuite nécessaire de faire appel à votre intelligence relationnelle, avec autorité, vérité et joie du cœur, pour communiquer publiquement, aux personnes concernées, au bon moment et avec des paroles justes, votre position, vos convictions, vos revendications et votre intention ferme d'aller de l'avant et de régler toute difficulté en cours, en montrant clairement mais amicalement la force de votre détermination, tout en étant préparé aux réactions inévitables.

En luttant avec résolution jusqu'à l'obtention de la victoire, le succès est assuré et vous en serez enchanté. Vous avez donc maintenant la possibilité d'éveiller cette joie profonde qui résulte de l'utilisation réussie de votre pouvoir créateur et de vos capacités de travail. Vous pouvez ainsi faire un grand pas en avant dans la création de votre bonheur sur Terre.

C-Selon les deux écoles modernes du Design Humain et des Clefs Génétiques :

1-Le Design Humain. 43 = La porte de la claire perception, des intuitions et des découvertes capitales.

Explication technique :

Circuit de la connaissance. Centre Ajna. Dans le Yi-King d'origine, cette porte se nomme la résolution ou la percée. Cette porte est liée à la porte 23, l'éclatement. Son thème principal est le franchissement d'une nouvelle étape et sa maîtrise permet d'être visionnaire et empathe. Le circuit de la connaissance est lié au sens de l'audition et à l'oreille interne. La percée implique ici d'écouter et d'entendre là où précédemment on n'entendait pas à cause de barrières mises en place afin de se protéger de tentatives d'influences non bienveillantes. Pour que l'information accède pleinement à la conscience, de la quiétude mentale, de la simplicité, de l'utilité pratique, de la structure et de la cohérence sont nécessaires. L'oreille interne n'écoute que sa propre voix et seule cette écoute peut transformer ce qui est perçu comme une vérité en une claire perception. La vérité perçue comme telle est une expérience intérieure et n'est ici aucunement validé par des faits concrets. Cela peut alors générer soit beaucoup d'illusions et l'impression d'être une personne incomprise, soit une claire connaissance, une capacité à savoir et à télécharger des idées nouvelles en se reliant à des champs d'informations, à des champs quantiques quand un travail sur soi a été entrepris avec courage, force et foi. Cette porte donne accès à la perception des différentes dimensions qui structurent la réalité et aux flux d'informations qui circulent dans ces dimensions et d'une dimension à la suivante. Elle permet d'ajuster sa fréquence vibratoire pour se synchroniser avec la dimension qui veut être vécue. Il peut alors exister une pensée profonde, multidimensionnelle, visionnaire, avant-gardiste voir révolutionnaire capable de proposer une nouvelle réalité et un nouveau paradigme. Il y a ici l'étape finale d'une prise de conscience qui prend forme et qui pourra ensuite être exprimée quand elle accèdera à la gorge. Il est cependant ici nécessaire d'être reconnu et sollicité avant de s'exprimer avec succès et de s'exprimer au bon moment.

Proposition d'interprétation :

Il y a dans votre tête comme une connexion qui dispense des révélations. C'est comme si votre oreille intérieure percevait des choses que nul autre ne peut entendre. Vos révélations sont novatrices. Elles sont capables de générer une percée, une avancée significative et une nette amélioration dans votre vie ou dans celle des autres, dans un projet ou dans une relation. Vous recevez parfois des flashs de pure connaissance. Personne autour de vous ne semble pouvoir accéder à votre niveau de compréhension. Vous avez une longueur d'avance sur tout le monde. Les autres ont besoin d'un certain temps pour être capables d'envisager ce que vous percevez. Il s'agit ici de comprendre que vos intuitions ne sont pas influençables ; elles ont simplement besoin d'être comprises. Vous n'êtes par contre pas toujours capable d'exprimer ces révélations clairement.

Votre défi consiste par conséquent à les communiquer dans un langage intelligible et pour cela, vous devez faire confiance à votre propre autorité. Quand vous le faites, parfois sans même y penser, vous transmettez alors naturellement vos découvertes. Vous êtes alors capable d'expliquer des concepts complexes liés aux réalités invisibles de façon simple et synthétique.

Ainsi, quand vous êtes en relation avec différentes personnes ou situations, les inspirations surgissent. La vraie sagesse consiste à identifier le moment opportun pour les communiquer. Cette porte peut parfois vous rendre obstinément accaparé par vos clairvoyances. Elle peut vous rendre indifférent aux autres ou agacé(e) par le fait que les autres ne voient pas ou ne comprennent pas ce que vous voyez. Le risque est alors de rejeter les autres par peur de perdre votre état de profonde connexion avec l'invisible et de faire face à une solitude pesante. Vous supportez ainsi parfois difficilement les imbéciles, les moldus et les bourriques comme vous dîtes. La façon harmonieuse d'entretenir votre nature profonde consiste à rester fidèle à votre propre vérité tout en étant ouvert aux façon de voir d'autrui, à faire preuve de patience, de compréhension, de bienveillance et de compassion envers autrui et à intégrer le fait que vous avez un impact uniquement si vous vous exprimez de la bonne façon, au bon moment et quand vous êtes sollicité pour le faire. Vous accédez alors à une profonde sagesse dont les vérités universelles sont à même de modifier toute la façon de penser des autres et de déboucher sur des transformations intérieures grâce aux percées que vous déclenchez.

3-Les Clef Génétiques. Clef 43 = la percée.

Son dilemme où il doit faire des choix : Savoir. **Signe astral DH :** Scorpion.
Son partenaire de programmation : Clef 23, l'alchimie de la simplicité. **Corps :** Oreille interne.
Son anneau de codon : L'anneau de la destinée (34, 43). **Acide aminé :** Asparagine.
Son chemin de transformation : Le chemin de la perception.

L'ombre de cette clef : <u>La surdité, le non ressentir.</u>

L'objectif de cette clef est de générer de l'efficacité opérationnelle de façon à ce que rien d'extérieur ne puisse acheter notre bonheur, de façon à réduire l'incertitude. L'hexagramme 43 du Yi-King se nomme la percée, qui s'effectue grâce à une volonté résolue. Une percée est un changement dans le sens d'une évolution et ces changements se produisent tout le temps. La vie s'exprime selon un rythme mais effectue régulièrement des percées qui sont aléatoires et non prévisibles. Si l'on observe l'existence de l'être humain et son code génétique, on peut affirmer que son existence est le fruit de différentes percées, d'une suite de bons en avant dans l'évolution, car c'est ainsi que s'effectuent les percées.

Au niveau de l'ombre de la clef, on ne se sent pas bien et on tente de se faire croire que c'est parce qu'on s'inquiète de ne pas savoir, de ne pas comprendre et parce qu'on a envie de savoir pourquoi et comment tout cela se produit. Ce désir de savoir, le dilemme de cette clef, nous rend sourd et insensible au silence d'où pourrait émerger la réponse du fait qu'on ne sait pas gérer le silence qui suit la question. Cela génère nos humeurs et comment on se sent dans son corps. La surdité est notre tentative d'échapper au silence, à nos humeurs et à notre vie intérieure. Mais on n'entend pas non pas parce qu'on est réellement sourd mais parce que l'on est trop occupé à penser à ce qu'on doit faire et à être en train de savoir ce que l'on fait.

<u>Quand cette ombre s'exprime en mode réprimée,</u> elle engendre un bruit permanent à l'intérieur de soi et des inquiétudes nourries par le mental. Cela peut parfois générer des obsessions mentales, un épuisement physique et du stress émotionnel conduisant au burnout.

Ce besoin de savoir, de savoir ce que l'on va faire, nous pousse à remplir notre journée d'activités, avec des listes de choses à faire, parfois jusqu'à épuisement, ce qui nous empêche d'apprécier la beauté de la journée et nous rend sourd au chant de la vie. On cherche à créer son bonheur et sa sécurité à l'extérieur et dans le futur et on ne veut pas voir que l'état de bonheur et la sécurité n'existent qu'ici et maintenant, dans l'instant présent et à travers la créativité. Une percée et notre génie ne peuvent néanmoins émerger que s'il y a du « non-savoir », une absence de savoir dans notre vie et ils n'émergent que dans l'instant présent. On associe souvent la surdité à un silence mais en fait c'est plutôt un bruit de fond généré par le vacarme du mental et beaucoup d'activité générée par l'agitation du mental.

Comme la société est organisée pour que les individus s'échappent de leurs ressentis et vivent dans le mental, en étant censé savoir ce qu'ils font de leur vie et ce qu'ils vont en faire, comme si tout était sur et certain, cette ombre peut nous transformer en rats de laboratoire hantés par des regrets liés au passé, ou courant après des objectifs dans le futur, ou en lemmings qui courent à leurs pertes en se précipitant vers la falaise. Elle génère en tout cas de l'inconscience et un fond d'inquiétude. Le mental se demande comment sortir de cet état d'inquiétude du fait même qu'il est occupé à assurer la survie du corps physique. Une grande partie du monde vit dans un état de pauvreté et n'a pas le luxe de se préoccuper des humeurs, des états émotionnels, des ressentis et de la vie intérieure qui sont alors mis de côté. L'autre partie qui dispose des moyens nécessaires à sa survie passe son temps à s'inquiéter de tout et de rien. Cette ombre nous montre que l'on ne sait pas ce qu'il va arriver, que l'on ne peut pas connaitre le futur et que la vie est imprévisible.

La seule chose que l'on sait c'est que l'on va mourir un jour. Il est donc judicieux d'apprendre à lâcher-prise, de se rendre et de se soumettre aux incertitudes de la vie, en abandonnant le besoin de tout savoir ; de savoir où l'on va aller, ou est-ce que l'on sera, ce que l'on doit faire et comment se comporter etc. On peut toujours jeter des pièces dans la fontaine et espérer que nos désirs ou nos rêves se réalisent mais on ne sait pas si, quand et comment ils vont se réaliser. Ils ne se réaliseront probablement pas alors pourquoi s'en inquiéter.

Le besoin de savoir non seulement rend nos vies plus monotones mais il nous coupe des autres et nous empêche de les aimer vraiment. Comment peut-on aimer une personne si on croit qu'on la connait On ne connait réellement personne. L'autre demeurera toujours un mystère quand on regarde les choses avec honnêteté. Et plus on se rapproche d'une personne et moins on la connait et c'est ce qui perturbe le mental. Le potentiel à réaliser ici est que l'on peut aimer à 100% même si on ne comprend pas complètement. Il n'y a pas besoin de comprendre ou de connaitre pour aimer. <u>En mode réactif</u>, l'ombre de cette clef se manifeste par un besoin d'émettre du bruit extérieur, par un besoin de vivre avec la télé allumée ou de parler tout le temps pour ne rien dire afin de ne pas s'entendre et de fuir un état de misère intérieure. Comme il y a une difficulté à être lié à ses propres ressentis et à s'entendre, il y a une difficulté à entendre autrui. Il y a une tendance à parler en étant à côté de la plaque, ce qui suscite des réactions de rejet de la part d'autrui ; rejet qui génère de la colère, parfois de la violence individuelle ou collective et l'impression de ne pas être compris(e). Personne n'aime quelqu'un qui sait tout ou qui parle tout le temps.

Les fréquences inférieures de cette clef ont tendance à maintenir dans la peur de l'imprévu, dans la peur d'être banni et exclu du monde et du coup à aller s'y agiter sans cesse, à faire entendre les fréquences planétaire basses synonyme de bruit et à bloquer l'émergence de percées intérieures significatives. Une percée significative survient quand vous réalisez que quelle que soit votre degré de liberté personnelle ou votre richesse, rien d'extérieur ne peut combler le vide à l'intérieur de vous. Elle survient quand vous rendez compte que vous ne vous sentez pas bien dans ce monde de la matière, que vous faîte face à la peur d'être rejeté par la société et que vous vous rebellez intérieurement.

Son cadeau : Les dons et capacités de cette porte : La perception/vision intuitive claire

Toute personne a une dimension rebelle, quand elle exprime sa créativité et une spécificité qu'elle seule peut exprimer. Quand on éveille notre potentiel créatif, c'est là où l'on sort des fréquences de survie, de l'état de survie et où on peut commencer à manifester nos qualités, les mettre au service de la vie et ainsi générer une percée.

L'une des qualités principale du don 43 est l'aptitude à se rebeller, non pas extérieurement, en étant un(e) rebelle politique ou social mais un(e) rebelle intérieur(e) vis-à-vis du mental et des fréquences de l'ombre. Il s'agit de ne pas croire tout ce que raconte notre mental, de ne pas laisser son besoin de savoir et ses attentes nous rendre sourd(e) et de permettre à la vie de se dérouler. C'est alors que surgissent de nombreuses perceptions, sous forme d'événements intérieurs et de flashes, qui surviennent souvent d'une direction à laquelle le mental n'avait pas pensé. Le/la rebelle créatif(ve) pense en dehors des cases mais créé des espaces pour que des percées puissent survenir. Le mental devient alors relié au cœur, au cœur de l'être, de l'être tout entier car c'est de là que surviennent les percées. Ce n'est aucunement une rébellion violente car le/la rebelle créatif(ve) reste respectueux(se) et courtois(e) mais plutôt une rébellion espiègle avec un regard pétillant(e). C'est être vulnérable sans être cucul la praline, festif sans être provoquant(e), éloquent sans diarrhées verbales et royal sans être orgueilleux(e). La rébellion intérieure, qui manifeste sa vision spécifique et exprime sa passion spécifique en fonction de son ADN, inspirant ainsi autrui à en faire de même. Une percée ne peut survenir que spontanément, quand les conditions sont réunies pour qu'elle se produise et on ne peut pas la générer par la force. Elle survient quand il y a un environnement intérieur calme et elle est générée par une mutation fine de l'ADN. Le Chemin Doré des Clefs Génétiques est là pour permettre à des sauts quantiques d'avoir lieu dans nos vies.

Et l'une de ces conditions et d'habiter plus souvent la maison de la relaxation, de la détente, de la présence détendue, du non-savoir et de laisser la place à l'incertitude, en créant des espaces, des pauses, où il n'y a rien à faire, juste à être là avec le silence et à écouter ce qui veut émerger. Le don numéro 43 est comme l'arcane du Tarot 22, c'est l'idiot ou le fou divin qui accueille et étreint l'imprévu. La faiblesse de surdité des fréquences inférieures devient ici une force car on devient sourd à tout ce qui est extérieur à son projet personnel, à sa passion et au statu-quo. On fait confiance à notre voix intérieure peu importe les réactions du monde extérieur. On créé notre propre chemin et on ne se préoccupe pas de où il va nous mener. C'est la surdité du génie, d'être sourd au passé et au futur et juste d'être un canal pour les forces de création de la vie. C'est quand on fait confiance à notre intérieur, à notre ADN, en refusant d'être influencé par d'autres éléments extérieurs, que notre génie s'exprime, dans l'instant présent.

On ne peut pas étudier comment devenir un génie, cela survient quand il y a du mystère, une absence de savoir et de l'espace vide. La méditation et la contemplation sont justement des espaces-temps où on est là à ne rien faire en apparence et où l'on ne sait pas ce qu'il va émerger. Leur base même est l'incertitude. On vit alors des certitudes. On ne sait pas comment on sait et on ne s'en préoccupe pas mais on sait que c'est ça et que c'est ça qu'on doit faire. La perception claire, la claire conaissance survient quand il y a une percée de l'intérieur profond dans notre conscience parce que les conditions sont réunies. Chaque perception ouvre un espace de conscience plus large.

Un mot qui décrit cela est le mot incandescence qui signifie être éclairé ou illuminé depuis l'intérieur et c'est la le cœur des clefs génétique car c'est la lumière émise par notre ADN qui génère des prises de conscience, des certitudes, des transformations puis une illumination. La perception claire permet d'être sauvagement efficace mais cette efficacité vient de vos racines et de notre connexion à la vie, à la nature. Et vous n'avez pas besoin de savoir plein de choses inutiles dont vous n'avez pas besoin pour être efficace. La vie nous donne les qualités dont on a besoin pour accomplir notre mission donc il est inutile de gaspiller de l'énergie à courir après des qualités dont on n'a pas besoin. L'efficacité de la clef 43 est liée à la simplicité, au don 23. La perception claire rend tout plus simple car on va droit au but. Elle nous ouvre à nous-même et nous ferme au gaspillage de temps, d'énergie et aux distractions inutiles. Elle vous rend sourd aux choses précédemment considérées comme importantes et qui sont à présent vues comme sans intérêt. La perception claire est la capacité à écouter le silence en écartant le bruit de fond, le vacarme du mental et les bruits du monde extérieur, le passé et le futur, afin de percevoir ce qui se trouve dans l'intensité détendue de l'instant présent, en acceptant de voir ce qui en émerge. Elle devient alors comme une boussole intérieure qui guide notre vie et notre évolution, en vous initiant aux mystères de la vie, à l'amour et à la chance du fait que l'univers danse la vie avec vous, à travers vous.

Le superpouvoir de cette porte : L'épiphanie. L'écoute de l'univers. La claire connaissance

Tout le monde peut expérimenter cette clef même si elle n'existe pas dans le profil hologénétique. Les évolutions technologiques survenues au cours du dernier siècle nous permettent de disposer de temps pour travailler sur soi et pour méditer sur le sens de la vie.
On peut ainsi se rendre compte que pendant un temps, on est sourd et dans le déni envers certaines choses, envers nos ressentis et notre petite voix intérieure, notre intuition.

Puis on a des visions, des certitudes qu'on apprend à reconnaitre et enfin on fait l'expérience de l'épiphanie, qui est la capacité d'accueillir pleinement le silence, de l'étreindre et de plonger dedans en ce laissant guider par lui jusqu'au fond de son cœur afin de communier avec la vie en soi et avec la Source de toute Vie. L'épiphanie est la percée ultime et suprême de la conscience dans un corps humain. C'est l'abandon total de soi à la vie, à la Source de toute vie et à l'amour. On se rend, on se soumet et on se met à genoux, comme dans l'arcane 17 du Tarot, l'Étoile. C'est comme une explosion en plein d'étoiles où l'on est présent dans chacune d'entre elles. C'est pour vivre cela que de nombreuses personnes vont méditer dans des grottes ou dans la forêt, où règne un silence assourdissant.

On se rend alors compte que l'on ne sait rien du tout et à un moment donné, une connexion a lieu et tout d'un coup on sait tout car on est relié aux champs quantiques d'où émerge toute vie et à la grande bibliothèque universelle de la vie. On repose dans le tout.

On à la clairvoyance, le clairsentience et la claire conaissance. On sait par exemple que l'univers est un hologramme, que le monde de la matière est une matrice artificielle créée depuis les dimensions supérieures et que tout arrive selon son rythme et sa nature. On ne pense plus au futur et si on organise quelque chose, on n'y est pas attaché, on ne prend pas la chose au sérieux et on est ouvert au changement et à l'imprévu. Une percée peut alors avoir lieu à n'importe quel moment mais on ne court surtout pas après. Le 43 est le fou et le 34 est le roi et ici les deux fusionnent en un. On devient royalement fou ou royalement libre et heureux(se).

On se rend compte comme dans le roman l'alchimiste que ce que l'on cherchait avait toujours été là, au fond de nous. On se rend compte que les seules choses qui sont réelles, qui existent réellement, c'est la conscience et l'amour, la créativité et la joie. On devient sourd à tout, sauf au Divin, à l'amour, à la conscience Cosmique, Galactique. Cette clef fait partie des 7 sceaux, où chaque sceau retient un élément de la vérité divine. A un moment donné ce quatrième sceau se fracture puis se rompt, générant une percée tellement significative qu'elle est capable de guérir la blessure de rejet, qui est une expression de peurs contenues dans notre ADN, de guérir le cœur et de l'ouvrir. C'est cette peur qui nous sépare les une des autres, qui nous empêche d'avoir confiance les uns dans les autres et qui maintient nos cœurs, nos portes et nos frontières fermés. Ce sceau est en train de se facturer à l'échelle de l'humanité et de restaurer la confiance entre les gens, où chaque personne devient un frère ou une sœur et où domine un sentiment d'amitié entre les gens et entre les peuples.

Cette clef est capable de guérir l'humanité de sa surdité et de nous rendre efficace en tant qu'espèce. Le sentiment d'amitié, entre les gens et entre les peuples, qui est l'essence de l'être humain, dissout les peurs, les lois, le besoin d'avoir des frontières et des armes. Cela commence à se produire dans ce siècle et cela s'accentuera dans les siècles à venir, créant une nouvelle humanité et l'ère du Verseau, du moins on peut l'espérer mais on n'en sait rien. On verra bien ! On n'est pas au bout de nos surprises, surtout si nos ami(e) extra-terrestres se manifestent ouvertement ! (Voir Le dossier Extra-terrestre, éditions Bod).

Chapitre 20 : Le nombre 44

A-Sa structure et ses associations : <u>Le nombre 4</u> est en lien avec le père, avec l'expression de son pouvoir pour prendre sa place et avec la gestion d'un territoire grâce à l'autorité et un sens de l'organisation stratégique. Il y a une importance des règles, des cadres et un désir de se rendre utile. Il y a une puissance d'organisation. Le doublement de ce nombre apporte la rencontre de deux pouvoirs générateurs d'une spirale de vie mais aussi de tensions. Il génère une conscience des schémas structurels répétitifs.

B-Selon la tradition du Yi-King Chinois : Hex 44 = Résister à la tentation. Gérer le féminin. Venir à la rencontre.

Résumé du nombre : Au solstice d'été, on s'extériorise, on accueille la rencontre entre le masculin et le féminin, on crée des liens émotionnels, on résiste à une tentation qui séduit et tente de prendre le pouvoir, on s'accouple et on génère une fluidité pleine de vie. La puissance de la vie se déploie dans la monde de la matière.

Explication technique :

Une ferme résolution apporte la victoire. Mais le monde de la matière est soumis aux lois naturelles, aux énergies subtiles et sexuelles, aux cycles et aux changements. Ainsi, au solstice d'été, quand la durée du jour, la lumière, l'énergie et l'expansion parviennent à leur maximum, elles diminuent à nouveau pour laisser place à un élément obscur, matériel ou féminin. Cet élément est présenté ici sous la forme d'une jeune fille entreprenante, qui arrive par le bas, fait son ascension sur les devants de la scène, va à la rencontre des cinq éléments masculins, les sollicite, les séduit, les tente et les perturbe, au risque de chambouler l'ordre établi, de façon inattendue ou inhabituelle, en générant de l'interférence. En effet, la règle d'évolution, l'ordre naturel, est que le masculin aille à la rencontre du féminin. Mais l'inverse est inévitable et fait aussi parti de la vie, tout comme le désir sexuel. Cela à une signification remplie de sens, nécessite un positionnement en harmonie avec les lois du Ciel, dépend du choix de l'engagement et permet de voir clairement où chacun en est. C'est pourquoi après «La résolution» vient « Résister à la tentation » ou «La rencontre».

Kien, le Ciel symbolise le prince, le dirigeant, la puissance créatrice, la volonté, la conscience, les valeurs, la confiance en soi, l'autorité, l'organisation efficace mise au service d'objectifs, la maîtrise de soi et la force du cœur. Souen représente le vent, l'arbre et la végétation. Il symbolise les lois naturelles qui pénètrent et s'enracinent dans la vie, mais aussi la société humaine et ses lois. Il demande de prendre sa place dans le monde extérieur, d'élargir les horizons, d'avoir une vision globale et d'être guidé. Il permet de communiquer intelligemment, d'exprimer un sens du service et de s'adapter avec souplesse aux nécessités de l'instant présent. Il apporte des opportunités, un dialogue, l'écoute, l'aptitude à la négociation, le mouvement, la respiration, les échanges, les affaires et une expansion. Ici, le vent descend du ciel. Ils se rencontrent. Quand une conscience lumineuse ou un dirigeant exerce une influence, en propageant sa volonté, des ordres clairs et des lois en harmonie avec le ciel et quand il est dans un lien juste avec le peuple, les réalités matérielles et le corps, cela génère un développement. L'idéogramme de l'hexagramme décrit une femme, une bouche et un symbole de royauté, suggérant la nécessité d'accueillir et de positiver son féminin pour accéder à sa royauté.

Interprétation classique :

Un élément inévitable, une rencontre nouvelle, une sollicitation inhabituelle, semblant inoffensive, s'est glissée dans la situation, tente de l'exploiter et demande à être gérée. Cette rencontre entre deux énergies complémentaires présente des risques, une menace, une source de perturbations mais aussi une opportunité. Le monde de la matière, en tant que réaction extrême du monde spirituel, est soumis aux forces du chaos. Il peut être synonyme de piège. Le féminin peut alors se présenter sous la forme de la tentation, d'une offre alléchante ou d'un élément disharmonieux et potentiellement dangereux, qui s'affirme, en tentant d'influencer la situation et de prendre les commandes. Les circonstances peuvent être puissantes et intenses, comme une passion sexuelle avec une jeune fille, mais elles ne débouchent pas sur une situation durable, productive et fructueuse. Poursuivre votre engagement révèlerait des problèmes cachés, un conflit intérieur et vous enchainerait à des conséquences néfastes. Pour demeurer en harmonie avec l'ordre cosmique et éviter le chaos, il est nécessaire, grâce à une conscience vigilante, de reconnaitre la tentation ou l'élément obscur et de discerner tout principe douteux et le danger caché derrière une apparence agréable.

Il est avisé de refuser de lui accorder de l'attention, un espace ou un quelconque pouvoir et d'éviter de la laisser s'approcher de trop prêt, de créer des liens intimes, de la nourrir avec jeu, complaisance ou idée d'un bénéfice secondaire et de résister au désir d'aller volontairement à sa rencontre. Il est nécessaire de canaliser son influence avec discipline, en fixant des limites et en prenant fermement position, par des fins de non-recevoir claires et des attitudes intègres, mais aussi souples et bienveillantes, de prendre les mesures nécessaires et de vous détourner de la situation.

Prenez conscience que la capacité d'admirer le pôle féminin, sans admettre dans la conscience la moindre émotion érotique, permet d'accéder à la beauté intérieure, à la joie spirituelle et au sentiment de bonheur, que l'attraction entre homme et femme est naturelle, mais que la sexualité sans amour et sans conscience des réalités spirituelles fait souffrir l'âme et rend misérable. Reconnaissez et laissez s'exprimer le meilleur des qualités féminines et écoutez votre cœur qu'elle que soient les considérations sociales. Voyez qu'elles permettent d'établir une fluidité et une foi porteuses de vie, de ressentir un bien-être, une harmonie, de la joie, du plaisir et un état de reliance, de concrétiser dans la forme, d'écouter ses vrais désirs, de créer la prospérité, d'intégrer le facteur temps, d'avancer sur le chemin qui mène à la sérénité et de générer un ordre dans le monde.

Des petites choses et des petits pas peuvent à terme déboucher sur de belles réalisations. Résister à la tentation grâce à la droiture et en donnant une forme ou un sens juste et équilibré à la situation peut alors déboucher sur un puissant accroissement de vos forces, sur d'importantes prises de conscience, sur une plus grande unité, sur une profonde renaissance et sur le début d'une vie nouvelle.

C-Selon les deux écoles modernes du Design Humain et des Clefs Génétiques :

1-Le Design Humain. 44 = La porte de la conscience en alerte, de la vigilance et des schémas.

Explication technique :

Circuit de l'ego. Centre Rate. Cette porte est liée à la porte 26, le grand pouvoir d'apprivoisement. Son thème principal est la vision des schémas/processus générateurs de vie et sa maîtrise permet la construction d'ordre et la symétrie. Cette porte est celle des hommes d'affaires, des entrepreneurs et des personnes qui transmettent. Il y a un état d'esprit capitaliste. Elle permet de prendre des décisions stratégiques murement réfléchies. Il y a un lien profond avec des mémoires qui s'expriment mécaniquement dans l'instant présent et qui sont capable de prendre en compte les leçons du passé. Il y a un besoin instinctif de transmettre son ego à la collectivité et d'être une personne publique. La conscience est en état d'alerte sur ce qu'il se passe dans l'instant, sur comment cela s'inscrit dans un schéma et sur la direction que prennent les situations ; mais cela n'est pas forcément exprimé. Un peu comme la porte 37, il y a ici un mécanisme de loyauté individuelle qui permet d'avoir accès aux ressources de la collectivité si la personne entreprend des choses, si elle exprime son pouvoir personnel en puisant dans sa mémoire. A un niveau plus profond, cette porte met en lumière des peurs liées au passé. Il y a une relation de loyauté entre l'ego qui rassure par sa force et l'âme qui donne accès aux ressources de la mémoire. Le succès dans une rencontre est d'autant plus important qu'il y aune absence de conditions. I

Il y a une forte capacité à identifier les actions à accomplir en fonction des objectifs, des besoins matériels à satisfaire et des ressources disponibles qui sont évaluées. Cette porte permet d'identifier des schémas d'organisation et les ressources disponibles permettant à la collectivité de se structurer, de survivre et de gérer ses ressources de façon stratégique pour créer une situation solide. Il y a une capacité à prévoir et à gérer un territoire de façon planifiée.

Proposition d'interprétation :
Vous avez le nez pour repérer les structures, les modes d'organisation, les schémas, les modèles et les tendances potentielles ou émergentes et les risques potentiels. Ce don instinctif peut être employé dans les domaines des affaires, de la finance, de la créativité, de la mode, de la technologie ou dans toute autre sphère de la vie. Vous avez la capacité de faire appel à une profonde mémoire cellulaire qui vous permet de sentir ce qu'il se passe à tout moment. Vos sens vous permettent de rester en contact avec le présent et avec les tendances potentielles de l'avenir. Vous pouvez ainsi être l'agent qui découvre instinctivement un nouveau talent. Vous pouvez être le/la créateur/créatrice de mode qui a l'intuition de ce que devraient être les prochains modèles ou l'économiste qui sent les problèmes qui se préparent sur les marchés. Vous avez comme un radar capable de détecter les informations pertinentes, les nouvelles impactantes les problématiques émergeantes. Cette capacité peut également être appliquée dans votre vie personnelle, où votre mémoire instinctive peut vous aider à détecter certains modèles comportementaux et répétitifs qui peuvent se former chez les autres et qui pourraient heureusement être évités. Cette porte est associée à une peur du passé pouvant empêcher de saisir les opportunités qui se présentent car il y a une mémoire d'abus de pouvoir. C'est comme si vous regardiez toujours par-dessus votre épaule pour voir si vous êtes réellement affranchi(e) de ce qui s'est passé autrefois. Si vous êtes trop occupé(e) à regarder en arrière, il y a le risque que vous trébuchiez sur le présent à cause d'une méfiance excessive. C'est particulièrement le cas si vous avez la rate non définie. Tout le monde ne comprend pas forcément votre don instinctif pour détecter les schémas répétitifs sous-jacents, les schémas émergeant ou les nouveaux schémas en devenir. Sachez aussi que la rate n'a pas de réserves illimitées d'énergie. Il s'agit plutôt d'un système d'alarme intérieur et donc votre don doit être utilisé comme un guide d'influence plutôt que comme un appel à vous impliquer systématiquement et personnellement dans un projet et à vouloir tout contrôler. Vous devez également résister à la tentation d'utiliser votre pouvoir personnel pour manipuler et obtenir des avantages personnels au détriment d'autrui.

3-Les Clef Génétiques. Clefs 44, les relations karmiques.
Son dilemme où il doit faire des choix : Hiérarchie. **Signe astral HD :** Scorpion.
Son partenaire de programmation : Clef 29, Corps : le système immunitaire.
Son anneau de codon : L'anneau des illuminatis. **Acide aminé :** Acide glutamique.
Son chemin de transformation : Le chemin du travail d'équipe.
L'ombre de cette clef : L'interférence.

La hiérarchie existe partout dans l'univers. Elle s'exprime sous la forme de fractales où de motifs organisés qui se répètent à différentes échelles. C'est la façon qu'à la nature de s'organiser et elle structure notre civilisation.

Elle génère des liens spécifiques entre les différents éléments qui font parti d'un environnement et nous parle de la dynamique des groupes. On ne peut pas y échapper.

La hiérarchie en soi n'est pas une mauvaise chose et la façon dont elle est vécue dépend de comment on perçoit les choses et où l'on place notre attention, notre conscience.

Au niveau des fréquences de l'ombre, la conscience est engluée dans la peur et le besoin de survivre. A l'échelle individuelle mais aussi planétaire, il y a une peur d'être agressé et envahi, de l'anarchie, de régresser à un mode de vie plus primitif. Cela pousse des pays comme les USA, la Russie, la Chine, l'Europe et les autres à dépenser des sommes colossales pour acheter des armes afin d'être en haut de la hiérarchie ou afin d'être compétitif, sauf que ce n'est pas une compétition saine. Une compétition saine n'est pas basée sur la peur mais sur l'excellence et le service.

Au niveau des fréquences de l'ombre, on est soit submergé par la peur dans un état de victime et de soumission soit en réaction à elle. Soit on accepte les lois de la hiérarchie et on se soumet, soit on tente d'y échapper dans une réaction de colère, soit on tente de les manipuler à notre avantage en cherchant à tout contrôler. C'est très tranché et on passe souvent du mode réprimé au mode réactif, à un certain rythme qui forme un schéma, un schéma d'interférence. Cette fréquence d'interférence a comme seule intention de générer de la misère et de l'amertume. L'amertume conduit inévitablement aux ruptures d'équilibre. Chez les individus, cela conduit à l'effondrement et au burnout. Cela génère dans les relations des séparations, dans les familles un éclatement, dans les communautés des factions ou des gangs, dans les entreprise des faillites et dans les pays des coups d'états et des révolutions ou des guerres. Au niveau du corps, dans l'ADN, l'interférence créée par la peur empêche les cellules d'être en paix et en joie. La peur engendre l'émission de composants chimiques qui nous incitent soit à réprimer notre individualité et notre génie ou au contraire à être dans la réaction de façon plus ou moins violente. Dans les deux cas la peur nous piège. Le problème n'est pas la hiérarchie en soi mais la façon dont on réagit à elle en fonction de la perception que l'on a. La hiérarchie peut seulement nous voler notre liberté si on considère la liberté comme quelque chose d'extérieur.

Quand on trouve la véritable liberté à l'intérieur de soi, la hiérarchie ne peut pas nous impacter. Toit dépend comment on réagit, comment on se positionne intérieurement. L'interférence et la peur sont téléchargées en nous dès notre naissance et la vie nous met bien profondément dans des schémas d'interférence, dans des familles et dans une société dysfonctionnelles, dans des groupes qui se disloques et au sein de systèmes hiérarchiques pressurisant. Tout ça pour nous apprendre que c'est en nous qu'il faut regarder.

L'interférence commence par notre perception, teintée de peur, du monde extérieur. Quand on apprend à voir à travers cette illusion, tout commence alors à changer et l'on peut accéder aux fréquences du don qui débouchent sur le travail en équipe.

Les Chinois ont appelé cet hexagramme venir à la rencontre car il concerne comment, pourquoi et quand les gens se rencontrent et ce qui en résulte. Au niveau des relations, les personnes proches de vous sont des miroirs qui vous montrent ce que vous avez à travailler et votre mission de vie.

Plus vous apprenez de chaque relation et plus vous tirez les leçons que chacune d'entre elle amène dans votre vie et plus votre fréquence vibratoire augmente, ce qui amène de nouvelles personnes dans votre vie, des personnes ayant plus de conscience. Le dévouement est un bon indicateur de la qualité de vos relations.

Par contre, si vous n'apprenez pas la leçon d'une relation, même si vous y mettez fin, le schéma reviendra dans votre vie à travers une autre personne.

Les schémas relationnels s'expriment en fractales c'est-à-dire à différentes échelles, le couple, la famille, le voisinage, les groupes génétiques et la société. C'est comme s'il y avait un schéma directeur généré par la vie. L'ombre 44 agit alors comme un virus dans le système d'exploitation de ce programme de vie en désynchronisant la chorégraphie collective. Cela génère de l'interférence, localement et globalement, qui se manifeste par de la dysfonctionalité au niveau des individus, des relations, des familles, des entreprises et des états, ce qui donne comme résultat global un chaos généralisé à l'échelle planétaire. Dans les fréquences de l'ombre, il est difficile de créer une relation amicale et aimante parce que les interférences font entrer en jeu des mémoires généalogiques qui opèrent tant qu'elles n'ont pas été transformées et nettoyées et parce qu'il y a une difficulté à connaitre l'autre du fait qu'on se connait pas soi-même. L'objectif fixé par la vie aux humains est ici d'identifier ce qui dysfonctionne, de corriger les choses et de redémarrer tout le système, en commençant par les individus, puis les relations et enfin les familles et les organisations. En mode réprimée, cette ombre se manifeste par un comportement de méfiance, portée par la peur, plus ou moins extrême. Il y a une tendance à garder les autres à distance et à ne pas s'engager dans une relation par peur de reproduite un passé douloureux. En mode réactive, cette ombre s'exprime par une tendance à s'investir dans des relations insatisfaisantes, compliquées et dysfonctionnelles, qui ne mène nulle part, en répétant sans arrêt les mêmes schémas, parce qu'il n'y a pas un jugement clair concernant les vrais besoins et les liens de cause à effet.

Son cadeau : Les dons et capacités de cette porte : Le travail d'équipe.

Le don de cette clef est un flair capable de comprendre les besoins et les motivations d'autrui dès qu'il y a contact, à travers la peau, l'odorat et la détection de signaux subtils. Cette compréhension peut s'approfondir jusqu'à comprendre les schémas de fonctionnement, la mission de vie, le karma de l'autre ; jusqu'à percevoir les mémoires karmiques d'autrui c'est-à-dire les fractales portées par une personne. Cela génère une intelligence relationnelle qui favorise le travail d'équipe. Le travail d'équipe donne des résultats quand il y a une dynamique de groupe saine. Au niveau du premier groupe que l'on découvre, après notre naissance, la famille, comme on n'en aura pas d'autre avant la prochaine incarnation, on fait ce que l'on peut. Le travail d'équipe fait surtout référence ici à notre famille fractale, à notre famille d'âmes, à nos vrais allié(e)s dans cette vie. On les reconnait car ils nous semblent comme familiers quand on les rencontre pour la première fois et un lien fluide et naturel s'établit. Ils contribuent à élever notre fréquence vibratoire et à faire avancer notre vie. Quand on élève la fréquence de notre ADN, notre vie extérieure commence à s'organiser à un niveau supérieur. On prend conscience de notre potentiel, de notre génie et de notre mission de vie et on s'aligne avec des personnes qui en font de même.

On passe à la vitesse hiérarchique supérieure, sauf qu'ici, la hiérarchie est basée sur la créativité et le service à la société et non sur la peur, la manipulation et le contrôle. Cela change tout et on se sent alors complètement différent. Richard Ruud a inventé le terme hétérarchie pour décrire un mode d'organisation où les éléments individuels présents dans un système garde leur liberté, où ils sont encouragés à exprimer leur spécificité et leur génie et où les contrôles qualité se font horizontalement, en étant réparti avec bon sens.

Au niveau physiologique et psychologique, au fur et à mesure qu'on augmente la fréquence vibratoire de notre ADN, on va au-delà de la façon traditionnelle et hiérarchique pour traiter l'information. Le mental perd son pouvoir et le cœur prend sa place, travaillant en harmonie avec l'intelligence de notre cerveau. On devient beaucoup efficace pour traiter l'information et s'adapter qu'en mode hiérarchique de basse fréquence. Les cellules de notre corps commencent à travailler en équipe même si en apparence les choses ont l'air aléatoire. Dans l'ancien modèle de fonctionnement, on sait où on est et où on va. Ici, le contrôle est placé dans les mains de la créativité et des impulsions créatives. C'est pour cela que notre vie peut beaucoup changer et très rapidement. La vie s'auto-organise parce qu'une nouvelle intelligence est libérée et peut s'exprimer à un niveau plus élevé et plus synthétique. Le génie apparait dans le champ de conscience. Il télécharge des vérités qui émergent en tant que percées dans notre compréhension des choses.

Pour que le travail d'équipe se manifeste efficacement à l'extérieur, il est nécessaire que l'on ait débloqué le travail d'équipe à l'intérieur de nous. Quand on le fait, on accroit alors notre vitalité et l'énergie qui était dépensée pour survivre et se défendre est libérée dans notre corps, ce qui fait énergie notre être véritable, notre schéma ou fractale personnel. On trouve alors de l'aide pour manifester notre mission de vie, qui n'a pas vocation à exister dans l'isolement. L'objectif est de mettre en place des groupes de personnes connectées en réseau et exprimant leur génie à travers une coopération au service du groupe en étant porté par une vision commune. C'est dans cette direction que nous amène ce don 44. Le don du travail en équipe, c'est le génie de rassembler des personnes pour former un groupe puis de l'empuissancer pour qu'il trouve sa propre direction. On peut jouer ce rôle fédérateur si l'on a cette clef dans son profil.

Le superpouvoir (Siddhi) de cette porte : La synarchie, le réseau des êtres de lumière.

Un Siddhi est en quelque sorte l'octave supérieure ou la version lumineuse de l'ombre. Le mot hieros, qui signifie sacré et qui a donné le mot hiérarchie, fait référence à la hiérarchie des anges qui en vibrant chacun à des fréquences spécifiques forment une échelle depuis la Source de toute vie jusqu'aux règnes invisibles de la matière, permettant ainsi aux consciences de s'élever vers la lumière. Grâce à cette échelle de lumière et de conscience, toutes les formes de vie tendent vers une augmentation de leur fréquence vibratoire et de leur conscience tout en ayant chacune leur place, du fait que tout est relié dans l'univers.

Au niveau des fréquences du don, on jour notre rôle de façon harmonieuse, en harmonie avec notre environnement. On s'intègre dans le grand concert de la vie comme un(e) musicien(ne) intègre son instrument au sein de la symphonie de la vie qui se joue. Au niveau du Siddhi, on franchit une étape supplémentaire. On prend conscience de tous les liens qui existent partout, de tous les autres musicien(ne) et de tous les différents concerts qui existent partout.

On prend conscience de la présence du chef d'orchestre qui est présent au cœur de chaque musicien(ne). On prend conscience que l'on est intégré dans une harmonie galactique et cosmique, que notre propre ADN en fait parti, qu'il chante et qu'il y a un chef d'orchestre au cœur de notre ADN qui attend qu'on le suive. Ce Siddhi ne s'épanouit qu'à une échelle collective, qu'à travers un réseau qui opère en mode non-interférence, en mode liberté consciente.

On voit tout tel que c'est et on laisse chaque chose vivre sa vie car on sait que la vie et l'univers savent s'organiser, même au niveau de l'ombre qui finit elle aussi par percer vers des fréquences supérieures. La synarchie inclus toutes les structures organisée, tous les niveaux et toutes les étapes et les transcendent. Dans le monde de la matière, une forme de synarchie existe chez les fourmis et chez les abeilles. Dans l'invisible, une hiérarchie d'être de lumière gère l'évolution, avec sur Terre des piliers comme Melchisédech et Sanat Kumara.

Ce Siddhi donne accès à la réalisation de la perfection qui réside en toute chose et au code source de l'univers, au code de la matrice et aux 144.000 piliers organisateurs de ce code qui sont des êtres de lumière proches de la Source de toute Vie, « les Rayonnants du Jour Eternel » comme les apelle Bô Yin Râ. Quand l'un de ces piliers ou d'un de leurs assistants s'incarnent dans la matière, ils contribuent à modifier les champs électromagnétiques de la planète en dissolvant le virus de l'interférence. C'est ce qu'il s'est passé avec Jésus, Bouddha et Bô Yin Râ (1876-1943) par exemple. Toute organisation de groupes, organisée autour d'un projet d'évolution, contribue à nourrir l'énergie de la synarchie. La synarchie n'est pas basée sur le pouvoir mais sur la puissance de l'amour et de la conscience.

Comme expliqué au niveau de l'ombre c'est une histoire de perceptions, de fréquences perçues. Quand l'œil spirituel retrouve la capacité à voir la synarchie, il permet de voir la vérité des choses, d'installer cette vérité dans le monde et de construire un monde à l'image de cette vérité, un nouveau monde. Ce Siddhi permet une compréhension profonde de l'histoire de l'humanité et de la mécanique des destinées humaines qui sont perçues comme des fils formant la trame d'une étoffe cosmique. Il y a alors une capacité à conscientiser chaque fil dans sa ligne temporelle et à en révéler la finalité, la forme du chemin du retour cers l'unité.

Quand une personne rend son indépendance et se relie aux être de lumière à par eux au code fractal source, l'illusion en elle d'être une personne séparée meurt et elle devient un canal pour l'évolution des consciences. La synarchie, tout comme l'interférence, existent depuis avant le temps. L'interférence génère la blessure sacrée, la déconnexion de la Source de toute Vie par la conscience humaine, génératrice de l'origine de toutes les souffrances ; blessure à cause de laquelle certains êtres s'incarnent dans un corps de matière mais est aussi la cause de l'évolution le long du chemin d'évolution de la conscience.

Au fur et à mesure que l'univers s'éveille l'interférence est petit à petit dissoute et la synarchies existante en arrière plan émerge et devient de plus en plus visible. L'humanité a toujours pressenti cette vérité et en a parlé à travers des mythes, comme le mythe de l'âge d'or et du paradis sur terre. Ironiquement, je jour où cela arrivera, il n'y aura plus personne pour l'expérimenter car nous en tant qu'individus séparé(e)s n'existerons plus.

Chapitre 21 : Le nombre 45

A-Sa structure et ses associations: Le nombre 4 est en lien avec le père, avec l'expression de son pouvoir pour prendre sa place et avec la gestion d'un territoire grâce à l'autorité et un sens de l'organisation. Il y a une importance des règles, des cadres et un désir de se rendre utile. Il y a une puissance d'organisation capable de structurer une personne ou une communauté. Le nombre 5 est en relation avec le grand-père, la légitimité, la conscience, l'expression du cœur, le sens, le voyage du corps et de la conscience et les enseignements qui permettent une intégration sociale ou une élévation de la conscience. Il y a ici l'association du père et du grand-père qui agissent ensemble pour affirmer la puissance du masculin à travers une autorité masculine puissante et bienveillante. L'autorité et la puissance sont mises au service de l'intégration sociale, de la gestion d'une communauté, du bien-être de tous les êtres et de l'évolution. Jupiter, planète dominante de ces deux nombres, rassemble, gère et expanse quand elle maîtresse du signe du Sagittaire et en tant que maîtresse traditionnelle du signe des Poissons, elle communie avec la vie, avec la Source de toute Vie et incarne la volonté de cette dernière.

B-Selon la tradition du Yi-King Chinois : Hex 45 = Rassemblement. La gestion de projet. Rassembler.

Résumé du nombre : En étant royal tel un roi/une reine en son royaume, rassembler les informations, les ressources, les hommes et les moyens, préparez et mettez en place une logistique selon un plan et des étapes préconçues puis travaillez en réseau pour gérer et faire aboutir un projet, en montrant l'exemple, en supervisant l'activité, en acceptant que les choses prennent du temps, afin d'obtenir un résultat.

Explication technique :

Après un renouvellement de la conscience, un repositionnement, une réaffirmation des objectifs et des engagements et après avoir évincé tout élément perturbateur, les personnes ayant des valeurs, des objectifs, des liens ou un héritage en commun se rassemblent pour échanger, pour renforcer le réseau ou pour mettre en place un nouveau projet, ou alors des éléments différents sont rassemblés pour créer quelque chose de nouveau. C'est pourquoi après «La rencontre» vient «Le rassemblement».

L'hexagramme 8, composé des trigrammes terre et eau, évoque le rassemblement des eaux, ou des âmes, pour créer une civilisation, autour d'un seul élément dirigeant. L'hexagramme 45 est composé de la terre et du lac (de l'eau qui a pris forme), avec deux éléments dirigeants, le prince et son ministre. La civilisation est à présent structurée et bien organisée, d'une façon spontanée ou artificielle, en familles, commerces, entreprises, groupes, réseaux, partis, associations, cultes religieux, états, nations et groupes de nations.

Ses fondations sont nourries, maintiennent une cohésion et se perpétuent grâce à un élément central unificateur, grâce à la conscience que toute l'humanité à des ancêtres communs, ce qui génère une conscience de groupe, grâce aux rituels et aux élans psychiques collectifs qui canalisent les énergies dans une direction commune, grâce à la puissance religieuse et à l'application de valeurs spirituelles.

Kouen, la terre, demande de se ressourcer, de générer du bien-être et de nourrir la vie en respectant le juste rythme ; mais aussi de faire preuve de réceptivité, de naturel, de dévouement, d'humilité, de malléabilité et de compassion. Elle est en lien avec le public et la famille. **Touai** demande d'être dans la joie, dans l'harmonie, dans le concret et dans l'enchantement, grâce à l'écoute de ses vrais désirs, de gérer ses ressources avec justesse, d'une façon démocratique, dans le consentement, grâce à une intelligence relationnelle, au partage et à une coopération génératrice d'association et de civilisation.

Souen, le vent et la végétation, symbolise la société humaine, ses rituels et ses lois. Il demande d'incarner une autorité, de gérer l'espace du monde, de préserver l'environnement, d'élargir ses horizons, d'exprimer un sens du service et des affaires, d'avoir une vision globale, de guider autrui et d'être soi-même guidé par un objectif lumineux, de s'adapter avec douceur dans l'espace, de communiquer intelligemment et d'être souple. **Ken** demande ici de structurer et de sécuriser, de s'intérioriser pour se relier à sa vérité profonde, de fournir la puissance de travail nécessaire, d'ouvrir de nouveaux chantiers, de rester concentré sur l'objectif, d'aller jusqu'au bout avec ténacité et de cultiver la maîtrise de soi, le calme, la prudence, la force morale et la sagesse. L'idéogramme ancien de cet hexagramme représente des herbes et un uniforme de soldat, ce qui évoque une force, un pouvoir, grâce au rassemblement.

Interprétation classique :

Le temps est venu de rejoindre un groupe ou de rassembler différents éléments ayant chacun une volonté propre et une identité spécifique, pour les conduire et cheminer ensemble dans une même direction, avec un objectif clairement défini. Cela peut être une réunion de travail pour gérer un projet collectif d'envergure; un grand rassemblement de personnes qui existe pour faire vivre et prospérer la vie des Hommes et des nations; de ressources, d'armes ou d'outils, pour faire avancer un projet ou pour vous prémunir contre l'imprévu; ou de forces en vous pour vous recentrer sur l'essentiel afin de franchir une nouvelle étape d'évolution. Vous avez la capacité de rassembler des éléments provenant de sources différentes pour créer quelque chose de nouveau mais aussi d'aider autrui à rassembler ce qui en eux est éparpillé ou déconnecté du centre. De grandes réalisations également sont possibles grâce au travail en groupe et en réseau. Elles doivent être effectuées. Votre évolution et votre bonheur dont liées à votre engagement au sein d'un groupe ou au sein du couple. La clef de votre réussite réside dans votre capacité à créer, définir, nommer, suivre et servir un élément central autour duquel tous se rassemblent; un dirigeant, un objectif juste ou la force de l'amour et l'étincelle divine au centre du Soi.

Que vous occupiez une position de centre dirigeant ou de collaborateur, votre dévouement, votre sincérité, votre persévérance, votre capacité à vous engager en faisant de votre mieux, à vous accorder aux autres, à faire des sacrifices et à participer aux rituels en place est essentielle au bien-être du groupe et à la réussite du projet. Et la confiance est indispensable au rassemblement. Au niveau individuel, la confiance est présente quand vos objectifs sont pleinement en accord avec vos valeurs et votre vérité profonde. Au niveau du groupe, elle existe quand les dirigeants travaillent ensemble harmonieusement et quand ils s'alignent avec les lois spirituelles, mais aussi quand chaque membre du groupe s'investit pour nourrir et préserver une ambiance chaleureuse et sympathique, une qualité des liens de cœur et une harmonie quotidienne.

Les autres qualités nécessaires pour rassembler sont la joie, la coopération, une communication intelligente, une organisation adaptée, une éthique et des valeurs qui sont partagées par tous. L'époque est propice pour solliciter une autorité.

Il est finalement judicieux de bien gérer son temps et son stress et de prévenir toute situation inattendue par une anticipation vigilante des risques de conflits ou de débordements, à travers des précautions et des mesures adaptées. En observant votre situation au sein du groupe et ce qui rassemble, vous pouvez effectuer d'importantes prises de conscience sur vous-même et sur les lois de l'univers. Vous pouvez être amené à suivre un guide lumineux ou être vous-même un guide responsable pour autrui.

C-Selon les deux écoles modernes du Design Humain et des Clefs Génétiques :

1-Le Design Humain. 45 = La porte du rassembleur ou du rassemblement.

Explication technique :

Circuit de l'ego. Centre Gorge. Cette porte est liée à la porte 21, la loi et le châtiment ou Mordre au travers. Son thème principal est le rassemblement et sa maîtrise permet une juste et puissante expression du pouvoir et une efficacité opérationnelle.
Au niveau du monde extérieur, elle permet d'être un(e) dirigeant(e) éclairé(e) capable d'organiser les ressources pour le bien de tous. Au niveau du monde intérieur, elle permet de guider autrui à effectuer un rassemblement des différentes parties de soi autour de la conscience et du cœur.

Cette porte apporte un pouvoir d'action orientée vers le rassemblement afin d'aller plus loin dans l'action, vers la création d'un objet ou d'un événement. Un document rassemble des informations. Une prestation rassemble des compétences. Les approvisionnements permettent de rassembler des composants ou des produits afin de produire quelque chose ou d'achalander un rayon de magasin. Les dirigeants d'une entreprise ou d'une administration rassemblent des ressources humaines afin de mener à bien un projet. Une armée rassemble des hommes et du matériel pour protéger le territoire. Le roi rassemble le peuple pour gouverner. Et enfin, le sage rassemble toute les forces de son âme, de son mental et de son corps pour s'unir à la Source de toute Vie, pour s'éveiller et pour manifester sur Terre la volonté de la Source de toute Vie en étant la meilleure version de lui-même.

C'est la porte des gens qui sont roi et reines dans leur royaume, des rois et des reines, des dirigeants éclairés ou des pashas, des personnes qui vivent bien parce qu'elles savent utiliser leur pouvoir personnel en le mettant au bénéfice de la collectivité. Elle permet une maîtrise de la matière. Sous sa forme inférieure, il y a une tendance à l'appropriation des choses, un sens aigu de la propriété et un fort besoin d'acheter. Il y a une tendance à dire aux autres comment ils doivent procéder ou à autoriser les autres à utiliser ce qui est en sa possession et sous contrôle contre une récompense ou contre un prix à payer.

Le danger et les difficultés de cette porte, de part la puissance qu'elle confère, est le risque d'abus de pouvoir et d'abus de confiance, la recherche du contrôle absolu qui prive les gens de leur liberté, l'impossibilité de déléguer par manque de confiance, la tendance à s'accaparer les ressources sans les partager, la possessivité maladive et une importance excessive accordée au monde extérieur et au rôle social.

Proposition d'interprétation :

Associant l'empereur et le Grand-Prêtre (pape) si l'on se réfère au Tarot Italien, on est tenté d'appeler les personnes ayant cette porte activée « votre altesse » ou « votre majesté ». Elle peut conférer une tendance, dans le monde matériel à s'asseoir sur un trône avec un air royal, en ayant un point de vue avisé sur la distinction entre fortune et richesse. Vous êtes particulièrement doué(e) pour rassembler des ressources ou des informations et superviser la fortune et le bien-être de votre foyer ou de votre quartier. Vous savez trouvez un équilibre entre ce qui assure un bon investissement et ce qui n'en vaut pas la peine. Les activités et les opérations financières d'une entreprise peuvent prospérer ou s'effondrer, tout dépend de votre sagesse financière, de votre éducation et de votre gestion financière.

Comme tout roi ou reine, vous savez amasser une grande richesse puis vous en contenter. Les capacités de « rassemblement » de la porte 45 vous permettent d'être un(e) excellent(e) gestionnaire.

Vous avez une conscience aigue de la place des choses et de la présence ou de l'absence des choses à leur place. Votre voix s'exprime souvent en disant : « J'ai... » ou « je n'ai pas... ». Vous vous sentez diminué dès que vous êtes démuni de quoi que ce soit et vous sentez dès que quelque chose manque. L'une de vos qualités consiste à amener les autres à concrétiser un bien-être matériel ou spirituel, en leur procurant une solide éducation, soit sur le monde de la finance, soit sur le monde du développement personnel. Votre défi est celui d'offrir vos services d'exception sans vous impliquer personnellement dans les problèmes de chacun. C'est la raison pour laquelle votre tempérament vous pousse à garder une attitude royale. Vous savez éviter toute influence de votre sensibilité. Les meilleurs régents donnent leurs excellents conseils depuis leur trône et permettent à tous leurs sujets de bénéficier de leur expertise.

3-Les Clef Génétiques. Clef 45 = la communion cosmique

Son dilemme où il doit faire des choix : L'insécurité.
Son partenaire de programmation : Clef 46, une science de la chance. **Corps :** Thyroïde.
Son anneau de codon : L'anneau de la prospérité (16, 45). **Acide aminé :** Cystéine.
Son chemin de transformation : Cystéine.

L'ombre de cette clef : La domination/dominance.

Cette clef a maintenu l'humanité dans un état d'esclavage, de servitude et de domination, depuis que l'être humain moderne existe, depuis que les lignées génétiques humaines ont été conçues par les scientifiques généticiennes Anunaki, sous la direction d'Enki, il y a 400 000 ans. Ce programme de domination existe à différents niveaux et se manifeste principalement sous la forme d'une domination du seigneur envers le serviteur, du maître envers l'élève, de l'homme envers la femme, de la femme envers l'enfant, du cerveau gauche envers le cerveau droit et d'une minorité envers la majorité. Dans ce jeu de la domination, dans le monde extérieur, il y a toujours un petit groupe d'individus qui tente de dominer la majorité, ce qui génère le dilemme de cette clef, l'insécurité. On a perdu confiance et quelque part durant notre enfance, on a développé l'impression que cette dimension de la matière, cette planète, n'est pas un endroit où l'on est en sécurité. Cela génère une tension intérieure et une mise en état d'alerte permanente. C'est un réflexe inné, un conditionnement.

Les fréquences de l'ombre sont en lien avec la partie la plus ancienne de notre cerveau, avec la partie animale, mammifère et reptilienne. Quand on observe la nature, on constate que les animaux sont en compétition les uns avec les autres et qu'ils cherchent juste à survivre et à perpétuer leur espèce. Si nous les humains avons cette partie animale, on a évolué vers autre chose, vers une forme de vie consciente et consciente d'avoir conscience, avec un système d'exploitation beaucoup plus élaboré. Nous commençons tout juste à nous rendre compte qu'il y a d'autres façons de fonctionner que d'être tout le temps en compétition les uns avec les autres pour survivre mais quand on vibre au niveau des fréquence de l'ombre, on ne voit pas cela. On a peur et on se sent en insécurité, au sein même de nos cellules et quand on cède à la peur, on perd le contact avec le tout et avec les autres alternatives, comme le fait que l'on est soutenu par l'ensemble, par la civilisation et par la vie. Ces schémas de domination naissent à l'intérieur de nous et vivent en nous tant qu'on ne les pas transformé et on les retrouve partout dans la société.

Ils sont activés dès qu'on laisse la peur prendre le dessus, la peur du manque et de ne pas s'en sortir, ce qui génère une méfiance plus ou moins intense. Murir, développer de la maturité, sortir de cet état, c'est se souvenir que l'on est en sécurité. C'est apprendre à respirer lentement et profondément et c'est se souvenir de ce que c'est d'être réellement un être humain. On doit surmonter notre insécurité dans un monde où gouverné par des schémas de domination. Le défi de cette ombre est ainsi d'apprendre à se détendre et à se sentir en sécurité dans un monde qui ne permet pas facilement d'être détendu(e).

C'est le début de notre chemin et le tout début consiste à écouter notre insécurité, notre souffrance car c'est elle qui va nous réveiller. Il s'agit de découvrir que quand on focalise pleinement notre attention sur cette sensation d'insécurité et qu'on l'écoute vraiment, elle se dissipe, elle se dissout, elle s'évapore, elle fond petit à petit et laisse alors place à autre chose, à une présence dans le cœur. L'ombre nous amène ainsi vers le cœur. Les personnes qui ne prennent pas la responsabilité de leurs peurs et de leurs ressentis les projettent sur l'extérieur et l'exprime par des comportements de domination. Ils tentent de prendre le contrôle d'une partie du monde et de s'y agripper. Ils savent qu'ils vont mourir un jour et cela les terrifie alors ils s'accrochent et s'agrippent aux choses dont ils croient qu'ils sont propriétaire. Une grande partie de cette ombre est en lien avec la sensation d'appartenance et la propriété, avec le « ça c'est à moi ». Il y a un besoin d'être propriétaire de son territoire, de ses ressources et les humains ont inventé toutes sortes de lois et de règles pour valider cet état de propriété.

Il n'y a pas de mal à avoir un chez-soi mais il s'agit ici de réaliser que tout est temporaire et qu'en réalité vous n'êtes propriétaire de rien. On le sait au fond de nous mais on fait comme si ce n'était pas le cas, comme si on n'emportait tout dans notre tombe. Heureusement de plus en plus de personnes vivent de façon plus légère. La seule façon de sortir de cet état d'insécurité est de faire face à nos peurs, à nos souffrances, à notre sentiment d'insécurité et de l'accueillir. Quand on le ressent et qu'on le laisse prendre sa place en nous, il se transforme et alors derrière lui émerge une confiance, une sensation qui s'expanse et qui nous fait ressentir que tout va bien et que ça va aller car la vie sait ce qu'elle fait. On apprend à se rendre compte de la vérité présente dans cette citation de Richard Bach, dans son livre « Illusions, le messie récalcitrant : « Imagine l'univers beau, juste et parfait et rend toi compte d'une chose, la Source de toute Vie l'a imaginé bien mieux que toi.

Le péché originel, c'est de la limiter». Tout est dit ! Cela génère une augmentation du taux vibratoire et donne accès aux fréquences des qualités de cette clef, aux fréquences de ses dons et de ses cadeaux.

La racine de cette insécurité est liée à la nourriture. Les personnes qui contrôlent les sources de nourriture sont celle qui détiennent le vrai pouvoir et qui exercent une domination sur le reste de la population. L'un des noms chinois de l'hexagramme 45 est « se rassembler » avec l'idée que quand les humains se rassemblent pour chasser, cueillir ou cultiver et élever des animaux, ils augmentent fortement leurs chances de survie. Notre civilisation s'est construite autour de l'idée de rassemblement lié à la nourriture. Le passage de l'état de chasseur-cueilleur à cultivateur-éleveur à généré une sédentarisation, un contrôle du territoire et un système de hiérarchie, soit autour d'un groupe de sages, soit autour d'un dirigeant éclairé, qu'on apelle un Alpha. Dans notre monde moderne, à l'argent à remplacer la nourriture comme symbole de domination, du fait que de moins en moins de personnes produisent leur propre nourriture. Un système de domination par l'argent a ainsi été mis en place ainsi qu'une société basée sur des systèmes de hiérarchies ou de loyautés familiales qui est à présent en train de petit à petit s'effondrer. Notre civilisation actuelle est basée sur la peur de ne pas avoir assez à manger et la seule façon d'accéder aux dons de cette clef est de faire face à cette peur.

Quand cette ombre s'exprime en mode réprimée, il y a une forme de timidité et de respect exagéré pour l'autorité. Il y a une tendance à courber l'échine face à l'autorité, à toute personne mieux placée que soi dans la hiérarchie et du coup à rester manipulé(e) par le système, par les personnes en haut de la hiérarchie et à compromettre sa propre liberté et son évolution. Quand l'ombre s'exprime en mode réactive, il y a alors une obsession de grimper dans la hiérarchie, d'assumer d'importantes responsabilités et de passer de victime à bourreau. La seule façon de sortir de ce jeu malsain est de sortir du système et de créer son propre système où la conscience individuelle est respectée avant toute chose.

Son cadeau : Les dons et capacités de cette porte : La synergie.

Le mot synergie est multidimensionnel mais on accède à l'énergie derrière ce mot grâce à une sensation de confiance, ce qui se produit quand l'ensemble des codons de notre ADN génèrent une résonnance harmonieuse. C'est un peu comme quand on approche un aimant sous une feuille de papier sur laquelle il y a de la limaille de fer. Cela génère une forme organisée bien visible alors que le champ magnétique et les forces électromagnétiques qui permettent cela sont elles invisibles.

L'univers fonctionne comme ça et la confiance en la vie, en l'univers et en soi aussi. Quand on a confiance, on s'aligne avec le Cosmos et avec la vie, avec ce que nous propose la vie. On se sent alors calme et à l'aise, peu importe ce qu'on traverse. C'est ainsi que s'exprime la synergie au niveau individuel, au niveau biochimique au sein même de notre ADN. Cela se produit aussi au niveau collectif quand on devient aligné les uns avec les autres. On utilise souvent le mot synergie pour décrire les dynamiques de groupe et la gestion de projet, quand tout se coordonne harmonieusement et qua la créativité de chacun contribue à faire avancer les projets. Ici, on réalise que l'on n'a pas besoin d'être en compétition les uns avec les autres et que l'étape suivante consiste à conscientiser comment on peut travailler ensemble. Si la hiérarchie implique un flux d'information verticale, la synergie implique un flux d'information dans toutes les directions et principalement horizontal.

Il ne s'agit pas forcément de travail d'équipe mais d'être facilitateur/facilitatrice c'est-à-dire de faciliter les choses pour qu'elles existent se évoluent harmonieusement. Au niveau des fréquences du don, on sait ici que chaque groupe a sa propre identité, sa propre alchimie, ses propres objectifs et objectifs d'évolution et sa propre façon de s'organiser et que quand on lui laisse de l'espace et du temps, il est capable de mettre en place une harmonie supérieure. Mais pour en arriver là, il faut naviguer à travers l'ombre, qui est souvent exprimée par la ou les personnes qui font office de porte-paroles du groupe. Cela demande de la confiance, de la patience, de l'empathie et de l'engagement. Il y a une valorisation de la bonne volonté, de la capacité à faire de son mieux chaque jour, du développement de l'autonomie à tous les niveaux et un empuissancement de tous les individus. C'est cela qui donne de la puissance au collectif, de la résilience et une capacité à progresser.

La synergie est comme une onde de guérison qui se propage à travers le génome humain. Elle égalise et équilibre les chimies individuelles, rendant possible une plus grande conscience de groupe. Notre conscience évolue dans cette direction et tout groupe qui se rassemble afin d'atteindre un objectif supérieur peut faire l'expérience de cette transformation. Cette onde de synergie provient des forces d'évolution qui se mettent en action. Elle génère un champ d'énergie de transformations créatives. Elle permet de mettre de côté les vieux schémas de fonctionnement par la domination et de les remplacer par une nouvelle vision des choses. Ce principe d'auto-organisation existe à travers l'entièreté du Cosmos.

Les scientifiques, (biologistes, chimistes, physiciens et thermodynamiciens) ont cru pendant un certain temps que la vie tendait exclusivement vers le chaos et que le principe dominant et exclusif était l'entropie, que par exemple le chaud ne va que vers le froid et le temps ne va que vers le futur. Puis les fractals ont été découvertes et qu'il y avait des forces organisatrices au sein même du chaos apparent. La vie ne s'exprime pas en créant des jardins tout bien organisé mais elle a une organisation et quand on la laisse couler à travers nous, elle tend naturellement vers une évolution et vers des formes de manifestation supérieures. C'est de cette conscience, en voyant cela, que nait la confiance en la vie. C'est dans cette organisation qu'intervient la synergie, qui utilise les schémas d'interférence propre à l'ombre pour faire avancer la vie et créer un ordre supérieur.

Le truc dingue, étonnant et remarquable, c'est que cet ordre supérieur existe déjà dans une dimension supérieure (voir le chapitre les 9 dimensions de la réalité dans mon livre Diapasons 3 – étincelles). Le mystique Grecque Heraclitus l'a appelé « l'harmonie caché ». Quand on la trouve, c'est comme si on trouvait de l'or. Cet ordre caché générateur d'harmonie rassemble les choses et les gens et agit comme un catalyseur, donnant de la puissance à l'ensemble. La synergie ultime a lieu dans notre ADN, quand différentes molécules se combinent selon un ordre nouveau, se rassemblent et donnent naissance à un nouvel état de conscience, à une nouvelle façon de fonctionner, avec des capacités qui transcendent les différents éléments considérés individuellement. Le génie est précisément ça, un fonctionnement hyper cohérent au sein même de l'ADN humain. C'est ça la puissance phénoménale qui existe à l'intérieur de nous et le potentiel présent au sein de notre espèce, nous les humains. Ce potentiel se développera grâce à une nouvelle vision des choses basée sur la synergie.

Le superpouvoir/puissance (Siddhi) de cette porte : La communion.

D'un point de vue du Siddhi, l'humanité forme un seule corps, un corps collectif uni par des lignées génétiques et des ancêtres communs et nous somme la nourriture des uns pour les autres. Il y a une fusion de l'individu, de la famille et du collectif. Toutes les ressources sont partagées et il n'y a plus besoin d'un système financier. Chacun contribue en fonction de ses capacités et de ces gouts, guidés par les besoins de l'humanité.

Toutes les religions terriennes ont, au sein de la semaine, une journée ou deux consacré au repos. Ce jour-là, on met de côté nos activités extérieures et l'on focalise son attention sur la prière, la nourriture, le sommeil où l'on passe du temps avec sa famille ou ses ami(e)s. On fait ce qu'on aime. On devient vacant, c'est-à-dire creux et vide, d'où le mot vacance et en anglais, vacance se dit « Holiday » de « Holy » qui veut dire sacré et « day « qui veut dire jour. « Holiday » est ainsi le jour sacré tout comme « Hollywood » est le bois sacré.

C'est un jour où l'attention est censée se focaliser sur l'essentiel, sur la contemplation, sur la vie intérieure. Il y a un état de conscience collectif spécial le dimanche (le jour (di) où dieu mange (mandjeu) en ancien français), un état de silence particulier, un peu comme pendant le confinement de 2020. Même les oiseaux se reposent ce jour-là. L'agitation humaine est au repos. Cette organisation extérieure de la semaine est complètement artificielle mais elle est le reflet d'une organisation intérieure. On peut se poser la question de savoir comme une espèce plus évoluée, vivant sur une autre planète dans un autre système solaire, organiserait son temps. Est-ce que les gens travailleraient six jours et se reposeraient une journée durant ? Ou est-ce que ça ne serait pas l'inverse ?

Travailler une journée pour servir la communauté, comme dans l'histoire d' « Ami-enfant des étoiles » et se consacrer à la vie intérieure et à faire ce qu'on aime le reste du temps. Nous somme tellement conditionné par le mode d'organisation basé sur la domination ! Ce superpouvoir numéro 45 montre comment une civilisation peut être prospère et à quoi elle pourrait ressembler. L'argent est le grand symbole de la valeur que l'on donne à son temps. L'argent fait marcher le monde et ne nous donne qu'un seul jour de repos et quelques semaines de vacances par ans. On n'y pense pas souvent mais on peut se poser la question de considérer si c'est quelque chose de naturel et de sain. On se demanderait ce que l'on ferait si on ne travaillait qu'une journée par semaine mais on ne se pose cette question que si on ne se laisse pas prendre en charge par la vie, que si on ne laisse pas la vie entrer en nous. Notre planète et la vie sont magnifiques et beaucoup de gens n'ont conscience de cela que quand ils sont au seuil de la mort. Pourquoi on ne permettrait pas à toute cette beauté permettent d'imprégner nos âme et comment on pourrait faire pour que cela se produise. N'est ce pas ce qu'il y a de plus important ! Et pourtant, on consacre la majorité de notre temps à des choses non essentielles.

Tout ça pour dire que ce superpouvoir correspond à un état de calme intérieur et à un monde plus calme où l'on fait l'expérience de cette conscience dominicale solaire, avec du silence, de l'espace et de la confiance. Imaginez vivre comme ça et mourir comme ça. Il n'y aurait plus de différence entre vivre et mourir et la mort serait juste un glissement de la vie dans une dimension plus subtile. Il n'y aurait alors plus de « pourquoi est ce que je suis là ? » ni de « qu'est ce que je dois faire ? » mais juste de « l'être là » dans une présence aimante. On serait hors du temps. La relation à l'énergie et à la nourriture serait différente comme c'est déjà le cas sur d'autres planètes habitées.

On pourrait avoir peur de s'ennuyer mais quand on fait l'expérience de ce superpouvoir, on se rend compte que ce n'est jamais le cas. Il y a tellement de choses à découvrir dans l'univers, comme l'énergie libre par exemple. Cela arrivera certainement à l'humanité en son temps. C'est en tout cas dans cette direction que nous guide ce superpouvoir de la communion avec la vie, avec l'univers et avec la Source de toute Vie.

La communion est un plongeon dans la conscience universelle qui transcende tout sentiment de séparation avec autrui. Il n'y a plus de moi, ni d'autres que moi mais simplement la Source de toute Vie qui s'exprime à travers des formes différentes toutes unies entre elles et formant un tout. Il y a un abandon des corps inférieurs avec leurs désirs, sentiments, mémoires, savoirs et rêves au profit de la Source de toute vie. A terme, comme cela existe déjà sur d'autres planètes membres de la Fédération Galactique Unifiée, l'humanité apprendra à se nourrir d'énergie et les systèmes basés sur l'argent ne seront plus qu'un lointain souvenir. (Voir les livres Ami-enfant des étoiles, « Le dossier Extra-terrestre » par EJP et « La libération de la Terre » par Oana Martins).

Chapitre 22 : Le nombre 46

A-Sa structure et ses associations: Le nombre 4 est en lien avec le père, avec l'expression de son pouvoir pour prendre sa place et avec la gestion d'un territoire grâce à l'autorité et un sens de l'organisation. Il y a une importance des règles, des cadres et un désir de se rendre utile. Il y a une puissance d'organisation. Le nombre 6 est en lien avec l'écoute du cœur, l'intelligence relationnelle, l'intense activité relationnelle, la beauté, l'art, le couple, la famille et les relations sociales. Il y a une multiplicité de possibilités. La puissance est ici mise au service de la création de formes, de relations, de choix afin de générer de la joie. La puissance associée à la joie et à l'harmonie génère une poussée vers le haut.

B-Selon la tradition ancienne du Yi-King Chinois : Hex 46 = La poussée vers le haut. L'ascension. La croissance.

Résumé du nombre : Avancer avec joie, ouverture d'esprit et constance, lentement mais surement, en prenant soin de soi sur tous les plans, en contournant tout obstacle, en saisissant toute opportunité et en fournissant des efforts organisés pour générer une nouvelle phase de croissance.

Explication technique :

Quand l'âme ou les Hommes se rassemblent autour d'un centre, pour former une nouvelle unité, ils peuvent ensuite poursuivre leurs efforts et se lancer dans une nouvelle phase de croissance, afin de s'élever. C'est pourquoi après «Le rassemblement» vient «La poussée vers le haut ». Bien enracinée dans une terre fertile, une graine pousse vers le haut dans la terre, lentement mais surement, avec joie et constance, contournant naturellement tout éventuel obstacle, en se laissant guider vers la lumière par une force invisible de vie qui l'habite. Animée par son objectif à long terme, elle fourni les efforts nécessaires et finira par percer la surface du sol puis par devenir une belle plante, un bel arbre, qui rayonne dans l'environnement, se nourrissant de la terre et du ciel, puis offrant ses fruits à la vie. L'arbre ne peut cependant s'élever qu'en étant bien enraciné. Le trigramme intérieur,

Souen, représente les plantes et le vent, la société humaine, ses rituels et ses lois. Il demande de s'adapter avec douceur dans l'espace, de gérer l'espace du monde, de préserver l'environnement, d'élargir ses horizons dans un mouvement d'expansion, d'incarner une autorité, de guider ou d'être guidé, de communiquer intelligemment, de rester souple, d'exprimer un sens du service et des affaires.

Kouen, la terre, demande d'être humble et réceptif, de se ressourcer, de générer du bien-être et de se nourrir, de tenir compte du juste rythme et des cycles, de faire preuve de naturel, de dévouement, de malléabilité et de compassion afin de perpétuer la vie.

Le trigramme nucléaire, **Tchen**, le tonnerre, engendre une impulsion libératrice qui propulse en avant. Il demande de faire jaillir l'énergie, d'écouter et intégrer les signes, de se synchroniser avec la volonté divine, de trouver des solutions, de s'adapter à l'imprévu, de gérer des projets, d'exprimer sa spécificité, de générer un état de liberté intérieure et d'aboutir à une renaissance.

Touai demande de sourire, d'avoir conscience de la beauté, d'écouter ses vrais désirs, ceux qui enchantent, afin d'être dans la joie et le consentement. Il demande d'avoir conscience de son corps, de gérer ses ressources avec justesse, de créer des formes, d'exprimer une intelligence relationnelle, de partager, de coopérer et de s'associer pour générer la civilisation dans la beauté et l'harmonie. L'idéogramme ancien de cet hexagramme représente le versement, l'empilement et la mesure de graines dans un récipient.

Interprétation classique :

Votre situation est semblable à celle d'une graine obscure, enfouie dans la terre, qui se met en action, tout en se laissant porter par la vie, afin de devenir un arbre resplendissant. Votre potentiel de croissance est donc particulièrement important et le temps est votre allié.

Vous ne pouvez pas atteindre votre objectif en une seule fois mais au contraire effectuer ici une ascension progressive et harmonieuse, étape par étape, vers la lumière et la reconnaissance.

Cela est possible grâce à un travail continu sur le long terme, accompli avec humilité, fidélité et dévouement, avec vos propres forces, en construisant des bases solides et en trouvant votre juste place dans un environnement propice. Même si vous n'êtes pas actuellement très visible, vous êtes en harmonie avec l'ordre cosmique et l'époque est particulièrement porteuse. Il n'y a pas d'obstacles. Vous êtes porté par des forces invisibles que vous pouvez accompagner par votre travail. Il est alors judicieux de prendre des initiatives pour chercher et solliciter, avec foi et naturel, sans crainte aucune, des personnes compétentes capable de vous soutenir, de vous guider et de favoriser votre progression. Vous obtiendrez des résultats favorables.

Il est ici possible de franchir un cap et de vous élever pour vous rapprocher de votre objectif. Vous pouvez ainsi être sélectionné pour une promotion, recevoir des marques de reconnaissance, bénéficier d'une amélioration de votre statut ou vous apercevoir que vos requêtes sont entendues. Les choses avancent harmonieusement mais une activité constante et l'humilité demeurent néanmoins nécessaires. Toute violence, ou toute obstination acharnée, est ici inappropriée. Vous êtes capable d'être bien enraciné dans la vie, de vous nourrir sur tous les plans, de bien gérer les petites choses, d'exprimer une éthique et des valeurs humaines et d'utiliser votre intelligence relationnelle pour tisser un réseau.

Vous savez préserver votre équilibre, demeurer dans la joie, être aligné avec les désirs de votre environnement, poursuivre vos efforts avec une discipline et une détermination évidente, faire ce qui est nécessaire au bon moment, communiquer intelligemment en tenant compte des règles et des usages et vous adapter aux nécessités de chaque instant avec justesse et souplesse. Cela vous permet de participer à des projets collectifs en étant très efficace et très apprécié. Poursuivez vos efforts pour vous élever. Vous êtes promis, sur le long terme, à une belle réussite qui transcende votre simple existence individuelle et qui vous permettra un jour d'aider autrui dans leur ascension.

C-Selon les deux écoles modernes du Design Humain et des Clefs Génétiques :

1-Le Design Humain. 46 = La porte de l'amour du corps ou de la sérendipité.

Explication technique :

Circuit du ressenti. Centre du Cœur ou G. Cette porte est liée à la porte 29, l'eau des ravins ou l'abysse. Son thème principal est la physicalité, la conscience corporelle et sa maîtrise permet de vivre pleinement dans l'instant présent, de jouir d'une excellente vitalité, d'accéder à une forme d'extase et de savourer la vie avec son corps. Cette porte génère un amour de la matière, du corps et de la chair. Le corps est perçu comme un temple qui est toujours au bon endroit au bon moment grâce à une capacité à accepter complètement l'instant présent. Cela s'exprime par un besoin de toucher, d'avoir un beau corps en pleine forme et de vivre dans la joie en savourant les plaisirs de la vie. La façon dont cela s'exprime dépend de la détermination du Moi Supérieur et de la capacité à comprendre et accepter sa position au sein d'un cycle. La capacité à être ouvert à ce qui se présente et à l'accueillir ouvre la voie à de nombreuses découvertes et à de nombreuses expériences. Ce n'est que si la personne sait s'adapter à la nature cyclique de sa vie qu'elle peut disposer d'un corps en bonne santé. Dans le cas contraire, la situation peut être chaotique, ponctuée de déceptions, de chocs, de crises régulières et générer des déséquilibres corporels voir des maladies. Bien vécue, cette porte permet de construire une vie comme une œuvre d'art, en vivant chaque expérience comme une possibilité d'accroire sa joie, de ressentir du plaisir et de générer une croissance vers le haut. Elle permet d'être une présence aimante qui danse la vie.

Proposition d'interprétation :

Vous êtes doué(e) pour vous trouver au bon endroit au bon moment et pour manifester la chance — en découvrant accidentellement quelque chose de bénéfique ou de fortuné, alors même que vous cherchiez autre chose ou quelqu'un d'autre. On dit qu'au moins la moitié du succès dans la vie consiste seulement à se trouver là. Néanmoins, la chance, ce n'est pas simplement se trouver au bon endroit au bon moment, elle dépend aussi de l'attitude que vous avez à ce moment-là ! En ce qui vous concerne, la chance vous sourit quand vous êtes disponible et confiant.

Observez l'épanouissement personnel que vous ressentez lorsque vous vous reposez sur une confiance intérieure prête à tout ce que la vie peut offrir. Cette porte s'harmonise naturellement au besoin que l'univers a de votre présence. Elle vous permet de vivre des expériences qui vous apportent de la reconnaissance ou des leçons essentielles. C'est en abandonnant toute attente et en vous ouvrant aux expériences proposées sans résister que vous bénéficiez au mieux de ce que peut vous apporter cette porte.

La porte 46 est l'une des « portes de l'amour » et elle concerne essentiellement en l'amour du corps. Rester mince et en bonne santé et prendre soin de l'apparence de votre corps amplifie votre chance naturelle. Une partie essentielle de votre vie consiste alors peut-être à garder la forme, à entretenir et choyer votre corps.

Vous vous en sentez responsable. Il est toutefois possible que vous ayez fortement envie de vous rendre dans une salle de sport ou dans un centre de remise en forme mais qu'une influence extérieure vous en empêche. Mais vous vous sentez déprimé et frustré si vous n'êtes pas en forme. Offrez-vous un massage, allez courir avec votre chien, prenez rendez-vous pour des manucures et pédicures, réservez une journée au spa et mettez en place un bon régime. Quand votre corps ronronne, vous êtes prêt(e) à tout et vous avancez dans la vie avec harmonie et fluidité.

3-Les Clef Génétiques. Clef 46 = la science de la chance.

Son dilemme où il doit faire des choix : La fortune ou la conscience des lois de l'univers
Son partenaire de programmation : Clef 25, le mythe de la blessure sacrée.
Corps : Le sang. **Signe astral HD :** Balance. **Acide aminé :** Alanine.
Son anneau de codon : L'anneau de la matière (18, 46, 48, 57).
Son chemin de transformation : Le chemin de l'enchantement.
L'ombre de cette clef : La gravité. Le sérieux. La sériosité.

Cette ombre programme la façon dont vous vous sentez dans votre corps en fonction de la façon dont vos parents se sentaient dans le leurs. La gravité et la sériosité sont les masques d'une peur subtile se manifestant par des inquiétudes au sujet de l'avenir, par des regrets au sujet du passé, par des attentes d'un futur meilleur et par des désirs que la vie et les choses soient autrement que ce qu'elles sont. Il y a une non-acceptation non reconnue de l'instant présent, dans un état de séparation d'avec la vie, dans un état de déconnexion de l'amour et dans un état de souffrance et d'inconscience des joies de la vie. On est dans le mental, dans l'ignorance de à quel point la vie peut être belle et simple. On a oublié ici l'enfant intérieur, comme s'amuser, jouer et se sentir heureux dans l'instant présent. On a oublié que la vie sait très bien ce qu'elle veut faire de nous et où elle veut aller. On n'a pas confiance en la vie donc on essaye de tout contrôler.

Cette clef nous révèle de succulents enseignements sur la chance et la malchance. La gravité est reliée à la Chance. Qu'est ce qu'on veut dire par le mot chance ? En occident, à cause de la science, on a hérité de l'idée que la vie et la chance sont dues au hasard et qu'elles sont aléatoires. En Orient, où de nombreux sages comprennent et incarnent les lois du Cosmos, ils ont compris que tout ce qui se manifeste est lié à une chaine de causes et de conséquences qu'ils apelle karma et que le mot chance ou le mot hasard sont des interventions de forces qui sont une conséquence de causes qui les ont précédées. Quand on regarde les choses en profondeur, on peut voir qu'il y a un voile entre la vie et la mort, entre la conscience de la majorité des gens incarnés sur terre dans un corps de mammifères et les gens qui vivent dans l'au-delà. On peut voir que les âmes se réincarnent dans des corps différents au cours d'un nombre important de vies sur Terre et qu'un jour, chaque âme finit par se rendre compte, quand elle s'unit à la Source de toute Vie dans l'état d'esprit nommé Dieu, qu'elle est un petit bout de la Source de toute Vie immergée dans la matière.

La justice s'exprime quand une loi se manifeste. La chance est directement liée à nos comportements sur une grande échelle de temps et les lois de l'univers, comme la loi de l'équilibre (signe de la balance) existe à chaque instant. Elle aussi liée à la conscientisation de sa mission de vie sur Terre telle qu'elle est encodée dans notre ADN et de la forme de cette mission dans le monde extérieur.

Le problème est l'oubli, le fait qu'on ne se souvient plus les raisons de notre retour sur Terre, de nos choix et de ce qu'on avait décidé, de ce qu'on voulait, de ce dont on avait besoin du fait que la majorité d'entre-nous ne se souviennent pas de leurs vies passée, de leur vie d'avant dans l'au-delà et de la réunion de planification de la vie terrestre dans laquelle ils sont présentement. C'est ce petit détail qui génère tous nos mélodrames, toutes nos histoires de vies plus ou moins mélodramatiques et qui nous rend grave et sérieux (se).

Si on pouvait voir clairement que chaque pensée, chaque parole, chaque action et chaque contrat que l'on engendre a des conséquences directes sur notre avenir, le monde entier se nettoierait vraiment très rapidement. Cette Clef nous montre que l'on créé notre chance ou notre malchance et que plus on est grave et lourd voir plombé et plus on est immergé, la tête sous l'eau, dans notre karma, dans nos mélodrames et dans notre inconscience. Il est facile de dire qu'apercevoir l'autre côté du voile, c'est gâcher le suspens de l'histoire. C'est comme dire à quelqu'un qui regarde un film la fin de l'histoire avant que le film soit terminé. Il n'est donc pas simple de partager notre vision quand on a percé le voile et qu'on est capable de voir les chaines de causes et de conséquences.

Il existe un chemin pour sortir de la douleur et de la souffrance. C'est de voir que l'état de gravité est étroitement lié à un état de constriction, de tension intérieure et d'attachement, d'agrippement et d'appropriation.

Plus on est plongé profondément dans le monde des illusions et dans l'inconscience de la réalité, dans le monde de Maya et plus on est contracté (l'ombre partenaire 25 et l'ombre 46), tendu, attaché et agrippé. On est profondément contracté et tendu intérieurement quand on oublie notre nature éternelle et on ne peut pas bien respirer quand on est contracté.

Avec cette ombre, on est persuadé que le monde de la matière est la seule chose qui existe. On est contracté, grave et sérieux (se). Pour sortir de cet état, on peut commencer par détendre nos attachements en commençant par notre mental, ses croyances et ses opinions, qui sont fondés sur l'idée du bien et du mal. Il n'y a rien de bien ou de mal mais simplement un jeu de causes et d'effets selon les lois mécaniques de la chance. Un mauvais comportement génère simplement des conséquences qui nous plongent encore plus profondément dans la matière et ses souffrances. Un bon comportement génère une détente de l'emprise de la matière. La vie sait très bien nous montrer, quand on regarde avec honnêteté, ce qu'est un bon comportement et un mauvais comportement.

C'est quand on se détend, dans un état d'immobilité et qu'on cesse de lutter et de s'agiter que l'on peut s'échapper de l'emprise du karma. Beaucoup de gens dans tous les milieux, scientifiques, politiques ou religieux mais aussi dans les milieux spirituels, sont trop sérieux, graves, plombés et enfermés dans une tension intérieure. C'est quand une personne peut rire du système ou des enseignements qu'elle a choisi d'expérimenter qu'on voit qu'elle les porte avec légèreté et qu'ils sont juste un moyen pour que sa conscience s'éveille au-delà du monde de la matière.

La chance sourit aux illuminés qui peuvent voir la plaisanterie de la matière tout en respectant son aspect dramatique et désastreux et les souffrances endurées par beaucoup de gens sur Terre. Toutes ces souffrances ont des causes et on est sur Terre pour apprendre, pour détendre la poigne de l'illusion sur nos vies et pour prendre conscience que la mort de la conscience est une illusion. Quand on le fait, on modifie alors notre destin et notre sort. On peut changer de vitesse dès maintenant. On peut changer notre vision des choses et agir différemment et alors toute notre vie changera petit à petit. Cela prend parfois du temps pour voir les effets et on ne les voit parfois que dans une vie suivante. L'important ici est de se rendre compte que le karma est bien réel, que la vie fonctionne selon certaines lois et qu'il y a une justice derrière tout.

<u>Si cette ombre s'exprime en mode réprimée</u>, il y a alors une forme d'insensibilité, de déconnexion des sens de la conscience et une forme de frigidité sensorielle. La peur de son propre cœur incite à ne rien ressentir, à ne pas gouter aux choses et à se cacher de la vie. Quand on n'aime pas son propre corps, son énergie vitale dégage une mauvaise odeur et un gout acide et on perd le contact avec le piment de la vie. Il y a alors une expression pincée sur le visage. Quand ces personnes apprennent à ressentir la joie, le plaisir et beauté à être dans leur corps, au lieu de s'inquiéter de à quoi elles ressemblent extérieurement, elles libèrent la chaleur intérieure enfoui en profondeur et tout leur être comment alors à s'expanser.

<u>Si cette ombre s'exprime en mode réactive,</u> il y a un masque d'insouciance, de légèreté et de frivolité généré par une fuite de la vérité et un déni de la colère enfouie dans l'inconscient. Les relations sentimentales sont alors nombreuses et de courte durée. Ces personnes font semblant de ne rien prendre au sérieux mais sont émotionnellement très réactive dès qu'on gratte un peu la surface des masques. Leur colère finit par exploser un jour quand leur façade s'effondre parce qu'une personne est particulièrement honnête et pertinente avec elle. Elles prennent alors conscience à quelle point elles considèrent la vie avec sérieux et gravité.

Son cadeau : Les dons et capacités de cette porte : <u>L'enchantement.</u>

L'enchantement survient premièrement quand on accepte l'instant présent et ce qui est. L'acceptation est le don 25 qui est le don partenaire du don 46. Ensuite, il survient quand on a découvert ce pour quoi on est conçu, ce qu'on peut apporter à la vie et qu'on le manifeste à travers un projet de vie. Il survient également quand on réalise et qu'on incarne, au quotidien, le grand secret que nos pensées, nos paroles et nos actions sont des boumerangs que l'on envoie et qui nous reviennent fidèlement. Cela se fait dans un certain état d'innocence, dans un état d'esprit d'éternel débutant. Quand on a réalisé qu'il y a des lois dans la vie et que les principes du karma existent, tout devient beaucoup plus simple. Quand on élève sa fréquence vibratoire, on arrive à un certain état, à une certaine fréquence où on comprend qu'on doit s'occuper de notre ombre, qu'on doit la transcender et la remplacer par autre chose.

Quand on se vide du passé, des sentiments et des émotions négatives, on crée un espace permettant à une autre partie de nous d'émerger. Quand on désapprend toute les connaissances qu'on a apprises, on découvre la sagesse vivante de la vie et notre corps devient vibrant de vie et de joie d'être en vie. On remet notre horloge interne à zéro. Peut être qu'on se lève plus tôt, avec le Soleil et que l'on passe des nuits beaucoup plus ressourçante.

On développe des habitudes que notre corps aime vraiment plutôt que des plaisirs temporaires pour lesquels on paye cher ensuite. La vie est une boite à plaisirs, à enchantements et notre aptitude à pleinement en profiter se développe entre notre naissance et l'âge de 7 ans. Quand un enfant apprend à travers son aura que la vie est synonyme d'amour et de sécurité, son corps se détend dans son harmonie interne naturelle et il peut alors vivre une vie harmonieuse. C'est le corps qui doit se sentir en sécurité et non le mental. Ici, on apprend à retrouver cette sécurité si on ne l'avait pas. Si on pratique la contemplation mais aussi la séquence de Vénus, on peut alors refaire l'expérience des défis rencontrés durant cette période de notre vie et transformer les choses en conscience, en réimprimant différemment, en donnant un sens différent, à la façon dont nos cellules ont été initialement imprimées.

On a l'opportunité de revoir notre copie de nous-même dans notre ADN et d'en mettre une nouvelle, où les éléments de base clef sont constitués par l'énergie de l'enchantement.

L'expérience du monde de la matière ne doit pas obligatoirement être pesante, lourde et plombée. Elle peut être raffinée et délicieusement sensuelle, pas dans le sens sexuel mais dans le sens d'expérimenter pleinement avec ces sens dans un état de joie et d'enchantement, un peu comme quand un enfant à envie de gouter à tout à travers son corps et ses sens. On peut se demander à quoi peut bien servir le don ou génie de l'enchantement dans le monde des affaires et dans le monde moderne. Sa présence en nous signifie que l'on a désespérément besoin de nous partout où il y a beaucoup de sérieux, de gravité, d'attachement et d'agrippement, car on amène une vision nouvelle et on permet aux autres de voir les choses différemment. On permet aux gens de se poser des questions comme « pourquoi faire ? » et « Pourquoi est ce qu'on est là ? ». L'une des réponses juste est pour profiter de la vie et vivre dans un état de joie et d'enchantement. Quel intérêt y a-t-il s'il n'y a pas de joie et d'enchantement ! Quel intérêt y a-t'il à vivre dans un état de misère intérieur et/ou extérieure ? Quand on incarne le génie de l'enchantement, on devient alors un(e) maître de la vie et on fait de sa vie une œuvre d'art. On peut être engagé dans des projets mais on focalise avant tout notre attention sur notre état d'être, sur le fait d'apporter une touche de légèreté et d'enchantement à tout ce que l'on fait, donc sans s'approprier, s'agripper et s'attacher ni faire preuve d'aversion. On amène ainsi de la bonne fortune dans le monde. Ce don 46 est l'un des grands génies de l'amour. Il parle couramment le langage des émotions sans jamais être submergé par l'émotion. Il aime le dialogue, le lien, le toucher, rire, la bonne nourriture, même le bon vin et la belle vie. Il a appris à vivre engagé, dans une présence aimante, en étant détendu et enchanté. Il permet de se sentir vivant dans le monde de la matière, d'être enchanté d'être en vie et d'avoir conscience que les seules choses qui comptent vraiment, c'est la vie et l'amour. Cela permet d'être au bon moment au bon endroit, de rencontrer les bonnes personnes, de danser avec les synchronicités, d'avancer dans la vie avec harmonie et fluidité et de permettre à l'univers d'agir à travers soi pour générer du succès dans toutes les activités.

Le superpouvoir/puissance (Siddhi) de cette porte : L'extase.

On est naturellement né(e) pour vivre dans un état d'extase et on voit très bien cela chez les nouveaux né(e)s, quand ils éclatent de rire dans un état d'extase. Pour accéder à cet état en s'ajustant à sa fréquence, pour permettre à ce niveau de beauté d'entrer dans notre être intérieur, pour séduire et attirer l'énergie de l'extase, on doit lâcher le mental et ouvrir son cœur. On doit désapprendre de nombreuses caractéristiques masculines.

On doit ralentir, devenir contemplatif/ve et créer en soi l'espace pour qu'elle prenne sa place. On doit se mettre en pause pour de nouveaux communier avec les éléments, avec la nature et avec les gens. On doit pleinement ressentir de la gratitude envers la vie d'avoir ce corps et de pouvoir expérimenter ce que c'est d'être vivant dedans. On doit l'inviter avec amour et gratitude.

La nouvelle vision qui arrive tout doucement dans notre civilisation est caractérisée par une fusion graduelle entre le matériel et le spirituel et par une descente du spirituel dans la matière. Ce superpouvoir se manifeste quand la conscience, quand la Source de toute Vie, descend dans la forme, fusionne avec elle, la remplie et se manifeste à travers la forme.

C'est ça le superpouvoir de l'extase. Il ne se manifeste pas dans une dimension spirituelle là bas au loin mais juste ici et maintenant parmi les humains, dans notre corps.

L'extase est comme une cellule qui grandit à l'intérieur de nous, en notre sein. Elle ouvre le cœur en grand et réduit le mental au silence dès que son aide n'est pas nécessaire. Quand le mental s'active pour que les obligations quotidiennes soient accomplie, elle se met légèrement en arrière plan puis reprend sa place dès que l'activité est terminée. On peut la cultiver comme on cultive un jardin, en prenant soin de notre jardin intérieur, en agissant quand c'est nécessaire puis en laissant ensuite la nature faire son travail, en laissant chaque plante prendre sa place et s'exprimer mais sans qu'aucune ne domine en prenant toute la place et en permettant à notre jardin de chanter et d'enchanter.

On peut créer notre vie à l'image d'un jardin mais cela requiert de la sensibilité, d'écouter notre monde intérieur, nos vibrations et nos fréquences. Quand une partie de nous s'exprime avec un peu trop d'intensité voir violement, on s'y rend avec son sécateur et on modifie la forme de cet endroit-là. Notre conscience est ce qui fait l'élagage. On n'entre pas dans le jardin avec des équipements lourds. On prend soin de petites zones, une zone à la fois et avec le temps, on transforme chaque aspect de notre vie.

Quand notre être intérieur est au repos ou qu'il s'amuse, l'extase peut se manifester et nous rendre visite, très subtilement au début puis de plus en plus nettement, en prenant de plus en plus de place. L'extase est comme le vent donc on doit lui céder à place, se rendre à elle et l^cher-prise. Si on est trop occupé, si on pense tout le temps et qu'elle nous rend visite, on ne la voit pas. On ne réalise pas que les anges sont là tout autour de nous.

Chaque superpouvoir correspond à un type de maîtrise. Ce superpouvoir nous apprend à découvrir l'extase et l'amour que l'on peut ressentir dans son corps et le potentiel insoupçonné du corps humain, qui est un reflet du macrocosme et qui est rempli de trésors. Le tout premier pas pour accéder à l'extase est de respirer profondément, naturellement, sans forcer, de façon détendue, tout en douceur. Quand on le fait, la douceur de la vie peut alors nous approcher. On vivait comme ça avant, juste en étant là, avec toutes les ressources nécessaires, à partager dans la joie avec autrui où à contempler les étoiles. Et on peut vivre comme ça à nouveau quand on laisse l'extase prendre sa place dans notre jardin intérieur. La vie devient alors un doux festival. Ce superpouvoir est tellement encré dans la matière que quand une personne le manifeste complètement, elle imprègne le lieu où elle a vécu de joie et d'amour bien longtemps après son encielement. Il permet de vivre heureux sur Terre dans l'extase d'être en vie, dans la joie et l'amour.

Chapitre 23 : Le nombre 47

A-Sa structure et ses associations: Le nombre 4 est en lien avec le père, avec l'expression de son pouvoir pour prendre sa place et avec la gestion d'un territoire grâce à l'autorité et un sens de l'organisation. Il y a une importance des règles, des cadres et un désir de se rendre utile. Il y a une puissance d'organisation. Le nombre 7 est en lien avec une capacité à combiner conscience matérielle et conscience spirituelle, à diriger, à fixer des objectifs, à mettre en place les bonnes stratégies, à passer à l'action et à obtenir des résultats. Il y a ici la relation entre l'empereur et son général en chef, entre le père et son fils devenu un adulte actif. Le fils sollicite l'aide du père. La puissance est mise au service de l'action et du collectif. Elle permet de réunir le masculin et le féminin, de discerner la bonne stratégie, de générer une direction et d'obtenir un résultat sous la forme d'une prise de conscience.

B-Selon la tradition ancienne du Yi-King Chinois : Hex 47 = L'épreuve, l'adversité.

Résumé du nombre : Si la joie, la forme, la confiance, l'énergie et l'arbre généalogique ne sont pas gérées en conscience, avec justesse et équilibre, elles se perdent et engendrent un enfermement, un sentiment d'insécurité, des problèmes à résoudre, une perte de foi en la vie de l'adversité et une épreuve épuisante. Il est alors nécessaire de prendre soin de soi, d'écouter son intuition et de solliciter de l'aide.

Explication technique :
L'ascension se heurte à une résistance, à une difficulté, à un obstacle, à une pression et à une épreuve. Si la joie et l'énergie ne sont pas gérées en conscience, avec fluidité, justesse et équilibre, elles se perdent. C'est pourquoi après «La poussée vers le haut» vient «L'épuisement» ou «l'épreuve». **Kan**, l'eau, demande ici de prendre en compte les profondeurs de l'inconscient et les lois de la nature, les énergies subtiles, les pulsions inconscientes, les secrets, les peurs, les problèmes, les obsessions, le risque de sabotage, une crise, les défis à surmonter et les épreuves à traverser pour progresser. Touai demande la gestion juste des ressources, dans la joie et le consentement. Il apporte l'intelligence relationnelle, le partage, la coopération génératrice d'association et de civilisation, la beauté, la paix et l'enchantement grâce à l'écoute de ses vrais désirs. Le trigramme de l'eau sous le trigramme du lac évoque l'image d'une rivière, d'une faille, d'un abîme ou d'une grotte souterraine qui a drainée toute l'eau du lac, qui se retrouve alors à sec, épuisé, interrompant le flux de la vie. L'idéogramme de l'hexagramme est un arbre aux racines bien visibles qui est enfermé dans une structure hermétique et donc privé de nourriture, d'air et de lumière.

Cela symbolise une contrariété (un événement difficile, une personne perturbatrice, une action de sabotage, un surmenage, une angoisse ou des pulsions inconscientes) qui appuient là où ça fait mal, qui consomme l'énergie et la joie, perturbe l'équilibre et génère un sentiment de séparation, de détresse, de misère et de mal-être. Face à cette situation épuisante, les trigrammes indiquent la conduite juste. Kan, l'eau, la puissance éternelle du féminin et de la vie, accepte ce qui est, avance en suivant le chemin de moindre résistance, avec ténacité et compassion, puis pardonne l'ignorance et l'obscurité générées par le mental. Elle écoute son intuition et rétablit une circulation fluide de l'énergie. Le trigramme **Li** demande de faire preuve de clarté, d'avoir conscience de sa force, de réagir et d'entreprendre des actions efficaces.

Le trigramme intérieur, **Souen**, qui représente les plantes et le vent, demande de s'adapter avec douceur dans l'espace, de rester souple, d'utiliser son autorité, d'élargir ses horizons, d'accepter de guider ou d'être guidé, de communiquer que quand c'est nécessaire, de rester optimiste et de mettre en valeur son sens du service. Le Trigramme **Touai** demande de donner la juste forme à toute situation et de préserver la joie du cœur. Seule une personne exprimant le meilleur d'elle-même et qui est capable de grandeur peut rester juste dans une situation difficile. Le caractère ancien de cet hexagramme représente un arbre dans un enclos. Cela évoque la nécessité de créer les conditions de sécurité nécessaires à la croissance tout en évitant un enfermement qui étoufferait la croissance de l'arbre.

Interprétation classique :
La situation dans laquelle vous vous trouvez semble dans une impasse, sans énergie et sans joie. Vous êtes symboliquement comme un puit à sec. Quelque chose vous insécurise, vous opprime et vous épuise, physiquement ou psychologiquement. Cela peut être causé par un événement extérieur synonyme d'adversité, par les conséquences de vos actions, par les agissements d'une personne ou par votre état intérieur, vos pulsions, vos obsessions ou votre histoire personnelle.

Peut-être que vous opprimez et épuisez une autre personne, ou une partie de vous? Vous vous sentez séparé de l'environnement ou privé de ressources, de nourriture, d'air et de lumière. Vous risquez de vous sentir isolé, déprimé, en détresse, pauvre et misérable. Les échanges et la communication semblent bloqués. Ce que vous dites n'est pas entendu ou pas cru. Les possibilités d'influencer la situation et d'expansion sont très limitées. Il n'est donc pas judicieux de dévoiler vos intentions ou de vouloir changer les choses. Vous traversez donc une phase difficile, une crise, un défi, une épreuve ou une perte. Il est ici nécessaire de prendre clairement conscience de ce que vous avez choisi de vous révéler à travers cette situation, de donner la juste forme à ce qui se passe et de vous adapter, à travers des pensées, des attitudes, des paroles et des actions justes. Il est alors avisé, dans un premier temps, d'accepter la situation telle qu'elle se présente, de voir qu'elle fait partie du processus naturel de votre évolution et que dans l'état actuel des choses, elle ne pouvait pas être autrement.

Il est ensuite judicieux de chercher à mieux vous connaître, c'est-à-dire de prendre pleinement conscience de vos valeurs et de vos convictions essentielles, de vos objectifs, de votre force et de vos qualités de cœur, de vos mémoires personnelles, familiales et de vies passées, de ce qui vous nourrit et vous procure de la joie mais aussi ce qui vous fait perdre de l'énergie, de vos ressources, des racines de vos difficultés et des possibilités de la situation puis de pardonner et de rassembler vos énergies. Si vous restez sincère, en harmonie avec vos principes, vertueux, pure et intègre, si vous persévérez avec foi et courage dans votre engagement à faire ce que vous voulez vraiment, vous trouverez ensuite une action ou des actions, aussi simples et anodines soient-t-elles, pour avancer petit à petit vers une porte de sortie. En faisant appel à votre force intérieure et à votre grandeur, avec calme et sérénité, en ayant une communication très sobre et impeccable, en lâchant votre passé et vos perpétuels dialogues intérieurs, en vous recentrant dans l'amour, la gratitude et la compassion, dans votre corps et dans votre cœur, puis en faisant de votre mieux pour être juste, vous effectuerez d'importantes prises de conscience. Vous sortirez alors de votre enfermement pour créer une sécurité qui laisse passer la vie. Il peut également être judicieux de solliciter l'aide d'une personne qualifié pour vous aider à passer ce cap difficile.

Vous retrouverez alors votre vitalité et votre joie ainsi que cette intuition qui sent ce qu'il est juste de faire. Vous rencontrerez alors le succès et sortirez grandi, enrichi, rénové et renforcé de cette période difficile.

C-Selon les deux écoles modernes du Design Humain et des Clefs Génétiques :

1-Le Design Humain. 47 = La porte des prises de conscience et de la réalisation.

Explication technique : Circuit du ressenti. Centre Ajna. Cette porte est liée à la porte 64, avant l'accomplissement ou pas encore accompli. Son thème principal est l'épiphanie, c'est-à-dire la manifestation de la présence divine et sa maîtrise permet, le discernement, la compréhension profonde des expériences vécues, l'optimisme et la capacité à voir derrière les apparences afin de révéler les vérités cachées. Cette porte permet de d'identifier ou de télécharger une multitude d'éléments d'informations, de formes et de couleurs, afin de générer et conceptualiser une idée cohérente ou un film qui déclenche une prise de conscience, un déclic ou un éveil. Ces éléments abstraits ne sont pas validés par des faits concrets et la conscience doit identifier parmi tous les possibles lequel a réellement du sens, lequel est vrai, ce qui peut générer de l'anxiété, un stress mental et une sensation d'oppression mais c'est là où cette porte est douée, pour donner un sens ou une interprétation aux expériences vécues. Il a une pression pour révéler la signification des choses, pour comprendre et pour proposer une interprétation claire. Comme le processus s'exprime de façon cyclique, beaucoup de patience est nécessaire pour bien le gérer, pour attendre que le déclic ait lieu. Le risque de cette porte est la tendance à une rumination mentale génératrice de confusion, à nourrir une frustration intellectuelle sans joie quand la compréhension fait défaut et à vous mettre constamment dans des situations où vous êtes sous pression mentalement.

Proposition d'interprétation : Cette porte vous fait énormément réfléchir et vous avez tendance à réfléchir de façon abstraite. Elle vous confère le besoin de résoudre les grands mystères de la vie. Vous êtes ainsi en quête de cette compréhension profonde qui déclenche un «Eurêka!» dans votre cerveau, comme le savant Grec Archimède quand il trouvait la réponse à ce qu'il cherchait. Les moments de grandes inspirations sont votre raison d'être et vous êtes fait pour résoudre des énigmes. Votre intellect fait régulièrement des heures supplémentaires, jusqu'à ce que vous leviez les bras en l'air en vous écriant « J'ai enfin trouvé!». La clef qui vous donne d'accès à de telles perceptions est de savoir vous détendre et de prendre du recul par rapport à vos pensées. La relaxation vous ouvre les portes d'une pure ingéniosité. La capacité à éloigner votre vision et à voir les choses de loin vous permet également de trouver de nombreuses solutions pratiques. Elle vous permet de comprendre les structures de la vie et d'en faire quelque chose.

3-Les Clef Génétiques. Clef 47 = la transmutation du passé.

Son dilemme où il doit faire des choix : L'appartenance, le propriétariat.
Son partenaire de programmation : Clef 22, la grâce sous pression. **Corps :** Le néocortex
Son anneau de codon : L'anneau de l'alchimie (6, 40, 47, 64). **Acide aminé :** Glycine.
Son chemin de transformation : Le chemin de la transmutation. **Signe astral HD :** Vierge.

L'ombre de cette clef : L'oppression

Le Yi King décrit cet hexagramme comme la façon de gérer l'adversité et l'une des images associée à cet hexagramme est un puit qui est à sec. Il présente l'idée que quand on fait face à l'adversité ouvertement et que l'on demande de l'aide, on trouve le sens caché de la situation et des transformations peuvent alors se produire. Il s'agit donc de s'approprier la situation, son histoire, son ressenti, d'en prendre la responsabilité et d'éviter de la fuir ou d'être dans le déni. Cela nous renvoi au sens de la souffrance qui est l'un des problèmes majeur de l'humanité. Beaucoup de gens vivent leur vie sans se rendre compte qu'ils souffrent.

Ils cherchent à s'échapper de leur ressenti et de leurs sensations corporelles de différentes façons, à travers le travail, des distractions des sens, des projections sur le monde, sur autrui et des fictions que leur mental raconte et auxquelles ils croient. Peu de gens trouvent le courage de regarder en profondeur la nature de leur souffrance, ce qui ne peut être fait que quand on accueille sa solitude. Il est pourtant nécessaire de regarder à l'intérieur et quand on le fait, on rencontre l'ombre numéro 47, l'oppression. On apprend à prendre la responsabilité de notre souffrance et à voir qu'elle est liée aux choix d'incarnation que l'on a faits, à la forme du chemin d'évolution que l'on a choisi et à notre karma, à notre histoire intérieure.

Le karma, mot que l'on peut traduire par « une suite de causes et d'effets », existe aussi bien au niveau individuel qu'au niveau collectif. Au fur et à mesure que l'on avance dans nos vies, on accumule du karma harmonieux qui nourrit alors nos corps subtils supérieurs et parfois du karma négatif et disharmonieux, qui se loge dans nos corps inférieurs et surtout qui génère des manifestations dans le monde extérieur. Ce que l'on qualifie de karma négatif est en fait des paquets de basses fréquences vibratoires qui font parti du champ quantique, du champ d'énergie, de l'ombre. Ces vibrations sont imprimées dans notre ADN sous la forme de mémoires, les mémoires karmiques mais aussi généalogiques et ces mémoires sont transmises aux générations suivantes tant qu'elles n'ont pas été vues et transformées. Elles constituent 98% de notre génome et sont nommées mémoires inutiles ou ADN non codant car pour l'instant, les généticiens ne savent à quoi elles servent et il semblerait qu'elles portent les mémoires de l'humanité, donnent accès à l'inconscient collectif et permettent d'enclencher le processus de transmutation puis de transfiguration. La clef 47 est ainsi le dépôt principal du karma humain, des mémoires génétiques transportées dans le sang. Elle est comme un portail d'accès à travers lequel les peurs profondes archétypales émergent dans la conscience. Au niveau des fréquences de l'ombre, ces mémoires génèrent une angoisse de fond qui est oppressante. S'il y a des mémoires individuelles, de nombreuses mémoires sont collectives.

Notre corps a aussi son karma, constitué de mémoires, mais ce karma n'a rien à voir avec notre essence, qui elle est pure mais elle se sert de ce karma comme matière première pour créer une histoire de vie, plus ou moins mélodramatique, dans le monde de la matière. Nos petites histoires individuelles forment ainsi quelques lignes, ou quelques paragraphes pour les personnes qui ont des destinées extraordinaires, ou simplement un petit point pour les personnes victime de leur ombre, dans la grande histoire de l'humanité.

Là où on veut en venir, c'est que l'adversité et l'oppression sont universelles et font partie du package d'être incarné dans la matière dans un corps de mammifère. Elles font partie du véhicule. Chaque véhicule a son histoire et cette histoire est toujours celle dont il a besoin pour évoluer et il s'agit d'en revendiquer la propriété pendant que nous sommes là.

Elle contient pile poil les bons ingrédients et les bons défis en parfaite correspondance avec le bon karma qu'on a accumulé dans nos vies passées. D'un certain point de vue, tout ce qui a été écrit précédemment est vrai et cela provient d'un plan de conscience nommé le plan causal, où il y a encore des niveaux de conscience très subtils et d'où l'incarnation est mise en place puis manifestée. Mais d'un point de vue beaucoup plus élevé, c'est une vérité relative car elle est encore ancrée dans une vision dualiste, où il y a une séparation, une fragmentation, entre l'âme individuelle et la Source de toute Vie. C'est donc une étape dans l'évolution de la conscience.

En fin de compte, notre oppression intérieure avec ses nuances et ses gouts, notre karma durant cette vie, sont équivalent à la grandeur de notre lumière intérieure et leur rôle, le sens de leur existence, est de réveiller cette lumière.

Cette ombre est exprimée dans notre vie extérieure jusqu'à ce que l'on tourne notre regard vers l'intérieur et que l'on se confronte à nos peurs. Ce qui nous terrifie le plus est en réalité un ascenseur vers notre évolution. Dans les fréquences de l'ombre, une majorité de gens manifestent leur karma dans le monde extérieur et se demandent pourquoi ce qui leur arrive se produit. Ils n'acceptent pas d'être propriétaire de leur karma et ne veulent pas voir qu'ils en sont responsables et donc ils en deviennent victime. Certaines personnes ont un karma d'une telle puissance dans leur ADN qu'il doit se manifester dans le monde extérieur afin qu'il soit une source d'inspiration pour autrui.

<u>Si cette ombre s'exprime en mode répression</u>, il y a à un moment donné un effondrement mental où une personne est submergée par sa vie et abandonne plus ou moins. Elle abandonne tout espoir que les choses peuvent s'améliorer. Elles vivent alors en faisant des compromis, en s'enfermant dans une boucle, dans des schémas répétitifs et dans un circuit fermé. Elles ne veulent pas ou ne peuvent pas faire face à leurs peurs.

<u>En mode réaction</u>, l'ombre de cette clef est projetée sur autrui et génère des dogmes, des principes. Le mental est utilisé pour contrôler l'environnement intérieur et extérieur. Ces personnes sont alors comme congelées et solidifiées dans un mode de vie enfermé et immobile, manifestant difficilement du changement, s'ouvrant difficilement à de nouvelles idées et créant difficilement des relations avec autrui. En étant dans le déni de leur propre ombre et en ne l'acceptant pas, elles se déshonorent et déshonorent la vie ; le déshonneur étant l'ombre de la Clef partenaire de la clef 47, la clef 22. Les rituels de confession étaient un moyen mis en place par les religions pour tenter de soulager cette oppression de l'ombre de la clef 47 mais cela n'aidait pas à prendre la responsabilité de son intérieur ni à le transmuter.

Quand on se tourne vers notre intérieur et qu'on le rencontre, qu'on rencontre notre karma en tant que graine ou karma potentiel, notre conscience peut alors le transmuter et le désamorcer avant qu'il ne se manifeste. On apprend alors petit à petit à identifier les graines de karma et les séquences de causes et de conséquences. On apprend petit à petit à gérer son karma de façon consciente et responsable. C'est pour cela que toutes les traditions expliquent que nos méditations, nos pratiques respiratoires conscientes et notre présence consciente sont capable de bruler et de dissoudre du karma. C'est là le grand mystère de l'alchimie et pour que le processus se fasse, on doit revendiquer la propriété de l'ombre, du karma que nous portons en nous, même si ce n'est pas nous, même si cela est simplement livré avec notre véhicule, avec notre corps de mammifère humain. On doit faire face aux peurs collectives de l'humanité présentes au cœur de l'ADN de chaque être humain.

Ce n'est que quand une personne cesse d'éviter ses peurs et sa souffrance, les accepte et se les appropie puis les transmute qu'elle peut découvrir la magie qu'il y a derrière. Ce que la chenille apelle la fin du monde, comme le disait Richard Bach dans son livre « Illusions, le messie récalcitrant », le Maître l'apelle un papillon.

Son cadeau : Les dons et capacités de cette porte : <u>La transmutation</u>

Cette clef montre en profondeur l'essence même du processus de transformation intérieure, du voyage intérieur, à travers des différentes bandes de fréquences. Toute ombre contient des qualités et un cadeau. Quand nous apprenons à être dans l'instant présent, à acceuillir chaque événement, sensation et émotion qui se présente et à faire face à nos ombres, nous ouvrons la porte au processus de transmutation et à la possibilité que les cadeaux que ce processus contient se manifestent.

Quand on prend conscience de notre oppression et de nos souffrances, elles se montrent en premier plan et deviennent plus visibles et plus aigues et où que l'on aille, le mal de tête ou de cœur nous accompagne. C'est inconfortable.

Il y a une profonde agitation qui cherche quelque chose, qui cherche à se souvenir de quelque chose qui est là au bout de la langue mais qui semble pourtant encore hors de portée. On apprend à reconnaitre que notre propre ADN vibre et génère des scripts qui se traduisent par une pression afin que l'histoire de la vie se perpétue à travers notre propre histoire. On se pose la question de ce la vie veut faire de nous. On associe souvent l'évolution à l'image d'une montagne avec son sommet tout en haut où il y a une vue à couper le souffle et ses profondeurs remplies de grottes où il règne une chaleur infernale. Dante décrivait ainsi par exemple, dans « la divine comédie », les âmes qui s'élèvent vers le paradis et celles qui s'enfoncent dans l'enfer. Ici, dans les fréquences des qualités, des dons, on s'élève, on transmute, on purge notre karma. La chaleur et l'énergie générée par nos transmutations apportent la poussée vers le haut qui nous permet de nous élever vers les terrasses de plus en plus hautes le long de la montagne, vers nos corps subtils plus élevés, en augmentant notre fréquence vibratoire. Nos corps subtils deviennent ainsi graduellement purifiés et raffinés.

Ce processus de raffinement comporte des plateaux qui sont des temps d'initiation, où chaque transmutation est la somme de pleins de petits changements, de petites percées, qui ensemble déclenchent une mutation, où de plus en plus de lumière précédemment piégée est libérée de notre ADN et génère un rayonnement. Il y a ensuite de grands changement, des points de retournements et transmuter, c'est effectuer un saut quantique dans une toute nouvelle dimension. C'est comme ça que cette ombre 47 génère notre évolution, qu'elle conduit notre évolution et qu'elle donne forme à notre histoire de vie et à notre mission de vie. Au fur et à mesure que l'on fait ce travail en profondeur, notre conscience accède au champ gravitationnel des superpouvoirs et se voit attiré par eux, tandis qu'un ensemble de réactions chimiques ont lieu au cœur de nos cellules et dans notre ADN.

La particularité et le génie de cette clef 47 est qu'elle prospère quand il y a de l'adversité et de l'oppression et à ses niveaux les plus élevée, elle accueille l'adversité avec enchantement. Elle sait que quand une ombre apparait, il y a de la lumière derrière. Elle accueille les ombres et plonge dedans en profondeur avec grâce. La transmutation a lieu dans le ventre, qui est souvent associé à un chaudron, à une marmite. C'est là où tout notre karma est transformé ; cuit puis dissous et brulé.

C'est pour cela que quand on travaille avec les clefs génétiques, on descend encore et toujours dans notre ventre. La condition pour que le processus de transmutation continue à être en mouvement est de se rendre à ses propres peurs, de les acceuillir, couche par couche et de lâcher prise. Si cette clef est présente dans notre profil, cela signifie que l'on a hérité d'un véhicule, dans corps, d'un ADN conçu pour surmonter l'adversité, en l'amenant et en la conscientisant à l'intérieur, en revendiquant pleinement qu'elle est notre propriété et finalement en libérant la lumière à l'intérieur d'elle. L'adversité comporte un facteur temps et il faut du temps pour bruler toutes les angoisses ancestrales et toutes les angoisses des vies passées ; des mémoires karmiques. Notre corps et notre vie deviennent parfois un champ de bataille pour que le processus puisse se faire mais on peut avoir confiance en ce processus. Notre vie et notre histoire de vie permettent ainsi à notre conscience de digérer et de transmuter ses contenus jusqu'à ce que sa véritable nature soit conscientisée. Chaque histoire de vie est ainsi une excuse, une fiction permettant aux transmutations de s'effectuer. On découvre le cadeau de la transmutation quand on apprend à faire face à notre plus grande peur, à la peur de mourir et de se dissoudre dans le néant. On découvre le sens du processus de transmutation qui est de ramener notre conscience jusqu'à la Source d'où elle est originaire.

Le superpouvoir/puissance (Siddhi) de cette porte : <u>La transfiguration</u>

Toutes les vraies histoires comportent une épreuve ou l'on est testé(e), parmi jusqu'à nos limites, une phase d'innocence et elles finissent toutes par une rédemption et par une victoire. C'est pareil avec les Clefs génétiques et cette clef génère pleins de transformations intérieures au sein de notre conscience au sein même de la vie quotidienne et abouti à de grande transformations. Ce sont les moments particuliers de notre vie, où une vie particulière, où l'on passe à un niveau au-dessus et où l'on se stabilise sur un plateau plus élevé.

Ces périodes de transformations intérieures sont souvent très intenses et deviennent même plus intense au fur et à mesure que notre fréquence vibratoire augmente dans la zone du cadeau de la clef 47 et au-delà. Puis une intégration se fait. Quand elle a lieu, toutes nos fréquences se meuvent vers un autre plan de conscience. L'intensité intérieure demeure mais notre vie devient plus douce et plus calme et nos efforts se font naturellement, comme des évidences. Cette transfiguration démarre au niveau supérieur des fréquences du cadeau de la clef tandis que notre aura entre dans sa phase d'absorption et d'intégration. Ce qu'il se passe alors est que nos mémoires génétiques sont nettoyées et purgées et tandis qu'elles se dissolvent et disparaissent, un être nouveau émerge de tout cela tandis que notre biochimie corporelle interne traverse des transformations alchimiques radicales. Des hormones se combinent et forment de nouvelles molécules qui n'existaient pas auparavant car elles attendaient le bon environnement vibratoire, les bons signaux.

L'ADN peut à présent émettre ces signaux du fait que la lumière qui atteint ses codes les active. Ces nouvelles hormones nous permettent alors de ressentir des états de pure êtreté, où des espaces de plus en plus grands prennent leur place entre nos pensées. On devient ainsi petit à petit rempli(e) de notre propre présence aimante ; on devient rempli par notre essence faite d'amour, de conscience, de joie et de créativité. Notre conscience devient si consciente d'elle-même qu'elle arrive à un complet état de repos. Puis la magie se produit. On atteint notre centre, enfin, pas vraiment car c'est plutôt lui qui se manifeste et se révèle en nous puis prend sa place en vibrant son existence.

On accède ensuite, selon les traditions « Beun », au Tibet ou ailleurs en Chine, à un phénomène nommé le corps arc-en-ciel. C'est ce que montre l'arcane 22 du Tarot.

C'est une combinaison de clefs génétiques, dont la clef 47, qui permettent à ce processus d'avoir lieu. Mais tous les Siddhis amènent à une transfiguration car ils révèlent notre essence divine. Ils révèlent notre vrai visage, celui que l'on avait avant d'être né dans le monde des formes. Ils nous transforment de façon mystique à un niveau tellement profond que nous somme altéré de façon permanente. C'est ça qu'on apelle la transfiguration. C'est le Soleil après la tempête. Mais pour que ce voyage se fasse, il faut pleinement s'approprier sa souffrance et sa destinée et amener sa vie vers les hauteurs en grimpant intérieurement le chemin de la montagne sacrée. Cela arrive assez rarement sur cette planète mais les temps changent et à l'avenir, cela arrivera de plus en plus souvent, n'en déplaise aux papes, aux scientifiques ou aux moralistes matérialistes.

Chapitre 24 : Le nombre 48

A-Sa structure et ses associations: Le nombre 4 est en lien avec le père et l'homme, avec l'expression de son pouvoir, de sa puissance, pour prendre sa place et avec la gestion d'un territoire grâce à l'autorité et un sens de l'organisation. Il y a une importance des règles, des cadres et un désir de se rendre utile. Il y a une puissance d'organisation. Le nombre 8 est en lien avec la capacité à voir la vérité en face et à être juste, à transformer ce qui doit l'être, à conscientiser son éternité, à manifester l'amour et l'abondance, à contribuer à la civilisation et à rechercher une certaine paix. Le sens de la construction, la puissance et les structures sont mises au service de la civilisation, de la compréhension des lois de l'univers et de l'évolution. Le puit est une structure qui est toujours à sa place. Il est la base de la civilisation et l'eau, qui symbolise le chemin de la Source à l'océan et les mémoires, est l'un des repères principaux de l'évolution. Ensemble, les nombre 4 et 8 évoquent la puissance de la vérité et de la civilisation.

B-Selon la tradition ancienne du Yi-King Chinois : Hex 48 = Le puit.
L'organisation des ressources.

Résumé du nombre : Vous approvisionner en ressources dans le puits de la vie pour nourrir votre bien-être et vous régénérer, en allant au fond des choses, c'est-à-dire acquérir toutes les connaissances nécessaire et les mettre en pratique.

Explication technique :

Lorsque toute l'énergie vitale est épuisée, il est nécessaire de se ressourcer, de se recharger et de refaire circuler l'énergie en puisant à la Source de la vie. C'est pourquoi après «L'épuisement »vient «Le Puits». **Souen**, la forêt et le bois, représente ici la planète Terre et le monde extérieur, la société, avec ses rituels, ses lois et les formations nécessaires pour s'intégrer. Il demande de gérer l'espace du monde en s'adaptant avec douceur, d'entretenir et de préserver l'environnement en recyclant ce qui peut l'être, d'élargir ses horizons dans un mouvement d'expansion, d'exprimer son autorité, de guider ou d'être guidé, de communiquer intelligemment, de rester souple, d'exprimer un sens du service et des affaires. Kan, l'eau, demande ici de prendre en compte les profondeurs de l'éternité et de l'inconscient, les racines de la vie et les lois de la nature, les énergies subtiles, les pulsions inconscientes, les secrets, les peurs, le danger, les défis à surmonter et les épreuves que l'on doit traverser pour progresser.

Touai représente la gestion juste des ressources, dans la joie et le consentement. Il apporte l'intelligence relationnelle, le partage, la coopération génératrice d'association et de civilisation, la beauté, la paix et l'enchantement grâce à l'écoute de ses vrais désirs.

Li demande d'exprimer le corps spirituel caché au fond du puits de l'âme, l'amour incarné, la clarté, la vigilance, la force et d'agir efficacement. Le bois sous l'eau représente ici l'image d'un puits, aux parois tapissées de planches de bois et surmonté d'une structure en bois pour remonter l'eau, dans une jarre en argile, à l'aide d'une perche en bois.

Tandis que l'emplacement et le style architectural des villes changent avec l'évolution des civilisations, la forme du puits, mais aussi son emplacement, reste identique depuis la nuit des temps. Tandis que les formes extérieures, les idées, les systèmes politiques, les philosophies et les religions changent au cours des millénaires, la structure et la nature de la vie et des Hommes sont éternelles. C'est en puisant dans cette source éternelle de vie et en tenant compte des lois spirituelles éternelles, que l'homme peut réellement se nourrir et se ressourcer. Le puits symbolise ainsi la source intemporelle et inépuisable de toute vie, la structure spirituelle éternelle dans laquelle il doit à nouveau placer sa conscience, l'essence spirituelle divine des Hommes, les besoins vitaux, l'eau, la nourriture, les ressources de l'environnement et les structures apportant le bien-être. Le puits était, dans la Chine ancienne, le centre de la vie du village. Il était le repère central définissant les décisions à prendre pour l'organisation de la vie. Les champs étaient disposés autour du puits, qui était partagé par huit familles. Le puits est ainsi devenu un symbole structurant de rassemblement, de communication et de coopération, de partage des ressources et d'organisation sociale pour gérer l'eau irrigant les champs. Il évoque aussi la nécessité de sécuriser les ressources, en évitant toute négligence, mais aussi d'aller jusqu'à l'eau, c'est-à-dire en profondeur, jusqu'au bout de sa formation, de son chemin, de son action.

Interprétation classique :

La situation présente nécessite de trouver de l'eau en cherchant avec l'intuition et la sensibilité, de construire un puits correctement avec les personnes compétentes ou d'utiliser l'eau du puits existant pour nourrir ce qui doit l'être. Elle nécessite de revenir aux racines de la vie et de la nature humaine, aux rythmes et aux besoins fondamentaux, au-delà de toute forme ou contrainte extérieure, puis de vous nourrir sur tous les plans, en organisant vos ressources pour générer un bien-être.

Dans la vie extérieure, seule une bonne organisation sociale et la coopération de tous les acteurs permettra d'atteindre les objectifs et de faire avancer la vie. Il est donc ici judicieux et nécessaire d'utiliser vos ressources intelligemment et de les partager en les mettant au service d'autrui. Il est également judicieux de sécuriser les lignes d'approvisionnement en eau, en nourriture et en ressources, grâce à des structures adaptées, de veiller à obtenir, puis rendre accessibles et utilisables, toutes les ressources nécessaires et de prendre soin du corps et de l'environnement, en assurant une circulation fluide de l'énergie et en recyclant ce qui peut l'être. Une vision claire, une conscience environnementale, une prise en compte des valeurs humaines, des échanges émotionnels existants et de la nature humaine dans son essence fondamentale vous permettront ici de faire fonctionner une organisation et d'obtenir des résultats. Sur le plan spirituel, il est nécessaire d'aller au-delà des enseignements pour expérimenter l'essence divine, le « Soi », vibrer silencieusement en vous, par la méditation.

Une analyse avec le mental où la prise en compte exclusive des choses du monde extérieur sont ici inappropriés.

Pour y voir clair et pour agir en harmonie avec l'ordre cosmique, il est nécessaire la force de l'intuition et d'avoir conscience que tous les êtres humains sont liés par une source commune, puis d'aller jusqu'aux sources des motivations, dans les profondeurs de l'inconscient, jusqu'aux vérités éternelles, en renforçant l'hygiène par une purification de l'environnement, du corps et de l'âme.

Grâce à une attitude constamment active de votre volonté, en sachant retourner aux sources, rester proche de l'essence divine et en agissant pour vous nourrir sur tous les plans, vous pouvez être une source de motivation, d'énergie et de vie, pour vous-même et pour autrui. Si vous prenez soin de la vie en étant généreux et en préservant une eau pure dans le puits, la vie prendra soin de vous et sera généreuse. Quand vous créez les structures nécessaires à la vie et au bien-être et quand vous mettez de l'ordre à la fois dans votre vie intérieure et dans votre vie extérieure, votre vie avance de façon fluide. Quand vous utilisez l'énergie et les ressources sagement en vous adaptant aux contraintes et aux nécessités du temps présent tout en tenant compte de l'évolution des choses, elles peuvent se renouveler.

Vous pouvez alors être comme un puits paisible et source de vie, participer au plan d'évolution de l'humanité et aider la vie à suivre son chemin.

C-Selon les deux écoles modernes du Design Humain et des Clefs Génétiques :

1-Le Design Humain. 48 = La porte du puit et de la profondeur.

Explication technique : Circuit de la compréhension. Centre Rate. Cette porte est liée à la porte 16, l'enthousiasme. Dans le Yi-King d'origine, cet Hexagramme se nomme le puit, tout un symbole ! Son thème principal est la profondeur et sa maîtrise permet la sagesse. Cette porte génère une capacité à trouver et à stocker des ressources ou des informations vitales à la collectivité, selon des choix effectués grâce à son jugement et grâce à une capacité de compréhension de comment fonctionne la vie, avec ses schémas répétitifs. Elle permet un discernement et une profondeur à tous les niveaux. Elle permet de ressentir les choses en profondeur, d'analyser des données en profondeur et d'agir en profondeur. Cela permet de synthétiser des concepts complexes en formules simples et pratiques et de proposer des solutions pertinentes aux difficultés rencontrées, à l'échelle individuelle et collective. Il y a un besoin et la possibilité de partager ses savoirs, savoirs-faire, savoirs-êtres et savoirs-combiner pour aider autrui, pour améliorer les choses et pour contribuer à créer un monde meilleur. Cela peut être effectué à travers un art, des écrits, une science, une thérapie orientée vers un mieux-être ou à travers une pratique spirituelle.

Proposition d'interprétation : Il y en vous une profondeur dont nul ne connait toute l'étendue et vous aimez explorer de telles profondeurs car c'est comme ça que vous trouver le bien-être. Certaines personnes peuvent parfois se moquer de vous et vous trouver "trop profond" mais ce n'est pas grave. Cette porte génère en vous une conscience multidimensionnelle, une grande perspective et elle vous rend très ingénieux(se). Comme nous le rappelle le Yi-King, l'élément fondateur de toute civilisation repose sur une bonne réserve d'eau, sur un puits qui reste frais pour garantir la santé et la sécurité.

Les gens continuent à aller au puits pour subvenir à leurs besoins. Il en va de même quand vous êtes une personne ayant la porte 48 activée. Les gens viennent à vous pour bénéficier de votre connaissance de la vie et puiser dans vos ressources.

C'est probablement la raison pour laquelle vous êtes quelqu'un qui préserve farouchement sa source intérieure. La qualité de votre existence, ce que vous partagez avec les autres et les personnes que vous autorisez à explorer ces profondeurs avec vous sont directement proportionnelles à la profondeur à laquelle vous êtes prêt à vivre votre vie. Vous pouvez très bien souhaiter vivre à la surface et maintenir toutes les relations à ce niveau. Si c'est le cas, assurez-vous qu'il y a du renouveau. Mais, plus vous choisissez d'aller en profondeur et plus vous vous rapprochez de la source même de votre épanouissement.

Quoi que vous fassiez, rafraîchir votre intérêt et vos connaissances vous apporte une expansion continue. Par exemple, il ne suffit par exemple pas de savoir jouer du piano, il faut continuer à s'exercer pour approfondir sa technique et élargir son répertoire. Gardez à l'esprit que c'est aussi dans les abymes que la peur peut surgir, notamment la peur d'être pris au dépourvu et de ne pas être à la hauteur parce que vous ne connaissez pas suffisamment votre sujet, ce qui peut se traduire par un sentiment d'infériorité, par une paralysie ou par un instant de trac au moment clef. Vous pouvez aussi avoir tendance à accumuler des informations sans rien en faire et à vous faire croire que vous n'en savez pas assez et que vous n'êtes pas prêt à partager vos connaissances ou vos compétences. C'est en respirant naturellement et profondément, en faisant confiance à votre autorité et en tentant votre chance que vous vous en sortez. Quand vous vous sentez bien avec une personne ou un projet, partager votre être intime et vos compétences est alors aussi rafraîchissant que de s'asperger de l'eau fraîche de votre puits. Votre richesse est alors une bénédiction pour votre entourage et parfois pour l'humanité.

3-Les Clef Génétiques. Clef 48 = les merveilles de l'incertitude.

Son dilemme où il doit faire des choix : Le fait de ne pas savoir, l'ignorance.
Son partenaire de programmation : Clef 21, une vie noble. **Acide aminé : Alanine.**
Corps : La rate et le système lymphatique. **Signe astral HD :** Balance.
Son anneau de codon : L'anneau de la matière (18, 46, 48, 57).
Son chemin de transformation : Le chemin des ressources.

L'ombre de cette clef : <u>L'inadéquation. L'inconvenance. L'insuffisance.</u>

Cette ombre correspond à la peur de ne pas convenir, de ne pas être digne d'être aimé(e) mais aussi à la peur de l'inconnu. Le fait de ne pas savoir ou l'ignorance est au cœur de cette clef et c'est son dilemme. On est ici dans la situation d'une personne assoiffée qui regarde au fond d'un puit, le nom chinois de cet hexagramme, sans savoir ce qu'il y a au fond. Dans les fréquences de l'ombre, le fait de ne pas savoir est considéré comme négatif, insuffisant, inacceptable et la réaction est le rejet, par peur de ne pas pouvoir gérer, de ne pas s'en sortir et d'échouer ou de faillir parce que ça ne convient pas. Il y a aussi la peur de tomber dans un trou sans fond et d'être aspiré dans lé néant.

C'est une réaction typiquement humaine face à l'inconnu et une peur viscérale, qu'on peut qualifier de peur de l'annihilation, à laquelle tout le monde doit faire face à un moment donné sans sa vie.

Ce n'est pas une peur qu'il faut rechercher car c'est elle qui nous trouve et quand elle nous trouve, elle nous teste jusqu'à nos limites. On ne se sent jamais prêt à lui faire face et seul notre courage et l'amour dans notre cœur permet de le faire. On cherche parfois à combler le sentiment de vide généré par cette ombre par l'acquisition de connaissances mais ici, cela ne marche pas et ne fait que générer de la distraction et un sentiment de fausse sécurité. Quand on y fait face, cela change profondément quelque chose en nous et redéfinit qui on est. C'est quand on se détend vraiment et quand l'on fait preuve de douceur que l'on trouve en soi le soutien pour faire face à l'inconnu et à nos peurs. L'inadéquation, l'insuffisance est en fait un choix que l'on fait inconsciemment.

Croire que vous sommes dans un état d'insuffisance, c'est décider inconsciemment et se permettre d'être une victime de notre peur de l'inconnu. Les antidotes à cela sont la douceur, la foi, la confiance, le courage et l'amour. Cette clef génétique régit la période entre 8 et 14 ans. C'est une période d'intense croissance, où l'enfant perd son innocence, découvre l'énergie sexuelle et doit faire face à des situation particulièrement chargées en émotions qui grandissent et se développent à ce moment-là. A cet âge là, on devient programmé, au niveau émotionnel, par les événements que l'on rencontre et l'on fait face à d'énormes défis émotionnels qui font parti de notre destinée. C'est durant cette période que peut se développer la sensation de ne pas convenir et qu'il y a un loup quelque part et que l'on apprend à gérer et à accepter l'incertitude.

Nous ne sommes cependant pas obligé(e) de laisser ces événements émotionnellement très forts de conditionner le reste de notre vie mais pour cela, il faut faire face à la peur racine et la désemmêler à l'intérieur de nous, en faisant appel à notre capacité à aimer, à s'aimer soi-même et à aimer autrui. Si cette éducation émotionnelle n'est pas mise en place, si on n'apprend pas à gérer les états émotionnels avec équanimité, clarté et intégrité, on reste bloqué à l'état d'enfant ou d'adolescent(e). L'expérience de la séquence de Vénus, que l'on peut expérimenter quand on s'engage sur le chemin des clefs génétique permet de revisiter cette période de notre vie et de transformer, au niveau de nos relations avec autrui, ce qui peut sembler être une malédiction en une bénédiction. Cette expérience peut faire particulièrement de bien aux personnes qui ont cette clef dans leur profil.

<u>Quand cette ombre est exprimée en mode réprimée</u>, les peurs du vide sont enfouies dans l'inconscient par une stratégie de l'autruche, grâce à une intense activité dans le monde matériel et d'incessantes recherches de ressources et de préoccupations financières. La peur de faire face à ses propres peurs est occultée par une orientation de la conscience vers un besoin de conformité sociale en œuvrant pour occuper une place dans les structures proposées par la société. Dès qu'un événement vient bousculer l'état des choses, il est ignoré et tout est fait pour que les choses rentrent dans l'ordre comme si rien ne s'était passé et ce jusqu'à ce qu'une crise majeure survienne.

<u>Quand cette ombre est exprimée en mode répressive,</u> le déni de la peur et la rage refoulée incite ces personnes à occuper des situations sociales élevées et à acquérir des connaissances permettant de tirer les ficelles et de manipuler les peurs d'autrui, en se cachant derrière une légitimité sociale. Ces personnes contribuent ainsi à accroitre le niveau de peur dans le monde en refusant de voir leur responsabilité et les conséquences de leurs actes. La tragédie des vaccins mis en place lors de l'épidémie de Covid-19 est un parfait exemple de cela.

Quand on apprend à reprendre son pouvoir personnel, à plonger dans le vide et à descendre au fond du puits, on s'aperçoit alors qu'il n'est ni vide ni glacé mais rempli de trésors, d'amour et de lumière.

Son cadeau : Les dons et capacités de cette porte : La capacité à trouver des ressources.

On apprend ici à faire confiance à la vie et à dissoudre les peurs présentes dans les fréquences de l'ombre en faisant face à ses peurs, en les ressentant et en voyant qu'elles sont des ombres. On élève sa fréquence vibratoire en allant dans son cœur et on pose des actions. On trouve un seau et on le fait descendre dans le puit. Quand on apprend à transformer et à surmonter la peur présente dans les fréquences de l'ombre, on peut absolument tout faire dans sa vie car tout devient possible. On peut faire tout ce qu'on aime faire, tout ce pour quoi on ressent de la passion et tout ce qui a un impact concret pour améliorer quelque chose dans le monde ou pour élever la conscience des gens. Si on a ce don, c'est qu'on va en avoir besoin à un moment donné dans notre vie et il est la base du génie humain capable de maîtriser le monde de la matière. Il consiste à trouver des ressources en soi, à fournir des ressources aux autres mais aussi à aider les gens à identifier leurs peurs et ce qui leur manque dans leurs vies puis à trouver leurs propres ressources, à développer les compétences dont ils ont besoin, pour combler leurs manques, pour accéder à un meilleur équilibre, pour s'adapter au monde de la matière, pour contribuer à servir l'ensemble, la collectivité, la société, la civilisation.

L'hexagramme 48 du Yi-King, le puit, nous parle d'accéder à la ressource essentielle qu'est l'eau à l'état liquide et le liquide est entre autre associé à l'argent, dit liquide. L'argent étant une énergie et une ressource de base, ce don permet de trouver intuitivement des solutions pour attirer l'argent et pour le gérer intelligemment, car il possède la qualité précieuse du bon sens et une sagesse de la vie. Il permet de prendre conscience que l'argent arrive quand l'on créé quelque chose synonyme de ressource et/ou quand on propose des services. Il génère la conscience que si l'argent généré est utilisé pour son bénéfice personnel et pour satisfaire des besoins égoïstes, les sources financières finissent par se tarir. A l'inverse, si l'argent est utilisé pour servir autrui, la société et la vie, les sources financières tendant à grandir et à générer de l'abondance. Cette vision sage existe grâce à un lien profond avec la vie et avec la nature et les personnes ayant cette clef ont besoin d'être souvent dehors, en contact avec la nature et les éléments, dans des lieux vibrants en énergie et de baigner dans la vie. Leur place n'est absolument pas d'être collée derrière un écran d'ordinateur car c'est alors un gâchis de talents et cela peut même engendrer des problèmes de santé.

Tandis que d'autres clefs se définissent par ce qui est su, cette clef se définit par ce qu'elle ne sait pas et par sa capacité à faire face à l'inconnu et à trouver les ressources nécessaires, avec ouverture de conscience et de cœur, avec confiance en la vie et un certain gout pour l'aventure. . On est complètement okay avec le fait qu'on ne sait pas comment on sait et cela surprend souvent autrui. En se positionnant ainsi, on devient le champ de conscience à travers lequel l'information, le savoir et la connaissance émergent. On développe une grande confiance en la vie car on sait qu'on finit toujours par trouver les ressources pour s'en sortir et on devient capable de faire preuve de créativité. Plus on développe notre confiance en la vie et plus nos dons, nos capacités naturelles émergent. Si on a peur de la solitude, on rencontre quelqu'un. Si on a peur de manquer de temps, on s'organise différemment.

Si on a peur de manquer d'argent, on met en place une gestion différente et on va chercher des ressources. L'intuition et la confiance en la vie font qu'on sait ce qu'on doit savoir au bon moment. On prend conscience des possibilités présentes dans chaque situation et on s'intègre naturellement dans le flux de la vie.

On ressent une grande joie quand cela se produit, quand on trouve des solutions et on est une personne particulièrement inspirante pour autrui. Quand on partage ces ressources et qu'on les mets au service d'autrui, on devient une ressource pour autrui et alors notre vie prospère. Comme ce qui a fonctionné à un certain moment peut ne pas fonctionner le jour d'après, il est important qu'on continue d'avancer vers l'inconnu car ce don est en lien avec l'inconnu et non avec le connu et se méfie des répétitions. Si on veut cuisiner un même gâteau une seconde fois, il faut ici le faire différemment car ça ne marchera probablement pas si on fait pareil que la fois d'avant.

Comme cette clef est en lien avec la Lune et Saturne, elle est particulièrement féminine, comme les clefs 2, 18 et 29 par exemple. Elle nous emmène dans les profondeurs de l'inconnu, des mystères de la vie, de l'abondance de la vie, de l'imprévisible et de la femme, du féminin. Si on est une femme, celle clef nous permet d'incarner pleinement les valeurs féminines et notament la douceur, la vie qui prend soin de la vie et l'amour inconditionnel. Si on est un homme, cette clef nous permet de conscientiser et d'apprécier pleinement les valeurs féminines et d'aimer profondément le féminin.

C'est en honorant et en réintégrant pleinement les valeurs féminines que le monde se transformera et guérira des excès d'énergies masculines qui sont responsable de la situation catastrophique actuelle. Il n'y a pas un gramme d'ego, de séparation dans l'éternel féminin. Il y a juste la vie qui aime et qui sourit, d'un sourire comme celui de la Joconde. On ne sait pas pourquoi elle sourie. Elle sourit parce qu'elle est, parce qu'elle est amoureuse, parce qu'elle sait que la Source de toute vie est partout et qu'elle s'occupe de tout, parce qu'elle accepte complètement l'instant présent et parce qu'elle sait qu'elle a toute les ressources nécessaires pour que la fluidité de la vie manifeste son existence. C'est ça le féminin authentique.

Un dernier aspect du don de cette clef est en lien avec notre compréhension et notre utilisation de l'énergie en tant que ressource. L'énergie du vent, de l'eau, du bois et des animaux ont été longtemps nos sources principales d'énergie. L'invention de la machine à vapeur et la découverte de l'électricité, par les anglais, grâce aux recherches de différents esprits brillants en Europe, en Amérique et en Asie, nous a propulsées vers l'ère du charbon, du gaz et du pétrole. La terre produit du pétrole en quantité infinie contrairement à ce qu'essaye de nous faire croire certaines personnes et le souci avec les énergies dites fossiles, c'est qu'elles sont toxiques pour notre environnement et pour notre santé.

Une compréhension beaucoup plus profonde de la matière est en train de faire arriver, surtout aux Etats-Unis actuelement, l'entrée en existence de l'énergie libre et de l'énergie issue de la gravité. Les civilisations extra-terrestres plus avancées que nous utilise cette énergie depuis des milliers d'années et nous sommes à l'aube non pas de la découvrir mais de permettre à ce que notre modèle économique se transforme. Il faut juste que les lobbys pétroliers/pharmaceutiques cessent d'avoir peur et ce n'est pas une mince affaire. C'est une question de décennies ou au pire de quelques siècles pour que le trio charbon/pétrole/gaz cède sa place à l'énergie propre et disponible en quantité illimitée extraite du vide et des champs gravitationnels.

Le superpouvoir/puissance (Siddhi) de cette porte : La sagesse.

Ce superpouvoir est celui de la non-conaissance, du non savoir et du non-choix. La sagesse est différente de la conaissance. La connaissance provient du fait de savoir, d'avoir des informations tandis que la sagesse provient justement de l'innocence, du fait de ne pas savoir, de la conscience, de la vision spirituelle, de l'amour et de la foi en la vie et en la Source de toute Vie. De la même façon qu'une révélation est comme une inondation dans notre conscience, la sagesse émerge en douceur du fond du puit de notre conscience comme de l'eau claire et potable. Elle ne peut émerger ainsi que si le puit, la structure du puit, est en bon état, que s'il n'y a pas de boue, symbole des connaissances apprises, des croyances, des mémoires et des expériences passées, au fond du puits ou d'animaux dans le puit. Il faut avoir lâché de façon valeureuse notre idée d'être une personne séparée de la vie et de la Source de toute Vie, nos états antérieurs et notre passé. Il faut être ouvert à la nouveauté et à l'inconnu, nu(e) et vulnérable pour accéder à l'eau du puit de la sagesse. Il faut avoir abandonné toute peur.

    La sagesse est bien plus ancienne que la conaissance. Elle se trouve derrière les mots et les mémoires, entre les concepts, les opinions et les croyances. On peut parfois partiellement y accéder à travers le mental un peu comme quand on perçoit les rayons du Soleil à travers un filtre mais le mental ne peut pas la comprendre. Elle émerge spontanément du cœur de la création. Elle est cachée dans notre ADN, vivante et intelligente. Notre corps est rempli de sagesse tout comme le Soleil, qui puise son énergie et sa lumière dans les étendues infiniment vastes de l'espace, du Cosmos, du trou noir au centre de la galaxie. Elle pénètre le monde en continu et prend sa place chez certaines personnes.

    Le Yi-King et les Clefs Génétiques sont une forme de sagesse vivante, une transmission de lumière au travers des mots, des concepts et des gens. La sagesse nous utilise simplement comme des hôtes et les mots sont ses hôtes. Les gens et les mots finissent par disparaitre mais la sagesse demeure. C'est peut-être même la seule chose qui survivra et demeurera à la fin des temps si l'univers matériel meurt et disparait. Seule la mort survit à la mort et ce qu'on sous-entend par ça, c'est qu'on ne peut accéder à sa nature éternelle que par la mort de ce qu'on était et qu'en devenant creux et vide. On ne peut pas saisir, attraper ou matérialiser la sagesse car elle est comme des bulles de savons qui nous nous glissent entre les doigts si on tente de le faire. Si on tente de la transformer en connaissances, ce n'est plus de la sagesse mais simplement des connaissances, des savoirs limités.

    On a ici plongé dans notre désir d'échapper à la peur et à la peur de la mort. On a sauté dans le puit avec courage et on a regardé la peur en face. On a plongé dans la peur d'avoir peur et vu que ce sont juste des sensations qui émergent dans le corps puis qui finissent par disparaitre là d'où elles sont venue, c'est-à-dire de nulle part. On a lâché le mental. On a découvert que notre corps physique va mourir et que toutes nos connaissances vont aussi mourir et que c'est juste normal. On a observé des questions comme « qu'est ce qui va mourir ? » et « qui va mourir ? » et on a rendu toutes nos questions à la vie, à la Source de toute Vie. On a découvert qu'il n'y a pas de « on » ni de « moi » mais uniquement une conscience éternelle imprégnée d'amour et prenant différentes formes de différentes densités vibratoires et on s'est rendu à cette conscience jusqu'à devenir un avec elle. On laisse alors le corps ressentir ce qu'il ressent, penser ce qu'il pense et faire ce qu'il a envie de faire. On est devenu la puissance parce qu'on n'accorde aucune importance à la puissance et on est devenu sage parce qu'on ne sait pas qu'on est sage.

On est devenu sans peur du fait qu'il n'y a plus de « on » pour avoir peur. On est devenu sans choix car il n'y a plus personne pour choisir mais simplement l'évidence confiante que la vie sait parfaitement ce qu'elle fait.

La Source de toute Vie agit alors spontanément à travers la forme incarnée que l'on croyait auparavant être la notre.

La beauté de la sagesse se trouve dans sa nature éphémère qui se manifeste en une succession d'instants présents. Le grand secret du la matière est qu'elle est éphémère. Rien de matériel de dure car ça ne peut pas car ça n'est pas conçu pour durer. Elle émane de toute et on la trouve dans les moindres petites choses. Un escargot peut révéler plus de sagesse qu'un spécialiste de la logique.

C'est peut être pour cela que la sagesse est associée à Saturne et au féminin. La femme fait naître l'enfant dans le monde de la matière et connait par expérience le mystère de la vie et de la naissance, du quelque chose qui entre en existence là où avant il n'y avait rien, de l'inconnu qui brille à travers le connu parce qu'une impulsion masculine a déclenché un processus. Le féminin permet de faire émerger les choses dans la matière en faisant accoucher à l'extérieur ce qui est à l'intérieur. Elle permet de donner forme à une impulsion surgissant de l'inconnu. Sans la présence d'une femme, d'une énergie féminine, un homme ne peut rien exprimer dans la matière. Sans la présence de l'impulsion masculine, il n'y a rien à mettre en forme. L'avenir de la sagesse ne peut manifester son existence qu'à travers l'union du masculin et du féminin, qui dansent ensemble dans un état d'harmonie pour créer la magie de la vie.

Les temps sont propices à l'émergence de la sagesse, pour que la sagesse donne naissance à elle-même et qu'elle manifeste son existence dans le monde. Pour cela, il est nécessaire d'aimer profondément la sagesse, d'effectuer un travail de clarification et de purification des émotions et des mémoires, de cultiver l'amour et la patience dans nos relations, en restant même quand on a envie de partir, en se positionnant dans un rôle d'arrière plan pour lui laisser la place sur les devants de la scène et en lâchant les objectifs personnel du moi séparé et ce qu'on pense qu'on sait, car la sagesse vient toujours d'un endroit où l'on ne sait rien, où on sait qu'on ne sait rien.

On se rend alors compte qu'elle est le souffle de la Source de toute vie qui imprègne le Cosmos tout entier et que dans le monde de la matière, elle à l'air tout à fait simple et ordinaire, comme un puit dans un jardin.

Chapitre 25 : Le nombre 49

A-Sa structure et ses associations: Le nombre 4 est en lien avec le père, avec l'expression de son pouvoir pour prendre sa place et avec la gestion d'un territoire grâce à l'autorité et un sens de l'organisation. Il y a une importance des règles, des cadres et un désir de se rendre utile. Il y a une puissance d'organisation. Le nombre 9 est en lien avec un besoin d'aller à l'essentiel, de gérer l'hiver, de s'immobiliser, de questionner, de chercher sa vérité profonde pour trouver la paix intérieure, d'avancer, de grandir et de gérer le chantier de l'évolution. La puissance et le sens de la gestion d'un territoire mental sont mises au service de l'éveil de la conscience vers la paix intérieure. Cela génère des questionnements et des remises en question sur l'autorité et sur le fonctionnement des structures, une remise en question du pouvoir existant, des transformations et parfois une révolution.

B-Selon la tradition ancienne du Yi-King Chinois : Hex 49 = La révolution. La mutation. Le changement. La réforme.

Résumé du nombre : Gérer une tension qui s'apprête à générer une remise en question, un rejet, une métamorphose, une révolution, une transformation, une séparation, un désapprentissage et un abandon de ce qui est obsolète. Savoir dire non.

Explication technique :
Quand l'âme s'est reconnectée à la source éternelle de toute vie et qu'elle s'est nourrie sur tous les plans, elle peut expérimenter une profonde mutation, un changement radical vers sa vérité profonde, pour continuer à avancer. C'est pourquoi après «Le Puits» vient «La révolution». L'idéogramme de l'hexagramme décrit une peau d'animal fixée sur une structure en bois et deux mains prêtes à la travailler (enlever les poils, racler et découper), pour créer une forme entièrement nouvelle. Le trigramme **Touai** représente ici les formes intérieures et extérieures, la gestion juste des ressources et des relations, la gestion du plaisir et de la joie. Il demande d'exprimer une intelligence relationnelle, de faire des choix justes, qui enchantent, grâce à l'écoute de ses vrais désirs, de partager et de coopérer pour générer la civilisation, la beauté, la paix. **Li**, le feu, l'énergie du Soleil, demande de la motivation, un désir ardent de lumière, des actions efficaces, une conscience claire orientée vers des objectifs, la vigilance et d'utiliser les outils, les armes et les ressources permettant d'obtenir des résultats. Ici, le feu et l'eau du lac se ruent l'un vers l'autre, s'affrontent et se détruisent en fusionnant, générant les formes en métal nécessaires à la civilisation, un raffinement du désir et une puissante révolution des formes qui permet ensuite, quand elle est canalisée dans le cœur vers un objectif juste, de faire jaillir une joie authentique dans la conscience. Cela évoque la transformation d'une matière première en produits finis. Le feu du Soleil se reflétant dans le lac symbolise un serpent qui scintille, qui change de peau et les cycles du temps. Kien, le Ciel est la puissance créatrice, la volonté, la conscience, les valeurs, la confiance en soi, l'autorité, l'organisation efficace mise au service du bon objectif, la maîtrise de soi et la force du cœur. Souen, le vent et le bois, demande ici d'incarner une autorité, de communiquer intelligemment, de s'adapter aux exigences de la Nécessité, de gérer l'espace et des affaires du monde, de guider ou d'être guidé, de négocier et d'exprimer le sens du service. Une transformation bénéfique est alors celle qui est effectuée au bon moment et de la bonne façon.

Interprétation classique :

L'époque, la situation, une relation où votre état intérieur est caractérisé par une tension entre deux énergies opposées qui s'apprête à générer une véritable métamorphose. Une transformation est nécessaire et l'heure du changement est arrivée. Il est temps d'éliminer, de rejeter et d'abandonner définitivement les formes anciennes, usées et obsolètes (illusions, croyances, habitudes, situations, statuts, pouvoirs en place, personnes corrompues ou inadaptées, organisations), qui n'ont plus lieu d'être et qui causeraient d'importantes difficultés si rien n'était fait, pour créer quelque chose de radicalement nouveau et différent.

Dans la vie extérieure ou professionnelle, il peut s'agir d'un changement d'emploi, de poste, de statut, d'organisation, de direction ou de système politique. Dans la vie privée, il peut y avoir une transformation des conditions de vie ou du lieu de vie. Dans la vie affective et relationnelle une rencontre ou une séparation peuvent révolutionner votre vie. Et dans votre vie intérieure, vous pouvez être sur le point de changer de peau pour acquérir une conscience et une énergie nouvelle.

Dans tous les cas, l'évolution est en marche et il n'y a pas de retour en arrière possible. Maîtriser puis réussir une transformation implique l'usage des compétences décrites dans les trigrammes et le respect de règles immuables. Cela fait appel à votre grandeur, à votre vision et à votre cœur, à votre sens des responsabilités, à votre sagesse et à vos capacités d'engagement. Une crise, une tension et un signal apparaissent quand surviennent une situation rigide et disharmonieuse, un appel au changement et quand la liberté de choix disparait. Une transformation radicale ne doit ainsi être enclenchée que si elle correspond à un besoin réel et légitime d'évolution, à une nécessité évidente de progrès, à une vérité supérieure en harmonie avec l'ordre cosmique, comme si elle était mandatée par le Ciel; mais aussi que quand toutes les autres options ont été épuisées et qu'il y a une vision claire d'un ordre nouveau.

La violence, la précipitation et les excès, qui ne naissent que de l'ignorance et de l'impuissance, sont ici totalement inappropriés. Il faut ici agir avec justesse et bon sens, prendre en compte les lois de la nature, les besoins naturels et les lois de l'ordre dynamique générateur de civilisation. Cela implique à la fois des prises de conscience capables de nommer ce qui doit l'être et une maîtrise de l'énergie. Le changement doit apporter de la joie et une plus grande harmonie. Il nécessite une compassion capable de pardonner, de l'intégrité et de l'altruisme. Et seul un sens du service pur, une observation lucide de ce qui se passe dans l'environnement, un engagement déterminé et des motivations justes, dépourvues d'égoïsme, d'arrière-pensées ou d'intérêts personnels permettent d'assurer une légitimité, de forger des alliances et de susciter la confiance et les soutiens qui sont indispensables pour obtenir le succès.

Pour maîtriser une métamorphose, il est finalement nécessaire d'intégrer le facteur temps et de gérer un calendrier, d'identifier les cycles répétitifs et les moments clefs, d'anticiper, de préparer, de planifier, de respecter les étapes et d'intervenir au meilleur moment, quand la force de l'évidence indique le signal pour l'action. En agissant selon les demandes de changements apportées par l'époque, vous pouvez ainsi franchir un cap très important, réaliser d'importants progrès et même créer un monde nouveau.

C-Selon les deux écoles modernes du Design Humain et des Clefs Génétiques :

1-Le Design Humain. 49 = La porte des principes alignés, de la justesse et de la révolution.

Explication technique :

Circuit de l'ego. Centre du Plexus Solaire. Cette porte est liée à la porte 19, l'approche ou l'avancée positive du Soleil. Son thème principal est la transformation/révolution et sa maîtrise permet la sagesse. Cette porte permet d'identifier les comportements et les actions qui ne sont pas alignées et justes, qui ne correspondent pas aux lois de l'évolution et à l'ordre cosmique, de les rejeter et de mettre en place des changements et des transformations, selon la nécessité, ce qui peut parfois générer une révolution. Elle apporte la conscience de ce dont la communauté a besoin, ce qui n'a plus d'utilité et ce qui doit être changé, pour une meilleure harmonie des choses et pour survivre à l'hivers qui s'annonce toujours. Cette porte est également associée à la compréhension de l'esprit des animaux, à la tendance à déifier un animal comme cela se fait dans les cultures de type animistes, à l'identification des qualités propre à chaque animal et à l'intégration de ces qualités afin d'accéder à un certain état d'être ou afin de générer une transformation intérieure. Elle confère des capacités pour travailler avec des animaux, pour prendre soin d'eux, et pour pratiquer l'élevage. Cette porte, située dans le plexus solaire qui gère les émotions, est soumise à la vague de l'espoir et de la douleur. Au niveau individuel, il y a le risque de brusques ruptures relationnelles suite à d'intenses réactions de rejet quand le réalité ne correspond pas aux ettentes. Au niveau collectif, il y a un risque d'égarement dans l'utilisation du pouvoir par le peuple sous le coup de l'émotion, de chaos et de rétablissement brutal de l'ordre par les autorités. L'espoir du peuple de reprendre le pouvoir peut se transformer en douleur sous la forme d'un emprisonnement, de mauvais traitements et de famine dans une structure de type goulag.

Proposition d'interprétation :

Vous avez le don de sentir quand le temps est venu de changer, de se renouveler ou de se révolter et vous êtes particulièrement motivé(e) par le désir de remettre la vie dans le droit chemin. Vous aimez évoluer avec votre temps, vous libérer des méthodes conventionnelles et révolutionner la vie, parfois brusquement. La transformation se fait quand vous atteignez un point critique et quand vos émotions s'enflamment avec un : « J'en ai assez! Je passe à autre chose! ». Vous sentez comment vous mettre en mouvement dans la vie et quand quelque chose ne fonctionne plus. Si la tendance de la porte 29 est de toujours dire « oui », celle de la porte 49 est plutôt de dire «non» dès que ce qui est important pour vous n'est pas respecté. Elle permet de rejeter tout ce qui n'est plus aligné avec vos objectifs et votre besoin d'authenticité. Et cela se présente de plein de façons différentes. Une révolution collective est efficace quand elle adresse le mécontentement collectif et quand elle ouvre la voie à des améliorations adaptées. La Révolution française prit son essor parce qu'une partie de la population ne mangeait pas à sa faim. De la même façon, vous savez quand certains domaines de votre vie sont amoindris, affaiblis ou négligés et vous savez alors corriger les choses rapidement et avec pragmatisme. Souvent, vous vous trouvez à un croisement et devez-vous séparer de certaines personnes. Vous engendrez alors une révolution émotionnelle. Vous êtes souvent exigeant(e) quant aux personnes que vous acceptez dans votre vie et quant à leurs attitudes. Que vous en soyez conscient ou non, vous avez l'œil d'un éleveur sachant discerner les meilleures lignées et descendances.

Vous devez apprendre à dépasser votre besoin obsessionnel que tout soit parfait et accepter de traverser les transformations naturelles de votre vie. Cela demande parfois du courage, mais les bénéfices en valent la peine. Bien vécue, cette porte permet de voir ce qui doit être changé, d'accueillir et d'accompagner le changement, de passer d'un état à un autre et de créer de nouvelles structures.

3-Les Clef Génétiques. Clef 49 = changer le monde de l'intérieur
Son dilemme où il doit faire des choix : Les besoins. **Signe Astral HD :** Verseau.
Son partenaire de programmation : Clef 4, la panacée universelle. **Corps :** Plexus solaire
Son anneau de codon : L'anneau du tourbillon (49, 55). **Acide aminé :** Histidine.
Son chemin de transformation : Le chemin de la révolution

L'ombre de cette clef : La réaction. La peur du rejet.

Cette clef 49 concerne les groupes car elle est la version collective de la clef 55, qui elle se manifeste plus au niveau des individus. L'ombre de cette clef collective est comme un mur qui empêche les groupes d'êtres humains d'évoluer, en les maintenant collectivement dans un état d'animalité, d'endormissement et d'inconscience et en générant des réactions collectives violentes voir des guerres. Elle se manifeste quand il y a des relations et surtout des relations entre groupes. Quand elle s'exprime sans conscience, les pulsions animales pour satisfaire les besoins primaires et se sentir en sécurité ainsi que les émotions dirigent la vie et les décisions qui sont prises à une échelle collective. Elle a en fait a été encodée dans les chasseurs-cueilleur pour qu'ils puissent tuer des animaux en groupe afin de se nourrir, en mettant de côté leurs émotions, mais aussi pour tuer toute personne ou animal menaçant la sécurité de la progéniture et celle du clan, sans ressentir de perturbations émotionnelles. Elle est comme un interrupteur qui débranche le câble entre la conscience et les émotions et elle permet de rejeter les émotions et la peur d'être rejeté par le groupe.

Elle régit les désirs et les besoins primaires qui émergent dans la conscience dans l'instant présent, de façon tyrannique, en manifestant leur existence comme si notre survie collective en dépendait. Cela peut être un besoin d'eau, de nourriture, d'attention, de sexe, d'amour, de reconnaissance, de certitudes ou d'un truc spécifique, comme un fruit ou un café, qui nous fait du bien ou simplement un besoin de se sentir en sécurité. Cette Clef a évolué chez une bonne partie de la population planétaire qui valorise la vie mais il existe encore de nombreux endroits où elle a gardé sa forme primitive et où, en conséquence, les guerres et les massacres entre groupes se suivent et se ressemblent. Ce qui nourrit cette ombre est la réaction instinctive, sans conscience et le besoin de réagir à ce qui est perçu comme une menace potentielle envers le groupe auquel on se sent appartenir, en fonction d'une croyance en ce qui est bien/bon ou ce qui est mal. Et ce qui nourrit la tendance à réagir est la peur du rejet par le groupe si on ne réagit pas et d'être séparé du groupe. Cette peur viscérale prend naissance chez le nouveau né(e) quand il/elle est séparé(e) de sa mère et elle fait écho à la séparation d'avec la Source de toute Vie et avec la vie.

Une conscience reste piégée et prisonnière de cette ombre tant qu'elle perçoit « les siens » comme bons et « les autres » comme mauvais, tant qu'elle n'accepte pas le rejet et tant qu'elle n'accepte pas de ressentir ces émotions.

Aussi destructrice qu'elle soit, c'est pourtant à partir de cette pulsion de mort qu'on émergés les rituels en lien avec la mort et c'est de là qu'est née la conscience d'un au-delà et d'une vie après la mort. Au niveau de l'ombre, nos désirs et nos besoins nous donnent l'impression qu'on existe en tant qu'entités séparé(e)s, mais ils nous piègent et nous placent dans un état de victime car si un besoin spécifique n'est pas satisfait au moment où il émerge, tout notre être boude et notre mental décrète qu'il y a quelque chose qui ne va pas voir que c'est une journée de merde.

On est en manque et on a l'impression de rejeter une partie de nous-même. Ce sont de véritables pièges à loup voir des mines anti-personnel qui jalonnent notre plexus solaire.

Dès qu'une personne où un événement déclenche un de ces désirs ou besoins, on se déconnecte de notre plexus solaire qui est notre centre de gravité. On devient alors ballotté par nos émotions et on réagit plus ou moins violement. L'ombre de cette clef décrit également les schémas qui nous poussent à générer de la provocation chez autrui, à réagir émotionnellement dans nos relations quand nos désirs/besoins ne sont pas satisfaits et à être sans arrêt en train de se chamailler les uns avec les autres.

Au niveau de l'ombre, on est un(e) spécialiste de la réaction et on réagit à tout et n'importe quoi, jusqu'à ce qu'on commence à faire un travail sur soi. On commence alors à regarder nos désirs et nos besoins comme des parties de nous, à faire le point sur chacun d'entre eux et sur le pouvoir qu'on leur donne. On commence à faire du tri entre les désirs/besoins essentiels et ceux qui sont conditionnés par nos parents, la société, nos habitudes voir nos mémoires ancestrales ou karmiques. On différentie en quelque sorte les désirs/besoins purs/essentiels de ceux qui sont impurs/inessentiels voir toxiques, comme ils disent en Inde.

Cela ne veut pas dire qu'on ne peut pas avoir notre café tous les matins mais qu'on n'en a pas forcément besoin chaque jour parce qu'on n'est plus attaché/agrippé à ce désir/besoin. Quand on n'est plus esclave de ses besoins/désirs et qu'on ne pique plus une crise quand ils ne sont pas satisfaits, c'est là où on développe une liberté intérieure. Cela passe par le fait de conscientiser très clairement et d'accepter notre relation avec chaque désir ou besoin mais aussi avec chaque émotion, d'identifier clairement le besoin non satisfait dès que l'on ressent une sensation d'inconfort, une émotion ou qu'on a envie de réagir. Quand on voit vraiment clairement ce besoin, notre conscience le déracine comme une mauvaise herbe et même si le besoin est parfois encore là, on cesse alors d'y réagir. On met en place un détecteur de réactions, on prend conscience des schémas de cause à effet qui nous font réagir et on les neutralise dès qu'ils se manifestent. Cette pratique Bouddhiste nous permet, petit à petit, de générer une véritable révolution à l'intérieur de nous.

<u>Quand cette ombre se manifeste sous sa forme réprimée</u>, il y a une incapacité à ressentir et à exprimer ses émotions, à cause d'un choc émotionnel vécu dans l'enfance, d'un conditionnement particulièrement intense subit à un moment donné dans son existence et d'un besoin de vivre dans un état de tranquillité et de fausse harmonie que rien ne doit venir troubler. La peur du rejet est enfouie sous des couches de cuirasses, ce qui génère en surface une inertie émotionnelle, une sècheresse intérieure et un manque de combativité. Cela se traduit par des relations émotionnelles superficielles et décevantes, où les deux partenaires cohabitent pacifiquement sans qu'il y ait d'échanges en profondeur.

<u>Quand cette ombre se manifeste sous sa forme réactive,</u> il y a une tendance à rejeter l'autre dès que celui-ci ou celle-ci s'approche de trop prêt, afin d'éviter de subir et de ressentir soi-même du rejet. Il y a une difficulté à créer des relations intime, une tendance à générer des ruptures relationnelles par peur d'avoir mal et une tendance à vivre seul afin de ne pas courir le risque d'être blessé(e). Ces personnes ne se sentent pas épanouies dans leurs vies car elles sont censées être engagées dans une forme de relation. Les seules relations stables qu'elles peuvent créer sont des relations où les deux partenaires ne se voient pas souvent et où ils se parlent peu.

Son cadeau : Les dons et capacités de cette porte : <u>La révolution</u>

Cette clef renferme l'interrupteur capable de faire passer une conscience humaine d'un état d'endormissement à un état d'éveil en apportant la vision que tous les êtres humains ne forment qu'une grande famille. C'est quand cet interrupteur est activé qu'une personne commence à s'éveiller, à accéder à un état vibratoire plus élevé, à faire preuve de compréhension et à apprendre à réagir de façon différente à la fois aux émotions qui la traverse et à sa peur du rejet et de l'abandon.

Ce don permet d'observer avec précision et lucidité l'émergence de nos besoins et de filtrer en conscience comment on réagit à la manifestation d'un besoin. Il permet de détecter les besoins compulsifs, comme de manger quand on n'a pas vraiment fin et les besoins qui sont nocifs à la bonne santé du corps. Il permet de faire le tri entre les besoins essentiels et ceux qui ne le sont pas. Il permet de prendre conscience que différentes parties de nous ont différents besoins et de développer une écoute des besoins de l'âme, qui s'expriment de façon beaucoup plus silencieuses que les besoins du corps et de ceux de l'ego.

L'âme a par exemple besoin de conscience, de beauté, d'harmonie, de vie, d'amour-propre, d'inspiration et de sagesse. On ressent justement ici le besoin de mettre nos besoins essentiels en avant-plan et ceux qui ne sont pas essentiels en arrière plan, vers la porte de sortie. Cela permet de faire un nettoyage de notre corps émotionnel. Un processus de compréhension, d'acceptation, de pardon et d'ouverture du cœur à l'amour se met petit à petit en place. On s'aperçoit ici tout de suite si on fait quelque chose ou dit quelque chose qui blesse autrui et on se rend compte que l'on se blesse soi-même en agissant ainsi. Plus on devient une personne conscience et plus on apprend à se pardonner et à se transformer.

La conscience du don 49 est aiguisée comme un couteau de boucher ou comme un sabre laser. Elle est précise, profonde et puissante. Elle permet de se montrer à soi-même et aux autres ce dont on n'a pas besoin et ce dont on a réellement besoin. Elle nous immunise contre toutes les distractions et besoins inutiles ou non-essentiels et les manipulations du marketing proposés par la société. Elle nous fait faire des économies, nous gagner du temps et nous simplifie considérablement la vie. Nos choix deviennent conscients et assumés. On peut ainsi choisir de s'offrir une pâtisserie même si on n'en a pas besoin, juste parce que les circonstances s'y prêtent. Les pulsions destructrices collectives qui existaient au niveau de l'ombre sont ici raffinées pour se détourner et tenir à l'écart, au niveau culturel et collectif, tout ce qui empêche une élévation de la fréquence vibratoire et pour détruire les conflits. Ce processus est soutenu par le superpouvoir partenaire du superpouvoir 49, le numéro 4, le pardon.

Cette révolution permet ainsi de créer les conditions collectives pour créer une civilisation fondées sur l'harmonie, en faisant disparaitre les peurs collectives liées aux ressources et aux territoires. Elle permet de créer une civilisation où chaque personne a la possibilité de faire de sa vie une œuvre d'art et de se créer une belle vie.

Elle commence par soi-même et se propage aux relations, aux proches, à notre groupe puis à la société toute entière. Elle permet de mettre en place une profonde transformation et une renaissance au niveau collectif, en réformant tout ce qui est inefficace et générateur de déséquilibres dans la société. Cette révolution des consciences ne se fera pas un jour et prendra peut-être plusieurs siècles mais elle est déjà en cours et rien ne pourra l'arrêter.

Tout accès aux superpouvoirs passent par un divorce avec l'état antérieur, par une mort et une renaissance et toute personne faisant l'expérience de l'éveil devient quelqu'un d'autre mais sans qu'il n'y ai plus personne pour être quelqu'un de séparé d'avec la Source de toute Vie. Ces personnes sont des précurseurs de la conscience se manifestant dans le monde de la matière, des anomalies génétiques presque, dans l'état d'évolution actuelle de l'humanité. Elles sont cependant de plus en plus nombreuses. Leur puissance réside dans leur capacité à transformer leur ADN avant autrui grâce à la puissance de l'amour et de la conscience. Si vous lisez ces lignes, vous faîtes certainement partie de la nouvelle espèce d'êtres humains qui commencent à manifester leur existence sur Terre afin de préparer l'ère du Verseau pour les générations futures.

Le superpouvoir/puissance (Siddhi) de cette porte : La renaissance

Quand les fréquences du don de cette clefs auront mis fin à l'ancien mode chaotique, ce superpouvoir permettra à l'humanité de se reconstruire dans un état vibratoire différent. Il est tout à fait possible que l'humanité se scinde en deux et qu'une nouvelle espèce humaine émerge de l'ancienne et divorce d'elle, tandis que l'ancienne espèce, celle qui prend toutes ses décisions à partir de la peur, disparait petit à petit, un peu comme quand l'homme de Néandertal a disparu au profit de l'homme de Cro-Magnon puis d'Homo Sapiens Sapiens, c'est-à-dire nous actuelement.

Les maîtres spirituels disent que la renaissance est un véritable effacement des conditionnements génétiques de notre naissance. C'est une remise des compteurs à zéro au sein de notre ADN et au niveau de la conscience du sens de notre vie. C'est comme si on réinstallait les paramètres d'usine d'un appareil pour que la Source de toute Vie puisse à nouveau prendre sa place en nous, comme c'était le cas bien avant notre naissance. Cette transformation intérieure nécessite du courant électrique et de la chaleur, qui purifient les structures même de notre ADN pour qu'elles s'adaptent à la présence des nouvelles fréquences vibratoires, qui sont fournis par la force de l'amour mais aussi par le Soleil. Les vents du changement et l'accroissement de la température du globe actuelement en cours sont ainsi en train de transformer petit à petit notre structure génétique à l'échelle collective. La Clef 49 régit la transformation globale de l'humanité tandis que la Clef 55 est plus orientée vers la transformation des individus. On est ainsi en train de devenir comme des phœnix qui renaissent de leurs cendres. On est une humanité nouvelle en devenir tandis que l'ancienne civilisation s'écroule et s'effondre petit à petit, en grande partie grâce à ce superpouvoir 49. Richard Rudd et Ra en parlent en détail dans leurs enseignements.

Les éléments clefs de cette nouvelle humanité sont l'intelligence émotionnelle, mentale, relationnelle, scientifique et spirituelle, la responsabilité individuelle et collective, la capacité à prendre soin de soi, d'autrui et de notre environnement, l'amour et la compassion à tous les niveaux et l'efficacité opérationnelle pour manifester la meilleure version de soi-même en exprimant nos dons et nos superpouvoirs pour servir autrui, la vie et la Source de toute Vie. Nous sommes encore dans les siècles du Chaos mais nous sommes également aussi dans l'aube de l'ère du Verseau, grâce à la pression générée par la Clef 49 et d'autres Clefs qui l'accompagnent.

Chapitre 26 : Le nombre 50

A-Sa structure et ses associations: Le nombre 5 est en relation avec la légitimité, la conscience, l'expression du cœur, le sens, le voyage du corps et de la conscience et les enseignements qui permettent une intégration sociale ou une élévation de la conscience. Le nombre 0 vous permet de vous connecter à l'univers et d'accéder aux champs quantiques, de vous préparer à gérer un imprévu, de prendre en compte vos mémoires karmiques, de sortir des cadres, des normes des systèmes et des sentiers battus et d'exprimer votre spécificité et votre génie afin d'être une personne libre et heureuse. Les deux nombres combinés évoquent des enseignements permettant d'être une personne libre et heureuse, un voyage vers la liberté, un équilibre entre être intégré socialement et sortir des cadres et des normes pour exprimer son propre génie, sa propre spécificité. C'est se déployer selon les lois de l'univers, ce qui est représenté par un chaudron et ce qu'il se passe dedans dans le Yi-King.

B-Selon la tradition ancienne du Yi-King Chinois : Hex 50 = Le chaudron. L'ordre cosmique.

Résumé du nombre : La situation évolue dans une continuité logique, vers un ordre cosmique éternel, à travers une conscience de l'ordre des choses, un engagement dans la vie quotidienne tout en prenant soin de l'évolution spirituelle, grâce à des valeurs et des nourritures adaptées et grâce à l'aide des Dieux !

Explication technique : Quand l'âme s'est métamorphosée, elle murit, à travers la vie et l'action, au sein des structures de la civilisation. Elle se réunifie en une unité cristalline et prend une nouvelle forme, tel un diamant. Elle s'aligne avec l'ordre cosmique et devient la nourriture sacrée qui permet au corps spirituel de s'éveiller, apportant alors un ordre nouveau, fondé sur un réalisme bien ancré, sur des valeurs spirituelles et sur le service à la vie. Après de grandes transformations, il y a une réorganisation où l'ordre et la paix sont rétablis. C'est pourquoi après «La révolution» vient «Le Chaudron». Le pictogramme de l'hexagramme ressemble à un chaudron et l'idéogramme de l'hexagramme décrit un chaudron en bronze à trois pieds et les lignes ses différentes parties (1-pieds, 2/3/4-corps, 5-anses et 6-couvercle ou barre servant à soulever le chaudron à travers les anneaux). Pièce unique, décorée et gravée d'inscriptions destinées aux ancêtres et/ou à la descendance, il était jadis utilisé pour la cuisson quotidienne des nobles, pour recevoir les offrandes sacrificielles et pour des cérémonies spéciales, comme par exemple quand un noble était promu. Les trois pieds du chaudron symbolisent l'action coordonnée de trois éléments afin de transformer une structure existante, un peu comme l'éveil d'une nouvelle âme nécessite le soutien de trois guides, de trois anges.

Le trigramme **Souen**, le bois et le vent, fournit ici le combustible permettant d'alimenter le feu. Il représente la vie et l'action dans le monde, le prince qui incarne une autorité, communique intelligemment, exprime son sens du service, s'adapte aux exigences de la Nécessité, gère l'espace et des affaires du monde, guide les Hommes et se laisse guidé par le Sage. **Li**, le feu, symbolise la chaleur et la cuisson, la motivation, l'action efficace, la conscience claire orientée vers des objectifs, le corps spirituel, l'amour incarné, la vigilance et les moyens permettant d'obtenir la victoire. Touai demande de donner une juste forme à toute chose, de bien entretenir vos ressources, vos relations, le plaisir et la joie, de façon harmonieuse.

Il apporte la douceur, l'intelligence relationnelle, le partage, la coopération génératrice de civilisation, la beauté, la paix et l'enchantement grâce à l'écoute de ses vrais désirs.

Le trigramme, **Kien**, le Ciel, est la puissance créatrice, la volonté, la conscience, les valeurs, la confiance en soi, l'autorité, les objectifs et l'organisation efficace mise au service d'objectifs, la maîtrise de soi et la force du cœur. Le chaudron symbolise ainsi, pour tous les membres de la civilisation, l'ancrage dans la vie terrestre comme nourriture pour retrouver le chemin de la lumière divine, la gestion de la destinée dans une orientation spirituelle, l'ordre éternel du monde, l'ordre nouveau qui suit une révolution ou de grands changements, la lente maturation des choses, le sacré dans le quotidien, les nourritures sur tous les plans, le prolongement dans l'invisible de toute impulsion ou message dans le monde visible, les sages capable de révéler la volonté divine et l'harmonie intelligente avec l'ordre cosmique.

Concrètement, il permet, par la transformation, par un processus de combustion, de rendre comestible ce qui précédemment ne l'était pas. Ce qui est cru et dur devient cuit et doux. Il rassemble les savoir-faires d'une civilisation en termes de métallurgie, d'art sacré, d'écriture, de rituels, de cérémonies et de service pour nourrir, tant au niveau de la sagesse qu'au niveau du quotidien. Il symbolise l'idée que quand chaque personne accompli ses devoirs et ce pour quoi elle est faite, la société entière évolue d'une façon ordonnée. Il représente enfin ainsi le bon ordre et le plan d'évolution de l'humanité.

Interprétation classique : L'époque, l'environnement, la situation, une relation où votre état intérieur se transforment et évoluent en harmonie avec l'ordre cosmique, en alignement avec la Nécessité, grâce aux nourritures appropriées qui leur permettent d'être remplies d'énergie. Il est alors judicieux de laisser les choses évoluer d'elles-mêmes jusqu'à ce que symboliquement la nourriture soit cuite. En faisant de votre mieux pour répondre aux besoins actuels de l'évolution, votre réussite est assurée. Cela passe par une prise de conscience des différentes réalités invisibles, physiques, animiques et spirituelles, qui sous-tendent la vie sur Terre et de leurs lois; de l'incarnation dans la matière, avec un potentiel à développer et une dette karmique à payer et du lent cheminement, selon un plan d'âme, qui amène à un retour vers l'éveil spirituel. Cela implique alors un solide ancrage dans la vie quotidienne, à travers une participation engagée au sein de votre civilisation, en utilisant l'ici-maintenant et en donnant une forme juste aux expériences, relations et éléments présents dans la situation. Cela implique ensuite une orientation de votre vie, à travers un continuel travail sur vous, vers une dimension d'évolution spirituelle, en vous nourrissant, avec persévérance, sur tous les plans.

Il y a alors un accroissement du niveau d'énergie, une harmonie entre subordonnés et supérieurs, des décisions sages de la part des responsables, un développement de tous les potentiels, en évitant toute dépense d'énergie improductive et en éliminant ce qui ne nourrit pas.

Cela permet des actions justes tendant à satisfaire les besoins et les exigences de la situation. Il est donc judicieux de révéler, d'examiner, d'accepter et de prendre en compte votre plan d'âme, la structure de votre être, vos nourritures, les courants d'évolution qui influencent la situation et des règles solides génératrices d'évolution, mais aussi tout élément de la situation ou de votre intérieur marqué par des limitations, par des mémoires karmiques et donc par une nécessité de lente transformation. Cela vous permet d'avoir une conscience claire des possibilités d'évolution et d'orienter vos intentions, votre énergie et vos objectifs avec sagesse. Les idées que vous nourrissez, les actions ou les sacrifices que vous envisagez d'effectuer, l'organisation et les projets auxquels vous vous consacrez sont ici justes, en harmonie avec l'ordre des choses et rencontrent avec le temps inspiration, succès et prospérité. En alimentant le feu sacré, l'aide du ciel vous fait avancer sur le chemin de la réussite. L'époque est propice aux ajustements pertinents, au renforcement des liens entre personnes, aux projets en groupe, aux réalisations associatives, aux découvertes des œuvres des sages et à toute activité de développement personnel vous rapprochant de votre vérité profonde.

C-Selon les deux écoles modernes du Design Humain et des Clefs Génétiques :

1-Le Design Humain. 50 = La porte des valeurs.

Explication technique : Circuit de la défense. Centre Rate. Cette porte est liée à la porte 27, nourrir. Son thème principal est la conscience des valeurs, des règles et des lois universelles et sa maîtrise permet l'harmonie intérieure grâce à la capacité à être responsable. Cette porte apporte une prise en compte consciente de règles qui sont génératrices de conditionnements ayant pour but de disposer de la nourriture nécessaire. Ces règles sont mises en place dans le but de préserver la cohésion et l'harmonie du groupe et de la société afin de prendre soin des gens et du groupe. Elles définissent ce qui est bien et ce qui est mal, ce qui est pour le bien de tous et ce qui ne l'est pas. Ce sont les lois de la tribu qui invite chaque personne à se comporter de façon responsable. A une échelle individuelle, ce sont les règles de l'hygiène de vie que l'on se fixe pour être en santé, en forme et pour se sentir bien. C'est le système immunitaire qui permet de se défendre et d'être protégé(e). Les portes 27 et 50 permettent au nouvel arrivant sur Terre d'être nourri et d'être éduqué selon certaines valeurs pour qu'il puisse apporter sa contribution au groupe. Ces valeurs insistent sur l'importance de prendre soin de soi, d'autrui et des ressources nécessaires à la survie du groupe. Comme toutes les portes du centre Rate, cette porte est associée à une peur et ici, c'est la peur liée à la responsabilité individuelle, la peur de ne pas pouvoir assumer ses responsabilités ou d'être jugé irresponsable. Cette porte peut également générer un attachement excessif aux règles et aux protocoles ainsi qu'une tendance à vouloir tout contrôler et à assumer l'ensemble des responsabilités de la communauté.

Proposition d'interprétation : Les créateurs du Yi-King ont nommé ce nombre le Chaudron car c'est là que les valeurs de la vie cuisent et mijotent. Rien n'est plus important pour cette porte que d'épouser et d'honorer les valeurs qui préservent et soutiennent la famille, le lieu de travail, la communauté mais aussi l'évolution de la conscience. Les valeurs sont souvent transmises de génération en génération ou acquises à la maison, au temple, à l'église ou à l'école.

Quand cette porte est activée, vous êtes naturellement à l'écoute de ce qui est en harmonie avec l'ordre cosmique ou pas, avec ce qui est approprié ou non, avec ce qui est juste ou injuste, dans toute situation et à tout moment. Vous savez identifier et d'honorer les valeurs et les actions correctes qui, selon vous, mènent à une vie durable et authentique.

Certaines valeurs perdurent, d'autres doivent être remplacées et votre porte 50 est constamment appelée à s'accorder aux besoins de la situation en cours. Il peut y avoir en vous une peur de prendre des responsabilités et cela peut se traduire par de nombreux questionnements. Cette peur est accentuée si votre centre rate n'est pas défini. Vous pouvez alors vous fier à votre autorité pour vous rassurer et vous guider. Le fait de défendre des valeurs justes et appropriées vous oblige à être un exemple dans la société et vous ressentez très fortement cette responsabilité, donc personne ne sera plus véhément que vous si vous sentez que la déchéance morale met en péril le bien commun ou un avenir sûr pour la communauté. Bien vécu, vous savez organiser avec responsabilité et bienveillance votre vie et celle de votre communauté grâce à votre capacité à implanter des valeurs sûres et des repères générateurs d'harmonie.

3-Les Clef Génétiques. Clef 50 = l'ordre cosmique.

Son dilemme où il doit faire des choix : Passivité/résignation.
Son partenaire de programmation : Clef 3, à travers les yeux de l'innocence.
Corps : système immunitaire. **Son anneau de codon :** L'anneau des illuminatis (44, 50).
Acide aminé : Acide glutamique. **Son chemin de transformation :** Chemin de l'équilibre.
Signe astral HD : Balance et premier degré du Scorpion.

L'ombre de cette clef : La corruption.

Cette clef, nommé le chaudron dans le Yi-King, le chaudron dans lequel cuit la vie, a plein de niveaux d'interprétations différentes. Il représente l'ordre cosmique et l'ensemble des fréquences existantes, dont les fréquences musicales, tout comme les clefs 12, 22, 59, 6, 27 et 57 et pour la musique les Clef 16 et 18. Dans le Design Humain, ces clefs font parti d'un circuit nommé le circuit de la Divinité. Cette clef est enracinée dans le Siddhi de l'harmonie et montre les structures de l'harmonie céleste tissées dans les différentes dimensions et dans les différentes formes manifestées. Elle forme un portail vers le monde des Siddhis, vers la dimension des Siddhis.

Au niveau de l'ombre, cette clef vibre à la fréquence de la corruption. Le mot corruption évoque l'abus de pouvoir de personnes qui cherchent à obtenir des avantages personnelles, le plus souvent financier, sexuel ou liés à une position sociale. Cela fait référence dans le Yi-King à la nourriture corrompue dans le chaudron, à la nourriture gaspillée, mal utilisée ou immangeable mais aussi à la corruption de mémoires et d'informations ; aux données corrompues par un virus, comme en informatique. Il y a une corruption des données quand on s'incarne dans le monde de la matière et aux fréquences de l'ombre, les transmissions de données sont corrompues par la peur, qui génère des fausses interprétations, des réactions violentes et du chaos. Il y a ici l'idée que nous nous sommes incarné, nous les humains, avec un virus enroulé autour de notre ADN et que c'est notre héritage karmique. On arrive sur Terre avec des mémoires ancestrales ou généalogiques, des mémoires karmiques, une structure astrale et une structure génétique et tout cela corrompt le véritable motif ou modèle de notre vraie nature, de notre identité éternelle.

Le sens de notre vie est ainsi de déraciner et dissoudre ces programmes corrompus, ces peurs et de redémarrer notre disque dur. C'est là le voyage de l'éveil, le voyage du corps et de la conscience (nombre 5) vers la liberté heureuse (nombre 0). Quand cette clef génétique est présente dans le profil hologénétique où qu'elle se manifeste, cela signifie que l'on doit porter son attention sur la corruption et qu'elle est présente dans notre aura. On a peut-être grandi à ses côté du fait qu'elle était présente dans notre environnement, où sa présence dans le monde extérieur peut fortement nous déranger. Si on porte son attention sur le dilemme de cette clef, la résignation et la passivité, on trouve les racines de la corruption. Il suffit pour cela de considérer le monde extérieur actuel, les gouvernements, les structures de pouvoir, la culture, les habitudes alimentaires, les valeurs morales, la science et la religion. Tout cela est rempli de corruption. La corruption dans le monde est une création collective nourrie par l'existence de hiérarchies sources de lois, qui existent pour tenter de maintenir l'ordre dans la société. Mais dès que vous créez une loi, vous créez aussi des rebelles pour la transgresser et générez ainsi du chaos, de la disharmonie. L'ombre 50 est nourrie par l'ombre 44 qui produit de l'interférence.

Cette corruption se manifeste à l'extérieur du fait qu'on l'a à l'intérieur de nous et cette ombre de la corruption est comme une mauvaise herbe cosmique présente partout dans le monde de la matière sur Terre. On ne peut pas la déraciner dans le monde extérieur sauf si on attrape sa racine à l'intérieur de nous. Ce n'est qu'ainsi que l'on peut accéder à l'harmonie.

Le problème est que l'on croit qu'on ne peut rien y faire extérieurement alors on abandonne, on résigne. Beaucoup d'entre nous ont essayé plein de choses, avons suivi des enseignements, des enseignants prié et médité et ça n'a pas vraiment marché. On a pu vivre quelques expériences intéressantes mais les mauvaises herbes sont toujours là et on est encore corrompu en profondeur à l'intérieur. Cela nous renvoi au péché originel de la religion catholique. Ce n'est pas notre faute comme beaucoup de religieux tentent de nous faire croire mais c'est bien là et la majorité d'entre nous se sont résigné devant le fait accompli. Le monde est rempli de pêchés. Nous sommes remplis de péchés et c'est comme ça.

La Clef 50 est un levier et un point de percée, de passage. L'ombre partenaire de l'ombre 50 est le chaos. La corruption et le chaos forment selon les anciens « la roue de Samsara », c'est-à-dire de l'errance répétitive conduisant à des réincarnations.

Il existe des portes de sortie mais y accéder demande des efforts et du travail. Même si l'ombre du chaos veut que l'on abandonne et que l'on se résigne et que l'ombre 50 compte là-dessus, ce n'est pas comme ça que l'on peut s'en sortir. Elles avent qu'il y a un passage, une porte de sortie et tentent de vous empêcher de la voir et d'y accéder. La première étape est de vous poser la question de savoir à quel point vous voulez cela. C'est comme dans les films où le héros est entouré de gens corrompu et prend la décision de se battre et contre toute attente finit par s'en sortir et par obtenir, à la fin, la victoire. C'est ce que l'on doit faire, batailler contre l'improbable et surmonter le poids de notre karma jusqu'à atteindre ce point de basculement.

Quand on prend la décision et que l'on se met en chemin, on s'aperçoit que l'on est soutenu par une force ultra puissante qui prend vie en nous. Au début du chemin, elle va et vient mais avec le temps et de l'autodiscipline, sa présence se stabilise et les choses deviennent plus facile. Notre ferveur permet à cette force de s'installer en nous. C'est comme cela qu'on fait face à la corruption, avec lenteur et constance. C'est un apprentissage qui passe par la capacité à se détendre. Ce n'est pas en tirant sur la mauvaise herbe dans un état de réactivité tendue, de tension intérieure, de stress ou de colère qu'on obtient des résultats.

L'ombre 50 est ainsi étroitement reliée à celle de la 59, la malhonnêteté. Cette clef est musicale donc on peut faire une analogie avec l'apprentissage d'un instrument de musique. Un enfant qui apprend le violon par exemple fait des sons grinçants et désagréables pour l'oreille au début mais avec le temps, des petites améliorations se manifestent et des sons harmonieux émergent. Nos cors subtils chantent comme de la musique. De nombreuses mauvaises habitudes et croyances génèrent des sons dissonants et créént de la corruption dans notre aura et on doit travailler pour restaurer l'harmonie en les remplaçant par des schémas, des croyances et des habitudes harmonieuses. Cela demande de la patience et d'apprendre à se connecter à sa joie intérieure, en trouvant des choses, à l'intérieur avant tout mais aussi à l'extérieur, qui nous font avancer dans la bonne direction, en écoutant les signes de l'univers. Si on cède aux forces de l'ombre, c'est simple, on retourne dans la souffrance. La vie nous envoie sans cesse des signaux et des cadeaux si on regarde avec attention. La transformation de la corruption dans le monde extérieur implique enfin également une transformation des systèmes de hiérarchie.

En mode réprimée, cette clef se manifeste par un positionnement de victime du monde extérieur qui prend toute la place, par une peur de ne plus être nourri par le monde, par une vie d'esclave ou de forte conformité avec le modèle social local et par une tendance à se surprotéger et à surprotéger autrui de la corruption perçue dans le monde, ce qui compromet la créativité et l'empêche de réaliser des rêves personnels. Il s'agit alors ici de transcender le système en faisant face à ses peurs. En mode réactif, cette ombre génère un besoin de grimper dans la hiérarchie en mode conforme ou rebel et de satisfaire des besoins personnels quitte à faire preuve de corruption, ce qui a lieu à tous les niveaux de la société. Cela produit alors des comportements irresponsables et une inconscience d'être redevable envers la collectivité et l'humanité pour tout ce qui est entrepris.

Son cadeau : Les dons et capacités de cette porte : L'équilibre.

Il y a en nous un code capable de générer un état d'équilibre, de l'harmonie et de la paix intérieure. L'un des moyens de découvrir et de maintenir un état d'équilibre est de pratiquer l'art de contempler, de la contemplation. Chacun des deux chemins proposés par Jésus et Bouddha amène vers cet équilibre, vers un équilibre entre concentration et méditation ; le chemin de l'amour, qui requiert de la concentration active et le chemin de la sagesse qui requiert de l'observation sans efforts et de la méditation. D'un côté on déverse notre amour dans tout ce que l'on fait afin d'accéder à des états vibratoires supérieurs et de l'autre on observe simplement que tout est transitoire, éphémère et non fiable. Avec le temps, chacun de ces deux chemins conduisent à la vérité et au but suprême.

L'honnêteté qui est à la base de l'intimité, le don de la clef 59, est un allié indispensable pour générer de l'équilibre. La contemplation est un chemin vers l'équilibre et permet de créer un lien, un passage entre le chemin de l'amour et le chemin de la sagesse, entre l'effort et l'absence d'efforts.

On apprend à se tendre, à se concentrer légèrement où à se relâcher légèrement pour revenir au point central. C'est puissant. Maîtriser cela demande de la pratique et du temps. Et parfois on oublie et on vire vers une extrémité mais comme ça devient vite douloureux quand on fait ça on revient au centre, au point d'équilibre. Ce don numéro 50 est ainsi particulièrement puissant de part sa finesse et la créativité qu'il demande.

Il utilise l'énergie corrompue pour générer de l'équilibre. Il permet d'aller dans un environnement ou dans une relation musicalement cacophonique et d'utiliser sa puissance intérieure pour réunifier et recombiner les différents éléments pour créer un espace où l'harmonie redevient de nouveau possible. Cela s'applique à la fois au monde professionnel, à l'art, aux relations ou à la vie privée et la vie intérieure. Quand on découvre les cadeaux intérieurs apportés par la force de l'équilibre, on devient un agent d'équilibre dans le monde au service de la vie. La nature agit ainsi, quand un système naturel tombe en déséquilibre, il finit par se rééquilibrer de lui-même. L'humanité peut agir ainsi seulement si elle trouve son équilibre interne, de façon à ce que quand on agit dans le monde extérieur, cela reflète ce qu'on incarne intérieurement. Avec cette clef, on est amené à s'attaquer à la corruption à un niveau ou à un autre. Quoi qu'on fasse comme activité, dès que l'on découvre ce don à l'intérieur de soi, on l'intègre en tant que programme, en tant que module, en son sein. Cette clef maintient la vie en équilibre et permet d'accéder à un équilibre intérieur en faisant confiance à la vérité à l'intérieur de nous.

En équilibrant les chemins de l'amour et de la sagesse, elle nous permet de cheminer le long du chemin central, le chemin de la vérité. Ce chemin unifie évite les extrêmes et uni la gauche et la droite. Il est particulièrement adapté à la vie moderne, où l'on peut vivre en trouvant un équilibre entre s'amuser et être discipliné, en laissant la musique de la vie danser à travers nous, en laissant la vie se vivre à travers notre vie, en cultivant la paix et la vérité.

Au niveau de l'ombre, on passe la plupart de notre temps dans un état de déséquilibre, comme balayé par les courants de plaisir et de souffrance d'un côté du chaos puis de l'autre. On est pris dans le filet du monde des illusions, de Maya. Tandis que s'on s'ouvre à notre vie intérieure, on commence que l'état d'équilibre existe à l'intérieur de nous. Comme beaucoup de choses sont à rééquilibrer, on travaille dur, au niveau de notre vie intérieure et de nos responsabilités extérieures, de nos engagements sociaux et financiers, des défis relationnels et des décisions quotidiennes liées à notre alimentation, à notre bien-être et à notre santé. Quand cette clef est présente dans un profil, la personne a la responsabilité et la capacité d'apporter de l'équilibre dans le monde du fait qu'elle l'a trouvé en elle.

Le superpouvoir/puissance (Siddhi) de cette porte : L'harmonie parfaite

Si l'équilibre est la floraison, l'harmonie est son fruit. Quand le processus de floraison dans l'équilibre est enraciné dans notre nature, le fuit tombe au sol au bon moment, quand on est prêt(e) et un état d'harmonie vibratoire intérieur permanent nous habite alors. Le don du rééquilibrage n'est pas juste une capacité à équilibrer la gauche et la droite ou la capacité à marcher sur une corde, c'est une capacité à se réajuster aux rythmes et aux événements apportés par notre dharma, par notre destinée, par la vie. La vie nous teste sans arrêt pour que l'on maintienne notre équilibre intérieur et l'on doit innover en permanence, rencontrer chaque défi en s'adaptant de façon créative, comme avec le don de la Clef 3, l'innovation. Cette adaptation s'effectue grâce aux liquides dans nos cellules et à notre ADN, qui se branchent sur les fréquences avec lesquelles nous sommes alignées.

Si on s'aligne avec l'ombre du chaos que proposent une bonne partie du monde extérieur, c'est alors ce que l'on ressent dans notre corps. Nous sommes alors comme une de ces planètes dans le système solaire primitif qui est constamment bombardé(e) par des pluies de météorites et il n'y a alors aucun espoir que l'on puisse se détendre.

Quand on s'aligne avec les fréquences supérieures et qu'on apprend à équilibrer nos émotions, à utiliser notre intelligence de façon créative et nos corps physique avec sagesse, notre ADN nous relie à une harmonie profonde cachée derrière ce que nos sens peuvent percevoir. Pour s'ouvrir à ces fréquences, il est nécessaire de développer ce que la tradition Bouddhiste nomme l'équanimité, c'est-à-dire d'une part être une présence aimante sans attachements ni agrippement et sans aversion ni agressivité et d'autre part en regardant les choses d'un point de vue plus élevé et en reposant sa présence au milieu. Vous apprendrez tout cela si vous faîtes un stage de méditation Vipassana et vous verrez que c'est ce que permettent la contemplation et la méditation. Une vision plus élevée permet de rester centré et de s'ancrer dans une stabilité intérieure, peu importe ce que la vie nous balance. La vie nous initie et teste sans arrêt notre équanimité car c'est ce qu'on est là pour apprendre. Tandis que nos cellules propagent des fréquences d'harmonie, on développe une paix intérieure et notre vie s'ouvre à des réalités supérieures.

On apprend à fonctionner à travers nos corps supérieurs qui sont nos antennes spirituelles et tandis qu'eux aussi s'harmonisent, nous faisons l'expérience d'une transformation intérieure. Tous les déséquilibres présents dans nos corps subtils sont dissous et l'on devient creux et vide. C'est en s'ouvrant à l'amour que le système émotionnel est transcendé, que le mental est réduit au silence et que le corps physique se met à rayonner. On découvre alors que l'harmonie est la vibration de fond de l'univers et que c'est un champ vibratoire préexistant dans lequel on entre plus qu'on ne le créé.

Cette clef se trouvant dans le signe de la Balance, signe de relation, elle nous révèle les différents réseaux relationnels. Au niveau de l'ombre, le réseau des illuminatis terrestres tente de nous transformer en esclaves de leur corruption, de leur monde inférieur, nourrit par une peur de la mort et un agrippement à l'argent et aux ressources. Au niveau du don, nos allié(e)s sont les personnes qui sont en chemin comme nous et qui apprennent petit à petit, grâce au travail d'équipe et à la coopération au sein d'un groupe. Ce don contribue à la mise en place de groupe de personnes partageant les mêmes valeurs, les mêmes besoins. Un état d'appartenance au sein d'un groupe contribue à générer un état d'équilibre intérieur au niveau cellulaire. Ce travail d'équipe a aussi lieu dans nos cellules qui apprennent à travailler ensemble pour générer du bien-être mais c'est à nous de les guider pour qu'elles vibrent à des fréquences supérieures. Au niveau des hautes fréquences des superpouvoirs, on prend conscience de la hiérarchie des êtres de lumière, des illuminés célestes qui peuplent l'univers invisible parce que l'on entre dans ce champ vibratoire là du fait qu'on vibre à cette fréquence. On prend conscience de l'ordre supérieur qui porte la conscience et du centre des centres présent partout, où siège la Source de toute Vie.

On prend conscience que tout fait partie d'une grande harmonie universelle dans laquelle on finit par se fondre lorsque l'on cesse de s'agripper, que l'on abandonne toute identité séparée et que l'on donne sa vie à la vie et à la Source de toute Vie qui est un champs de conscience et d'amour unifié. Ce superpouvoir génère des expériences qui mettent en harmonie la conscience humaine avec la conscience céleste universelle. On prend ici conscience que chaque élément du Cosmos se reflète à l'intérieur de nous et que l'on existe partout et tout le temps en même temps. On prend conscience que tout vibre, que tout chante, même les planètes, les arbres et les auras des gens et que chaque être humain est une note dans la grande symphonie universelle.

On devient tout l'océan dans la goutte d'eau que nous sommes. On accède à l'état d'esprit nommé Dieu, l'état de connexion avec la Source de toute vie, qui chante alors à travers nous. On contribue alors à implanter l'ordre cosmique au sein de l'humanité et à créer un nouveau monde.

Chapitre 27 : Le nombre 51

A-Sa structure et ses associations: Le nombre 5 est en relation avec la légitimité, la conscience, l'expression du cœur, le sens, le voyage du corps et de la conscience et les enseignements qui permettent une intégration sociale ou une élévation de la conscience. Le nombre 1 correspond au besoin d'accroître son niveau d'énergie, de conscientiser/exprimer son enfant intérieur, son intention et ce qu'on veut, de passer à l'action, de manifester son existence, de démarrer quelque chose de nouveau, (nouvelle activité/relation/lieu de vie etc.), de faire quelque chose qui n'a jamais été fait et d'expérimenter. Il y a ici la relation entre le Grand-père et son petits fils qui est pleine de surprises. Des enseignements (5) sont expérimentés et mis en pratique (1). Le voyage du corps et de la conscience (5) s'associe à la créativité (1). L'énergie de Jupiter, Maître du ciel et de l'espace, planète associée au nombre 5, jaillit ici sous la forme du tonerre et de l'éclair et génère un choc libérateur.

B-Selon la tradition ancienne du Yi-King Chinois : Hex 51 = L'orage. L'éveil.

Résumé du nombre : Choc imprévisible ou tornade qui secoue, fait bouger les choses et réveille, nécessitant la ferme prise en main d'une situation puis une adaptation à la Nécessité pour créer une situation nouvelle.

Explication technique :
L'ordre cosmique ne se perpétue qu'à travers le mouvement, des collisions et des chocs cataclysmiques d'énergie et de matière. C'est pourquoi après «Le Chaudron» vient «L'orage». Le trigramme **Tchen**, le tonnerre, génère une poussée en avant vers l'action, comme au renouveau du printemps, où les plantes jaillissent hors de la terre. Son flux d'énergie stimule, excite, bouleverse, apporte une force de frappe et des éclairs de conscience quand aux devoirs, aux responsabilités et aux opportunités du moment présent, en lien avec la juste évolution des choses. Dans la société humaine, il symbolise le moment où le fils aîné est prêt à prendre les commandes des affaires, avec un certain effroi, mais surtout avec vigueur et détermination. Il agit alors en prenant soin avec précision de tous les détails, se remet en question, repère ses erreurs, rectifie sa conduite en conséquence, motive et galvanise son environnement et met en place un nouveau cycle. Il reste serein et concentré même si un orage éclate.

Dans la vie intérieure, le tonnerre ouvre une brèche qui permet de sortir des enfermements pour aller vers un renouveau. Il apporte une brusque impulsion qui réveille et éveille la conscience. Grâce à sa lumière, il reconnecte la conscience ordinaire à la conscience spirituelle. Il montre la nécessité d'agir en harmonie avec la volonté divine et provoque la crainte des représailles pour qui s'écarte du droit chemin. Cette « crainte de Dieu », qui apporte la prudence, préserve alors des chocs et des égarements engendrés par l'influence du monde extérieur. Tchen symbolise ainsi les changements soudains, le nouveau règne d'un nouveau dirigeant, la manifestation de Dieu et des puissances naturelles sur la Terre et tous les sons émis instinctivement en réaction à ces manifestations soudaines. Il permet de rester ferme et résolu, de trouver les solutions adaptées et de gérer des projets avec dynamisme.

Il est nécessaire de solliciter ou d'apporter l'aide là où elle est nécessaire, d'exprimer votre spécificité, mais aussi de gérer l'imprévu et d'aller vers l'inconnu, vers un nouveau monde, vers une nouvelle situation. Le trigramme nucléaire Kan, l'eau, puissance éternelle du féminin et de la vie, demande d'accepter ce qui est, d'en saisir le sens et la cause, de gérer et digérer l'émotion, d'évacuer ses toxines, d'aller au-delà des illusions, de pardonner puis d'avancer en suivant le chemin de moindre résistance, avec ténacité et compassion. Elle demande d'écouter son intuition, de surveiller, de rester vigilant face au danger et de rétablir une circulation fluide de l'énergie pour que la vie avance.

Interprétation classique :
Un événement, une situation, une nouvelle ou une prise de conscience totalement imprévisible se manifeste brusquement et provoque une secousse émotionnelle. La situation ressemble à un orage électrique, rempli d'éclairs et de coups de tonnerre, qui vous fait trembler d'émotion. Un événement risquant de vous bouleverser va arriver, ou alors vos projets risquent d'avoir l'effet d'un tremblement de terre !

L'univers vous envoie un message et vous invite à vous préparer puis à passer à l'action. L'époque est particulièrement propice à tout changement et à tout nécessaire réajustement apportant un renouveau, dans la vie extérieure, intérieure ou au niveau de vos relations. Une énergie stockée et concentrée dans l'invisible atteint un seuil vibratoire où elle jaillit en une puissante décharge explosive d'une façon totalement inattendue.

Cette force naturelle provoque un choc, un grondement, un certain effroi, mais aussi un état de vénération et de révérence, une prise de conscience et une impulsion libératrice qui doit vous propulser vers quelque chose de nouveau. Il est alors judicieux d'effectuer une analyse des flux d'énergie et d'informations, de faire le point sur votre état intérieur, de prendre conscience de vos fonctionnements, de vérifier que vous êtes synchronisé avec la volonté divine puis d'opérer les modifications et détartrages nécessaires pour vous réaligner avec la Nécessité, avec l'ordre cosmique, afin de remettre de l'ordre dans votre vie, pour évoluer et vous rapprocher de votre vérité profonde.

Il est également avisé de mettre de l'ordre dans toutes vos activités et de terminer toute affaire encore en chantier. Vous pouvez alors exprimer votre puissant besoin d'engagement et votre besoin d'exprimer votre spécificité. Vous avez l'opportunité de vous intérioriser, de structurer et de sécuriser, de rester concentré sur votre objectif, de fournir la puissance de travail nécessaire, de cultiver la maîtrise de vous-même, d'exprimer la prudence et la vigilance, la force morale et la sagesse puis d'aller jusqu'au bout avec persévérance.

Il est nécessaire de faire preuve de sérieux, de solidité, de ténacité et de maintenir cet état de calme confiant et intense, libéré de tout désir et de toute crainte, de telle sorte que tout événement ou sollicitation déstabilisante vous incite à vous adapter avec sérénité et efficacité, au milieu du tumulte extérieur.

Cela fait appel à votre grandeur. Votre capacité à accueillir, gérer, canaliser, surmonter et à mettre au service de votre évolution ce choc imprévisible débouche sur une grande joie, sur un puissant renforcement de votre vitalité, de votre confiance en vous, de votre caractère, de l'influence que vous exercez puis sur un nouvel ordre et une nouvelle dynamique. Tout ce qui nécessite de l'électricité, l'informatique, les réseaux et les nouvelles technologies sont favorisées.

C-Selon les deux écoles modernes du Design Humain et des Clefs Génétiques :

1-Le Design Humain. 51 = La porte des chocs émotionnels et de l'excitation.

Explication technique :

Circuit du centrage. Centre du foie ou de l'ego. Cette porte est liée à la porte 25, l'innocence. Son thème principal est la stimulation intense et sa maîtrise permet le sens juste de l'initiative. Dans le monde extérieur, cette porte fournit l'énergie et la volonté pour prendre des initiatives, pour improviser et pour prendre des risques avec audace. Elle permet d'oser avec courage, de faire ce que personne n'a jamais fait, d'aller là où personne n'est jamais allé, d'affronter les défis, d'aller au-delà des limites et d'avoir toujours une longueur d'avance sur les autres. Elle permet de plonger dans l'inconnu et d'explorer des possibilités nouvelles. L'objectif est de parvenir à prendre sa juste place et d'être compétitif à cet endroit. Cela peut parfois produire une tendance à provoquer et secouer pour réveiller ce qui ne vibre pas à travers des comportements choquants et déstabilisants. Au niveau de la vie intérieure, cette porte génère un potentiel pour sauter dans le vide, pour se jeter à l'eau dans le but de déclencher un éveil intérieur, d'expérimenter les vérités universelle et d'accroitre son niveau l'illumination intérieure. Cela se traduit parfois par des expériences très intenses, comme l'expérience d'un orage ou d'un éclair. Elle permet de se centrer dans un processus d'évolution qui va dans la direction de l'amour et qui nourrit avec de la puissance le besoin d'aller dans cette direction, afin d'incarner l'amour de la vie avec tous ses défis et l'amour inconditionnel sans objet. Les personnes ayant cette porte activée ont le cœur particulièrement sensible, tant au niveau physique qu'au niveau psychologique et spirituel. Elles peuvent avoir été blessées ou être elles-mêmes blessante. Le défi de cette porte est de prendre soin d'elle-même et d'autrui, en gérant avec sagesse les chocs qu'elle provoque chez autrui, en évitant d'être adict aux brusques montées d'adrénaline générées par l'excitation et en évitant de rejeter toute stabilité. Bien vécue, elle permet de relever tous les défis, de gérer efficacement les transformations et les périodes de crise, de déprogrammer les conditionnements et d'accéder à des états d'éveil.

Proposition d'interprétation :

Au niveau du corps humain, cette porte est liée à la vésicule biliaire et à cette part de notre personnage qui a la réputation d'être « choquante » ou « culotée ». Cela signifie que quand cette porte est activée, vous avez un niveau d'audace qui va au-delà de la pure insolence. Vous savez inciter les gens à oser et à passer à l'action grâce aux prises de conscience que vous déclenchez chez eux. La vie apporte son lot de défis et on a vite tendance à se laisser emporter par les questions matérielles ou par des choses sans intérêts. La Porte 51, elle, a besoin de quelque chose de plus audacieux, de plus intense et de plus imprévisible. Vous avez ainsi des capacités pour générer et gérer la stupéfaction. Vous savez trouver les points vulnérables de chacun et utiliser des tactiques de choc pour susciter et inspirer des réactions positives. Dans votre propre vie également, vous êtes expert dans la gestion de situations choquantes. Cette Porte enflamme les gens en les offusquant, ce qui les propulse dans une réalité où les choses bougent dans leur monde, afin d'établir un constat et aller de l'avant.

Alors même que vous croyez être naturel et avoir une attitude désinvolte, soyez conscient(e) et comprenez que vos paroles et vos actions peuvent parfois stupéfier, voir foudroyer les autres comme l'éclair. Ensuite, rien n'est plus vraiment pareil. C'est votre nature.

L'important est peut-être d'apprendre à la tempérer votre audace et de choisir les bons moments pour vous exprimer. De cette façon, vous pouvez susciter l'étonnement plutôt que de choquer tout le monde. C'est quand les gens sont bouche bée qu'ils sont prêts à recevoir toutes sortes d'idées novatrices. Vous devenez alors un catalyseur d'éveil dans le monde.

3-Les Clef Génétiques. Clef 51 : L'initiative à l'initiation.

Son dilemme où il doit faire des choix : La rudesse, la dureté. **Signe astral HD :** Bélier.
Son partenaire de programmation : Clef 57, un vent doux. **Corps :** Vésicule biliaire.
Son anneau de codon : L'anneau de l'humanité (10, 17, 21, 25, 38, 51). **Acide aminé :** Arginine.
Son chemin de transformation : Le chemin de l'initiative.

L'ombre de cette clef : L'agitation

Si cette clef est souvent comme en hibernation, jusqu'à ce qu'elle se manifeste, son ombre, l'agitation, est en revanche souvent très présente et peut être plus ou moins dangereuse. On s'en rend compte dès que l'on s'assoit, que l'on ferme les yeux, que l'on porte notre regard vers notre intérieur et que l'on se met à méditer. On observe alors que notre mental passe d'une idée à une autre comme un chien/singe fou sans jamais faire de pauses. Quand on a le courage de rester avec le processus et qu'on explore un peu plus en profondeur, on s'aperçoit que cette même fréquence de l'agitation s'étend à notre corps émotionnel et qu'au bout d'un certain temps, on rencontre comme un mur d'inquiétudes, de peurs et d'angoisses, qui ont l'air d'être là depuis tellement longtemps. Ce mur semble être très haut et immobile, comme barrant le chemin de notre évolution. Il nous fait nous sentir très inconfortable. On se rend compte qu'on ne peut pas contrôler la vie, que des imprévus peuvent survenir à n'importe quel moment et générer de grands changements dans notre vie et on se sent dans un état d'insécurité parce qu'on a peur que quelque chose de mal nous arrive. Comme on voit dans les médias toutes les choses horribles qui arrivent à certaines personnes, on a ici peur que ça nous arrive à nous car on nourrit la croyance que l'on est en sécurité nulle part sur Terre, ce qui nourrit un fond d'insécurité. On est continuellement en état de choc émotionnel. Et quand on rencontre ce stress émotionnel, cette peur et cet inconfort, notre réaction est de faire preuve de dureté, de rudesse et de fermeture du cœur. Il manque ici une confiance en la vie au niveau corporel et cellulaire. Cette agitation se manifeste sans arrêt, ne nous laisse jamais tranquille et nous pousse en permanence à faire quelque chose pour provoquer une réaction afin de dissiper son énergie électrique. Elle fait parfois faire de grosses bêtises et dans sa forme extrême contribue à remplir les prisons du monde entier.

Quand cette ombre s'exprime en mode réprimée, il y a une tendance à voir la vie à travers les lunettes de la peur, à fuir la vie en prenant ses jambes à son cou, à plonger dans une forme de déni, à perdre espoir en la vie, à ne plus avoir d'enthousiasme pour rien et à s'enfermer dans sa tour. Cela peut emmener dans des états dépressifs. Ces personnes permettent à leurs peurs de gouverner leur vie alors qu'elles ont le pouvoir de faire autrement. Leur peur spécifique est en fait de faire face à la peur, de regarder leur peur en face et de voir qu'elles ont peur de la mort, ce qui étrangle leur capacité à vivre. Elles tournent alors en rond dans un cycle incessant d'auto-apitoiement. Elles doivent d'abord réaliser qu'elles seules peuvent se sortir du choix qu'elles ont elle-même mis en place. Quand elles parviennent à le faire, elles s'aperçoivent que la peur est une illusion, un miroir déformant et qu'elles s'étaient fait avoir du fait qu'il y a une vie après la mort du corps physique.

Elles éprouvent souvent un choc au moment de réaliser cela. Quand elles reprennent leur pouvoir, une nouvelle vie commence alors.

Quand cette ombre s'exprime en mode réactive, ces personnes se précipitent dans la vie avec colère derrière laquelle se cache un sentiment de panique. Elles expriment une rage intérieure qui est projetée sur autrui et qui s'associe à une sensation de futilité de la vie et à un manque de respect pour l'être humain au niveau émotionnel. Elles érigent de puissantes barrières émotionnelles. Cela ne fait qu'augmenter la tension intérieure et la personne semble alors secouée en permanence par une succession de tremblements de terre intérieurs.

Elle accuse alors tout le monde de tous les maux de la Terre et jappe en permanence comme un roquet qui aboie au moindre bruit. Leurs relations sociales et sentimentales sont soit inexistantes, soit explosives, soit catastrophiques. Ces personnes cherchent alors dans tous les sens en s'agitant frénétiquement pour réparer le problème d'insécurité et d'inconfort, pour se débarrasser de cette tension intérieure, de ce stress émotionnel.

Certaines personnes effectuent ainsi des tonnes de stages et de formations, méditent plus intensément, entreprennent une thérapie et essayent tout ce que propose le marché du développement personnel. D'autres s'investissant de façon frénétique dans une forme de compétition, dans une activité où la compétition règne en maître, soit agressant les autres pour passer en premier, soit en utilisant autrui pour avancer plus vite. Elles sont dans un état de compétition qui ne sert que leurs propres intérêts et finissent pourtant elles aussi par mourir.

Elles éprouvent alors un choc à s'apercevoir que rien ne marche ni ne peut empêcher leur mort future et elles projettent alors leur état de choc intérieur sur le monde extérieur par des comportements plus ou moins violents, choquants et provocants, en prenant tous les risques et parfois en défiant la mort elle-même, en entrant en compétition avec elle afin de noyer ses peurs profondes et tenter d'être sans peurs. Elles provoquent alors presque toujours des réactions d'hostilité de la part d'autrui, disent qu'elles s'en foutent complètement et ne savent souvent pas faire autrement. Cette ombre extériorisée donne une tendance systématique à se placer en compétition avec autrui à cause d'une sensation profonde d'insécurité, que cette ombre renforce par les comportements irresponsables qu'elle génère.

Il faut du courage pour sonder les profondeurs de notre inconfort, de notre obscurité intérieure et de notre insécurité. Quand on le fait, on s'aperçoit qu'ils sont comme un champ d'énergie à l'arrière plan de la vie, comme une pulsation cosmique qui vibre en permanence et qui se manifeste comme un fond d'orage, de tonerre et d'éclairs et c'est là le nom donné à cet hexagramme par nos amis Chinois. C'est comme si l'arrière plan de l'espace que traverse notre système solaire et notre conscience était rempli de matière noire, d'énergie noire pulsante et génératrice de secousses. Notre système solaire tourne sur lui-même de façon cyclique et tantôt, il se trouve éclairé par le centre galactique et tantôt, il traverse des zones sombres. L'humanité traverse ainsi des âges sombres et des âges lumineux, nommé Yugas en Inde. On est actuelement en train de sortir d'une période très agitée mais une lumière nouvelle est en train de nous parvenir. Il y a deux chemins possibles pour se sortir du dilemme de cette ombre. Il faut déjà voir que l'on fait tout le temps appel à la dureté et à la rudesse. On peut soit se poser, méditer et attendre qu'elle disparaisse en l'observant, en s'observant soi-même en train de l'observer, en observant attentivement le mental en train de lutter, de s'agiter, de batailler, de se sentir en insécurité, jusqu'à ce qu'à un moment donné, il lâche, il abandonne et retourne à sa niche. C'est ce chemin qu'enseigne le Bouddha.

L'autre façon est de canaliser son énergie dans un projet créatif qui apporte quelque chose aux autres et qui amène une sensation d'épanouissement grâce au partage. Dans tous les cas, seule la douceur, la capacité à retrouver une confiance en la vie et la démarche d'aller vers la lumière permet de générer du changement. C'est dans tous les cas en plongeant dans cette agitation, en apprenant à la connaitre, en trouvant sa source, en s'inclinant devant elle, en l'enveloppant de douceur, d'espace, d'amour et de confiance en la vie que l'on peut la transformer et élever sa fréquence vibratoire.

Son cadeau : Les dons et capacités de cette porte : <u>L'initiative</u>

L'éveil est comme un sablier sans fond, où le sable coule sans fin en une succession d'instants présents. Les fréquences du don, du pouvoir ou du cadeau de cette clef sont comme le goulet d'étranglement à travers lequel le sable doit passer pour accéder à l'état d'éveil et ensuite se répandre à l'infini. Ce passage étroit symbolise le fait que c'est en traversant notre souffrance et nos propres peurs, selon notre propre forme, que l'on peut passer de l'autre côté du goulet. Il représente notre chemin personnel, notre cheminement intérieur et extérieur.

C'est un chemin délicat pouvant s'apparenter à un champ de mines infernal en ce qui concerne les ombres, car il est impacté par l'invisible et par les contenus de notre inconscient. Le mental et le besoin de sécurité aimeraient trouver un chemin et des enseignements clairs, standardisés et bien définis, mais ce n'est pas ce qu'il se passe ni ce qui donne le résultat nécessaire. On peut seulement avancer réellement en acceptant complètement l'inconnu, en trouvant un équilibre entre se laisser guider par la vie et faire preuve de créativité, en créant son propre chemin, en prenant des initiatives, d'où le nom du chemin de l'initiative de cette clef ; qualité fondamentale du signe du Bélier, dans laquelle se trouve cette clef.

Un guide extérieur peut parfois nous aider, nous encourager à trouver notre propre chemin et nous attendre patiemment à l'autre bout du chemin, mais il n'y a que nous qui puissions parcourir notre chemin, en faisant notamment appel à la douceur, à la puissance de l'amour et au don/pouvoir partenaire du 51, le don 57, l'intuition, mais aussi au courage et à la foi, qui permettent à des solutions créatives d'émerger face aux problèmes que l'on rencontre. On s'aperçoit rapidement que c'est souvent à cause de notre façon de penser et nos croyances que le problème existe en premier lieu. On apprend alors ici à penser différemment, à voir les choses sous des angles différents, à se laisser guider par son intuition, à s'adoucir et à se détendre de façon à ce que se problème glisse hors de nous. On apprend à imaginer notre vie sans ce problème et à développer ce truc de voir les choses différemment parce qu'on prend l'initiative de le faire. On apprend un processus de transformation. On rencontre notre peur la plus profonde, on la traverse et on la transcende. On apprend la pensée créative et l'action créative et à faire preuve de créativité à tous les niveaux. On apprend à mettre son esprit de compétition, en étant en compétition avec soi-même, au service de la vie, pour être la meilleure version de soi-même. Les autres deviennent alors des miroirs pour mesurer son niveau d'exlence. On reprend pleinement son pouvoir personnel et on l'exprime en suivant son cœur. On affirme sa différence, sa spécificité et son génie personnel. On avance sur un chemin, son chemin du cœur, que personne d'autre n'a parcouru avant soi, où on accepte pleinement l'incertitude. On ne peut avancer sur ce chemin que quand on a intégrée une créativité indépendance et une indépendance créative. Cela implique parfois de tourner le dos à certains enseignements précédemment reçus.

La définition même d'une victime est une personne qui vit dans le passé, qui ne regarde pas son intérieur, qui n'a pas confiance en elle et en la vie et qui ne prend pas d'initiatives. Quand on en prend et c'est ce qu'on fait ici, l'énergie se met en mouvement. On transforme notre intérieur et même si l'extérieur peut mettre un peu plus de temps à se transformer, il finit par le faire. Plus on a foi en soi-même et plus la vie nous aide et plus des synchronicités se manifestent dans notre vie, parfois de façon choquante. C'est comme ça qu'on traverse et transforme nos ombres. Ce don est en lui-même une clef pour l'éveil et une source de génie.

Dans le chemin doré proposé par les clefs génétique, ce don 51, l'initiative créative, est le chemin qui nous sort de notre blessure sacré et qui nous emmène vers la manifestation de notre vocation, de notre mission de vie, de notre épanouissement.

Dans le monde extérieur et l'activité professionnelle, ce don vous permet de prendre des initiatives organisées qui engendrent un succès matériel. Au niveau de la vie intérieure, il vous permet de transformer notre blessure sacrée en opportunités et ainsi de modifier notre expérience du monde extérieur et notre destinée. On n'est plus enfermé(e) dans les limites étroites de nos peurs ou nos croyances, de notre passé ou d'un futur espéré. On incarne l'énergie vivante de l'instant présent sans cesse en transformation. Il permet de s'occuper avec soin de nos inquiétudes, difficultés et de tout ce qui nous agite, de mettre de la vie dedans, de les aimer et d'en sortir grâce à des solutions créatives. Il permet d'écouter chaque obstacle, chaque ombre, de s'y consacrer pleinement et d'œuvrer pour en extraire les dons.

Cette clef est comme un portail, comme une série de portes des étoiles, qui sont fermées jusqu'à ce qu'elles s'ouvrent. L'endroit où elles nous emmènent dépend de notre intention, de la direction que l'on a choisie, du sens supérieur que l'on donne à sa vie pour contribuer à la civilisation et de la fréquence qui est programmée dans notre ADN. La destination théorique finale de ces portails est notre Moi Supérieur. Notre conscience effectue des bonds pour s'en rapprocher, jusqu'au saut final et à chaque fois, c'est comme un choc car on passe d'un état à un autre. Les chocs sont ici libérateurs. Ils vous libèrent du sentiment de fausse sécurité et des peurs existant dans les fréquences de l'ombre. Ils désintègrent notre sensation d'être une personne séparée de la vie et de la Source de toute Vie. Ce don peut générer des dons d'invention, une façon de vivre avant-gardiste, des groupes avant-gardistes où chaque personne est soutenue pour être la meilleure version d'elle-même au service de l'ensemble ou des personnes qui sont des déclencheurs et des catalyseurs de nouveauté dans le monde.

Le superpouvoir/puissance (Siddhi) de cette porte : L'éveil

Tous les dons présents sur l'échelle de la conscience comportent et nécessitent une part de créativité. Ils nous permettent tous de passer à travers l'ombre d'une clef, d'en extraire l'énergie, de la raffiner et de l'utiliser ensuite avec amour au service de la vie et d'autrui. Ils génèrent une élévation de notre fréquence vibratoire, de la fréquence vibratoire de nos corps subtils et de notre état de conscience. On intègre ensuite ces changements d'états de conscience dans notre quotidien. C'est ça l'éveil, une succession d'états de conscience qui intègrent des fréquences vibratoires de plus en plus élevées. Ces bonds ne sont dans votre conscience et ce n'est pas nous qui les effectuons car à ce stade il n'y a plus de « nous ».

D'un certain point de vue, on traverse une succession d'étapes, de niveaux et de dimensions et on accède un jour à la conscience de notre état de conscience éveillé. Du point de vue du superpouvoir numéro 51, les choses sont cependant beaucoup plus simples et choquantes. On passe d'un état de sommeil et de rêve à un état d'éveil et tant qu'on n'est pas éveillé(e), on est endormi(e), dans un état de rêve. On rêve individuellement au sein d'un rêve collectif, aux côté des autres rêveurs qui croient au rêve et le nourrisse par leurs croyances et leur agrippement au rêve. Un repère essentiel dans le processus d'éveil a lieu quand notre moi séparé se dissout et qu'on devient alors la vie, la Source de toute Vie, se percevant elle-même partout dans le Cosmos comme un vide lumineux à travers notre forme incarnée. C'est entre autre ça qu'on apelle s'éveiller et tant que cette réalisation n'a pas eu lieu, il nous manque une partie essentielle de la vérité car quand cela arrive, on n'est plus la même personne même si notre vie extérieure, qui devient simple, peut ne pas beaucoup changer.

Toutes les initiations qui précèdent ce changement d'état de conscience préparent à ce changement de conscience et à cette expérience. Ce qui est important, cependant, c'est de développer et d'intégrer les qualités nécessaires à l'éveil. Deux images clefs qui représentent cette clef sont le coup de tonerre et l'éclair et les moments d'éveils sont souvent perçus comme cela, comme des chocs qui secouent. On ne sait jamais quand un temps d'initiation, d'éveil de conscience, va traverser notre conscience.

Les qualités essentielles qui permettent de traverser avec succès ces temps d'initiation sont bien sûr l'amour, la générosité, le don de soi, la vérité et la sagesse mais aussi la douceur, la tendresse, la flexibilité et le lâcher-prise, qui correspondent au superpouvoir 57, partenaire du superpouvoir 51. D'un certain point de vue, l'éveil peut être considéré comme une suite d'adoucicements et d'ouvertures car tandis que notre conscience devient de plus en plus focalisée et pénétrante, notre cœur et notre mental deviennent plus doux et plus ouverts. On devient tellement nous-même qu'on se reconnait instantanément et en même temps, on est relié(e) à tout à différentes intensité selon la similitude de fréquences vibratoires. Notre conscience s'expanse pour englober des espaces et des possibilités toujours plus larges, jusqu'à atteindre une échelle galactique.

On apprend alors à se détendre, à s'ouvrir et à faire preuve de douceur, de tendresse et de tempérance si on est confronté à des difficultés, à du bruit, un imprévu à de la dureté et au tonnerre de la vie. Il n'y a pas à être effrayé(e) par l'éveil et par l'initiation mais juste à les laisser entrer dans notre conscience, en cultivant une ouverture à l'espace, en faisant preuve de douceur, en se donnant à la vie et en faisant confiance à la Source de toute Vie et à l'amour. C'est alors et seulement alors que le miracle peut avoir lieu. Le véritable éveil permet de voir à travers toute chose et d'avoir conscience de tout ce qui est partout dans toutes les lignes de temps car il est hors du temps. Il permet de faire un avec les courants d'amour qui inondent en permanence le Cosmos et avec la Source de toute Vie.

Ce superpouvoir opère au niveau individuel mais également au niveau collectif où il génère la conscience de groupe et éveille la conscience, chez les individus, que l'humanité est une seule et même espèce, mise en place par les agents de la Source de toute Vie, parmi une multitude d'espèce qui manifestent leur existence dans cette galaxie et dans de très nombreuses autres du fait que la Source de toute Vie et donc la vie, est infinie et éternelle.

Chapitre 28 : Le nombre 52

A-Sa structure et ses associations : Ce nombre a une signification astronomique et astrologique particulière car tous les 52 ans, Jupiter et Saturne, les deux plus grosses planètes du système solaire, se donnent rendez-vous. Ce nombre était vénéré par les mayas car il correspond à 4 cycles de 13 ans, soit le temps d'une vie à l'époque. Le nombre 5 est en relation avec la légitimité, la conscience, l'expression du cœur, le sens, le voyage du corps et de la conscience et les enseignements qui permettent une intégration sociale ou une élévation de la conscience. Le nombre 2 est en lien avec la Grand-mère, la capacité à ressentir, à imaginer, à trouver le bien-être à travers les bonnes clefs et à bien préparer les choses pour qu'elles « accouchent ». L'association de ces deux nombres évoque le lien entre le Grand-père (5) et la Grand-mère (2) et leur sagesse qui méditent ensemble dans les profondeurs du silence.

B-Selon la tradition du Yi-King Chinois : Hex 52 = L'immobilité. La montagne.

Résumé du nombre : Structurez par un objectif et des plans. Prenez conscience des structures de la réalité. Observez comme au sommet d'une montagne. Cheminez lentement ou solitairement, dans un état de calme et d'introspection, pour bâtir votre cathédrale intérieure. Ouvrez votre œil spirituel et méditez afin d'accéder à la sérénité, à votre vérité profonde et à la sagesse.

Explication technique :

Quand le mouvement atteint son sommet, il finit par s'arrêter et par générer un état de calme vibrant et une certaine immobilité, où l'origine de toute chose et la fin de toute chose se rejoignent. C'est pourquoi après «L'orage» vient «La Montagne». Là où le tonnerre propulse l'énergie à grande vitesse, la montagne l'arrête net. Elle établi des contraintes et des barrières, structure, simplifie, va à l'essentiel, freine et immobilise les hommes, les animaux et les nuages.

L'idéogramme de l'hexagramme décrit un œil énorme, qui surmonte un être humain et qui regarde vers l'intérieur. Cela symbolise l'introspection et la vision spirituelle profonde. Ken vous demande ici de vous arrêter, de vous reposer, de vous intérioriser, de vous concentrer sur votre objectif et sur l'instant présent, de créer cet état de calme confiant, vibrant et intense, libéré de tout désir et de toute crainte, de méditer, de cheminer avec persévérance vers votre vérité profonde, de cultiver la maîtrise de soi, la sérénité intérieure, la prudence, la force morale et la sagesse.

Kan, l'eau, la puissance éternelle du féminin et de la vie, demande d'accepter ce qui est, d'écouter son intuition, de cultiver la foi, de saisir le sens et la cause de toute situation, d'intégrer ce qui est invisible, d'être vigilent face au danger, de gérer et digérer l'émotion, de pardonner puis d'établir une circulation naturelle de l'énergie pour que la vie se manifeste et avance, avec fluidité, en suivant le chemin de moindre résistance, avec ténacité et compassion.

Tchen, le tonnerre, demande une libre circulation consciente des flux d'énergie en soi, mais aussi de gérer l'imprévu, de prendre en charge des projets complexes et d'aller vers l'inconnu, vers un monde, une situation et une conscience nouvelle. Il stimule, apporte des éclairs de conscience, synchronise toute action avec la volonté cosmique, trouve les solutions adaptées et engendre une renaissance. Il permet la manifestation de Dieu au centre de soi en générant un éveil de la conscience.

Interprétation classique :

L'heure est venue de vous consacrer à votre vie intérieure, de construire votre temple intérieur, de pratiquer l'art de l'immobilité, de cultiver un état de calme et d'avancer sur le chemin de la sérénité, en harmonie avec l'ordre cosmique, vers votre vérité profonde, pour acquérir un état de profonde paix intérieure.

Il existe cependant deux chemins. L'un d'eux est glissant et incertain. Il passe par la contrainte, l'impuissance, l'obstination rigide et la violence, par l'enchaînement à des désirs suffocants, à un flot ininterrompu de pensées et à des frustrations. Il conduit tout droit aux régions obscures et infernales du pouvoir et des mirages scintillants. L'autre est comme une étroite et simple route en pierre traversant un désert sablonneux. Il donne la sensation de marcher librement sur un sol ferme et solide. Il conduit vers une plus grande lucidité et une plus grande sérénité.

Pour parcourir le chemin juste, il est nécessaire de renforcer la conscience que vous avez des lois spirituelles et de votre « plan d'âme », puis de vous fixer des objectifs d'évolution en conséquence, en harmonie avec l'ordre cosmique. Il est ensuite nécessaire d'entretenir un corps sain et vigoureux, de vous nourrir avec justesse sur tous les plans, d'accomplir vos devoirs dans le monde extérieur, de mettre votre vie en ordre, d'agir avec intégrité et d'exprimer des paroles justes.

Vous pouvez alors consacrer régulièrement un espace-temps pour apprendre à immobiliser votre corps avec douceur, à être totalement détendu et relaxé, mais toujours alerte, à respirer naturellement et profondément, dans l'intensité de l'instant présent, jusqu'à ne presque plus vous apercevoir que votre conscience est dans un corps physique. Vous pouvez ensuite apprendre à ignorer toute pensée, son, couleur ou toute image qui chercherait à attirer votre attention, en ne lui accordant aucune importance.

Puis vous pouvez cherchez, intentionnellement, à entrer dans un silence vivant et pulsant au rythme de l'éternité, de façon à vous ressentir comme un liquide vibrant, fait de lumière et d'amour, contenu dans un récipient, dans un état de calme rempli de confiance et de foi, libre de tout désir, de toute impatience, de toute attente et de toute crainte. Vous apprenez alors à ressentir une joie profonde qui s'éveille et à vous laisser guider par votre Ange-Gardien, petit à petit, vers le sommet de la montagne, vers le centre de votre cœur, jusqu'à la conscience de votre corps spirituel. Vous savez que la séance est terminée quand vos perceptions s'atténuent puis disparaissent. Vous pouvez alors reprendre le cours normal de votre vie.

Cet exercice, pratiqué régulièrement et naturellement, vous amène petit à petit vers une plus grande clarté de conscience qui dissipe toute illusion, dualité ou difficulté générée par l'ego, vers la maîtrise de l'énergie spirituelle, vers un épanouissement de l'âme et vers la paix intérieure.

Il est ici judicieux de pratiquer la voie de la simplicité, de vous détacher intérieurement du passé et de votre histoire personnelle, de ce qui est extérieur à votre instant présent ou de ce qui pourrait arriver dans le futur, de trouver un équilibre entre mouvement et immobilité, effort et non effort, parole et silence, de cultiver l'objectivité, la patience, l'observation profonde et l'intégrité, puis d'avancer calmement, avec Sagesse, en faisant toujours de votre mieux tout en accomplissants les devoirs de votre vie quotidienne.

C-Selon les deux écoles modernes du Design Humain et des Clefs Génétiques :

1-Le Design Humain. 52 = La porte de la montagne, de l'inaction ou de l'immobilité.

Explication technique :

Circuit de la compréhension. Centre Racine. Cette porte est liée à la porte 9, Gérer l'hiver ou le pouvoir d'apprivoisement du petit ou le petit pouvoir d'apprivoisement. Son thème principal est la perspective et sa maîtrise permet l'alignement intérieur dans le calme et la retenue. Cette porte apporte une énergie qui permet la concentration, de focaliser l'attention pendant longtemps sur un seul endroit de façon à générer un état stable afin de gouter au silence intérieur, au calme intérieur et à la paix intérieure. L'absence de mouvement permet la vision intérieure et elle permet à la vérité d'émerger à partir d'une stabilité intérieure de la conscience. Elle génère ainsi un état de clarté intérieur immobile mais vibrant et stable. Cette porte est particulièrement propice pour vivre l'expérience de la méditation en étant dans un état d'immobilité intérieure à la fois physique et mentale. Elle permet de plonger au plus profond de soi-même au d'accéder à son sommet intérieur ou au plus profond de soi, au fond de son cœur et dans son code génétique. Dans le Yi-King d'origine, l'Hexagramme 52 est constitué de deux trigrammes de la montagne et cette porte est imprégnée de cette énergie de montagne, que l'on ne peut gravir que si on fait preuve de patience et qu'on avance petit pas par petit pas. Si cette porte se manifeste par une immobilité extérieure, elle peut alors générer un manque d'énergie, une tendance à l'inaction et au repli sur soi, une lenteur excessive, une difficulté à entrer en relation avec autrui et parfois des tendances antisociales. Elle permet en revanche de se manifester dans le monde extérieur sans céder aux distractions ou à la pression exercée par ce même monde extérieur et de rester détaché(e) intérieurement grâce à une fixation sur sa présence éternelle immobile et vibrante.

Proposition d'interprétation :

Vous aimez contempler les montagnes et observer leur apparente immobilité qui semble défier le temps. Quels que soient les nuages d'orage qui les enveloppent, le ciel bleu qui les entoure ou les gens qui en font l'ascension de toutes parts, les montagnes semblent, à l'échelle humaine, demeurer immuables. Si cette porte est activée dans votre Design Humain, une partie de vous ressemble alors à une montagne. Vous possédez la même force fondamentale et portez en vous cette immobilité silencieuse que les autres admirent. Quand un événement demande votre attention ou quand une tragédie vous oblige à vous impliquer, vous vous souvenez alors que de cette « montagne » vous avez un point de vue unique doté d'une perspective incomparable. L'énergie de la montagne vous rend cependant parfois obstiné et inflexible mais elle vous donne la capacité d'aller jusqu'au bout, jusqu'au sommet, tranquillement et fermement. Ce qui est le plus important pour vous est votre clarté. Votre participation a toujours quelque chose de réfléchi et de fiable. Vous savez quand il est temps de passer à l'action orientée vers un objectif et quand il est préférable de rester tranquille, de réfléchir, de méditer et de juste être et observer.

Chez vous, il y a une pression innée du centre Racine pour vous développer et pour évoluer. Et vous savez laisser la pression monter et continuer de monter jusqu'à ce que vous vous mettiez en mouvement.

Grâce à une vision de haut et de loin de votre position avantageuse, vous savez dans quelle direction se trouve un avenir meilleur et quelles améliorations que vous pouvez apporter. Alors que le monde, autour de vous, suit sa course folle, vous restez impassible parce que vous avez identifié le point d'immobilité. Cela vous rend capable de rappeler à tout le monde que rien n'est permanent. Vous savez vous organiser avec méthode et discipline et avoir la patience nécessaire pour faire avancer les choses à leur juste rythme et persévérer jusqu'à l'atteinte de l'objectif fixé.

3-Les Clef Génétiques. Clef 52 = le point d'immobilité

Son dilemme où il doit faire des choix : La respiration superficielle. **Signe astral HD :** Cancer
Son partenaire de programmation : Clef 58, du stress à l'enchantement, à l'extase.
Corps : Le périnée. **Son anneau de codon :** L'anneau de la recherche (15, 39, 52, 53, 54, 58)
Acide aminé : Serine. **Son chemin de transformation :** Le chemin de la retenue.

L'ombre de cette clef : <u>Le stress</u>

En situation normale, le corps humain est conçu pour respirer lentement et profondément. Dans les fréquences de l'ombre de cette clef, il y a une respiration superficielle qui génère un manque d'oxygène dans les cellules et un état de contraction, de tension intérieure. Ce manque met le corps en état de stress et de survie, réactive les zones archaïques reptiliennes du cerveau chargées de la survie et désynchronise l'ensemble du corps des rythmes naturels de la vie, ce qui à son tour augmente le niveau de stress et engendre des peurs. Tout cela contribue à générer une pression intérieure, des émotions et à maintenir la conscience dans le mental et dans l'ego, dont la fonction même est d'assurer la survie du corps physique.

Cela active une alarme qui se met à sonner en permanence, en mettant dans un état d'hypervigilance, en étant prêt(e) à réagir, comme les animaux, par un des schémas comportementaux d'agressivité (fight en anglais), de fuite (flee en anglais) ou de simulation (fake en anglais). On se met alors à fonctionner avec sa tête tandis que le corps secrète des hormones de stress comme l'adrénaline. On donne à notre mental le pouvoir de décider en espérant que cela permettra de sortir de l'état de stress alors que l'activité mentale est cela même qui créé et nourrit l'état de stress. Il y a une difficulté à se restreindre de réagir à la moindre peur. On tourne ainsi en rond dans une roue comme un hamster, soit jusqu'à un effondrement dépressif, soit jusqu'au burnout, soit jusqu'à ce qu'on en sorte.

Le problème est que la société a tendance à conditionner les individus pour être dans le mental et en état de stress parce que les dirigeants qui ont peur de la mort s'imaginent qu'ils peuvent ainsi plus facilement manipuler et contrôler les gens. L'ombre de cette clef est ainsi un phénomène collectif, une fréquence présente dans l'aura collective de l'humanité qui place les gens dans un état de victime tant qu'ils ne parviennent pas à s'en extraire. Personne n'a de la joie à être en état de stress et c'est inconfortable d'être stressé. Pourtant, actuelement, la majorité de notre civilisation est adictée au stress. Une des conséquence d'être en état de stress et dans le mental est la tendance à n'exprimer qu'une toute petite partie de son potentiel, ce qui engendre de l'insatisfaction. Parmi les conséquences du stress et de la déconnexion des rythmes naturels du corps, il y a le besoin d'aller vite à cause d'une croyance que l'on ne va pas avoir le temps de tout faire.

Si l'ombre de cette clef se manifeste en mode réprimé, il y a une tendance à se sentir coincé(e), immobilisé(e), frustré(e) et dans un état de mal-être et d'épuisement intérieur. Le seul chemin pour sortir de cet état et de faire revenir sa force vitale est d'orienter son énergie dans le cœur et de faire quelque chose que l'on aime en étant au service d'autrui. Si l'ombre de la clef se manifeste en mode réactif, la peur, la frustration et la colère sont projetées sur autrui et maquées par un besoin frénétique de mouvement et d'activité, au point d'être incapable de rester immobile. Le chemin pour sortir de cet état est de cesser d'être dans le déni, de regarder ses peurs en face jusqu'à ce qu'elles desserrent leur emprise, permettant ainsi une élévation de la fréquence vibratoire vers les fréquences des dons de la clef.

En plus de cela, pour sortir de cet état, la solution est très simple. La première étape et d'écouter et d'entendre cette alarme, de voir dans quel état émotionnel elle nous met, d'observer notre respiration et de ralentir en respirant lentement et profondément, sans forcer, de façon naturelle. Il s'agit ensuite d'observer que la vie a son rythme naturel et de se synchroniser avec ce rythme en prenant le temps dont on a besoin pour que les choses soient faîtes. Il s'agit enfin d'apprendre à élever sa fréquence vibratoire grâce à l'énergie de l'amour présente dans le cœur et en respectant certaines règles afin de modifier sa façon de voir les choses, de se voir soi-même et de voir la vie.

Son cadeau : Les dons et capacités de cette porte : La retenue

Ce don permet d'exercer une retenue dès que l'énergie tend vers des extrêmes et ainsi de générer équilibre et harmonie entre les deux pôles opposés, entre activité et passivité par exemple. Il génère une pression qui créé et maintient en place les structures dans lesquelles les spirales de vie en évolution peuvent avancer. On prend ici conscience qu'une respiration normale s'effectue à partir du ventre et que les flux d'énergie partent du périnée, entre l'anus et les organes génitaux, puis remontent le long de la colonne jusqu'au sommet de la tête, jusqu'à la fontanelle. On apprend à ralentir notre respiration, notre rythme et à se resynchroniser avec les rythmes naturels de notre corps, de la nature et de la vie. On apprend à se ressourcer dans la nature pour resynchroniser nos rythmes avec elle. On retient le mental et on empêche le rythme du mental de prendre plus de place que nécessaire dans notre vie. On prend pleinement conscience des rythmes et des cycles de la vie, c'est-à-dire des cycles journaliers, hebdomadaires, lunaires, saisonniers, annuels et des cycles planétaires plus longs. On devient capable de donner de l'espace au temps, d'expanser le temps, de ralentir le temps et un jour de sortir les gens de leur état de stress et de les aider à revenir à leur rythme naturel.

Ce don permet d'avoir une respiration ancrée dans le corps, d'être ancré(e) dans la vie et d'être comme une ancre qui retient la présence et l'empêche d'être ballotée par les courants de l'agitation mentale. Cela permet de ne pas être impacté par l'agitation du monde extérieur et de rester calme quoi qu'il arrive. La retenue est un processus de transformation qui consiste à ralentir. Cela permet de faire preuve de patience, de se reposer, de se ressourcer, de prendre du recul et de retrouver une clarté concernant ce que la vie veut faire de nous et ce qui est juste pour nous de faire. Cela permet de retrouver un sens du bon timing et un sens de l'évidence tranquille qui avance à son rythme.

La question de comment on peut au mieux servir la Vie, le Cosmos, l'Univers se pose naturellement et on a conscience des conséquences de ces actions sur l'environnement et sa pérennité pour les générations futures.

On agit alors pour exercer une retenue saine qui respecte les rythmes naturels de la vie. On a conscience que tout processus commence par une intention claire au service de la vie et telle une graine, on laisse cette intention émerger, prendre la forme de notre destinée individuelle, puis on l'accompagne en respectant son rythme de croissance et on laisse notre vie se dérouler en suivant la direction indiquée, même si on ne sait pas où cela nous mène. On a conscience que la vie sait toujours où elle va. On apprend à se restreindre d'interférer et de vouloir autre chose que ce que la vie veut pour nous parce qu'on a confiance en la vie. On sait qu'elle nous conduit au sommet de la montagne au rythme de l'éternité.

Le superpouvoir/puissance (Siddhi) de cette porte : L'immobilité, la sérénité.

La véritable immobilité telle qu'elle peut être perçue par un être humain se situe au niveau de la conscience. Le superpouvoir de l'immobilité trouve sa source dans la conscience d'arrière plan qui sous-tend la vie. Cette conscience semble immobile et pourtant, elle crée la vie par Amour et Volonté de Joie selon le rythme et le nombre. La vie nait de l'immobilité et y retourne un jour. Cette fréquence de l'immobilité existe et vibre dans notre ADN. Elle se cache derrière l'activité permanente et un jour, le corps physique redeviendra immobile et retournera à la Terre.

L'immobilité est présente dans le stress et on ne la découvre que quand on ralentit et ce ralentissement commence par la respiration. L'immobilité n'est pas la mort ni un monde glacé et sans vie. Elle est au contraire remplie de potentiel prêt à se manifester. Mais seule une personne sans moi séparé peut être immobile et elle n'est immobile parce qu'il, le moi séparé, n'est pas là. La personne est tellement en harmonie avec la vie qu'elle est immergée dans l'arrière plan et s'exprime à partir de lui. L'amour et la joie s'expriment à partir de la personne depuis l'arrière plan de conscience.

L'immobilité est sans efforts. Elle est au-delà de l'effort, des fréquences et de la compréhension. Cet aspect au-delà des fréquences peut être facilement imaginé. Si on imagine à 100 mètre de soi un train à l'arrêt, on constate son immobilité. Si on imagine des trains qui passent et qui se suivent de plus en plus rapidement, à un moment donné, ils vont tellement vite qu'on ne les voit plus. De même, si on imagine un objet vibrer à une fréquence de zéro hertz, il est facile de concevoir qu'il apparait comme immobile. Si cet objet vibre à une fréquence de plus en plus rapide, à un moment donné, il vibre tellement vite que les ondes se rencontrent, ne forme plus qu'une qui semble immobile tandis que l'objet semble disparaitre, laissant place à un vide immobile. C'est ce rien vibrant, ce vide vibrant à haute fréquence qui correspond à l'état d'être dans lequel s'expriment les superpouvoirs, ici sous la forme de l'immobilité vibrante d'amour.

L'immobilité est un processus graduel de réalisation où la conscience se tourne vers l'intérieur, hors du stress généré par les fréquences de l'ombre, pour s'aligner avec sa réalité profonde, avec la Source de toute Vie. Elle ouvre de l'espace entre les pensées et les expanse. Elle permet de voir les pensées, les émotions et les processus internes émerger au ralenti, de les observer et de les laisser retourner là d'où ils sont venus, se dissoudre dans l'immobilité, sans s'y agripper, les étiqueter, les juger ou faire preuve d'aversion envers eux.

Ce superpouvoir écarte tous les mélodrames de notre vie et permet de les observer de loin s'ils tentent de se manifester et de les laisser s'en aller du fait qu'ils ne nous intéressent pas.

L'immobilité émerge de notre intérieur comme par vagues et amène une telle paix, une telle sérénité qu'aucun mot ne peut la décrire. Elle existe au cœur de chacune de nos cellules, au cœur de notre ADN, au cœur de chaque atome, d'où le mystère de la vie émerge constamment à travers nous. L'immobilité ne voit qu'elle-même et ne considère qu'elle-même comme réelle. Le seul désir de l'activité qui émerge de l'immobilité est de se connecter à l'immobilité chez autrui et de montrer qu'elle est notre source de joie, d'enchantement et d'extase ; qu'elle est la fin de toute recherche et de tout questionnement ; qu'elle est l'endroit magique où tout se rejoint et se rencontre à la fin de l'arc-en-ciel ou au sommet de la montagne. Le Bouddha a atteint l'éveil en restant immobile très longtemps, devant un arbre.

Quand on accède à ce superpouvoir, on devient un point de conscience immobile qui perçoit toute la création et la vie se dérouler autour de soi en vagues spiralées. Ce superpouvoir s'unit au superpouvoir partenaire, l'enchantement ou l'extase (superpouvoir 58), créant le canal par lequel s'écoule la vie en cycles d'évolution et d'involution. Au niveau du corps, il correspond à un état biochimique bien spécifique générateur d'enchantement et de sérénité. En astrologie, c'est symboliquement l'endroit d'où on passe de Saturne, qui ralenti le temps, à Neptune qui le dissout. On passe alors du sommet de la montagne (Saturne) à tout l'espace infini qu'il y a autour (Neptune). On accède à l'immobilité enchantée et enchanteresse et on entend alors la Source de toute Vie chanter la vie par Amour et Volonté de joie.

Chapitre 29 : Le nombre 53

A-Sa structure et ses associations : Le nombre 5 est en relation avec la légitimité, la conscience, l'expression du cœur, le sens, le voyage du corps et de la conscience et les enseignements qui permettent une intégration sociale ou une élévation de la conscience. Le nombre 3 est en lien avec la relation à la mère et aux femmes, avec l'expression de la femme en soi, avec le mental, l'expression de l'intelligence et avec la communication, avec les déplacements et avec l'adaptation à l'environnement à travers le service. Il y a ici la relation d'une mère à son père, du grand-père avec sa fille devenue femme. Le voyage du corps et de la conscience est structuré en trois étapes, une phase de commencement, une phase de développement et une phase de complétude. Les enseignements sont utilisés pour générer du mouvement de vie et pour communiquer. Ils sont mis au service de l'adaptation et permettent une évolution par étapes.

B-Selon la tradition ancienne du Yi-King Chinois : Hex 53 = L'évolution graduelle.

Résumé du nombre : Cheminer et avancer dans l'évolution graduelle du mariage ou d'une relation consentie qui s'enracine en profondeur tout en évoluant vers les hauteurs spirituelles en créant de nouvelles expériences de vie, pour atteindre un épanouissement serein. Sachez vous arrêter régulièrement en chemin.

Explication technique :

Quand le calme intérieur, l'ordre, les structures et la sagesse ont été mis en place et quand l'on avance avec patience, lentement mais surement, sur le chemin qui mène à sa vérité profonde, il s'ensuit une évolution naturelle. C'est pourquoi après «La Montagne» vient «L'évolution Graduelle». Un arbre pousse, lentement mais surement, sur la montagne, puis atteint son épanouissement, s'élevant vers les hauteurs tout en s'enracinant dans le roc. Il devient alors un point de repère et un exemple à suivre dans tout l'environnement.

Cela évoque la nécessité d'effectuer un continuel travail de développement personnel pour grandir et de partir d'une solidité intérieure pour engendrer une évolution graduelle vers l'extérieur. L'idéogramme de l'hexagramme présente côte à côte, vu du ciel, une rivière, un char à bœufs, un outil pour travailler le bois et une planche de bois. Cela évoque la construction des moyens pour avancer, un lent cheminement sur la route de la vie et une vision élevée.

Souen, le bois ou le vent, demande de la vie, de l'action et du mouvement, l'utilisation de l'autorité et de l'optimisme, une communication intelligente, l'expression du sens du service, l'adaptation aux exigences de la Nécessité, la gestion de l'espace et des affaires du monde, de guider et d'enseigner, ou de se laisser guider et enseigner.

Le trigramme **Ken** demande de s'intérioriser, de structurer, de fournir les efforts nécessaires, d'apporter des limites et des restrictions, de cultiver le calme intérieur et la sagesse, de mettre en place de l'ordre et une organisation dans la durée, de faire preuve de maîtrise de soi et d'honnêteté, d'accomplir ses devoirs et d'accéder à sa vérité profonde. **Li**, le feu, est la lumière, la visibilité, la chaleur, l'énergie et la motivation. Il demande un engagement total, d'exprimer sa lumière en donnant le meilleur de soi-même, une conscience claire orientée vers des objectifs, la vigilance et de mettre en œuvre les moyens permettant d'obtenir des résultats grâce à une action efficace.

Kan, l'eau demande d'accepter ce qui est, de cultiver la foi, d'intégrer ce qui est invisible, de gérer les émotions et d'évoluer en suivant le chemin de moindre résistance, avec ténacité et compassion. Elle écoute son intuition, surveille, reste vigilante face au danger et établit une circulation fluide de l'énergie pour que la vie se manifeste et avance.

L'hexagramme représente le lent cheminement qui amène au mariage, le renforcement graduel des liens dans la relation de couple, la sensibilité à la beauté et à l'harmonie, la conclusion du mariage puis l'évolution du couple au sein du mariage. Ce chantier, ce chemin, rencontre le succès et permet une croissance intérieure que quand les deux époux font l'effort de rester en accord avec l'ordre cosmique, en unissant leur vie extérieure et leur vie intérieure et en ayant des rapports sexuels uniquement entre eux. Cela nécessite de la profondeur. L'importance de cette fidélité, sans laquelle ne peut se dérouler le processus de création d'une nouvelle entité spirituelle Homme-Femme, est mise en avant dans toutes les lignes de l'hexagramme, par des cygnes ou oies sauvages, qui sont toute leur vie fidèles à un(e) seul(e) partenaire, au point de rester chastes et seul(e)s si jamais ils la perdent. Et ils migrent toujours au même endroit. A chaque ligne, le vol des cygnes, puis l'arrivée à la destination, symbolise un aboutissement ou une réalisation faisant suite à un développement graduel.

Interprétation classique :
La situation est comme celle d'un arbre poussant lentement sur un flanc de montagne. Un chantier imposant, un lent processus d'expansion et une évolution graduelle, pas à pas, étape par étape, dans la joie et la sérénité, sont ici en cours de réalisation. Seul ce long cheminement permet ici d'atteindre l'objectif et un état d'épanouissement. Toute croissance trop rapide, toute précipitation, toute agitation, tout changement brusque ou tout tentative de prendre des raccourcis sont ici totalement inappropriés et ne conduirait qu'à l'échec. L'heure n'est donc pas aux grands bouleversements. Une alliance volontaire entre deux pôles complémentaires, un engagement total, profond et durable entre ces deux pôles, pour construire quelque chose de plus grand qu'eux pris individuellement et la nécessité d'atteindre, dans le grand voyage qu'est la vie, chaque destination qui doit être atteinte, sont également ici en jeu.

Ce lent déroulement, évolutif et naturel, des événements a ses formalités, ses rituels, ses étapes, ces temps d'action et ses temps de repos ainsi que des moments où l'évolution ne se produit que dans les profondeurs intérieures. Il est également parfois nécessaire de revoir et se réapproprier ce qui a déjà été accompli. Cela, ainsi que cette alliance engagée dans le long terme, existent spécifiquement (a supprimer) lors de la création d'un couple mais aussi dans toute situation de recrutement ou de promotion, dans tout projet en groupe et dans les relations entre un « roi » et son « ministre ». La réussite passe ici par un ancrage dans les fondations solides des règles de la vertu et de la sagesse, en accord avec l'ordre cosmique, par cet état de calme confiant, vibrant et intense, libéré de tout désir et de toute crainte mais rempli d'une grande vigilance. Elle passe par une vision à long terme et une persévérance constante capable de garder le cap quelque soient les difficultés et les obstacles, par une organisation génératrice d'ordre dans la vie quotidienne, par des valeurs ou procédures traditionnelles et durables, par une intelligence relationnelle qui cultive l'harmonie, par un équilibre entre masculin et féminin puis par un dynamisme efficace qui s'intègre dans l'environnement en s'adaptant aux nécessités du contexte. La vie suivra ensuite son cours vers une évolution logique. Il est donc judicieux de saisir chaque opportunité de faire un pas en avant, au sein des structures et des normes sociales existantes.

C-Selon les deux écoles modernes du Design Humain et des Clefs Génétiques :

1-Le Design Humain. 53 = Porte des nouveaux départs, commencements/démarrages (de cycles).

Explication technique :

Circuit du ressenti. Centre Racine. Cette porte est liée à la porte 42, l'augmentation. Son thème principal est la capacité à initier et sa maîtrise permet l'expansion et l'abondance. Cette porte donne l'énergie et l'impulsion permettant de déclencher une nouvelle expérience, d'initier une séquence ou un processus de développement, de commencer une nouvelle activité, un nouveau projet ou une nouvelle phase de vie et de démarrer un cycle, depuis la conception jusqu'à la complétude du cycle, peut importe les changements que cela entraine.

Elle est le carburant permettant à sa porte partenaire de manifester à l'intérieur du cycle des processus de maturation des choses avec constance, persévérance et fermeté, en accompagnants différentes phases de transitions et de changements. Ce mouvement de vie organisé qui va de l'avant peut s'appliquer partout où il y a de la vie, c'est-à-dire aux pulsions créatrices, à l'ensemencement de la vie dans le cosmos, aux différentes formes de vie existantes, aux idées, aux projets, aux activités, aux relations et au développement spirituel.

Il y a une pression pour démarrer un cycle, pour faire avancer les choses mais il y a ici une certaine agitation, un certain stress, une certaine frustration qui existe tant que le cycle n'est pas terminé. Il y a un besoin permanent de démarrer des cycles, de créer des commencements et de les rapprocher de leur fin pour avoir l'espace vide permettant d'en démarrer de nouveaux. Il n'y a pas forcément beaucoup de conscience et le processus est assez mécanique, comme une pulsion de vie qui veut manifester son existence afin d'engendrer une évolution. Le risque est alors de démarrer trop de cycles en même temps juste par plaisir de déclencher des choses nouvelles, de ne pas discerner quels cycles sont capable de générer une véritable évolution, de ne pas laisser d'espace à la maturation des choses et de s'épuiser à gérer tous les cycles qui tournent en même temps.

Il y a le risque de ne pas aller au bout des cycles enclenchés, de se disperser, d'être dans un état permanent d'instabilité, de ne pas savoir s'ancrer dans des projets à long terme et de s'égarer dans le chaos de la vie extérieure. La pression de vie dont il est ici question chevauche une vague et fonctionne comme une vague. Il faut alors savoir faire preuve de patience pour voir comment la vague va évoluer et éviter toute précipitation. Cette porte fonctionne parfois selon une logique qu'il ne sert à rien de démarrer quelque chose si on ne peut pas le finir, si on ne peut pas l'amener à une conclusion, ce qui est un peu en contradiction avec certains processus d'abstraction où l'on démarre parfois des choses juste pour voir. Une fois le démarrage effectué, la clef de la réussite est d'aller de l'avant, de suivre la vague sans se retourner et de laisser la vie agir à travers soi.

Proposition d'interprétation :

On dit souvent que toute situation ou toute histoire a un début, un milieu et une fin. Chez vous c'est surtout le commencement qui est important. Il y a en vous comme une fabrique à étincelles qui fait démarrer les choses grâce à la bonne intégration de votre enfant intérieur. Vous avez sans cesse besoin de démarrer des cycles nouveaux et de générer de nouveaux commencements avec un certain enthousiasme. La suite est moins évidente à gérer, ce qui veut dire qu'il est plus compliqué d'atteindre le milieu et surtout la fin d'un projet. Il vous faut alors couper les situations en petit morceaux où chaque morceau est un petit cycle dans le grand cycle, une petite histoire dans la grande Histoire de votre vie.

Vous êtes par contre naturellement ouvert(e) à de nouvelles expériences et comme vous n'aimez pas vous ennuyer, vous trouvez toujours quelque chose de nouveau ou de différent à faire ou à essayer. Vous commencez ainsi régulièrement de nouveaux partenariats, projets ou occupations, tout en sachant dès le début que ça ne fonctionnera pas forcément ou que cela n'arrivera pas forcément à complétion. Parfois, vous faîtes juste pour voir si ça démarre ou pas, juste pour voir si ça mène quelque part. Vous pouvez par contre être particulièrement doué pour aider les autres à démarrer un nouveau projet, à les lancer dans une nouvelle activité, dans une nouvelle direction ou dans de nouvelles aventures.

Certaines personnes peuvent ainsi vous solliciter justement pour bénéficier de vos étincelles qui les aident à démarrer, à passer à l'action et à mettre la machine en route. Votre don peut se définir comme une capacité à être en harmonie avec l'univers lorsque vous démarrez et comme une capacité à vous adapter avec justesse en faisant exactement ce que la vie ou l'univers vous demande. C'est comme se lever le matin et démarrer la journée avec une fluidité inspirée.

Quand vous vous permettez de commencer votre journée naturellement et spontanément, vous voyez alors que vos jours se remplissent d'activités agréables et florissantes parce que vous êtes en harmonie avec la fluidité de la vie. Vous savez alors saisir les opportunités que la vie vous propose et les accompagner vers là où elles veulent aller. Cette façon de faire génère alors une évolution naturelle grâce à une histoire qui s'écrit à travers vous et que vous nourrissez en permanence, chapitre par chapitre.

3-Les Clef Génétiques. Clef 53 = évoluer au-delà de l'évolution.
Son dilemme où il doit faire des choix : fébrilité, impatience, agitation.
Son partenaire de programmation : Clef 54, le chemin. **Corps :** Diaphragme urogénital.
Son anneau de codon : L'anneau de la recherche (15, 39, 52, 53, 54, 58). **Acide aminé :** Serine.
Son chemin de transformation : Le chemin de l'expansion. **Signe astral HD :** Cancer.

L'ombre de cette clef : L'immaturité.

Cette clef génétique est la force motrice de la vie et l'énergie présente lors des commencements. Elle invite à conscientiser dans quel état d'être émotionnel on se trouve lorsque l'on commence quelque chose, si on est dans la confiance ou dans la peur, tendu et stressé ou détendu. Au niveau de l'ombre, cette clef a tendance à générer des commencements en étant enfermée dans une peur collective lié à notre histoire, ce qui ne permet pas de sentir la vie, les lois de la nature et l'abondance de la nature. Il y a une peur de ne pas être dans l'abondance, de ne pas s'en sortir et du coup de s'affirmer comme si la nature n'existait pas, comme si l'homme ne faisait pas partie de la nature, comme si la vie et la nature ne trouvaient pas toujours leur chemin.

Cette Clef décrit les étapes du chemin d'évolution depuis l'étape où la conscience est fixée sur le monde extérieur et les choses extérieures à l'étape où elle est profondément ancrée dans son intérieur.

L'immaturité correspond à cet endroit de l'évolution où une personne n'a pas encore commencé à se tourner vers l'intérieur, à regarder à l'intérieur d'elle-même pour générer une résolution de ces problèmes. Du coup elle commence des choses avec de la peur et de l'immaturité, ce qui génère des situations disharmonieuses. Il y a une inconscience de la réalité de ce qu'est la vie et une peur de la mort. Il y aune peur de grandir, de murir, de perdre son enfant intérieur qui peut alors prendre trop de place. Dans le monde de la matière, nous visons dans une illusion, nommé Maya par les Hindous. C'est comme dans le film Matrix où Néo, le personnage principal, réalise qu'il vit dans une construction artificielle, une projection mentale. Nous vivons dans un monde comme ça où l'on croit que tout ce que perçoivent nos sens est réel. On est alors la victime de ce que la vie amène sur notre chemin. On se perd des les mélodrames de notre vie et des vies des personnes autour de nous.

Il y a beaucoup de souffrances dans le monde et elles sont vécues de façon très réelle par les personnes qui les vive. La vraie question est de conscientiser comment l'on rencontre ces souffrances, comment on les gère et comment on transforme ce qui les cause. C'est cette approche qui est synonyme de maturité. Cette clef génétique apporte donc l'énergie des commencements et de comment démarrer une nouvelle étape, un nouveau début d'un nouveau cycle. D'une façon encore plus profonde, il régit le cycle de notre présente incarnation et de nos vies passées comme autant d'étapes de notre évolution.

Le concept de réincarnation est sujet à beaucoup de controverse et à même été banni par l'église catholique il y a des siècles de cela car ils disaient que c'est juste une opinion. On va ici supposer que c'est une opinion, un concept, qui est là pour exprimer une vérité plus profonde. Le truc étrange, c'est que quand nos incarnations sont terminées et que l'on est enfin libéré, on réalise qu'il n'y avait pas d'incarnations séparées et que l'ensemble de nos incarnations constituaient comme un jeu vidéo avec différents niveaux, une même comédie divine en plusieurs actes ou une série télé avec différents épisodes.

On réalise que quand notre conscience est libérée de tout ce mélodrame, de tout ce cirque, elle n'a plus besoin d'y participer car elle n'a plus la sensation de séparation qui pousse à se réincarner.

Mais en attendant d'avoir conscience de tout cela, eh bien on revient, encore et encore et on est là dans notre vie actuelle. Il y a de nombreux niveaux d'immaturité. Il y a celle qui existe à l'échelle d'une vie, où nous grandissons, murissons, apprenons de nos erreurs et on l'espère, nous devenons plus sage. A l'autre bout de l'échelle, il y a la maturité d'âme, de conscience et d'incarnation, où notre conscience accroit sa luminosité sur de nombreux cycles et de nombreuses vies.

L'observation des fleurs est un bon exemple pour comprendre ce concept et lui enlever toute connotation morale. Chaque fleur a son rythme d'évolution en fonction de sa structure génétique et de comment elle est câblée. Certaines fleurs fleurissent au printemps, d'autres à l'été et d'autres encore à l'automne. Elles sont toutes magnifiques.

C'est pareil pour les humains. Certains sont plus mûrs et conscients que d'autres et chacun avance à son rythme. La Terre est une école de la conscience et une fois que l'on a été en classe puis réussit nos examens, on peut passer à l'étape suivante tandis que des nouveaux élèves arrivent. C'est tentant de les voir comme des éléments séparés mais en réalité, ils sont juste des petits bout de la même conscience qui s'expérimente à différentes fréquences d'évolution, de la même conscience que les élèves qui ont réussis leurs examens et obtenus leur diplôme.

C'est comme si tout le rayonnement d'arrière-plan, de fond du Big Bang, doit évoluer dans le temps et le fait qu'une parti de ce rayonnement fleurissent tôt et un autre plus tard ne modifie en rien la conscience sous-jacente.

Le dilemme de cette clef est la fébrilité, qui génère une effervescence agitée. Quand le nouveau morceau de conscience arrive à l'école de la vie, elle a tellement de choses à apprendre et la plus importante est que la vie extérieure, les choses extérieures n'offrent jamais la sensation de complétude. Nous vivons de nombreuses vies où l'on recherche le plaisir et où l'on fuit la douleur émotionnelle et cela arrive jusqu'à ce que l'on remette en question l'ensemble du jeu de la vie. On se souvient peut-être de la première fois où l'on s'est posé des questions, ce à quoi on a réagit, ce qui nous à fait réagir comme ça.

Cela a peut-être été déclenché par des parents insupportables, par des conflits relationnels, par la mort d'une personne chère, par une crise émotionnelle, par un livre que la vie a mis entre nos mains, par une rencontre avec une personne plus mûre ou par un stage, un stage de développement personnel par exemple. Quelque soit la cause, elle vous a amené à lire ce texte. La clef 53 fait partie de l'anneau de la recherche et nous pousse à chercher, avec une certaine fébrilité ici et cette recherche finit par devenir une recherche spirituelle. Dans les fréquences de l'ombre, de l'immaturité, on est happé et conditionné par le monde extérieur et les événements de notre vie, qui sont servis sur un plateau en fonction de notre karma généré par nos vies passées.

Tout est lié à une cause et on peut faire des liens avec le passé quand l'on prend conscience de ces différentes vies passées, avec les besoins, peurs, insatisfactions, croyances, harmonies, déséquilibres et comportements qui y sont associés. Il y a une mise en application de lois de cause à effet, que l'on nomme la justice divine ou la loi de l'équilibre, qui est à l'ouvre dans l'invisible.

On a tous en nous des endroits où l'on est immature et quand on commence à évoluer spirituellement, on apprend à les identifier et à les transformer, ce qui prend du temps. On a tous nos angles morts, les choses que l'on ne voit pas et c'est important de se demander où ils sont et où l'on joue un rôle de victime, car c'est là où sont logées nos souffrances, qui tendent à exiger toute l'attention de notre conscience, et c'est à partir de là que l'on peut progresser et générer de l'expansion.

Si l'ombre de cette clef se manifeste en mode réprimé, il y a un fond de peur inconsciente de la vie, d'être submergé(e) par la vie, qui est souvent exprimé par de la colère. Il y a une difficulté à démarrer de nouveaux projets ou une nouvelle vie et une tendance à se cantonner à une seule activité toute sa vie durant. Il y a une tendance à vouloir tout contrôler pour que les choses restent exactement comme elles sont. Il y a une tendance à se couper du monde et de la vie, qui se termine alors souvent avec beaucoup de tristesse.

Si l'ombre de la clef se manifeste en mode réactif, la machine à créer des commencements s'emballe et la personne démarre sans arrêt de nouvelles choses sans terminer les précédentes, sans les développer, sans approfondir et passe sa vie à papillonner parce qu'elle a peur de faire face à son intérieur, à ses peurs. Elle est alors piégée dans des cycles répétitifs de commencements qui ne mènent nulle part. La grâce de cette ombre survient quand l'on voit que nous sommes immatures, quand on se rend compte à quel point nos actions, nos pensées et nos paroles sont enracinées dans la peur. C'est alors que notre cœur commence à s'ouvrir et que nous commençons à reprendre confiance en la vie, sans opinions, sans attachements ni agrippements, sans jugements et sans peur.

Son cadeau : Les dons et capacités de cette porte : L'expansion, la maturation.

Il est dans l'air du temps de se poser la question de savoir comment on peut murir et accélérer son évolution mais cette question vient justement des fréquences de l'immaturité et de son dilemme, la fébrilité effervescente. C'est quand l'on commence à comprendre l'origine de cette question que l'on commence à ralentir et à murir. On accélère en ralentissent n'est-ce pas étonnant ! Une personne mure est plus âgée et plus lente. Une rivière mûre est plus large et son eau avance plus lentement. La clef du ralentissement et de l'accès à l'immobilité est la clef juste avant celle-ci dans la séquence des Hexagrammes, c'est la 52, la montagne.

La spiritualité implique l'apprentissage de la respiration correcte, ample et profonde, de la contemplation et de la méditation. C'est quand on respire plus profondément que l'on commence à y avoir plus clair, que l'on voit la vie se dérouler comme au ralenti. Notre rythme de vie se ralenti mais notre conscience s'accélère et notre intelligence s'accroit et devient plus vive et plus fine. Notre vie devient plus productive et efficace. On entre dans une phase d'expansion. On se rend compte que l'expansion est l'état naturel de la vie qui continue toujours sur son chemin de façon équilibrée, en s'expansant de façon fractale, allant perpétuellement hors de sa zone de confort.

L'expansion humaine peut être équilibrée ou déséquilibrée, c'est-à-dire surtout excessive, comme quand une entreprise devient tellement énorme et lourde qu'elle cesse d'être productive et ce type d'expansion est encore de l'immaturité. Le don de l'expansion concerne l'expansion de la conscience, de l'amour, de la créativité et de la joie. Expansés ensemble, ils génèrent une harmonie parfaite car c'est une expansion de la vie, de l'énergie de vie.

La conscience sans l'amour peur devenir cruelle et l'amour sans la conscience peut rendre téméraire et créer des expériences douloureuses. Quand notre conscience murit, notre vie va vers plus d'équilibre. La vie est globale mais on a tendance à la cloisonner, en la décomposant en différents secteurs comme le travail, le couple, la famille, les relations, la santé, le bien-être et l'évolution spirituelle alors que tous ces éléments ne sont qu'une et même chose, notre vie. Générer de l'expansion que dans un seul domaine ne fait que créer des déséquilibres. Murir, c'est permettre à l'expansion d'avoir lieu partout et le secret de cela est l'absence d'efforts. L'expansion survient sans effort et émerge naturellement, lentement, tranquillement et silencieusement. Elle génère un état de calme et non un état d'excitation. Elle engendre de la simplicité et non de la complexité. Et tout cela arrive quand on ralenti.

Et elle se produit au cours de nombreuses vies. Dans les milieux spirituels, il y a cette expression nommé l'atome permanent, l'étincelle divine ou le trône de Dieu qui est la maison de cette étincelle. Il y a l'idée que cet atome voyage de vie en vie et porte avec lui la valise du karma. On dit qu'il fait parti du corps causal, qui stocke et qui garde dans cet atome tout le bien que l'on a fait et toutes les enseignements que l'on a intégré dans nos différents cycles de vie.

Avec le temps, cet atome commence à rayonner et plus il rayonne et plus il illumine l'âme. Cela génère une aura dotée d'un état de conscience expansé. Cet état a conscience que les problèmes du monde ne peuvent être résolu qu'en soi, à l'intérieur, quand on va jusqu'à la racine des choses. La souffrance est comme une hydre où si on coupe une tête il y a en a une autre qui repousse. On arrête une guerre quelque part une autre survient ailleurs. Cela ne veut pas dire qu'il ne faut pas agir pour aider les autres et créer la paix partout dans le monde mais qu'il faut éduquer les gens pour qu'il la trouve en eux-mêmes. Et l'un des moyens principaux pour transcender la souffrance est de se mettre au service de la vie et d'aider autrui sans rien attendre en retour.

Ce service désintéressé fait parti de notre expansion et on ne peut pas s'expanser sans servir. Le service est un produit dérivé de l'amour qui s'expanse dans notre cœur.

Ce don de l'expansion consiste à orienter toute cette fébrilité vers sa source et à gérer la souffrance émotionnelle, que l'on peut soit utiliser pour expanser son cœur et sa conscience, pour sortir de sa zone de confort et gouter à la vie, soit pour la laisser submerger et écraser notre conscience. Ce don rend capable d'utiliser les difficultés et traumatismes de la vie comme carburant pour générer une expansion du cœur, de la conscience et de l'activité.

Avec la clef 54, son complémentaire, la Clef 53 est l'une de celles qui génère le plus d'élan et soit ces deux clefs nous rendent dingue, soit elles nous emmènent jusqu'à l'éveil et la sagesse, via l'illumination de la conscience. Puis à un moment donné, au niveau du superpouvoir, le moi séparé disparait et se fond dans la conscience universelle et dans la vie. Il n'y a plus d'expansion, ni de la conscience ni du cœur car la conscience est l'amour sont vus comme existant partout et la conscience individuelle fait un avec eux. Elle fait un avec la vie.

Le superpouvoir/puissance (Siddhi) de cette porte : <u>La surabondance, la super abondance de vie.</u>

Ce superpouvoir est au-delà de l'abondance. Les humains sont toujours à la recherche de l'abondance et il n'y a rien de mal à cela car il est nécessaire de faire l'expérience d'un minimum d'abondance matérielle pour pouvoir consacrer du temps à son évolution. Mais quand nos besoins matériels sont satisfaits, on réalise qu'avoir de l'argent n'est pas ce qui nous rend heureux. Cela apporte du confort et un sentiment de sécurité mais cela ne soulage pas nos souffrances et ne nous fait pas ressentir un sentiment de complétude.

En tout cas, pour la majorité d'entre nous, il est nécessaire de satisfaire nos besoins matériels avant de pouvoir se tourner vers notre vie intérieure. C'est juste du bon sens.

La superabondance ou ce qui est au-delà de l'abondance appartient à une autre dimension qui nous dit que l'abondance matérielle n'est plus le sujet principal. Le sujet, c'est la vie et la Source de toute Vie qui génère sans arrêt de nouveaux commencements. La superabondance est au-delà des opposés, de la contraction et de l'expansion, des commencements et des fins, de la vie et de la mort et elle est au-delà de tout besoin de chercher, de toute recherche. Elle se trouve à la fin des recherches, au bout de l'arc-en-ciel. Elle est l'endroit d'où tout jailli, ce qui est un véritable mystère, cette Source de toute Vie !

La superabondance est un état d'être au-delà de tout agenda, de tout objectif planifié. L'atome éternel évoqué au niveau des fréquences du cadeau est vu à présent comme étant existant de façon presque permanente. A un moment donné il explose (Hexagramme/Rune 23), (Bô Yin Râ décrit cela dans l'un de ses livres), l'incarnation alors prend fin et il n'y a plus de nouveaux cycles, plus de nouveaux commencements ou plutôt il n'y a qu'en seul commencement qui dure pour l'éternité.

C'est ça l'éternité, un éternel commencement sans fin. Ce Siddhi est l'art de faire un avec la vie et de créer, selon le rythme et les Nécessités de la vie, de nouveaux commencements, pour s'intégrer dans la fluidité de la vie qui ne s'arrête jamais. Étrangement, cette Clef nous met dans un état de présence vivante et veut nous faire courir ! Faire du jogging fait beaucoup de bien. C'est bon pour la santé et ça brule de l'énergie. C'est méditatif et rythmique. Quand on court et qu'on est intensément dans l'instant présent, dans une présence aimante, on peut ressentir cette superabondance, cette vie en soi et paradoxalement, le monde autour de nous ralenti et au bout d'un certain temps, il commence à nous remplir. C'est comme si la course nous court, comme si la vie courrait à travers nous. Richard Ruud suggère aux personnes qui ont cette clef d'expérimenter le jogging ou la course à pied et de bien observer ce qu'il se passe ensuite.

Le but ici n'est pas de focaliser sa conscience sur les formes qui vont et qui viennent comme les vagues de l'océan mais sur le fond, sur la Source elle-même et sur la vie, dont on fait parti, qu'elle crée. La seule façon d'appréhender l'éternité est de se dire qu'un jour, il se passera telle ou telle chose.

Un jour, dans 4 ou 5 milliards d'années, notre système solaire, la Terre et toutes les planètes seront englouties par la collision avec la galaxie d'Andromède qui fonce sur nous ou beaucoup plus tard par l'univers qui se contracte et s'effondre sur lui-même en une grande inspiration cosmique, jusqu'à ce qu'il ait un grand effondrement puis une nouvelle expiration, une nouvelle phase d'expansion. Tout finit par retourner à la Source de toute Vie parce que tout est créé par elle depuis toujours et pour toujours, selon le rythme et le nombre.

Le superpouvoir de la superabondance nous apprend à élargir nos horizons, à murir, à de plus en plus ouvrir son cœur à la vie, à toucher toujours plus de monde et à se détendre, à transcender la vie dans la matière et à maîtriser l'art du lâcher prise, de façon à ce que la vie et la Source de toute Vie se vivent à travers nous, dans une fluidité intense et détendue, parce qu'on a donné sa vie à la vie. Le don de l'expansion a murit et ici le fruit de la vie consciente d'elle-même tombe de l'arbre. On devient un avec la Vie et avec la Source de toute Vie, en étant disponible pour vivre ce que la vie veut vivre à travers nous.

Même s'il est difficile de décrire les superpouvoirs il est important d'avoir quelques repères et c'est ce que vous proposent ces textes. On se rend compte ici que la surabondance a toujours été là et on l'exprime selon sa propre forme.

Chapitre 30 : Le nombre 54

A A-Sa structure et ses associations: Le nombre 5 est en relation avec la légitimité, la conscience, l'expression du cœur, le sens, le voyage du corps et de la conscience et les enseignements qui permettent une intégration sociale ou une élévation de la conscience. Il apporte une forme d'expertise. Le nombre 4 est en lien avec le père, avec l'expression de son pouvoir pour prendre sa place et avec la gestion d'un territoire grâce à l'autorité et un sens de l'organisation. Il y a une importance des règles, des cadres et un désir de se rendre utile. Il y a une puissance d'organisation spirituelle et matérielle. Il y a ici la relation entre le grand-père et son fils devenu père ou adulte responsable. Les enseignements sont utilisés pour prendre sa place, affirmer son autorité et maîtriser la matière. Un équilibre est à trouver entre vie spirituelle et vie matérielle. Il y a une expertise du pouvoir ou dans la gestion d'un territoire.

B-Selon la tradition ancienne du Yi-King Chinois : Hex 54 = Le mariage de la cadette. La concubine.

Résumé du nombre : Sortez d'une relation contre-nature et misérable de second rôle, de concubine, de domestique, de dépendance affective/économique dépourvue de libre arbitre, servant une volonté extérieure. Agissez en exprimant votre ambition et créez des liens qui vous aident à réussir.

Explication technique :

Quand l'évolution naturelle perd l'harmonie avec l'ordre cosmique ou n'apporte pas de descendance, elle incite à rechercher une concubine ou à se positionner comme tel. C'est pourquoi après «L'évolution graduelle» vient «La concubine». Dans la Chine féodale ancienne, quand une femme épousait un roi, une sœur cadette était «donnée» en mariage, comme seconde épouse, pour «raison d'état». Si l'aînée ne pouvait enfanter, la cadette perpétuait alors la dynastie. Cet hexagramme évoque le roi Wen, qui épousa la fille aînée de l'empereur Yi, de la contrée de Sang. Il reçut en seconde épouse sa fille cadette.

L'aînée ne pouvant enfanter, la cadette connu alors un renversement de situation, donna trois fils, perpétua la dynastie et devint un personnage central. Elle s'adapta avec intelligence à sa position particulière, de rang socialement supérieur à son époux, de petite sœur, de seconde épouse et de mère royale.

Le trigramme **Touai** stimule le désir de plaisir et de joie, l'affection, l'activité relationnelle, la création de formes, la gestion des ressources, la recherche de partage, la coopération génératrice de civilisation, les choix et les besoins relationnels.

Tchen, le tonnerre, excite, provoque un choc et déclenche ici un mouvement initial déphasé, un besoin de liberté déconnecté de l'ordre cosmique. Il engendre alors le risque de céder aux mirages du fantôme de la liberté. Il demande d'exprimer sa spécificité, de rechercher l'inconnu et de s'adapter à l'imprévu. Touai et Tchen vont dans des directions opposées, créant alors des situations, des choix et des relations inappropriées, fondées sur la contrainte et synonymes de lourdes restrictions.

Kan, l'eau, la puissance du féminin, de la vie, mais aussi de l'obscurité, demande d'accepter ce qui est, d'établir une circulation fluide de l'énergie pour que la vie s'exprime et avance. Elle demande de suivre le chemin de moindre résistance, avec ténacité et compassion.

Elle symbolise ici l'influence de l'inconscient, des émotions, des peurs, des mémoires généalogiques, des pulsions souterraines mais aussi les mirages, les illusions, la manipulation, la misère et la souffrance. Li, le feu, symbolise la lumière, la chaleur, la motivation, l'engagement, l'action efficace, les moyens permettant d'obtenir la victoire, la conscience orientée vers des objectifs, la capacité à prendre des risques et ici les passions, la lumière enfermée dans l'abîme de l'ignorance et la non-utilisation du pouvoir de l'amour.

Interprétation classique :

Ici, vous faîtes ou risquez de faire, si vous ne modifiez pas votre trajectoire, l'expérience du monde de la matière, en tant d'extrême opposé du monde spirituel, dans ce qu'il à de désynchronisé, de disharmonieux, de misérable et de douloureux.

De part un manque de vision, les choix ou l'absence de choix que vous avez faits, ou simplement à cause des forces qui sous-tendent votre destinée, vous vous trouvez dans une position de subalterne, de subordonné, de concubine et de second rôle qui ne vous convient pas, où l'équilibre des forces est nettement en votre défaveur. Cette situation, sans doute établie contre votre libre arbitre, est compliquée, contre-nature, délicate, embarrassante, compromettante, voire dégradante, en décalage avec vos valeurs, votre sens de l'honneur et votre estime de soi. Vous n'avez pas la maîtrise des événements, êtes totalement dépendant de l'environnement et privé de liberté d'action, tel un otage ou un esclave. Vos besoins profonds ou vos opinions ne peuvent pas être écoutés ni compris et sont totalement éclipsés. Vos relations sociales risquent de n'être qu'une comédie stérile.

Si vous cherchez à vous affirmer, à faire preuve de créativité, à exceller dans ce que vous faîtes, à occuper les devants de la scène, à vous rendre indispensable ou à forcer les choses, cela aboutirait au désastre. Si vous fondez une relation voire un mariage sur la passion, le plaisir des sens et la satisfaction de désirs égocentriques, les conséquences seront blessantes, instables et très défavorables.

Il y a ici le risque de commettre des erreurs qui seraient lourdes de conséquences, d'être instrumentalisé, enlevé(e) par des gens humains ou non-humains, victimisé(e) voire sacrifié(e) pour servir quelque chose qui vous dépasse.

Vous pouvez cependant donner à toute situation une forme vous permettant d'avancer et tirer de toute expérience un enseignement. Vous pouvez observez votre éventuel bénéfice secondaire et les causes initiales vous ayant conduit à cette situation. Elles peuvent être politiques, économiques, émotionnelles ou psychologiques.

Il est ici judicieux de faire appel à vos qualités féminines, d'accepter la situation et les personnes qui la compose telles qu'elles sont, de faire preuve d'une grande prudence, d'honnêteté, de discrétion, d'humilité et de compassion, de laisser la vie suivre son cours, de faire de votre mieux pour servir la vie là où vous le pouvez, mais en ne faisant que ce que l'on vous demande ou ce que votre rôle ou votre contrat vous autorise, en restant à l'arrière-plan.

Il est nécessaire d'éviter d'agir ou d'agir uniquement de façon légitime, de vous préserver, de rester fidèle, en secret, à votre vérité profonde, à vos valeurs et à votre idéal, de garder la foi et de développer votre clarté. Un retournement positif des événements est, à terme, possible, mais il ne dépend pas de vous.

Il est donc indispensable de nourrir un objectif à long terme avec une silencieuse et constante détermination, de rechercher le pouvoir spirituel de l'Amour, le seul capable de triompher des forces hostiles de la destinée et de vous préparer à sortir, dès que possible, de votre position actuelle, pour tendre vers une situation ou une contrée plus propice. En agissant avec droiture et sagesse, tout se passera bien.

C-Selon les deux écoles modernes du Design Humain et des Clefs Génétiques :
1-Le Design Humain. 54 = La porte de l'ambition.
Explication technique :

Circuit de l'ego. Centre Racine. Cette porte est liée à la porte 32, la durée. Son thème principal est l'ambition en tant que moteur de l'évolution et sa maîtrise permet d'être visionnaire et d'accéder à l'ascension et à la sagesse. Le Yi-King raconte dans cet Hexagramme l'histoire d'une concubine qui est devenu impératrice du fait qu'elle a pu donner des enfants à l'empereur alors que l'épouse officielle n'avait pas vu. Cela est perçut dans le Design Humain comme l'idée d'une élévation sociale, d'une ascension sociale et d'une pulsion qui pousse à s'élever et à évoluer, c'est-à-dire comme de l'ambition.

Cette énergie peut tout à fait s'exprimer uniquement dans le monde extérieur mais elle peut aussi s'exprimer de façon intérieure, où l'ambition devient alors l'éveil, l'illumination, l'ascension et l'union avec la Source de toute Vie, en étant roi ou reine dans son royaume et en agissant pour le bien de tous au service de la vie. Cette porte génère un fort besoin d'évolution et elle fournie le carburant, la détermination, la discipline et les capacités d'organisation pour évoluer et pour se transformer mais aussi pour transformer les situations, les relations et les choses. La transformation intérieure n'est cependant possible que si une personne est parvenue à maîtriser sa capacité à agir dans le monde extérieur et à maîtriser sa situation socio-économique.

Au niveau biologique, cette porte est associée à la production des liquides. Or c'est par l'intermédiaire des liquides que la mémoire est transportée et stockée. La mémoire joue un rôle essentiel dans ce flux instinctif d'évolution et cette porte permet la conscientisation et la transformation des mémoires personnelles, familiales et karmiques grâce à un accès au code génétique. Cette porte permet de travailler dur pour réaliser sa vision et ses rêves et pour s'élever mais elle ne fournit pas beaucoup d'énergie donc la personne ne peut qu'avancer lentement mais surement. Elle doit avoir la patience d'accepter le temps que nécessite l'évolution.

L'important est de développer une vision capable de générer un état de paix intérieure et de trouver des personnes qui font évoluer et qui favorisent la réalisation des rêves et des ambitions car c'est souvent par des relations privilégiées, comme celle de l'empereur et de la concubine devenue impératrice, que les possibilités d'évolution se manifestent. Le risque de cette porte est d'utiliser l'énergie de l'ambition sans une vision profonde, pour accéder à des positions de pouvoir dans le monde extérieur, pour combler un sentiment d'insécurité ou pour satisfaire des besoins personnels, d'utiliser les autres pour satisfaire ses propres ambitions et de rechercher une réussite matérielle extérieure au détriment de l'harmonie des relations et de la paix intérieure.

Proposition d'interprétation :
Il y a en vous une puissante volonté et un puissant besoin d'évolution qui sont couplés au temps. Cela vous donne le besoin de vous fixer des objectifs à long terme puis l'ambition et l'acharnement pour dépasser toute limite et franchir tout obstacle afin d'évoluer et de réussir, à la fois socialement, matériellement et spirituellement, peu importe le temps que cela prend.

Cette ambition génère une pression qui vous pousse à établir des contacts avec des personnes capables de vous aider à la satisfaire et des connexions avec vos objectifs à chaque circonstance opportune qui se présente. Les relations privilégiées jouent donc un rôle très important dans votre évolution. Vous êtes donc très à l'écoute et parfois en recherche de personnes, de partenaire ou de mentors capable de vous faire avancer. Vous devez cependant faire attention à ne pas vous laissez emporter par des forces qui vous dépasse et développer une profondeur de vision afin de ne pas avoir les yeux plus gros que le ventre et de ne pas chercher à satisfaire des ambitions qui ne sont pas les vôtres.

Si votre ambition est excessive, vous avez tendance à vous agripper à toute personne ou à toute chose qui vous propulse en avant et qui peut vous permettre d'atteindre votre but plus rapidement. Votre but, en lui-même, n'est pas si important en tant que tel, ce qui est important c'est de l'atteindre et de ressentir la jouissance du moment où vous arrivez au sommet de la montagne. Une ambition aveugle ou inconsciente vous fait avancer, jusqu'à ce que vous vous rendiez compte que ce qui est réellement important dans la vie, c'est de vous éveiller, d'aimer, de transmuter vos mémoires personnelles, familiales et karmiques et d'être au service de la Source de toute Vie, c'est-à-dire d'être libre intérieurement. Vous développez alors une vision à long terme qui vous passionne et trouvez l'énergie pour avancer vers la réalisation de cette vision. Quand vous êtes lancé(e), rien ne peut vous barrer la route et vous êtes même capable de défier la chance et de faire plier les forces de la destinée. En prêtant attention à vos motivations profondes et en comprenant le sens profond des événements de votre vie, vous accédez alors plus facilement à une certaine satisfaction puis à une paix intérieure. Vous pouvez alors soutenir autrui dans leurs ambitions, les accompagner dans leur évolution vers l'éveil et la manifestation de la meilleure version d'eux-mêmes et construire une réussite solide et durable.

3-Les Clef Génétiques. Clef 54 = Le chemin (du serpent).
Son dilemme où il doit faire des choix : Le centrage sur soi et le temps. **Corps :** Coccyx.
Son partenaire de programmation : Clef 53, l'évolution. **Son anneau de codon :** L'anneau de la recherche (15, 39, 52, 53, 54, 58). **Acide aminé :** Serine. **Signe astral HD :** Capricorne.
Son chemin de transformation : Le chemin de l'aspiration.

L'ombre de cette clef : L'avidité.

Cette Clef correspond à la recherche de Dieu à travers la reconnexion avec la Source de toute Vie et à l'un des six chemins pour y parvenir. Au niveau de l'ombre, il y a une tendance à rester sur le plan de la matière, à observer la réalité d'une façon crue, brute de fonderie, presque animale et basique. Il y a une avidité, une volonté, une ambition de remplir son estomac, son porte feuille ou sa tête, de survivre et pour cela d'en vouloir toujours plus, de s'élever autant que possible, personnellement et socialement dans la hiérarchie, de façon à atteindre la position la plus élevée possible. Comme l'avidité est basée sur la peur, elle alimente le besoin de posséder et d'accumuler des biens matériels.

Le Yi-King raconte ainsi l'histoire d'une concubine animée d'une volonté de pouvoir, qui a couché avec l'empereur puis lui donné des enfants, alors que l'épouse officielle de l'empereur était stérile. Elle est parvenue au sommet et est devenue plus tard impératrice. Cela évoque la capacité à créer et nourrir des relations synonymes de ressources et qui favorisent la réalisation des ambitions.

Mais ici, l'avidité génère une tendance à ne voir dans une relation qu'une possibilité de survivre où l'autre devient juste un objet, un instrument permettant de satisfaire son ambition.

Le manque de confiance dans les relations génère de la froideur et ferme la porte à de nombreuses opportunités. Cette fréquence de l'ombre est très présente dans la société moderne occidentale et dans le monde, où domine la loi du plus fort. La société capitaliste encourage une culture de l'avidité, de l'enrichissement personnel et de l'élévation sociale, où plus on a d'argent et les bonnes relations plus on monte dans la hiérarchie sociale ; mais à quel prix ! On sait tous que 1% de la population mondiale « détient » 99% des richesses de la planète et qu'entre 100 et 300 personnes possède autant d'argent que 4 milliards d'autres personnes. Pourtant tous ces gens ne sont pas heureux. On a tous envie de gagner suffisamment d'argent pour pouvoir se détendre et faire ce qu'on veut. Cela fait partie de l'être humain de notre époque. Mais derrière cela, il y a l'avidité, qui consiste à satisfaire ces besoins personnels en premier et à mettre son bien-être avant celui d'autrui. Et cette avidité, ce centrage sur soi, le dilemme de cette clef, nous maintient dans un état de pauvreté intérieure qui peut être financière mais aussi relationnelle, émotionnelle et spirituelle.

Si cette ombre est vécue de façon réprimée, elle peut conférer une absence d'ambition et de la passivité. Elle peut générer une tendance à négliger le corps, ses besoins sexuels et les besoins matériels en se réfugiant dans le spirituel et à engendrer de la frustration. Il peut exister une tendance à commencer une activité avec ambition puis à abandonner pour diverses raisons, par peur de ne pas parvenir à atteindre l'objectif espéré.

Si elle vécue de façon réactive, il y a une colère intérieure, une obsession de gagner de l'argent, de la cupidité, une tendance à vouloir contrôler autrui ou à utiliser autrui pour satisfaire des ambitions matérielles égoïstes. Il y a une fermeture du cœur qui rend incapable de créer des relations harmonieuses et de vivre une vie heureuse et épanouie.

L'avidité est leur carburant et la source de leur mal-être et de leur aveuglement. Il y a une forme d'immaturité qui est nourrie par l'ombre de la Clef 53, qui est la partenaire de l'ombre de la clef 54. Le chemin commence par l'ego et par la reconnaissance de ses besoins personnels. Les enfants et les animaux sont totalement transparents de ce côté car quand ils veulent quelque chose ; de la nourriture, un objet, de l'attention ou de l'amour, ils vous le font savoir en allant droit au but, dans l'instant présent. Les adultes sont pareils mais sans la transparence. Il s'agit ici d'observer et de voir honnêtement l'ego qui a besoin d'être en sécurité et de satisfaire des besoins individuels sans se préoccuper d'autrui, en se comportant comme s'il était séparé de tout. Il s'agit ensuite de voir que cette avidité est générée par une sensation de manque, de vide intérieur, de déconnexion avec son être profond et qu'elle est causée par une absence d'unité intérieure. Il s'agit de voir que le besoin de réussite professionnelle, d'argent, de stabilité ou d'amour dans les relations et tout ce qui est à l'extérieur ne peut jamais combler le gouffre que l'on a à l'intérieur de soi. La seule solution est de se tourner vers l'intérieur et d'entreprendre un travail sur soi, un travail de conscientisation, de reconnaissance et de raffinage du carburant qu'est le moi séparé, l'ego.

Son cadeau : Les dons et capacités de cette porte : L'aspiration.

La fréquence de l'aspiration entre en existence quand l'ombre se transforme et que l'état vibratoire général s'élève. Le mot aspiration a la même racine latine que le mot inspiration et évoque ainsi la respiration.

On inspire ainsi l'avidité et on s'en sert comme carburant en le raffinant, en le transformant pour nous propulser vers un sens supérieur grâce à une vision plus élevée du monde et de notre vie. L'avidité concerne surtout ce qui est matériel.

L'ambition est une volonté d'atteindre un objectif dans un futur plus ou moins lointain. Avec l'aspiration, on grimpe une marche de plus. Il y a un désir de vivre des expériences spirituelles et on passe au plan spirituel. L'aspiration est le besoin d'aller au-delà du matériel et elle est le tremplin vers un état de conscience supérieur. On recherche quelque chose de plus élevé avec la certitude que cette chose existe même si on ne sait pas précisément de que c'est. La racine de l'aspiration est l'honnêteté.

Il y a en nous une petite étincelle qui recherche ce qui est élevé et qui fournit une impulsion pour avancer, pour ouvrir et expanser sa conscience. Cette étincelle nous fait prendre conscience à quel point les gens sont enfermés par leur avidité qui veut toujours plus, leurs désirs, leur insécurité, leur mental et leur ego et sont piégé dans un cycle répétitif et à quel point cela est futile et n'apporte pas le vrai bonheur. On prend ici que toutes les formes de vie sont interconnectées. L'énergie de l'avidité est raffinée et recyclée pour être mise au service d'autrui. On se pose la question de comment on peut servir sa communauté, la société et la vie et de comment on peut contribuer pour aider autrui à élever leur niveau de conscience. Cela change notre façon de voir les choses. L'énergie de l'avidité se transforme en convoitage, convoitance, convoitement « d'états d'être » vibrant à des fréquences supérieures. On s'engage ainsi sur un chemin spirituel vers l'éveil et l'amour et on apprend. Comme le chemin 54 est un chemin actif, un chemin de l'effort et souvent du yoga, bien souvent ici on trouve une technique/méthode et on s'y accroche. On avance avec détermination et persévérance. Les instincts basiques, l'avidité et la volonté de pouvoir se transforment, se raffinent et deviennent aspiration spirituelle et intelligence relationnelle. On aspire à vivre des relations harmonieuses qui ont du sens et à mettre en place une coopération intelligente entre les gens. Il y a une élévation de la vision de la prospérité et un désir de contribuer à une élévation collective.

Un jour, cette volonté d'élévation permettra la réunification et la réunion de la conscience avec le « Dieu Vivant » au centre du cœur et au cœur de chaque cellule ; avec la Source de toute Vie. Ce chemin 54 doit cependant obligatoirement, dans son voyage vers l'éveil, prendre en compte le monde de la matière et le monde extérieur et apprendre à le maîtriser. Le 5 (grand-être) a comme voisin le 4 (l'empereur). Cela peut être compliqué pour certains 54 car l'avidité peut générer de l'impatience, donner envie de prendre des raccourcis et de s'enrichir rapidement pour ne plus avoir besoin de travailler ensuite. Une partie du processus de maturation, de raffinage est d'explorer des chemins qui ne mène nulle part ou qui ne nous conviennent pas mais le problème des raccourcis est qu'ils peuvent générer des courts-circuits. On travaille ici avec la force de vie, avec la Kundalini, donc il est essentiel d'éviter de surchauffer notre organisme et nos corps par des pratiques spirituelles trop intenses ou par des excès. Il est donc essentiel d'équilibrer l'intensité passionnelle de cette clef génétique par un ancrage dans la réalité matérielle et dans la vie et de rester ancré dans l'instant présent et dans la vie.

Ce don vous permet d'avoir conscience du potentiel, du potentiel d'élévation, de vous élever et d'aider autrui à s'élever, en amenant le mystique, l'âme, l'amour dans la matière et en apportant dans la matière la vision des réalités supérieures. Il est spécialement conçu pour les âmes qui se sentent piégées dans le monde de la matière, qui vivent des vies misérables remplies de compromis et qui sont coincées dans des vies dépourvues de sens.

Si vous avez ce don, ce sont ces personnes qui ont besoin de vous pour que vous puissiez leur apporter de l'espoir et les ouvrir à de nouvelles possibilités. C'est cela le service que vous pouvez accomplir dans cette vie et votre chemin d'accès vers des mondes supérieurs.

Le superpouvoir/puissance (Siddhi) de cette porte : L'ascension.

Chaque personne a sa définition de ce mot et dans le monde du développement personnel, il a souvent été galvaudé, déprécié, faisant croire qu'on peut ascensionner comme ça, après quelques stages ou ateliers, alors que la véritable ascension doit être bâtie, construite avec du travail, des efforts, de la persévérance et de la pratique, au cours de nombreuses vies dans la majorité des cas. Le système énergétique du corps tout entier doit être transformé pour que l'énergie logée dans le sacrum, appelée Kundalini, monte jusqu'au cœur puis à la tête, en activant les différents chakras. Et c'est pareil pour tous les superpouvoirs, les Siddhis. Ce ne sont pas des jeux mais le noyau dur de la réalité. Il ne s'agit plus ici de s'élever dans la hiérarchie sociale ou matérielle mais de le long de l'échelle spirituelle des états de conscience qui remonte jusqu'à la Source de toute vie.

L'intensité de notre aspiration nous purifie mais nous avons individuellement et collectivement de nombreuses blessures qui doivent bouillir dans le chaudron de la transformation pour que l'on puisse avancer et évoluer. Aucun détail ne peut être négligé. Si tout va bien dans votre vie sauf une relation avec une personne avec qui vous êtes en conflit ou qui vous cause des ennuis, vous ne pouvez pas l'ignorer. Vous devez vous confronter à la situation, la transformer et seulement alors vous pouvez avancer. Rien ne peut être laissé de côté et il n'y a pas de raccourcis. Ainsi parle le Siddhi 54.

Au fur et à mesure que l'on se purifie et que l'on se raffine, on devient de plus intensément spirituel. Certaines personnes deviennent des maîtres et parfois les maîtres sont nécessaires pour nous rappeler comment rester humble, voir tout le chemin qui reste à parcourir et ne pas être emporté par l'ego spirituel.

L'ego spirituel est la pire forme de l'ego et peut être comparé à un fou conduisant une voiture surpuissante. Une certaine purification a eu lieu, des états supérieurs ont été goutés mais rien n'a été stabilisé, ancré dans la durée et dans le cœur. L'ego s'empare de tout cela et génère alors des faux maîtres qui sont dans un état d'addiction au pouvoir, à l'argent et parfois au sexe. Ce sont des choses qui arrivent. Beaucoup de gens suivent des maîtres comme ça et sont déçus. Seul le discernement et l'évolution de la conscience peut ici transformer les choses.

Au niveau de ce superpouvoir, ce ne sont pas des techniques qui génèrent une ascension mais la ferveur de l'aspiration spirituelle et l'éveil naturel de la Kundalini. Le fait de chercher compulsivement ou de vouloir forcer la montée de Kundalini ne fait que retarder l'évolution et peut générer de profondes crises donc c'est à éviter.

Il s'agit de préparer le terrain par une organisation de vie adaptée et des temps de méditation puis de laisser la Source de toute vie prendre en charge votre transformation, d'ouvrir votre cœur et d'organiser votre vie de façon harmonieuse en accomplissant vos devoirs terrestres et votre part de service à la vie. Il s'agit alors simplement de se laisser guider et de faire preuve de patience. L'ouverture de la conscience se fait alors petit pas par petit pas, avec des moments d'unité avec la Source qui vont et viennent puis finissent par se stabiliser.

Le mot ascension ne signifie pas juste d'accéder à des états de conscience supérieurs mais aussi ascensionner physiquement, avec l'ensemble des corps qui restent lorsque ceux qui ne sont plus utiles se sont détachés de la conscience, en transcendant la réalité, grâce à la purification et au raffinage. Il s'agit d'accéder au plus haut état d'être possible en associé à un corps physique de mammifère, de triompher sur la mort et d'accéder à son éternité.

La dureté et l'avidité n'ont pas disparues mais sont arrondis, comme le sont des rochers rendus lisses par l'action de l'eau et des vents. Ascensionner au delà de la forme humaine aboutie à entrer dans la divine douceur/tendresse de la Grande Mère, de la Source de toute Vie. Ce voyage nécessite de puissantes qualités masculines car c'est en étant un(e) guerrier(e) et en faisant preuve d'une détermination qui ne s'arrête jamais et une aptitude à tout sacrifier le long du chemin que l'on parvient au but final, au sommet de la montagne intérieure. C'est un peu comme franchir un portail vers une nouvelle dimension et une nouvelle forme d'êtreté. Un des ingrédients principaux de cette clef se trouve dans la ligne 4 de l'hexagramme 54, appelée « le mangeur de pêchés », qui dit que pour monter tout en haut, au sommet du temple, au paradis, dans la lumière, il faut avoir été tout en bas, dans la cave, en enfer, dans l'ombre et fait le sacrifice ultime. La puissance de la lumière devient à un moment donné difficilement soutenable pour l'ancien moi et pour que notre lumière retourne à la Source, elle doit bruler les mémoires personnelles, culturelles et collectives contenues dans l'ADN et transmuter toutes les mémoires des relations avec les personnes avec qui on a été en lien. C'est ce qui arrivera donc il est judicieux de s'y préparer. La transformation finale a lieue quand des êtres de lumière nous tendent la main et viennent nous aider pour complètement ascensionner dans la lumière (ligne 5 de l'hexagramme). Ensuite, vous prenez votre place dans la grande échelle de lumière qui structure le chemin des consciences vers l'ascension et la réunion avec la Source de toute Vie (ligne 6 de l'hexagramme).

Chapitre 31 : Le nombre 55

A-Sa structure et ses associations: Le nombre 5 est en relation avec la reliance du ciel et de la terre, le spirituel et le matériel, la conscience et l'amour, la légitimité, la conscience, l'intelligence des systèmes d'information et la bonne éducation, le sens de globalisation, l'envergure des connaissances et des expériences de vie, l'expression du cœur, le sens, le voyage du corps et de la conscience, l'intégration sociale, l'expansion et les enseignements qui permettent une intégration sociale ou une élévation de la conscience grâce à une expertise. Le doublement du nombre permet au 5 de se regarder dans un miroir, de se maîtriser en conscience et de constater avec gratitude l'état de son abondance. Il favorise toutes les formes d'expertise et le voyage du corps et de la conscience vers la liberté intérieure. Le Grand Prêtre (5) est l'époux de la Grande Prêtresse (2) donc le 55 et le 22 sont liés et forment un couple divin. La 22 décrit la descente de la conscience dans la forme, dans le monde de la dualité et le 55 décrit la remontrée de la conscience, à travers la forme, vers le retour à son origine.

B-Selon la tradition ancienne du Yi-King Chinois : Hex 55 = La plénitude matérielle. La gestion de l'abondance.

Résumé du nombre : Situation extraordinaire de réussite matérielle, grâce à la créativité, à la gestion d'un projet grandiose et à la maîtrise des richesses, permettant de générer un état d'abondance, de plénitude émotionnelle et de briller comme le Soleil à midi.

Explication technique :
Quand l'Homme intègre son ombre, retrouve sa joie et l'harmonie avec le Tao, prend sa place, exprime sa force créative d'amour et sa richesse, donne le meilleur de lui-même et applique les lois de l'univers, il génère l'abondance, atteint le sommet de son expansion et brille comme le Soleil à Midi, dans un plein rendement de sa puissance. C'est pourquoi après «La concubine» vient «La plénitude». Dans la Chine ancienne, le roi Wen mis fin à l'obscure cité de Chong, située dans une contrée luxuriante, puis construisit la ville rayonnante de splendeur, Feng. L'idéogramme de l'hexagramme représente un récipient en bois servant à stocker des graines et de la nourriture végétale pour effectuer des rituels. Le coffre est surmonté d'une structure équilibrée dans laquelle se trouvent deux rameaux à trois branches. Cela symbolise la maitrise des richesses et le sacré dans le quotidien. **Tchen**, le tonnerre excite et exécute les châtiments. Il demande de se mettre en mouvement, d'écouter et intégrer les signes, de prendre en compte l'astronomie, de synchroniser ses actions avec la volonté divine, de trouver des solutions, de s'adapter à l'imprévu, de gérer des projets, d'exprimer sa spécificité librement et d'aboutir à une renaissance. **Li**, le feu, le Soleil incarné, demande ici d'exprimer l'amour, d'avoir des intentions claires, d'être vigilent et lumineux, d'orienter la conscience vers des objectifs, de se motiver, de s'engager et d'avoir une action efficace afin d'obtenir la victoire. Touai, le lac, incarne la joie permettant de générer l'abondance. Il demande d'exprimer sa richesse, d'utiliser l'intelligence relationnelle, de créer des formes, de gérer les ressources, de coopérer pour générer la civilisation, de faire des choix en accord avec ses vrais désirs et d'agir avec justice et harmonie. **Souen**, le bois, la végétation, symbolise le combustible qui d'alimente le feu et la pénétration douce dans l'espace. Il demande de l'expansion, de l'action dans le monde, l'utilisation de l'autorité et de l'optimisme, une communication intelligente, l'expression du sens du service, l'adaptation aux exigences de la Nécessité, la gestion de l'espace et des affaires du monde, de guider et d'être guide et de la légitimité. Tchen et Li opèrent ensemble dans la même direction, générant une puissance réalisatrice lumineuse.

Cette puissance pourrait devenir excessive mais elle est modérée et rendue juste, par **Touai**, le lac, puis filtrée, à l'aide d'écrans de végétation, par Souen, qui ensemble gèrent l'abondance et les affaires juridiques. Seul un « roi », un être centré, doté de grandeur, de maturité et de sagesse, peut mettre en place et gérer cette époque de plénitude. L'idéogramme ancien de cet hexagramme représentant un récipient et des gerbes de blé, suggère une récolte abondante et la richesse sur tous les plans.

Interprétation classique : La situation parvient ici à l'apogée de son potentiel, de son expansion et de sa gloire, comme le Soleil à son Zénith ou comme un arbre gorgé de fruits. Il peut alors prendre une direction nouvelle. Le pouvoir personnel, la vitalité, la force de frappe, l'intelligence relationnelle, l'organisation, un jugement sûr et la clarté fonctionnent ensemble de façon synchronisée, pour générer des prises de conscience, une efficacité, un rendement, un état d'abondance et de plénitude qui sont au maximum.

Parce que vous allez de l'avant, les finances s'améliorent, les promesses sont tenues, les possibles se réalisent, les projets et relations se concrétisent, les désirs sont satisfaits, le mérite est récompensé, les objectifs sont atteints et les résultats sont visibles. L'époque est grande. Elle est synonyme de réussite et de prospérité. Cependant, l'excès d'abondance et de lumière peut conduire à l'aveuglement si on ne lui donne pas une juste forme. Tout en sachant jouir avec joie et gratitude de la richesse du moment présent, pendant qu'elle est là, il est avisé d'éviter les risques d'excès et d'enivrement, d'attachement obsessionnel, de surchauffe, d'être brulé par l'éclat du Soleil ou d'être emporté et détourné du droit chemin par la profusion du monde extérieur.

Le Soleil doit parfois être atténué par des écrans ou être éclipsé par la Lune ou le Vent du désert, à l'intérieur de vous ou à l'extérieur, pour révéler et rappeler la présence de l'Etoile Polaire, discrète lumière spirituelle qui guide dans la nuit de la matière. Les excédents doivent être redistribués pour perpétuer les flux de la vie. Il est alors essentiel de vous maîtriser, de gérer vos émotions, vos craintes, vos pensées et votre abondance, avec discernement et fermeté, d'avoir clairement conscience de ce qui favorise votre évolution et d'appliquer la loi cosmique, en éradiquant tout ce qui n'est pas harmonieux, pour que l'influence du monde extérieur ou tout risque d'ignorance n'éclipse pas votre lumière intérieure.

Et parce que tout est impermanent, la situation, comme, le Soleil de midi, déclinera inévitablement. En ayant conscience que la vie est faîtes de cycles, en acceptant le changement et l'imprévu, en ayant conscience du sens, de la direction, des attentes et de la Nécessité de l'époque actuelle, en donnant une forme juste à votre joie, vous pouvez optimiser la situation présente. Il est pour cela nécessaire de rester vigilent vis-à-vis de tout signe de déclin, préserver votre position en sachant renouveler ce qui fait votre richesse, prendre soin de vos ressources et de vos qualités, vous adapter efficacement aux flux des événements et canaliser cette plénitude pour consolider les bases de votre évolution future. Votre richesse intérieure vous permet alors d'illuminer votre propre chemin et parfois celui d'autrui.

Seule l'évolution spirituelle, la conscience de l'aspect temporel de toute richesse matérielle, l'harmonie avec l'ordre cosmique, le pouvoir de l'Amour et le partage envers un nombre croissant de personnes permettent de perpétuer l'abondance. Vous pouvez ici aller de l'avant et jouir pleinement de vos richesses.

C-Selon les deux écoles modernes du Design Humain et des Clefs Génétiques :

1-Le Design Humain. 55 = La porte de la conscience, de l'Esprit et de l'abondance.

Explication technique :
Circuit de la connaissance. Centre du Plexus Solaire. Cette porte est liée à la porte 39, la provocation. Son thème principal est l'abondance sous toutes ses formes et sa maîtrise permet la liberté. La conscience émotionnelle dispose ici d'une puissance potentiellement capable de déstabiliser le terrain de jeu de l'humanité qui cherche à s'éveiller. Cette porte est le champ d'exercice et le terrain d'essai de la conscience. Elle offre à la conscience la possibilité de manifester et de se manifester. L'abondance est avant tout une affaire de conscience puis d'action organisée. C'est dans cette porte que l'on expérimente les limitations de l'émotion et l'impact des croyances.

L'abondance en tant que telle est une caractéristique de la vie mais ici la conscience a tendance à percevoir le verre à moitié plein ou à moitié vide quand elle est à fond dans la vague émotionnelle. Cette vague va naturellement de l'espoir à la douleur, qui sont des sujets sensibles. Le sujet de l'abondance est ainsi un catalyseur pour effectuer des prises de conscience et pour agir en ayant la foi. Elle permet de conscientiser comment la fréquence d'une vague émotionnelle génère des états d'âmes. C'est dans ces états émotionnels que la conscience émerge, que les prises de conscience se font, que les illusions sont transformées et que l'abondance devient une source d'émerveillement. C'est en étant à l'écoute des états émotionnels qu'il devient possible de générer l'abondance dans la vie.

Proposition d'interprétation :

Vous avez un don naturel pour percevoir l'abondance de la vie, pour voir l'abondance qui existe dans votre vie et pour cultiver la gratitude. Et vous avez tendance à manifester de l'abondance dans tout ce que vous faîtes. Ce qui compte, ce n'est pas tant la quantité d'argent que vous avez mais les émotions, les états d'âme et la sensation de lien avec la vie qu'il vous procure. Ce qui est important dans votre vie tourne autour d'un certain état d'esprit, que ce soit celui des plus grandes aspirations ou dans l'entrain naturel avec lequel vous vivez votre quotidien. Quand vous êtes en pleine forme, vous pouvez être une personne exubérante, dansant dans la rue, sautant de joie, étreignant l'abondance même de la vie avec beaucoup d'émotions. Mais quand vous n'avez pas le moral, vous nourrissez une illusion du manque et un sentiment d'insécurité, vous vous auto-flagellez et vous êtes déraisonnablement excessif(ve), aussi bien dans les émotions ressenties que dans leurs expressions. L'abondance émotionnelle et le désir d'abondance vous fait facilement déborder d'émotion. Vous faîtes ce que vous pouvez pour les contenir ou les garder pour vous mais vous vous laissez parfois submerger par vos émotions et exprimez alors parfois une certaine instabilité émotionnelle. Votre désir d'abondance vous rend parfois dépendant du monde extérieur et des autres pour combler votre sentiment d'insécurité au risque de vous endetter.

Votre nature exagérément expressive et démonstrative indique à quel point vous devez être sélectif(ve) dans la compagnie que vous choisissez. Il est important que vous trouviez des gens ayant le même état d'esprit et le même entrain que vous ; mais ne vous attendez pas à ce que quiconque puisse vous extirper de vos humeurs sombres. Seule votre musique favorite ou la méditation peut alors vous apaiser. Il faut alors qu'on vous laisse tranquille ! Cette porte vous demande d'honorer vos émotions car elles sont des passerelles vers d'excellentes choses. Elle vous demande aussi de reconnaître que c'est parfois dans vos heures les plus sombres que se trouve votre plus grande créativité. Des dictons comme «Battez le fer tant qu'il est encore chaud » et « Ne remettez jamais au lendemain ce que vous pouvez faire le jour même ! » peuvent beaucoup nous aider. Quand vous cesser de vous agripper à vos peurs et à vos émotions, que vous vous lâchez et que vous faîtes confiance à la vie, vous êtes alors capable de développer un état de liberté intérieure et d'unité avec la vie et de déplacer des montagnes grâce à la puissance de votre foi et de votre organisation de la vie hyper efficace.

3-Les Clef Génétiques. Clef 55 = le rêve de la libellule. Les enseignements de la liberté.

Son dilemme où il doit faire des choix : La validation extérieure de notre existence séparée.
Son partenaire de programmation : Clef 59, le dragon dans le génome. **Corps :** Plexus solaire.
Son anneau de codon : L'anneau du tourbillon (49, 55). **Signe astral HD :** Poissons.
Acide aminé : Histidine. **Son chemin de transformation :** Chemin de la liberté.

Cette clef est spéciale car c'est le dernier nombre double. C'est le nombre double le plus élevé de la série des 64 nombres. C'est un peu le joker du jeu, comme si elle portait toute les autres clefs et qu'elle en était la fondation. C'est un levier de l'évolution. On ne peut donc pas l'aborder comme les autres. On doit l'aborder dans l'état d'esprit du joker, par le côté ou par tous les sens en même temps. Elle décrit l'endroit, dans notre ADN, qui déclenche l'éveil de notre conscience, rien que ça. Elle le cœur des enseignements des Clefs Génétiques.

L'ombre de cette clef : <u>La victimisation.</u>

L'ombre de cette clef est à la base de toutes les ombres donc de toutes les peurs. On peut l'associer à chacune des 63 autres ombres. Elle est étroitement liée son ombre partenaire, l'ombre 59, la malhonnêteté.

Elle cache à la conscience son besoin de se réunifier avec la Source de toute vie afin de retrouver son unité. Si on prend comme exemple l'ombre 23, la complexité, pour illustrer la victimite, on devient ici victime de la complexité de notre mental et de notre vie et on souffre alors à cause d'elle. Pour contempler efficacement les ombres des clefs génétiques, il faut voir la victime qui se cache au fond de soi.

A l'origine de tout, on a été victime du désir insensé de vouloir se déconnecter de la Source de toute Vie et d'expérimenter librement la matière en se prenant pour des « dieux ». On a semé une graine et on en récolte les fruits, sauf qu'au niveau des fréquences de l'ombre, on ne voit pas du tout les suites de causes et d'effets et la cause originelle. On a été victime du fantôme de la liberté. La victimisation est un état où l'on se positionne en victime et où l'on se voit comme une victime. C'est un état d'être qui correspond à une fréquence vibratoire basse.

Quand on est identifié à cette fréquence, on vibre alors l'état de victime. Le dilemme de la clef nous explique comment et pourquoi. Quand on vibre dans les fréquences de l'ombre, on est identifié à un personnage séparée qui essaye de nous faire croire et de faire croire aux autres qu'il existe en tant qu'identité séparée. Pour faire perdurer sa croyance et pour la renforcer, il a besoin de valider extérieurement son existence, le fait qu'il existe et de manifester son existence en jouant un rôle selon une certaine forme.

La liberté est étroitement liée au fond et à la forme. Le fond est universel mais ne peut s'exprimer qu'à travers une forme, notre forme personnelle. Votre liberté ne peut pas être celle d'une autre personne. Elle ne peut exister que selon votre forme et votre vie à vous. Pour trouver votre réponse à la question qu'est ce que la liberté, il est plus judicieux de vous poser la question « ou est ce que je ne me sens pas libre ? Est-ce que c'est dans le travail, les finances, les relations, la santé, le corps ou la conscience ?

Où est ce que je m'enferme et me piège moi-même, donc au fond où est-ce que je me vois comme une victime et ou est-ce que je joue le rôle de victime et de quels morceaux d'histoire je me sers pour jouer ce rôle ? C'est ça la vraie question. On ne se voit pas forcément comme une victime mais il est certain qu'à un certain niveau, on joue la victime. Et on le fait pour confirmer la validation de notre existence.

Tant qu'on souffre, on existe et on a une identité. Si on n'est pas en train de souffrir, on a rien à quoi s'accrocher, s'agripper et s'attacher ; pas d'opinions, pas d'enseignements, pas d'amis, pas d'objectifs, rien du tout ! Ce rien nous transforme en coquille creuse et vide. C'est ça la liberté, c'est être un espace vide, une coquille vide de toute existence séparée. Cela terrifie l'ego. Le chemin de transformation des clefs génétiques, tout comme celui du zodiaque, est un chemin de lâcher prise, de lâcher nos agendas, nos objectifs personnels. Et on a beaucoup d'objectifs personnels cachés qui visent tous à valider notre existence séparée, comme le désir d'être aimé par exemple.

Ce sont ces objectifs personnels qui nous font tourner en rond dans notre souffrance. Quand on est dans un état de victime, on est plombé par des inquiétudes, des préoccupations, des plans, des mémoires, par la vie et par la mort. Etre libre c'est être plus léger que l'air. _Quand cette ombre se manifeste de façon réprimée_, notre vie ressemble à une plainte. On se plaint intérieurement à propos de notre vie et de tout et on nourrit une forme de pessimisme, de défaitisme et de fatalisme, en se disant que c'est la vie. On est victime de son intérieur et de ses émotions. _Quand cette ombre se manifeste de façon réactive_, on se plaint extérieurement en se déresponsabilisant et en accusant les autres, notre famille, le système, l'humanité et la terre entière.

On décrète que c'est la faute des autres, on donne notre pouvoir aux autres et c'est comme ça qu'on perpétue notre histoire, notre mélodrame et notre douleur. C'est comme ça qu'on se maintient en posture de victime. Pour sortir de cette posture, la clef, c'est votre attitude, votre positionnement intérieur. Ce n'est pas ce qu'il vous arrive qui a un impact mais la forme, le sens que vous lui donnez et comment vous y réagissez, comment vous le gérez. Soit vous restez en victime des circonstances, soit vous prenez la responsabilité de gérer.

Son cadeau et son superpouvoir : La liberté

Qu'est ce que la liberté ? La liberté est à la fois un état de devenir et un état d'être. Le Yi-King la définit très simplement comme la connaissance et l'application des lois de l'univers. Bô Yin Râ a écrit un livre exceptionnel nommé le « fantôme de la liberté » où il décrit comment sortir de l'illusion pour accéder à la réalité. L'expérience de la liberté ne peut pas être apprise. Elle ne peut être que vécue. Mais elle survient quand on désapprend toutes les choses extérieures que nous avons apprises. Les enseignements de tous les sages nous disent qu'il faut lâcher l'ego pour faire l'expérience de la vraie liberté, qu'il faut se rendre, rendre le moi et se soumettre à la Volonté de la Source de toute Vie dont la nature est amour, conscience, créativité et joie.

Quoi qu'on fasse dans la vie, on le fait pour accéder à un état de liberté. On cherche la liberté et le besoin de liberté sous-tend tout ce que l'on fait. La satisfaction de tous nos besoins est sous-tendu par un besoin de liberté, que ce soit l'argent (liberté financière), la reconnaissance, l'amour, le bonheur ou l'éveil spirituel. Tout cela est inclus dans le package nommé liberté. De quoi veut-on se libérer ? On veut se libérer de la souffrance, l'ombre du signe des Poissons dans lequel se trouve cette clef. On veut se libérer de la mort et de la croyance que l'on est une personne séparée, séparée de la vie et de la Source de toute Vie.

Quand on regarde en profondeur, on voit que la souffrance est ce qui nous pousse à agir et à chercher tout ce qu'on cherche comme le soulagement, le bonheur, la paix intérieure ou la perfection par exemple.

On cherche car on souffre. Et quand on trouve, quand on accède aux secrets de la liberté, on franchit des caps, on effectue des sauts quantiques, des bonds en avant. Quand on est libre intérieurement, être aimé ou pas n'a aucune importance car on a conscience que la Source de toute vie nous aime de toute sa puissance et qu'il n'y a besoin de rien d'autre. Pour accéder à cet état de liberté qui est notre état naturel, il faut lui permettre de se dévoiler en créant les bonnes conditions. Cela commence par le fait de voir où l'on n'est pas libre, par le fait de vivre cette vision et de lâcher du lest, tout ce qu'on porte parce qu'on y est agrippé, afin de s'alléger et devenir léger comme une plume, plus léger que l'air. C'est d'ailleurs pour ça que la liberté est souvent associée à la capacité de voler dans les airs. Les choses deviennent alors moins désespérées, plus amusantes et même jubilatoires. On n'est plus plombé par aucun objectif. Le seul objectif est de vivre pleinement l'instant présent.

Notre relation à notre vie et notre vision de notre vie changent même si notre vie extérieure n'a pas beaucoup changée vu de l'extérieur. On commence à voir à travers le voile des illusions et à se rendre compte à quel point on a été idiot(e).

On se rend compte de notre folie, qu'on s'est nous-même piégé(e) et rendu(e) misérable. On se pose la question de pourquoi on continue à faire ça, à continuellement se distraire de notre propre souffrance/douleur et à jouer ce rôle de victime.

On apprend alors à prendre toute cette souffrance à l'intérieur de nous, celle de nos ami(e)s, familles et communauté, celle de notre pays et de la planète et toutes les souffrances de la terre. Alors, petit à petit, le mélodrame extérieur s'apaise. Tout le karma que l'on créait depuis si longtemps, tous les comportements, les réactions, les accusations, la tendance à se plaindre, et la victimisation sont aspirées et dissoutes dans la conscience à travers la conscience. On peut devenir le spectateur/la spectatrice de notre destinée. On cesse d'interférer, d'essayer d'ajouter quelque chose à ce que nous sommes, d'orienter notre vie dans la direction de nos rêves et d'être dans un vouloir personnel.

On se glisse dans le courant, dans les courants d'amour qui inondent l'univers et on laisse la vie se vivre à travers nous dans un état de fluidité. On accueille, on observe, on plonge, on flotte, on s'amuse, on accepte, on permet et on aime.

On ne peut pas pourchasser la liberté ni courir après. On ne peut pas tout vendre et abandonner nos rêves pour errer sur les routes ou devenir un(e) ermite dans une grotte ou un(e) moine dans une cellule car ça c'est le fantôme de la liberté. On ne peut que se détendre et faire preuve de patience. La liberté arrivera d'elle même sans qu'on fasse autre chose que vivre la vie. Les taôistes appelaient cela « Wu Wei », que l'on peut traduire par l'art de ne rien faire de personnel ou simplement l'art de ne rien faire. Cela ne veut pas dire qu'on ne fait rien mais que dans ce que l'on fait, on n'ajoute rien de personnel, on ne pousse pas, on n'essaye pas, on n'est pas dans un vouloir personnel.

La liberté intérieure se manifeste comme une expansion de la conscience qui se produit petit à petit en vous, ou par paliers, quand vous comprenez à quel point vous étiez profondément victime de vos croyances centrales, de votre vision des choses et de notre déni des émotions. La liberté est féminine et comme toute énergie féminine, elle doit être courtisée avec romantisme, séduite et enchantée.

Comme disait Bô Yin Râ, l'âme doit être contemplée, ressenti, vécue et conquise. Pour se développer, elle besoin de vie et d'action et pour s'épanouir, elle a besoin de silence, de communion et d'enchantement.

On ne peut être trouvé(e) par la liberté qu'en suivant notre nature. Il n'y a pas de raccourcis. Richard Ruud nous invite à regarder notre vie à travers le miroir de cette clef et à voir où est ce qu'on essaye, ou sont nos objectifs et ou est-ce que l'on cherche la confirmation de notre histoire douloureuse. On a tous nos histoires. Quand on avance sur le chemin de la liberté, en allant dans le cœur et en élevant sa fréquence vibratoire, on apprend à sortir du mélodrame et à vivre en étant enchanté, chanté par le chant de la vie, en étant simplement qui nous sommes, ce que la vie veut que nous soyons, dans un état de transparence, qui est le superpouvoir de la Clef 59, la clef partenaire de la 55 et la condition de la vraie liberté.

Pour aller un peu plus loin...

La maison de cette ombre se trouve dans les ganglions dorsaux du plexus solaire qui est la maison des émotions, le siège des émotions. Les émotions sont beaucoup plus puissantes que le cerveau et le mental et le monde extérieur prouve cela tous les jours. Quand on vibre en basse fréquence et qu'on ressent une émotion, le mental recherche à l'extérieur la cause de cette émotion et la raison de son existence. On croit par exemple que la joie est causée par quelque chose d'extérieur et on court après des choses extérieures (santé, argent, couple, réussite, renommée et même Dieu) car on espère qu'on va ressentir de la joie.

Et quand on ressent de la douleur, on accuse pareillement des éléments extérieurs. On est adict à la tendance à chercher des causes à l'extérieur et à se croire victime de notre réalité matérielle. On est pris et maintenu dans une toile d'araignée de notre propre création, constituée de notre attitude envers la vie qui est conditionnée par une recherche de plaisir/bonheur et un évidement de la souffrance/douleur, à cause de notre vouloir être heureux (se) et épanoui(e)qui est tourné vers l'extérieur et auquel on est agrippé, ce qui génère le mélodrame de notre vie auquel on est adict.

La première étape pour en sortir est de comprendre en profondeur que nous sommes les victimes involontaires de nos croyances, de nos schémas de croyances inconscientes et d'un évitement à ressentir pleinement nos émotions.

Comme disait Gurdjieff, pour sortir de sa prison, il faut en premier lieu prendre conscience que l'on est dans une prison. L'une des formes que prend le fantôme de la liberté est l'idée de partir en quête de la vérité ou de faire du tourisme spirituel, que l'on veut se libérer plus tard à travers la spiritualité, que l'on peut faire quelque chose pour se libérer de son ombre et de ces souffrances en effectuant des pratiques spirituelles en dehors de sa sphère d'expérience de vie quotidienne, en situant une réalité spirituelle ailleurs et un éveil spirituel plus tard que ici et maintenant et en recherchant des expériences spirituelles. On peut alors passer sa vie à chercher mentalement sans l'expérimenter dans son ressenti. Chez certaine personnes, cette démarche de chercher est totalement juste tandis que pour d'autres, c'est simplement une distraction de l'instant présent qui les éloigne de leur nature. L'ombre de cette clef empêche alors le chercheur spirituel d'aboutir à la conclusion de sa recherche à cause d'une identification à l'enseignement, à l'enseignant ou au chemin qui chemine sans fin.

L'humanité arrive cependant à un seuil, à l'aube de l'ère du verseau, qui dure environs 500 ans. Un nouveau monde est en train de naître et les enfants de ce nouveaux monde seront différents des humains de l'ancien monde. Une des composantes principales de cette différence se trouve dans cette clef génétique 55 et dans le plexus solaire. Râ et Richard Ruud en parlent en détail dans leurs enseignements.

Les individus ne se percevront plus comme des « moi séparé(e)s » mais comme un « nous collectif ». Ils percevront l'espèce humaine comme une seule entité reliée aux autres espèces qui peuplent la galaxie. Ils développeront la « conscience galactique ». (Voir « Le dossier extra-terrestre).

Chapitre 32 : Le nombre 56

A-Sa structure et ses associations: Le nombre 5 est en relation avec la légitimité, la conscience, l'expression du cœur, le sens, le voyage du corps et de la conscience et les enseignements qui permettent une intégration sociale ou une élévation de la conscience. Le nombre 6 est en lien avec l'écoute du cœur, l'intelligence relationnelle, l'intense activité relationnelle, la beauté, l'art, le couple, la famille et les relations sociales. Il y a une multiplicité de possibilités. L'association de ces deux nombres évoque un voyage artistique ou relationnelle, l'officialisation d'une relation, des enseignements artistiques pour maîtriser la forme ou le grand voyage qui génère de la joie parce qu'il va de la tête au cœur.

B-Selon la tradition ancienne du Yi-King Chinois : Hex 56 = Le voyageur. Le passager.

Résumé du nombre : Sortir de vos limites, occuper l'espace, voyager au-delà des frontières, explorer de nouveaux mondes et passer en mode nomade pour élargir vos horizons et votre vision et raconter vos aventures.

Explication technique : Pour créer, maintenir, développer et transformer une situation de plénitude, pour faire circuler les richesses ou en trouver de nouvelles, notamment quand les ressources actuellement disponibles ont été épuisées ou sont sur le point de l'être, il est nécessaire d'occuper l'espace, de se déplacer et d'aller en terre étrangère. C'est pourquoi après «La plénitude» vient «Le voyageur». L'idéogramme ancien désignait des troupes ou des marchands, se déplaçant en temps de paix et se construisant un abri pour passer la nuit. **Li**, le feu, le Soleil incarné, permet ici d'avoir des intentions claires, d'être vigilent et lumineux, de poser des actes conscients et réfléchis, d'orienter sa conscience vers des objectifs, d'être motivé, efficace et toujours en action, de s'engager, d'exprimer l'amour et de préserver sa flamme. **Touai**, le lac, demande d'exprimer sa joie et de donner la juste forme à toute situation, d'utiliser son intelligence relationnelle, d'être un artiste de la vie, de gérer ses ressources, de coopérer et partager, d'œuvrer pour préserver la civilisation, d'avoir une conscience sociale, de faire des choix en accord avec ses vrais désirs et d'agir avec humilité, justesse et harmonie. **Souen**, le vent, la végétation, permet de trouver le combustible permettant d'alimenter le feu, d'être toujours en mouvement, d'élargir ses horizons intérieurs et extérieur, de voyager dans le monde, d'explorer de nouveaux espaces, de faire appel à son autorité et son optimisme, de communiquer intelligemment, d'exprimer un sens du service, de s'adapter aux exigences de la Nécessité, de trouver sa place dans le monde et de s'y intégrer, de guider et d'écouter son guide, d'être légitime et de respecter les lois et coutumes en vigueur. **Ken** demande de cheminer, de s'intérioriser, d'aller à l'essentiel, de vivre avec peu, de structurer, d'exprimer un sens de l'ordre et de l'organisation, de tenir compte du temps et de voir les choses à long terme, de fournir les efforts nécessaires, de faire face aux difficultés, de cultiver le calme intérieur et la sagesse, de faire preuve de maîtrise de soi, d'honnêteté et de maturité, d'accomplir ses devoirs et d'avancer vers sa vérité profonde.

Touai et Souen représentent ici les communautés humaines du monde tandis que Li et Ken représentent le voyageur solitaire, avec sa lumière intérieure et sa force intérieure mais aussi l'auberge qui l'accueille pendant un temps.

L'immobilité de la montagne contraste avec la mobilité constante du feu toujours à la recherche de nouveaux combustibles. Le plus long des voyages ne fait souvent que quelques dizaines de centimètres et consiste alors à aller de la tête jusqu'au cœur.

Le voyage est tout aussi important que la destination (la lumière qui brille au sommet de la grande montagne). Le fond du cœur est beaucoup plus loin que le bout du monde. Et l'important n'est pas forcément de savoir où l'on va mais d'y aller. Dans la vie, il y a des groupes, des communautés, des villes et des civilisations qui demeurent et font leur voyage sur place, avec leurs lois, leurs règles, leurs contraintes et leur libertés. On peut en entendre parler dans les livres, les médias ou par relation, mais rien ne remplace l'expérience directe.

Puis il y a des voyageurs qui partent, qui sont toujours en mouvement et qui ne font que passer. Le voyage n'est possible que grâce à une ouverture sélective des frontières. La fermeture totale des frontières engendrent la rigidité et l'ouverture totale engendre le chaos. Une juste ouverture permet un changement harmonieux et une évolution enrichissante et fructueuse. Parmi ces voyageurs, il y a des agriculteurs, des marchands, des hommes d'affaires ou de loi, des militaires, des fonctionnaires, des employés, des moines, des chercheurs, des personnes qui se rendent à des formations, des personnes allant voir des ami(e)s ou de la famille, des amoureux et des touristes. Ils font circuler les informations et les richesses. Ils permettent de mieux connaitre et comprendre les lois de la civilisation. Il y a aussi des âmes errantes, des personnes solitaires ou désespérées, perdues, égarées dans les labyrinthes des sens, du mental ou des mémoires généalogiques, en fuite, sans objectif, sans ressources, sans toit ni lois autre que la nécessaire survie.

Il y a finalement des personnes pour lesquelles la vie est un perpétuel voyage. Elles expérimentent un voyage intérieur grâce au voyage extérieur parce qu'elles retournent sur des lieux où leur âme, leurs mémoires d'âme voire leurs ancêtres ont déjà vécu. Dans tous les cas, le voyage permet très souvent de recevoir un enseignement sur la nature humaine, sur les lois du changement et sur l'ordre cosmique et le Tao. Seul celui qui sait traiter l'étranger avec dignité et celui qui sait accepter l'hospitalité avec gratitude peut se donner le droit de dire qu'il est l'enfant d'un noble peuple et qu'il appartient à la race humaine.

Interprétation classique : Vous êtes dans une situation où il est temps de faire vos valises, un voyage, d'élargir vos horizons, de partir en exploration vers des terres inconnues, vers d'autres possibles ou vers une vie nouvelle, d'aller loin de votre territoire habituel, de gouter à l'énergie d'un lieu lointain ou de partir découvrir le monde, de choisir une nouvelle destination, de l'atteindre ou de prendre conscience que vous êtes actuellement un voyageur, un étranger ou un exilé, en transit dans la situation actuelle, qui est clairement temporaire, incertaine, en mouvement ou qui comporte des règles et des coutumes qui vous étaient jusqu'alors inconnues. Vous pouvez aussi vous retrouver dans un contexte où dans une situation qui est totalement étrangère à vos repères habituels. Vous êtes à une étape et ne faîtes que passer. L'époque n'est pas aux engagements à long-terme ni à l'attachement. Elle demande plutôt de la diplomatie et d'ouvrir vos deux oreilles que d'imposer vos opinions ou votre façon de faire. Quel voyageur êtes-vous? D'où venez-vous? Qui êtes-vous? Ou allez-vous?

Quelles sont vos motivations, vos compétences, vos qualités et vos ressources? Qu'y a-t-il dans vos bagages? Que se passe-t-il dans votre environnement? Qui vous guide? Avez-vous une boussole?

Quel est votre objectif ? Peut-on vous faire confiance et vous faîtes-vous confiance? Est-t-il temps pour vous de vous poser ou de reprendre la route? Ou est votre juste place ?

Ce sont les questions du voyageur et de celui qui le rencontre. Pour qu'un voyage ne soit pas synonyme d'errance, il est judicieux de vous mettre au service de la vie et de canaliser vos forces dans une direction qui a du sens. Voyager, explorer et parcourir de nouveaux espaces est un état d'esprit caractérisé par une impression d'inconnu, d'incertitude, d'éloignement, d'excitation, où tous les sens sont en éveil, mais aussi souvent de solitude et de vide affectif. C'est aussi un art, qui à ses règles, en lien avec la capacité à être intensément présent, mais aussi avec la capacité à respecter un certain équilibre entre par exemple introversion et extraversion, un juste milieu, une harmonie des courants de la vie et à faire les bons choix, en tenant compte du temps nécessaire et du rythme des choses. De nombreuses contrées recèlent des dangers.

Un voyageur, un étranger, doit donc se souvenir qu'il est une cible potentielle en mouvement. Il ne connait très souvent personne et il est facilement repérable car personne ne le connait. Le voyageur avisé écoute donc avec vigilance son intuition et ce qui se passe dans son environnement. Il observe les signes qui semblent annonciateurs d'ouvertures, repères les coïncidences et les potentiels, détecte tout changement et la direction que prennent les vents des événements. Il fait preuve de discernement entre ce qui est essentiel et les querelles ou affaires qui ne le regardent pas. Il est particulièrement attentif aux détails. Il choisit soigneusement les personnes avec lesquels il entre en relation.

Il discerne celles qui vibrent dans un sens positif et évite les autres. Il respecte l'environnement dans lequel il se trouve ainsi que ses habitants. Il évite d'interférer avec les processus naturels ou avec l'ordre cosmique, de prendre des chemins décadents, louches et incertains, d'être insouciant, imprudent, étourdi, négligent, dur, cassant, distant, asocial, irrespectueux, prétentieux, arrogant, trop pressé, de focaliser son attention sur des ragots sans intérêt et de gaspiller son énergie et ses ressources dans des activités médiocres.

Il soigne son image, ses paroles et ses attitudes. Il prend soin de lui-même, de ses richesses et de ses relations. Il reconnait et accepte les difficultés dès qu'elles se présentent et trouve rapidement une solution. Il est ainsi judicieux, pour le voyageur que vous êtes, de bien préparer l'étape suivante du voyage, de rassembler la juste quantité de ressources et d'informations, en évitant de vous alourdir avec ce qui n'est pas indispensable, de rester centré dans votre cœur et d'être relié à votre vérité profonde, d'adopter des principes de valeur et des objectifs justes qui vous éclairent dans l'inconnu. Il est judicieux de savoir accepter les gens et les situations telles qu'elles se présentent, de vous adapter et communiquer intelligemment, de savoir vous nourrir sur tous les plans et trouver des lieux de repos adaptés et harmonieux, où vous pouvez séjourner quelques temps sans vous attarder plus que nécessaire, de gérer et protéger votre lumière, vos biens et votre énergie, de faire appel à votre force intérieure, de faire preuve de générosité et de gratitude quand c'est possible, puis de trouver un équilibre entre clarté et discrétion, entre observation et engagement, entre souplesse et ferme détermination, entre autorité et réserve, entre humilité et dignité, entre ouverture d'esprit et prudence, entre fermeté et courtoisie, entre donner et recevoir, entre solitude et plaisir.

Tout comme un feu sur une montagne est toujours en mouvement à la recherche d'expériences nouvelles, il est ici également important de faire en sorte que tout malentendus, toute querelle, tout procès ou tout châtiment ne soient qu'un épisode temporaire rapidement dissipé et que la page soit définitivement tournée une fois l'enseignement et le sens intégré.

Il est également important, quand les ressources, l'inspiration ou la créativité actuelle sont épuisées ou risque de l'être, de reconnaitre qu'il est temps d'aller de l'avant et de reprendre la route afin d'éviter que la flamme s'éteigne. En vous comportant avec justesse, droiture et souplesse, en invité respectueux qui sait être à sa juste place, vous pouvez petit à petit créer des liens, susciter la bienveillance d'autrui, trouver l'assistance adaptée pour voyager harmonieusement, gérer l'incertitude, surmonter toute inquiétude, trouver votre juste place et avancer sur votre chemin en vous enrichissant de vos expériences.

Les séjours et les voyages apportent des changements et du progrès, mais le plus souvent, ceux-ci sont minimes où ne s'effectuent que lentement, pas à pas, d'où la nécessité d'une juste persévérance, de patience, de protéger et nourrir votre joie et de ne pas avoir de visées trop ambitieuses. Bon voyage !

C-Selon les deux écoles modernes du Design Humain et des Clefs Génétiques :

1-Le Design Humain. 56 = La porte du conteur d'histoires, du voyageur, de l'explorateur ou du nomade.

Explication technique :

Circuit du ressenti. Centre Gorge. Cette porte est liée à la porte 11, le Force du cœur ou la paix. Son thème principal est le voyage, le nomadisme et la transmission d'histoires. Sa maîtrise permet l'enrichissement. Cette porte est dite métamorphique ou mutable car son univers est fait de changements permanents. Ici, c'est l'abstrait qui est sans arrêt transformé en langage, en croyances et en histoires. Les informations abstraites sont structurées en éléments cohérents qui sont mémorisables. Il y a une grande curiosité et un désir de chercher. Une idée devient ici un voyage et non une solution. La conscience collective, au niveau mental, au niveau des idées, n'est pas orientée vers l'action. Au niveau de la conscience, la façon dont les choses sont perçues, la façon dont les images sont manipulées et interprétées mais aussi ce qui est perçu par la vision reste une illusion, une interprétation, une histoire, une façon de voir les choses. La conscience de l'inconscient collectif permet ici de traduire les expériences humaines en images et de définir l'air du temps, les énergies de l'époque et de faire des projections sur les futurs possibles. Cette porte permet de transformer les expériences, les images et les idées en expressions, en métaphores, en paraboles, en histoires, en schémas philosophiques et en enseignements puis de les raconter de façon captivante afin de susciter un état d'enchantement. Au niveau génétique, la porte 56 correspond à un « codon d'arrêt », un peu comme un point à la fin d'une phrase ou comme une histoire qui se termine. Ici, la phrase est terminée quand l'idée à été exprimée. Le processus est terminé quand la destination a été atteinte, quand l'histoire a été racontée. Le risque de cette porte est de se perdre dans des histoires superficielles synonymes de distractions qui n'ont d'autres but que d'attirer l'attention, de déformer la réalité par des exagérations théâtrales et de partager des expériences qui devraient êtres gardées sous silence pour qu'elles génèrent une transformation intérieure.

Proposition d'interprétation :
De votre libre accord ou de force, la vie vous amène à voyager ou à considérer que la vie elle-même est un voyage. Vous avez besoin de voyager, d'explorer, d'élargir vos horizons, de vous aventurer sur des terrains inconnus et découvrir de nouvelles choses dans la vie. Par conséquent, vous vous sentez partout chez vous. Vous n'aimez sans doute pas vraiment rester trop longtemps au même endroit ou dans un projet trop long afin d'éviter qu'il soit temps de vous enraciner. Votre soif de voyage n'est pas tant d'atteindre certains buts, mais de jouir de l'expérience de l'exploration et d 'en apprendre plus sur la vie.

Ensuite, vous aimez les histoires inspirantes, les écouter et les raconter. Vous avez des dons pour écrire et pour raconter comment les choses se sont passées avec parfois un « Vous n'allez jamais le croire, mais… ». Vos récits sont très structurés, très encadrées et viennent en rafales. Vous aimez collectionner les expériences et les tisser en de captivantes histoires, probablement parce que cela vous permet de leur donner du sens et d'en tirer des enseignements. Vos histoires suscitent la curiosité et débouchent parfois sur des apprentissages ou des prises de conscience grâces aux leçons qu'elles comportent. Elles provoquent de l'émerveillement et de l'enchantement car vous avez l'art de toucher les cœurs.

Vous aimez susciter les commentaires de votre auditoire pour mettre au défi vos propres croyances. Pourquoi le faites-vous ? Fondamentalement, parce que vous vous sentez parfois perdu dans votre propre vie et, en bon vagabond, vous avez besoin de réconfort, de sens et de légitimité.

Pour atteindre vos objectifs, vous savez même formidablement embellir les faits, stimuler et provoquer les autres pour qu'ils découvrent d'autres aspects de la vie grâce à votre expérience et pour qu'ils comprennent leur propre histoire. Tout comme dans les films, certaines de vos histoires pourraient aussi bien porter ce qualificatif : « Inspiré d'une histoire vraie. » Pourtant, paradoxalement, en raison de votre talent pour conter de belles histoires bien ficelées, vous savez repérer quand celles des autres sont vides, dépourvues de sens ou faibles dans leur exposé. En ce qui vous concerne, la vie est une constante exploration. Vous avez ainsi soif de nouvelles expériences qui enrichissent l'histoire de votre vie et vous avez un talent particulier pour raconter, divertir, enchanter et parfois pour éveiller les cœurs et les consciences.

3-Les Clef Génétiques. Clef 56 = la permissivité ou indulgence divine. Le comédien.

Son dilemme où il doit faire des choix : Le plaisir et la douleur. **Signe astral HD :** Cancer/Lion.
Son partenaire de programmation : Clef 60, le fissurage du vaisseau.
Corps : Tyroïde/Parathyroïde. **Acide aminé :** Aucun car codon de bout de chaine (terminaison).
Son anneau de codon : L'anneau des expériences clefs, des tests/essais/des secrets (12-33-56).
Son chemin de transformation : Le chemin de l'enrichissement.

L'ombre de cette clef : La distraction et l'absence de permission.

Faire preuve d'indulgence envers soi-même, c'est se donner la permission, l'autorisation, de faire quelque chose qui nous fait plaisir même si cela a des conséquences négatives. Solliciter l'indulgence à une autre personne, c'est lui demander de nous excuser, de pardonner nos fautes et de ne pas nous sanctionner sévèrement. Tandis que la Clef 33 correspond à l'expérience ou au test de l'oubli, la Clef 56 nous montre comment on fait pour oublier et pour ne pas se souvenir de qui l'on est vraiment.

Il y a des distractions extérieures et des distractions internes. Avec les distractions extérieures, c'est simple, on oriente son attention, sa conscience, dans les très nombreuses distractions proposées par le monde extérieur mais aussi dans la recherche du plaisir et par l'évitement de la douleur ou du mal-être. Une bonne partie de la population sur Terre est distraite par le simple fait de survivre, de devoir trouver de l'eau et à manger tandis que l'autre moitié est distraite par la télévision, l'ordinateur, le téléphone portable ou par des passe-temps qui sur-stimule nos sens ce qui nous permet de ne pas ressentir notre mal-être profond. Tout cela nous engourdi et nous anesthésie car les sens nous décentre de notre centre. L'ombre de la distraction enveloppe le monde d'un voile qui ne nous permet pas de voir la vie telle qu'elle est réellement et qui nous sommes réellement. Elle vous rend conditionné par l'environnement extérieur, par le gouvernement, la télévision, les médias, la culture, la religion, le système éducatif, le voisinage et les parents. Ils nous disent tous constamment ce qu'on doit penser et croire. On est comme aspiré par les systèmes de croyances d'autrui. Il n'est alors pas étonnant que l'on éprouve des difficultés à s'intérioriser, à identifier ses rêves et à accéder à son idéal et au sens de sa vie.

Les milieux New Age disent que vous créé votre réalité mais ce n'est qu'à moitié vrai car vous ne créez pas les événements qui surviennent dans votre environnement mais vous influencez leur impact sur vous à travers votre attitude et votre façon de réagir à eux. Si vous accusez les autres, vous renforcez des fréquences de victimisation alors que si vous acceptez même si ce n'est pas agréable, vous, vous générez des fréquences de lâchez-prise qui nous permettent de vous mouvoir à travers la vie avec fluidité et résilience.

Avec les distractions intérieures, on vit tellement dans son propre monde que l'on oublie le monde extérieur. On vit dans un monde imaginaire de sa propre création, en greffant un voile mental sur la réalité, sans ancrage dans la réalité matérielle. On regarde la vie à travers une lentille, en ne voyant que ce que l'on veut voir. On ne voit pas la vérité de ce qu'on ressent et on n'accepte pas l'instant présent tel qu'il est. On fuit nos ressentis désagréables en faisant quelque chose qui détourne notre attention d'eux.

Mais dès qu'on se laisse distraire de ce qu'il se passe vraiment en nous, on limite sérieusement les résultats des événements qui se produisent dans le moment présent et on se maintient dans un état de pauvreté intérieure. La troisième Clef de l'anneau, la 12, nous permet de faire l'expérience de l'abandon de l'illusion d'être un moi séparé ayant une existence individuelle à travers l'ombre de la vanité.

Au fond, on se distrait pour oublier quoi exactement? On se distrait pour continuer à oublier notre vraie nature éternelle et on s'aide tous mutuellement à le faire. Nous sommes les champions de la distraction sur Terre. On est tellement doué qu'on tombe même dans le piège de chercher une solution pour sortir de l'oubli à travers des distractions.

D'un côté, on recherche le plaisir, à travers la nourriture, le sexe, le pouvoir et en créant une vie heureuse selon les idées du mental. On cherche la vie idéale jouissive que l'on voit sur nos écrans de télé ou d'ordinateur ; plein d'argent, une belle maison à la campagne, à la montagne ou au bord de la mer, une jolie petite famille, un(e) partenaire dévoué(e), une belle voiture et de la bonne nourriture. Tout à l'air parfait, extérieurement et tellement visible. Mais tout cela ne comble aucunement un vide intérieur profond.

Après, il y a l'autre bout, l'autre côté de la distraction, le cycle de la douleur. Le cycle de la douleur met en mouvement le cycle du plaisir et inversement.

Comme on ressent au plus profond de soi cette douleur, ce mal-être, ce besoin non satisfait de quelque chose que l'on cherche, on cherche la solution dans le plaisir extérieur mais le plaisir ne dure pas et nous emmène vers une douleur encore plus profonde. On devient distrait en tentant de solutionner notre douleur. La douleur devient émotionnelle, on s'y identifie et on la projette sur autrui et on dit qu'elle est la faute des autres que l'on persécute alors. Puis elle se manifeste dans nos corps et on court voir un médecin ou un thérapeute pour se faire soigner où alors on fait un régime ou un jeûne. Mais on ne va pas chercher le fond, la racine du problème. On fait même tout pour l'ignorer et l'éviter. On demeure spirituellement aride. Nos vies ont perdu tout sens profond et on a cédé à l'idée que nous sommes des victimes du monde extérieur, de la société ou de nos projections et de nos idées de comment le futur devrait être.

Sous sa forme réprimée, cette ombre génère le syndrome du lemming, c'est-à-dire la tendance à être esclave du système, à se conformer au modèle social et à vivre une vie mondaine qui a mis de côté les aspirations profondes de l'âme. Il n'y a alors pas beaucoup de joie dans leurs cœurs et pas de pétillance dans leurs yeux.

Sous sa forme réactive, il y a une perpétuelle agitation à s'occuper dans toutes les activités extérieures proposées par la société sans savoir s'arrêter et à s'y perdre, en multipliant les expériences, en étant captivé par tout ce qu'il se passe, en se passionnant pour le monde mais en étant coupé des ressentis, de la vie intérieure et des aspirations profondes de l'âme. Chacune des 64 ombres correspond à une forme de victimisation et à la Clef 56, on est victime de la société et des distractions du monde extérieur. On y est adict(e). Elles nous occupent et nous remplissent temporairement de l'espoir qu'on ne ressentira pas notre douleur profonde.

A ce stade, il s'agit simplement de reconnaitre cela et à quel point cette ombre impacte nos vies. Il s'agit d'observer que derrière toutes ces distractions, il y a un besoin de joie et de plaisir, une certaine joie et un certain plaisir à faire des choses qu'on aime.

Son cadeau : Les dons et capacités de cette porte : L'enrichissement

Quand on fait preuve de discernement, d'autodiscipline, que l'on sait exprimer son « oui » et affirmer son nom « non » et dire stop quand on sent que notre énergie baisse en vibration et quand in sait donner du sens aux choses, on sélectionne les activités qui nous enrichissent et on se détourne de celles qui ne le font pas. C'est ce qui se passe ici On comprend que les désirs sensuels sont des tentatives illusoires d'accéder à un état de complétude. Quand on cesse de nourrir le cycle de plaisir et de douleur et que l'on cesse d'être la victime de ses sens, tout ce que l'on fait devient enrichissant. On apprend à savourer la vie, à transformer les difficultés en opportunités et à saisir les opportunités qui se présentent. On se rend compte que notre joie dépend de notre intérieur, du sens et de la forme que l'on donne aux choses et non des événements extérieurs. On gère notre vie de façon à ce qu'elle nous enrichisse et tout devient une opportunité d'enrichissement.

Les codons de terminaison, de bout de chaine sont comme des changements de vitesse. Ils nous permettent d'accéder à de nouvelles dimensions. L'enrichissement n'est pas quelque chose que l'on fait mais quelque chose qui survient quand on arrête de faire.

Tout le malheur des Hommes vient de leurs incapacités à demeurer seuls, en repos, dans une pièce, disait le philosophe Baise Pascal. Considérons l'un des plus grand défis de notre temps que vivent tous les parents.

Comment gérer la relation des enfants à la technologie ; c'est à dire aux ordinateurs, aux téléphones portables et à l'IA par exemple ? Richard Ruud et son épouse limitent volontairement les temps d'écran pour que leurs enfant puisse faire l'expérience de s'ennuyer, de ne rien avoir à faire car si on ne peut pas ne rien avoir à faire, on ne goute pas vraiment à la vie. L'ennui est une composante essentielle de la croissance, de juste être, sans distractions et si l'on ne découvre pas cette aptitude à juste être là avec soi-même, on est alors condamné dans notre vie ultérieure.

C'est en étant isolé et en n'ayant rien à faire que Richard a découvert l'art de la contemplation et la capacité à écouter la vie. Faire cela nourrit l'âme et donne accès aux profondeurs de la réalité. Le véritable enrichissement n'est souvent pas ce que l'on croit car il consiste d'abord à arrêter de faire, de faire quelque chose et à juste être avec ce qui est dans l'instant présent. Ces temps intermédiaires où l'on est dans un espace entre deux situations, deux projets, deux activités, deux relations ou deux destinations sont précieux. Ils font partie des cycles de la vie, de l'activité et du repos et ils les structurent.

Ils nous permettent de nous reconnecter à la beauté des choses, de percevoir la beauté et les flux de la vie, l'énergie de la vie qui vibre partout. On doit apprendre à ne pas être distrait de la possibilité de ne rien faire car les moments d'inactivité sont remplis de magie et nourrissent l'embryon de l'immortalité en nous.

Et quand on cesse d'être inactif, c'est là où l'on réalise que l'on est comme dans un état d'ivresse. Il est essentiel d'expérimenter des temps de solitude où il n'y a rien à faire et d'apprendre à juste être et contempler ce qui est là car c'est cela qui nous enrichit vraiment et nous donne accès à la joie. On peut alors permettre à notre joie d'être le résultat de notre présence et non l'objectif à rechercher.

Cette Clef donne accès à la connaissance de la vie, de ses fréquences, ses gouts et ses différentes couleurs et à chaque fois, le secret ne réside pas dans la sonorité, la couleur ou le gout mais dans la qualité de présence fluide et naturelle. L'art de la contemplation consiste ainsi à ajuster sa fréquence aux fréquences émergentes de l'instant présent.

L'enrichissement est la capacité à être en mouvement de façon fluide, en harmonie avec les saisons et avec la vie et à les gouter. Il émerge du rien, du vide, de la capacité à juste être. Il consiste à ne pas être distrait de façon à pouvoir écouter et entendre l'aspect paradisiaque de l'instant que l'on est en train de vivre et à écouter la poésie de la vie. Toutes les grandes choses émergent du vide, du rien. La physique quantique nous parle de champs d'énergie et de fréquences dont certaines se condensent à un moment donné dans la réalité. On ne sait pas vraiment comment ça marche mais ça marche.

Vivre ce don numéro 56, c'est apprendre à apprécier tous les aspects de la vie, toutes ses différentes couches, sans les juger, sans comparer, sans considérer que l'une est meilleure que l'autre. Cela constitue la fondation de l'ivresse, de l'état d'enchantement, de béatitude et d'extase. Le don de la Clef 56 se manifeste également par des aptitudes à communiquer et à raconter et génère la capacité à capter et orienter l'attention d'autrui. Au niveau des fréquences plus matérielles, cela peut engendrer une vocation dans la publicité ou la politique. Dans les fréquences intermédiaires, on peut retrouver ce don chez les comédiens, les acteurs ou les conférenciers.

Dans les fréquences supérieures, il y a des capacités à raconter des histoires vécues inspirantes, à créer des contes ou des histoires mythologiques riches en symboles et en enseignements. Enrichir l'autre est alors une activité offerte avec le cœur et plus on enrichit autrui et plus les fréquences du don cette clefs se déversent dans notre cœur.

Le superpouvoir/puissance (Siddhi) de cette porte : L'intoxication, L'ivresse de bonheur

L'ivresse, l'intoxication, qu'est-ce ? Quand on élève sa vibration jusqu'aux fréquences des Siddhi, on se raffine et on s'affine à la fois notre cœur et notre conscience. On ouvre notre cœur et l'on ressent les courants d'amour qui inondent l'univers et l'on devient enivré par la force de l'amour qui émane de la Source de toute Vie. On s'ouvre à la gratitude.

On affine également notre attention et notre conscience vers de plus en plus de subtilité. Cela signifie que les distractions deviennent aussi plus subtiles. L'une des plus puissantes distractions est la souffrance d'autrui. Au fur et à mesure que notre conscience s'éveille, notre cœur s'ouvre et notre compassion pour tous les êtres s'expanse dans notre poitrine à travers l'ensemble de notre corps. On a envie de réconforter autrui, de les aider et de contribuer à soulager leurs souffrances.

C'est une très belle distraction car elle nous permet de lâcher notre égoïsme et d'aller vers l'absence d'ego. Cependant, pour accéder complètement aux dimensions supérieures de la conscience, il faut aussi lâcher ce besoin d'aider autrui et d'être à leur service. Souvent les gens n'ont pas besoin de notre aide mais juste de notre acceptation et de notre amour inconditionnel qui les accepte tels qu'ils sont. Cela ne veut pas dire qu'il ne faut pas leur proposer aide et soutient si cela est juste. On déteste ça quand un(e) cher(e) souffre. Cela veut dire qu'il faut vérifier qu'on ne cherche pas juste à se débarrasser de notre propre inconfort à les voir pas bien et que ce n'est pas une distraction vis-à-vis de notre éveil à la réalité. C'est l'un des grands tests, cette capacité à rester ouvert et empathique tout en étant détaché intérieurement des souffrances d'autrui.

Pour illustrer la subtilité voulant ici être démontrée, Richard Ruud raconte l'histoire d'un Maitre en inde qui donna deux patates à son disciple et lui proposa d'aller les manger au bord de la rivière. Le disciple rencontra un mendiant sur sa route et finit par lui donner l'une des pommes de terre. Le maitre le traita ensuite d'imbécile, lui disant que l'un des patates symbolisait la plénitude matérielle et l'autre la réalisation spirituelle et qu'il avait donné la patate de la réalisation spirituelle au mendiant.

On est ici capable d'équilibrer l'importance que l'on accorde au spirituel avec celle que l'on accorde au matériel, celle que l'on donne au cœur et à l'âme et celle que l'on accorde à l'intelligence. On est capable de jouir du monde de la matière et de vivre l'extase de la communion avec la Source de toute Vie car au fond, tout est sa création, tout est elle à différentes fréquences. On sait cependant hiérarchiser les différentes joies et orienter sa vie vers une élévation de ses joies. On développe une forme d'addiction à l'amour qu'il y a dans son propre cœur et une certaine euphorie rend capable d'élever la fréquence vibratoire d'autrui par notre simple présence qui perçoit toute la beauté de l'autre parce qu'elle est vu à travers les yeux de la Source. On est alors en amour avec chaque être humain et on sait trouver les mots juste pour faire jaillir la joie sans raison particulière dans le cœur des gens, sans arrières pensées ni intentions cachées.

L'écrivain Hongrois « Hamvas Bela », nous dit Richard Ruud, décrit très bien cette ivresse des sens. Il explique que les yeux maintiennent une certaine distance avec la vie, que les oreilles permettent un rapprochement et de l'écouter, les mains de la toucher, le nez d'inspirer la vie mais que c'est la bouche, qu'il divinise, qui permet vraiment de gouter à la vie, de l'ingérer et ce de trois façon différentes, à travers le parler, le manger et le baiser. Le baiser est ce qu'il y a de plus fort car il prend et donne en même temps. Il est le partage suprême de la vie. Embrasser la vie permet de devenir enivré(e) par elle.

Hamvas considère les sens comme un moyen d'accéder à l'éveil et non comme des voleurs qui nous prennent notre énergie et distraient notre conscience. C'est une approche atypique et particulière qui nécessite une certaine autodiscipline.

Le renonçant évite la vie, les expériences de vie, les sens et les plaisir de la vie tandis que l'ivrant, celui qui s'est enivré, ingère l'essence de la vie et les expériences en doses homéopathiques. La vie et les expériences de vie, aussi bien les plaisirs que les souffrances, sont absorbées sans excès, filtrées par le corps et par le cœur jusqu'à ce que leur quintessence soit extraite. Il peut paraitre aberrant de dire que même les souffrances sont savourées mais la mission de l'ivresse est de transmuter les toxines du monde, de la vie et d'en extraire leur essence pure. Il y a de la pureté dans tout au niveau des racines car le souffle de Dieu est partout.

Si cette Clef est votre chemin, il s'agit alors de gouter pleinement à la vie sans avoir peur des sens ni du vin, par exemple, qui est un symbole de l'ivresse extérieure. Ce Siddhi rebelle et paradoxal nous invite à gouter au nectar de la vie, à développer une totale confiance en la vie et à voir que la Source de toute Vie créé en réalité la Vie par Amour et Volonté de joie, dans un état de joie intense, dans un état d'ivresse. Il nous montre que la vie est censée être belle et joyeuse ; qu'elle est censée être vécue dans un état d'émerveillement et d'enchantement.

Chapitre 33 : Le nombre 57

A-Sa structure et ses associations: Le nombre 5 est en relation avec la légitimité, la conscience, l'expression du cœur, le sens, le voyage du corps et de la conscience et les enseignements qui permettent une intégration sociale ou une élévation de la conscience. Le nombre 7 est en lien avec une capacité à combiner conscience matérielle et conscience spirituelle, à diriger, à fixer des objectifs, à mettre en place les bonnes stratégies, à passer à l'action et à obtenir des résultats. L'association de ces deux nombres évoque la relation entre le Grand-père et son petit fils devenu général ou un actif dynamique. Elle associe les enseignements liés au sport, à l'armée et au monde de l'entreprise, de l'entreprenariat. Elle associe le voyage et la capacité à obtenir des résultats par le mouvement à travers un objectif, une stratégie et des actions. Le 7 canalise et focalise l'énergie du 5. Les deux nombres sont tournés vers le mouvement et le voyage, d'où le lien avec le vent en Chine.

B-Selon la tradition ancienne du Yi-King Chinois : Hex 57 = Adaptation sociale conforme. L'influence pénétrante. Le vent dans les arbres.

Résumé du nombre : Exercez une influence discrète et pénétrante sur les affaires du monde en vous pliant, avec douceur et intelligence, aux règles de la situation et en écoutant comment les choses vibrent et sonnent, afin de vous adapter au monde et servir la vie.

Explication technique : Voyager permet d'explorer, de découvrir son environnement, de conquérir l'espace, de s'adapter, de trouver sa place et de s'intégrer, par un juste dosage d'énergie masculine capable de convaincre et d'énergie féminine capable de générer l'harmonie. C'est pourquoi après «Le voyageur» vient « L'adaptation sociale ».

L'idéogramme ancien désignait un autel et deux mains avec un bâton officiel, un sceau, un sceptre, un bâton de parole ou un arc. Cela symbolise l'environnement en tant qu'espace sacré, laissé par les ancêtres, pour permettre à l'âme de grandir et mûrir, par la vie, l'action, l'expérience et l'expression personnelle, mais surtout les moyens permettant à l'être humain de s'adapter à cet environnement, comme la maîtrise de la respiration, la communication, la parole, l'intelligence, les échanges commerciaux, la gestion d'accords commerciaux, les règles et les lois, la gestion intelligente des ressources, l'autorité et la douceur. Souen, le bois, la végétation, pénètre discrètement dans la réalité de la vie. Elle est le combustible alimentant le feu. Elle génère le discernement et l'intelligence en action dans le monde, la vie en expansion, l'expression de l'autorité et de l'optimisme, la communication intelligente, le sens du service, l'adaptation aux exigences de la Nécessité, la gestion de l'espace, la capacité à guider et à être guidé, à se renseigner, à s'éduquer et à trouver les bons conseils, la légitimité et la capacité à se plier aux règles présentes dans l'environnement. **Li,** le feu, le Soleil incarné, permet ici d'avoir des intentions claires, d'orienter la conscience vers des objectifs, d'être dynamique et vigilent, de se motiver et de s'engager, d'avoir une action efficace, de trouver les moyens pour obtenir la victoire et d'exprimer l'amour et la clarté. **Touai,** le lac, incarne la joie générant l'abondance.

Il permet d'exprimer sa richesse et son intelligence relationnelle, de créer des formes, de gérer les ressources, de faire des choix en accord avec ses vrais désirs, de créer harmonie et justice puis de coopérer pour faire vivre la civilisation.

Les trigrammes Li et Touai, la passion et le désir, la conscience et la forme, sont ici encadrés et canalisés par l'intelligence, l'autorité, l'adaptation, l'intégration et le sens social. Cela permet une communication adaptée et une intégration juste dans le monde.

Interprétation classique : Il s'agit ici de vous adapter et de vous intégrer dans un contexte, dans un environnement, connu ou inconnu, et de vous mettre au service de la vie. Il s'agit également d'influencer la situation discrètement voire de façon souterraine. Pour cela, il est nécessaire d'écouter, d'entendre, d'être bien informé et de vous laisser influencer par ce qui est, en l'acceptant, en vous soumettant à l'autorité, aux directives, aux règles, lois et coutumes en place et surtout en faisant preuve de souplesse et de flexibilité. Il s'agit ensuite d'évaluer ce qui est possible et en harmonie avec le flux des événements, de détecter les opportunités et les ouvertures, puis d'aller là où les portes s'ouvrent, ce qui n'est pas forcément là où vous le pensiez. Cela requiert ouverture et envergure d'esprit, curiosité, sens de globalisation, élargissement de votre vision pour englober l'ensemble de la situation dans toutes ces facettes, confiance, optimisme et capacité à solliciter des conseils adaptés puis à vous laisser guider.

Il est ici nécessaire de respirer correctement, de communiquer intelligemment, d'être en mouvement, d'être prêt à explorer de nouveaux horizons et de tenir compte des conseils, des codes et des lois existantes. Soyez comme l'arbre et comme le vent. L'arbre n'est initialement qu'une petite graine, mais il a un objectif clairement défini. Par sa douceur et sa persévérance, il trouve sa place dans son environnement. Il avance et grandi grâce à un effort constant et soutenu dans le temps. Il s'enracine profondément dans la réalité et pousse lentement mais surement, par petits pas, sans précipitation et sans violence, grâce aux échanges avec son environnement, via des messages moléculaires reçus et émis. Il s'adapte au terrain et au contexte. Il se soumet au vent en pliant avec souplesse. Le vent, concentration d'air et de force toujours en déplacement dans une direction précise, est la vie en mouvement, qui occupe l'espace avec fluidité, se renouvelle en permanence, contourne les obstacles mais pénètre dans toutes les portes et les ouvertures.

Il diffuse l'information et enlève les masques. Soufflant continuellement, il détend ou excite, sèche ou rafraichi, mais souffle aussi en bourrasques d'autorité qui chassent les nuages du passé, de la confusion, de l'obscurité, de l'ignorance et de tout ce qui limite l'évolution. Il les regroupe et les condense en pluie féconde et libératrice. L'agitation superficielle, le surmenage mental et les grandes déclarations sont ici inadaptées. Le vent symbolise les flux d'informations, les messages exprimés à travers les mots et les parfums ainsi que l'action créatrice de la pensée. Il permet de ressentir intuitivement l'air du temps mais aussi le son, le rythme, la vibration et l'énergie présente dans un mot.

Ensuite, seule des instructions justes, des explications pertinentes répétées aussi souvent que nécessaire, une autorité légitime, des paroles cohérentes, claires et vraies, focalisées sur l'objectif à atteindre, soutenues dans le temps, par la foi et par des actions fluides, peuvent exercer une influence discrète mais pénétrante et durable sur les affaires du monde. C'est ce dont il s'agit ici. Il est également judicieux de jouer votre rôle dans le monde tout en préservant votre authenticité et vos valeurs. L'adaptation passe finalement par une gestion intelligente des ressources de l'environnement.

C-Selon les deux écoles modernes du Design Humain et des Clefs Génétiques :
1-Le Design Humain. 57 = La porte de la conscience intuitive.
Explication technique :
Circuit de la connaissance. Centre Rate. Cette porte est liée aux portes 10, le bon fonctionnement, 20 la vision élevée ou la contemplation et à la porte 34, la puissance de la grandeur. Son thème principal est l'intuition et sa maîtrise permet la clairaudience et l'adaptation. Cette porte apporte une énergie capable de percevoir des sons, des vibrations et des informations dans l'environnement ou dans des champs quantiques puis de les amener jusqu'à la conscience afin de les exprimer. Elle permet de pénétrer partout et de savoir dans l'instant présent ce qui est là, de ressentir les vérités sous-jacentes et d'avoir la claire connaissance sans forcément comprendre comment cela s'est passé. Cela se produit bien avant que le mental n'analyse quoi que ce soit. On l'apelle ainsi parfois la porte psychique car elle permet de faire l'expérience de l'intuition pure, d'aller chercher l'information là où elle se trouve et d'expérimenter tous les processus de circulation de l'information. Cette intelligence intuitive instinctive est l'une des bases de la survie.

Comme toutes les portes de la Rate, cette porte est associée à une peur et ici c'est la peur du lendemain qui peut générer une sensation de confusion. Elle est associée avec l'oreille droite et à la capacité à entendre dans l'instant présent. Elle est également associée à une capacité à filtrer et à défiltrer très fortement l'information qu'elle reçoit afin de ne pas être influencé. Cette sélectivité plus ou moins extrême peut parfois générer des troubles de l'audition mais aussi une hypersensibilité aux énergies présentes dans l'environnement et une tendance à se laisser influence par le monde extérieur et les gens. Si le mental prend trop de place et si la personne n'est pas à l'écoute de l'instant présent, il y a le risque que des doutes ou des peurs viennent saper la confiance en l'intuition ou en l'information reçue et elle n'entend alors pas sa petite voix, qui se manifeste sous forme d'intuitions qui traversent rapidement la conscience et qui guident vers l'action juste. Quand une personne se sent en sécurité, qu'elle sait placer son attention dans l'instant présent, qu'elle est ancré dans l'instant présent et complètement présente à ce qu'elle fait et qu'elle fait confiance à son intuition, il y a alors une clarté mentale, un mental intuitif pertinent et il n'y a aucune peur car demain n'existe pas. Elle fait alors immédiatement la différence entre ce qui est juste, sécure et générateur d'évolution et ce qui ne l'est pas et réagit instinctivement de façon alignée avec la Nécessité. Elle dispose d'une boussole intérieure lui apportant un profond sentiment de sécurité et lui permettant de naviguer dans l'existence avec intelligence et fluidité. Elle possède ainsi de remarquables capacités d'adaptation.

Proposition d'interprétation :
Vous êtes semblable à un vent doux, frais et subtil, qui pénètre l'aura des autres et l'environnement qui vous entoure, détectant l'harmonie ou la discordance. Votre intuition aiguisée scanne constamment ce qui se passe autour de vous dans le but de préserver votre bien-être. On pourrait pardonner aux personnes avec lesquelles vous interagissez socialement de penser que vous n'écoutez pas ou que vous n'êtes pas attentif, car votre sensibilité délicate les auront en réalité parfaitement décryptés et votre douce persuasion se sera infiltrée en eux et les aura parfois fait changer d'avis. Votre sensibilité s'accroche au son de ce que vous entendez pour décider de sa pertinence, de sa valeur et de son intérêt, en s'accordant aux tonalités et à l'inflexion de la voix de quelqu'un et aux sons généraux qui vous entourent. Tout ce qui est brusque ou dur peut troubler l'intuition de votre nature très sensible. Vous avez donc besoin d'être dans un environnement sonore qui vous convient. Nous vivons dans un monde de bruit, de chaos et de bavardage et pourtant, vous savez le traversez en douceur car vous savez vous laisser guider par ce qui vous attire, par ce qui vous fait du bien et vous savez mettre en place des changements modérés et agréables, tout en finesse. Vous avez une approche subtile et "douce" de votre vie et de l'influence que vous exercez. Votre nature est particulièrement sensible à l'acoustique et toute musique doit être en harmonie avec vous sinon vous vous ne sentez rapidement pas bien. Un simple bruit peut vous importuner. Vous faîtes souvent la sourde oreille aux personnes dont la voix est discordante, stridente ou plaintive, surtout si vous sentez des intentions sous-jacentes qui ne sont pas bienveillantes ou des complications possibles à venir. L'attention de vos sens est beaucoup tournée vers l'avenir, vers les futures possibles et vous avez parfois une certaine peur de l'avenir. Si des peurs du "et si" s'installent, vous pouvez alors être comme une biche éblouie et terrorisée par des phares et cela peut vous déstabiliser, surtout si votre centre rate est indéfini.

Il faut alors faire confiance à votre autorité et ne pas vous décourager. En ayant confiance en vos facultés d'adaptation vous pouvez éviter d'être découragé(e) par les façons dont vous êtes confronté(e) à la vie.

3-Les Clef Génétiques. Clef 57 = un vent doux.
Son dilemme où il doit faire des choix : La confiance. **Corps :** Ganglion cranien (ventre).
Son partenaire de programmation : Clef 51, le déclenchement de l'initiation.
Son anneau de codon : L'anneau de la matière (18, 46, 48, 57). **Signe astral HD :** Balance.
Son chemin de transformation : Le chemin de l'intuition qui s'adapte. **Acide aminé :** Alanine.

L'ombre de cette clef : L'anxiété, Etre mal à l'aise, Le vent de la peur.

L'ombre de cette clef, qui est comme toutes les ombres de nature vibratoire, est générée par le fait même d'exister dans un corps de mammifère humain constitué de matière. Elle correspond à la diffusion, comme un vent, des fréquences de la peur et de l'anxiété. Ces peurs sont émises par l'inconscient collectif, qui est lui-même constitué par l'ensemble des êtres humains ayant vécu et vivant sur Terre.

Avant, les gens fonctionnaient de façon instinctive et intuitive parce qu'on était dans l'ère du Bélier puis des Poissons, signes instinctifs/intuitifs, mais à présent qu'on entre dans l'ère du Verseau, signe mental, les humains fonctionnent principalement avec leur mental et l'inconscient collectif actuel est saturé d'énergie mentale.

Le mental cherche naturellement à mettre fin à cette anxiété et à cette sensation de malaise, qu'il considère comme étant un problème, en générant une certaine pression. Il le fait en s'agitant, en courant dans tous les sens pour maitriser la matière, en cherchant à générer une sécurité matérielle, un confort matériel global, en ayant suffisamment d'argent. Les personnes qui ont de l'argent ont ironiquement découvert que l'argent ne fait aucunement disparaitre cette anxiété sous-jacente, ce mal-être profond, mais le déplace simplement ailleurs. Dans les fréquences de l'ombre de cette clef, on tourne ainsi en rond. La peur et l'anxiété maintiennent les gens dans leur tête, dans leur mental, d'où il est difficile de s'échapper tandis que le fait d'être identifié au mental nourrit l'anxiété et la peur.

Aucune activité liée à la pensée ne peut enlever les peurs du fait qu'elles existent justement à cause de l'agitation du mental et des pensées. Ce n'est donc pas avec notre mental et notre intelligence qu'on va s'en sortir car il ne met aucunement fin à l'inconfort profond. Le problème du mental est qu'il ne vit pas dans l'instant présent mais dans une certaine image du passé et dans une image de possibles futurs. Il génère une pression depuis l'invisible et tisse comme une toile d'araignée vibrant aux fréquences de l'anxiété et de la peur. Au niveau collectif, cela se traduit par exemple comme la peur que notre espèce ne survive pas et disparaisse. C'est très facile de ressentir et d'identifier cette anxiété, ce fond de mal-être, car il suffit de s'asseoir en silence et en fermant les yeux pendant une demi-heure. On rencontre alors cette sensation d'être mal à l'aise et d'avoir envie de bouger, de se gratter ou de générer du mouvement. Il y a un inconfort, une sensation diffuse que les choses ne sont pas comme elles devrait être et derrière cela de l'anxiété et de la peur, une peur liée à notre condition d'être mortel, comme quoi notre corps physique est mortel. La plupart d'entre nous n'avons pas conscience de cet état diffus de malaise et donc il alimente nos désirs, nos espoirs, nos peurs et toutes nos activités.

Il s'agit ici de prendre conscience de cette anxiété diffuse, de cet inconfort, de ce mal-à-l'aise, de ce mal-être, en lui permettant de passer de l'arrière plan à l'avant plan de notre conscience. Cette ombre 57 s'associe naturellement avec l'ombre de la clef 51 qui est l'agitation et la tempête. Ces deux là sont comme deux sœurs jumelles qui agissent dans les coulisses de la vie de la plupart des gens, générant une peur qu'une tempête ou une catastrophe survienne, une peur de l'avenir et une tendance à tourner en rond dans une boucle mentale. Ce n'est pas confortable d'aller rencontrer ce « mal à l'aise » qui se traduit par un arrière fond d'anxiété et pourtant, un jour au l'autre, il est nécessaire d'aller le rencontrer avec courage et sans se laisser distraire, à travers la contemplation, la méditation ou une autre activité corporelle. Et on le rencontre dès que l'on commence à travailler avec n'importe quelle ombre des clefs génétiques. C'est un travail qui permet de trouver des trésors et qui apporte de magnifiques récompenses lorsqu'on persévère. L'inconfort ne s'en va jamais complètement mais le fait d'en avoir conscience nous évite d'en être victime et d'errer dans le monde extérieur.

Sous sa forme réprimée, cette ombre ne manifeste comme de l'hésitation, de l'indécision et des difficultés à s'engager dans une direction claire. Cela survient quand l'intuition et le corps, qui savent, apportent une information, que le mental remet en question et bloque, par des doutes, des croyances, des opinions, des peurs et de l'anxiété. L'alignement avec la puissance de l'instant présent, les sensations viscérales du corps et la clarté sont alors perdues. L'individu est alors piégé par ses inquiétudes et son anxiété. Exprimée en mode réactive, cette ombre se manifeste par une tendance à prendre des décisions impulsives et impétueuses, basées sur la peur et sur un manque de clarté, qui ne font que générer des situations chaotiques dans le monde extérieur.

Si on a de la chance ou si c'est notre destin, on rencontre une personne qui a totalement transformé cet inconfort et on apelle ces personnes-là des maîtres. Il émane d'eux un certain rayonnement et une sensation de paix qui évoque un vague souvenir, comme si on l'avait nous-même déjà connue. On se rend alors compte que c'est possible et on veut la même chose. Et pour cela, il faut apprendre à écouter les murmures du vent de la conscience, de l'intuition, revenir à l'instant présent et aux sensations corporelles et plonger au cœur de notre ADN, où se trouvent les causes de nos peurs, de nos souffrances et de notre mal-aise. Il faut rencontrer nos peurs et apprendre à en faire l'expérience sans réagir, sans être dans la réaction puis il faut aller, tout au fond, à la rencontre de notre blessure sacrée, qui a de multiples couches. Plus on chevauche le vent de la conscience, plus on pénètre en profondeur et plus on peut transmuter des couches et c'est cela notre vrai voyage et le sens même de notre existence. Tout mal-être existe pour nous ramener dans le corps afin d'entendre ce qu'il a à dire et pour opérer les ajustements nécessaires. C'est une bénédiction d'avoir conscience de cela car alors, notre véritable voyage intérieur commence.

Son cadeau : Les dons et capacités de cette porte : L'intuition vibratoire qui s'adapte

L'une des révélations apportées par ce don est que la peur n'est pas à l'intérieur de nous mais dans un champ quantique dans lequel nous vivons, que nous traversons et au-dessus duquel, vibratoirement parlant, on peut s'élever. La confiance, le dilemme de cette clef, est également un champ d'énergie vibrant à certaines fréquences.

Cela signifie que l'on peut élever sa vibration pour y accéder mais aussi que l'on peut sortir de ce champ, quand et si notre vibration baisse. Au niveau de l'ombre, on ne vibre pas en tonalité avec la fréquence de la confiance alors qu'au niveau du don, on est parvenu à s'élever jusqu'à elle. Et cela se fait en écoutant notre intuition. L'intuition est magique. C'est la partie de nous qui sait et qui a confiance en la vie. C'est un fil sacré placé par la Source de toute Vie pour nous aider à sortir du labyrinthe du mental. L'intuition est un canal à l'intérieur de nous, le canal par lequel l'univers et la vie nous parlent. Plus on fait appel à elle et plus ce canal s'élargit. Plus on lui fait confiance et plus on se retrouve dans le champ des fréquences de la confiance. C'est ça le dilemme, il faut lui faire confiance pour trouver la confiance. Tout le monde en a fait l'expérience au moins une fois dans sa vie mais personne ne peut expliquer comment on peut savoir quelque chose qui n'est pas visible et pourtant, c'est le cas et quand on sait, on sait.

Souvent, on entend notre intuition mais on ne l'écoute pas et on ne la suit pas. Un jour, on s'en aperçoit et c'est comme ça que l'on s'extrait petit à petit des fréquences de l'ombre. L'intuition est au service de notre vérité profonde mais parfois, quand elle nous fait plonger en profondeur dans notre souffrance, on se remet à douter d'elle et c'est bien plus tard que l'on comprend pourquoi elle voulait nous amener sur ce chemin atypique et rebelle.

L'intuition est un chemin vers notre vérité à nous et pas vers la vérité de quelqu'un d'autre. L'intuition n'est pas la même chose que la vérité mais c'est l'un des chemins les plus simples pour s'élever au-delà des ombres de la peur. Dans les sphères du développement personnel, beaucoup de gens croient que leurs intuitions sont valables pour n'importe qui. C'est un désastre et une profonde arrogance. Elle peut parfois aider autrui mais elle existe surtout pour nous aider nous. Il ne faut pas confondre le don de l'intuition (Clef 57), qui est un guide intérieur, un système de guidance intérieur personnel, avec le don de la guidance (Clef 7) par exemple, qui s'oriente vers l'extérieur.

Ici, on commence à suivre notre intuition et on trouve le courage de transformer son inconfort profond. On monte le long d'une échelle, hors de l'ombre et tandis que l'on accède plus profondément dans la nature de notre blessure sacrée, on commence à libérer les anciennes mémoires karmiques et les vieux résidus de karma, nommé « sanskaras » en Inde et décrits comme des codes générateurs de programmes de peurs centrales et de notre mortalité. Le cadeau de la clef 57 est capable de nous emmener dans notre peur la plus profonde, la peur de la séparation, de l'inconnu et de la mort.

Il nous ramène au moment de notre conception et c'est à ce moment là que la complétude est rompue et que la blessure sacrée est transférée du spermatozoïde gagnant vers l'ovule qui l'accueille. Cette clef nous enferme, nous fixe et nous enchaine dans l'illusion de la matière, de l'autre côté de la porte de la complétude. Mais comme c'est une clef, elle peut aussi ouvrir le cadenas et nous libérer de l'enfermement. L'intuition a cette capacité, de « défermer », de débloquer, de déchainer les connexions au corps et au mental. Plus on l'écoute et plus elle s'affine. Elle est comme l'eau dans le vent et l'eau peut transpercer même la matière la plus dure jusqu'à son centre, pas comme un karcher mais de façon douce et subtile car elle trouve toujours son chemin jusqu'au centre.

Au fur et à mesure que l'on pratique la contemplation et la méditation et qu'on oriente sa conscience vers l'intérieur, l'intuition ouvre les portes d'un nouveau paysage intérieur, d'un nouveau monde à l'intérieur de soi et elle détend puis dissous les résidus karmiques. Elle nous guide de plus en plus profondément vers un monde de clarté et de lucidité.

Elle peut alors se manifester sous la forme de clairvoyance, de clairaudience, de clairsentience et de claireconnaissance, quand on télécharge des informations depuis les champs quantiques.

Le superpouvoir/puissance (Siddhi) de cette porte : La clarté

L'intuition nous emmène dans un voyage vers l'éveil, où la conscience, comparée en Chine au vent, à un vent d'amour d'une douceur infinie, pénètre dans notre monde intérieur fait de la plus subtile des lumières. La conscience possède cette qualité de douceur et plus on fait preuve de douceur vis-à-vis d'une situation ou d'une personne et plus cela ouvre des espaces et des possibles. Cette douceur nous indique comment aborder tous les aspects de la vie, avec douceur. En abordant toutes les situations de la vie avec cette douceur dans la conscience, la clarté finit par se révéler à nous et on réalise alors la vraie nature de notre être.

L'intuition détend notre lien avec notre corps et avec le monde extérieur. Avant d'arriver à la destination de la clarté totale, il y a des signes indicateurs, comme une espèce de choc très doux, lié au partenaire de la clef 57, la clef 51. La clarté survient quand on se réveille et que l'on s'éveille, par une succession d'états intérieurs, ce qui est lié à la Clef 51.

Le monde de la clarté est un nouveau monde, où il n'y a plus de « moi » séparé, mais juste un silence vibrant et vivant du fait que le récepteur et l'émetteur vibrent à la même fréquence. Avant d'y accéder, l'intuition nous conduit au bord d'un précipice de la conscience, où l'on est obligé de lâcher tout ce qu'on savait précédemment. Au-delà de ce précipice, à l'intérieur de nous, se trouve nos peurs ancestrales les plus profondes. De façon mythologique, c'est la mémoire d'Eve croquant la pomme, du temps des Annunakis. Que se passe-t-il quand on enlève tous les vêtements de nos attachements et que l'on avance encore plus loin vers cet endroit où l'on est le plus vulnérable ? Que devenons-nous alors ? Cet endroit est souvent décrit par les mystiques comme un seuil où l'on fait une pause. C'est là où l'on vit la nuit noire de l'âme et où l'on rencontre le gardien du seuil, le démon des contrées sauvages ou le serpent. Il faut rencontrer le serpent et le regarder dans les yeux. L'intuition s'absente lors de cet obstacle final mais à un certain moment, la grâce divine intervient, pour nous aider à abandonner cette dernière couche de matière, où l'on a l'impression qu'on côtoie l'annihilation. On glisse alors de l'autre côté du voile, dans l'autre monde. On abandonne notre ancienne peau. On entre alors dans les dimensions supérieures de la conscience habitées par la clarté, dans les plans appelés « bouddhiques » ou « atmiques « en Inde. Des rayons et des paquets de lumières sont enfermés dans notre ADN et quand on déverrouille les couches les plus profondes de notre être, de cette lumière à l'intérieur, il se produit alors comme une supernova, une clarté éblouissante. On découvre le divin.

On réalise qu'on est une partie de Dieu, de la Source de toute Vie, qu'elle est en nous et dans tout ce qui existe. On voit clairement pour la première fois. On est recré(é), re-né(e), réalisé(e). Quand le lien avec la matière est définitivement rompu, le jeu de la vie dans la matière est terminé. Le fil lumineux a disparu. Il n'y a plus de canal ni de chemin. Il n'y a plus d'intuition mais juste de la clarté. On réalise que l'on est éternel et que toute peur nous a quittées. Quand la conscience pénètre dans la structure de la matière, dans la Maya, tout le tissu de la réalité est secoué et le tissu du monde de la matière se dissout et révèle sa vérité profonde, sa vérité supérieure, la vérité de son immortalité. La clarté est alors un courant d'air divin qui nous pousse par-dessus la frontière de la raison dans le bassin du mystère de la vie.

C'est un endroit qui attend chacun(e) d'entre nous au plus profond de notre corps, dans notre ADN. L'ADN est le but suprême, la dernière ligne de défense du règne de la matière, la molécule finale où toutes nos programmations sont déverrouillées, transmutées, dissoutes et finalement transcendées. Depuis ce nouvel espace de clarté, tout est possible avec la matière, comme par exemple léviter, transformer une chose en une autre ou effectuer des guérisons, si la Nécessité demande de le faire. On devient alors un diapason de la présence divine, un diapason au service de la Source de toute Vie.

Chapitre 34 : Le nombre 58

A-Sa structure et ses associations : Le nombre 5 est en relation avec la légitimité, la conscience, l'expression du cœur, le sens, le voyage du corps et de la conscience et les enseignements qui permettent une intégration sociale ou une élévation de la conscience. Le nombre 8 est en lien avec la capacité à voir la vérité en face et à être juste, à transformer ce qui doit l'être, à tendre vers une perfection, à conscientiser son éternité, à manifester l'amour et l'abondance, à contribuer à la civilisation et à rechercher une certaine paix. Il y a chez ces deux nombres une importance des règles, des lois, des normes et des codes. Les enseignements sont utilisés pour accéder à la vérité et pour contribuer à la civilisation. Des voyages peuvent être effectués pour découvrir différentes civilisations ou différentes réalisations architecturales, décoratives, artistiques ou juridiques. Un bon jugement et un sens de la justesse permettent d'effectuer des évaluations pertinentes. Les deux nombres sont tournés vers le collectif, vers la société et les liens entre les gens, d'où la joie du partage et les réunions juridiques (Thing) en Germanie et le lac en Chine, lieu où se rencontrent les gens.

B-Selon la tradition ancienne du Yi-King Chinois : Hex 58 = Joie du partage.

Résumé du nombre : Utiliser votre créativité, votre volonté de joie et votre intelligence relationnelle pour générer des liens harmonieux, des projets source de joie, de l'enchantement, de la beauté et du bonheur.

Explication technique : Trouver sa place dans la vie et dans l'action, pénétrer l'espace, être adapté, se soumettre à la loi cosmique, exprimer sa lumière et sa créativité, échanger puis être en relation, dans le partage, apporte plaisir, joie du cœur et bonheur. C'est pourquoi après «L'adaptation sociale» vient «La Joie du partage». L'idéogramme ancien désigne le chiffre 8, la gorge et la bouche, deux jambes qui dansent et les mains du chamane, qui exprime sa créativité dans le visible à partir d'éléments invisibles. Cela montre que la joie est la manifestation de l'esprit dans la matière et que sa nature est éternelle, par rapport au côté temporaire de la souffrance. **Touai**, le lac, à l'intérieur et à l'extérieur, est le point d'eau qui rassemble tous les êtres. Il demande d'incarner joie, douceur, sourire, justesse et harmonie, conscience corporelle et des choix en accord avec ses vrais désirs. Il demande d'exprimer la volonté de joie et de l'intelligence relationnelle, de créer des formes, de gérer les ressources, de partager, de coopérer pour faire vivre la civilisation et de générer bonheur et abondance.

Souen, la végétation, le vent, est le combustible alimentant le feu, la vie en expansion, l'action dans le monde et la gestion de l'espace. Il demande souplesse, intelligence, communication, ingéniosité, discernement et légitimité, une confiance humble et optimisme, le sens du service, la capacité à se renseigner, à s'éduquer et à trouver les bons conseils, à guider, à être guidé par la foi, à se plier aux règles de l'environnement et à s'adapter aux exigences de la Nécessité.

Li, le feu, le Soleil incarné, permet ici d'avoir des intentions claires, de vibrer dans l'instant présent, d'orienter la conscience vers des objectifs, d'être vigilent et lumineux, de faire de son mieux, d'accorder de la valeur à la joie, de motiver, d'encourager et de s'engager, de décider et d'avoir une action efficace, de trouver le courage et les moyens pour obtenir la victoire et d'exprimer l'amour.

Souen et Li, au centre de l'hexagramme, montrent que la joie du cœur et la « volonté de créer de la joie » sont les racines essentielles de toute vie, les forces lumineuses génératrices de vie. La joie véritable naît de l'Amour et « Dieu » existe uniquement dans un état de joie.

Tout ce qui est fait l'est pour satisfaire la « Volonté de joie ». Parce que dans la matière, tout ne vit que par la tension entre deux forces opposées, la vérité qu'est la joie ne prend conscience d'elle-même que par opposition au mensonge qu'est la souffrance. La joie s'exprime à l'extérieur avec douceur et tendresse. Le véritable bonheur provient de la joie de créer un objet, une situation, un état ou une relation; de réussir et d'être victorieux, en mobilisant sa volonté, sa foi et ses forces. Quand la joie se soumet à la lumière et à l'amour, quand elle est encadrée par l'autorité et la sagesse et qu'elle s'exprime selon une juste forme, elle devient le témoignage de la nature divine. Elle enchante alors les lieux et les êtres partout où elle se manifeste.

Interprétation classique : La réussite de vos projets dépend ici de la qualité de votre joie, de votre sourire, de votre plaisir, du bonheur, de votre ouverture aux échanges et des relations que vous créez et nourrissez. Il s'agit de vous réunir avec une autre personne, de prendre en compte ces besoins en acceptant pleinement ce qu'elle est, puis de coopérer, de partager et d'échanger, dans la joie, en communiquant, en vous exprimant librement avec naturel et sérénité, comme deux lacs qui échangent leurs eaux avec humilité pour que chacun soit approvisionné, nourri et enrichi.

Si vous êtes heureux là où vous êtes dans ce que vous faîtes, continuez ainsi. Sachez apprécier ce que vous avez et voyez que l'herbe n'est pas forcément plus verte ailleurs mais qu'elle est verte là où on l'arrose. L'époque est plutôt propice à la continuité harmonieuse de ce qui est, à l'activité relationnelle, au partage des idées pour explorer vos idéaux, vos sentiments, des savoirs scientifiques ou des vérités énergétiques, aux relations publiques, et à une agréable légèreté qu'à de grandes transformations ou réalisations, qu'à des luttes, de grandes réflexions, des critiques, des actions en solitaire ou une recherche d'autonomie. Il est néanmoins nécessaire de faire preuve de persévérance. Et il est ici judicieux d'approfondir vos connaissances et votre expérience, d'avoir plus clairement conscience de votre force et votre vérité profonde, de ce qui vous motive ou vous démotive, de ce qui vous procure de la joie et du bonheur. Vous pouvez ainsi encourager la créativité, l'avancement des projets, le partage et la coopération, avec douceur, gentillesse et bonté.

Souvenez-vous qu'il est essentiel de donner une juste forme à la joie, que certaines joies nourrissent et que d'autres épuisent, que certaines joies sont temporaires et reproductibles alors que la joie véritable naît de la force du cœur, de la réunion de ce qui était désuni et qu'elle apporte une lucidité et une sérénité croissante.

En cultivant l'intégrité, la fermeté, la justesse et la bienveillance, vous avez la possibilité de gagner le cœur des Hommes, de susciter l'adhésion d'autrui, d'être entendu et de faire progresser la situation vers plus de sérénité. En prenant conscience de votre pouvoir de créer et maîtriser votre joie, vous pouvez alors vivre libre, heureux et dans l'abondance.

C-Selon les deux écoles modernes du Design Humain et des Clefs Génétiques :

1-Le Design Humain. 58 = La porte de la joie ou de la vitalité joyeuse.

Explication technique :

Circuit de la compréhension. Centre Racine. Cette porte est liée à la porte 18, travailler sur le corrompu. Son thème principal est la stimulation qui procure de la joie et sa maîtrise permet le dévouement et la béatitude. Cette porte apporte la capacité à évaluer le niveau de joie et de justesse dans toute situation et elle permet de reconnaitre la loi générée par l'amélioration de l'existant. Elle est génératrice d'une puissante exigence, d'un sens critique développé et d'une difficulté à accepter et à être satisfaite de l'instant présent. Elle est ainsi conditionné moralement et socialement à vouloir améliorer/perfectionner les choses et à créer une vie meilleure. Elle doit apprendre à voir que l'herbe n'est pas plus verte ailleurs mais là où on l'arrose. Le défi de cette porte est d'éviter de tourner en rond dans un état d'insatisfaction perpétuelle ou de s'épuiser dans une quête de perfection, d'être obsédé par la légitimité et de trouver le juste milieu entre une capacité à apprécier ce qui existe dans la situation présente et le désir de vouloir améliorer les choses. Bien vécue, elle permet de remettre en cause les conditionnements générés par la société ou par des normes, de mettre en lumière les dysfonctionnements et de proposer des améliorations afin d'accroitre le niveau de joie. Elle permet d'accéder à des enseignements permettant de révéler les potentiels et d'avancer sur le chemin de l'équanimité et de la vérité afin de faire l'expérience de la béatitude. Elle permet de s'engager dans la société, de partager dans la joie avec des membres de la civilisation, de promouvoir une certaine qualité de vie synonyme de bien-être et de contribuer ainsi à faire exister, vivre et progresser la civilisation.

Propositions d'interprétation : Cette porte correspond à la période du nouvel an et de ces préparatifs. Elle donne accès à la joie du partage. Un nouveau-né se réjouit de tout et glousse de plaisir à la simple vue d'un visage adulte. Il fait l'expérience de la vitalité joyeuse et naturelle que nous offre l'univers. Pour beaucoup de personnes, cette joie naturelle se perd plus ou moins rapidement, sauf si la porte 58 est activée. Avec cette porte, Vous avez confiance en la vie et cela est contagieux, comme une vive étincelle de joie capable de restaurer la joie chez tous ceux qui vous entourent. Votre joie naturelle a un impact sur le monde. Vous semblez également avoir un appétit insatiable pour tout et pour tout savourer. Vous êtes tout aussi heureux de courir sous la pluie que de prendre un bain de soleil. Le risque est de vous faire emporter par une certaine exubérance. S'il est certes extraordinaire de ressentir de la joie dans tout, il est judicieux de ne vous engager qu'avec ce qui est vraiment en résonnance avec vous. Votre joie est ressentie comme une pression interne qui vous donne une folle envie de vous lancer dans la vie. Il ne tient qu'à vous d'apprendre à faire preuve de discernement et d'identifier ce qui vous procure une joie réelle et durable. Etre un bon vivant ne veut pas forcément dire de se rendre à toutes les fêtes, à moins d'en avoir vraiment envie.

Votre vie est construite sur un équilibre entre les gratifications qui s'offrent à vous et ce que vous proposez et donnez aux autres. Vous aimez naturellement célébrer la vie et prendre du bon temps. Cela vous permet de vous créer une vie agréable, de riches échanges et de belles relations.

3-Les Clef Génétiques. Clef 58 = de l'insatisfaction à l'enchantement
Son dilemme où il doit faire des choix : Le rythme. **Signe astral HD :** Capricorne
Son partenaire de programmation : Clef 52, le point d'immobilité. **Corps :** Le périnée.
Son anneau de codon : L'anneau de la recherche (15, 39, 52, 53, 54, 58). **Acide aminé :** Serine.
Son chemin de transformation : Le chemin de la vitalité.

L'ombre de cette clef : L'insatisfaction. L'absence de joie.

L'hexagramme 58 du Yi-King, le lac, doit son existence grâce à de l'eau présente dans un creux, souvent un creux de montagne. Les chinois évoquent l'idée que la joie, symbolisée par l'eau, doit être encadrée par la sagesse de la montagne ou de la Terre pour ne pas être synonyme de souffrance et de tristesse. Le lac évoque également de l'eau calme et immobile.

La montagne ou la Terre en tant que structure est représentée par la planète Saturne et l'eau par la planète Vénus. Saturne sensibilise aux manques, intériorise, fait plonger dans les profondeurs et révèle les insatisfactions, les manques, les endroits où la joie est absente. L'insatisfaction n'est pas joyeuse ni agréable mais elle nous pousse pour avancer. Elle nous unit comme les gens qui viennent se rassembler autour du lac car à la base, on a tous la même insatisfaction qui provient de la chute dans la matière, du fait d'être déconnecté(e) de la Source de toute Vie, d'être scindé en deux en un pôle masculin et un pôle féminin et d'être fragmenté en de multiples éléments cherchant chacun à s'affirmer à travers nous. Tout cela génère une sensation qu'il manque quelque chose et que l'on est incomplet. Cela nous met en chemin pour accéder à un état de plus grande complétude. On cherche. Souvent on cherche à l'extérieur et l'on croit qu'une carrière réussie, une vie de couple réussie, qu'élever des enfants qui réussissent, qu'entreprendre des voyages intéressant parfois au bout du monde et que de parcourir un long chemin spirituel peut nous apporter de la satisfaction.

On vit ainsi des moments de petites satisfactions mais la grande insatisfaction demeure à cause du vide laissé par le trou béant à l'intérieur de nous. Toutes les petites insatisfactions sont des reflets de cette grande insatisfaction. Au niveau des fréquences de l'ombre, on n'a pas conscience d'être dans un état d'insatisfaction et on cherche sans conscience à accroître son niveau de satisfaction par tous les moyens et le résultat est souvent destructeur et catastrophique. Le mental et cette ombre 58 exerce une pression qui nous pousse à chercher de la joie dans des choses extérieures, en nous faisant croire qu'on sera une personne heureuse dans le futur si on fait ceci ou cela. Le mental nous fait croire ici qu'on sera une personne heureuse plus tard si on fait quelque chose pour cela. Et pendant longtemps on y croit. On ne comprend pas que le bonheur est un état d'être qui n'existe que dans l'instant présent et qu'il ne dépend pas de choses extérieures.

On regrette le passé et on espère le futur en cherchant à améliorer les choses, sans comprendre que la clef ne se trouve que dans l'instant présent. On force les choses dans une volonté entêtée, on s'agrippe à des choses extérieures et on n'écoute pas le rythme naturel de la vie, de l'évolution.

On vit alors dans un état de frustration, d'ennui, de misère, d'absence de joie, de tristesse ou de colère car on se rend compte que rien d'extérieur ne comble cette insatisfaction intérieure, même si on a réussi à améliorer des choses à l'extérieur. On se rend aussi compte que quand il s'agit de ressentir de l'insatisfaction, on est tous dans le même bateau, tous frères et sœurs en quelque sorte. On se rend compte que le besoin d'évoluer et d'être une personne heureuse extérieurement et dans le futur nous rend misérable et que c'est notre quête pour mettre fin à cette misère qui nous fait finalement évoluer. On passe d'un besoin d'améliorer le monde extérieur au besoin d'améliorer notre monde intérieur. On commence alors à se tourner vers l'intérieur et à revenir à l'instant présent. On abandonne l'idée d'un futur paisible et heureux pour exister dans l'instant présent.

<u>Cette ombre ne peut pas s'exprimer en mode réprimée.</u> L'ombre de cette clef étant associée à la vitalité, à la vie qui existe de part la joie émanant de la Source de toute Vie, elle ne peut pas être exprimée en mode réprimée. On ne peut que réagir à l'insatisfaction, ce qui est le but même de son existence. <u>Quand l'ombre de cette clef se manifeste en mode réactif</u>, il y a une tendance, par l'ego et le mental, à interférer avec la joie qui émerge spontanément en voulant la forcer à se manifester et à exister dans le futur. Quand on réalise que l'insatisfaction est une manifestation de la vie, de notre force de vie, qui vibre en basse fréquence pour nous faire évoluer, on cesse d'interférer avec la vie et on peut alors gouter à notre nature véritable.

Son cadeau : Les dons et capacités de cette porte : <u>La vitalité joyeuse</u>

Au fur et à mesure que l'on vit différentes expériences de vie, on réintègre des parties de nous dans notre conscience et l'on expérimente des prises de conscience. On apprend ici à s'incliner devant notre insatisfaction, notre absence de joie et notre souffrance parce qu'on accepte de les reconnaitre. On apprend à gérer nos pertes, notre chagrin et à faire le deuil de ce qui n'est plus. On se rend compte qu'il y a des moments de joie et des moments de tristesse qui jalonnent notre vie. On apprend que c'est l'attachement et l'agrippement qui nourrissent le chagrin et la tristesse. On se rend compte que l'attachement engendre de la dépendance et de la peur de perdre.

On apprend à gérer les pertes et les peurs de perdre, en regardant quel besoin émotionnel comblait la présence de l'être cher(e), de la situation ou de l'objet dans notre vie à présent disparu(e). On apprend à voir qu'on utilisait tous ces éléments extérieurs pour combler un besoin intérieur et qu'on s'appropriait ces élément en les qualifiant de miens, de « mon » ou « ma » ceci ou cela, au point qu'ils devenaient comme des extensions de nous-même et que quand on les perdaient, on avait l'impression de perdre une partie de nous-même. On se rend compte que plus on s'est investi émotionnellement dans une situation, dans une relation ou dans la création d'un objet et plus la perte est difficile. On apprend ainsi à vivre les choses extérieurement sans s'y attacher intérieurement. On apprend à exprimer notre chagrin puis à le laisser partir sans s'y attacher. On lâche nos attachements. On fait preuve de compréhension, d'acceptation, de pardon et on se place petit à petit dans son cœur, dans une présence aimante et créative de liens joyeux.

On se rend compte que toutes les personnes, choses ou situation qui nous touchent et qu'on aime prennent leur place dans notre cœur et accroissent notre vitalité, notre complétude et notre joie.

On se rend compte qu'on ne se souvient plus de nos vies passées parce qu'on est encore endormi dans le mélodrame de notre vie mais qu'un jour, on se rendra compte que toutes les personnes que l'on a aimé dans toutes nos vies seront là dans notre cœur, qu'elles sont une partie de nous et nous une partie d'elles car elles sont toutes des petits bouts de la Source de toute Vie dont l'essence est l'amour.

On se rend ainsi compte que la perte d'un être cher ou d'une relation nous permet de devenir une personne plus complète et que cela nous permet de plonger plus profondément dans la joie éternelle, dans la joie sans objet et sans fin qui vibre dans notre cœur.

Comme c'est le cas pour chacun des 64 dons, on apprend ici à se mettre au service de la vie et d'autrui depuis l'espace du cœur et à aider autrui pour aller vers plus de joie en harmonie avec la vie, en laissant à chacun(e) sa liberté. On observe que l'insatisfaction se transforme en joie et que la joie, c'est simplement la vie qui s'exprime à travers nous quand elle ne rencontre pas de résistance et pas d'interférence. On apprend à faire ce qui nous apporte de la joie afin de contribuer à améliorer quelque chose dans le monde à notre façon, en fonction de qui on est. On réalise que notre sensation de bonheur est liée au bonheur du collectif dont on est une partie. On se rend compte que plus on donne aux autres avec générosité et bienveillance, plus on développe une vitalité joyeuse et plus notre vitalité augmente. On observe que la vie qui coule à travers nous veut devenir consciente d'elle-même, qu'elle nous désidentifie du moi séparé auquel on était accroché et que l'on cesse de s'inquiéter au sujet de notre avenir et de vouloir créer un futur meilleur. On goute au bonheur de se sentir heureux/heureuse sans raisons particulières autre que d'être en vie ici et maintenant. On apprend à faire un avec cette joie du partage vivante qui émerge des profondeurs de notre cœur. On comprend que c'est notre véritable nature.

Le superpouvoir (Siddhi) de cette porte : L'enchantement, la béatitude, le bonheur. (Bliss)

Le plaisir dépend toujours d'une source extérieure qui nous procure du plaisir. C'est souvent le cas aussi avec la joie. L'enchantement et la béatitude, le véritable bonheur, sont en revanche associées à une joie intense qui est présente dans le cœur et dans l'ensemble du corps, des corps. Elles résultent d'un état de connexion avec la Source de toute Vie dont on est une partie lorsqu'on fait un avec elle. L'insatisfaction devient du pur bonheur, de la béatitude. Cela émerge quand notre recherche, orientée à l'intérieur de nous, va au fond d'elle-même jusqu'à sa source et fusionne avec elle.

Pour beaucoup de personnes, cela semble être un rêve lointain, dans un ailleurs et un plus tard. Il existe cependant des pratiques spirituelles permettant de faire petit à petit se rapprocher ce rêve de notre réalité. Le yoga des déités par exemple (voir le livre Préparer votre mort et votre vie future dans l'au-delà) est une pratique spirituelle de la tradition Bön, consistant à imaginer une déité parfaite vivant identifiée aux Siddhis, aux superpouvoirs puis à la faire descendre en nous pour ne faire plus qu'un avec elle.

Si cette clef est présente dans votre profil hologénétique ou éclairée par votre thème astral, vous pouvez prendre des temps où vous vous remémorer régulièrement un moment de pur bonheur, d'enchantement et de béatitude et utiliser ce souvenir comme une graine dont vous prenez soin et faîtes grandir à l'intérieur de vous jusqu'à ce qu'elle devienne un repère en vous. Vous pouvez aussi personnifier cet état sous la forme d'une déité. Cette pratique est un élément clef de l'enseignement de Richard Rudd nommé « osez être une personne divine ».

Effectuer une recherche personnelle sur comment cet état d'extase, de pur bonheur et d'enchantement s'installe en nous peut beaucoup aider à avancer. Cet état n'est pas incompatible avec nos obligations quotidiennes et le rôle que l'on joue dans le monde extérieur pour accomplir sa destinée. L'objectif est ici de tisser cet état dans notre vie et de s'apercevoir que quand on prend un temps de pause pour être avec soi-même, cet état est présent en tant que notre nature profonde, notre véritable nature. On s'aperçoit que cet état peut être en avant plan, comme sur les devants de la scène puis qu'il passe souvent en arrière plan quand on s'engage dans le monde de la matière pour gérer nos responsabilités. Ce superpouvoir est particulièrement précieux car il est un peu un modèle sur le fonctionnement des superpouvoirs. Il nous montre que les superpouvoirs sont toujours là en arrière plan et que c'est notre conscience qui se rapprochent d'eux ou s'éloignent d'eux.

Il n'y a pas de « niveaux » de pur bonheur, de béatitude, mais il y a des degrés d'ancrage dans l'état correspondant. C'est par la pratique que l'on apprend à s'habituer aux hautes fréquences de sa vibration. Le superpouvoir partenaire, le 52, nous montre qu'on accède à la béatitude, au pur bonheur, à travers un état d'immobilité vibrante du fait que l'on fait un avec le chant éternel de la Source de toute Vie, qui créé la Vie dans l'amour, dans la Volonté de Joie et dans un état d'être de béatitude enchantée. Cela se traduit par une nouvelle biochimie corporelle où l'ADN pousse le cerveau à secréter en permanence des substances qui entretiennent un état d'enchantement vivant. On vit alors enchanté(e), dans un état de béatitude et de vie vibrante.

Chapitre 35 : Le nombre 59

A-Sa structure et ses associations: Le nombre 5 est en relation avec la légitimité, la conscience, l'expression du cœur, le sens, le voyage du corps et de la conscience et les enseignements qui permettent une intégration sociale ou une élévation de la conscience. Le nombre 9 est en lien avec un besoin d'aller à l'essentiel, de gérer l'hiver, de s'immobiliser, de questionner, de chercher sa vérité profonde pour trouver la paix intérieure, d'avancer, de grandir et de gérer le chantier de l'évolution. L'autorité, la capacité à donner du sens, la capacité à intégrer des enseignements et à développer une vision globale sont mises au service de l'évolution, de la dissolution de l'ego et de l'éveil de la conscience vers la paix intérieure.

B-Selon la tradition ancienne du Yi-King Chinois : Hex 59 = La dissolution/la dispersion.

Résumé du nombre : Dissolvez et balayer ce qui empêche d'exprimer votre nature divine puis lâchez prise, ouvrez votre cœur au sacré et à l'intimité, communiez corps et âme et réunifiez votre âme avec amour inconditionnel pour générer une situation nouvelle, joyeuse et fluide correspondant à vos aspirations profondes spirituelles.

Explication technique : La capacité à expérimenter le silence intérieur, à percevoir les connections invisibles qui existent, à donner une forme juste à toute chose, à se libérer de son histoire personnelle, à accumuler de l'énergie vitale, à développer une volonté forte et la force de la foi, à s'ancrer dans une volonté de joie, à se reconnecter aux courants d'amour au fond de son cœur, à se relier pour partager, à servir la vie activement et à créer du bonheur permet d'écarter tout ce qui engendre de la démobilisation et de faire disparaître les obstacles.

Cela permet de dissoudre et de disperser tout ce qui sépare le moi de son étincelle divine. De là peut naître une communion avec grand tout, une réunion des forces d'âme avec le corps spirituel, au centre du cœur, dans un état d'amour inconditionnel et d'éveil spirituel. C'est pourquoi après «La Joie du partage» vient «La dissolution».

L'idéogramme ancien montre de l'eau en mouvement et deux mains ouvertes en signe d'écoute, de prière, de partage et de réceptivité aux courants d'amour qui inondent l'univers. Cela évoque la fonte des glaces au printemps, les rivières en crue et le vent qui transforme l'eau en brume.

Souen, le vent ou le bois, évoque parfois un navire en mouvement. Souen demande de l'intelligence, du discernement, de l'ingéniosité, de l'expansion, de l'action dans le monde, de l'autorité et de l'optimisme, du sens du service, de l'adaptation aux exigences de la Nécessité, de la gestion de l'espace, de guider ou être guidé, de se renseigner, de s'éduquer, de trouver les bons conseils et de se plier aux règles de l'environnement.

Ken, la montagne, demande de s'intérioriser, d'écouter le silence, d'aller à l'essentiel, de structurer et organiser à long terme, de fournir les efforts nécessaires, de faire face aux difficultés, de surmonter les obstacles, de cultiver le calme intérieur et la sagesse, de faire preuve de maîtrise de soi, d'honnêteté et de maturité, d'accomplir ses devoirs, d'assumer ses responsabilités, de méditer et d'exprimer sa vérité profonde. Il représente ici des montagnes de glace que sont les habitudes bien ancrées, les résistances, les tabous, les blocages, les structures inadaptées, l'isolement, les peurs, les interdictions, la stagnation, la dureté et l'égoïsme. Elles sont ici emportées par le courant.

Tchen, le tonnerre excite et propulse en mouvement. Il demande d'accepter l'aide nécessaire, d'écouter les signes, de se synchroniser avec la volonté divine, de trouver des solutions, de s'adapter à l'imprévu, de gérer des projets et de travailler en réseau, d'exprimer sa spécificité, de créer un état de liberté intérieure et d'aboutir à une renaissance. **Kan, l'eau,** demande d'avancer avec fluidité, de gérer toute angoisse, d'aller au-delà des illusions et des ombres, d'intégrer les mystères, d'être conscient des dangers et de suivre le chemin de moindre résistance vers l'océan.

Interprétation classique : Vous êtes symboliquement une petite goutte d'eau dans un fleuve en crue. Il est temps de laisser un puissant courant balayer, emporter, disperser, dissoudre, libérer et transcender votre situation, votre égoïsme, vos enfermements, vos malentendus, vos peurs, vos illusions, vos souffrances, votre solitude, vos mémoires ancestrales, vos nœuds énergétiques, ce qui vous sépare des autres, ce qui fait obstruction, vous empêche de progresser et d'exprimer le meilleur de vous-même. Vous pouvez vous sentir submergé et déstabilisé par vos émotions, changer de lieu de vie, d'emploi ou avoir une activité qui vous accapare au point de devoir sacrifier votre vie personnelle. Il peut y avoir de la désorganisation, de l'errance, du flou, de la confusion, de la dispersion, du désordre où du chaos si vous résistez au courant des événements, si vous ne voyez pas l'impact d'influences passées ou de mémoires généalogiques mais aussi le sens mystique de ce qui est et les connexions présentes. Mais si vous lâchez prise, dépassez vos limites, répondez à un besoin collectif ou spirituel, apprenez à prier, exprimez votre foi, votre sens du sacré, la compassion, la générosité, l'amour inconditionnel et le pardon, vous pouvez chevaucher une onde magique d'enthousiasme, d'inspiration et de vibrante dévotion religieuse qui peut vous reconnecter à votre essence divine, à la Source, au Créateur, dans un frisson sacré.

Souvenez-vous que toutes les âmes ont été créées par la même Source d'Amour et que les Hommes ont les mêmes ancêtres. Vous pouvez effectuer des rituels personnels ou familiaux, des chants sacrés ou des rites collectifs, pour communier et retrouver vos racines.

Vous pouvez vous dévouer à un projet collectif orienté vers une cause commune, qui soude les membres d'une communauté ou qui soulage les souffrances et les misères du monde. Trouvez ce qui vous inspire et vous fait rêver, branchez vos antennes sur l'inconscient collectif, utilisez votre sixième sens, votre intuition, comprenez le sens de la situation et acceptez ce qui est. Voici un processus pour vous libérer de la souffrance. Développez votre capacité à nommer votre souffrance, ce qui bloque ou la mémoire qui s'exprime. Ayez conscience de qui vous accusez, consciemment ou inconsciemment, puis voyez que les choses ne pouvaient pas ou ne peuvent pas, vu les circonstances, être autrement. Mettez-vous à la place des accusés, faîtes preuve de compassion et pardonnez avec bonté. Vous pouvez ainsi libérer vos ancêtres en leur rendant, avec amour et respect, ce qui leur appartient et en leur permettant de s'élever vers la lumière. Il est ici judicieux de rester calme et centré, de définir des règles justes, de vous rassembler autour de valeurs, d'un objectif ou d'une personne lumineuse et centrale, de proclamer avec autorité et bienveillance votre vérité, de vous faire aider si nécessaire, puis de vous engager avec créativité, courage, motivation et détermination, en vous donnant les moyens d'atteindre un résultat. Cela débouche sur une situation totalement nouvelle et exaltante, ou l'énergie circule avec une grande fluidité. Vous pouvez alors tout réorganiser, vivre et gérer votre vraie vie, celle qui correspond à vos aspirations secrètes profondes et exprimer de façon juste votre grande générosité.

C-Selon les deux écoles modernes du Design Humain et des Clefs Génétiques :

1-Le Design Humain. 59 = La porte du désir de communion et de la sexualité.

Explication technique : Circuit de la défense. Centre Sacré. Cette porte est liée à la porte 6, le conflit. Son thème principal est l'intimité avec autrui et avec la Source de toute Vie et sa maîtrise permet la dissémination. Cette porte donne le pouvoir de briser ou dissoudre les résistances et les barrières existantes entre deux éléments ou entre deux personnes. Elle génère une atmosphère d'amour et de confiance et elle donne l'envie de se lier, de communier et de vivre connecté. Elle alimente un fort désir d'union et notament d'union sexuelle, d'où parfois son nom de porte de la reproduction. Elle confère un besoin de connexion profonde et productive entre deux personnes. Les relations humaines ont beaucoup d'importance et cette porte permet de créer des relations sincères, de confiance, authentiques, fusionnelles, parfois romantiques et des unions durables. Elle incite autrui à s'ouvrir et à créer des liens sincères. Elle génère une grande fécondité, un sens de l'organisation lié à la production, la possibilité de vivre des relations intimes et d'expérimenter la sexualité sacrée et tantrique. Quand les deux personnes en relation ne sont pas des amants ou des amoureux, la fécondité apportée par cette porte favorise le succès des activités professionnelles, des projets et l'expérience de relations platoniques ou simplement très chaleureuses. Le charme qu'elle génère peut parfois générer des situations ambigües et compliquées car ce charme naturel peut être interprété comme étant une tentative de séduction. A un niveau plus profond, elle permet une reconnexion à la Source de toute vie grâce aux pratiques et enseignements spirituels expérimentés.

Son défi est de faire preuve de discernement dans les relations qui sont créées afin d'éviter les dépendances affectives et les relations superficielles ou toxiques, de définir clairement les frontières entre soi et autrui et de gérer avec sagesse les élans de fusion et de défusion, d'intimité et de séparation.

Proposition d'interprétation : Cette porte s'exprime selon deux échelles, une échelle matérielle et une échelle spirituelle. Au niveau matériel, elle réagit comme un radar qui scanne l'environnement à 360°, en émettant de puissants signaux d'intimité, pour voir qui cela attire et ce que cela entraîne dans votre vie. Elle est chargée en énergies sexuelles et mise sous pression par un impératif génétique de s'accoupler. Cet impératif biologique de procréer conduit à une accumulation d'énergie sexuelle cherchant un exutoire. Elle cherche à se rapprocher de partenaires sexuels dans le but de procréer et implique que une grande fertilité.

La prudence est donc conseillée quand il s'agit de passer à l'acte sexuel à cause de votre très grande fertilité. Un besoin d'évolution spirituel fait qu'avec le temps et un changement de votre conscience, l'énergie de cette porte peut être sublimée et la sexualité peut alors être en un acte sacré, une communion des âmes et des corps. Les gens abordent les interactions de nombreuses façons différentes, cela va de la froideur et de la distance en passant par la neutralité ou la timidité jusqu'à la bienveillance, la prédominance, la promiscuité ou un contact effronté et provocateur. Votre registre est plutôt celui de l'empathie et de la fusion avec l'autre, comme s'il y avait une dissolution des barrières existantes. Cette hypersensibilité implique qu'il vous faut choisir avec soin avec qui vous interagissez et que vous sachiez moduler votre niveau d'intimité.

Au niveau spirituel, cette porte génère un besoin d'intimité de communion avec autrui et avec la Source de toute Vie. Ce besoin d'intimité vous incite à agir pour ouvrir toutes sortes de portes afin de partager des moments intimités d'intensités variables et ce dans tous les domaines de la vie. Il émane de vous un parfum d'amour inconditionnel et un certain charme. Et vous vous enthousiasmez vite dès qu'il y a un projet innovant impliquant une collaboration étroite avec des gens. Vous propagez ainsi partout dans votre monde une force de vie naturelle d'attraction qui envoie des signaux et qui sème des graines, à la fois personnellement et professionnellement. Cela vous permet d'enchanter les gens. Lorsque vous agissez avec discernement, les personnes justes et les projets justes se présentent à vous et vous permettent de créer des liens profonds basées sur le cœur et une vie qui vous enchante.

3-Les Clef Génétiques. Clef 59 = le serpent dans votre génome.
Son dilemme où il doit faire des choix : Le traumatisme. **Signe astral HD :** Vierge.
Son partenaire de programmation : Clef 55, le rêve de la libellule. **Corps :** Plexus sacré.
Son anneau de codon : L'anneau de l'union (4, 7, 29, 59). **Acide aminé :** Valine.
Son chemin de transformation : Le chemin de l'intimité.

L'ombre de cette clef : La malhonnêteté, le mensonge.

Cette clef pousse les humains à trouver un(e) partenaire sexuel(le) afin de faire des enfants et assurer la survie de l'espèce. Au niveau de l'ombre cependant, elle génère de la méfiance vis à vis d'autrui et une peur des relations, de l'autre. Cette peur est générée parce qu'il y a une absence de transparence, par ce qu'une vérité est cachée. C'est cette peur qui génère une attraction sexuelle entre pôles complémentaires.

On ne ressent ainsi la peur liée à cette clef que quand on est en relation avec une personne du sexe opposée mais quand on cesse d'avoir peur, on transcende l'attraction sexuelle naturelle avec cette personne. La nature est ainsi malhonnête avec nous car elle utilise le fait de nous cacher notre véritable nature pour générer de la peur, donc de l'attraction sexuelle, afin de perpétuer le patrimoine génétique, afin de le disperser à travers le globe, d'où le fait que l'un des noms pour désigner l'hexagramme 59 est la dispersion, nommé ainsi par les sages Chinois. La nature nous pousse initialement à trouver des partenaires sexuels ayant un patrimoine génétique très différent du notre afin de promouvoir une diversité génétique. Cela débouche alors sur un accouplement, sur l'enfantement et dans de nombreux cas que l'autre n'est pas vraiment compatible au niveau de l'âme, ce qui aboutit à une séparation et à la recherche de partenaires ayant une similitude d'âme. Ce besoin de disperser le patrimoine génétique pousse les hommes à féconder plusieurs femmes et pousse les femmes à s'accrocher au père de leur progéniture afin qu'il la protège, générant ainsi une espèce de guerre des sexes et beaucoup de souffrances.

La malhonnêteté est un espace où l'on vit dans la fiction, où l'on se raconte des histoires, où l'on trouve des excuses, où l'on se justifie, où l'on refuse de ressentir et d'accepter/d'assumer vos ressentis, où l'on a des intentions cachées et des objectifs non-avoués et où l'on projette sur l'autre en essayant de lui faire croire que c'est de sa faute.

Derrière cette malhonnêteté, il y a des couches et des couches de blessures et de traumatismes empilés dans nos cellules. Beaucoup de gens n'ont pas conscience des traumatismes qui les habitent parce qu'ils les fuient en se réfugiant dans le mental ou en cherchant à les résoudre à travers des choses extérieures, dans le monde extérieur. Gérer cette ombre ressemble ainsi à faire un grand nettoyage intérieur de printemps, mais cela demande du courage car on sait ce que l'on va trouver, de la douleur et de la souffrance. Examinons cela de plus prêt. Ces traumatismes sont très anciens et proviennent de piles de blessures hérités des ancêtres et des vies passées, qui ont été transmise dans nos lignées, dans le sang, dans notre ADN, qui stocke les mémoires de nos expériences passées. Ces traumatismes sont en vous mais bien souvent, ils ne proviennent pas de vous mais sont des éléments de karma collectifs que vous hébergez en vous, que vous portez en vous. La profondeur du traumatisme multicouches peut sembler submergeante et sans fin mais si on veut avancer et se libérer, on n'a pas d'autre choix que de tourner son regard vers l'intérieur. Et à chaque fois que l'on fait face à soi-même et qu'on s'observe, qu'on place notre attention sur cette douleur avec tendresse et douceur, on commence à la transformer et à la dissoudre.

<u>Quand cette ombre s'exprime en mode réprimée chez une personne</u>, elle engendre une sensation d'être une victime qui est exclue ; exclue de sa famille, de la société ou de la vie. La malhonnêteté se manifeste à travers une blessure de rejet et d'exclusion. La personne décrète que c'est la faute des autres et ne prend pas la responsabilité de ses ressentis ou de comment elle se comporte par peur de perdre le contrôle de son état émotionnel. Elle ne voit pas qu'elle s'exclue elle-même de part ses attitudes. En étant une forteresse qui ressemble fort à une prison, remplie de mécanismes de défense, elle vit dans l'illusion de contrôler l'impact émotionnel d'autrui et son propre état émotionnel. Une partie d'elle décrète que le trauma ne lui appartient pas, que ce n'est pas elles et que du coup elle n'a pas besoin de le ressentir. Cela débouche alors sur un schéma comportemental d'évitement, de fuite du monde extérieur et des relations, afin d'espérer ainsi trouver du soulagement.

La sexualité est réprimée et peut parfois générer des comportements malsains. Dès qu'elle se rend compte qu'elle fait partie de la vie, sa forteresse s'écroule et elle commence alors à vivre. <u>Quand cette ombre s'exprime en mode répressive,</u> la peur de perdre le contrôle et la non-acceptation de son état émotionnel s'expriment par de la colère et par des comportements intrusifs et contrôlant qui envahissent émotionnellement l'aura de l'autre. Ces comportements génèrent en conséquence de l'exclusion de la part d'autrui, ce qui ne fait qu'alimenter la colère, l'exclusion et les accusations. Il y a parfois ici une addiction aux relations malsaines, toxiques ou déséquilibrées.

On peut toujours tenter de résoudre les choses extérieurement mais cela ne génère des résultats visibles que si la transformation du traumatisme, de la peur des émotions et de l'autre s'effectue à l'intérieur de nous. Si on le fait que à l'extérieur, ça ne marche pas car le traumatisme nous suit partout et finit toujours par nous trouver, peut importe les changements extérieurs que l'on met en place. On utilise même parfois des connaissances spirituelles pour trouver des excuses ou pour accuser les autres, afin de se croire innocent et ne pas voir notre stress émotionnel interne et ne pas admettre que c'est nous le propriétaire du traumatisme. Tout ce qui a l'intérieur de nous a une odeur ou une couleur de négativité fait parti de notre malhonnêteté.

Si on assumait le fait que la source de notre projection sur autrui nous appartient, on n'aurait pas besoin de projeter des choses négatives sur autrui et l'on ferait preuve de transparence. Le point de départ pour transformer cette ombre est d'examiner, dans toutes nos relations, ce que l'on n'accepte pas, où l'on décrète que c'est de la faute de l'autre. Quand il y a une relation difficile entre vous et une autre personne, cela signifie qu'il y a un contrat d'évolution entre vous deux et qu'ici, vous n'avez pas remboursé une dette karmique très ancienne.

Et vous ne pouvez la rembourser que d'une seule façon, en étant honnête avec vous-même, en plongeant dans le traumatisme avec courage et en le reconnaissant pleinement, en reconnaissant pleinement que vous êtes présentement le/la propriétaire de cette douleur qui se manifeste. Quand vous le faîte, vous ne voyez plus aucune négativité autour des comportements d'une personne. Vous ne les accusez plus de rien, peu importe comment ils vous voient et vous traitent. Quand vous faîte votre travail intérieur, vous n'avez plus besoin de demander quoi que ce soit à l'autre personne. Vous déracinez votre malhonnêteté et vous vous libérez. La bonne nouvelle, c'est qu'à chaque fois que vous transformez un élément traumatique, qu'on apelle sanskara en Inde, parce que vous avez su ressentir la douleur avec suffisamment de profondeur et accepter qu'elle existe et qu'elle soit là, tout en l'enveloppant de compassion, comme si elle était un(e) enfant terrifié(e) que vous prenez dans vos bras, elle vous lâche, elle s'en va. Vous ouvrez alors votre cœur à la force de l'amour et ressentez un espace nouveau rempli d'amour. Et vous cessez de projeter sur autrui. C'est un processus universel qui concerne tous les êtres humains. On peut toujours se faire aider et accompagner par une personne que nous aimons et en qui on a confiance et il est ici essentiel de prendre soin de soi afin de transformer les traumatismes et effectuer ce travail de libération intérieure. Cette transformation nous pousse alors à développer une conscience aimante et une présence aimante. On découvre que la malhonnêteté est une enveloppe de douleur liée au monde de la matière et que quand on ouvre l'enveloppe elle est remplie d'un amour illimité.

Son cadeau : Les dons et capacités de cette porte : L'intimité.

Caché dans l'ombre de la Clef 59 se trouve un besoin de transformer et de transcender les fréquences inférieures de la clef. Cela se fait à travers des postures et des paroles claires. Quand la peur entre les sexes est reconnue, que l'énergie sexuelle est acceptée sans peur et exprimée avec honnêteté, elle s'exprime à une fréquence vibratoire plus élevée et elle génère de l'intimité et une dissolution de l'ego, du moi séparée.

L'intimité correspond rarement à l'idée que l'on s'en fait car elle est avant tout une expérience, une expérience ou l'on partage notre état de conscience, nos ressentis, notre vie intérieure, notre sexualité et notre amour. C'est une intimité avec sa souffrance, ses blessures, ses lignées, avec son cœur et la vie. Ce qui rapproche le plus de cela est le sentiment de tomber amoureux/se quand on donne son cœur à l'autre et qu'on a l'impression d'être à l'intérieur de l'autre et l'autre de soi. Les deux auras séparée fusionnent en une troisième aura, un nouveau champ électromagnétique.

On peut alors ressentir leur présence et le lien avec l'autre même si on est physiquement loin. La véritable intimité est un processus au cours duquel un cœur individuel s'ouvre au cœur universel. Cela s'effectue à travers les relations et permet de développer une intelligence collective.

Pendant très longtemps, ce qui nous a motivés était le désir, le désir sexuel et l'aspiration à s'unir à l'autre dans un état d'amour et de joie. On s'aperçoit ici qu'une relation humaine ne combla pas complètement ce rêve de fusion dans l'amour. Ce don nous pousse ainsi à aller du traumatisme au tantrisme, à la sublimation de l'énergie sexuelle vers une conscience supérieure. Cela ne veut pas dire qu'il nous faille faire un stage de tantra mais plutôt qu'il nous faut intégrer les principes tantriques et l'expérience tantrique dans notre vie et la vie sait très bien nous amener tout les ingrédients dont nous avons besoin pour cela. Si vous observez vos relations, elles correspondent exactement à ce dont vous avez besoin.

S'il y a des énergies résiduelles non transformées, c'est là où se trouve le travail que vous avez à faire. L'intimité est une expérience intérieure où des transformations silencieuse se font dans l'espace de la relation. On devient intime avec notre propre cœur et c'est alors que l'on peut devenir honnête avec le cœur de quelqu'un d'autre. L'honnêteté doit être équilibrée avec la gentillesse et elle est vraiment une combinaison de ces deux qualités. Il n'est pas utile de déverser toutes ses souffrances sur une personne que l'on aime car c'est trop à gérer pour l'autre. Il n'est pas non plus utilise de tout partager tout le temps. Il est par contre essentiel d'écouter son cœur et de vraiment écouter l'autre en profondeur à travers le cœur. L'intimité est en fait la conséquence, le sous-produit de notre transformation intérieure. Ce n'est pas quelque chose que l'on fait mais qui se révèle à l'intérieur de nous, de notre cœur. Quand on expérimente l'intimité dans son cœur, on lâche le besoin que l'autre change, on l'accepte tel qu'il ou elle est et c'est un moment magique, où l'amour inconditionnel émerge.

Quand une personne vibre dans la fréquence de cet amour inconditionnel, la seconde personne se sent alors libre de ressentir son traumatisme et même si elle le projette sur nous, cela ne nous affecte plus. On n'est plus dans la réaction face aux projections et on ne ferme plus son cœur. C'est alors que la véritable guérison peut avoir lieue. Le travail intérieur donnant accès à l'intimité consiste à aller vers l'état intérieur où le comportement de l'autre ne nous incite plus à fermer notre cœur. C'est un objectif notre et c'est la façon nouvelle et spirituelle de vivre les relations.

Dans les Clefs Génétiques, le chemin d'évolution, nommé le « Chemin Doré » et l'étape nommée « la séquence de Vénus », permettent d'être accompagné(e) et de s'accompagner dans le processus de transformation des blessures liées aux relations. Vous avez toutes les informations en anglais sur le site de Richard Ruud et en français sur différents sites dont le site d'Oana Martins. Quand on a transformé nos traumatismes et été jusqu'au fond du puit, notre cœur s'ouvre complètement puis reste ouvert. On digère notre passé, notre corps émotionnel, en le vidant et en le transformant, en les utilisant comme matière première pour accéder à une expérience supérieure d'union, d'union avec la Source de toute Vie.

Le superpouvoir/puissance (Siddhi) de cette porte : La transparence, le mariage spirituel.

Ce superpouvoir est l'avenir de l'humanité et incarne notre vision la plus élevée et nos objectifs les plus élevés, ceux qui révèlent la forme de nos rêves et de nos aspirations les plus élevés. Ce sont eux qui nous permettent de garder le cap et d'avancer sur le bon chemin, quelque soient les traumatismes à transformer. Tous les ruisseaux, toutes les rivières et tous les fleuves de la vie et de ses souffrances vont vers cet océan, vers cette vision. Ce superpouvoir est en lien avec le vrai romantisme, avec le mariage sacré et le rêve du vrai amour. Au début de la nouvelle ère qui est en train d'arriver, cela n'existera pas partout mais que ici et là.

Cet amour vrai sera comme les fleurs qui émergent au printemps à travers les neiges du passé mais avec le temps il se répandra jusqu'au printemps des nouveaux humains et de la nouvelle humanité. Mais en attendant, les traumatismes collectifs qui s'expriment sont chaotiques, comme des tempêtes, des tsunamis émotionnels collectifs, des crises qui nous impactent à la fois individuellement et collectivement. Mais dans tout ça, les enfants du nouveau monde arrivent avec cette mutation dans leur ADN.

La peur n'est qu'une membrane cellulaire faisant office de frontière et on doit la traverser pour accéder à des plans de conscience supérieure, en sublimant le corps astral de l'humanité. Quand on le fait, les barrières entre l'intérieur et l'extérieur disparaissent car elles sont dissoutes. La transparence amène tout à l'intérieur, éliminant le concept même d'intérieur et d'extérieur car tout devient vécu de l'intérieur, à l'intérieur. L'union avec l'autre est alors ressentie à l'intérieur de soi. Cette union extatique, cette illumination à deux est comme deux étoiles qui font l'amour ensemble et elle est tellement au-dessus de tout ce qu'on imagine qu'elle ne donne plus envie comme avant d'avoir des rapports sexuels. Cela signifie que la population humaine terrestre diminuera graduellement.

Les liens individuels prendront alors une autre dimension et comme on ne peut séparer deux être qui s'aiment de cet amour inconditionnel, ils dureront au-delà de la mort, seront transposés de vie en vie. Il n'y aura plus de peur de la mort car elle sera dissoute, évaporée, par l'amour et la relation au temps, aux lignes du temps, sera vécue différemment. Ces liens individuels replis d'amour amèneront la conscience que comme le disait l'écrivain André Brugiroux, la terre n'est qu'un seul pays. Nous somme un monde, un peuple, un cœur, une même tribu génétique. Cette transparence nous nettoiera de fond en comble, comme si c'était l'œuvre d'un balai cosmique. Différents groupes composés de nombres de personnes différentes, se formeront. De nombreux mariages spirituels se formeront, des unions extatiques non pas avec le corps physique mais avec les corps énergétiques et avec l'âme. Chaque personne gardera cependant son individualité créative et sa forme d'expression spécifique tout en faisant partie d'un tout plus vaste.

Bô Yin Râ décrit tout cela dans un des chapitres, nommé « la nouvelle humanité » dans l'un de ces livres. Ainsi, plus on avance dans ce travail sur soi, dans ces processus de transformation et plus on permet aux autres de le faire aussi, plus nos cœurs s'ouvrent, plus cela devient facile et plus la souffrance se transforme en extase, en enchantement. Ce superpouvoir nous invite ainsi à agir, avec douceur, patience et compassion, à voir nos peurs et comment on projette nos traumatismes en accusant les autres, à reconnaitre que cela fait partie de notre nature humaine, à se pardonner et à avancer vers l'autre rive, vers la nouvelle humanité.

Chapitre 36 : Le nombre 60

A-Sa symbolique et ses associations: Les mésopotamiens utilisait le nombre 60 pour compter le temps, car 60=2x3x10, soit la trinité de la réalité (3), le mouvement du Soleil ou le monde de la matière(2) et les cycles de la vie(10). De là vient le fait qu'il y a 60 secondes dans une minutes et 60 minutes dans une heure. Le nombre 60 est ainsi associé au comptage du temps sur une toute petite échelle et ainsi aux limites. Le nombre 6 est en lien avec l'écoute du cœur, l'intelligence relationnelle, l'intense activité relationnelle, la beauté, l'art, le couple, la famille et les relations sociales. Il y a une multiplicité de possibilités. Le nombre 0 vous permet de vous connecter à l'univers et d'accéder aux champs quantiques, de vous préparer à gérer un imprévu, de prendre en compte vos mémoires karmiques, de sortir des cadres, des normes des systèmes et des sentiers battus et d'exprimer votre spécificité et votre génie afin d'être une personne libre et heureuse. Un excès de choix (6) et de possibilités (0/22) nécessite un filtrage et une limitation des choix, d'où son nom les limites dans la tradition du Yi-King. L'association de ces deux nombres évoque également la liberté (0) des formes (6).

B-Selon la tradition du Yi-King Chinois : Hex 60 = Les justes limites. La régulation.

Résumé du nombre : Vous fixer des limites justes et des règles, avec discipline, pour délimiter les frontières et pour préserver votre équilibre, votre santé, votre joie, vos relations et la civilisation.

Explication technique :

Pour que le spirituel s'incarne dans la matière, pour que le fleuve n'entre pas en crue, pour que l'émotion, la communion et l'extase ne deviennent pas confusion ou chaos et pour mettre fin à toute souffrance, il y a besoin de limites, de discipline, de modération et de régulation. C'est pourquoi après «La dissolution» viennent «Les justes limites». L'idéogramme ancien présente deux bambous avec leurs nœuds, des graines et un cachet officiel.

Cela évoque l'union sacrée du masculin et du féminin car le bambou est androgyne, les systèmes de mesure et de comptage de tout ce qui est nécessaire à la vie, puis les contrats officiels, indispensables à la civilisation, d'échanges commerciaux et de soins de santé. Kan, l'eau, symbolise le flux inépuisable d'énergie et de vie qui demande d'avancer avec fluidité, de gérer toute angoisse, d'aller au-delà des illusions et des ombres, de percer les mystères, d'avoir conscience des risques et des dangers et de suivre le chemin de moindre résistance vers l'océan éternel.

Ken, la montagne, demande de s'intérioriser, d'écouter le silence, d'aller à l'essentiel, de structurer le temps pour être en harmonie avec les saisons, de créer de l'ordre, de prendre conscience de l'ordre des choses, de tenir compte du long terme, de fournir les efforts nécessaires, de surmonter les difficultés, de cultiver le calme intérieur et la sagesse, de faire preuve de maîtrise de soi, d'honnêteté, d'intégrité, de vertu et de maturité, d'accomplir ses devoirs, d'assumer ses responsabilités, de méditer et d'exprimer sa vérité profonde. Il représente ici l'essence des nombres et l'application du calendrier qui structure le temps.

Tchen, le tonnerre, stimule et incite au mouvement. Il demande de faire jaillir l'énergie, d'écouter et intégrer les signes, de se synchroniser avec la volonté divine, de trouver des solutions, de s'adapter à l'imprévu, de gérer des projets, d'exprimer sa spécificité et de générer avec fermeté un état de liberté intérieure.

Touai, le lac, à l'intérieur, demande joie et sourire, des choix en accord avec ses vrais désirs, expression de la volonté de joie, création de formes, de bonheur et d'abondance, expression de sa richesse et de son intelligence relationnelle, gestion des ressources, coopération pour faire vivre la civilisation ainsi que justice et harmonie. Il représente la fidélité, comme une limite juste, librement consentie et permettant de recréer l'unité spirituelle Homme-Femme qui existait jadis avant l'incarnation. Ici, le mouvement de l'eau, de la vie, est nourri par une alimentation, une hygiène et une santé équilibrées, puis il est structuré par les berges, par des limites et par des principes librement acceptés, qui donnent du sens, régulent l'activité et empêchent tout débordement.

Interprétation classique :

Observez comment le fleuve de la vie avance grâce aux limites et comment une mélodie est faîtes de rythmes et de mesures ! L'absence de limites génère chaos et confusion. Trop de limites enchainent, sclérosent, puis étouffent la vie !

Entre ces deux extrêmes, il y a un juste équilibre, entre fermeté et souplesse, dans un cadre adapté, qu'il s'agit ici de créer et d'incarner, pour générer santé, bonheur et prospérité. Le bambou pousse à son rythme, par étapes organisées, en s'adaptant au milieu, en créant des nœuds pour délimiter chaque phase. Comme lui, vous devez ici, pour que votre vie avance harmonieusement, utiliser votre intelligence technique et votre sagesse, pour limiter, freiner, modérer, économiser, discipliner et réguler votre énergie, vos actions, votre mouvement, vos dépenses, vos paroles, selon vos ressources et vos possibilités, selon un calendrier, une juste cadence et les contraintes du terrain.

Ayez conscience de vos limites et respectez-les! Définissez des objectifs réalistes, réalisables et qui ont du sens! Analysez lucidement la situation dans toutes ses composantes! Prenez soin de votre hygiène, de vos nourritures et de votre santé! Soyez en phase avec le rythme de la situation! Donnez une juste forme à toute situation et acceptez les gens et les circonstances telles qu'elles sont puis effectuez à chaque instant les rééquilibrages nécessaires. Les excès, les passions, le sabotage, les comportements peu nobles ou excentriques et les changements radicaux sont ici hors-sujet. Il est également judicieux d'éviter l'étroitesse d'esprit et l'égocentrisme, toute dureté, obstination ou sévérité excessive dans la mise en place de contraintes ou d'interdictions, tant au niveau du corps, de l'âme, des relations ou de l'organisation.

Imposer des limites aux autres sans se restreindre soi-même ou confondre évolution et perfection, persévérance et obstination, stabilité et rigidité, gestion économe et avarice ou restrictions insupportables, ou encore discipline et ascétisme ne fait que nourrir des frustrations et empêcher l'énergie et la vie de circuler librement. Cela peut engendrer des déséquilibres et des enfermements.

Cela peut provoquer des réactions d'opposition et de révolte, déboucher sur une situation improductive, bloquer les résultats et créer une accumulation de tension capable d'engendrer des réactions extrêmes voire un désastre. Les limites doivent être justes et librement consenties. La précision est importante. Grâce aux tableaux de bord, aux instruments de mesure, à la discipline et à la pratique, vous consolidez votre position et votre sécurité. Vous évitez les tentations, les excès et les dangers. Vous protégez et préservez votre équilibre, votre joie, vos relations et votre bonheur. Vous générez un progrès fluide, naturel, ordonné et harmonieux. Vous multipliez ainsi vos possibilités d'exprimer votre libre arbitre.

C-Selon les deux écoles modernes du Design Humain et des Clefs Génétiques :
1-Le Design Humain. 60 = La porte de l'acceptation et de la limitation.
Explication technique :

Circuit de la connaissance. Centre Racine. Cette porte est liée à la porte 3, la difficulté initiale. Son thème principal est l'ingéniosité et sa maîtrise permet l'inventivité. Cette porte engendre une pression génératrice de changements sous la forme de pulsations ou de décharges de paquets d'énergie. Ce n'est pas un flux continu. Des quantités limitées d'énergies sont émises dans ces pulsations et elles génèrent des possibilités de changement. Au niveau biologique, cette porte est associée à l'information génétique existante mais aussi aux endroits où une nouvelle énergie génétique rencontre cette ancienne information afin de créer une mutation. Le circuit de la connaissance est le champ d'expériences où les mutations qui ont lieues peuvent ou pas être bénéfiques au collectif et à l'humanité. À un moment donné l'information est là puis elle ne l'est plus. C'est dans les espaces entre les pulsations que se produisent les mutations. Cette porte permet de reconnaitre les limitations comme des repères capables de générer des transformations débouchant sur de nouvelles structures. L'acceptation des limitations est une clef pour vivre harmonieusement cette porte car si l'acceptation fait défaut, il y a un risque de nourrir des frustrations voire une dépression sévère, d'empêcher le changement et de bloquer l'évolution naturelle de la vie, d'après le Human Design.

Proposition d'interprétation :

Vous vivez dans le respect de certaines limites, en jouant avec les cartes que la vie vous a distribuées. Vous faites de votre mieux. Quand on vous donne un sac de citrons, vous faites une limonade. Votre grand programme consiste à suivre les règles du jeu. Personne ne tient compte mieux que vous de la réalité de facteurs limitants. Mais vous faites aussi la différence entre les handicaps insurmontables et les véritables opportunités qui vous permettent de saisir le moment, de prendre position et de foncer. Cette « limitation » prend toutes sortes de formes et d'ampleurs restrictives quand elle s'applique à votre santé, à vos ambitions, à vos finances, à vos relations et à vos affaires de famille.

Toutes les portes du centre Racine génèrent une pression intérieure, celle de se développer et d'évoluer. La leçon ici, c'est de ne pas faire de fixations sur ce que vous ne pouvez pas accomplir ni sur ce qui est encore loin, bien au-delà de vos perspectives.

Il s'agit d'avancer dans la vie en acceptant vos limitations. Il est donc essentiel d'éviter de lutter pour atteindre ce qui est hors de votre portée ou pour abattre les frontières qui vous entourent et de regarder attentivement ce qui est sous votre nez. Cette attitude devient alors un tremplin générateur d'évolution. Quand vous avancez avec sérénité, en reconnaissant vos qualités et les limites existantes, vous découvrez la liberté d'évoluer en optimisant chaque situation. Votre débrouillardise vous permet alors de trouver des solutions ingénieuses, innovantes, pratiques et efficaces, capable de créer des structures plus harmonieuses.

3-Les Clef Génétiques. Clef 60 = la fracture du vaisseau

Son dilemme où il doit faire des choix : l'équilibre. **Signe astral HD :** Capricorne.
Son partenaire de programmation : Clef 56, l'indulgence divine. **Corps :** Le colon.
Son anneau de codon : L'anneau de Gaia (19, 60, 61). **Acide aminé :** Isoleucine.
Son chemin de transformation : Le chemin du réalisme.

L'ombre de cette clef : La limitation

Cette ombre a tendance à vouloir contrôler, à enfermer et à restreindre la force de vie et la vie dans des limitations, à cause d'un manque de confiance en la vie, à cause d'une incapacité à ressentir les rythmes de la vie et à voir la capacité de la vie à avancer et à se réparer et à cause d'un excès de structures de toutes sortes (lois, règles, systèmes religieux, éducatifs et financiers, interdits etc.). Elle génère une difficulté à être une personne inspirée, à improviser, à agir intuitivement, à changer de structures, à se synchroniser avec la magie de la vie et à innover. Elle plombe et fige.

Quand cette ombre s'exprime en mode réprimée chez une personne, il y a un manque de structures à tous les niveaux. Cela peut générer des problèmes de santé, des difficultés à structurer une vie professionnelle, sentimentale ou spirituelle, à s'engager dans une direction et une tendance à l'errance. Le potentiel ne trouve pas de possibilités pour s'exprimer et se perd dans des changements permanents ou dans une vie dépourvue de projets et de sens.

Quand cette ombre s'exprime en mode réactive chez une personne, il y a une tendance à vouloir tout structurer et contrôler, à mener une vie tellement organisée qu'il n'y a aucun espace pour des opportunités nouvelles. Il y a une tendance à dire non à tout ce que propose la vie et à être enfermé(e) dans des peurs qui limitent toute expansion. Tout ce qui est nouveau ou différent est perçu comme une menace et provoque des réactions agressives. Un travail de détente et de lâcher prise est alors nécessaire pour petit à petit laisser de l'espace à la vie et à la nouveauté.

Une limitation est une structure et une frontière qui permet à la forme d'exister et à l'énergie de circuler. Elle permet de générer un équilibre entre deux opposés et une harmonie grâce à laquelle la vie peut s'exprimer, s'expanser et évoluer. Elle est générée par une loi, par un principe, qui structure la réalité et elle est l'expression de ce principe, de cette loi.

Dans le monde de la matière à la surface de la Terre, aussi appelé troisième dimension, on peut observer différents couples de forces principales. Certaines exercent un effet de tension, de contraction, de limitation, de ralentissement et de pessimisme tandis que d'autres exercent un effet de détente, d'expansion, d'accélération et d'optimisme.

Un exemple et la force de gravité et la force d'antigravité. La gravité exerce une pression qui nous attire vers le bas tandis que l'antigravité ou la force d'évolution nous propulse vers le haut. La matière noire s'étend comme un filet invisible qui structure l'espace cosmique synonyme d'obscurité tandis que les étoiles émettent de la lumière qui se répand à travers l'espace. La science et la religion sont également deux forces qui structurent notre adaptation au monde de la matière. La vie ne peut exister qu'à travers un juste équilibre entre les extrêmes. Trop de l'un ou trop de l'autre aboutit à une destruction. Trop de soleil brule et trop d'obscurité effondre et ratatine. La vie ne peut cependant évoluer qu'en allant au-delà des structures qui la limite, en effectuant différentes percées. Il y a ainsi l'idée que toute structure existe pour aller au-delà d'elle-même quand on parvient à sortir de la structure. C'est la raison même de son existence. La science, la religion, l'astrologie et les clefs génétiques sont des structures. On devient enfermé(e) et coincé(e) dans ces structures quand le mental prend trop de place et qu'il nourrit alors des inquiétudes et des peurs. L'ombre de la clef 60, la limitation, génère une conscience aigue de ce que signifie être limité(e), coincé(e) et enfermé(e) dans une situation, une façon de penser, des croyances ou dans un mode de vie. Le langage avec ces mots qui nomment les choses est l'élément principal qui structure mais aussi limite notre conscience. Les choses n'ont pas besoin d'être nommées pour exister. Il est utilise de nommer les choses dans certaines circonstances mais il est préjudiciable de le faire dans d'autres circonstances et notament dans l'expérience de l'éveil. C'est toujours une question d'équilibre et de justesse car c'est dans l'équilibre et la justesse que l'on trouve la liberté.

La blessure originelle de séparation avec la Source de toute Vie s'imprègne dans notre structure génétique et nourrit différents état émotionnels qui leur tour nous enferment dans des croyances et schémas de pensées qui limitent notre expression. Cette blessure originelle est comme une mauvaise herbe qu'il s'agit d'extraire. La première étape pour cela est d'observer, de contempler, comment le mental nous fait voir notre vie d'une certaine façon, comment notre façon de penser nous limite et comment on s'impose soi-même des limitations. Il s'agit ensuite de reconnaitre que l'on a besoin de structures, de frontières et de limitations mais que l'on a aussi besoin d'être être libéré et de pouvoir en sortir en envisageant des possibilités nouvelles, des vibrations nouvelles, des fréquences nouvelles. La seconde étape est de considérer les ressentis, les sentiments et les émotions, en contemplant les schémas émotionnels tissés dans notre histoire personnelle et la façon dont ils nous limitent. On apprend par exemple ici à desserrer l'emprise des mémoires personnelles, familiales et karmiques, des sentiments de culpabilité et de honte, des peurs de l'abandon, du rejet, de l'humiliation, de trahison, d'injustice, de perdre le contrôle et de mourir et à découvrir que derrière tout cela, il y a l'amour qui est notre nature véritable. Ce travail est effectué lors de la séquence de Vénus dans le parcours des Clefs Génétiques. Quand l'amour émerge de nouveau en nous, on peut franchir la couche finale qui est celle de notre code génétique. La force de l'amour permet ainsi de détendre le code génétique, l'ADN, de façon à ce que la lumière puisse pénétrer dedans, l'éclairer, augmenter sa fréquence vibratoire et donner accès aux dons puis aux superpouvoirs.

Son cadeau : Les dons et capacités de cette porte : Le réalisme

Ce don est en lien avec le réalisme du signe du Capricorne et de la Vierge. Les limitations permettent l'existence de structures dans lesquelles la vie peut exister.

On apprend ici à utiliser la conscience des limites pour développer une vision réaliste de ce qui existe, en termes de vie, dans l'instant présent. La limitation devient un outil au service de l'évolution. On prend ici conscience des structures de la réalité à tous les niveaux de fréquences. On prend conscience que les structures sont un moyen, un outil, pour parvenir à une fin et on apprend à utiliser les structures pour manifester dans la matière, pour réaliser et aussi pour aller au-delà des structures. On comprend que les structures sont nécessaires au déploiement de la vie et l'on apprend à la fois à utiliser les structures existantes et à créer des structures pour que la vie puisse se déployer. On trouve un équilibre dynamique entre le fond et la forme, entre la structure et la vie qui circule au sein des structures, entre l'espace et le temps, entre l'intelligence divine et l'amour. On prend conscience des courants d'évolution qui portent la vie et qui poussent la vie à aller de l'avant.

On prend conscience de notre corps, en tant que structure permettant d'expérimenter le monde de la matière, en ayant conscience qu'il y a une durée de vie limitée. On prend conscience que toute structure nait, vit puis s'effondre et disparait pour se transformer en autre chose. La conscience que toute structure est temporaire permet de s'en libérer. On prend conscience du temps en tant que structure d'organisation et de l'Histoire en tant que structure de la mémoire et on sait que toute civilisation existe selon des cycles et des rythmes. Ce réalisme est synonyme de simplicité et de bon sens. Il permet de créer des structures qui s'adaptent aux changements imposés par la Nécessité, par l'évolution des choses, qui se manifestent à travers l'air du temps.

Ce réalisme génère du bon sens et un sens pratique qui permet de réussir dans toute activité liée au monde de la matière et dans toute activité liée au développement personnel. Tel l'ancien dieu à deux têtes Janus, ce don permet de regarder le passé et de l'utiliser pour créer l'avenir à partir de l'instant présent. Il permet de contempler la forme pour en extraire l'essence. Il permet de prendre conscience que les transformations surviennent dans les espaces vides et lumineux qui se situent entre deux repères, entre deux pensées, entre deux temps, entre deux situations. Il permet d'initier la création de structures à partir du cœur afin de permettre à la vie, à la chance, au Cosmos de se manifester selon le rythme et le nombre, selon le temps nécessaire. Il permet ensuite de lâcher les structures pour laisser la place à l'éternité et à l'infini et à la Source de toute Vie. Il permet d'apprendre à vivre consciemment dans la réalité multidimensionnelle.

Le superpouvoir/puissance (Siddhi) de cette porte : La justice. La loi et le hasard.

Qu'est ce que la justice. On peut dire qu'elle existe quand la loi est respectée et appliquée. On parle alors de justesse. Qu'est ce que la loi ? On peut dire qu'elle est la structure qui permet à la Source de toute vie de se manifester dans les différentes dimensions de la réalité, dimensions qui elles-mêmes structurent la réalité dans l'espace et dans le temps. Il existe de nombreuses lois. La loi du karma ou de l'action-réaction, explique que toute action engendre une conséquence. La loi de l'équilibre dit que le Cosmos s'organise pour générer de l'équilibre. Richard Rudd cite en exemple, dans son discours sur ce superpouvoir, l'histoire de Jan Valjean dans le roman « Les misérables », où le pardon d'un homme permet à un autre d'accéder à la liberté. La liberté est la connaissance et l'application des lois de l'univers, nous dit le Yi-King. Ce superpouvoir permet de s'exprimer librement du fait qu'il est accordé avec la volonté divine.

La justice est la compréhension des lois de la vie et l'application pratique de ces lois. Le résultat est la liberté intérieure. La justice révèle que le Cosmos, l'univers, finit toujours par rétablir l'équilibre, même si cela passe par une destruction suivie d'une reconstruction. Elle révèle également que ce qui est appelée hasard est en réalité une intervention d'une puissance supérieure qui se superpose au déroulement logique des événements lorsque l'espace pour que cela arrive est créé, lorsque les bonnes conditions sont présentes. Elle nous invite ainsi à lâcher prise et à laisser faire la vie à travers nous. On devient alors un agent de la justice divine, de la justesse divine. On transforme notre intérieur en transmutant notre passé ; nos mémoires personnelles, familiales, karmiques mais aussi les mémoires collectives et donc nos peurs, celles qui sont personnelles mais aussi les peurs collectives. Notre conscience se détache intérieurement des structures mentales, du langage et des mots pour plonger dans le silence vivant de la réalité et fusionner avec la Source de toute Vie.

Tout comme la gaine se transforme durant la sérénité silencieuse de l'hiver, tout notre être se transforme en profondeur. A l'échelle collective, nous sommes en train de sortir d'un hiver collectif et d'une amnésie collective. La transformation des énergies qui imprègnent la Terre est en train de générer une transformation du Karma collectif. Les structures anciennes s'effondrent petit à petit pour laisser la place à de nouvelles structures collectives. Des changements de structures jalonnent l'histoire de la planète Terre et de l'espèce humaine à laquelle nous appartenons et de tels changements sont en cours actuellement.

La physique actuelle nous apprend et nous fait croire que le monde de la matière est structuré par 4 forces principales dont la force de gravité, qui nous limite considérablement et qui est donc étroitement liée à cette clef génétique, située à la fin du signe du Capricorne dans l'organisation du Design Humain, système dont sont issues les Clefs Génétique. Elle nous fait croire que la vitesse maximale est celle de la lumière. Elle nous fait croire que l'être humain descend du singe et que « le hasard » ou ce cher « Saint Esprit » à engendré une série de mutations génétiques transformant comme par magie un singe en un être humain.

Dans les décennies et les siècles qui viennent, toutes ces croyances voleront en éclat de part l'action de la justice divine. Le point vernal, qui structure la conscience collective de l'humanité, est en train d'entrer dans le signe du Verseau. Nous sommes actuelement dans l'aube de l'ère du Verseau. Les fréquences vibratoires du Verseau émergent petit à petit à petit chez de plus en plus de personnes et un jour elles seront installées sur Terre. L'antigravité ou le nouveau nom de cette force qui est l'inverse de la gravité, que Richard Rudd avec la lévité, sera utilisée pour propulser des vaisseaux dans l'espace. La lévité, l'antigravité, émerge quand on lâche notre passé, nos croyances, nos valises et notre karma. Un Siddhi, un superpouvoir, est l'opposé d'une ombre. L'ombre de cette Clef est la gravité qui limite en générant du poids et le superpouvoir de cette clef est l'antigravité ou la lévité qui permet d'être léger et sans poids. Le superpouvoir de la justice est synonyme de lévité. Richard Rudd cite les recherches d'une scientifique nommé Walter Russel qui explique que la lumière de se déplace pas, ne voyage pas du fait qu'elle est présente partout et que la conscience n'est pas un effet mais la cause même de tout ce qui existe.

L'énergie présente dans le vide, appelée énergie libre, sera extraite avec des appareils actuelement appelées des EDPZ ou Extracteurs De Point Zéro, en référence aux champs quantiques ou subatomiques et utilisée dans toutes les situations qui nécessite de l'énergie.

La conscience de la nature profonde de la lumière, de l'espace et du temps sera utilisée pour se déplacer d'un endroit à un autre à travers les systèmes solaires et les galaxies. L'humanité sera consciente de son histoire, de l'origine de sa création par différentes espèces extra-terrestres, de l'histoire de ce système solaire et de la galaxie. Elle sera également consciente que certaines de ces espèces sont capable de voyager dans le temps mais aussi de se téléporter dans l'espace, ce qui selon les lois actuelement connues de la physique, est impossible. Ce superpouvoir 60 rend capable d'être libérer du monde des formes. Vous pouvez lire les livres « Le Dossier Extra-terrestre » et « Histoire officielle et histoire alternative de la planète Terre » mais aussi « La Vie des Maîtres » si ces sujets vous intéressent. La quarantaine ou le confinement dont fait actuelement l'objet la planète Terre sera levé et l'humanité réintégrera le collectif des espèces qui peuplent la galaxie, comme c'était le cas autrefois, quand il y avait des ports spatiaux au Pérou et en Antarctique entre autres. La justice aura alors rétablit l'équilibre, même si cela a pris quelques centaines de milliers d'années, c'est-à-dire une goutte d'eau dans l'océan de l'éternité.

Chapitre 37 : Le nombre 61

A-Sa structure et ses associations: Le nombre 6 est en lien avec l'écoute du cœur, l'intelligence relationnelle, l'intense activité relationnelle, la beauté, l'art, le couple, la famille et les relations sociales. Il y a une multiplicité de possibilités. Le nombre 1 correspond au besoin d'accroitre son niveau d'énergie, de conscientiser/exprimer son enfant intérieur, son intention et ce qu'on veut, de passer à l'action, de manifester son existence, de démarrer quelque chose de nouveau, (nouvelle activité/relation/lieu de vie etc.), de faire quelque chose qui n'a jamais été fait et d'expérimenter. L'association de ces deux nombres évoque l'association de la beauté de la vie et de l'enfant intérieur, de l'alignement et de la forme, de l'art et de l'action, de l'individu et des relations, de la joie sans cause et sans objet, de la joie personnelle générée par l'être ou par l'acte de création et de la joie générée par la perception de la beauté et par les relations harmonieuses remplies d'amour. Etre centré et écouter son cœur favorise la vérité intérieur et la synchronisation avec la volonté de l'univers, d'où son nom dans la tradition du Yi-King.

B-Selon la tradition ancienne du Yi-King Chinois : Hex 61 = En totale synchronicité. La vérité intérieure. Le son aligné.

Résumé du nombre : Centré dans l'instant présent, avec calme, confiance et empathie, en étant authentique, synchronisez-vous avec votre vérité profonde et la Nécessité, puis agissez intuitivement pour aller droit au but vers votre objectif.

Explication technique : Quand le sens de l'ordre, de la juste discipline, du rythme, de la précision, des limites et des justes formes ; quand une conscience spirituelle, un état de calme et une vacuité libre et heureuse sont exprimés dans la matière, il se développe une attitude, un état d'être, très particulier, entièrement centré dans l'instant présent, rempli d'une confiance profonde et inconditionnelle, d'évidence, de certitude et de vérité, où le corps, la vision, les paroles et les actions sont totalement justes, à leur place, exprimées au bon moment et parfaitement alignées à chaque instant avec la Nécessité. Cela génère résultats, progrès, lucidité et sérénité. C'est pourquoi après «Les justes limites» vient «En totale synchronicité».

L'idéogramme ancien décrit cet état à travers d'une part le symbole d'une flèche transperçant le centre de la cible et d'autre part à travers l'action de se jeter à l'eau pour nager, à travers une main tenant un nouveau né ou encore par une patte d'oiseau tenant délicatement un œuf. La stabilité de l'archer, l'arc qui se courbe, la corde sous tension, la trajectoire et la cible n'existent plus séparément et deviennent les instruments de la vie qui s'accomplit. La main et le nouveau né sont en symbiose dans un état de pureté, de confiance et d'amour, tout comme le nageur est en symbiose confiante avec l'eau. Cela indique un amour inconditionnel dévoué, sincère et profond, qui prend soin de l'autre, mais aussi que cet état intérieur est latent chez chaque personne et qu'il demande à sortir de son cocon puis à être nourri pour devenir réalité.

Le porc et les poissons symbolisent en Chine l'abondance et la capacité à vivre simplement, en autonomie énergétique et alimentaire, loin de toute sophistication artificielle. Ils symbolisent aussi les ancêtres, la descendance et aussi ce qui est difficile à influencer tant que l'on n'est pas dans cet état de confiance, de vérité profonde et de synchronicité totale.

Souen, le vent, demande d'être ouvert d'esprit et d'écouter autrui, une souplesse intelligente, le discernement, l'ingéniosité, de l'action dans le monde, une confiance humble, de l'autorité et de l'optimisme, de la douceur, le sens du service avec générosité, la capacité à guider ou être guidé par la foi et de se plier aux règles de l'environnement.

Ken, la montagne, demande de s'intérioriser, d'écouter le silence, d'aller à l'essentiel, de structurer le temps, de créer de l'ordre, de prendre conscience de l'ordre des choses, de fournir les efforts nécessaires, de surmonter les difficultés, de cultiver le calme intérieur et la sagesse, de faire preuve de maîtrise de soi, d'honnêteté, d'intégrité, de vertu et de maturité, d'accomplir ses devoirs, d'assumer ses responsabilités, de méditer et d'être dans sa vérité profonde.

Tchen, le tonnerre, stimule et incite au mouvement. Il demande de faire jaillir l'énergie, d'écouter et intégrer les signes, de se synchroniser avec la volonté divine, de trouver des solutions, de s'adapter à l'imprévu, de gérer des projets, d'exprimer sa spécificité, de générer un état de liberté intérieure et d'aboutir à une renaissance. Touai, le lac, à l'intérieur, demande joie et sourire, conscience corporelle, des choix en accord avec ses vrais désirs, expression de la volonté de joie, création de formes, de bonheur et d'abondance, expression de sa richesse et de son intelligence relationnelle, gestion des ressources, coopération pour faire vivre la civilisation ainsi que justice et harmonie. Les trigrammes intérieurs et extérieurs ont tous deux un trait ferme en leur centre, puis un trait souple féminin et un trait ferme masculin de chaque côté.

Cela évoque un centrage dans le cœur, dans la force de la vérité intérieure qui s'exprime ensuite à la fois avec souplesse et harmonie mais aussi avec fermeté et efficacité. Le vent qui souffle sur le lac symbolise les effets dans le monde visible d'une situation invisible, permettant une compréhension nouvelle de la situation, mais aussi la nécessité d'incarner comme base la joie du cœur à l'intérieur et une douceur souple à l'extérieur.

Le nom de l'hexagramme est en lien avec un rituel de promotion quinquennal pratiqué dans la Chine ancienne, le tir à l'arc en musique. Quand un noble touchait le centre de la cible au moment où un gong, faisant parti d'une mélodie, retentissait, il réussissait à maintenir son statut ou à être promu. Dans le cas contraire il perdait une part de son honneur voire son statut.

Seul un état parfait de centrage, de concentration, de calme, de confiance en soi, de joie du cœur et de synchronicité permet d'obtenir un tel résultat au bon moment. Les arts martiaux japonais et chinois ont été en partie créés pour développer cet état de conscience, où la capacité à accueillir la force du partenaire permet d'anticiper et d'appliquer la force adaptée pour le surpasser afin d'obtenir la victoire.

Dans les affaires juridiques, seule une vision claire et pénétrante, capable d'éthique, de compassion, de pardon et d'aller jusqu'aux causes profondes du délit, associé à une juste fermeté et des sanctions appropriées permettent de remettre les fautifs sur le droit chemin.

Interprétation classique : La situation ne peut évoluer favorablement que si vous développez et incarnez l'état d'esprit correspondant au concept Grec de Kairos, ou que si vous rencontrez et suivez une personne qui incarne cette attitude intérieure. Cet état d'être correspond à une vision observatrice lucide et intense, complètement centrée dans l'instant présent, en totale synchronicité avec votre vérité profonde, vos convictions, vos valeurs et avec les nécessités de la situation, du Tao, de l'ordre cosmique.

Tout comme la forme de l'hexagramme est stable et pleine à l'extérieur et vide à l'intérieur, c'est en étant creux et vide, en ayant une ouverture totale de votre cœur et de votre esprit, en nourrissant un cœur pur et sincère, libre de préjugés, de craintes ou d'arrières pensées que vous pouvez avoir une vision pénétrante de ce qui est présent, être en totale empathie avec la situation, puis accéder à votre centre, à votre vérité profonde, à votre confiance et à cet état particulier de synchronicité totale qui permet toutes les possibilités.

Vous pouvez alors passez à l'action en allant à l'essentiel, droit au but. On vous demande de développer cette force intuitive intérieure remplie de vérité, centrée dans votre cœur, pleine de confiance et de foi, dans un état de joie et de calme, libre de tout désir, de toute arrière-pensée et de toute crainte, afin d'être à chaque instant à votre juste place, en accomplissant les actions justes et en exprimant les paroles justes, même si les circonstances sont difficiles. Cela nécessite de trouver le bon chemin pour entrer en lien avec autrui et donc d'accepter les gens et les situations telles qu'elles sont, de les accueillir et les ressentir en vous, en voyant leur aspect divin, tout en observant avec lucidité que cela ne vous appartient pas. Cela fait appel à votre grandeur et au meilleur de vous-même. Vous exercez alors une influence naturelle qui touche tous les êtres.

Avec cette confiance équilibrée par l'humilité, l'intégrité et la vertu, avec cette capacité à croire en vous et en la vie, en étant prêt, motivé et capable, vous pouvez alors trouver la dimension du temps où le passé, le présent et le futur se rejoignent, pour créé un unique moment de vérité et d'opportunité, dans une profondeur magique, où l'intensité de l'instant présent semble durer une éternité, où chacune de vos actions est instinctivement et intuitivement accomplie à temps, au bon moment, sans hésitation et en toute confiance, et où chaque attitude et chaque parole est totalement juste. Vous pouvez alors vous exprimer et agir avec une précision miraculeuse et naviguer dans le courant comme un poisson dans l'eau.

Cette confiance intérieure nait d'un équilibre entre souplesse et fermeté, entre la droiture et une empathie pleine de compassion. Elle provient aussi d'une adhésion naturelle, joyeuse et confiante envers la vie. Elle est totalement éloignée de toute tentative de contrôle, de toute jalousie, de tout intérêt personnel ou de toute recherche de compétition.

Elle ne peut être provoquée artificiellement. Elle est nourrie par la vie et par des liens sincères, transparents, libres et simples avec autrui, tant dans les relations familiales, amicales, amoureuses que professionnelles. Les relations superficielles ou les communautés d'intérêts n'ont pas ici leur place. Vous pouvez établir des relations authentiques et importantes basées sur cette confiance, sur la sincérité, la vérité et sur un engagement dans la création de liens solides. De grands discours ne sont alors pas nécessaires pour établir des relations harmonieuses et un partage rempli de joie. Les éventuelles difficultés relationnelles disparaissent d'elles-mêmes grâce à la force de la sincérité et de la vérité intérieure.

Cet état intérieur vous permet de définir des objectifs justes même s'ils paraissent impossible à atteindre, d'avoir des intentions claires, de trouver les moyens, les ressources et les soutiens appropriés, de vous dépasser en faisant de votre mieux, d'agir intuitivement avec la force de la foi, de tenter votre chance, de gérer avec une certaine facilité tous les domaines de votre vie, de guider autrui grâce à une juste vision et de vivre en harmonie avec votre vérité profonde et avec l'ordre cosmique, que ce soit dans les affaires du monde où dans une vie plutôt retirée. Il peut déboucher sur des partenariats très productifs, vous permettre d'entreprendre de grandes réalisations et générer des résultats surprenants.

La confiance rend vos actions efficaces et vos relations épanouissantes tandis que vos réalisations nourrissent en retour votre confiance. Il vous rend créateur de coïncidences. Et plus vous savez reconnaitre les coïncidences, les signes indicateurs et plus vous augmentez votre synchronicité avec votre chemin d'évolution.

C-Selon les deux écoles modernes du Design Humain et des Clefs Génétiques :

1-Le Design Humain. 61 = La porte du mystère.

Explication technique :

Circuit de la connaissance. Centre tête. Cette porte est liée à la porte 24, le retour de la lumière. Son thème principal est l'émerveillement et sa maîtrise permet la sainteté et l'expérience mystique. Cette porte génère une pression pour réduire le mental au silence afin d'écouter le silence dans l'espace et l'espace dans le silence. Elle génère une pression pour questionner la nature de l'existence et le sens de sa vie, pour voir, percevoir, conscientiser et savoir ce qui est inconnu et les mystères de la vie et de la mort. Inversement, ce qui est inconnu et invisible génère une pression dans la conscience individuelle pour que cela soit conscientisé et connu. Il y a un fort désir de vérité, de découvrir l'absolu, la vérité des choses et de se reposer dans cette vérité. Cette porte permet ainsi d'être inspiré(e), d'avoir des intuitions profondes, d'accéder à des révélations et de faire des découvertes afin de résoudre des questionnements, des énigmes et des mystères, tant à une échelle personnelle qu'à un niveau impersonnel et collectif. Il y a comme un pont entre la conscience personnelle et les profondeurs de l'âme. Si une personne n'est pas préparée à effectuer cette plongée dans la vérité des choses, il peut résulter de la confusion, des illusions, des désillusions et parfois de la folie. Quand une personne est préparée, elle peut alors accéder aux lois de l'univers, aux vérités universelles et les incorporer dans sa vie. Cette porte permet d'apprendre à accepter pleinement l'instant présent et d'y découvrir sa vérité. Cela permet de s'accepter tel que l'on est, d'accepter pleinement son identité, d'accéder à sa vérité profonde et d'accueillir ce qui nous rend spécifique. Cela permet de devenir un témoignage de la vérité et de faire preuve d'une grande profondeur.

Le défi de cette porte est de faire confiance à l'univers, de voir que la vérité n'est pas accessible avec le mental source d'illusions mais uniquement grâce à la vision spirituelle intuitive et donc d'éviter de tout étiqueter ou intellectualiser, d'accepter que certaines questions demeurent sans réponses, de ne pas courir après la vérité à chaque instant au point de s'épuiser mentalement et d'éviter de se positionner et de s'isoler en victime incomprise.

Proposition d'interprétation :

Votre centre Couronne génère une pression qui vous impose d'être vrai, d'être authentique et de vouloir la vérité. Il est ainsi essentiel pour vous d'évaluer ce qui, dans votre vie, est authentique et de vous assurer que tout continue d'évoluer sur cette voie. Il y a en vous une épée de vérité capable de trancher dans l'illusion pour voir la réalité, la vérité des choses, peu importe le chaos qu'il peut y avoir autour.

Cette vérité intérieure se révèle souvent dans un éclair d'inspiration, quand vous êtes dans un état de détente et de présence et lors des moments de paix intérieure. Elle peut aussi se révéler à vous, pour votre propre bien et celui d'autrui, alors que vous réfléchissez et contemplez la vie. Cette vérité intérieure peut être comparée à l'aiguille d'une boussole qui pointe vers le Nord. Elle se manifeste par la sensation de voir comme une évidence que quelque chose est vrai, aligné, juste, bien et par l'envie de suivre cette impulsion. La Porte 61 vous permet ainsi de distinguer ce qui est vrai et ce qui est du non-sens ou de la fiction, ce qui est sincère de ce qui est simulé. On ne peut pas vous tromper. Plus vous vous familiarisez avec cette sensation de vérité et plus cela vous guide vers plus d'intégrité. Certaines de vos inspirations peuvent avoir un impact durable sur la vie des autres et générer des révélations qui pénètrent leurs esprits via vos inspirations et vos connaissances. Elles sont capable de comprendre les structures de la réalité tant sur le plan matériel et sur les plans spirituels, d'accéder aux grand mystères de l'existence et de guider autrui sur le chemin de la paix intérieure. Elles vous confèrent souvent un intérêt pour la recherche, l'histoire, l'archéologie, la génétique, la physique, la métaphysique, la philosophie, les religions, la méditation, le yoga, la spiritualité et l'exploration de la conscience. Elles permettent parfois d'apporter une vision nouvelle de la réalité et de guider autrui sur le chemin de la paix intérieure. Vous pouvez en tout cas compter sur cette «épée de vérité » bien spécifique pour ressentir et partager un réconfort intérieur issue des profondeurs de votre âme en toutes situations.

3-Les Clef Génétiques.

Son dilemme où il doit faire des choix : Les connaissances. **Signe astral :** Capricorne.
Son partenaire de programmation : Clef 62, le langage de la lumière. **Corps :** Glande pinéale.
Son anneau de codon : L'anneau de Gaia (19, 60, 61). **Acide aminé :** Isoleucine.
Son chemin de transformation : Le chemin de l'inspiration.

L'ombre de cette clef : La psychose.

Quand le Yi-Kin Pratique a été écris, avec l'aide des amis Chinois, l'hexagramme 61, souvent nommé « la Vérité Intérieure », à ici été nommé « En totale synchronicité ». Cette clef concerne la transcendance du mental. La psychose, l'ombre de cette clef, est définie comme une maladie mentale, avec des pensées désorganisées et des croyances illusoires, où une personne est _déconnectée du réel_ et de la vie tandis que la schizophrénie, la forme principale que prend la psychose, est définie comme une _perception perturbée de la réalité_.

Richard Ruud explique que l'état de psychose est l'état de conscience habituelle de la majorité des gens sur Terre dans le monde actuel. Etymologiquement cependant, le mot psychose signifiait « ce qui appartient au mental ». Au niveau de l'ombre de cette Clef, il y a identification au mental qui veut sans arrêt savoir, savoir pourquoi et qui génère une pression dans les deux hémisphères du cerveau. L'hémisphère droite tente de trouver des réponses à travers la religion et l'hémisphère gauche à travers la science. Mais comme il tente lui-même de répondre à ces propres questions, il tourne en rond sans fin dans la matrice, dans le monde de l'illusion. Il y un ainsi obscurcissement de la conscience et ce n'est que par un accroissement de la fréquence vibratoire que l'on veut commencer à voir la réalité telle qu'elle est et toutes les réponses aux questions du mental.

Si le mental est un outil merveilleux pour communiquer et pour s'adapter dans le monde de la matière, il est en revanche inadapté dès lors qu'il s'agit de percevoir la réalité et de naviguer dans les différents plans qui la structure. Si on examine le mental de plus prêt on se rend compte de deux choses. Premièrement il incite sans arrêt à orienter l'attention vers le passé ou le futur et qu'il n'encourage pas l'attention à exister dans l'instant présent. Il tend à désynchroniser la conscience, l'attention, de l'instant présent. Deuxièmement il adore s'inventer des histoires en faisant des suppositions inappropriées. Il s'invente une fiction et tente de faire croire que cette fiction est la réalité. Il incite à vivre dans la fiction. Derrière cela, il y a le dilemme de la clef qui est la conaissance cérébrale, les savoirs. Le mental croit savoir et les connaissances sont toujours liées au mental. Il croit détenir la vérité parce qu'il sait et il croit qu'il en sait plus que les autres. Or il ne sait rien du tout car premièrement les savoirs ne remplacent jamais l'expérience vécue et on ne peut savoir qu'en vivant et en faisant un avec ce que l'on vit. Et deuxièmement, il ne parvient pas à reconnaitre le fait que la réalité est structurée en différentes couches, en différents plans ou mondes invisibles et que le monde invisible qui vibre à la plus haute fréquence est le monde divin, le monde le plus proche de la Source de toute Vie, qui créé la vie en conscience par amour et volonté de joie, dans un état d'extase et d'enchantement. Le mental peut décrire l'enchantement comme étant une activation de circuits neuronaux suite à différentes réactions chimiques impliquant par exemple des molécules comme la DMT (diméthyltryptamine) mais il ne peut pas le vivre, le ressentir. Bref quand le serviteur se prend pour le maître, il met l'être humain dans un état de psychose, de désynchronisation avec la Source de toute vie, avec la vie.

On croit ici que le monde que l'on perçoit est la réalité alors que c'est une fiction. Le mental est dépourvu de magie, c'est-à-dire de la capacité à être relié, en interface directe, synchronisé, avec « l'esprit de la vie ». Il ne sait pas ressentir le torrent de puissance qui se déverse à travers le sang ni voir que la véritable identité d'un être humain est de l'espace vide rempli de conscience et d'amour. Une personne qui s'éloigne trop de l'état de conscience ordinaire et qui ne sait pas intégrer l'expérience qu'elle a vécue est labellisé comme étant un(e) psychotique instable par les autres psychotiques qui n'ose pas s'aventurer au-delà du mental et que l'on peut qualifier de psychotiques stable, qui se réfugie bien au chaud dans la science, la religion ou toute autre système de croyance et de pensée.

Il ne s'agit absolument pas ici de dénigrer la science, la religion ou la psychologie, qui jouent parfaitement leur rôle dans l'évolution de l'humanité et qui contribue à nous apporter un confort de vie et à soulager la détresse de nombreuses personnes grâce aux découvertes, aux œuvres et aux agissements de nombreuses personnes brillantes.

La science, la vraie science, consiste à émettre des hypothèses, à les vérifier par l'expérience puis à les valider lorsqu'elles sont reproductibles ou à les invalider dans le cas contraire. Richard Ruud propose des pratiques nommées « les 7 sceaux sacrés » qui permettent d'expérimenter et de permettre à la conscience d'accéder à l'expérience des plans supérieurs. Il existe, à travers le monde, différentes autres pratiques permettant de vivre ces expériences, comme « le Bouti » en Afrique avec l'Iboga, les rituels d'Ayahuasca en Amérique du Sud, les pratiques Bouddhistes, le Tantra et les pratiques Taôistes en Asie et d'autres en occident, qualifiées de « quantiques ».

Il s'agit ici de reconnaitre la détresse existante dans le monde, matérielle et psychologique, du fait que l'on a créé une civilisation psychotique basée sur le mental et non sur le cœur. Notre monde actuel est dominé par les fréquences de l'ombre de cette clef. Il vibre aux fréquences de la peur de manquer d'argent, de l'avidité pour en obtenir, de la recherche du pouvoir et de la peur de la mort. Si on prenait conscience, par expérience, de ce qui se trouve dans l'au-delà, on verrait que l'on est redevable et responsable de chacune de nos pensées, parole, attitude, action et comportement. Tout est vu et enregistré par l'univers, par la vie, par la Source de toute Vie. Pas un grain de sable ne lui échappe. Il n'y a aucune échappatoire aux lois de l'univers et aucun avocat ne peut plaider votre cause. La Justice, c'est-à-dire la connaissance et l'application des lois de l'univers, correspond à la Clef Génétique précédente, la Clef 60. Quand on s'aventure dans les territoires au-delà du mental, on avance là où la conscience officielle, mainsteam, ne s'aventure pas, parce qu'elle décrète que ce n'est pas objectif, pas scientifique.

Mais les choses sont en train de changer. Un chercheur scientifique nommé David Hawkins a créé une échelle de conscience mesurable grâce à un test musculaire analysable en termes de réactions corporelles chimiques. Les Clefs Génétiques sont également un outil permettant de préparer le terrain pour accéder à d'autres états de conscience. Les anciennes traditions de l'Inde nous disent que pour accéder à la sagesse, il faut abandonner les savoirs, les connaissances. Ils disent que la sagesse est expérience, qu'elle est vivante, vibrante, sauvage, spontanée, illogique et paradoxale et que si beaucoup de gens peuvent acquérir des connaissances, peu deviennent sages, saint. Cette clef nous invite ainsi à observer nos système de pensées, nos connaissances et à désapprendre. Le mental n'est pas l'ennemi et il n'est pas non plus là pour vous protéger.

On l'utilise souvent pour se sentir protégé mais si on ne se sent pas protégé, c'est parce qu'on n'à pas l'habitude de vivre les états de conscience au-delà du mental en ouvrant nos cœurs. Les Clefs génétiques aident à nous montrer comment ouvrir nos cœurs, avec douceur et lenteur, afin de permettre aux fréquences plus élevées de prendre leur place et de nous transformer avec le temps. Beaucoup de personnes ont recherché « des états de conscience supérieures » de façon trop intense, avec trop de ferveur et d'impatience et cela peut être dangereux et générer une surcharge chimique dans le corps. L'objectif ici n'est pas l'accès à des états de conscience supérieur mais l'intégration de ces états, ce qui nécessite d'être dans le corps, d'être en bonne santé, d'être là, présent, dans le monde, dans la vie et dans l'action, dans une présence aimante car ce n'est qu'ainsi que l'on peut explorer ce qui est au-delà du mental et apprendre à se synchroniser avec la Source de toute Vie.

Quand cette ombre s'exprime sous sa forme réprimée, la répression concernant la question existentielle de notre véritable origine et de notre véritable identité génère la tendance à chercher des réponses parfois dans la science et surtout dans la religion, sur les chemins officiels, en imitant le plus grand nombre. Ce détournement de la pression engendre un état de désenchantement et ce désenchantement est un abandon intérieur synonyme de confort qui prend racine durant les conditionnements de l'enfance et qui cache la véritable question. Il génère un fond de peur et d'insatisfaction qui s'installe, peu importe le niveau de réussite dans le monde extérieur. Il y a une tendance à réprimer le côté masculin de l'être.

Quand cette ombre s'exprime sous sa forme réactive, la réaction prend la forme d'une obsession pour la question et les personnes concernées trouvent une réponse mentale à laquelle elles s'accrochent et sur laquelle elles fondent leur vie, et ce à travers une discipline, des outils, des pratiques ou un guide extérieur. Ils développent une forme de fanatisme et s'engagent parfois dans une activité de missionnaire. Sous la surface de toute nature réactive se cache un puit d'insécurité qui se manifeste par de la colère qui quelque part les protègent de leur besoin d'avoir à gérer la vraie question qui vibre en eux.

Son cadeau : Les dons et capacités de cette porte : L'inspiration.

On croit souvent que l'on accède à d'autres états de conscience par la prière, la méditation, le yoga ou des austérités. Cela est partiellement vrai mais l'une des caractéristiques de la Source de toute vie est la créativité et c'est l'une des clefs, souvent négligée dans notre monde actuel, pour accéder à des états de conscience supérieurs. La créativité est pourtant source de merveilles, de beauté et de guérison. Le bonheur, c'est la joie intense qu'un créateur ou une créatrice tire de sa création, disait Bô Yin Râ dans le livre du Bonheur.

Dès que l'on commence à créer et notament quand on est dans un état de confusion ou que l'on est perturbé(e), le mental lâche prise et la conscience entre comme dans un état de jachère, en vidant ses contenus. Au bout d'un certain temps, toutes les scories s'en vont et il ne reste que l'essentiel et en prime un bel objet généré par l'acte de création. Cela est valable pour toute forme de créativité comme la cuisine, la musique, le bricolage, le jardinage, la construction, le dessin et l'écriture aussi. L'inspiration, c'est être « in-spiré ». C'est générer un mouvement spiralé vers l'intérieur et écouter ce qui vient de l'intérieur, d'un endroit au-delà du voile. C'est laisser notre conscience être imprimée par la vérité de son inspiration et être guidée par elle, comme quand on joue de la musique par exemple.

Et chaque musique a un effet différent selon les fréquences vibratoires qui sont manifestées. L'inspiration, c'est jouer avec la musique de la vie, avec la musique de la création.

L'inspiration est ce qu'il se passe quand on cesse de chercher la Source de toute Vie (Dieu), quand on cesse de vénérer la Source de toute Vie (Dieu) et quand on commence à devenir soit même la Source de toute Vie (Dieu) incarnée. Etre inspiré signifie être rempli de respiration car cela vient su mot latin « spiro », qui signifie « je respire ». Le mot « esprit » signifie ainsi être pénétré par le souffre de la Source de toute Vie ou respiration de la Source de toute vie générant une forme.

C'est seulement comme ça, en étant inspiré, que l'on peut s'extraire de notre psychose, de notre trip mental. Il nous faut ainsi expérimenter comment c'est de faire comme la Source de toute Vie, d'être comme elle, de créer en étant inspiré dans un état de joie intense.

Nous devons manifester notre essence créatrice et créer pour devenir comme la Source de toute Vie. Dès qu'on se sent au fond du trou ou perturbé, on peut prendre son instrument de musique, ses crayons, ses outils, laisser ce que l'on ressent émerger et permettre à notre âme d'exprimer ce qu'elle veut nous dire et ce qu'elle cherche. De merveilleux paysages et jardins, des objets magnifiques, des compositions enchanteresses et des livres inspirants sont par exemple créés partout avec amour à travers le monde.

Cette clef est reliée aux secrets de la vie et de la mort donc elle est profondément en lien avec le thème de la mort. Il est important de contempler la mort car cela nous fait prendre conscience de la vie et nous permet de la ressentir en nous, dans notre corps. Cela permet aux mémoires, à la mémoire de notre être éternel, aux réponses à toutes les questions, d'émerger depuis l'autre monde. Il s'agit d'écouter la musique de la vie à l'intérieur de soi et de lui permettre de nous inspirer dans nos activités créatives.

Etre né dans un corps de mammifère fait de matière, c'est être né blessé à cause de la déconnexion avec la Source de toute Vie et l'inspiration est une façon de guérir cette blessure. En la guérissant à l'intérieur de nous, on contribue à guérir celle présente chez autrui par effet de résonance. L'inspiration fait partie de l'identité d'un être humain authentique et elle nous rappelle que nous somme là pour guérir notre cœur, en étant au service de la vie, en sacrifiant notre moi séparé, en offrant notre respiration et notre inspiration, pour le bénéfice de la planète Terre et de la vie, à la Source de toute Vie.

Le superpouvoir/puissance (Siddhi) de cette porte : La sacralité. La sainteté. La paix intérieure.

Ce superpouvoir est la sacralité ou la sainteté. La sacralité fait surtout référence aux objets et la sainteté aux personnes. La clef 61 recherche le sacré, ce qui est saint en le créant. Ce superpouvoir est subtil. Quand on regarde la forme de l'hexagramme 61, dont l'un des noms est « la vérité intérieure », on voit qu'il est creux et vide à l'intérieur et plein à l'extérieur. Il s'agit ici de détacher sa conscience du mental et des émotions, de vider sa volonté personnelle et son identité séparée pour que la Source de toute vie remplisse l'espace précédemment vidé. Ce concept, consistant à s'auto-vider, à se défaire de sa volonté personnelle afin de devenir réceptif à la volonté divine, à la volonté de l'univers, de la Source de toute vie, pour qu'elle nous remplisse et nous occupe, occupe la place laissée vacante, est appelé « kénose » ou « kenosis en anglais et c'est l'opposé de psychose. Il est expliqué dans la bible en référence à Jésus et également dans le Bouddhisme où il est nommé « Shunyata ».

Il s'agit donc de se vider pour que dieu, définit comme l'état d'être où on vibre en synchronicité avec la Source de toute Vie, puisse nous remplir. A l'état de psychose, notre conscience est occupée de, remplie de, des fréquences troubles et nébuleuses du plan vibratoire de l'ombre.

Si l'on se vide mais que notre temple intérieur n'est pas nettoyé, on attire des énergies disharmonieuses et perturbées. Les plus hautes émanations peuvent seulement entrer si on a fait le ménage dans notre intérieur. C'est la même histoire que celle de la licorne qui meurt si elle est touchée par une personne « impure ». Si on veut inviter une licorne dans notre étable, il ne doit pas y avoir un seul grain de poussière. Nous ne sommes pas là pour cacher quoi que ce soit ni pour se juger mais pour transformer son intérieur et vider tout ce qui nous empêcher de permettre au divin d'y entrer. Seulement alors peut-on marcher jusqu'à l'autel. La clef 61 fait appel à ce genre de langage intérieur.

Il nous apprend à nous incliner avec humilité et sacrifice de l'inférieur, de l'identité personnelle séparée. Elle permet de comprendre les règles de la justice divine et sait qu'elle doit se polir, être lisse, être irréprochable et impeccable pour accéder à la vérité intérieure et se synchroniser avec la volonté divine.

Ce superpouvoir ouvre l'accès à un chemin de vénération, à une façon de vivre créative et à l'inspiration, en se souvenant de morceaux des mondes invisibles supérieurs, à travers de courtes visions. Vous faîtes ici l'expérience de courts moment, d'aperçus, où vous êtes transporté(e) par les énergies célestes. L'inspiration survient initialement durant de courtes périodes, comme des flashes, où vous percevez la vérité des choses. Une seule brève impulsion d'inspiration transforme la façon dont fonctionne votre conscience. Elle vous prépare afin que vous puissiez un jour vivre une expérience encore plus profonde. Elle libère votre créativité et vous sort de tout état de victimisation. Elle desserre la poigne du mental, dissous vos constructions mentales, ouvre votre cœur et accroit votre capacité à aimer. Après un aperçu des fréquences supérieures, vous retournez à un état plus ordinaire, ce qui peut parfois être déprimant. Il faut alors faire preuve de patience et accepter que vous ne savez ni quand l'inspiration va survenir ni quand elle va s'arrêter et avoir de la gratitude quand elle survient. Il est simplement ici nécessaire de continuez à travailler sur vous et ces aperçus vous encouragent à continuer de grimper le long de la montagne sacrée, à continuer de vous vider. Cela prend parfois plusieurs vies mais ça n'a pas d'importance, l'important c'est d'avancer.

Votre amour de la pureté, des lieux qui vibrent à de hautes fréquences, votre mémoire de la musique céleste que vous avez entendue et votre capacité à élever votre fréquence vibratoire, peut-être par des chants, continuent de vous guider sur le chemin vers Dieu, vers la Source de toute Vie. Puis l'inspiration s'installe pour de plus longues périodes et vous fait vivre des expériences qui altèrent votre conscience. L'une d'entre elles peut ressembler à coup de gong qui vous surprend et vous réveille de votre torpeur, de votre inconscience. Le changement d'état de conscience qui s'installe le fait alors pour de bon. Un grand silence vibrant et vivant s'installe.

La Source de toute vie s'exprime à travers la géométrie, les nombres et le rythme. Le mental est rempli de confusion et embrouillé avec le plan émotionnel dans les fréquences de l'ombre. La géométrie de ces plans là est chaotique et désordonnée. Chaque état d'être, chaque dimension de l'être possède sa géométrie vivante. Quand la géométrie parfaite des plans supérieurs descend, même pour un court instant, elle réaligne la géométrie des plans inférieurs, comme le fait un aimant qui organise la limaille de fer.

Elle rétablit la vérité et chasse les mensonges du mental. Cette clef invite à développer une hygiène des pensées afin d'ordonner la géométrie de l'aura et d'y faire exister une musique harmonieuse. La musique de la peur et de l'égoïsme est très dissonante alors que celle de la sainteté est rare, raffinée et délicieuse.

Quand on se synchronise avec des êtres évolués comme Jésus, le Bouddha, Bô Yin Ra ou d'autres, on peut ressentir cette aura sacrée de sainteté. Elle agit alors comme un miroir nous permettant de voir notre état d'endormissement puis d'accéder à notre propre divinité.

De nombreuses personnes rejettent ce qui est saint et sacré car cela a été associé par l'église catholique à la chasteté et à la pauvreté, alors que la vie est abondance et joie. Il s'agit alors d'élever sa joie et de mettre son abondance au service de tous pour le bien commun.

Les fréquences supérieures de cette clef nous font ainsi avancer sur un chemin qui commencent avec l'inspiration, qui continue par une recherche d'atteindre un état vibratoire plus élevé et qui se termine par un désapprentissage de tout ce que l'on a appris, avec la conscience comme une évidence que la mort du corps physique arrivera un jour et que l'on emporte dans sa tombe que sa conscience et son amour. C'est un chemin solitaire et difficile mais ô combien source de joies, de satisfactions et d'enchantement. La conscience est alors perçue comme un espace infinie, comme un vide rempli de lumière et d'amour. Vous devenez simplement le mystère que qui vous êtes vraiment et aucun mot ne peut décrire cela.

Chapitre 38 : Le nombre 62

A-Sa structure et ses associations: Le nombre 6 est en lien avec l'écoute du cœur, l'intelligence relationnelle, l'intense activité relationnelle, la beauté, l'art, le couple, la famille et les relations sociales. Il y a une multiplicité de possibilités. Le nombre 2 est en lien avec la Grand-mère, la capacité à ressentir, à imaginer, à trouver le bien-être à travers les bonnes clefs et à bien préparer les choses pour qu'elles « accouchent ». Il a ici la relation entre un Petit-fils ou une Petite-fille qui est en couple et la Grand-mère. Cela associe par exemple les relations et les mémoires, la joie et le bien-être, la forme et les informations clefs qui portent ces formes, la couleur et l'information c'est-à-dire le langage de la lumière. Passer du 6 au 2 implique de diviser par 3 et donc d'opérer un mouvement de réduction, de rétrécissement à travers un passage, ce qui demande une attention particulière.

B-Selon la tradition ancienne du Yi-King Chinois : Hex 62 = Le petit passage. L'attention aux détails. La touche finale.

Résumé du nombre : Avec discrétion, simplicité, humilité et courtoisie, prenez soin des affaires courantes, de la maintenance du nid, des détails, en évitant tout changement conséquent et faîtes juste un petit pas de plus ou franchissez un pont pour avancer.

Explication technique :
Quand l'état de totale synchronicité est atteint, dans la confiance intérieure et la vérité profonde, il est possible de franchir le pont étroit qui surplombe le ravin, de traverser le sas de l'aiguille et d'écarter un tout petit peu les doigts pour décocher la flèche qui atteindra la cible au centre de soi. Seule une personne se faisant suffisamment petite, acceptant totalement sa petitesse, bien ancrée dans la matière et incarnant son humanité peut y parvenir et accéder ensuite à sa grandeur suprême, à l'éveil au sommet de la grande montagne.

C'est pourquoi après «En totale synchronicité» vient «Le petit passage». L'hexagramme, ferme au centre et souple à l'extérieur, évoque un jeune oiseau qui aimerait voler. Cela évoque l'idée que l'objectif est ici comme l'oiseau, on peut le voir ou l'entendre mais on ne peut pas l'atteindre.

L'idéogramme ancien, signifiant petite traversée ou petit excès, représente trois petites graines (symbole du féminin et du petit), le mouvement et un outil structuré avec un trou en son centre. Il évoque le franchissement d'un passage bien délimité pour aller un peu plus loin. Il suggère aussi le risque d'allez trop loin, par manque de justesse, de bon sens et de vérité, ou parce qu'à force de vouloir faire trop bien on tombe dans l'excès.

Trop de féminin, de formes, de sincérité, d'émotivité, de sensibilité ou d'humilité font perdre l'authenticité, rendent faible, servile, indigne et conduisent à la naïveté, à l'incohérence et à l'égarement. Un réajustement est alors nécessaire pour rééquilibrer. Quand de grandes choses ne sont pas possibles, appropriées ou nécessaires, prendre soin avec précision des petites choses perpétue la vie et préserve la joie. Le pouvoir des petites choses est grand car un petit détail peut tout changer.

Tchen, le tonnerre, stimule et incite au mouvement. Il a ici un impact particulier. Il demande une vigilance accrue, de faire jaillir l'énergie, d'écouter et intégrer les signes, de se synchroniser avec la volonté divine, de trouver des solutions, de s'adapter à l'imprévu, de gérer des projets, d'exprimer sa spécificité, de générer un état de liberté intérieure et d'aboutir à une renaissance. Il permet ici de se dépasser et d'aller un petit peu plus loin que ce qui semblait nécessaire. **Touai**, le lac, demande joie, douceur, sourire, justesse et harmonie, conscience corporelle, des choix en accord avec ses vrais désirs, expression de la volonté de joie et de l'intelligence relationnelle, création de formes, gestion des ressources et coopération.

Souen, le vent, demande souplesse et discernement, une confiance humble et optimisme, le sens du service, la capacité à se guider, à être guidé par la foi et à se plier aux règles de l'environnement.

Ken, la montagne, demande de s'intérioriser, d'aller à l'essentiel, d'être patient, de rester immobile, de surmonter les difficultés, de cultiver le calme intérieur et la sagesse, de faire preuve de maîtrise de soi, d'honnêteté, de maturité et de rigueur, d'accomplir ses devoirs, d'assumer ses responsabilités, de méditer, d'être dans sa vérité profonde et de persévérer.

Interprétation classique :
Vous êtes symboliquement comme un modeste oisillon dans son nid au sommet d'un arbre ou comme un voyageur sur le point de franchir un ravin sur un pont en lianes. On vous demande peut-être d'accomplir une mission pour laquelle vous n'avez pas toutes les compétences.

La situation est tendue et confuse. Il est donc nécessaire d'être particulièrement présent et attentif à ce que vous faîtes, de prendre soin des affaires courantes et de chaque détail de la vie quotidienne, de synchroniser vos mouvements avec maîtrise et habileté, d'être précis et consciencieux puis d'avancer un pas à la fois, lentement, doucement mais surement.

L'époque requiert d'assurer la maintenance du nid, de suivre le chemin traditionnel avec des petits pas, de la courtoisie, de la discrétion, de la simplicité, du bon sens, de l'humilité, de la dignité et de l'économie. Elle est inappropriée pour les grandes entreprises, les grandes déclarations, les manifestations de fierté ou d'émotions, les tentatives de briller, les grands changements ou encore pour les investissements audacieux parce que vous n'avez pas la force nécessaire.

Il y a ici le risque d'être tenté de rêver de grandeur, de faire preuve d'extravagance, d'effectuer des dépenses peu judicieuses, d'être attiré par un mirage et de nourrir des illusions, d'envisager des projets irréalistes, d'avoir des ambitions complètement décalées par rapport aux possibilités du moment, de vouloir aller de l'avant en usant de la force, de s'égarer et de tomber dans le vide ! Cela conduirait alors au malheur, au désastre et à une situation misérable, tel un oiseau qui brule ces ailes parce qu'il a volé trop tôt et trop haut.

L'époque du petit passage ne vous permet pas d'exprimer tout votre potentiel ni de répondre favorablement à ce qui semble être une opportunité. Elle peut paraitre banale, routinière, dépourvue de sens et pleine de restrictions.

Mais en jouant votre rôle simplement, en préservant votre sécurité tout en faisant un pas de plus, vous avancez, même si vous ne vous en rendez pas compte, vers une rive nouvelle, vers une situation plus authentique qui apparaitra dans le futur.

C-Selon les deux écoles modernes du Design Humain et des Clefs Génétiques :

1-Le Design Humain. 62 = La porte du détail ou de l'expression des détails.

Explication technique :

Circuit de la compréhension. Centre Gorge. Cette porte est liée à la porte 17, Suivre. Son thème principal est la planification et sa maîtrise permet l'impeccabilité. Cette porte apporte une énergie mécanique de communiquer des détails. Elle est la petite porte par laquelle les pensées émergent du vide et donne l'impression d'être la porte des pensées. Elle apporte une énergie de précision qui permet d'identifier le nom des choses (idées, concepts, projets, objets, états, situations), la place des choses, l'utilité des choses et le chemin des choses. Elle permet d'observer l'information, de l'analyser de l'organiser et la structurer dans un contexte ou un cadre et de la rendre concrète.

Elle permet de nommer ce qui n'a pas de nom et de générer ainsi des possibilités de communication. Au niveau biologique, le centre Gorge est associé à la tyroïde qui permet d'engendrer des métamorphoses et de faire émerger des choses dans l'espace puis dans la matière. Le canal associé à la porte 62 illustre parfaitement ce principe. Ici, la capacité à visualiser mentalement des éléments précis permet de les nommer et de les manifester, tandis qu'à la porte 17, les opinions générés, eux, se concrétisent en paroles. C'est cette tendance à tout nommer et étiqueter qui génère l'illusion que le monde de la matière est réel et qu'il existe de façon permanente.

La porte 62 est la manifestation des détails à travers les détails. Le besoin de connaitre et de maitriser tous les détails peut parfois ici être obsessionnel, empêcher d'avoir une vue d'ensemble et stresser autrui par des exigences de précisions qu'ils ne peuvent ou ne veulent acquérir. La décision de comment les choses devraient être organisées et nommées et l'organisation de l'information sont associées à une démarche scientifique de tests, d'expérimentation, de répétition et de validation des résultats reconnues comme étant logiques. Cela permet de développer et de valider des protocoles, des langages, des outils et des techniques qui favorisent l'adaptation au monde de la matière.

Proposition d'interprétation :

Vous disposez d'une clarté mentale capable de zoomer et dézoomer sur chaque élément d'information et de faire des liens avec l'ensemble et avec l'objectif sélectionné. Tandis que certaines personnes s'égarent dans les labyrinthes de l'information, vous trouvez la clarté avec une voix venant de la Gorge qui dit quelque chose comme : « je pense que vous allez trouver que… ». Alors le brouillard se lève et tout le monde comprend. La porte 62 ne néglige aucune ruse et fournit une multitude d'informations détaillées, concrètes et cohérentes, que ce soit par ce que vous affirmez, par les notes que vous laissez, par les instructions que vous donnez ou par les plans que vous faites. Le respect du détail soutient votre performance à bien des égards. Vous êtes une personne extrêmement consciencieuse et votre prise en compte du détail favorise la compréhension d'idées et d'histoires potentiellement compliquées.

Vous savez vous exprimer avec intransigeance et conviction et captiver votre public par l'authenticité et la pertinence de votre discours grâce aux détails soigneusement choisis. Cela vous permet parfois de diffuser des informations générales peu connues mais aussi de transformer ce qui est de la fiction en réalité. Ce n'est cependant pas parce que vous percevez chaque détail que vous devez vous impliquer dans leur suivi ni perdre de vue l'objectif principal, c'est-à-dire franchir le petit passage vous permettant d'aller une étape plus loin. Votre pertinence est d'autant plus grande que votre sens du détail s'accompagne de détachement et d'objectivité. Vous avez ainsi toutes les capacité ou être un(e) logicien(cienne), une(e) technicien(cienne) ou un(e) expert(e) capable de rendre compréhensible les flux d'informations.

3-Les Clef Génétiques. Clef 62 = le langage de la lumière.

Son dilemme où il doit faire des choix : Les faits. **Signe astral HD :** Cancer (Crabe)
Son partenaire de programmation : Clef 61, le Saint des saints. **Corps :** Gorge/thyroïde
Son anneau de codon : L'anneau du non retour (31, 62). **Acide aminé :** Tyrosine.
Son chemin de transformation : Le chemin de la précision.

L'ombre de cette clef : L'intellect, le mental.

L'intellect est la capacité à penser, à donner des noms aux choses, à identifier des faits, à obtenir ou créer de l'information, à accumuler des connaissances, à faire des liens entre les informations, à traiter l'information et à l'organiser en idées et en concepts. Ce n'est cependant pas parce que l'on a de l'information et des connaissances que l'on comprend les choses et la vie. La véritable compréhension est le résultat d'une expérience vécue et non d'une accumulation d'informations. Au niveau des fréquences de l'ombre de cette clef, il y a une tendance à fonder son existence sur le mental, sur les idées et à considérer les faits comme étant absolus, comme étant des vérités alors que ce ne sont que des interprétations issues des conditionnements. Le mental dirige ici le cœur et la conscience et les fond tourner en rond dans un labyrinthe sans issue.

En mode réprimée, cette ombre engendre une tendance à être une personne prisonnière de son intellect ou de sa science. Cela se traduit par une obsession pour les questions et les détails, par une tendance à donner trop d'importance aux détails et par une tendance à réprimer les aspects féminins de son être. Cela engendre une obsession pour nommer et pour mesurer les choses. Ces tendances étouffent toute créativité de la force vitale et sont nourries afin de ne pas ressentir les émotions et les peurs. En mode répressive, les sentiments de peur et d'insécurité sont masqués par une tendance à tout analyser, à tout critiquer, à tout remettre en question et à trouver le détail qui va permettre de conforter sa vision des choses. Il y une impossibilité à mettre le mental au repos et à être en silence. Il y a une tendance à se focaliser sur autrui afin de ne pas regarder sa vie intérieure. L'intellect exerce un contrôle agressif de la vie jusqu'à ce qu'une crise salutaire de conscience, ou la mort, survienne. Cette ombre est le cas typique qui nous montre que les ombres sont simplement un point de départ, un repère pour enclencher des transformations, qu'elles ne sont pas systématiquement de mauvaises choses mais le plus souvent un usage excessif et déséquilibré de certaines choses. Le mental fait partie de l'ombre car s'il permet une adaptation efficace au monde de la matière, au monde extérieur, il génère au niveau de la vie intérieure de la dualité et il nourrit une séparation avec le cœur, avec la vie et avec la Source de toute vie.

Il nous fait croire que la vie est faîtes d'opposés et qu'il n'y a que ça ; l'homme et la femme, le blanc et le noir, le jour et la nuit. Il créé des constructions mentales artificielles en nommant et en étiquetant. Il engendre des opinions en se basant sur ce qu'il considère être comme des faits, qu'il valide par des nombres. La fondation du mental, c'est les nombres. Aujourd'hui, ils sont associés à des faits et à des quantités, notament à des quantités de temps, de poids, de distance ou d'énergie et de fréquences. Chez la plupart des gens ils ont perdu leur magie. Les traditions anciennes ont conscience qu'ils ont une signification symbolique, un pouvoir magique et qu'ils permettent à la Source de toute vie de tisser la vie. Ils permettent à la conscience de voir la nature véritable des choses et de faire des liens entre tout ce qui existe dans notre univers holographique, comme par exemple les liens entre le ciel et la Terre, entre la position des planètes dans le ciel et ce qu'il se passe sur Terre. Ce qui est en haut est comme ce qui est en bas est l'un des proverbes fondateurs de l'astrologie. Les traditions anciennes ont ainsi toutes une structure à base de nombres ; les 20 glyphes et 13 tonalités des Mayas, les 64 hexagrammes du Yi-King, les 12 signes astrologiques, les 24 Runes Germaniques, les 22 arcanes du Tarot Italien et les 22 codes de la Cabale, un enseignement donné par les sages de l'Inde au peuple juif. L'ombre de cette clef retire la magie des nombre et les transforme en interprétations qualifiées de faits.

Elle construit une fausse réalité, telle une salle remplies de miroirs, tout en décrétant qu'elle est vraie. Elle génère du mensonge et fait semblant que la réalité n'existe pas parce qu'elle ne la voit pas. La société moderne se base essentiellement sur des faits et des informations qui ne sont que des interprétations d'une certaine vision limitée. Elle est construite sur des sables mouvant, sur des faits qui donnent l'illusion d'un certain ordre, d'une certaine harmonie. Cette ombre génère une fierté, une arrogance (l'ombre associée dans le codon, la 31) du fait de savoir, de croire que l'on sait, que l'on a des certitudes mentales, parce qu'on a identifié des faits et des nombres pour prouver l'existence des faits. Elle génère, au niveau de la vie intérieure, de la déconnexion, de la division, de la fragmentation, de l'agitation, des doutes, de la confusion, de la psychose et du chaos. Tout ça pour dire que les faits sont des petits passages pouvant amener à la vérité mais ne sont pas eux-mêmes la vérité. La vérité est une certitude cellulaire, ressentie dans le cœur et dans le corps et l'unique certitude cellulaire est l'amour en tant qu'expérience vécue dans une succession infinie d'instants présents.

Son cadeau : Les dons et capacités de cette porte : La précision.

Ce don engendre une hypersensibilité aux détails, une capacité à mesurer, une facilité à utiliser des listes et des check-lists et une tendance à se repérer en fonction des nombres. La première étape pour avancer sur le chemin qui permet de sortir du monde de l'illusion générée par le mental est de prendre pleinement conscience de la présence de cette illusion et de la structure numérique, des principes ordonnateurs et des lois qui la porte.

La seconde étape est d'observer l'état d'acceptation qui émerge en nous quand la reconnaissance a lieue, quand on se rend compte qu'il y a un certain ordre et une certaine perfection dans le Cosmos et une réalité artificielle, factice et temporaire, générée par l'intellect, qu'on apelle le monde de la matière et qui maintient le cœur fermé et la conscience endormie. Cela passe par une remise en question du rôle du mental et par un lâcher-prise de l'obsession des détails inutiles.

Le don de la précision permet à la conscience de distinguer, avec précision, les schémas et les informations qui sont importantes de celles qui sont sans intérêt et surtout celles qui vibrent dans la vérité de celles qui vibrent dans la fiction et le mensonge. Il permet ensuite d'organiser l'information, les structures et les gens pour qu'ils aient une relation juste avec l'harmonie supérieure de la vie et de notre vie. Cela s'effectue grâce à la force de l'amour inconditionnel et grâce à la joie d'être au service de la vie, de la civilisation et du Cosmos. Il permet d'organiser sa vie selon les lois de l'évolution et de mettre du sens et de la magie dans sa vie. Il permet d'avoir une vision globale de la réalité, des liens entre les choses et de la perfection de toute chose.

Il apporte la conscience que pour sortir de l'illusion et pour percer son voile qui s'apparente à une couverture électromagnétique, une certaine puissance, une certaine poussée, du courage et de la détermination sont nécessaires. Une analogie est l'image de la fusée qui nécessite une certaine vitesse pour échapper au champ gravitationnel terrestre afin d'accéder à l'espace.

Les outils numérologiques anciens et modernes comme le Yi-King, les Runes, le Tarot, le Diamant de Naissance et les Clefs Génétiques sont des outils, des moyens, des portails ou des escaliers permettant à la conscience, grâce à la contemplation, de s'ouvrir à l'amour et de s'éveiller à la conscience de la réalité, au ressenti de la réalité dans son corps. Ils nous apprennent à utiliser les nombres et le langage pour les transcender. Ils sont basé sur le fait que l'énergie suit la pensée et qu'en modifiant ses pensées, on modifie l'expression de l'énergie et notre fréquence vibratoire. Les clefs génétiques sont en quelque sorte ainsi un langage de la lumière, de la conscience, qui nous emmène dans le monde des symboles, des archétypes et des causes. La conscience de ces archétypes génère une ouverture du cœur, un éveil de la conscience et un mode de pensée intuitif, synthétique, imprégné d'énergie, d'harmonie avec la vie et d'enchantement.

Ce don génère dans son essence une hygiène des pensées et une précision imprégnée d'équanimité, qui permet de naviguer dans le mouvement de la vie et dans le changement, dans les temps de désordre et les temps d'ordre, au niveau physique, mental et émotionnel. Il permet de ressentir les choses avec précision en faisant un avec elle. Il permet de communiquer avec un minimum de mots d'une grande précision et d'incarner une parole précise voir impeccable. Toutes les activités manuelles, intellectuelles ou spirituelles nécessitant une grande précision sont ainsi révélatrices de ce don.

Ce don permet de ressentir l'énergie des mots et de goûter à la magie de la parole. Il apporte enfin une compréhension de la nature, de l'environnement, des animaux et l'esprit de chaque animal. Il permet d'associer vie organique et technologie. Ce don aboutit à un équilibre entre l'intellect et le cœur, où l'intellect se place en arrière plan et se met au service du cœur, qui prend alors la direction de la vie. Cette harmonie permet une grande maîtrise du monde de la matière.

Le superpouvoir/puissance (Siddhi) de cette porte : L'impeccabilité.

Richard Rudd propose d'intégrer la philosophie de l'art japonais du Kintsugi (kin-tsu-gi) pour illustrer l'émergence de ce superpouvoir. Cet art consiste à réparer, avec présence, amour et précision, une poterie cassée, à l'aide d'une poudre métallique chauffée, souvent de l'or ou de l'argent. L'idée est que ce qui est fait extérieurement s'effectue aussi à l'intérieur de soi.

On prend alors conscience de nos fractures, des petits bouts de nous séparés de nous, de nos blessures, de notre blessure la plus profonde et grâce à l'or et à l'argent, qui symbolise la compréhension, l'acceptation, la compassion, le pardon, l'amour et la lumière ou la conscience provenant des plans supérieurs, on se répare soi-même. On rassemble les différentes parties de soi, on rééquilibre le masculin et le féminin en soi, on se reconnecte à la Source de toute Vie puis on fait un avec elle. On créé alors une nouvelle version de soi authentique qui intègre son histoire. On disparait en tant que moi séparé, en tant que conscience séparée, dans l'état du superpouvoir. On franchit le petit passage évoqué dans le Yi-King et c'est cela qui amène à un état d'impeccabilité.

Ce superpouvoir 62 est juste avant le superpouvoir 63 de la vérité, de la perfection. Comme pour tous les autres superpouvoirs, les mots ici sont inadaptés pour rendre témoignage de l'état d'être et de l'expérience de ce superpouvoir. Ils sont une tentative pour amener la conscience vers un retour à l'unité, à l'unité avec la Source de toute Vie qui vibre d'amour, de Volonté de Joie, de créativité et d'enchantement. Ce superpouvoir permet d'être dans une présence intensément présente, aimante et authentique. Il permet d'être relié à l'énergie vivante de sa vérité profonde dans son corps et cet état se manifeste naturellement par la vibration de l'impeccabilité. L'impeccabilité est simplement l'expression de la meilleure version de soi dans la création de sa réalité, grâce à la pureté de sa présence et grâce à une capacité à s'exprimer selon le nombre et le rythme, en harmonie avec l'évolution naturelle des choses, mais ici, il n'y a plus de soi ou de sa réalité mais simplement la Source de toute Vie qui s'exprime elle-même à travers la forme de notre forme, notre véhicule.

Les mots, les sons mais aussi la géométrie sacrée peuvent alors être utilisés par la conscience pour générer des transformations. La parole devient ici magique grâce à une technologie du mouvement de la lumière et des structures qui permettent ce mouvement. Chez les espèces extra-terrestres les plus évoluées, à travers lesquelles s'exprime ce superpouvoir, il existe un niveau technologique digne des films de science fiction les plus audacieux.

Chapitre 39 : Le nombre 63

A-Sa structure et ses associations : Le nombre 6 est en lien avec l'écoute du cœur, l'intelligence relationnelle, l'intense activité relationnelle, la beauté, l'art, le couple, la famille et les relations sociales. Il y a une multiplicité de possibilités et la nécessité de faire des choix en écoutant son cœur. Le nombre 3 est en lien avec la relation à la mère et aux femmes, avec l'expression de la femme en soi, avec le mental, l'expression de l'intelligence et avec la communication, avec les déplacements et avec l'adaptation à l'environnement à travers le service. L'association de ces deux nombre évoque la mère et elle-même plus tard, avec ses enfants devenue grands, en couple et en train d'être formés par elle à la vie. Le 6 et le 3 sont particulièrement doués pour se raconter des histoires, des fictions et pour croire qu'elles sont réelles. Le mental peut parfois douter face à la multitude de choix. L'intelligence relationnelle est mise au service de l'apprentissage et de l'adaptation et l'intelligence/le discernement/la cohérence au service de la joie et de la beauté. Il y a beaucoup de mouvement, d'échanges, de discussions et d'informations génératrices de beauté et d'harmonie.

B-Selon la tradition ancienne du Yi-King Chinois : Hex 63 = Après l'accomplissement. Déjà accompli. L'ordre parfait. Tout préparé.

Résumé du nombre : Reconnaissez, surveillez et gérez la fin d'un cycle et l'arrêt d'un système dynamique en vérifiant que tous les détails sont pris en compte, puis organisez-vous et anticipez pour prévoir la suite, le prochain cycle.

Explication technique :

Quand le petit passage est franchi, avec un effort supplémentaire, on parvient de l'autre côté du pont et on atteint son objectif, sa destination ou son apogée. On réalise, dans un instant de grâce, que ça y est, c'est fait, on est arrivé, quelque chose est terminé, accompli. On ne peut pas aller plus loin et il n'y a plus rien à chercher, du moins pour l'instant. L'équilibre entre le masculin et le féminin est en train d'être achevé. C'est pourquoi après «Le petit passage» vient «Après l'accomplissement». L'idéogramme ancien évoque un ruisseau, bordé de rangées de céréales bien alignées, et un plat de riz cuit déjà avalé.

Kan, l'eau, la puissance du féminin, est le flux inépuisable d'énergie et de vie. Elle demande d'avancer avec fluidité et souplesse, d'accepter les gens et les situations telles qu'elles se présentent, de gérer les émotions et les angoisses, d'aller au-delà des illusions et des ombres, de percer les mystères, d'avoir conscience des risques et des dangers, d'éviter la misère et la souffrance et de suivre le chemin de moindre résistance, avec naturel, vers l'océan éternel.

Li, le feu, la lumière incarnée, demande d'agir, de faire preuve de clarté, de vigilance et de chaleur, de trouver le combustible nécessaire, d'exprimer son énergie, son dynamisme, sa force, son courage, son autorité, ses compétences, de vibrer de passion, de vivre dans l'intensité de l'instant présent, de donner le meilleur de soi-même et d'obtenir des résultats. L'eau sur le feu symbolise ici l'eau dans la marmite. Un juste équilibre entre action et repos est nécessaire pour que l'eau ne s'évapore pas (excès de feu) et pour qu'elle ne déborde pas (excès d'eau). Cela évoque la force de l'inconscient, des émotions et de la vie, la clarté qui surmonte les difficultés, la capacité à équilibrer passion et bien-être, mais aussi l'énergie hydraulique, les moteurs à eau et les générateurs d'énergie par extraction de l'énergie du vide.

Seule une grande prudence, des précautions adaptées et une vigilance permanente qui anticipe et qui surveille tous les critères de sécurité préétablis permet d'évoluer sans risques de s'écarter du droit chemin, de déclin voire de désastre, en détectant le moindre signe d'anomalie. Mais quand ces deux éléments totalement opposés travaillent ensemble dans un état d'équilibre dynamique, ils génèrent alors de la vapeur d'eau, un mouvement de vie et une tension qui peut être convertie en énergie mécanique ou électrique, permettant à la conscience de franchir une nouvelle étape vers l'éternité et à la vie d'avancer vers un nouveau cycle. Cet hexagramme évoque le moment où une phase de vie se termine ; fin des études, fin du célibat ou d'une vie de couple, fin d'une activité professionnelle ou d'une inactivité et aussi la dernière période de vie sur Terre. Il évoque également la fin de l'été et l'arrivée de l'automne.

Remarque : Les hexagrammes 1 et 2 représentent l'essence de la Source de toute Vie dans son être tandis que les hexagrammes 63 et 64 représentent l'expression de cette essence en cycles de création. L'hexagramme 63 représente la fin d'un cycle et l'hexagramme 64 le début d'un nouveau cycle.

Tous les 64 hexagrammes sont classifiés en 16 hexagrammes nucléaires et ces 16 hexagrammes nucléaires aboutissent à aux 4 hexagrammes 1-2-63-64. Ils forment le cœur du réacteur, la graine du mystère de la Vie.

Interprétation classique :

Vous réalisez clairement qu'une traversée est effectuée, qu'une frontière et une étape sont franchies, qu'une mission est accomplie, qu'un objectif est réalisé, qu'une destination est atteinte, qu'une situation, une activité ou une relation ont été jusqu'au bout du possible.

Un cycle est terminé. Un nouveau cycle, un ordre nouveau, dans une direction nouvelle, avec un engagement nouveau, doit, va, ou est en train de naître, de se mettre en place et demande votre attention. Vous êtes donc au bout du chemin, ou dans l'œil du cyclone. Il ne reste plus que quelques finitions à réaliser et vous n'avez qu'une influence limitée sur la situation! Il règne un certain équilibre où chaque chose semble être à sa place. La tension générée par le passé laisse alors la place à une certaine détente, à un calme très particulier.

Il y a un risque que se développe et s'installe une période d'insouciance, de relâchement, d'indifférence, de laisser-aller, de confusion, de négligence des détails, de déclin et de décadence, qui attirerait alors le danger et qui déboucherait sur une situation désordonnée et chaotique, même si en apparence tout à l'air actuellement en ordre. Il n'est pas toujours possible d'éviter le déclin ou un certain désordre dans la phase qui suit « Après l'accomplissement », mais il est possible de récolter les fruits du travail accompli avec gratitude, de ressentir de la satisfaction et de la reconnaissance pour ce qui a été accompli, de traverser cette époque harmonieusement, de rassembler ses énergies, de prendre les précautions appropriées puis de se préparer intelligemment au cycle suivant.

Il y a aussi la tentation de rester immobilisé dans une nostalgie du passé, de résister à l'évolution ou d'être hypnotisé par la contemplation de l'œuvre accomplie, au risque d'être dépassé, de vous retrouver la tête sous l'eau ou de perdre pied à la moindre difficulté. La situation demande clairement de rester en mouvement, avec une attitude active, en prévoyant la suite, pour que les choses avancent. Le moteur de la vie tourne toujours, avec ou sans vous !

C'est pourquoi seule la persévérance, une vigilance constante, la prudence et la justesse, l'anticipation et un soin particulier apporté aux détails permet d'éviter un incident et de maintenir un mouvement harmonieux, dans un équilibre dynamique, pour effectuer la transition entre l'ancien et le nouveau, en douceur, que ce soit dans une affaire, une activité, un projet ou une relation. Vous pouvez ensuite commencer à vous préparer à démarrer une nouvelle étape.

C-Selon les deux écoles modernes du Design Humain et des Clefs Génétiques :

1-Le Design Humain. 63 = La porte du doute ou des doutes.

Explication technique :

Circuit de la compréhension. Centre Couronne. Cette porte est liée à la porte 4, la folie juvénile ou le maître et l'élève. Son thème principal est le bon questionnement et sa maîtrise permet d'enquêter et de trouver des réponses fiables. Dans le Yi-King d'origine, le nom de cet hexagramme se nomme « après l'accomplissement », « après l'achèvement » ou « déjà accompli ». Tout a été préparé. Chaque chose est à sa place. Il n'y a plus qu'à donner le feu vert pour passer à l'étape suivante. Il n'y a plus qu'à démarrer la machine ou l'expédition.

Cette porte génère une pression qui démarre par des doutes, des questionnements, une envie de remettre en question ce qui est et par une certaine méfiance. Cette pression interne agit comme un carburant. Elle pousse à vérifier ce qui est réel, vrai et juste à travers une recherche et une analyse de faits, de preuves, d'exemples concrets puis elle pousse à chercher des réponses et des solutions afin d'accéder à une compréhension, une clarification et un ordre nouveau. Ce processus de questionnement et ce besoin viscéral de comprendre n'est pas forcément conscient. La clef du processus se trouve dans les schémas ou situations archétypiques. Les doutes ne surviennent que quand quelque chose n'est pas clair dans le schéma ou dans l'organisation, comme par exemple l'intention, l'objectif, la stratégie, l'ordre des actions ou les résultats recherchés. Il y a ici un mode de pensée analytique, logique et très structuré. Et il y a une importante capacité à détecter les manques, les risques, les failles, les faiblesses ou les incohérences des processus ou stratégies en cours. La finalité est l'établissement d'un futur clair qui correspond aux objectifs et qui satisfait un besoin d'évolution, tant pour l'individu que pour le collectif. Il peut exister une certaine anxiété quand au futur et une insécurité qui freine la prise de décisions dès lors que les choses ne sont pas suffisamment validées. Une préparation cohérente, des vérifications détaillées et une communication claire permettent de rétablir le calme et de prendre des décisions logiques.

Proposition d'interprétation :

Vous avez un besoin vital que tout aille bien, que tout soit harmonieux et cohérent, de générer des certitudes, de la fiabilité et de la perfection. Pour pouvoir satisfaire ce besoin, vous avez en vous une machine à questions et une machine productrice de doutes. Une pression du centre Couronne infuse le doute dans votre tête et vous incite à remettre sans cesse en question la validité et l'efficacité des choses, vous-même inclus. Vous avez besoin d'être prévenu de tout risque, de toute incohérence, de toute embûche ou de toute lacune au sein de concepts ou de projets. Vous continuez à vous poser des questions jusqu'à ce que vous soyez satisfait et que plus aucun doute ne subsiste. Cela vous rend parfois excessivement hésitant, incertain et cela vous pousse à surveillez constamment votre environnement pour vérifier ce qui pourrait ne pas aller bien. Vous devez apprendre à accepter que l'on ne peut pas tout savoir tout le temps, que les réponses ne viennent parfois que quand on fait, que l'incertitude fait partie de la vie, que le mental ne peut pas remplacer l'intuition. Vous devez éviter de tourner en rond dans les épines du doute et apprendre à faire confiance à vos ressentis et à votre intuition si vous voulez trouver votre équilibre et faire avancer les choses.

Votre vigilance et votre capacité à poser les bonnes questions peut être très appréciée dans certaines activités professionnelles impliquant une préparation minutieuse ou lorsqu'il s'agit d'évaluer des transactions ou d'appliquer des mesures de sécurité mais elle peut être perçue comme plombante ou synonyme de harcèlement dans d'autres circonstances. De même, votre perception ultra-critique qui remet trop facilement les choses en question peut ne pas être appréciée dans votre vie personnelle. Il est donc important pour vous de comprendre que ces capacités sont là pour être mise au service du bien-être de la collectivité et qu'elles n'ont rien de personnelles. Vous avez la capacité d'apporter un point de vue qui permet aux autres d'avoir une vision plus claire du futur probable, de se préparer aux futurs événements de leur vie ou de gérer des situations difficiles en vue qui inclut tous les dangers possibles. Cela vous permet en fin de compte de poursuivre votre chemin de vie avec aisance et de gérer des projets d'envergure.

3-Les Clef Génétiques. Clef 63 = atteindre la Source.
Son dilemme où il doit faire des choix : la logique. **Signe astral HD :** Poissons.
Son partenaire de programmation : Clef 64, l'aurore. **Corps :** Glande pinéale.
Son anneau de codon : L'anneau de la divinité (22, 36, 37, 63). **Acide aminé :** Proline.
Son chemin de transformation : Le chemin de la recherche.

L'ombre de cette clef : Le doute.

Quand on découvre le Yi-King et notament les nombres ou hexagramme 63 et 64, cela déclenche pendant quelques instants un doute qui met le mental dans une situation d'inconfort car l'hexagramme 63 termine quelque chose et se nomme après l'accomplissement ou déjà accompli. Il y a une perfection dans cet hexagramme du fait que chacun des 6 traits est à une place idéale qui correspond à sa nature masculine ou féminine. L'énergie idéale pour démarrer quelque chose (première place) est masculine et le premier trait ce cet hexagramme est masculin. Et cette correspondance parfaite existe pour les 6 traits. On se demande donc pourquoi la suite des 64 nombre ne se termine pas par le nombre 63. La réponse est que la vie ne se termine jamais, chose que le mental ne peut tout simplement pas comprendre. Pour expliquer cela d'une façon « extérieure », on utilise l'image de l'histoire de Christophe Colomb, le navigateur qui a « officialisé » l'existence du continent américain. En situation 63, il a tout bien préparé ses navires avec les hommes, l'eau, la nourriture, les cartes, la bénédiction du Pape et de la reine d'Espagne etc. On peut aussi utiliser l'image d'un déménagement. Ensuite, entre l'hexagramme 63 et l'hexagramme 64, il y a la grande traversée, le déménagement. Puis à l'hexagramme 64, Christophe Colomb débarque en Amérique et tout est à faire. C'est le chantier ! La clef 63 aime ainsi amener les choses à leur perfection grâce à une organisation optimale de différents éléments selon des critères logiques. Elle aime les schémas d'organisation, les processus logiques, la géométrie sacrée et tout ce qui donne du sens à la vie.

L'ombre de cette clef, le doute, est ce qui exerce une pression pour s'organiser, pour organiser ses pensées afin d'avoir des réponses. C'est une pression mentale. Elle se manifeste comme un immense point d'interrogation du pulse dans notre cerveau. La science elle-même est née du besoin qu'à le mental de comprendre, de savoir et d'avoir des réponses. Mais même quand une réponse arrive, le mental a besoin de prouver que la réponse est juste et qu'elle correspond à la réalité. Et c'est là tout le dilemme de cette clef, que le mental lui-même ne peut pas comprendre la réalité, la vie, qui est un mystère ne pouvant être que vécu. Aucune réponse, même logique et vérifiée expérimentalement, n'est complète. Le doute va avec le mental et l ne s'en va jamais tant que le mental n'est pas au repos dans sa niche.

La vérité ne peut émerger qu'après l'accomplissement, qu'après que le mental a les réponses qu'il veut, qu'il se rend compte qu'il ne peut plus aller plus loin, qu'il se met en mode silence et que la conscience peut alors émerger d'un espace de clarté. Elle est la réponse finale à tous les doutes grâce à une illumination intérieure (superpouvoir 64).

Le mental correspond au cerveau gauche logique qui régit le côté droit donc l'énergie masculine et il ressent une certaine méfiance envers le cerveau droit qui régit le côté gauche donc l'énergie féminine et l'imagination et la perception. Et inversement, l'énergie féminine est toujours perplexe face à l'énergie masculine avec ses questions, son besoin de comprendre, ses théories et ses recherches.

Le cerveau droit féminin voit la vie dans son ensemble et comment créer des liens alors que le cerveau gauche masculin voit les détails et les structures et comment tout démonter.

Au niveau de l'ombre de cette clef, plus il y a de peurs et plus il y a de doutes et de manque de confiance en soi. Quand une personne cède aux doutes, son corps perd son énergie et ses moyens. Elle ne parvient plus à fonctionner correctement. Elle ne sait plus comment aimer ni être aimée et elle a tendance à refuser d'accepter de l'aide. Elle est dans une impasse. C'est ça l'effet du doute. Le doute prend de nombreuses formes comme la méfiance, le scepticisme, le cynisme, l'indécision, la rigidité et le manque d'ouverture d'esprit du fait que tout est déjà décidé, tout est déjà su. Les choses sont comme ça. Point! Derrière le doute se cache un profond sentiment d'insécurité qui cherche à tout expliquer avec des mots. L'ombre de cette clef fait fonctionner le cerveau à l'envers et de façon déséquilibrée. Elle incite à penser tout le temps, à parler tout le temps, à vouloir tout expliquer et à produire de l'information sans écouter la vie, sans d'abord ressentir et gouter à la beauté et aux mystères de la vie.

Quand l'ombre de cette clef s'exprime en mode réprimée, une peur de l'incertitude et un sentiment d'insécurité génère des doutes sur soi, des croyances, des opinions, des dogmes, des fictions, la création d'une réalité artificielle qu'on décrète comme étant la vérité et un rejet des paradoxes. Comme ici on ne trouve pas la vérité, on en invente une à laquelle on s'identifie. Quand les doutes sont réprimés, cela bloque alors toute évolution, génère une tendance à poser sans arrêt des questions et à être insatisfait(e) des réponses et provoque une anxiété permanente. C'est en accueillant pleinement l'incertitude que l'on peut accéder aux fréquences supérieures du don de cette clef. Quand l'ombre de cette clef s'exprime en mode répressive, la peur se transforme en colère, qui est projetée sur autrui et le monde, à travers de la méfiance et une tendance à réagir, soit en étant sur la défensive, soit par de l'agressivité et de la critique. La meilleure chose à faire avec les doutes est de les partager et la pire chose à faire est d'agir précipitamment. C'est en doutant de ces doutes et en les utilisant pour effectuer des recherches utiles à la société que l'on peut augmenter sa fréquence vibratoire et accéder aux dons de la clef.

Son cadeau : Les dons et capacités de cette porte : La recherche.

Pour sortir des fréquences de l'ombre et retrouver un équilibre, on fait appel, comme à chaque fois avec les dons, à la créativité et à l'amour dans son cœur. L'objectif est d'utiliser l'énergie du doute et de la logique de façon créative plutôt que d'en être la victime. Le doute pousse alors à initier, souvent inconsciemment au départ, un processus, une recherche, un voyage, dont le but ultime est de découvrir la Source de toute Vie. Le doute, les questionnements et la recherche deviennent alors une source d'évolution.

Selon Richard Rudd, les vérités scientifiques n'existent pas car elles ne sont jamais complètes. Elles sont des découvertes, des repères valables un certain temps dans un certain contexte mais jamais des vérités absolues. La recherche doit rester ouverte et pouvoir continuer. Dès que la conscience se fixe au sein d'une structure définie, il y a des dogmes et des opinions et donc de la division car il y aura toujours quelqu'un pour tenter de prouver que ce qui est affirmé est faux. La véritable recherche consiste à expérimenter avec l'enfant intérieur, avec le mental de l'enfant intérieur. Elle consiste à développer une ouverture d'esprit et à observer les moindres détails de la vie. On s'unit intérieurement avec ce que l'on recherche.

La pression qui pousse à faire des recherches génère des niveaux de plus en plus profonds de compréhension. On accède aux mystères de la vie et on s'amuse à découvrir des choses. Et plus on recherche en profondeur et plus les choses deviennent complexes, ce qui oblige à tout décortiquer et à structurer de façon logique.

Le cerveau droit féminin sait ici préserver l'équilibre mental car il sait que toute réponse n'est qu'une vérité relative, que la vie est infinie et que la nature de la réalité est holographique et fractale. Il permet de voir la réalité de façon magique et de ne plus être victime de la tendance à tout aborder avec le mental, tout en utilisant le mental pour avancer et pour servir la civilisation, la société et la vie. Il libère la logique et lui donne des ailes. Le mental logique et organisé est alors capable d'accomplir des merveilles avec la science et la technologie. Certaines espèces extra-terrestres ont des dizaines de milliers d'années d'avance technologiques sur nous les terriens et font des choses dignes des films de sciences fiction les plus audacieux. On est cependant une espèce très intelligente et on apprend vite donc on progresse. Le don de la recherche permet ainsi de progresser en étant au service des gens, de la société, de l'humanité et de la vie. Il génère du mouvement, de la guérison et du changement.

De grands changements surviennent quand on se tourne vers l'intérieur, vers la Source de toutes choses, vers la Source de tous les doutes, quand on se rend compte que tout ce que l'on cherchait à l'extérieur était en réalité un reflet du besoin de chercher à l'intérieur de soi. On se rend compte que c'est soi-même que l'on cherche. On cherche notre vérité profonde, la seule qui puisse définitivement mettre fin à tout doute mais aussi à toute souffrance. La recherche intérieure nous entraine alors naturellement vers les systèmes de conaissance de soi, comme l'astrologie et la numérologie, la sonothérapie, le yoya ou le tantra et vers des enseignants capables de guider pour approfondir les mystères de la vie et de notre existence.

Cette clef ne focalise pas sur les réponses mais sur les questions. Elle incite à plonger au cœur du doute et de notre nature. On ne peut ici obtenir des résultats qu'à travers des expériences vécue, goutées et ressenties, qu'en allant au-delà du mental dans le cœur. Le cœur aussi est un grand chercheur et sait produire des questions comme qu'est ce que l'amour ? D'où vient-il ? Pourquoi j'aime ceci ou cela et pas cela et qui aime ? Ce processus de recherche ouvre le cœur de plus en plus. Au niveau des fréquences du don de cette clef, le doute disparait car il nous traverse et se transforme en questionnement au sujet de notre identité éternelle. On se détache du mental et de la logique, on plonge dans notre cœur et on se fond dans notre recherche intérieure en se laissant guider par la Source de toute Vie. On se rend compte que plus on cherche en profondeur et plus l'observateur/l'observatrice est lié(e) à ce qui est observé. On se rend compte que l'observateur/l'observatrice est lui-même observé(e).

On se rend compte à quel point on a oublié, collectivement et individuellement et à quel point tout le monde doute et cherche. On cherche alors à élever sa fréquence vibratoire par paliers, à comprendre la nature et le sens de chaque pallier, de chaque état et à accroitre son niveau de conscience et d'ouverture du cœur. On avance dans différents états de conscience et on cherche petit à petit à réunir en soi les différentes parties de soi et à se réunir, à se rassembler, à se reconnecter avec la Source de toute Vie et à se mettre au service de la vie.

Ce don est ainsi particulièrement utilisé par tous les chercheurs de vérité, tant au niveau scientifique qu'au niveau spirituel, du fait que le mental se sent particulièrement à l'aise avec les systèmes permettant une progression logique dans le temps.

Le superpouvoir/puissance (Siddhi) de cette porte : La vérité.

On n'accède à la vérité qu'après l'accomplissement, c'est-à-dire que quand on réalise que le mental et la logique ont fait tout ce qu'elle pouvait faire, qu'il n'y a plus rien à chercher ni à faire à part lâcher-prise et que le mental est simplement inadapté pour expérimenter, trouver, vivre, gouter, et ressentir la vérité des mystères de la vie. On se rend compte que la logique, le mental et la vérité ne vivent tout simplement pas dans le même monde, pas dans la même dimension. On se rend compte que tous les chemins prétendant permettre d'accéder à la vérité ne sont que des constructions artificielles, que toutes les techniques sont des distractions et que tous les concepts ne servent en fin de compte à rien. On fait l'expérience du choc de réaliser qu'il n'y a aucune réponse au doute, que le doute est la vérité, que la vérité se cache au fond du doute, qu'elle a toujours été là et que la seule chose que l'on sait, c'est qu'on ne sait rien. Le doute est juste là pour nous faire avancer. Quand on fait suffisamment confiance au doute, la personne qui doute se fond alors dans le doute et la vérité apparait alors à sa conscience. Une très profonde détende s'installe alors dans l'être tout entier.

Quand la logique et le mental se rendent compte de leurs limites, qu'ils ne fonctionnement que dans un monde de dualité, qu'avec l'espace et le temps linéaire, ils sont transcendés et se mettent au service du cœur, de l'âme. On vit alors l'expérience du lâcher-prise de son identité séparée dans l'espace et le temps. On fait l'expérience du vide, du néant, où tous nos doutes sont purgés de notre conscience et effacés de notre ADN. On accouche alors de nous-même, de notre être éternel. On renait en une forme de vie nouvelle, sans doute et sans peurs. Il n'y a alors plus aucune recherche car il n'y a plus de personne qui cherche. On se repose dans l'arrière plan de la conscience dans la vérité de la conscience éternelle et infinie.

Les hexagrammes du Yi-King et les Clefs Génétiques sont un système organisé qui émergent de la source de toute vérité. Ils sont une structure invitant la magie de la transformation intérieure à se manifester. La vérité ne peut jamais être vécue avec les mots car les mots sont juste des panneaux directionnels et des repères pour aller vers l'expérience intérieure. Cela est merveilleusement illustré par cette phrase du Maitre Spirituel Chinois Lao Tsé, écrite dans le Tao Te King : « Le Tao qui peut être décrit n'est pas le vrai Tao ». Chaque superpouvoir décrit dans les clefs génétique est une variante, un petit bout de la vérité qui est vue d'un certain angle. La vérité absolue émerge en tant que fréquences ou résonnance collective et globale. On prend conscience que l'humanité n'est qu'une seule espèce, qu'un seul organisme, parmi des milliers d'autres dans cette galaxie et dans les autres. La vérité se révèle par couches et à la fin, après l'accomplissement, elle est révélée et manifeste son existence.

On se rend compte au fur et à mesure qu'elle se révèle, qu'elle dévoile ses secrets et ses mystères, que tout ce qui est expérimenté est vérité et qu'on est nous-même une petite particule de cette vérité. Toute recherche a pris fin du fait qu'il n'y a plus de chercheur/chercheuse pour chercher ni de vérité à chercher. La beauté de la vérité est tellement simple qu'elle ne peut pas être prouvée mais juste vécue. Elle est notre état naturel. Elle est notre chemin, notre objectif et notre nature véritable. Elle nous permet d'affirmer que : Je suis le Chemin, la Vérité, la Lumière et la Vie». Elle est l'éternel instant présent de la Source de toute Vie qui chante la Vie.

Chapitre 40 : Le nombre 64

A-Sa structure et ses associations : Le nombre 6 est en lien avec l'écoute du cœur, l'intelligence relationnelle, l'intense activité relationnelle, la beauté, l'art, le couple, la famille et les relations sociales. Il y a une multiplicité de possibilités. Le nombre 4 est en lien avec le père, avec l'expression de son pouvoir pour prendre sa place et avec la gestion d'un territoire grâce à l'autorité et un sens de l'organisation. Il y a une importance des règles, des cadres et un désir de se rendre utile. Il y a une puissance d'organisation. L'association des deux nombres évoque un couple avec la mère et le père qui apporte son soutien, sa protection, son sens de l'ordre, des règles et de la construction. L'intelligence relationnelle est mise au service de la puissance pour créer ou faire vivre une structure, un nouveau territoire.

B-Selon la tradition ancienne du Yi-King Chinois : Hex 64 = Avant l'accomplissement/la traversée. Pas encore accompli.

Résumé du nombre : Redémarrez un nouveau cycle, une nouvelle phase de vie, dans un nouveau monde, où tout reste à découvrir, à faire, à structurer, à mettre en place et à faire prospérer.

Explication technique :

Une époque est révolue. Une destination a été atteinte. Un objectif a été réalisé. Une œuvre a été accomplie. On tourne la page. On se prépare à effectuer une nouvelle traversée pour renaître et démarrer un nouveau cycle, avec une approche totalement différente.

Chaque phase de vie a un début ; les études, le célibat ou la vie de couple, l'activité professionnelle ou l'inactivité, la fin de la vie ou de l'éveil à l'au-delà. Et chaque début commence par une traversée, qui oblige à semer, à se jeter à l'eau et à se mouiller. Cela permet le passage d'un état à un autre pour avancer avec la vie. C'est pourquoi après «Après l'accomplissement» vient «Avant l'accomplissement». L'idéogramme ancien décrit un ruisseau, bordé de rangées de céréales bien alignées et un tout jeune arbre sortant de terre, ce qui symbolise la naissance d'une nouvelle organisation de vie grâce à l'union du masculin et du féminin mais aussi la nécessité de prendre soin de ses mémoires généalogiques.

A l'extérieur, **Li**, le feu, la lumière masculine incarnée, demande d'agir, de faire preuve de clarté et de vigilance, de préparer le combustible nécessaire, d'exprimer son énergie, son dynamisme, sa force, son courage, son autorité et ses compétences, de vibrer dans l'intensité de l'instant présent, de donner le meilleur de soi-même et d'obtenir des résultats.

A l'intérieur, **Kan**, l'eau, la puissance du féminin, flux inépuisable d'énergie et de vie, demande d'avancer avec fluidité, d'accepter les gens et les situations comme ils sont, de gérer toute émotion et toute angoisse, d'aller au-delà des illusions et des ombres, de percer les mystères, d'avoir conscience des risques et des dangers, d'éviter la misère et la souffrance et de suivre le chemin de moindre résistance, avec naturel, vers l'autre rive, vers l'océan éternel.

Ici, l'eau coule vers le bas tandis que le feu jailli vers le haut. Ils ne sont pas connectées, ne se sont pas encore rencontrés, n'ont pas créés de liens entre eux et agissent encore séparément tant qu'une prise de conscience, un réajustement et des actions ne sont pas réalisées. Le feu risque alors de s'exprimer en prenant le pouvoir à l'extérieur par la violence, la colère, l'identification au mental et le paraitre, ou de se précipiter en avant, avec un excès d'enthousiasme, dans le danger.

L'eau risque de vouloir s'exprimer à l'intérieur en prenant le pouvoir par l'ignorance, la peur, le désir, les illusions, les émotions, la manipulation, le sabotage et de paralyser toute évolution. Il s'agit donc de passer du désordre à l'ordre, de mettre en place un élan harmonieux dans un nouvel équilibre dynamique et de démarrer puis d'avancer, en douceur, dans une activité, une affaire, un projet ou une relation des temps nouveaux. Cet hexagramme évoque enfin également la fin de l'hiver et l'arrivée d'un printemps nouveau.

Interprétation classique :

Vous venez d'accoster sur de nouveaux rivages, dans une situation inédite ou étrange, face à un nouveau tableau, dans un monde inconnu, où tout reste à faire, à éclaircir, à structurer et à mettre en place. Sans doute devez-vous accepter et gérer un instant de vide, d'apnée, voire une peur de l'inconnu ou de la mort.

Un nouveau cycle, une nouvelle étape de vie, un nouveau printemps démarre. Un nouvel objectif se profile à l'horizon mais actuellement, l'environnement est encore désordonné, confus voire chaotique. Tous les éléments de la nouvelle situation sont potentiellement présents mais ils n'ont pas encore pris forme ni trouvés leur juste place. La page est blanche.

Tous les espoirs sont permis car il existe de nombreuses possibilités et opportunités, mais il y a aussi des risques. Vous précipiter en terrain inconnu avec enthousiasme et sans préparation, ou forcer les choses, amènerait un résultat catastrophique. L'heure est donc venue de rassembler vos forces et vos ressources, de vous préparer à fournir des efforts, de mettre en place les conditions optimales et d'aller de l'avant. Il s'agit d'abord de réfléchir et de préparer, de distinguer clairement les différents paramètres de la situation, d'établir un lien entre votre « intérieur » et « l'extérieur », d'envisager de faire travailler ensemble vos qualités masculines et vos qualités féminines, d'adopter une juste vision, le bon état d'esprit, les attitudes et les comportements appropriés, de trier puis éliminer tout conditionnement ou bagage du passé qui ne ferait que vous alourdir et d'explorer de nouvelles pistes.

Vous pouvez alors définir un objectif réaliste et les priorités, vous imaginer en situation, réactualiser vos connaissances, élaborer un nouvel argumentaire et commencer à mettre chaque chose à sa juste place, avec la bonne stratégie, l'organisation appropriée et un regard d'artiste. Vous pouvez ensuite aller de l'avant avec courage discipline, confiance, opportunisme et détermination. Mais afin d'éviter tout danger, il est nécessaire d'avancer pas à pas, avec prudence, vigilance, patience, justesse et circonspection, en portant un soin particulier aux détails, en vérifiant où vous mettez les pieds et en sachant attendre le bon moment pour agir, tel un vieux et sage renard capable de discerner les lieux où il peut cheminer en toute sécurité quand il est sur le point de traverser une rivière gelée.

Vous pouvez alors gérer les différentes forces présentes, trouver le bien être dans l'action, avancer librement sur votre nouveau chemin, traverser le fleuve, obtenir des résultats et construire une vie nouvelle.

C-Selon les deux écoles modernes du Design Humain et des Clefs Génétiques :
1-Le Design Humain. 64 = La porte des multiples possibilités ou de la confusion.

Explication technique :

Circuit du ressenti. Centre Couronne. Cette porte est liée à la porte 47, l'oppression ou l'épreuve. Son thème principal est la vision globale et sa maîtrise permet l'illumination. Le centre couronne est un centre générateur de pression mentale et non un centre de conscience. Cette porte génère un flux d'images liées au passé, une vision des futurs possibles et une intense activité mentale sous la forme d'une pression qui opère dans l'instant présent et qui demande à identifier toutes les informations, les composantes, les pièces ou les éléments d'une situation, d'une personne ou d'un objet. Elle ne donne par contre pas naturellement un mode d'emploi pour en extraire une essence, un objectif ou une synthèse, pour avoir une vision globale claire pourtant recherchée, pour tirer des conclusions, pour créer un produit fini ou pour assembler les morceaux d'une façon cohérente. Cela peut générer une certaine confusion et un certain désordre, un certain chaos intérieur. Il y a donc un filtrage puis une organisation des perceptions à effectuer. Dans le Yi-King d'origine, ce nombre se nomme « Pas encore accompli » ou « avant l'accomplissement ». Cela caractérise une situation de transition et une création à venir. C'est le chantier ! Tous les ingrédients sont posés en vrac sur la table ! Tout reste à organiser et à faire. Elle génère le démarrage des processus mentaux abstraits, en réfléchissant aux images qui sont visualisés et aux informations qui sont disponibles et en effectuant une comparaison avec le passé. La finalité est d'évaluer un futur possible et de générer une vision cohérente. Dans le schéma corporel de Design qui correspond à la carte du ciel de 3 mois environ avant la naissance, cette porte génère de grandes capacités à rêver et à effectuer des rêves lucides. Le défi de cette porte est d'éviter de vouloir tout savoir, contrôler et diriger, d'accepter l'incertitude, de savoir gérer l'anxiété générée par l'inconnu, d'accueillir le chaos initial et de faire confiance à la vie qui sait toujours où elle va.

Proposition d'interprétation :

La porte 64 évoque l'arrivée de Christophe Colomb ou des colons européens qui viennent de débarquer en Amérique. Tout reste à faire et tout est possible. Elle vous donne ainsi tendance à vous préoccuper de toutes les possibilités, à réfléchir à toutes les hypothèses et à voir tous les potentiels ; afin de progresser. Il y a alors le risque de se sentir submergé(e) par un excès d'informations. Il est alors nécessaire d'examiner attentivement la vie et de structurer sa pensée afin d'extraire des repères de la surabondance des multiples possibilités.

Vous avez besoin d'accéder à la signification la plus fondamentale de toute chose, quitte à tout disséquer, à tout démanteler, à tout retourner dans tous les sens pour en comprendre sa valeur, sa teneur, sa fonction et son potentiel. Le risque est de vous enfermer et de vous laissez piéger dans une recherche et une interrogation constante, sur tout : les religions, les histoires, les philosophies, les systèmes de croyances ainsi que les anciennes Écritures. Vous espérez faire une découverte capitale ou accéder à des révélations et à une nouvelle compréhension. Vous savez qu'il existe quelque part un trésor à découvrir. Certaines personnes avec cette porte 64 se sentent dépassées par tous ces possibles, cherchent indéfiniment ce qui est pertinent pour elles et se demandent si elles doivent continuer à explorer davantage. Votre curiosité est un questionnement sans fin.

Sans doute devez vous prendre conscience que la vie est un mystère que vous ne résoudrez peut-être jamais et qu'il est inutile de vous compliquer la vie en vous attaquant avec votre mental aux casse-têtes que vous vous infligez. C'est lorsque vous reconnaissez votre pression mentale, que vous larguez les amarres, que vous abandonnez le rivage des espoirs de fermes convictions et que vous vous laissez porter par le courant de l'inconnu et de l'inconnaissable, que vous acceptez que toute chose prend du temps que vous découvrez la signification de l'extraordinaire voyage de la vie et que vous vous trouvez alors, vous, en tant « qu'élément de conscience » ou « espace de conscience » générée par la Source de toute Vie. Vous pouvez ainsi être capable de gérer des projets complexes débouchant sur un nouveau monde, d'effectuer des synthèses pertinentes en reliant différents éléments disparates et peut-être d'accompagner certaines personnes sur leur chemin de leur éveil.

3-Les Clef Génétiques. Clef 64 = l'aurore.
Son dilemme où il doit faire des choix : La consistance. **Signe astral HD :** Vierge.
Son partenaire de programmation : Clef 63, atteindre la Source. **Corps :** Glande pinéale.
Son anneau de codon : L'anneau de l'alchimie (6, 40, 47, 64). **Acide aminé :** Glycine.
Son chemin de transformation : Le chemin de l'imagination.

L'ombre de cette clef : La confusion ou « avant la transformation ».

Cette clef représente le processus qui permet de découvrir qui nous sommes vraiment en passant de la confusion à l'illumination. Cette ombre décrit l'état de confusion perçu par le mental quand il découvre l'étendue des souffrances des gens sur cette planète et le chaos primordial rempli de potentiels ou rien ne semble à sa place. Elle recouvre, à une échelle individuelle et collective, telle une couverture de fumée, l'ensemble de l'humanité actuelle qui s'agite dans un état de confusion. La confusion existe aussi dans toute nouvelle situation et elle est la conséquence d'une absence de lumière intérieure. Elle a besoin de temps pour que les choses deviennent claires et d'activité pour se transformer. Elle est comme une matière première permettant de créer.

Au niveau des fréquences de l'ombre, on a tendance à permettre aux conditionnements, aux sollicitations et aux pressions extérieures de diriger notre vie en étant identifié au mental et à ne pas se laisser le temps dont on a besoin pour ressentir la vie en soi. Tant qu'on ne prend pas conscience de notre ignorance et de notre identification à un état de confusion mentale, qu'on ne se pose pas la question de qui nous sommes vraiment et du sens de la vie et de notre vie, on vit dans un état de rêve, on est endormi dans la matrice.

Le mot confusion signifie fusion avec, avec le monde de la matière, la troisième dimension, le monde des effets et de l'inconscience et ce qui génère cette confusion, c'est le fait de ne pas avoir travaillé sur soi, de ne pas se connaître, de ne pas s'être raffiné, de ne pas avoir réalisé son véritable potentiel. C'est inconfortable d'être endormi et de réaliser que l'on est endormi(e). La vie est notre laboratoire d'expériences et elle sait très bien créer des temps de crises et de transformations en s'aidant de notre structure astrale et numérologique, de nos mémoires personnelles, familiales et karmiques. Elle permet de vivre différentes transformations intérieures grâce auxquelles notre nature véritable finit par être révélée.

La confusion survient particulièrement quand il y a des temps de crise et de transformations, car on plonge alors dans l'inconnu, dans le vide et l'on remet en question ce que l'on croyait être, ce que l'on croyait savoir.

Dans ces situations, soit le cœur et la conscience s'ouvrent de plus en plus grâce à des prises de conscience, des compréhensions, des acceptations, des pardons, des décisions et des actions, soit ils se contractent et se ferment. Quand la vie nous sort de notre zone de confort et nous amène dans l'inconnu, dans le mystère ou dans une crise, le mental se sent inconfortable, effrayé et rempli de confusion. Il cherche une solution pour échapper à cet état de vulnérabilité afin de résoudre la confusion le plus rapidement possible. Il trouve une explication, fait quelque chose et tente de remettre les choses en ordre de façon à se sentir à nouveau en sécurité. Il cherche à recréer de la continuité, du toujours pareil, ce qui est le dilemme de cette clef. Le problème est que ça ne marche pas parce que toute action née du mental ne fait que créer plus de confusion. Comme pour toutes les ombres, soit on réagit en mode répression vis-à-vis des changements que la vie nous invite à expérimenter, soit on réagit en mode répression où l'on s'gite pour prendre le contrôle des événements.

Quand cette ombre s'exprime en mode réprimée, on s'échappe de ses peurs en mode victime, en se contentant de faire comme tout le monde, en étant conforme, en imitant grâce à des copiers-collers, en imitant nos parents, notre famille, nos professeurs, nos amis et les gens dans le monde extérieur. On s'agite en se concentrant sur nos activités et on pense toute la journée. On est comme pris dans un filet illusoire de sécurité soigneusement entretenu et maintenu en place par l'inconscient collectif. On évite de ressentir et on déteste le changement et l'inconfort de se sentir être une personne incomplète.

Quand cette ombre s'exprime en mode répressive, la colère d'être dans un état de confusion est projetée sur autrui et exprimée dans le monde extérieur, ce qui génère des vies chaotiques, des vies remplies de confusion et souvent de l'abus de pouvoir (4) dans les relations (6). Il y a une tendance à être sans arrêt dans la réaction, de façon souvent agressive et imprévisible et à vouloir inconsciemment comme prendre sa revanche envers la vie.

Contrairement à l'ombre 63, le doute, où les transformations s'effectuent par une suite de petites étapes, de façon progressive et séquentielle, l'ombre 64 de la confusion génère de grands et soudains sauts quantiques. Le chemin consiste alors à voir et à accepter la confusion, à constater qu'elle disparait quand on lui laisse de l'espace et du temps pour se transformer d'elle-même quand on n'est pas dans la réaction et quand on arrête de penser ou plutôt de s'identifier à ses pensées, quand on laisse la vie nous guider vers les moments de transformation et quand on fait ce qui est nécessaire pour évoluer, pour permettre à la lumière de se révéler en soi. On s'aperçoit alors que la confusion est une illusion générée par l'activité mentale qui cherche à l'éviter et à ne pas ressentir la douleur/la souffrance. On s'aperçoit qu'elle s'en va dès qu'on cesse d'intervenir, de vouloir la changer et de croire que le mental peut résoudre quoi que ce soit à son sujet ; dès qu'on lâche-prise. On prend enfin conscience qu'elle est aussi une boite à ingrédients dans laquelle l'imagination peut puiser pour créer quand l'activité mentale n'occupe plus les devants de la scène.

Son cadeau : Les dons et capacités de cette porte : L'imagination.

Le mot imagination contient le mot magie et la magie est liée à la force de la foi, l'une des forces les plus importantes de l'âme. Le don de l'imagination est ainsi intimement lié à la magie, à la magie de la vie, à l'imprévu, à l'inconnu, aux surprises et à la création. L'imagination est la source de toute création et de tout art.

Etymologiquement, le préfixe « ma » est lié à la matière, à la maman et à la maya, c'est-à-dire à l'illusion de croire que le monde de la matière existe de façon séparée alors qu'il n'est qu'un effet de causes cachées dans des dimensions de fréquences vibratoires supérieures.

L'imagination est ainsi une capacité à manipuler la matière selon sa foi magique et les clefs génétiques sont un outil précieux pour orienter l'imagination vers un éveil du cœur et de la conscience. Richard Rudd cite dans son discours l'exemple de la « Tour Eiffel ». Elle n'existait pas puis a été imaginée par Gustav Eiffel et a été construite et maintenant elle existe puis est devenu un repère symbolique de la ville de Paris. C'est un exemple du pouvoir de l'imagination et de la foi capable de créer dans la matière. Ce don de l'imagination permet de donner forme, grâce à la foi, aux impulsions créatives spécifiques. Il permet d'imaginer puis de traduire ce qui a été imaginé en actions pour manifester dans la matière. Cela implique d'écouter, d'entendre et de faire confiance aux visions générées par les forces d'évolution et aux impulsions créatives qui traversent notre conscience puis d'avoir le courage et les capacités d'organisation pour les concrétiser.

Ce don de l'imagination est une imagination transformative qui va bien au-delà de simplement rêvasser, réfléchir, créer artistiquement, imiter ou résoudre un problème. Elle consiste à créer son évolution vers la meilleure version de soi-même et elle prospère grâce à des bonds en avant et des « sauts quantiques », où l'on passe d'une situation à une autre, d'un état de conscience et d'ouverture du cœur à un autre. Elle consiste à faire émerger magiquement quelque chose de soi à partir du brouillard de la confusion intérieure.

Cela demande du temps et de la patience car on ne peut pas précipiter un processus créatif et on bloque ce processus dès que l'on tente de réfléchir avec son mental. Le don partenaire 63, la logique organisée, permet ensuite d'accompagner le processus créatif en cours de route mais jamais avant qu'il ne ce soit enclenché. On ne peut pas atteler la charrue avant les bœufs, comme dit le proverbe. Il faut donc être capable de lâcher prise et d'équilibrer les énergies masculines d'action et les énergies féminines d'écoute et de réceptivité et surtout de faire confiance à ces rêves même les plus fous.

Ce don numéro 64 est particulièrement vivant, irrationnel, sauvage, poétique et créatif. Il est la vie qui s'exprime à travers nous au service du collectif, de la civilisation, de la vie. Il oblige à accepter le principe de l'incertitude, comme en physique quantique, le spontané, l'inacceptable, l'imprévu mais aussi le fait que cela n'a pas de fin et n'est jamais complètement accompli car la création n'a pas de fin, comme l'indique le nom de l'hexagramme pas encore accompli. C'est ça la véritable pouvoir manifesté de l'imagination. Ce don est intimement lié au don numéro 2 de l'orientation, tout comme le don 1 de la fraicheur créative est intimement lié au don 63 de la recherche. Il permet également de travailler avec la lumière et la couleur, avec l'image et la forme (6) en y associant du mouvement (3). Il permet de faire de sa vie une œuvre d'art.

Le couple 1/63 et 2/64 forment le socle des hexagrammes du Yi-King et l'essence « masculine-féminine » de la Source de toute Vie. Les superpouvoir 63 et 63 sont deux chemins opposés qui mènent à la même réalité et sont comme les deux ailes du Yoga, avec son évolution graduelle structurée et du Tantra, la voie du cœur, avec son lâcher-prise et ses sauts quantiques de conscience.

Le superpouvoir/puissance (Siddhi) de cette porte : L'illumination.

Ce superpouvoir de l'illumination est le couronnement glorieux du chemin. Le « I » et le « nation » disparaissent du mot imagination pour ne laisser que la magie de la vie sans identification à la forme, aux mental, aux émotions ou au moi séparé. Au moment où l'on s'éveille vraiment, on est comme allumé de l'intérieur et la lumière qui était depuis si longtemps cachée dans notre ADN émerge depuis chaque cellule de notre corps. Même le mental est illuminé et on pense alors les pensées de la Source de toute vie qui émerge dans notre champs de conscience qui n'est plus le notre. Il y a 64 façons d'expérimenter l'illumination et d'y accéder et c'est à vous de trouver la vôtre. Beaucoup de personnes qui se sont éveillées disent que c'est une expérience très ordinaire, qui n'a rien à voir avec une explosion comme un feu d'artifice ou avec des manifestations de couleurs vives et de halos. Certaine personnes disent que cette histoire de couleurs, de halos et de feux d'artifice n'est que de la propagande ayant pour unique but de nous distraire et nous détourner du chemin. Les personnages des peintures religieuses sont représentés avec des halos autour de leurs têtes. D'autres personnes ont effectivement vécues des expériences de lumières très intenses. Les deux cas sont possibles et d'autres aussi.

L'éveil est un état de conscience qui transcende l'espace et le temps et tant que l'on existe dans un corps de mammifère humain qui est notre véhicule pour exister dans la troisième dimension, le niveau d'éveil pouvant être atteint est limité dans son expression par notre ADN, par la structure même de la matière. L'un des points forts des clefs génétique au niveau spirituel est de montrer les différentes manifestations de l'état d'éveil et de révéler la forme de notre éveil et de son expression, la forme de l'expression de la lumière en nous, en fonction des nombres de notre profil hologénétique. Les Clefs Génétiques sont comme un script qui révèle la trajectoire de notre évolution et quel genre de Diamant nous sommes.

Certaines personnes éveillées vivent ainsi des vies discrètes, simples et ordinaires, dans la société, ou des vies de moines dans un monastère, d'autres vivent des vies de mères divines, de soufis, de derviches tourneurs extatiques, d'enseignant(e)s localement ou mondialement connu(e)s, de politiciens avant-gardistes, de scientifiques éclairés ou de visionnaires.

Ce superpouvoir 64 est étroitement lié à la lumière, à la lumière de la conscience qui est une lumière vivante, qui existe de par elle-même et qui est sa propre source. Il est l'expression et la manifestation de la conscience divine de la Source de toute Vie. Cette lumière est la lumière de la vie qui se manifeste à travers nous, à travers notre forme corporelle quand on est dans un état de silence intérieur, dans le silence entre les pensées et entre les mots.

L'élévation de notre fréquence vibratoire permet à notre ADN de vibrer à des fréquences de plus en plus élevée et cela génère des transformations biochimiques dans le corps. Ce superpouvoir illumine et éclaire la personne éveillée de l'intérieur comme un soleil intérieur. On le sait quand on est face à une telle personne.

On a l'impression d'être en face d'un dieu ou d'une déesse en présence d'une telle personne et on l'est du fait que « le Dieu Vivant » s'est éveillé en elle. On qualifie ces personnes de « saint(e)s » ou de « maîtres spirituels ». On ressent en leur présence une profonde paix intérieure. Ces personnes rappelles aux autres qu'elles ne sont pas encore éveillées, réalisées, finis, accomplies et qu'elles sont en chemin et encore dans l'état d'avant l'accomplissement.

De nombreux maîtres décrivent que quand le processus d'illumination arrive à son point culminant, c'est comme si tous les éléments présents dans l'aura de la personne sont soudainement aspirés vers l'intérieur dans ce qui est nommé le point 1, situé derrière le nombril. La lumière se met, pendant un court instant, qui semble durer une éternité, en pause. C'est un instant décrit comme terrifiant car on a la sensation de nourrir, d'être annihilé et d'être englouti par le vide. Puis toute cette énergie aspirée à l'intérieur se réorganise, explose comme une supernova et laisse place à une nouvelle étoile, à un véritable être humain. Le maître spirituel « Bô Yin Râ » apporte dans ces livres son témoignage et de nombreux enseignements à ce sujet, de même que Paramahansa Yogananda et d'autres. On devient alors uni(e) la à Source de toute vie. On est la Source de notre propre lumière sauf qu'il n'y a plus de « on » ni de « nous » ni de « moi » séparé. On est à la fois vide et rempli d'un arc-en-ciel de couleurs qui nous traverse. On est un vaisseau ou un canal pour l'imagination de la Source de toute Vie. Il y a uniquement une lumière, la lumière de l'éternité qui chante la vie de son chant d'amour, de conscience, de créativité et d'enchantement.

Chapitre 65 : Exemple de parcours de conscience en associant le thème astral et les portes/clefs génétiques.

0-Vous pouvez repérer et noter les positions en degrés et minutes des éléments de votre thème astral et identifier les portes/clefs correspondantes <u>à l'aide des tableaux plus loin</u>. Vous pouvez identifier la planète dominante ou les planètes dominantes de votre thème. Ce sont les portes/clefs les plus en avant-plan.

A-Conscientisation des portes et clefs de la composante masculine de votre thème astral.
Si vous êtes un homme, cette partie est à prendre en compte en premier et si vous êtes une femme, cette partie révèle votre pôle masculin intérieur.

1-Porte/Clef du Soleil : Elle définit ce qui est essentiel pour vous, votre idéal, vos valeurs, vos repères, votre vision des choses, votre façon d'aimer, vos engagements, vos réussites et les grandes lignes directrices de votre destinée. Elle ouvre la porte et vous donne les clefs de votre vision, de votre cœur, de votre réussite et de votre rayonnement.

2-Porte/Clef de Mars : Elle définit votre présence, votre motivation, votre passion, votre façon de lutter et d'expérimenter, de vous affirmer et de conquérir votre place dans ce monde, votre capacité à dire non, vos objectifs opérationnels, vos prises de décision, vos stratégies, votre activité et vos résultats. Elle ouvre la porte et vous donne les clefs de vos expériences sur le terrain, votre courage, de votre force de frappe et de votre efficacité.

Porte/Clef de Jupiter : Elle définit votre enthousiasme, votre autorité, votre relation à l'espace, votre relation au système et aux règles, votre sens de la bonne gestion, votre sens pédagogique, vos voyages, le sens que vous donnez aux choses et ce que vous avez à réaliser dans le monde extérieur pour jouer votre rôle économique et prendre votre place. Elle ouvre la porte et vous donne les clefs de votre optimisme, de votre pouvoir, de votre éducation et de votre épanouissement.

Porte/Clef d'Uranus : Elle définit votre intelligence psychologique et technologique, votre rapport à la science, à la technologie et aux extra-terrestres, votre aptitude à créer des réseaux et à vous intégrer dans un groupe, vos soutiens, l'aide que vous apportez et que vous recevez, vos relations amicales et vos projets. Elle ouvre la porte et vous donne les clefs de votre puissance, de votre résilience, de votre progrès, de votre multidimentionalité et de votre libération.

Les portes opposées à chacune de ces planètes sont un défi à prendre en compte et une intégration consciente nécessaire pour soutenir et équilibrer le porte présente derrière chaque planète.

Porte/Clef de l'Ascendant : Elle définit ce dont vous avez besoin pour vous affirmer et ce que vous avez à faire dans ce monde. Elle ouvre la porte et vous donne les clefs de votre force. La porte du Maître de l'ascendant à une importance particulière et doit être intégrer en conscience.

Porte/Clef du Milieu de Ciel : Elle définit ce dont vous avez besoin pour avancer, grandir, organiser votre destinée, vous élever socialement, expérimenter une carrière mais aussi cheminer vers votre vérité profonde pour trouver la paix intérieure. Elle ouvre la porte et vous donne les clefs de l'ambition, de votre évolution, de vos réalisations.

B-Conscientisation des portes et clefs de la composante féminine de votre thème astral.
Si vous êtes une femme, cette partie est à prendre en compte en premier et si vous êtes un homme, cette partie révèle votre pôle féminin intérieur.

1-Porte/Clef de la Lune : Elle définit votre sensibilité, votre sensation d'être en vie, votre confiance en la vie, votre façon de ressentir et de vous nourrir, votre amour maternel, votre bulle, vos états émotionnels, vos peurs, vos mémoires personnelles, vos petites histoires, votre imagination, votre façon de créer des relations intimes, votre façon de prendre soin de vous et d'autrui et vos croyances qui déterminent votre vie quotidienne. Elle ouvre la porte et vous donne les clefs de votre bien-être.

2-Porte/Clef de Vénus : Elle définit vos désirs, vos goûts, vos sens, votre rapport à votre corps et au plaisir, votre rapport à l'argent et à la matière, votre créativité artistique, votre façon de plaire et de séduire, de créer des liens avec autrui et de participer à la civilisation, votre capacité à dire oui, vos choix, votre justesse et vos richesses. Elle ouvre la porte et vous donne les clefs de votre équilibre, de votre harmonie, de votre joie, de votre sensualité, de votre beauté et de votre bonheur.

Porte/Clef de Saturne : Elle définit vos structures, vos résistances, vos peurs profondes, vos mémoires karmiques douloureuses, votre sens de l'organisation, ambition, vos responsabilités, votre besoin d'élévation et d'évolution, vos questionnements, vos recherches, vos remises en question, vos chantiers, votre relation au temps, votre grande histoire, votre relation au juge intérieur et aux lois de la vie, votre quête de paix intérieure, ce que vous avez à construire dans le monde extérieur, votre équanimité et le travail sur soi à effectuer pour cheminer vers votre vérité profonde afin de trouver la paix intérieure. Elle ouvre la porte et vous donne les clefs de votre simplicité, de votre patience et de votre sérénité.

Porte/Clef de Neptune : Elle définit votre foi, vos souffrances, votre chaos, vos mémoires généalogiques, votre amour inconditionnel, votre compassion, votre aptitude à pardonner, votre capacité à soulager les souffrances et les misères du monde, votre intégration dans la collectivité, votre rapport à l'inconscient collectif et votre légende personnelle. Elle ouvre la porte et vous donne les clefs de votre soulagement, de vos expériences mystiques et de votre enchantement.

Les portes opposées à chacune de ces planètes sont un défi à prendre en compte et une intégration consciente nécessaire pour soutenir et équilibrer le porte présente derrière chaque planète.

Porte/Clef du Descendant (opposé à l'Ascendant) : Elle définit ce que vous refoulez à cause d'une mémoire douloureuse, votre défi majeur, qui vous attire chez autrui, ce dont vous avez besoin pour trouver votre équilibre, créer des liens harmonieux, coopérer avec autrui et contribuer à la civilisation. Elle ouvre la porte et vous donne les clefs de vos contrats, de vos relations, de votre justesse, de votre équilibre et de votre paix.

Porte/Clef du Fond de Ciel : Elle définit ce dont vous avez besoin pour passer d'un état de stress émotionnel au bien-être, pour conscientiser et intégrer vos origines, les qualités que vos parents vous ont permis de développer, créer un foyer où vous vous sentez bien et vous sentir relié à la vie. Elle ouvre la porte et vous donne les clefs de l'ambition, de votre évolution, de vos réalisations.

C-Conscientisation des portes et clefs des deux planètes d'adaptation au visible et à l'invisible.

1-Porte/Clef de Mercure : Elle définit votre type d'intelligence et vos mains, votre capacité à répéter pour développer des expertises, votre sens du service, votre compréhension, votre discernement, votre sens de l'humour, votre capacité à vous amuser, ce dont vous avez besoin pour apprendre, comprendre, vous mettre en mouvement, communiquer et vous adapter à votre environnement. Elle ouvre la porte et vous donne les clefs de votre intelligence divine, de votre débrouillardise et de votre adaptation au monde de la matière.

2-Porte/Clef de Pluton : Elle définit votre code génétique, là où vous êtes enchaîné et esclave, vos mémoires karmiques traumatiques, vos pulsions et votre passion, votre énergie sexuelle, votre rapport au métal et à l'argent, votre capacité à voir derrière les apparences, votre médiumnité, votre rapport à la mort et aux entités, votre audace, votre capacité à vous rebeller et à rejeter, à évacuer, à éliminer et à transformer. Elle ouvre la porte et vous donne les clefs de votre lucidité, de votre courage, de vos transformations, de votre authenticité et de votre éveil.

D-Conscientisation des 7 portes Karmiques.

1-Porte/Clef du Nœud Sud : Elle définit votre passé, vos vies passées, votre vie d'avant et l'état d'esprit dans lequel vous étiez enchaîné, vos excès et ce que vous avez parfaitement intégré. Elle ouvre la porte et vous donne les clefs de la compréhension de là d'où vous venez.

2-Porte/Clef du Nœud Nord : Elle définit votre futur, votre prochaine vie si vous ne vous éveillez pas, les manques que vous devez combler au cours de cette vie. Elle ouvre la porte et vous donne les clefs de la compréhension de votre destinée et de là où vous devez aller pour vous libérer.

3-Porte/Clef de la part de Fortune : Elle définit l'endroit où vous êtes capable de réussir et d'avoir de la chance du fait que vous exprimez en même temps votre volonté et votre cœur (Soleil), votre imagination et votre foi (Lune), votre courage et votre force de frappe (Ascendant).

4-Porte/Clef de la Lune Noire Vraie : Elle définit des mémoires karmiques traumatiques, vos désirs les plus profonds et vos peurs les plus profondes et la part de l'inconscient collectif à laquelle vous êtes relié(e).

5-Porte/Clef du Mi-point Uranus-Saturne : Elle révèle, une maison et un signe qui sont une difficulté karmique majeure, un peu comme un nœud nord. Il y a une difficulté à vivre le secteur concerné. Un travail est ici nécessaire pour se libérer.

6-Porte/Clef du Mi-point Saturne-Uranus : Elle révèle, une maison et un signe qui apportent une facilité karmique, une force karmique majeure, un peu comme un nœud sud mais sans qu'il y ait forcément d'excès. Il est judicieux de conscientiser puis de mettre en pratique les énergies du signe et du secteur pour avancer dans votre vie.

7-Porte/Clef de Chiron : Elle révèle une énergie qui apporte des clefs et des solutions pour vous libérer de votre difficulté karmique majeure en utilisant votre force karmique majeure. Chiron guérit par les mains, le verbe et l'information. Il représente un moyen de passer de Saturne à Uranus de façon harmonieuse, sans tout casser.

Conscience des planètes en décans astrologiques.

Un décan représente une tranche de 10 degrés. Il y a 3 décans dans un signe, qu'on appelle simplement le premier, second et troisième décan. Le fait qu'une planète soit dans tel ou tel décan a une signification. La tendance est de dire que la nature du premier décan correspond à celle du signe où il se trouve, la nature du second au signe de même élément suivant et le troisième décan au troisième signe de même élément. En Inde, les astrologues accordent beaucoup d'importance aux décans. Ils considèrent que la planète maitresse d'un décan à un impact conséquent sur l'expression du Soleil et de la Lune et que sa situation décrit comment était l'ambiance lors de l'incarnation précédente et pourquoi la personne est revenue s'incarner. Certaines traditions associent les trois décans au corps physique (La Lune, Mars et Vénus) pour le premier, au corps mental, à l'intelligence et à la conscience pour le second (Mercure et Soleil) et aux forces de l'âme et aux capacités d'évolution pour le troisième (Jupiter et Saturne).

PLANETE EN PREMIER DECAN (de 0 à 9 degrés du signe) : Il y a une charge karmique forte sur la planète et une difficulté à se dégager du passé par rapport à ce que représente la planète. Si de nombreuses planètes sont en premier décan, un important travail sur soi est nécessaire pour se dégager du passé.

PLANETE EN SECOND DECAN (de 10 à 19 degrés du signe) :
Il y a une nécessité et une capacité d'utiliser les acquis des vies passées, en lien avec la planète, dans cette vie-ci des facilités pour intégrer ce que représente la planète. Si de nombreuses planètes sont en second décan, il règne une intense activité qui doit être gérée afin d'éviter un burnout. De nombreuses réalisations sont possibles.

PLANETE EN TROISIEME DECAN (de 20 à 29 degrés du signe) :
Il y a ici une capacité à se libérer de toute difficulté liée à la planète et de l'utiliser de façon harmonieuse et efficace. Si de nombreuses planètes sont en troisième décan, la personne a la possibilité, le devoir et la motivation de se libérer, de s'éveiller et d'aider autrui à progresser et à se libérer. Elle peut contribuer à créer un monde meilleur.

E- Portes des cuspides des maisons 2, 3, 5, 6, 8, 9, 11 et 12.

Elles définissent ce qui doit être intégrer en terme de clefs et portes pour optimiser les expériences liées à chaque maison concernée.

F- Les portes équivalentes aux degrés planétaires :

Chaque planète, angle du thème (Ascendant, Descendant, Milieu du Ciel et Fond du Ciel) et élément karmique se trouve sur un degré au sein de son signe astral, entre zéro et 29. Il y a un pont entre le zéro et le 22, qui sont très proches, le degré zéro étant un mélange de 22 sans expérience et de 1. Le degré 29 est très particulier et extrême car il porte les mémoires de tous les autres degrés. Les degrés sont comme une petite porte ou un couloir permettant à la planète de s'exprimer et de prendre forme dans la matière. Ils sont une condition de son expression harmonieuse. La signification de chaque degré est en lien avec la signification du nombre correspondant au degré.

Tableau d'identification des portes ou Clefs Génétiques derrière les éléments du thème astral

Signe	HEX.	LIGNE 1	LIGNE 2	LIGNE 3	LIGNE 4	LIGNE 5	LIGNE 6
Poiss/Bél	25	28° 15' 00"	29° 11' 15"	00° 07' 30"	01° 03' 45"	02° 00' 00"	02° 56' 15"
Bélier	17	03° 52' 30"	04° 48' 45"	05° 45' 00"	06° 41' 15"	07° 37' 30"	08° 33' 45"
Bélier	21	09° 30' 00"	10° 26' 15"	11° 22' 30"	12° 18' 45"	13° 15' 00"	14° 11' 15"
Bélier	51	15° 07' 30"	16° 03' 45"	17° 00' 00"	17° 56' 15"	18° 52' 30"	19° 48' 45"
Bélier	42	20° 45' 00"	21° 41' 15"	22° 37' 30"	23° 33' 45"	24° 30' 00"	25° 26' 15"
Bél/Tau	3	26° 22' 30"	27° 18' 45"	28° 15' 00"	29° 11' 15"	00° 07' 30"	01° 03' 45"
Taureau	27	02° 00' 00"	02° 56' 15"	03° 52' 30"	04° 48' 45"	05° 45' 00"	06° 41' 15"
Taureau	24	07° 37' 30"	08° 33' 45"	09° 30' 00"	10° 26' 15"	11° 22' 30"	12° 18' 45"
Taureau	2	13° 15' 00"	14° 11' 15"	15° 07' 30"	16° 03' 45"	17° 00' 00"	17° 56' 15"
Taureau	23	18° 52' 30"	19° 48' 45"	20° 45' 00"	21° 41' 15"	22° 37' 30"	23° 33' 45"
Taureau	8	24° 30' 00"	25° 26' 15"	26° 22' 30"	27° 18' 45"	28° 15' 00"	29° 11' 15"
Tau/Gem	20	00° 07' 30"	01° 03' 45"	02° 00' 00"	02° 56' 15"	03° 52' 30"	04° 48' 45"
Gémeaux	16	05° 45' 00"	06° 41' 15"	07° 37' 30"	08° 33' 45"	09° 30' 00"	10° 26' 15"
Gémeaux	35	11° 22' 30"	12° 18' 45"	13° 15' 00"	14° 11' 15"	15° 07' 30"	16° 03' 45"
Gémeaux	45	17° 00' 00"	17° 56' 15"	18° 52' 30"	19° 48' 45"	20° 45' 00"	21° 41' 15"
Gémeaux	12	22° 37' 30"	23° 33' 45"	24° 30' 00"	25° 26' 15"	26° 22' 30"	27° 18' 45"
Gem/Crab	15	28° 15' 00"	29° 11' 15"	00° 07' 30"	01° 03' 45"	02° 00' 00"	02° 56' 15"
Crabe	52	03° 52' 30"	04° 48' 45"	05° 45' 00"	06° 41' 15"	07° 37' 30"	08° 33' 45"
Crabe	39	09° 30' 00"	10° 26' 15"	11° 22' 30"	12° 18' 45"	13° 15' 00"	14° 11' 15"
Crabe	53	15° 07' 30"	16° 03' 45"	17° 00' 00"	17° 56' 15"	18° 52' 30"	19° 48' 45"
Crabe	62	20° 45' 00"	21° 41' 15"	22° 37' 30"	23° 33' 45"	24° 30' 00"	25° 26' 15"
Cra/LIO	56	26° 22' 30"	27° 18' 45"	28° 15' 00"	29° 11' 15"	00° 07' 30"	01° 03' 45"
LION	31	02° 00' 00"	02° 56' 15"	03° 52' 30"	04° 48' 45"	05° 45' 00"	06° 41' 15"
LION	33	07° 37' 30"	08° 33' 45"	09° 30' 00"	10° 26' 15"	11° 22' 30"	12° 18' 45"
LION	7	13° 15' 00"	14° 11' 15"	15° 07' 30"	16° 03' 45"	17° 00' 00"	17° 56' 15"
LION	4	18° 52' 30"	19° 48' 45"	20° 45' 00"	21° 41' 15"	22° 37' 30"	23° 33' 45"
LION	29	24° 30' 00"	25° 26' 15"	26° 22' 30"	27° 18' 45"	28° 15' 00"	29° 11' 15"
Lio/Vier	59	00° 07' 30"	01° 03' 45"	02° 00' 00"	02° 56' 15"	03° 52' 30"	04° 48' 45"
Vierge	40	05° 45' 00"	06° 41' 15"	07° 37' 30"	08° 33' 45"	09° 30' 00"	10° 26' 15"
Vierge	64	11° 22' 30"	12° 18' 45"	13° 15' 00"	14° 11' 15"	15° 07' 30"	16° 03' 45"
Vierge	47	17° 00' 00"	17° 56' 15"	18° 52' 30"	19° 48' 45"	20° 45' 00"	21° 41' 15"
Vierge	6	22° 37' 30"	23° 33' 45"	24° 30' 00"	25° 26' 15"	26° 22' 30"	27° 18' 45"

Signe	HEX.	LIGNE 1	LIGNE 2	LIGNE 3	LIGNE 4	LIGNE 5	LIGNE 6
Vier/Bal	46	28° 15' 00"	29° 11' 15"	00° 07' 30"	01° 03' 45"	02° 00' 00"	02° 56' 15"
Balance	18	03° 52' 30"	04° 48' 45"	05° 45' 00"	06° 41' 15"	07° 37' 30"	08° 33' 45"
Balance	48	09° 30' 00"	10° 26' 15"	11° 22' 30"	12° 18' 45"	13° 15' 00"	14° 11' 15"
Balance	57	15° 07' 30"	16° 03' 45"	17° 00' 00"	17° 56' 15"	18° 52' 30"	19° 48' 45"
Balance	32	20° 45' 00"	21° 41' 15"	22° 37' 30"	23° 33' 45"	24° 30' 00"	25° 26' 15"
Bal/Sco	50	26° 22' 30"	27° 18' 45"	28° 15' 00"	29° 11' 15"	00° 07' 30"	01° 03' 45"
Scorpion	28	02° 00' 00"	02° 56' 15"	03° 52' 30"	04° 48' 45"	05° 45' 00"	06° 41' 15"
Scorpion	44	07° 37' 30"	08° 33' 45"	09° 30' 00"	10° 26' 15"	11° 22' 30"	12° 18' 45"
Scorpion	1	13° 15' 00"	14° 11' 15"	15° 07' 30"	16° 03' 45"	17° 00' 00"	17° 56' 15"
Scorpion	43	18° 52' 30"	19° 48' 45"	20° 45' 00"	21° 41' 15"	22° 37' 30"	23° 33' 45"
Scorpion	14	24° 30' 00"	25° 26' 15"	26° 22' 30"	27° 18' 45"	28° 15' 00"	29° 11' 15"
Sagittaire	34	00° 07' 30"	01° 03' 45"	02° 00' 00"	02° 56' 15"	03° 52' 30"	04° 48' 45"
Sagittaire	9	05° 45' 00"	06° 41' 15"	07° 37' 30"	08° 33' 45"	09° 30' 00"	10° 26' 15"
Sagittaire	5	11° 22' 30"	12° 18' 45"	13° 15' 00"	14° 11' 15"	15° 07' 30"	16° 03' 45"
Sagittaire	26	17° 00' 00"	17° 56' 15"	18° 52' 30"	19° 48' 45"	20° 45' 00"	21° 41' 15"
Sagittaire	11	22° 37' 30"	23° 33' 45"	24° 30' 00"	25° 26' 15"	26° 22' 30"	27° 18' 45"
Sag/Capri	10	28° 15' 00"	29° 11' 15"	00° 07' 30"	01° 03' 45"	02° 00' 00"	02° 56' 15"
Capricorne	58	03° 52' 30"	04° 48' 45"	05° 45' 00"	06° 41' 15"	07° 37' 30"	08° 33' 45"
Capricorne	38	09° 30' 00"	10° 26' 15"	11° 22' 30"	12° 18' 45"	13° 15' 00"	14° 11' 15"
Capricorne	54	15° 07' 30"	16° 03' 45"	17° 00' 00"	17° 56' 15"	18° 52' 30"	19° 48' 45"
Capricorne	61	20° 45' 00"	21° 41' 15"	22° 37' 30"	23° 33' 45"	24° 30' 00"	25° 26' 15"
Cap/Ver	60	26° 22' 30"	27° 18' 45"	28° 15' 00"	29° 11' 15"	00° 07' 30"	01° 03' 45"
Verseau	41	02° 00' 00"	02° 56' 15"	03° 52' 30"	04° 48' 45"	05° 45' 00"	06° 41' 15"
Verseau	19	07° 37' 30"	08° 33' 45"	09° 30' 00"	10° 26' 15"	11° 22' 30"	12° 18' 45"
Verseau	13	13° 15' 00"	14° 11' 15"	15° 07' 30"	16° 03' 45"	17° 00' 00"	17° 56' 15"
Verseau	49	18° 52' 30"	19° 48' 45"	20° 45' 00"	21° 41' 15"	22° 37' 30"	23° 33' 45"
Verseau	30	24° 30' 00"	25° 26' 15"	26° 22' 30"	27° 18' 45"	28° 15' 00"	29° 11' 15"
Poissons	55	00° 07' 30"	01° 03' 45"	02° 00' 00"	02° 56' 15"	03° 52' 30"	04° 48' 45"
Poissons	37	05° 45' 00"	06° 41' 15"	07° 37' 30"	08° 33' 45"	09° 30' 00"	10° 26' 15"
Poissons	63	11° 22' 30"	12° 18' 45"	13° 15' 00"	14° 11' 15"	15° 07' 30"	16° 03' 45"
Poissons	22	17° 00' 00"	17° 56' 15"	18° 52' 30"	19° 48' 45"	20° 45' 00"	21° 41' 15"
Poissons	36	22° 37' 30"	23° 33' 45"	24° 30' 00"	25° 26' 15"	26° 22' 30"	27° 18' 45"

Vous pouvez expérimenter à l'aide du tableau ci-après

Données du thème avec le Soleil 88° avant la naissance (même heure et au même lieu de nai.)				Données du thème de naissance			
Astres	Degrés	Minutes Secondes	Hexagramme et ligne	Astres	Degrés	Minutes Secondes	Hexagramme et ligne
Soleil				Soleil			
Lune				Lune			
Mercure				Mercure			
Vénus				Vénus			
Mars				Mars			
Jupiter				Jupiter			
Saturne				Saturne			
Uranus				Uranus			
Neptune				Neptune			
Pluton				Pluton			
Nœud Sud				Nœud Sud			
Nœud Nord				Nœud Nord			
Soleil opposé				Soleil opposé			
Ascendant				Ascendant			
Descendant				Descendant			
Milieu du Ciel				Milieu du Ciel			
Fond du Ciel				FDC			
Part de Fortune				Part de Fortune			
Part de la conscience				Part de la conscience			
Lune noire Moyenne				Lune noire Moyenne			
LN vraie				LN vraie			

F- Les portes du Diamant de Naissance :

Le nombre présent dans chaque maison de votre Diamant de Naissance, qui révèle votre structure profonde, montre les besoins qu'à chaque maison ou espace intérieur pour s'exprimer et les conditions de l'expression des expériences représentées par la maison

Cette démarche des points A à F peut-être faîtes premièrement avec le thème natal, avec le thème de Design qui correspond à l'incarnation de l'âme dans le corps physique, où le Soleil est décalé en arrière de 88° puis avec le thème composite qui représente la synthèse du conscient et de l'inconscient.

Chapitre 66 : Vision globale de vos nombres

L'Univers est régit par les nombres et les cycles.

PROPOSITION DE CHEMIN DE CONSCIENTISATION DES NOMBRES

Etape 0 : Votre thème astral, vos transits et vos progressions.

ETAPE 1 : Le Soleil avec la Roue Taôiste et avec le Design Humain/CG

1-Les nombres du Soleil natal : Hexagramme, Porte, Clef Génétique, Nombre de la Roue Taôiste et Nombre du degré zodiacal où se trouve la planète.
2-Les nombres opposés au Soleil natal : Hexagramme, Porte, Clef Génétique, Nombre de la Roue Taôiste et Nombre du degré zodiacal où se trouve la planète.
3-Les nombres à 90° du Soleil natal : Hexagramme, Porte, Clef Génétique, Nombre de la Roue Taôiste et Nombre du degré zodiacal où se trouve la planète.
4-Les nombres du Soleil de l'âme (-88°) : Hexagramme, Porte, Clef Génétique, Nombre de la Roue Taôiste et Nombre du degré zodiacal où se trouve la planète.
5- Les nombres opposés au de l'âme (-88°) : Hexagramme, Porte, Clef Génétique, Nombre de la Roue Taôiste et Nombre du degré zodiacal où se trouve la planète.
6-Les nombres à 90° du Soleil de l'âme (-88°) : Hexagramme, Porte, Clef Génétique, Nombre de la Roue Taôiste et Nombre du degré zodiacal où se trouve la planète.

SOLEIL : Ce dont vous avez besoin pour aimer, créer, vous organiser, réussir et rayonner.

ETAPE 2 : Les angles du thème. Les 4 soleils du jour.

1-Les nombres du l'ascendant natal : Hexagramme, Porte, Clef Génétique, Nombre de la Roue Taôiste et Nombre du degré zodiacal où se trouve la planète.
2-Les nombres du descendant natal : Hexagramme, Porte, Clef Génétique, Nombre de la Roue Taôiste et Nombre du degré zodiacal où se trouve la planète.
3-Les nombres du milieu de ciel natal : Hexagramme, Porte, Clef Génétique, Nombre de la Roue Taôiste et Nombre du degré zodiacal où se trouve la planète.
4-Les nombres du fond de ciel natal : Hexagramme, Porte, Clef Génétique, Nombre de la Roue Taôiste et Nombre du degré zodiacal où se trouve la planète.
5-Les nombres du l'ascendant de l'âme (-88°) : Hexagramme, Porte, Clef Génétique, Nombre de la Roue Taôiste et Nombre du degré zodiacal où se trouve la planète.
6-Les nombres du descendant de l'âme (-88°) : Hexagramme, Porte, Clef Génétique, Nombre de la Roue Taôiste et Nombre du degré zodiacal où se trouve la planète.
7-Les nombres du milieu de ciel de l'âme (-88°) : Hexagramme, Porte, Clef Génétique, Nombre de la Roue Taôiste et Nombre du degré zodiacal où se trouve la planète.
8-Les nombres du fond de ciel de l'âme (-88°) : Hexagramme, Porte, Clef Génétique, Nombre de la Roue Taôiste et Nombre du degré zodiacal où se trouve la planète.

ETAPE 3 : La Lune

1-Les nombres de la Lune natale : Hexagramme, Porte, Clef Génétique, Nombre de la Roue Taôiste et Nombre du degré zodiacal où se trouve la planète.
2-Les nombres opposés à la Lune natale: Hexagramme, Porte, Clef Génétique, Nombre de la Roue Taôiste et Nombre du degré zodiacal où se trouve la planète.
3-Les nombres à 90° de la Lune natale : Hexagramme, Porte, Clef Génétique, Nombre de la Roue Taôiste et Nombre du degré zodiacal où se trouve la planète.
4-Les nombres de la Lune de l'âme (-88°) : Hexagramme, Porte, Clef Génétique, Nombre de la Roue Taôiste et Nombre du degré zodiacal où se trouve la planète.
5- Les nombres opposés à la Lune l'âme (-88°) : Hexagramme, Porte, Clef Génétique, Nombre de la Roue Taôiste et Nombre du degré zodiacal où se trouve la planète.
6-Les nombres à 90° de la Lune natale de l'âme (-88°) : Hexagramme, Porte, Clef Génétique, Nombre de la Roue Taôiste et Nombre du degré zodiacal où se trouve la planète.

LUNE : Ce dont vous avez besoin pour purifier vos mémoires, exprimer vos émotions, vous nourrir, prendre soin de vous et de la vie et vous sentir bien

ETAPE 4 : Les nœuds lunaires.

1-Les nombres du Nœud Sud natal : Hexagramme, Porte, Clef Génétique, Nombre de la Roue Taôiste et Nombre du degré zodiacal où se trouve la planète.
2-Les nombres du Nœud Nord natal : Hexagramme, Porte, Clef Génétique, Nombre de la Roue Taôiste et Nombre du degré zodiacal où se trouve la planète.
3-Les nombres à 90° des Nœuds natal : Hexagramme, Porte, Clef Génétique, Nombre de la Roue Taôiste et Nombre du degré zodiacal où se trouve la planète.

Si les nombres des nœuds du thème de l'âme sont différents de ceux du natal, ce qui arrive rarement mais qui peut arriver, on les prend en compte.

ETAPE 5 : La Part de Fortune

1-Les nombres de la Part de Fortune natale : Hexagramme, Porte, Clef Génétique, Nombre de la Roue Taôiste et Nombre du degré zodiacal où se trouve la planète.
2-Les nombres opposés à la Part de Fortune natale: Hexagramme, Porte, Clef Génétique, Nombre de la Roue Taôiste et Nombre du degré zodiacal où se trouve la planète.
3-Les nombres à 90° de la Part de Fortune natale : Hexagramme, Porte, Clef Génétique, Nombre de la Roue Taôiste et Nombre du degré zodiacal où se trouve la planète.
4-Les nombres de la Part de Fortune de l'âme (-88°) : Hexagramme, Porte, Clef Génétique, Nombre de la Roue Taôiste et Nombre du degré zodiacal où se trouve la planète.
5- Les nombres opposés à la Part de Fortune l'âme (-88°) : Hexagramme, Porte, Clef Génétique, Nombre de la Roue Taôiste et Nombre du degré zodiacal où se trouve la planète.

6-Les nombres à 90° de la Part de Fortune natale de l'âme (-88°) : Hexagramme, Porte, Clef Génétique, Nombre de la Roue Taôiste et Nombre du degré zodiacal où se trouve la planète.

ETAPE 6 : La Part de Conscience

1-Les nombres de la Part de Conscience natale : Hexagramme, Porte, Clef Génétique, Nombre de la Roue Taôiste et Nombre du degré zodiacal où se trouve la planète.
2-Les nombres opposés à la Part de Conscience natale: Hexagramme, Porte, Clef Génétique, Nombre de la Roue Taôiste et Nombre du degré zodiacal où se trouve la planète.
3-Les nombres à 90° de la Part de Conscience natale : Hexagramme, Porte, Clef Génétique, Nombre de la Roue Taôiste et Nombre du degré zodiacal où se trouve la planète.
4-Les nombres de la Part de Conscience de l'âme (-88°) : Hexagramme, Porte, Clef Génétique, Nombre de la Roue Taôiste et Nombre du degré zodiacal où se trouve la planète.
5- Les nombres opposés à la Part de Conscience l'âme (-88°) : Hexagramme, Porte, Clef Génétique, Nombre de la Roue Taôiste et Nombre du degré zodiacal où se trouve la planète.
6-Les nombres à 90° de la Part de Conscience natale de l'âme (-88°) : Hexagramme, Porte, Clef Génétique, Nombre de la Roue Taôiste et Nombre du degré zodiacal où se trouve la planète.

ETAPE 7 : La planète dominante

1-Les nombres de la planète dominante natale : Hexagramme, Porte, Clef Génétique, Nombre de la Roue Taôiste et Nombre du degré zodiacal où se trouve la planète.
2-Les nombres opposés à la planète dominante natale: Hexagramme, Porte, Clef Génétique, Nombre de la Roue Taôiste et Nombre du degré zodiacal où se trouve la planète.
3-Les nombres à 90° de la planète dominante natale : Hexagramme, Porte, Clef Génétique, Nombre de la Roue Taôiste et Nombre du degré zodiacal où se trouve la planète.
4-Les nombres de la planète dominante de l'âme (-88°) : Hexagramme, Porte, Clef Génétique, Nombre de la Roue Taôiste et Nombre du degré zodiacal où se trouve la planète.
5- Les nombres opposés à la planète dominante l'âme (-88°) : Hexagramme, Porte, Clef Génétique, Nombre de la Roue Taôiste et Nombre du degré zodiacal où se trouve la planète.
6-Les nombres à 90° de la planète dominante natale de l'âme (-88°) : Hexagramme, Porte, Clef Génétique, Nombre de la Roue Taôiste et Nombre du degré zodiacal où se trouve la planète.

ETAPE 8 : Le profil Ennéagramme

1-Le nombre du profil, de ses deux ailes et du bout du chemin : Le nombre du profil correspond à la dominante planétaire. Il s'agit ici de conscientiser ces nombres et de les intégrer en conscience dans la vie quotidienne.

ETAPE 9 : Les autres planètes et les autres parts principales

Il s'agit ici de conscientiser les nombres des autres planètes du thème astral de naissance et du thème de l'âme, toujours en lien avec l'essence de chaque planète, son rôle et sa Nécessité. Vous pouvez considérer les planètes à l'aide de la technique astrologique nommée les chaînes planétaires où une planète est suivie par son maitre.

Vous pouvez également identifier les dégrées le long du zodiaque où se trouvent les 2x4 principales parts arabes.
1- Les parts du mariage intérieur et extérieur : Elles sont trouvées en calculant la distance entre Vénus et Mars et en ajoutant cette distance au descendant pour la première part et en la soustrayant pour la seconde.
2- Les parts de la mission sociale/des responsabilités sociales : Elles sont trouvées en calculant la distance entre Jupiter et Saturne et en ajoutant cette distance au Milieu du Ciel pour la première part et en la soustrayant pour la seconde.
3- Les parts de l'initiation intérieure et extérieure : Elles sont trouvées en calculant la distance entre Mercure et Pluton et en ajoutant cette distance à la Part de Conscience pour la première part et en la soustrayant pour la seconde
4- Les parts de l'éveil intérieur et extérieur : Elles sont trouvées en calculant la distance entre Uranus et Neptune et en ajoutant cette distance au Fond du Ciel pour la première part et en la soustrayant pour la seconde

ETAPE 10 : Les nombres de la matrice du destin

Il s'agit ici de conscientiser le nombre central et les nombres extérieurs de l'octogone délimitant la Matrice de la destinée. Vous allez retrouver ces mêmes nombre dans le Diamant de Naissance.

ETAPE 11 : Le Diamant de Naissance natal, de l'âme et de vie.

Il s'agit ici de conscientiser les nombres présents dans les maisons du Diamant de Naissance et de manifester la forme de son service à la vie en étant la meilleure version de soi-même.

ETAPE 12 : Les archétypes du thème Maya.

Il s'agit ici de conscientiser les 5 nombres présents dans votre Croix Maya, ceux des 13 maisons de votre chemin enchanté, votre seigneur de la nuit et vos 4 nombre du château de la destinée.

L'échelle Hawkins de la Conscience :

L'enseignant spirituel, chercheur et médecin psychiatre David R. Hawkins (03/06/1927-2012) a utilisé le test musculaire de kinésiologie pour associer les différents états de conscience incluant des valeurs, des attitudes et des émotions, à un nombre, sur une échelle logarithmique allant de 20 à 1000. Il a ainsi créé une cartographie mesurable de la conscience, qu'il a ensuite explorée puis transmise, où chaque état est défini comme un champ vibratoire de conscience. Cette cartographie repère les différents aspects de la conscience et leur associe une valeur, que l'on peut indirectement assimiler à une fréquence.

Ainsi, les niveaux inférieurs de la conscience dominés par la présence de l'ego et du mental inférieur sont représentés par la peur, la colère, la honte, la culpabilité, l'apathie et l'orgueil. Entre 175 et 199, c'est là où les gens sont bloqués dans leurs systèmes de croyances. C'est là où vibrent les religions. Il y a un premier seuil à 200, où une évolution est déclenchée. En dessous de 200, il y a comme une charge négative qui domine. Il y a identification à l'ego, au moi séparé. Au-dessus de 200, la charge électromagnétique devient positive. Grace au courage, on passe ici de la religion à la spiritualité. Selon Mr Hawkins, 78% de la population terrestre vivre à moins de 200 mais le niveau de conscience global de l'humanité est passé de 190, où il était pendant des siècles, à 207 où il est actuelement, ce qui permet une évolution. Les niveaux supérieurs commencent par le courage, la confiance, l'acceptation et la raison. La politique vibre à 300. Au niveau de la volonté, à 310, on passe un nouveau cap, on passe à l'action. On donne le meilleur de soi-même. On optimise notre énergie. On s'organise efficacement en gérant son temps. On réfléchit à ce qui peut être amélioré. On se prend en main. Il y a ici un vrai début du travail sur soi car le moi supérieur et la conscience supérieure sont en train de se chercher. A 400, grâce au détachement émotionnel, la raison et l'intellect scientifique se développent et Hawkins associe ce niveau à la science, à la médecine et à la théologie.

Puis les degrés les plus élevés, totalement dépourvus d'ego, vibrent aux fréquences de l'amour et de la perception constante de la beauté (500), qui sont les portes d'entrées de la spiritualité. Il y a ici un saut quantique où ce qui semblait réel est vu comme un rêve et ce qui semblait irréel émerge en tant que réalité éternelle. L'amour inconditionnel vibre à 540, où une guérison peut avoir lieu. Puis viennent les fréquences de l'extase, de la paix et de l'éveil. A 600, la dualité disparait dans la non-dualité, la forme dans le sans-forme ou le fond, la conscience d'arrière-plan, la volonté personnelle dans la volonté de la Source de toute Vie dans un état de dévotion et la perception est remplacée par la vision intérieure, par le clair-savoir. Il y a identification et fusion entre le sujet et l'objet su. Il n'y a plus de sujet ni d'objet séparé. A partir de 700, l'illusion du moi séparé a disparu et il n'y a plus de chercheur qui cherche ni de chose cherchée. Les niveaux « supérieurs », qui sont des dimensions, permettent d'accéder à une immense énergie vitale. Tout cela est décrit dans ses différents livres dont « La cartographie de la conscience ». Tout peut ainsi être mesuré sur cette échelle par toute personne qui vibre à plus de 200. Cela vous permet d'avoir conscience de où vous en êtes dans votre cheminement.

L'échelle Hawkins de la conscience

Valeur Num. Log	Mvmt	Vue de la Source	Vision de la Vie	Niveau de l'échelle	Émotion	Processus
700-1000	↑	Soi	est	éveillé	Non exprimable	Pure conscience
600-699	↑	Omniscient	Parfait Absence d'objectifs personnel	Paix intérieure	Extase Béatitude Félicité	Illumination
540-599	↑	Unité-Absence de moi séparé	Complétude Service	Enchantement Félicité	Joie intense Sérénité	Transfiguration
500-539	↑	Aimant	Présence aimante	Amour	Pureté Révérence respect	Révélation
400-499	↑	Sage	Significatif	La raison	Compréhension Gratitude	Équanimité Abstraction
350-399	↑	Humilité Miséricordieux	Harmonieux Justesse	Acceptation	Compassion Pardon	Responsabilité Transcendance
310-349	↑	Inspiré	Prometteur	Volonté	Optimisme	Intention Prise en main
250-309	↑	Capable Autorisant	Satisfait complaisance	neutralité	Confiance	Lâcher-prise Bien-être
200-249	↑	Permettant Explorateur	Faisable Envie d'évoluer	Courage Curiosité détermination	Affirmation de soi Autonomisation	Empuissancement Recherche de solutions
175-199	↓	Indifférent	Exigeant	Orgueil Ressentiment	Arrogance Glorification Mépris	Fiction Comparaison Gonflement
150-174	↓	Vengeur	Antagoniste	Colère Frustration	Haine	Agressivité
125-149	↓	Dans le déni	Décevant Insatisfait	Désir	Avidité	Esclavage Asservissement
100-124	↓	Punitif	Effrayant	Peur	Anxiété	Retrait
75-99	↓	Dédaigneux	Tragique	Chagrin	Regrets	Découragement Dépression
50-74	↓	Condamnant	Abasourdi	Apathie	Désespoir	Abdication
30-49	↓	Vindicatif Injuste	Méchanceté Toxique	Culpabilité	Blâme Non-pardon	Destruction
20-29	↓	Cruauté Trahison	Misérable	Honte	Humiliation Rejet	Autodestruction élimination
0-20	0	RAS	mort	Zéro absolu	aucune	aucun

CARTE DE LA CONSCIENCE

Eveil	700+		**5D**
Paix	600		**AME**
Créativité/Joie	540		Non-linéaire
Amour	500		

Linéaire

Raison	400		
Acceptation	350		**4D**
Volonté	310		**INTELLIGENCE**
Neutralité	250		POUVOIR
Courage	200		FORCE

Fierté	175		
Colère/tristesse	150		
Désir	125		**3D**
Peur	100		**CORPS**
Chagrin	75		
Apathie	50		
Culpabilité	30		
Honte	20		

7 principes qu'il est bon d'apprendre jeune

1. Tout est temporaire
2. Les reves ne se réalisent qu'avec des actions
3. Personne n'est entièrement bon ou mauvais
4. Tu es le responsable numéro 1 de tes problèmes
5. L'échec est une étape souvent obligatoire pour réussir
6. Le manque de temps n'est qu'un manque de priorité
7. Placer les clefs de ton bonheur dans les mains des autres ne conduit pas au bonheur

Ce qui donne de l'énergie

Apprendre des choses nouvelles
Etre en lien joyeux avec des gens
La pensée positive
La nourriture saine
Simplifier les choses
La méditation
Le mouvement
La gratitude, l'amour
La lumière du Soleil
Aller dans la nature
La musique saine
Le sommeil
Le repos

Ce qui vide de l'énergie

La peur
Les infos
Le stress
Le désordre
Le manque de sommeil
La malbouffe
L'auto-critique
L'excès de travail
L'alcool
La procrastination
Les réseaux sociaux
Les pensées négatives
Habiter le passé

Ego / Moi Supérieur

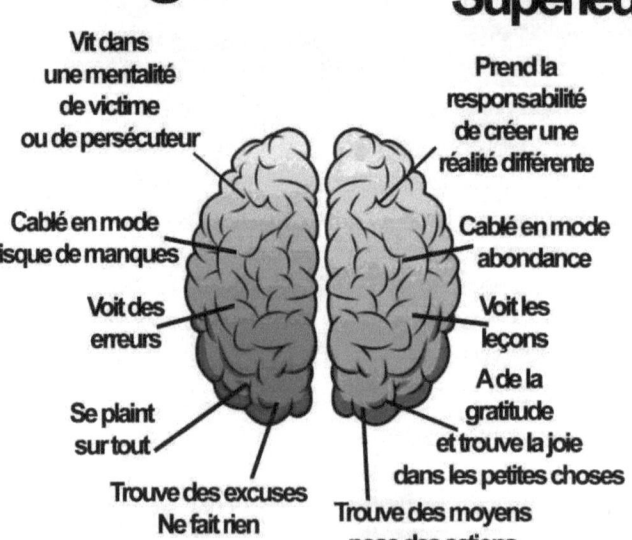

Ego
- Vit dans une mentalité de victime ou de persécuteur
- Cablé en mode risque de manques
- Voit des erreurs
- Se plaint sur tout
- Trouve des excuses, ne fait rien

Moi Supérieur
- Prend la responsabilité de créer une réalité différente
- Cablé en mode abondance
- Voit les leçons
- A de la gratitude et trouve la joie dans les petites choses
- Trouve des moyens, pose des actions

LA LISTE DES SENTIMENTS ET DES ÉMOTIONS : Comment vous sentez-vous ?

SOLEIL	LUNE	MERCURE	VENUS (OUI)	MARS (NON)
Joyeux, Lumineux	Sensible	Enjoué, Amusé	Content, Heureux	Courageux
Valorisé, Loyal	Nourri	Ouvert-souriant	Attendri, Ravi	Énergisé, Energique
Reconnaissant	Emerveillé	Disponible	Amoureux	Revigoré, Vivifié
Chaleureux	Proche/Intime	Curieux, Humble	Touché, Accepté	Stimulé, Excité
Centré, Engagé	Ému, Touché	Pétillant, Joueur	Paisible, Tranquille	Stratégique
En Amour, aimant	Étonné, Ébahi	Émoustillé, Excité	Artiste	Présent, Capable
Créatif, Certain	Enfantin, Détendu	Interpelé	Beau, Juste	Dynamique, Actif
Gratitude, Radieux	Bien, Fluide	Intelligent, Léger	Équanime	Motivé, Encouragé
Généreux, Admiratif	Imaginatif	Adapté, flexible	Doux-Gentil	Franc, Passionné
Attentionné	Ressourcé	Communicatif	Harmonieux	Efficace, Performant
Brillant/Lumineux	Introverti	Pertinent	Productif	Réactif, Ardent
Noble/Digne	Intériorisé	Intéressé, Cohérent	Tolérant, Sociable	Conquérant
Royal, Éternel	Rempli de vie	Complice, Fraternel	Diplomate	Victorieux, Vivant
JUPITER	**SATURNE**	**URANUS**	**NEPTUNE**	**PLUTON**
Satisfait, Accompli	Calme-Zen	Amical, Surpris	Enchanté, Bluffé	Intense
Confiant, Rassuré	Honnête, Apaisé	Multidimensionnel	Relaxé, Méditatif	Lucide, Vigilant
Optimiste, Généreux	Organisé, Structuré	Atypique, Différent	En communion	Authentique
Aventureux	Prévoyant	Soutenu, Aidé	Plein de foi	Passionné
Enthousiaste	Déterminé	Connecté, Libre	Sacré, Dévoué	Coquin, Piquant
Puissant, Expert	Simple-détaché	Surpuissant	Amour inconditionnel	Purifié
Rempli-Complet	Patient-prudent	Concentré	Compatissant	Transformé
Explorateur	En sécurité	Discipliné	Pardonné, Soulagé	Médium
Épanoui, Expansif	Respectueux	Psychologue	Inspiré, Clairvoyant	Mystérieux, Initié
Prospère, Comblé	Responsable	Ingénieux	Hypersensible	Régénéré
Protégé, À l'aise	Profond, Sage	Angélique	Contemplatif	Secret, Éternel
Légitime, Méritant	Discipliné	Réparé, Libéré	Illuminé, Magique	Audacieux
Confortable	Observateur	Réveillé	Extatique, Génial	Invincible
SOLEIL	**LUNE**	**MERCURE**	**VENUS**	**MARS**
Important	Craintif, Apeuré	Perplexe, Critique	Fragile, Hésitant	Agressif, Blessé
Orgueilleux	Anxieux, Intimidé	Embêté, Ennuyé	Contrarié, Embarrassé	En colère, Révolté
Supérieur, Ébloui	Inférieur			Provoquant
En échec, Grincheux	Endormi, Nauséeux	Agacé, Sceptique	Stupide, Effrayé	Mécontent, Irrité
Insignifiant	Mal à l'aise, Peiné	Énervé, Nerveux	Déséquilibré	Méfiant, Fâché
Dévalorisé	Troublé, Affolé	Inadapté	Découragé	Enragé, Furieux
Inadéquat	Nostalgique, Distrait	Préoccupé	Soumis, Avide	Menacé, Incapable
JUPITER	**SATURNE**	**URANUS**	**NEPTUNE**	**PLUTON**
Exubérant	Triste, seul, Retiré	Choqué, Consterné	Débordé, Chaotique	Toxique, Hostile
Excessif	Démuni, Inerte	Ahuri, Sidéré	Perdu, Impuissant	Dégouté, Répugnant
Gonflé, Corrompu	Epuisé, Abattu	Saturé, Excédé	Déprimé, Amorphe	Déniant, Angoissé
Sans gêne	Insécurisé, Frustré	Tendu, Stressé	Paniqué, Fuyant	Terrorisé, Terrifié
Envahissant	Démoralisé, Isolé	Paranoïaque	Schizophrène	Epouvanté, Trahi
Gêné, Honteux	Fatigué, Pessimiste	Indifférent, Las	Confus, Suspect	Désespéré, Haineux
Ridiculisé, Indigné	Abandonné, Jugeant	Abasourdi, Ulcéré	Désillusionné	Absorbé, Vidé, Exclus
Humilié, Vexé	Amer, Malheureux	Dévasté, Éteint	Engourdi, Ramolli	Ignorant, En crise

Bibliographie française et anglaise

Les bases de l'astrologie et 11 autres livres d'astrologie par Eric Jackson Perrin
Le Yi-King de voyage et le Yi-King Pratique par Eric Jackson Perrin
Les Runes Germaniques Sacrées et Magiques par Eric Jackson Perrin
Le Tarot Eternel, Le Tarot Éternel 2 et le Tarot Éternel Complet
Le Diamant de Naissance et le Cahier pratique du Diamant de Naissance par EJP
Passion numérologie par Eric Jackson Perrin
Astrologie, Yi-King et design Humain par EJP
La bible des 64 portes par Sandrine Calmel
Discours de Robert Alan Kracower (RA) sur le Design Humain
Human Design, discover the person you are ment to be par Chetan Parkyn
Human Design, discover the life you were born to live par Chetan Parkyn
The 64 ways par Richard Rudd. The Gene Keys par Richard Rudd
Le prophète par Kalil Gibran
Illusion, le messie récalcitrant par Richard Bach
The Eye of the I et Letting go, par David Hawkins
Transcending the levels of consciousness par David Hawkins
Le livre du Dieu Vivant, le livre de l'amour, le livre de l'au-delà, par Bô Yin Râ.

***

Roue Taoiste astrologique Symbolique

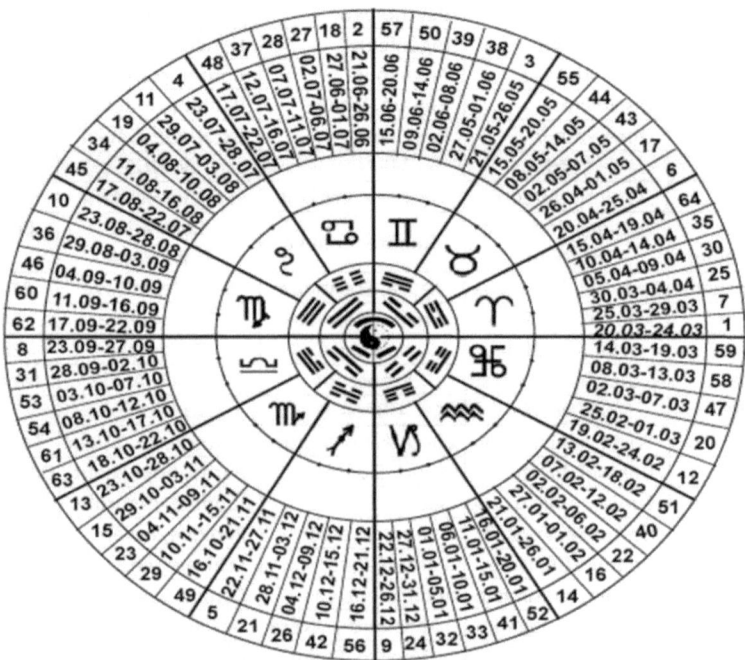

Pour contacter l'auteur - Découvrir ses formations et ses écrits

jacksoneric@neuf.fr www.ericjacksonperrin.com 06 62 51 32 26

Services proposés en Développement Personnel

Votre Diamant de Naissance : Consultation et étude

En tant qu'être humain créé par la Source, vous êtes un Diamant qui ne demande qu'à briller ! Pour cela, il est nécessaire de polir, c'est à dire de prendre conscience, puis d'exprimer chacune de vos facettes ! Véritable Cartographie de l'Etre et outil de connaissance de soi, ce « Thème Astro-numérologique ou Numéro-psychologique», basé sur votre nom + prénom + date de naissance, vous révèle dans toutes vos dimensions, à travers les 24 facettes majeures de votre être. Environ 80 pages. Existe en version électronique en format PDF que vous pouvez imprimer.

Votre Thème Astral Approfondi : Consultation et étude

Votre thème de naissance représente la structure et le cheminement de votre âme et ce qu'elle a choisi de rencontrer comme expériences. Axé sur la dimension psychologique et karmique, ce thème astral révèle votre structure, vos fonctionnements, vos atouts, vos contradictions et vos possibilités d'expression. Il vous aide à comprendre certaines difficultés et schémas de vie répétitifs puis à les résoudre.

Votre Thème annuel : Consultation et étude

Chaque année (à la date de votre anniversaire), un nouveau thème se astral entre en jeu…c'est votre Révolution solaire (nouvel ascendant, nouvelles configurations planétaires). Elle est le paysage de votre année, avec ses propositions, ses potentialités à exprimer et ses difficultés à transcender. A travers une étude ou une consultation, je vous propose un éclairage sur votre année. Cela vous aide à l'optimiser et à lui donner du sens.

Votre Thème Maya : Etude

Document unique en France, votre Thème Maya, établie à la fois selon le calendrier traditionnel Maya et selon le calendrier des 13 lunes, vous offre une vision totalement surprenante de vous-même ! Il décrit votre projet de vie ou l'intention principale de votre incarnation puis votre chemin sacré pour retourner à votre centre.

Formations en E-learning disponibles sur mon site web

1- TAROT-RUNES-DIAMANT DE NAISSANCE
2- SONOTHERAPIE BOLS ET DIAPASONS
3- YI-KING ET ASTROLOGIE MAYA
4- ASTROLOGIE

***

Vous souhaitez découvrir le Human Design
de manière simple, pragmatique et transformatrice ?
Vous êtes entrepreneur, thérapeute, coach ou simplement en quête d'alignement ?

Je vous recommande la formation unique de **Sandrine Calmel**, psychocoach, auteure et formatrice spécialisée en Human Design et Clefs Génétiques

Voici son message : « Le Human Design est une cartographie sacrée, un miroir de votre énergie. Il révèle vos talents, vos blocages, votre manière naturelle de prendre des décisions… et surtout : il vous aide à vivre qui vous êtes. »

- Ce que Sandrine vous propose :
- Une formation complète et structurée pour apprendre à lire un schéma corporel.
- Un apprentissage en profondeur des 9 centres, des types, profils, autorités, canaux et portes.
- Des modules orientés business pour incarner son design dans sa posture professionnelle.
- Une approche accessible et puissante, basée sur ses 15 ans d'entrepreneuriat et son propre design : Manifesteur Générateur 6/3 avec 10 canaux activés

- Pourquoi le Design Humain?
- Pour arrêter de vous éparpiller et pour clarifier vos décisions.
- Pour comprendre vos schémas énergétiques et émotionnels.
- Pour vivre et entreprendre avec plus de fluidité, de joie et d'impact.

Cette formation s'adresse à tous ceux qui veulent s'aligner avec leur vérité intérieure et créer à partir de leur énergie unique.

Vous pouvez retrouver Sandrine sur son site : www.sandrinecalmel.fr
et également sur les réseaux sociaux : Facebook, Instragram, …
Mail : info@sandrinecalmel.fr - 06.07.83.38.07

Sandrine est aussi l'auteure d'une série d'ouvrages sur le Human Design dont
La bible des 64 portes Human Design & Gene Keys.
Disponible sur internet et en librairie. Tarif : 39,90€

Parution : Mars 2025.
Editions : Bod. (Sodis)
ISBN : 978-2322574-582
Tarif : 39,90€ papier.
Disponible sur internet
et en librairie sur commande.